KB173132

한국의 가족과 여성혐오, 1950~2020

1 9 5 0

한국의 가족과 여성혐오, 1950~2020

일러두기

- 본문의 인용문은 원문의 맞춤법을 그대로 따랐다. 단 가독성을 위해 띄어쓰기는 현재의 표기에 맞게 고쳤고, 한자는 한글로 바꾸었으며, 필요한 경우 한자를 달아주었다.
- 신문 기사명의 경우, 필요에 따라 주 제목에 이어 부 제목까지 달아주었다.
- 신문 기사의 경우, 기자명이나 칼럼 필자명 등은 따로 명기하지 않았다. 또한 신문 기사에 나오는 일부 실명은 익명으로 처리하기도 했다(예: 홍길동 → 홍○○).
- 본문 각주의 경우, 미주 번호 앞의 각주(예: 여성혐오[•1])는 미주 내용 중 독자들의 이해를 도울 만한 것을 본문으로 옮긴 것이고, 미주 번호 뒤의 각주(예: 여성혐오[2•])는 미주 내용에 대해 저자가 보충하는 서술이다.
- 본문의 〔 〕는 저자가 독자의 이해를 돕기 위해 덧붙인 내용이다.

들어가며

〈엽기적인 그녀〉(2001)를 세 번 봤다. 당시 대학 졸업반이었던 나에게 여주인공으로 등장한 '엽기적인 여대생'은 살면서 한 번도 보지 못한 신기한 캐릭터였다. 10대 여학생과 '데이트'를 즐기는 중년 남성을 혼내주고, 무술 실력을 뽐내며 악당을 물리치는 여성 히어로가 마음에 들었다. '그녀'는 상대방이 누구인가에 상관없이 자신의 의견을 명확히 주장하는 당당함까지 갖추고 있었다. '그녀'는 자신이 쉽게 성희롱의 대상이 되는 상황, 열심히 공부해 대학에 들어갔음에도 결혼만을 요구받는 현실에 저항하는 방식으로 '엽기'를 선택했다. '그녀'는 엽기적이었지만 경이로웠다. 현실에 부재하지만 어디선가 '그녀' 같은 존재가 나타났으면 좋겠다는 생각을 했다.

그런데 문제는 '그녀'가 남성의 판타지에 의해 구성된 존재인 한편으로, 동시에 2000년대 젊은 여성에게도 닮고 싶은 이미지로 재현되었다는 점이다. 1980~1990년대에는 '청순한' 외모를 한 젊은 여성의 이미지가 질투와 선망의 시선에서 미디어에 형상화되었다. 사실 '그녀'는 자신의 꿈을 실현하기 위해 노력하기보다는 남성과의 애정관계에 매몰되어 있는 존재였을 뿐이다. 20년 가까이 지난 현재의 시점에서 돌이켜볼 때, 다음과 같은 의문이 든다. 영화에서 '그녀'의 욕망은 과연 그녀의 욕망이었을까. '그녀'를 향한 나의 욕망은 과연 나의 욕망이었을까. 순수하다고 여겨지는 개인의 욕망도 사실은 구성되는 것이 아닐까.

2001년의 〈엽기적인 그녀〉에서 '그녀'의 '엽기'가 통쾌하게 이미지화되었다면, 2016년의 〈굿와이프〉에서 '김단'의 '독기'는 대중을 불쾌하게 만들 수 있다. 김단은 자신의 속마음을 타인에게 말하는 법이 없고, 진정한 친구 만들기에도 관심이 없다. 그녀는 직장에서 높은 임금을 받고, 실력을 인정받기 위해 고군분투하는 존재로 나타난다. 그 과정에서 김단은 자신을 위장하고, 서류를 위조하며, 법을 위반한다. 그녀는 사건을 해결하기 위해 타인에게 거짓말을 하고, 쉽게 친구가 되었다가 금방 돌아서서 다른 표정을 짓기도 한다. 그러나 김단의 '독기'가 그녀의 '엽기'보다 더 현실적으로 다가온다.

〈굿와이프〉에서 김단은 어떤 면에서 음험한 범죄자의 형상으로 이미지화된다. 2010년대에 우리가 선망하는 대상은 김단이 아니라 그녀가 보조하는 변호사 김혜경 같은 존재라 할 수 있다. 전문직에 종사하면서 두 자녀를 훌륭하게 키우고 있는 4인 핵가족의 워킹맘 김혜경. 그녀는 표면상 '딸들의 빛나는 미래'로 여겨질 수 있다. 그러나 드라마에서 모든 것을 가진 듯한 김혜경의 이미지는 허상에 불과하다. 워킹맘으로서의 김혜경은 여전히 남편의 내조자이자 가족을 위해 헌신함으로써 아내·어머니·며느리로서의 의미를 획득하는 존재일 뿐이다.

현실에서 사회에 나선 여성이 실질적으로 갖게 될 존재성은 '김혜경'보다는 '김단'일 가능성이 크다. 〈굿와이프〉에서 김단의 어두운 모습은 한국사회에서 비혼 여성이 혼자 힘으로 살아남기 위해 가질 수밖에 없는 '독기'에 대한 비유일 수 있다(현실에서 비혼 여성이 정말 법을 위반한다는 것이 아니라). 초짜의 여성 변호사가 백전노장의 남성 검사를 단시간에 압도하는 이야기가 현실에서 과연 가능할까.

그런데 오늘날 2010년대에는 갑자기 가정일과 직장일을 동시에 하면서 자아실현까지 하는 '워킹맘'이 현모양처로 떠올랐다. 이제 미디어에서만큼은 현모양처의 존재성이 전업주부에서 워킹맘으로 전환되었다. 부모가 자신의 딸을 특정 분야에서 두각을 보이는 인물로 키우고 싶은 욕망은 2000년대 이전까지는 개인에게서 나온 것이라 할 수 있지만 2000년대 이후에는 그렇다고 할 수 없다. 자아실현을 위해 일하는 여성을 이단아처럼 여겼던 사회는 이제는 여성이 일하기를 욕망한다. 사회는 더 이상 여성이 가정 안에서 자아실현을 하는 것이 불가능하다고 말하고 있는 것이다.

문제는 실제로 사회에 진입한 여성이 갖게 될 모습은 '김혜경'이 아니라 '김단'에 가깝다는 사실이다. 우리가 보게 될 실제는 '김단'이지만, 사회는 표면상 '김혜경'을 여성들이 추구해야 할 욕망의 대상으로 내세운다. 그래서 개인이 추구하는 욕망은 결코 성취될 수 없는 것이 되고 우리는 현실과 환상 사이의 틈 안에서 감정의 균열을 맛보게 된다.

《한국의 가족과 여성혐오, 1950~2020》은 표면상 한국 가족이데올로기의 변모 양상을 추적하고 있지만, 결국 말하고자 한 것은 가족에게 요구된 '욕망'의 문제라 할 수 있다. 예를 들어, 한 개인이 아버지로서 가족의 생계 부양 등의 의무를 수행하는 것은 아버지인 내가 원해서 혹은 아버지가 갖는 윤리적 당위성 때문이라 여길 수 있다. 그러나 한 개인이 아버지로서 어떻게 행동해야겠다는 의도는 사회의 욕망에 큰 영향을 받을 수밖에 없다. 사회적 상황에 따라 가족이데올로기는 달라지고, 아버지, 어머니, 여대생, 내연녀, 취업주부, 전업주부, 이혼녀 등의 위치는 그 속에서 배치·재배치된다. 여성/여성집단에 부여된 '혐오'도, 아버지의 '윤리'가 사회의 욕망에 따라 만들어지듯, 구성되는 것에 불과하다. 우리가 숭고하게 생각하는 가족제도는 사실 '환상'을 기반으로 해 운영되며, 여성혐오의 메커니즘도 상황에 따라 구축·재구축된다. 우리는 모두가 시기 상황에 따라 특정 역할을 요구받는 존재인 것이다.

이 책은 한국전쟁 이후부터 현재까지를 세 시기—전후 시기인 1950~1960년대/1970년대,• 산업화 시기인 1980~1990년대, 신자유주의 시기인 IMF 외환위기 이후부터 현재(2020)—로 나누어 미디어에 재현된 여성혐오 양상을 살펴볼 것이다. 구체적으로는 '여대생', '전업주부'와 '취업주부(워킹맘)', '이혼녀'를 중심으로 한국사회의 여성혐오 현상을 사(史)적으로 추적한다.

첫째, 1950~1960년대에 남성은 남성으로 태어났다는 생득적(生得的) 자신감이 있었고, 그 자신감을 바탕 삼은 남성의 폭력·축첩 등으로 여성이 힘겹게 살아가는 상황이 지적되기도 했다. 아버지로 외도로 인해 그 가족 구성원이 경제적·정신적으로 어렵게 되는 상황을 막기 위해 남성의 부도덕함이 사회적으로 공론화된 것이 그러한 양상이다. 그렇기에 이 시기 일반 부녀자들이 혐오적 존재로 위치되기는 어려웠다. 바람 난 취업주부는 엄중하게 비판되고 계도되기보다 대중의 말초적 흥미를 충족시키는 존재로 대상화되었다. 그러나 '여대생'은 고등교육을 받은 여성이 상대적으로 드문 상황에서 호기심과 질투심의 대상이 되어 혐오 집단으로 배치되었다. 아직 여성이 대학 졸업 후 사회적 성취를 하기는 어려운 상황이었으나, 여대생은 사회 질서를 위반할 수 있는 잠재적 존재였다. 그래서 여대생은 바람 난 취업주부보다 더 정숙하지 못한 형상으로 이미지화되었다. 또한 1950~1960년대/1970년대는 여성이 홀로 경제활동을 하는 것이 어려웠던 시기라 주부는 이혼을 선택하기 어려웠고, 남편에게 이혼을 당한 여성은 동정의 대상으로 그려졌다.

둘째, 1980~1990년대에는 한국사회가 성평등이 이루어지지 않았는데도

• 1970년대는 1950~1960년대와 1980~1990년대를 잇는 중간 시기로 각 시기의 성격이 혼합된 면모를 보인다.

마치 여성이 남성보다 우위에 놓인 것 같은 분위기가 주조되었다. 이와 함께 모든 사회문제의 근본 원인을 가부장 권위의 추락과 여권신장에서 찾으려는 경향성이 나타났다. 그래서 무너진 사회 기강을 바로잡기 위해 '모범적' 가부장을 중심으로 성별분업에 입각한 가족 질서가 강화되었다. 특히 중산층 전업주부는 시간적 여유를 누리면서 경제권까지 획득한 부러움의 대상으로 이미지화되었다. 여기서 주목해야 할 것은 가족을 등한시하거나 성적으로 방종했던 아버지가 존재했던 과거를 가족 질서가 바로잡혔던 노스탤지어의 시공간으로 역전시키면서 가부장제가 구축되었다는 점이다. 그 안에서 가족 구성원에게 제대로 대접받지 못하고 직장에서 시달리는 현재의 아버지는 위로의 대상이 되었고, 무너진 현재의 가부장제 질서는 회복시켜야 하는 것이 되었다.

1980~1990년대에는 아버지 중심의 가부장제가 가족의 정석이라는 사실이 '환상'임을 들출 수 있는 여성/여성집단에 혐오 이미지가 부여된다. 여대생은 1950~1960년대에 정숙한 가족이데올로기를 위협하는 금기 위반의 주인공이었으나 1980년대 이후 청순가련한 외모에 허영심 많고 애정에 집착하는 존재로 전환된다. 동시에, 고학력 주부는 혐오의 대상에서 1990년대에 능력 좋은 전업주부인 '미시'로 호명되면서 가족제도 안으로 포섭된다. 여성의 경제력을 억제하기 위해 취업주부는 가정을 불행하게 하는 여성으로 배치되었고, 이혼녀는 1950~1960년대/1970년대에 연민의 대상에서 1990년대 들어 가족에 대한 희생을 거부한 최악의 존재로 형상화되었다.

셋째, IMF 외환위기 이후에는 여성혐오 현상을 단순히 성대립의 결과로 간주하는 양상이 나타난다. 성평등이 이루어졌다고 여겨지는 2010년대 한국사회에서 젊은 남성은 자신들이 취업 등에서 젊은 여성에게 역차별을 당하고 있다고 주장한다. 그런데 2010년대 이후의 여성혐오는 국가가 가족이데올로기를 재편하는 과정에서 생겨난 현상이다. 국가의 경제적 상황이 악화되면서, 가장 한 명만에 의해 가족의 생계를 책임지는 전통적 가부장제는 불가능하게 되었고, 자녀의 교육과 자신의 노후 등에 대한 불안감으로 출생률이 급감하게 되었다. 그러나 미디어에서 기존의 가부장제와 성별분업 체계를 폐기할 수밖에 없는 상황은 은폐되고 있다. 표면적으로 미디어에서는 아버지가 가정일과 육아에 적극적으로 참여하고 중장년 남성이 '개저씨'가 되어 비판받는 상황이 강조되고, 기혼 여성의 경력 단절을 막고 여성의 사회활동을 권장하는 사회의 분위기가 부각된다. 그러면서 사실상 한국사회의 결혼제도가 여성에게 불평등하다고 발언하기가 어렵게 되었다. 외환위기 이후 가족 질서를 재편하는 과정에서 그동안 여성의 적으로 여겨져온 가부장제가 미디어상에서 사라진 것이다. 미디어에서 갑자기 아버지의 권위가 약화되고 여성의 사회활동이 왕성해지는 것처럼 언급되면서 젊은 남성의 분노가 사회가 아닌 '여성'을 향하게 되었다. 실질적으로는 성평등이 이루어지지 못한 한국사회에서 남성이 경쟁에서 진 상대는 여성이 아니라 남성이지만, 미디어의 '효과'로 인해 남성은 여성 때문에 자신의 사회활동에 뭔가 문제가 생긴 것처럼 여기게 된 것이다.

미디어에서 여성의 취업과 경제활동이 긍정적으로 이미지화되는 이유는 출생률을 높이면서 여성에게 가정의 유지와 계층 상승의 의무를 공식적으로 부과하기 위해서다. 사회적·경제적으로 어려운 상황에서 핵가족 체제를 유지하기 위한 결과로 여성혐오의 양상이 완전히 달라진 것이다. 2010년대의 여성혐오 현상은 '사회적으로 자신의 능력을 발휘하는 여성에 대한 환상'이 주조되면서 생겨났다. 허영심의 대명사였던 '골드미스'는 따뜻한 모성과 충분한 경제력을 모두 갖춘 현모양처로 가족제도에 편입되고, 그동안 여성이 가질 수 있는 최고의 자리에 위치되었던 중산층 전업주부는 '된장아줌마' 혹은 '맘충'이 되었다. 2000년대 이후, 자기만 아는 이기적 어머니이자 문란한 여성으로 그려지던 이혼녀의 존재성 또한 달라졌다. 그 이유는 가난을 관리하기 위해 이혼한 어머니의 생활력이 부각되고,

출생률을 높이기 위해 재혼의 이데올로기가 긍정적으로 전환될 필요가 있었기 때문이다.

《한국의 가족과 여성혐오, 1950~2020》은 다음의 질문에 대한 답을 하고 싶었다. 21세인 오늘날 한국사회는 성평등한 사회인가? 한국사회에서 전후 이후 여성이 남성보다 우위에 있다고 말하지 않았던 시기는 있었는가? 한국사회는 전후부터 단계적으로 여권이 신장되었는가? 왜 혐오적으로 인식되는 여성/여성집단은 시기마다 달라지는가? 가족의 가치와 가족 구성원의 존재성은 고정된 것인가, 구성되는 것인가? 저자로서 독자들이 이 책을 통해 위 질문들에 고민해보기를 소망한다.

차례

제1부

여성혐오 사회의 대두, 여성상위 시대의 오해

제1장

소멸하는 가부장제의 환상, 등장하는 워킹맘의 환상

1. '검은 집', 가부장제, 현실 공간과 환상 공간

한국사회에서 '여성상위 시대'라는 말은 언제부터 사용된 걸까? 1969년 영화 〈여성상위시대〉(신상옥)가 나온 뒤 사람들의 입에 오르내리기 시작했다고 이야기된다.[1] 그 이듬해인 1970년에는 한 일간지에 〈여성상위 시대에 역행하는 이탈리아의 이혼법 시비—남자의 보호 없이 살아갈 수는 없다〉[2]라는 외국의 관련 동향을 소개하는 기사가 실리기도 했다. 특히 21세기에 이르러서는, 한국은 이미 다양한 분야에서 여성상위 시대이기 때문에 여성을 특별하게 보호하거나 대우할 필요가 없다는 여론이 일어났다. 그러나 역사적으로 살펴볼 때, 한국사회에서 실제로 여성이 남성보다 우월한 지위로 삶을 산 시기가 있었다고 보기는 어렵다. 2019년 현재 한국의 여성경제활동참여율은 경제협력개발기구(OECD) 국가 중 최하위 수준이고, 사회 각 분야의 고위직은 거의 남성이 차지하고 있다. 또한 성평등을 위해 개선되어야 할 일은 여전히 많다.

최근 한국사회에서 '일베' 유저들과 '강남역 여성 살인사건' 등에 의해 '여성 혐오(misogyny)'가 문제적 사안으로 떠올랐다. 과거에는 특정 소수 집단의 여성이 혐오스러운 존재가 되었다면, 오늘날은 오히려 혐오스럽지 않은 여성을 찾는 것이 어려운 시대가 되었다. 왜 이러한 현상이 발생하는 것일까? 그 이유 중 하나로 그간 한국사회를 지탱해온 남성 중심의 가부장제 이데올로기의 허구성이 드러난 것을 생각할 수 있다.

한국사회에서 '가부장제 질서'는 미국 작가 퍼트리샤 하이스미스(Patricia Highsmith)의 단편소설(《검은 집The Black House》, 1981)에 나오는 '검은 집'과 동일한 위치를 점유한다. 어느 작은 마을의 주민들은 언덕 위 오래된 '검은 집'이 마법에 걸려 있거나 살인광이 살고 있는 악마적 장소라 믿는다. 그런데 마을에 새로 이사 온 한 젊은이가 검은 집을 직접 가보고는 그곳은 아무런 위험이 없는 그저 '버려진 집'일 뿐이라고 마을 사람들에게 이야기한다. 그리고 그중 한 명에게 죽임을 당한다. 슬라보예 지젝(Slavoj Žižek)은 그 젊은이가 죽임을 당한 이유를 그가 검은 집이 오래된 폐가일 뿐임을 입증함으로써 마을 주민들의 환상을 무너뜨렸기 때문이라 설명한다. 주민들의 현실 공간과 그들의 환상 공간(욕망을 표현할 수 있는) 사이의 차이를 없애버림으로써 일어난 결과라는 것이다.[3] 여기서 주목해야 할 것은, 청년이 죽임을 당한 이유가 그가 검은 집이 '마을에 특별한 의미가 없다는 사실'을 들추어낸 데 있다는 점이다.

20세기 후반에 아버지 중심의 가부장제는 특별한 의미가 있었다. 밖에서 돈을 벌어오고 가족을 보호하는 가장의 역할을 수행하는 남성과 안에서 가족이 아늑하게 쉴 공간을 만드는 아내·어머니·며느리의 역할을 수행하는 여성이 중심이 된 4인 핵가족 체제는 완벽한 가정, 완벽한 개인의 삶을 완성하기 위한 전제 조건이었다. 그런데 21세기에는 딸·아내·어머니·며느리라는 테두리에서 벗어나 가족 밖에서 자신의 정체성을 만들어가는 여성들이 많아졌다. 가부장제 내에서

'모성'으로서만 삶의 의미를 구성했던 여성들이 이제 가부장제의 틀을 깨고 자신의 정체성을 새롭게 주조하면서, 아버지 중심의 4인 핵가족 체제에 균열이 일어나기 시작했다. 그리고 가부장제 안에서만 여성이 행복할 수 있다는 환상을 여성 스스로 깨나가면서 '여성혐오' 현상도 심화되었다.

한국전쟁 이후, 국가는 모범적 가장을 중심으로 한 가족을 만들어나가기 위해 노력했다.[4] 국가 재건은 국가의 가족제도를 확립하는 것에서부터 시작되었다고 할 수 있다. 즉, 이상적 남성상을 제시하거나 무기력한 남성이 각성을 통해 책임감을 되찾고 가족의 위기를 극복한다는 전망이 제시되었다. 이 과정에서 여성은 가족 질서 내에서의 위치를 통해 국민이 될 수 있었다.[5] 20세기 내내 한국사회가 지향한 가족제도의 이데올로기 안에는 다음과 같은 위협적 목소리가 내포되어 있다. "'가족' 안에 편입되지 않으면 여성의 삶은 끝난 것이다! 그 여성은 배제되어 살아갈 것이다." 그런데 21세기를 살아가는 여성들은 그동안 당연한 삶의 절차 중 하나라고 여겨온 결혼을 '선택'으로 간주하고, 아이 낳기를 거부하며, 이혼녀로서 당당하게 살아가고 있다. 그녀들은 '아버지'에게 복종하는 삶이 행복한 삶이 아님'을 증명해내고 있는 것이다.

여기서 주목해야 할 것은 현재 새롭게 늘어난 가족 형태를 1인가족이나 한부모가족 등으로만 제한해 생각해서는 안 된다는 사실이다. 여성이 왕성하게 사회활동을 하는 가정, 남성이 적극적으로 가정일을 하는 가정도 점점 많아지고 있기 때문이다. 1997년 IMF 외환위기 이후 한국사회에서는 남성의 경제활동과 여성의 내조만으로 가부장적 권위를 지탱하기가 어려워졌다. 남성 단독으로 가정경제를 해결할 수 없게 된 상황에서 기존의 '현모양처' 질서를 강조하는 것은 무의미한 일이 되었다. 21세기 이후, 부부와 자녀로 이루어진 가족제도를 지탱하기 위해 아버지를 중심으로 한 가부장적 환상은 국가적 차원에서 제거되기 시작한다. 대신 가정을 꾸려나갈 수 있을 정도의 '충분한 경제력을 갖춘 일하는 아내'의 존재가 강조된다. 그리고 '살림하는 남성', 더 나아가 '트로피 남편'이라는 허구적 존재가 구성된다. 기존의 '가부장제'라는 환상이 사라지는 자리에 '능력 있는 워킹맘'이라는 환상이 새롭게 등장한 것이다.

2. '여성혐오'의 사회, 주류적 남성성의 영토

한국사회에서 '여성혐오'는 가족 체제를 유지하기 위해 국가가 기존의 가부장제를 포기하고 새로운 가족이데올로기를 형성해가는 과정에서 생겨난 결과다. 단지 미디어에서만 그 급속한 변화가 나타날 뿐인데도, 실제로도 성평등이 실현되었다는 오해로 인해 여성혐오는 심화되고 있다. 미디어에서는 이전의 성별분업 구조의 해체와 현재의 여성 경제활동의 증가를 알리고 있지만, 현실적으로 자녀가 있는 기혼 여성이 남성과 평등하게 직업적 활동을 펴나가기는 어렵다. 그러나 아이를 국가가 키워주겠다는 구호를 외치며 남녀가 평등하게 사회활동 하는 것을 지향하는 듯이 보이는 현 한국사회에서 전업주부와 비혼 여성은 갑자기 이상한 존재가 되어버렸다. 가족에 헌신하며 가정일에 집중하는 전업주부는 남성의 경제력에 편안하게 기생하는 존재로, 결혼제도 밖의 삶을 살아가는 비혼 여성은 아내와 어머니로서의 희생은 거부하는 존재로 낙인찍혔다.

이 책에서 특히 주목하려는 것은, 한국사회에서 1980~1990년대가 가부장의 권위라는 환상을 유지하려는 시도를 끊임없이 한 시기라면 2000년대 이후는 사회적으로 그러한 메커니즘이 불가능해졌다는 사실이다. 국가는 남성성을 조정하고 워킹맘과 전업주부를 서로 대립시키면서 새로운 가족이데올로기를 만들어 나간다. 실질적으로 오늘날 여성혐오의 원인은 '가부장제'의 '구조' 자체라기보다는 '가족이데올로기'의 '변화'에 있다. 그런데 이러한 '가족이데올로기'의 '변화'에 수반되는 혼란은 특정 집단을 혐오적 대상으로 만들어버림으로써 다소 벗어날 수 있다는 데서 문제가 생겨난다. 그리고 집단 간 갈등은 미디어에 의해 조장되고 심화된다.

'여성혐오'란 일반적으로 여성/여성집단을 비하하고 억압하는 사회구조를 일컫는 말이다. 기존 연구자들이 여성혐오의 중요한 원인으로 지적하는 것은 바로 '인정욕망(desire for recognition)'이다. 국내 페미니스트들은 한국사회에서 여성혐오의 부상이 외환위기 이후의 경제 위기감과 신자유주의 확산과 밀접하다고 분석한다. 평등주의가 퇴색하고 무한경쟁만이 남아 있는 상황에서 경제적 불안은 난민, 이주민, 유색인, 장애인, 성소수자, 여성 등 사회적 약자에 대한 혐오로 투사된다. 대안적 질서를 생각하기보다 무관심, 좌절, 혐오와 같은 감정에 빠지게 된 사람들은 자신의 고통을 오인된 대상에 공격적으로 투사하는 심리적 퇴행을 보이는 것이다. '강남역 여성 살인사건'의 피의자나 일베 유저들은 자신이 여성에게 무시당했다며 자신의 행동을 합리화하는 모습을 보이는데, 그 무시감은 남성 정체성 인정에 대한 강렬한 욕망으로 해석할 수 있다.[6] 다시 말해, 남성은 사회에서 자신보다 신체적으로 우위에 있거나 계급적으로 상층에 있는 남성에게 감정노동을 하는 굴종의 경험을 하게 되는데, 이처럼 자기 통제를 벗어난 굴욕적 경험을 한 남성은 이 감정을 상쇄하기 위해 더욱더 여성을 공격하게 된다. 그래서 남성이 승자로서의 주류적 남성성 안에 잔류하고자 하는 욕망이 여성혐오 살해의 메커니즘이라 설명되기도 한다. 남성이 주류적 남성성의 영토 안에 계속 존재하기 위해 여성을 희화화하고, 여성을 조롱하고, 여성을 비하하는 여성혐오의 면모가 생겨나게 된다는 것이다.[7]

이현재는 신자유주의적 도시 노동이 부추긴 성취 인정의 욕망으로 인해 일베 유저 등이 공포감에 사로잡혀 자신의 우월성을 위협한다고 여겨지는 여성을 공격하고 혐오하게 된다고 주장한다. 이와 같은 유의 여성을 우월한 남성성의 경계를 뒤흔드는 '비체(卑/非體, abject)'•로 인식하며, 이들을 혐오함으로써 남성 자존심의 붕괴를 회복하려 한다는 것이다.[8]

수치의 감정은 문명의 조건 등에 의해 형성·변형됨으로써 자기정체성을 만드는 중요한 계기로 작용한다.[9] 한국사회는 명예와 자긍심에 기댄 '수치문화'가 강하다. 수치문화는 집단정체성을 개인이 수용하게 될 때 형성되며, 개인은 자신의 명예를 유지하기 위해 타인에게 폭력을 행사하게 된다.[10] 자신의 명예와 자긍심을 침해하는 수치심은 자신에 대한 비하나 모멸의 감정으로 머물지 않고 타인에 대한 잔인함이나 폭력으로 변형된다. 수치심은 '집단적 익명성'으로의 퇴행, '동류집단' 속 집단적 의식과 같은 양태로 가시화되는데, 이것이 겉으로 명예를 추구하는 듯 보이는 사회의 '도착(倒錯)' 증세다.[11]

외환위기 이후 한국사회에서는 '수치에 대한 수치' 곧 '수치 터부' 현상이 대대적으로 일어난다. 그런데 여성혐오 현상을 단순히 성의 대립관계로만, 남성에 의해 이루어지는 것으로만 이야기하면, 이 현상의 특수성을 제대로 드러내지 못하게 된다. 여성들도 수치심을 느끼는 것을 피하기 위해 자신을 수치스럽게 만드는 다른 여성집단을 혐오 대상으로 만든다. 앞으로의 여성혐오 현상에서는 오히려 이와 같은 메커니즘을 이용하는 미디어의 역할이 더욱 문제화될 것이다.

• '비체'는 불가리아 출신의 프랑스 저술가·기호학자·철학자 쥘리아 크리스테바(Julia Kristeva)로부터 온 개념이다. 콧물, 침 분비물 등의 비체가 더럽다고 혐오되는 이유는 비체가 현실의 체계와 질서를 교란하기 때문이다. 비체는 손에 잡히는 착한 대상이 아니며, 철통방어라고 여겨졌던 경계에 구멍이 있다는 것을 알리는 존재이기 때문에 특정 사회적 질서와 동일성을 강화하려는 자들에게 공포와 혐오의 대상이 된다는 것이다(이현재, 《여성혐오 그 후,—우리가 만난 비체들》, 들녘, 2016, 83~89쪽).

제2장

가족제도의 재구축, 여성혐오의 변화

1. '정상' 가족, 여대생, 전업주부, 워킹맘, 이혼녀

이 책은 여성혐오 현상이 어느 날 갑자기 생겨난 것이 아니라는 문제의식에서 시작한다. 그리하여 다음의 사항을 중심으로 한국사회에서의 여성혐오 현상을 사(史)적으로 살펴보고자 한다.

첫째, 여성혐오 현상은 여성/여성집단을 타자화한 결과라는 점이다. 남성/남성집단 중심의 질서가 지속되고 있어서 여성/여성집단을 사회적으로 배제하는 타자화가 현실화하는 것이다. 그러나 '아버지 중심'의 가부장제 질서에 균열이 일어나면서 여성의 존재성을 왜곡하는 실상을 공론화할 수 있게 되었다. 이 측면에서 현재의 여성혐오 현상은 남성/남성집단 중심의 사회가 성평등의 사회로 나아가는 상황에서 겪게 되는 하나의 과정이라 이야기할 수 있다.

여성혐오라는 우리 사회의 부끄러운 단면을 통해 오랜 기간 유지되어온 남성 중심 질서의 민낯을 마주하게 되었다. 여성혐오 현상은 '모범적'으로 여겨졌던

'아들' 중심의 사회에 내재한 왜곡된 패러다임을 그대로 비추어주는 거울과 같은 사건이다.

여성혐오 현상의 본질을 제대로 다루기 위해서는 표면적으로 드러나는 성대립만을 분석하거나 해결하는 것에서 벗어나야 한다. 역사적·사회적 맥락 안에서 서로 다른 성(性)이 놓인 삶의 조건을 이해할 때 극단화된 성대립은 성화합으로 전환될 수 있는 단초를 마련할 수 있다. 한국의 많은 남성은 자신이 가부장의 권력을 행사한 적도 없고 심지어는 남성이라서 역차별을 당하고 있다고 생각한다. 여성혐오 현상을 해결하기 위해서는 남성 중심적 한국사회의 특질을 강조하기보다는 가족이데올로기 안에서 남성 역시 여성과 함께 그 질서를 떠받치는 한 축임을 인식할 필요성이 있다. 가족에 대한 경제력과 통솔권을 가진 아버지의 존재성은 모든 시대에 적용되는 '표상'이 아니라 특정 시대에 부여된 '역할'에 가깝다. 그래서 이 책에서는 여성혐오 현상이 '가족이데올로기의 재구축'에 의한 결과임을 강조하고자 한다.

1990년대 후반 이후, 신자유주의 경제 체제는 한국사회에 큰 영향을 끼쳤으며 이에 가족공동체 역시 크게 변화했다. 그 내용으로 이혼가족, 한부모가족, 기러기가족 등 다양한 가족 형태가 등장하게 되는데, 가족의 위기나 해체로 보이기도 하는 이러한 가족 형태의 변화 현상은 국가적 문제로 인식되고 있다. 이에 국가의 가족 개입이 확장되었고, 이는 2004년 '건강가정기본법' 제정 등을 통해 가시화되었다.[1] 그런데 출생률 저하• 등을 가족의 위기로 보고 그 대안으로 내놓는 국가의 건강가정 담론은 이성애를 기반으로 한 부부와 자녀로 구성된 가족만을 '정상' 가족으로 간주하는 한계를 보인다.[2] 현재 국가는 여전히 4인 핵가족

• "저출산"이라는 말은 아이가 태어나는 비율이 낮은 현상의 원인이 여성에게 있다고 간주될 위험이 있다. 그래서 이 책에서는 "저출산", "출산율" 대신 "저출생", "출생률"이라고 표기한다.

을 모범적 가족의 형태로 간주하는 가족제도를 추구하지만, 사회적 상황이 달라졌기에 아버지의 권위나 남성성은 그 패러다임이 변화할 수밖에 없다. 여성혐오의 양상 또한 그 변화와 비례해 완전히 달라진다.

둘째, 한국전쟁 이후, 여성혐오의 기원을 효과적으로 살펴볼 수 있는 것이 바로 '가족제도'라는 점이다. G. W. F. 헤겔(G. W. F. Hegel)은 《정신현상학(Phänomenologie des Geistes)》(1807)에서 여성을 극단적이고, 불투명하며, 거부될 수 없는 개별성의 담지자라고 표현하고, 잡힐 수 없는 비체로서의 여성을 잡기 위한 방편으로 이들을 '가족'이라는 보편성의 영역에 끼워 넣고자 한다. 여성이 가족의 임무에 충실할 때 곧 여성이 착한 타자가 될 때 공동체의 화합이 가능하다는 주장이다.[3] 우에노 지즈코(上野千鶴子)는 가부장제란 여성과 아이의 소속을 정하는 룰임을 이야기한바 있다. 남성의 지배와 통제를 따르는 여성과 아이에게는 사회 내에 '지정석'이 부여되지만 그렇지 않은 여성과 아이는 사회에 등록되지 않는다는 것이다.[4] 가족 구성원에 편입된 여성은 가족제도 안에서 보호받을 수 있는 존재가 될 수 있었던 반면, 그렇지 않은 여성은 경제적으로 열악한 환경에 놓이게 되거나 혐오의 대상으로서 위축된 삶을 살아야 했다. 가족제도와 여성의 존재성은 밀접한 관계를 가지는 것이다.

그런데 전후부터 현재에 이르기까지 한국사회에서 아버지가 한결같은 가부장적 권위로써 가족 구성원을 지배·통제할 수 있는 존재였다고 단언하기는 어렵다. 사실 커다란 권력을 지닌 아버지가 중심이 되는 가부장제는 상상된 편견일 뿐이다. 1950년대 이후 한국사회에서 '아버지'의 부재가 부각되지 않았던 시기를 찾기는 쉽지 않다. 국가의 전쟁과 경제발전을 위해 아버지는 가정에 부재하는 시기가 많았고, 1980~1990년대에는 가정 내에서 아버지의 권위 약화에 대한 우려가 계속되었다.[5] 남성 중심의 가부장제라는 것은 법적 측면에서 명확히 서술할 수 있을 뿐 그 실체가 무엇인지 개념화하기란 매우 어렵다.

그럼에도, 한국사회에서 시기별로 혐오적 여성/여성집단이 어떻게 배치·재배치되고 이미지화되는지 고찰하는 것을 통해 가부장의 존재성, 혹은 그 시기가 지향한 남성성에 대해 구성해보는 것이 가능하다. 가족제도 안에서 여성의 존재성을 파악하는 것을 기반으로 여성혐오의 기원과 변화를 추적한다면, 현재 일어나는 사회적 현상을 보다 공감력 있게 설명할 수 있을 것이다.

셋째, 한국사회에서 여성혐오 현상은 이전부터 지속되어오다가 신자유주의 시대 이후 가시화되었다는 점이다. 그러나 여성혐오 논의 대부분이 '신자유주의' 이후의 상황만을 언급하고 있으며, 여성혐오가 어떤 경로를 거쳐 여성혐오라는 감정의 폭발 상태를 가져왔는지에 대해서는 설명하지 못하고 있다. 또한 남성/남성집단 중심의 '가부장제 질서'를 현 시기 여성혐오의 주된 이유로 내세우기도 하지만, 가부장제 이데올로기는 오히려 2000년대 이전에 더 굳건했다는 측면에서 여성혐오 현상의 발생 이유에 대한 세부적 언급이 필요하다.

한국사회에서 성담론은 가부장적 국가주의의 기획과 연동되었다. 1960년대 산업 전선에서 박차를 가해야 할 남성은 안락한 가정과 모성적 여성의 서비스로써 위로받아야 했으며, 여성의 신체는 남성의 편안한 안식처가 되어야 했다. 동시에 국가적 기획이었던 산아제한과 가족계획은 양적·질적으로 적정 수준의 국민을 생산/재생산하는 것이 목적이었다.[6] 이후 한국사회는 국가 주도의 산업 발전 단계와 그에 이은 경제 부흥기를 맞게 되면서 1990년대 이전까지는 남성이 책임감 있는 가부장과 국가의 전사(戰士)로서 갖추어야 할 의지, 믿음직스러움이라는 덕목이 비교적 일관되게 강조되었다고 할 수 있다.[7] 그런데 외환위기 이후 경제적 어려움이 악화되면서 1900년대 아버지 중심 가부장제 사회의 아버지상과 어머니상과는 다른 형태의 아버지상과 어머니상이 등장했다.

그런데 이 책에서 강조하려는 바는 외환위기 이후의 이와 같은 변화는 전(前)세대의 아버지를 죽인 아들이 '새로운 역할이 부여된 아버지'가 된 것일 따름이라는 사실이다.[8] 전 세대의 가족이데올로기가 명확히 거부되는 것이 아니라 여전히 4인 핵가족의 형태를 지키기 위해 가족의 존재성이 재규정되고 그 역할 또한 재분배되고 있다는 것이다. 그렇기에 현 시기 가족 질서가 남성 중심의 메커니즘에서 평등한 부부 중심의 메커니즘으로 전환되었다고 말하기는 어렵다. 그동안 혐오적 존재로 오명을 썼던 여성들의 위치가 제대로의 자리를 찾아간 것이 아니라 사회적·경제적 변화에 따라 혐오적 여성들의 범주와 모습이 달라졌을 뿐이다. 곧, 시기에 따라 혐오적으로 위치되던 집단의 여성이 오히려 건전하게 그려지기도 하고, 평범하게 여겨지던 집단의 여성이 갑자기 문제적으로 떠오르기도 하는 것이다.

그래서 시기별로 여성/여성집단의 이미지가 어떻게 변모되는지 그 과정을 추적할 때, 현재 한국사회에서 일어나고 있는 가족의 존재성과 여성혐오 현상을 더 명확히 설명할 수 있으리라 여겨진다. 여성혐오 현상은 최근 들어 갑자기 생겨난 것이 아니라 이전부터 계속되어온 여성/여성집단에 대한 편견이 사회적 변화에 따라 재편된 결과다. 바로, 한국의 가부장제 질서가 어떻게 변모·유지되고 있는지 설명해야 할 필요가 있는 지점이다.

위에서 언급한 점들을 기반으로 하여 이 책은 '여대생', '전업주부'와 '취업주부(워킹맘)', '이혼녀'를 중심으로 한국의 여성혐오 현상을 전후부터 현 시기까지 사(史)적으로 추적해보고자 한다.

'교육의 확대'와 '경제력의 확보'는 여성의 지위를 확장하는 중요한 요소라 할 수 있다. 물론 대학교 과정은 필수라고 보기는 어려우며 경제력과 학력이 반드시 비례하는 것도 아니나, 여성이 대학교육을 통해 여성의 사회적·경제적 지위를 변화시킬 수 있는 기틀을 마련할 수 있었던 것은 사실이다. 1970년대 이전까지는 대학교육을 받은 여성이 드문 상황에서, 이 시기 '여대생'은 정숙하지 못한 대상이 되었다. 1980년대는 많은 여대생이 시대에 저항하며 중산층 가족을 떠나

광장과 공장으로 뛰어든 '가출'의 시기이자, 페미니즘의 물결 속에서 여성운동의 조직 역량이 강화되면서 여대생이 변혁운동의 주요 세력으로 성장한 시기이기도 하다. 그러나 민주주의의 계보에서 여성들은 쉽게 잊혔고, 민주주의의 편협성에 도전하는 여성해방운동의 기억도 삭제되었다.[9] 동시에 여대생은 이와 같은 사회적 맥락과는 별개로 1980~1990년대 미디어에서는 동경의 시선 속에서 청순가련한 존재로 이미지화되었고, 2010년대 후반 미디어에서는 급작스럽게 혐오스러운 페미니스트로 등장한다.

'전업주부'와 '취업주부'의 존재성은 사회적 배경에 따라 상이한 관계성을 보인다. 전업주부와 취업주부는 단순하게는 가정의 경제적 격차를 드러내지만 경우에 따라서는 경제적 능력에 따른 여성 사이에 헤게모니 문제가 발생하면서 양자 간 갈등이 조장되기도 한다.

또한 가족제도에서 벗어난 대표적 존재는 '이혼녀'라 할 수 있다. 그러나 '기가 세거나 모성이 제거된' 이혼녀의 존재성은 1980년대 이후에 만들어진 것이며, 그 전까지 이혼녀는 대체로 동정의 대상으로 이미지화되었다. 2000년대에 이르러 이혼녀는 기가 세다는 사회적 편견을 극복해나가는 여성으로 형상화되면서 '자기만의 방'을 가진 존재로, 오히려 경제적으로 어려운 환경에서 건전하게 아이들을 길러내는 어머니로 이미지화되면서 '대단한 모성'을 지닌 존재로 전환된다. 가족제도 안팎에서 다양한 여성집단의 '원형'과 '변형'의 과정을 살펴본다면 그 사회의 경제적 상황 등에 의해 계속적으로 여성/여성집단이 긍정적/부정적으로 배치·재배치되고 있음을 파악할 수 있다.

이처럼 여성/여성집단을 분석해가는 과정에서 우리는 '골드미스', '된장녀', '내연녀', '불륜 여성', '맘충' 등 다양한 혐오적 여성들을 마주할 수 있다. 그녀들은 가족이데올로기의 틀 안에서 부각되고, 멸시되고, 환상화되고, 재구성되면서 한국사회가 여성/여성집단을 배치·재배치하는 방식을 드러낸다.

이 책은 자크 라캉(Jacques Lacan)과 지젝의 정신분석 담론 중 '환상(phantasy)' 개념을 주요 방법론으로 적용하고자 한다. '모든 권력을 가진 모범적 가부장의 존재성', 그리고 '모범적 가부장이 이끄는 완벽한 가정'이라는 것은 환상에 불과하다. 또한 '이혼녀' 등의 존재성이 달라지는 것을 통해 특정 여성/여성집단에 대한 관념은 고정불변의 것이 아니며 시기마다 끊임없이 특정 여성/여성집단에 대한 새로운 환상이 유포되고 있음을 알 수 있다.

남성 중심의 가부장제는 라캉의 환상 구조에 의해 다음과 같이 설명할 수 있다. 가부장제는 현실에서 완벽하게 실현되기 어렵지만, 국가는 사회를 통제하는 구심점을 마련하기 위해 가부장제 질서를 욕망한다. 상징적으로 구성된 현실이 결핍된 현실이라면, 환상이 이 결핍을 덮음으로써 현실을 부지하는 중요한 역할을 한다. 불완전한 것은 완전한 것으로, 결핍은 충만으로, 부재는 존재로 바꾸는 것이다.[10]

2. '내 안'의 여성혐오, '우리 사회'의 여성혐오

한국사회에서 1970년대 후반은 아버지의 권위가 살아 있던 시절에 대한 '노스탤지어'•[11] 현상이 대대적으로 일어난 시기다. 이후 1980년대부터 외환위기가

• 서양에서 노스탤지어(nostalgia)는 그리스어의 'nostos(집으로 돌아감)'와 'algia(고통스러운 상태)'에서 유래된 말로 끊임없이 집으로 돌아가고자 하는 갈망에 의해 생긴 심리적 고통을 의미한다. 19세기 이후 노스탤지어는 지난 시간, 어린 시절에 대한 동경 등의 의미와 연결되면서 '고향'뿐 아니라 사건, 사람, 자연 등의 대상을 그리워하는 것으로 확대된다. 곧, 이주자만이 느끼는 정서에 한정되지 않고 인간의 보편적 경험과 감정으로 그 외연을 확장하면서 자아정체성을 확립하는 정서로 간주된다. 그리하여 일반적으로 향수 또는 노스탤지어라는 용어를 쓸 경우에는 근대 이후 '새롭게' 발견된 고향을 전제로 하는 경우가 대부분이다.

발생하기 이전까지는 모범성과 건전함을 바탕으로 한 아버지의 형상을 실질적으로 만들어간 시기다. 곧, 1970년대 후반부터 외환위기 이전까지는 아버지의 권위가 무너지고 있음을 문제 제기 하면서, 아버지의 존재성이 확고하게 살아 있던 '정확히 언제인지 알 수 없는 과거'를 끊임없이 동경하는 면모가 나타난 시기라 할 수 있다. 여기서 주목해야 할 것은 한국사회에서 가부장제 질서가 유지되었다고 여겨지는 한국전쟁 이후의 1950~1960년대에 아버지는 축첩하는 난봉꾼, 혹은 국가의 전쟁과 산업화에 호출되어 가정에서 '부재'하는 존재로 형상화되었다는 사실이다. 축첩해서 혐오스럽거나, 부재해서 원망스러운 아버지들이 존재했던 1950~1960년대는 환상의 단계를 거침으로써 남성들이 자신의 정체성을 획득할 수 있는 안식처와 같은 시공간으로 탈바꿈된다. 이 프레임을 통해 문란하거나 광폭한 혹은 부재하거나 무능력한 과거의 아버지들은 도피의 대상이 아니라 오히려 현재의 아버지들이 지향해야 할 존재가 된다.[12•]

이 책은 한국사회에서 여성혐오 현상이 어떤 과정을 거쳐 지금까지 오게 되었는지를 그 역사적 전개 과정을 규명함으로써 살펴보고자 한다. 시기마다 여성/여성집단을 대상화하는 기준점이 되는 '아버지'의 형상이 달라지는 지점에 주목해 여성/여성집단의 존재성이 재배치되는 측면을 분석할 것이다. 대중에게 커다란 영향을 끼치는 신문, 소설, 드라마, 영화 등의 미디어에 등장한 가족이데올로기와 여성/여성집단 이미지를 분석함으로써 여성혐오의 역사를 유기적으로 추적해나갈 것이다. 그리고 그 안에서 여대생, 전업주부, 워킹맘, 이혼녀 등의 존재성과 그 변모 과정을 세밀하게 고찰함으로써 '여성혐오'는 여성/여성집단이 정말

• 지젝이 언급한 '환상' 이론으로써 이 책에서 주목하려는 것은 아버지들이 축첩했거나 부재했던 1950~1960년대를, 1980~1990년대에 이르러 가장으로서의 권위를 제대로 획득하지 못한 아버지들의 '고향'과 같은 시공간으로 만드는 메커니즘이다. 다시 말해, 상대적으로 많은 성적 자유를 누리던 아버지들이 존재하던 1950~1960년대를 함구해야 할 시공간이 아닌 지향해야 할 시공간으로 만드는 것이다.

그래서가 아니라 '만들어지는 것'임을 증명할 것이다.

이 책의 최종 목적은 오늘날에 문제시되는 여성혐오 현상의 근원을 밝혀봄으로써 남성과 여성이/여성과 남성이 서로를 이해하는 장을 마련하는 것이다. 남성과 여성/여성과 남성 모두 가족제도 아래에서 희생이 강요된 존재였으며, 현재의 여성혐오 현상 역시 21세기에 다시 한 번 국가적으로 가족이데올로기가 재편됨으로써 벌어지는 결과라는 사실을 드러내고자 한다. 타인을 끊임없이 오해할 수밖에 없는 사회의 장 안에서 타인과의 조화로운 공존을 위해 필요한 것은 내가 잘 모르는데도 안다고 오인했던 상대방을 정말로 알아가려 노력하는 자세다. 우리가 다른 성(性)에 품었던 오해를 푸는 것이 '불가능한 경험'일지라도, 상대방을 이해하려는 노력을 끊임없이 시도해야 '내 안'의 여성혐오, '우리 사회'의 여성혐오가 사라지게 될 것이다.

제2부

'전이'의 내러티브, 동정과 가십의 여성들

— 1950~1960년대/1970년대 —

한국사회에서 1950~1960년대는 일반적으로 여성이 남성에게 종속된 시기라고 여겨진다. 그러나 이 시기에도 "남녀평등론", "여성의 자아 확립"이라는 말이 통용되었으며, 이뿐 아니라 만혼의 경향성이 나타나고 여성의 직장 진출이 활발해졌다며 "여권신장"이 언급되고 "여성상위 시대"란 말이 유행어가 되었다고까지 소개되었다. 전후에도 현재와 다르지 않게 한국사회가 마치 여권신장이나 여성상위 시대가 이루어진 양 보도된 것이다.

"나는 어려서부터 여성들의 남편에 대한 종속관계를 보아왔다. 그러나 우리 세대에 와서는 남녀평등론은 상식이며 (…)."

— 〈서구인들의 가정관—결혼 이혼을 어떻게 생각하나〉(《경향신문》, 1955. 6. 17, 4면)

"그러나 옛날에는 여권이 형성되어 있지 않았기 때문에 결혼생활의 불만과 권태에서 오는 불륜의 관계가 공공연한 축첩제도로 합리화될 수 있었던 것이다.

여성의 자아가 확립되고, 여권이 법으로써 보장받고 있는 오늘날에는 (···)."

—〈(사설) '여권(女權)'이 짓밟히는 데 가정의 파탄이 있다〉(《경향신문》, 1962. 12. 10, 2면)

"평균 혼인연령이 상승하여 만혼 경향을 엿볼 수 있다. 이러한 혼인연령의 상승은 여성의 직장 진출, 대가족제도의 철폐와, 경제적 세습 관념의 퇴색으로 (···)."

—〈뚜렷해진 '여권신장'—인구 '센서스'에 나타난 가족 구성 등 실태〉(《매일경제》, 1968. 6. 13, 3면)

상고시대 우리 조상의 부부관계는 여성 상위였다. 여성에게 정조가 강요되지 않았고 모든 의식은 여성 중심이었으며 세상을 다스리는 중요한 신은 모두 여성으로 숭배되었다. (···) 조강지처나 백년해로의 사상은 서구사상 속에 흐려져 이제 이유만 있으면 부부란 언제든지 헤어질 수 있다는 풍조 속에 부부관계는 과거 어느 때보다 허술하고 위태로운 상태에서 다시 여성상위 시대라는 상고시대와는 다른 의미의 유행어까지 등장했다.

—〈(한국가정 오늘의 문제 1) 부부관계—주부 부재 속에 위기는 높아, 동등권만 앞세우고 공동책임 미처 못 배워〉(《경향신문》, 1970. 5. 8, 5면)

1950~1960년대에 아버지는 가족을 통솔하고 지배하는 권위를 생득적으로 성취했다. 아버지가 가족의 중심이 되어야 한다는 생각은 당연한 것이었고, 여성은 결혼을 해서 남성의 그늘 아래 살아가는 것이 일반적이었다. 1950~1960년대는 여성이 경제활동을 해서 생계유지를 하는 것이 오늘날보다 어려웠기 때문에, 이 시기에 남성 곧 남편과 아들이 부재하는 여성의 삶은 고단함 그 자체였다. 그래서 '아버지'를 중심으로 한 가족제도에 편입되지 못한 여성은 동정의 대상이 되었고, 이러한 사회 금기를 위반한 여성은 가십거리의 대상이 되었다.

1950~1960년대에 남편 이외의 남성과 친밀하게 지내거나, 가정일을 등한

시하거나, 이혼을 하려는 여성들은 혐오의 대상이었고, 남편의 바람으로 이혼을 당하는 여성들은 연민의 대상이었다. 보통 춤바람 난 기혼녀나 간통한 여성의 부도덕성이 엄중하게 비판될 것이라 예상할 수 있는데, 이 시기에는 뜻밖에도 현모양처의 이미지에서 벗어난 여성들이 '흥미'로운 존재로 형상화된다.

피살된 여대생, 외도하는 주부, 가족보다 자기 일에 매진하는 여성 등이 등장하는 미디어의 내용을 살펴보면, 현실에서 일어난 '핵심적 사실'만 이야기된 건 아니다. 그보다는 '핵심에서 벗어난 주변적 사건'을 보도하고 '현실에서 발생하기 불가능한 서사적 사건'을 '드라마화'하는 경향성이 강하다. 일례로, 신문에서는 '여성의 바람'이라는 사건 자체보다는 기혼녀와 내연남 사이의 편지 내용이 인용되면서 그들의 사랑이 얼마나 절실한 것이었는가가 마치 한 편의 드라마를 연상시키듯 기사화된다. 또한 영화 〈여성상위시대〉의 여성 주인공은 '자유분방한 기혼녀'인데, 영화는 남편의 말을 듣지 않는 성적으로 방종한 여성을 희화화해 형상화함으로써 관객의 웃음거리로 만들고 있다.

독자나 관객 등은 기사를 읽거나 영화를 볼 때 기사나 영화 속에 재현된 사람들의 실제 삶을 인식하기보다는 자신의 백일몽을 즐길 가능성 곧 '사전(事前) 쾌락(vorlust)'을 느낄 가능성이 커진다. 여기서 사전쾌락이란 페티시즘(fetishism)[1]의 가능성을 내포하는 것으로, 여성의 신체적 요소나 성적 요소를 직접적으로 언급하지 않지만 여성의 육체를 연상시킬 수 있는 사물을 부각해서 성적 만족을 얻는 쾌락을 말한다. 또한 사전쾌락에서는 이야기의 세부 사항을 일부 바꾸거나 짐작을 사실인양 서술함으로써 사건의 실체나 본질이 다른 것으로 전도되는 현상이 발생한다. 즉, 기사 작성자나 영화 연출자에 의해 독자나 관객 등은 사실을 받아들이기보다 이야기의 세부 사항이나 작은 부속물에 관심을 가지게 된다. 그 결과, 대중은 사건의 핵심과 결말을 중요시하는 것이 아니라 강렬한 욕망의 역동성을 느끼는 것에 집중하게 된다.[2] 그럼으로써 신문이나 영화 속 문제적 여성은 독자나 관객 등의 욕망을 추동하는 대상이자 독자나 관객 등이 살지 못했던 세계 속 비운의 여주인공으로 탈바꿈된다.

예컨대, 특히 1950~1960년대/1970년대에 여성혐오 현상과 관련된 신문 기사의 내용은 여성의 '죽음'과 깊게 결부되고 있음을 주목할 필요가 있다. 치정(癡情), 외도, 살인 등과 연관된 혐오스러운 사건의 주인공이 죽고 사라져 정확한 사실을 알기 어려울 때, 기사 작성자는 그 사건을 임의적으로 분석하면서 사실 여부 파악이 어려운 일부 요소들을 재구성하기도 한다. 기사 작성자는 셜록 홈스가 되어 사건의 의미망과 관계성을 생산하고, 간극을 메우며, 파편을 일관성을 지닌 전체로 연결하는 전이(轉移)의 내러티브[3]를 구성하게 되는 것이다. 이렇게 '전이'된 이야기에는 그 비극성이나 재미를 과장해 독자의 흥미를 충족시키고자 하는 기사 작성자의 욕망이 내재되어 있다.

요컨대, 1950~1960년대/1970년대 미디어는 전이의 스토리텔링 기법을 통해 사회 금기를 위반한 여성의 불행한 종말을 자극적 이야기로 만들고 있다. 그래서 사회에 경종을 울리기보다 그녀들을 과감하게 흥미의 대상으로 전락시켜 대중이 소비할 수 있게 했다. 영화에 나오는 허랑방탕한 여성들 역시 일시적으로 관객의 욕망을 충족시키다 사라진다. 1980~1990년대처럼 타락한 여성들을 규율의 대상으로 취급하기보다 영화를 보는 시간만큼은 대중이 마음껏 즐기다가 가정으로 돌아갈 수 있게 하는 것이다. 여기서 주목할 것은 방탕한 여성들의 부정적 속성과 함께 여성을 종속시키는 남성 중심 사회의 어두운 면모가 함께 부각된다는 사실이다. 이 점에서 상대적으로 1950~1960년대/1970년대는 1980~1990년대보다 한국이 남성 중심의 사회이고, 아버지의 잘못으로 가족이 힘겹게 살고 있음을 인정하고 반성했던 시기다.

1950~1960년대/1970년대에 혐오 대상으로 주목해야 할 존재는 바로 '여대생'이다. 이 시기는 고등교육을 받은 여성이 1980~1990년대에 비해 드물었던

만큼, 여대생은 호기심과 질투심의 대상이 되었다. 이 시기 여성의 신분 상승과 하락은 '결혼'과 밀접하게 결부되었기 때문에 여대생의 명석함과 사회적 능력은 인정받기 어려웠다. 여대생들이 대학 졸업 후 능력을 발휘해 사회적 성취를 이룰 수 있는 기회가 매우 제한적이었던 상황에서 '아는 것이 많아 고집이 세고 자기 주장이 강하다고 여겨지는' 여대생들은 사회 질서를 위반할 수 있는 잠재적 힘을 가진 존재로 여겨졌다. 이 점에서 여대생은 다른 부녀자와는 달리 사회 규범을 일탈하는 정숙하지 못함과 정신이상자의 형상으로 이미지화되는 사례가 많았다. 정숙하지 못한 대상으로 인식된 여대생은 혐오적 존재로 낙인찍혀 사회와 단절되었다.

제1장

'원초적' 존재로서의 아버지, '계몽'의 대상으로서의 어머니

1. 생득적인 아버지의 권위, 남성이라는 이유로

1950년대 '민주적 국민의 양성'이라는 국가적 목표 아래 강조된 도의(道義) 교육에는 국민이 모범적 가정을 이루어 품위 있고 성실하게 살아가야 한다는 내용이 강조되어 있다.[1] 또한 이 시기에 문화 재건을 추진한 문화인들은 여러 작품 형식을 통해 아버지 중심의 가부장제 질서를 모럴의 기준으로 삼고 젠더 규범을 만들어갔다. 이때 여성은 자율적 개인으로서의 국민 주체가 아니라 딸·아내·어머니라는 가족 질서 안에서의 위치를 통해 국민이 되었다.[2]

한국사회의 가부장제는 '현모양처'를 중심으로 견고하게 구성되는데, '현모양처'는 시기에 따라 그 개념이 변모되면서 가부장제를 지탱하는 구심점 역할을 하게 된다. 1950년대는 전쟁터에 호출된 남성을 대신해 가장의 역할을 했던 여성들이 전후의 실업난 속에서 남성들에게 일자리를 제공하려는 국가 정책과 맞물려 가정으로 귀환하는 면모를 보인다.[3] 1960년대에는 국가가 경제를 발전시키기 위한 경제 발전 정책을 추진하지만 화폐 개혁 등의 요인으로 물가와 지대(地代)가 뛰어오르는 등 국민들의 생활이 어려워지면서 일하는 여성을 선호하게 된다. 물론, 오늘날처럼 직장에서 실력/능력 발휘를 하는 여성을 원하는 것은 아니었다. 가정에서 절약과 검약을 실천하고 간단한 생활비는 부업으로 충당하는 등 남편을 성공시키는 내조를 겸비한 현모양처가 중요한 덕목이 된 것이다.[4]

한국사회에서 '현모양처' 담론은, 시기에 상관없이, 여성을 좋은/나쁜 어머니/아내로 구분하면서 가족 질서를 견고화했다. 그런데 1950~1960년대 미디어에 나타난 가족 담론은 1980~1990년대처럼 아버지가 모범적이기에 아버지에게 권위를 부여한다는 식의 면모가 보이지 않는다는 점에서 특이하다. 1980~1990년대 미디어에 나타난 가장은 표면적으로 가족을 경제적으로 부양하고 도덕성을 갖춘 '모범적 아버지'이기 때문에 권위를 가질 수 있었던 반면, 1950~1960년대 미디어에 나타난 가장은 축첩하고, 가족의 경제를 부인에게 맡긴 문제적 존재로 형상화된다.

물론, 1950~1960년대의 많은 아버지가 가족을 먹여 살리기 위해 힘들게 일했고 자식을 위해 기꺼이 자신을 희생했다. 현모양처의 전형이 있듯, 자식들에게 애틋한 마음을 불러일으키는 희생적 아버지의 이미지도 있었다.

> 한 번도 봉급을 마음대로 쓴 적이 없다. 항상 봉급 타 오신 다음 날부터 3원짜리 신세가 되기 마련이다. 그것도 통근차를 놓치든가 없을 때는 '버스'라도 타야 하기 때문이다. 주말이면 당연히 영화감상쯤 갈 줄 알던 아빠가 물가가 올라 생활이 어려워지면서부터 담배도 끊으시고 잡비란 일체를 쓰지 않으신다.
>
> —〈(레이디살롱) '3원짜리' 아빠 주머니와 나〉(《조선일보》, 1963. 12. 5, 5면)

영화 〈치맛바람〉(이규웅, 1967)에서도 적은 월급으로 어렵게 대가족을 부양하는 아버지가 등장한다. 아버지 장 씨(허장강 분)는 여동생의 대학 등록금을 마련하기 위해 담배마저 끊는가 하면, 가족에게 면목 없다는 이야기를 한다.

그러나 대체로 1950~1960년대에는 '모범적 가부장'의 전형은 있으나 남성들이 현실에서 가족 부양 등의 책임을 수행해서 아버지로 인정받는 것은 아니었다. 1950~1960년대 가부장은 축첩 관련 기사에서 가정을 무너뜨리는 주범으로 비판받았고, 가족 구성원들에게 자상함보다는 무서움의 대상으로 형상화되었다. 이 시기 신문을 살펴보면, 아버지의 난봉을 막아달라고 경찰국장에게 호소하는 소년, 아버지가 소실을 얻자 강에 몸을 던져 자살한 장남[5] 등의 이야기가 빈번하게 보인다. 그러나 1950~1960년대는 아버지가 행동이 단정치 않고 성적으로 방종하더라도 남자니까 그럴 수 있다는 비논리적 명제가 받아들여진 시기이기도 하다.

1950~1960년대 비윤리적 아버지의 모습은 이 시기 소설에도 나타나 있다. 정비석의 신문 연재소설 〈내 마음을 아실 이〉(1966. 8. 27~1967. 9. 16, 《경향신문》)에는 부부 간에 똑같이 바람을 피우더라도 남녀 간에 "양심의 감도(感度)가 매우 다르다"는 이야기가 나온다.

> 의학박사 안택수는 멀쩡한 아내가 있음에도 불구하고 외방 여자를 범하는 행위에 대해서만은 양심적으로 아무런 가책을 느끼지 않고 있었다. (…)
> 봉건 유풍의 잔재는 아직도 어딘가에 엄연히 남아 있어서 여남평등의 민주사조가 판을 치고 있는 오늘날에도 '남자가 바람을 피우는 것쯤은 보통'이라는 관념이 여전히 통용되고 있다. 여성들 자신조차가 그런 관념을 가지고 있으니 남자들이 양심의 가책을 느낄 리가 없는 것이다. (…)
> 그러나 안 박사는 그런 과오를 범하고 나서도 양심의 가책을 느끼기는커녕 또 하나의 여성인 오명주에게 유혹의 촉수를 또다시 내밀고 있었건만 유경화 여사

는 그런 일이 있고 나서 얼마 동안은 건건사사 양심의 가책에 시달리고 있었다. '내가 죽일 년이지. 어쩌자고 그런 일을 저질렀을까'

— 정비석, 〈내 마음을 아실 이〉(194회, 《경향신문》, 1967. 4. 15, 8면)

1970~1980년대 이전까지 실질적으로 가부장제 가족제도는 모범적 남성성을 중심으로 구성되지 않았고, 따라서 방종한 남성에 대한 배제가 명확하게 이루어지지 않았다. 특히 1950~1960년대의 가부장은 지그문트 프로이트(Sigmund Freud)의 《토템과 터부(Totem und Tabu)》(1913)에 등장하는, 모든 권력과 여자를 소유한 폭군인 '원초적 아버지'의 형상을 하고 있다. 아버지는 남성이라는 이유로 생득적으로 가부장의 권력을 가질 수 있다. 즉, 가부장제는 전통적 가(家)의 계승과 혈통의 유지를 위한 제도로서, 호주제를 중심으로 아들(특히 장남)은 역할과 책임이 과중할 수밖에 없었고 상대적으로 딸은 출가외인으로 위치된다. 이에 따라 남성은 남성이라는 이유 하나만으로 가정과 사회/국가에 여성보다 중요한 존재가 될 수 있었다. 아버지는 돈을 벌어오지 못하거나 불륜을 저질러도 사회적 분위기와 법적 제도를 밑바탕으로 자연스럽게 가부장의 권위를 획득할 수 있었다. 1950~1960년대는 가부장에 도덕적으로 문제가 많음에도 비교적 균열 없이 가부장제를 유지할 수 있었던 기이한 시기라 할 수 있다.

1950~1960년대 미디어에서는 가정(가족)에 엄격하고 무심한 아버지상이 비판되거나 대가족제도가 배격되기도 한다. 일례로, 〈새 시대의 남편〉이라는 한 일간지 칼럼에는 가장이 "입으로는 민주주의를 부르짖으면서도 집안에선 가장이란 틀 안에서 의례[으레] 그 가족에게까지 행세할 줄로 알고 무서워야만 한다는 봉건적 관념이 가득 차 있"음이 비판되며, 일주일에 하루를 가정일로 정해 자녀와 산책 등을 하며 시간을 보내는 등 "홈을 절대적으로 아는 영국인의 풍습"이 제시된다.[6] 가족과 따뜻한 사랑의 감정을 교감하는 아버지의 존재성이 요청되는 것이다.

또한 주로 1980~1990년대 중반까지는 아버지의 권위를 뒷받침하는 수단인 '대가족'에 대한 향수가 뚜렷하게 나타나지만, 이 시기에는 오히려 "대가족주의는 필연적으로 몰락 과정에 있는 것"[7]이라고 이야기된다.

요컨대, 1950~1960년대의 가부장은 1980~1990년대 중반의 가부장에 비해 상대적으로 경제력이나 윤리성 등 모범성을 기준으로 그 권위가 획득되지 않았다. 1950~1960년대 남성은 남성이라는 이유로 자연스럽게 아버지의 권위를 가질 수 있었던 반면, 여성은 여성이라는 이유로 가족 안에서 딸·어머니·아내의 권리를 내세울 수 없었던 약자였다. 그래서 1950~1960년대에는 평범한 가정의 부녀자들에 대한 혐오적 이미지가 형성되기 어려웠다. 그녀들은 아버지와 남편에게 순종하지 않으면 살아가기 힘들었기 때문이다. 한편으로, 이 시기 미디어에서는 가정에 충실하지 않고, 기생집에 드나드는 남성들이 날카롭게 비판되었다. 이런 남성들은 아버지의 권위를 훼손하는 존재였기 때문이다.

가정에 충실하지 않는 아버지를 비판하는 사회적 분위기는 여장남성의 이야기를 그린 영화 〈남자와 기생〉(심우섭, 1969)에 희극적으로 형상화된다. 〈남자와 기생〉은 회사에서 여자처럼 수놓는 것을 즐기다가 직장에서 쫓겨난 태호(구봉서 분)가 돈을 벌기 위해 여장 기생인 산월이가 되어 겪는 내용을 담고 있다. 산월이가 된 태호는 처를 비롯한 가정을 등한시하고, 요정에서 돈을 함부로 쓰며, 기생과의 관계를 즐기는 남성들을 풍자한다. 왜 남자 기생이 되었느냐는 동료의 말에 산월은 비장한 어조로 이야기한다.

> "가정을 등지고 요정을 좋아하는 인간들에게 어떤 경종을 울리고 싶으니까."

산월은 또 자신이 마음에 둔 동료 기생 정미를 추행하려는 남자 손님의 일행 앞에서 가야금을 뜯고 장구를 치며 다음과 같은 노래를 하기도 한다.

〈남자와 기생〉 포스터
(한국영상자료원)

> "(…) 이런 곳엘 오기만 하면 돈을 물 쓰듯 하는구나. (…) 이 녀석들아, 이 녀석들아 냉수 먹고 속 차려라. 여기서 쓸 돈이 있으면은 고생하는 마누라 자식들 옷이나 사다 입혀 주거라. (…) 한심허구나, 한심허구나! 이거 정말 한심허구나. (…) 너희들도 국가를 위해 무언가 할 생각 해보거라! (…)."

산월은 노래를 통해 "가정을 등지고 요정을 좋아하는 인간들"인 남성들을 비판하고 있으나, 남성들은 노래가 들리지가 않는지 산월의 장단에 어깨춤을 추며 흥겨워 할 뿐이다.

〈남자와 기생〉의 묘미는 곧 탐욕적이고 가정에 충실하지 않은 남성들을 골탕 먹이면서 웃음을 유발하는 데 있다. 산월이를 사이에 두고 도 사장과 허 사장(허장강 분)이 몸싸움을 하고, 산월이와 호텔에 간 허 사장은 산월이가 자신의 옷을 몰래 가지고 도망치자 난감해하기도 한다. 이를 통해 영화는 집에서는 교양 있게 처신하지만 밖에서는 요청에 출입하고 기생과 노래를 흥얼거리는 남성들이 허위와 위선에 가득 찬 '가짜 아버지'임을 꼬집고 있다. 허 사장은 밖에서는 기생과의 만남을 즐기지만 가정에서는 부인(도금봉 분)의 호통소리를 들으며 벌을 서는 남자다. 그러나 아들의 애인이 집에 놀러오자 갑자기 근엄한 가장의 음성과 태도로 식모에게 커피를 맛있게 끓여오라고 말하는 이중적 존재다.

반면, 기생이 된 여성은 동정적 존재로, 남성처럼 행동하는 여성은 비도덕적 어른들을 혼내줄 수 있는 존재로 형상화된다. 정미는 안타깝게도 가족 때문에 곧 아버지의 부재, 어머니의 병환, 동생의 공부 뒷바라지 때문에 대학교를 중퇴하고 기생이 되었다. 태호는 어쩌다가 이런 곳에 왔느냐는 주변 사람들의 물음에 다음처럼 대답하며 정미의 대변자가 되어 '현모양처가 되지 못하는' 여성의 삶을 안쓰럽게 여긴다.

> "운명의 장난이야. 남들처럼 태어나 남들처럼 살아나가려고 했어. 그러나 지금 여기서 술을 따르고 웃음을 팔고 있지. 어떤 여자치고 화류계생활을 좋아할 사람은 없을 거야. 현모양처가 돼서 행복하게 지내는 게 여자들의 공통된 소망이 아닐까."

태호의 여동생 태숙(김청자 분)은, 밥을 차리고 빨래도 잘하는 태호와 달리, 무술에 재능이 있다. 그래서 도장을 운영해서 오빠까지 편하게 부양하겠다고 한다. 영화는 젠더가 역전되는 상황을 희화화하는 것을 통해 여성(산월, 태숙)을 가정을 등한시하는 남성들을 비판하거나 동네 남성 건달들을 힘으로 제압할 수 있는 '슈퍼걸'로 형상화하고 있다.[8]

이후, 태호와 정미는 결혼을 약속하는 사이가 되고, 정미는 기생생활을 그만두고 자신의 옷가게를 열어 건실하게 일한다. 남자 같던 태호의 여동생도 결혼을 준비한다. 결국 그녀들은 사회의 가치관에 부합된 존재로 계도되는 것이다. 그러나 관객들은 기생 경력이 있거나 남성성을 지닌 그녀들을 부정적으로만 볼 수가

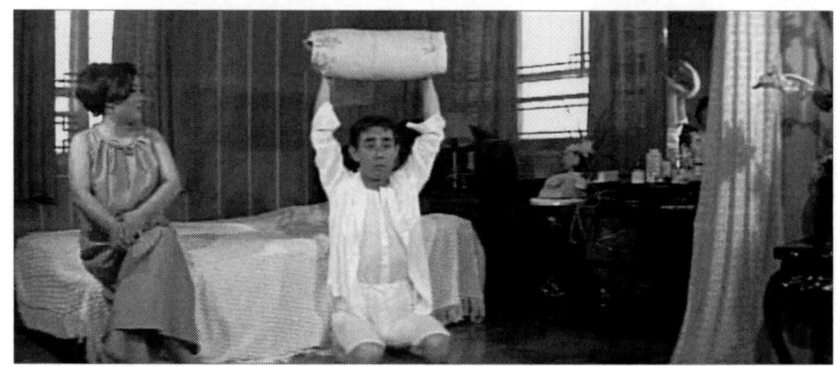

〈남자와 기생〉에서 가정을 등한시하는 아버지로 나오는 허 사장

〈남자와 기생〉에서 가정을 등한시하는 남성을 비판하는 산월

〈남자와 기생〉에서 동네 남성 건달들을 힘으로 제압하는 태숙 (이상 한국영상자료원)

없는데, 〈남자와 기생〉에서 강조되는 것은 주로 '남자라면 가정에 충실해야 한다'는 의식이기 때문이다.

1950~1960년대에 신문·영화 등의 미디어에서 가족에 충실하지 않는 아버지의 부정적 측면을 1980년대 이후보다 비교적 있는 그대로 들추어낼 수 있었던 것은 1950~1960년대에는 남성들이 생득적으로 갖게 되는 남성이라는 자신감이 소멸되지 않은 시기였기 때문이다. 또한 이 시기에는 어머니·아내는 가족에 헌신하느라 고된 삶을 산다는 인식이 명확하게 있었다.

이러한 경향성은 '결혼' 여부와 '건강'을 관련짓는 신문 기사에도 반영된다. 1950년대부터 2010년대에 이르기까지 신문에는 비혼자와 기혼자의 건강 상태를 분석한 기사가 꾸준히 실린다. 1980~1990년대에는 대체로 기혼자가 비혼자보다 훨씬 건강하다는 내용이 확정적으로 서술된다.[9] 반면에 이 시기는 다르다. 곧, 1950~1960년대에는 남성은 기혼자가 건강이 좋지만, 여성은 남성에 비해 결혼 여부와 질병 사이 상관관계가 적고 심지어 결혼을 한 여성은 결혼을 안 한 여성보다 음주 정도가 심한 것으로 나타난다.[10] 흥미로운 점은 그 서술 방식이다. 기사들에서는 여자들에게 '결혼이 좋지 못하다'는 결론을 내리기 전에 그래도 이혼녀나 과부가 되면 살해를 당하기도 쉬워지고, 자동차 사고로 사망하거나 자살하는 일이 늘어남으로 남편과의 결혼생활을 유지하는 것이 중요하다는 사실이 강조된다.[11] 기혼 여성의 삶이 고단하다는 것은 인정하지만, 그럼에도 이혼이나 사별은 여성을 더욱 힘들게 하기에 결혼생활을 파탄내면 안 된다는 사실을 역설하려는 의도가 있는 것이다.

2. 가족 간 살해 사건, 권위의 대상의 아버지와 계몽의 대상의 어머니

1950~1960년대에 아버지들은 자녀를 죽인 패륜 사건의 주범으로 신문에 자주 나온다. 아버지의 비속(卑屬) 살해 사건을 다룬 기사는 남성의 이혼 또는 재혼과 관련된 내용을 담은 경우가 많다. 첩과 동거하면서 본처와 이혼을 쉽게 하기 위해 아들에게 쥐약을 먹인 아버지나 이혼한 후에 전처의 자식들이 부담이 될 것 같아 두 딸을 목 졸라 죽인 후 암매장한 아버지[12] 등의 사건이 그러하다. 아버지가 자녀를 죽인 기사에서 남성은 비정한 아버지로서 명백히 비판의 대상으로 형상화된다. 한편으로, 남편이 아내를 죽인 상황은 다르게 형상화된다. 남편이 아내를 때려왔거나 처가살이를 하고 가난에 시달려왔다는 식으로 부연설명이 간략하며, 대체로 계속된 가정불화로 격분한 남편이 아내를 살해하고 본인은 자살을 기도했다는 식으로 단순하게 서술되는 것이다.[13]

가족 간 살해 사건을 다룬 기사 중 주목되는 사례는 커다란 잘못이 있을 것이라고 짐작되는 아버지가 아내나 자녀들에게 죽임을 당한 경우다. 보통 이러한 기사에서 사건의 전모를 알 수 있는 구체적 사실은 삭제되거나 상당 부분 축약되어 있다. 아버지가 어떤 성격이나 인격의 인물이었는지는 파악하기 어려우며, 명확하게 알 수 있는 것은 '가족이 아버지를 죽였다'는 결과뿐이다. 아버지가 가족에게 극단적 육체적·정신적 폭력을 행사했을 거라고 짐작할 수 있는 경우에도 세부 상황에 대한 언급은 없다.

1954년에 술에 취한 아버지가 어머니를 때리자 아들이 아버지를 죽인 사건이 발생했다. 아들이 아버지가 뇌진탕에 이를 때까지 아버지에게 폭력을 행사할 때는 분명 사정이 있을 것임에도, 기사는 아들이 "상해치사죄로 (…) 구속되어 준엄한 문초를 받고 있다 한다"는 등의 말로서 자녀의 죄만을 언급하고 있다."[14] 아버지를 아내와 딸들이 공모해 죽인 사건을 다룬 기사에서도 "[네 모녀가] 술을 먹고 주정 끝에 잠든 아버지에게 달려들어 (···) 목을 졸라 죽"였다고만 할 뿐 네 모녀가 아버지를 살해하게까지 만든 자세한 상황은 알 수 없다.[15]

'불량소년'이 친아버지까지 죽이는 과정을 세밀하게 다룬 기사에서는 아버지에 대한 비난의 화살이 '계모'에게 돌려진다. 특히 다음에서는 모성의 부재가 존속(尊屬) 살해로 이어진 것처럼 서술된다.

> "제가 아홉 살 나던 해 생모는 저히들을 내버리고 집을 나갔읍니다. 철부지인 저히들 6형제는 웃음 없는 집안에서 아버지의 표정만 살펴보며 기형적인 생활을 해오기 무릇 2년! 그사이 저히들의 감정은 극도로 메말랐던 것이며 사랑에 굶주린 저히들은 가버린 생모를 원망 내지는 그리워하기를 꿈에서나마 잊었겠어요?
>
> 그러던 중 아버지는 저히들의 교육과 가정을 위하여 새로운 어머니(李氏)를 모서왔습니다. 새로운 어머니와 같이 생활하는 동안 저히들의 감정은 점점 외곡(외曲)되어갔으며 애초 우리들이 기대했던 바와는 너무나 차이 나는 것이 발견되었고 찬바람이 집안을 휩쓰는 것을 느낄 수가 있었읍니다.
>
> 그때 저는 도저히 집안을 박혀 있을 수 없었읍니다. (···) 그후 새어머니는 아버지와 저히들을 버리고 또 나갔읍니다. 집안이 무덤같이 싫었읍니다. (···) 제가 열다섯 되던 해 겨울 셋째어머니인 지금의 '이 어머니'가 오셨읍니다. '이○○ 어머니'(그는 이렇게 불렀다)는 저히들에게 둘째어머니와는 딴판으로 사랑과 인정으로 대해주었읍니다. 마치 생모와도같이 해줌에 우리 형제들은 이때부터 이○○ 어머니를 따랐읍니다. 가정은 화평해졌읍니다. 한때 가정과 어머니의 사랑을 잊었던 저도 그때부터 갱생의 빛이 보이는가 했더니 어떻게 사귀게 된 친구들과 어울리는 사이 친구들로부터 유혹과 공갈을 받기 시작했읍니다. (···)

저를 보살펴주고 사랑하던 아버지와 이○○ 어머님께 면목이 없어요…. 아버지는 저승으로 가셨고… 아버지가 보고 싶어요." (…)
용수를 쓰면서 소년 이○○ 군은 "이○○ 어머님께 안부 전해주세요…" 마지막 말을 남기며 문을 나서는 것이었다. (…).

—〈(이○○의 법창 참회록) 왜 패륜아 되었나—계모 밑의 싸늘한 환경〉(《경향신문》, 1954. 9. 3, 2면)

또 다른 사례로, 할머니가 손자에게 남긴 유산을 두고 아들이 아버지와 언쟁 끝에 존속 살해를 한 경우를 주목할 수 있다. 그런데 기사마다 다른 시선에서 이 사건을 보도하고 있다. 핵심은 아버지와 아들 사이의 잘못된 관계에 있었으나, '계모'가 언급되는 순간 아버지의 죄는 가벼워진다. 곧, 아래 두 인용문에서 보듯, 계속해서 새로운 여성을 아내로 맞아들인 아버지가 아들에게 단도까지 휘두른 사실이 언급되느냐, 아버지를 죽인 아들이 자신의 죄를 뉘우친다는 내용이 강조되며 계모의 학대가 언급되느냐에 따라 사건의 본질은 완전히 달라진다.

이 군은 한 살 때 어머니를 잃고 고교를 졸업할 때까지 6명의 계모를 맞았다 한다. 그는 계모와 아버지의 눈총과 학대 속에서 견디어오다가 진학하고 싶어 62년 3월 23일 자기 집에서 아버지에게 "할머니가 돌아가실 때 저에게 넘겨주라고 유언하신 논을 내놓으라"고 요구하자 단도를 휘두르며 "죽여버리겠다"고 대드는 아버지에게 방망이를 던져 죽게 하여 오늘에 이른 것이다.

—〈(소년 사형수 이李 군의 참회문) "아빠 죽이다니 지옥 같아, 계모 6명 아래 온갖 고생"〉(《경향신문》, 1963. 1. 5, 7면)

여섯 번이나 바뀐 계모의 냉혹한 학대에 못 이겨 무서운 죄를 지었는데 요즘 매일 묵상과 기도로써 뜨거운 참회의 눈물을 뿌리고 있다는 내용의 진정서를 대법원에 제출했다. 이 진정서는 56매에 달하는 장문으로 불우했던 과거의 이(李)의 슬픈 생활을 그렸다.

—〈대법원에 참회록—친부를 살해한 사형수가 제출〉(《동아일보》, 1963. 1. 5, 7면)

아들이 가족을 살해하게 된 원인은 성품이 좋지 않은 친구들, 부모와의 불안정한 관계 등 여러 요소를 생각해볼 수 있다. 그러나 위 기사에서는 모든 책임이 남편과 사이가 좋지 못해 가출한 생모, 전처 자식을 제대로 키우지 못한 계모 등 '어머니들'에게 전가된다. 동시에 '아버지들'에게 문제가 될 만한 사실은 기사화되지 않는 경향성이 강하다.

기사에서는 아버지를 죽인 아들의 범행 동기가, 다음과 같이, 주로 남편에게 자녀에 대한 험담을 하는 것 혹은 계모가 남편 전처 자식을 학대하는 것으로 얘기된다. "큰아버지와 이웃사람들의 말을 종합하여보면 살해 동기는 아버지가 계모의 말만 듣고 이복동생과 ○○을 학대하여온 데 대한 복수로 추측된다." "계모 슬하에서 항상 학대를 받아 불만을 품어왔다고 말하고 있다."[16] 죽은 아버지의 잘못보다 모성의 부재에서 자녀들의 악마성을 찾고 있다고 할 수 있다. 또한 자녀가 범죄를 저지르는 원인도 아버지(친부)가 아니라 계모를 중심으로 서술된다. 친부 역시 자녀를 구타했음에도 그 자녀가 "'계모'의 학대에 못 이겨 아버지의 자전거 한 대를 훔쳐 팔"았다는 사실이 강조되는 것이다.[17] 이처럼 1950~1960년대에는 계모에 의해 아버지를 살해하기에 이르는 자녀들에 대한 기사가 넘쳐났다. 계모 때문에 전처 자식들이 패륜아가 되었다는 내용은, 조선시대부터 계모의 악마적 이미지가 이어져왔기에, 대중에게 자연스럽게 수용될 수 있었을 것이다. 아버지의 잘못을 이미 굳어진 계모의 이미지를 이용해 지워버리는 것이라 할 수 있다.

어머니가 자녀에 의해 살해된 경우는, 아버지가 아내와 자녀들에게 죽임을 당한 경우에 반해, 그 전모가 매우 상세하게 서술된다.

"어렸을 때 아버지를 여위고 자라난 당년 18세의 학생이 40이 넘은 어머니가 젊은 정부와 더불어 연일 추잡한 정교관계를 거듭하는 몰지각한 행동을 회오(悔悟)시키고자 어머니의 정부를 살해하고 자기에게도 권총을 발사한 살인 미수 및 자살 미수 사건이 발생하였다."

—〈어머니의 정부(情夫)에 발사(發射)!—자살을 기도한 아들도 위독, 어지러운 세파가 비저낸 중학생 살인 미수 사건〉(《경향신문》, 1953. 4. 12, 2면)

기사에서, 어머니를 죽이려 한 아들은 '살인을 시도한 범죄자'가 아니라 독자의 심금을 울리는 '불쌍한 아들'로 전이된다. 쓰러져 피를 흘리던 청년은 "누나 나는 어지러운 세상을 떠나겠읍니다" "누나 잘 있어"라는 말을 남긴 다음 의식불명이 된다. 또한 기사에는 어머니의 신상 정보나 어머니의 정부가 얼마나 파렴치한지 알 수 있는 일화도 구체적으로 나열된다.

어머니가 대상이 된 패륜 사건에서 가장 주목되는 사례는 딸이 자신과 유부남 사이 관계를 말리던 어머니를 살해한 경우다. 사건은 "어머니 한 씨가 기혼자인 장 모 씨와 교제하는 것을 반대한다고 딸이 목을 졸라 죽였다"라는 단신 기사로 처리된다.[18] 그런데 이 사건은 한 달 정도 지난 뒤 한 편의 장르 소설이 되어 대중에게 다시 알려진다. 기사에서 딸이 어머니를 죽인 원인은 그녀의 부모가 이혼했기 때문으로 언급된다. 특히 이혼으로 고독해진 어머니가 딸에게 과도하게 집착하고 아버지가 없어 외로워진 딸이 방종하게 되었음이 문제로 지적된다. 딸은 서울 모 여대에 진학한 후 어머니와 이혼한 아버지의 서울 집에서 사랑을 느끼며 행복했지만, 어머니의 요구로 그 집에서 나온 후 모녀 간 불화가 심화된다. 극도로 고독해진 딸은 처자가 있는 남성과 사귀게 되고, 자신의 이성교제를 반대하는 어머니를 죽이고는 그 시체를 유기한다.[19] 여기서 문제적 사실은 딸의 방종이 친어머니로 인한 것임이 강조된다는 점이다. 어머니는 외로움에 떠는 딸의 마음을 헤아리지 못한 채 끝장을 내자며 식도를 잡고 딸에게 달려들고, 딸이 칼을 빼앗자 이번에는 몽둥이로 딸을 때린다. 기사에는 여대생이 어머니를 살인하고 난 이후 벌이는 엽기적 행각도 장황하게 서술된다. 딸은 뒷문으로 나가다가 얼음에 미끄러져 의식을 잃은 어머니를 목 졸라 죽인 다음, 어머니가 손에 끼고 있던 금반지와 어머니의 예금통장을 빼다 팔아 애인인 유부남과 유흥비용으로 사용한다. 광 속에 98일 동안 유기되어 있던 어머니의 시신은 그 주변에서 놀던 아이들에 의해 우연하게 알려진다. 딸에 대한 어머니의 지나친 집착과 광기, 그로 인해 성격에 결함이 생긴 여대생의 엽기 행각이 '긴장감'이 넘치는 한 편의 드라마로 주조되고 있다.

> 모처럼 아버지 슬하에서 행복했던 조(曺)는 애인 박(朴) 모 군과의 사이에도 금이 가자 다니던 학교를 쉬어버리고 용인으로 내려가면서 모녀 사이에는 말다툼이 그칠 사이가 없었다. 극도로 고독해진 조는 전부터 친히 대해주던 처자가 있는 장(張) 모와 불의의 관계에 빠져들어갔고 몇 달씩 서울 등지로 애정 행각에 나서기도 했다. 이 사실을 안 어머니의 극성은 더욱 심해졌고 드디어는 어머니의 딸에 대한 애정의 독점욕에서 나온 간섭, 그리고 조의 지나친 방종 등의 갈등이 이러한 불행을 가져오고 말았던 것이다.
>
> —〈불의관계(不義關係) 말리는 어머니를 살해 광 속에 숨겨 98일—모 여대 중퇴한 처녀를 기소〉(《동아일보》, 1967. 3. 31, 3면)

살펴보았듯, 어머니가 자녀에게 죽임을 당한 기사의 경우는 그 사건 내용은 짧게 처리되더라도 어머니의 부정적 행실에 대해서는 독자가 알 수 있도록 분명하게 서술된다. 어머니가 "아버지와 이혼한 후 행실이 나빠졌다고" 아들이 주먹과 발로 차서 어머니를 죽인 기사, 아버지와 사별한 후 가정을 돌보지 않고 다른 남성과의 관계에만 집착하는 어머니를 비관해 딸이 "우리가 죽으면 마음을 돌리겠지…" 하고 동생과 집단자살을 시도한 기사[20] 등 1950~1960년대 신문 기사에서 어머니는 ('권위의 대상'의) 아버지와 다르게 '계몽의 대상'으로 형상화된다.

제2장

여대생, 정숙하지 못함의 대명사

1. 계급적으로 성장할 수 없었던 '아프레 걸'•들

한국전쟁 이후부터 아프레 걸(apres girl)••[1]로 비판의 대상이었던 '여대생'[2]은 1950~1960년대 미디어에서 가장 혐오스러운 대상으로 형상화된다. 최근까지도 지속되는 '공부는 않고 옷차림에만 골몰하는 여대생'에 대한 편견은 전후의 미디어에서 시작되었다. 1950~1960년대부터 "과분한 몸차림이라든지 지나친 '맵시'" 등 여대생의 화려한 옷차림과 사치에 대한 기사[3]가 보이는 것이다. 그리고 이 시기부터 여성들이 결혼을 잘하려고 대학에 다니고 대학 졸업장을 받는

• "아프레 걸"은 "아프레게르"에서 파생한 말로, "전후(戰後)"를 뜻하는 프랑스어 "아프레게르(après-guerre)"와 "소녀"를 뜻하는 영어 "걸(girl)"의 합성어다.

•• '아프레게르(aprés-guerre)'는 본래 사치와 향락을 즐기는 남녀 모두를 지칭하는 말이었으나, 1950년대에 신문소설에서는 '아프레 걸, 아프레, 전후파, 현대여성'이라는 용어가 혼용되고 있다. 전통적 젠더 이데올로기에서 벗어난 존재인 다방마담, 유한마담, 양갈보 등이 '아프레 걸'에 속하며, '아프레 걸'은 정숙하고 순종적인 여성상과 대립된 부정적 대상으로 형상화되었다.

다는 이야기가 나온다. 다음의 칼럼은 여대생에 대한 1950~1960년대 사회의 분위기를 잘 드러내준다.

> 해방 전에는 여자로서 대학을 나온 사람이 불과 손꼽을 정도이었으나 여자대학이 우후죽순처럼 많이 생긴 오늘에는 중간에 그만둔 사람일망정 여대생이라고 해야 결혼 '치장'이 되고 보니 돈 없는 여자들은 정조를 팔아가면서라도 대학에를 다녀야 된다고 말들 한다. 이런 여자들은 요사이 여대생의 풍기가 하도 나빠서 여대생이라면 시집을 못 가게 될 날이 올가봐서 딸을 대학에 보내지 않으려는 부모가 있다는 것을 알아야 할 것이다.
>
> —〈여학생의 풍기(風紀)와 성도덕 상(上)〉(《경향신문》, 1955. 7. 17, 5면)

또한 1971년에 이화여대 앞에서 사치 풍조 성토대회가 있었던[4] 등 1960~1970년대에는 여대에서 '메이퀸', '포크댄스 파티' 등의 행사가 지나치게 사치스럽다는 여론이 있었다. 실제로 1970년대 말에 이대생들은 "사치와 낭비이며 외형미가 지나치게 강조되어 여성의 상품화를 초래할 뿐 아니라 시대의 조류에도 맞지 않는다"[5]며 메이퀸 행사의 폐지를 주장하기도 했다.[6] 여대생이 '사치스러운' 이미지 때문에 1960~1970년대에 최고의 혐오스러운 여성이 된 것은 아니었다. 이 시기 더 문제적 사실은 여대생이 성적으로 문란하거나 이상성격자로 이미지화되었다는 점이다.

다음의 기사에서는 혼인을 빙자해 여성과 간음한 박인수의 사건이 다루어지고 있다. 그런데 여성을 농락한 남성을 비판하기보다는 "자유부인"을 흉내 낸 듯한 "자유여대학생"의 방종한 태도를 문제 삼는다. 박인수와 어울린 여대생을 건전한 결혼을 할 수 없는 허영의 존재로 만드는 것이다.

◇사치풍조를 배격하자는 플래카드를 펴들고 이대앞에서 성토하는 고대생들.

"女大生은 短靴를 신으라"

高大「민족思想硏」 梨大앞서 異色데모

고려대학교 한국민족사상연구회(회장 李鍾延·23·법학과3년) 회원 약40명이 28일 낮12시30분 이화여대앞에서 사치풍조 성토대회를 벌였다.

학생들은 「당신의 낭비속에 민족은 굶주린다」「사치와 향락은 망국의 근원」이란 플래카드를 들고 「이대생에게 부치는 글」을 이대생들에게 나누어주었다.

이 글은 「하이힐을 벗고 단화를 신어라. 다방과 과자점으로 향하는 그대들의 발걸음을 서점으로 돌려라. 귀부인과 같은 그 손가락으로 쌀을 씻어라. 달랑거리는 핸드백을 내던지고 두툼한 책가방을 들어라. 조국과 민족에 바친 이대의 80년에 빛나는 화려한 전통을 이어 나가라」는 내용이었다.

고대생들의 성토대회는 연세대 교련강화 반대데모학생 약6백명이 이대앞으로 몰려오자 30여분만에 중단되었다.

학생들은 이밖에 「전국민에게」「전국여성에게」 보내는 메시지에서 ①망국적사치와 향락풍조를 이땅에서 과감히 추방한다. ②한국민의 무비판적인 낭비풍조를 근절하고 건실한 한국인이 될것을 촉구한다. ③소수재벌과 정부고위층의 분에 넘치는 사치풍조를 규탄한다. ④젊은학도들은 퇴폐풍조를 시급히 지양하라고 촉구하고 『대다수국민들은 국가적위기를 외면한채 사치와 향락에 탐닉하고있다』고 규탄했다.

…접을두어 엄단키로 했다.

銃器事故미연방지 金總理지시

김종필(金鍾泌) 국무총리는 28일 국무회의에서 『최근 잇단 총기 난사사건에

한트럭분押收

서울지검 보건부(河一夫 金有厚검사)는 28일 가짜 OB맥주를 대량으로 만들어 시중에 팔아온 이영길(李榮吉·31·서울 성동구 … 成泰·24)씨등 2명을 …건법죄단속에관한 특별조법위반혐의로 긴급구속하고 이들이 팔다남은 가짜OB맥주 한트럭분을 압수했다.

〈여대생은 단화를 신으라—고대 '민족사상연', 이대 앞서 이색 데모〉(《조선일보》, 1971. 9. 29, 7면). "사치풍조를 배격하자는 플래카드를 펴들고 이대 앞에서 성토하는 고대생들."(기사의 사진 설명)

아래는 "성토대회"를 벌인 학생들이 "이대생들에게 나누어" 준 "〈이대생에게 부치는 글〉"이다.

"하이힐을 벗고 단화를 신어라. 다방과 과자점으로 향하는 그대들의 발걸음을 서점으로 돌려라. 귀부인과 같은 그 손가락으로 쌀을 씻어라. 달랑거리는 핸드백을 내던지고 두툼한 책가방을 들어라. 조국과 민족에 바친 이대의 80년에 빛나는 화려한 전통을 이어나가라."

"그러나 우리나라에는 이 자유가 방종으로 오해되고 있는 것 같다. 벌써 '자유부인'은 구세기의 일이고 '자유여대학생(自由女大學生)' '자유처녀'가 거리에 극장에 여관에 땐스홀에 범람하는 시대는 오고야 말았다."

—〈누가 죄를 받느냐—박인수의 재판을 마치고 1〉(《경향신문》, 1955. 7. 23, 4면)

"자유의 미명 아래 얼마나 많은 정조가 유린당하였느냐! 우리는 이 엄연한 사실에 대하여 눈을 가리면 안 된다. 교육의 자유! 학원의 자유! 학생 사생활의 자유! 여자대학생의 하숙(下宿)의 자유!"

—〈누가 죄를 받느냐—박인수의 재판을 마치고 2〉(《경향신문》, 1955. 7. 24, 4면)•

동시에, 이 칼럼 오른쪽 지면의 〈남녀 대학생의 생활의견〉이라는 기사를 주목할 필요가 있다. 남대생 47명 여대생 125명을 대상으로 대학생들의 가치관에 대해 설문 조사를 하고 그 결과를 분석·비판하고 있는 기사다. 그런데 기사는 설문 조사의 결과를 객관적으로 설명하지 않고, 여대생의 기질을 당시 1950년대에 사회적으로 문제가 되고 있던 '춤바람' 사건과 결부하려는 의도가 엿보인다.

또 하나 재미있는 현상은 여대생의 대부분이 사교땐스를 출 줄 알며(26명) 필요하다(42명)고 한대[한 데] 대하여 남자 대학생의 대부분은 할 줄 모른다(41명)고 하였으며 필요하지 않(37명)다고 한 것이다.

—〈남녀 대학생의 생활의견—설문(남 47명 여 125명)을 통해 본 생태(生態)〉(《경향신문》(1955. 7. 23, 4면)

• 참고로 기사 작성자는 1955년 7월 22일 박인수 사건에 대해, 1심에서 공무원 사칭에 대해서만 유죄를 선고하고, '법은 정숙한 여인의 정조만을 보호할 수 있다'며 박인수의 '혼인빙자간음죄'에 대해서는 '무죄'로 언도한 서울지법판사다.

기사는 여대생 125명 중 26명이 사교댄스를 출 줄 아는 설문 사실과 다르게 "여대생 대부분이 사교땐스를 출 줄 알며"라고 서술하고 있다. 관련 제목도 "〔사교 땐스〕 남—필요하지 않다, 여—할 줄 안다가 다수"로 설문 사실과 다르게 뽑고 있다. '여학생에게서 문제가 발생한다'는 주장을 하기 위해 설문 결과를 타당하지 않게 분석하고 있는 것이라 할 수 있다.

다시 이 설문 기사 왼쪽 지면의 네 컷 시사만화를 보면, 남편은 순산한 부인에게 "딸! 딸! 딸도 좋아 …"라고 말하고 있는데 갓 태어난 여아는 "아버지 땐스 책 사다주세요"라고 하면서 아버지의 기대를 배반한다. 춤바람 난 여대생을 풍자한 시사만화라 할 수 있다. 이로 볼 때, 지면 전체가 여대생을 '문제적 여성들'로 만들고 있다고 하겠다(64쪽 참조).

1950~1960년대 여대생은, 같은 문제적 여성들이었던 '춤바람 난 주부'나 '이혼녀'와는 달리, '이상 성격을 지닌 집단'으로 대상화되었다. 일례로, 1960년대 신문에서 여대생의 자살 이유는 남대생의 자살 이유와 차이가 있는 것으로 언급된다. 남대생 역시 여대생처럼 등록금이 없다는 이유 등으로 죽음을 선택하지만, 동시에 남대생은 정세(政勢)에 실망하는 등 사회적 문제로 자살하는 것으로 기사화된다. 이때 남학생에 대해서는 "독실한 기독교 신자일 뿐 아니라 학교 성적도 우수하여 주위의 촉망을 받아왔었다"[7]는 설명이 추가된다. 그러나 기사에서 상대적으로 여대생은 '자살할 가치가 없는 이유'로 죽음을 선택하는 경우가 대부분이라 독자가 여대생의 죽음에 공감하기 어렵다. 여대생은 "미국 간 오빠와 동생들만을 편애"[8]한다는 이유로, "창녀생활을 하며 학교에 다닌다"는 거짓 소문을 비관[9]해 자살한다. 여대생의 자살 기사에서는 죽음에 이를 만한 일이 아니라고 치부될 수 있는 경우가 많아, 독자는 여대생이 지나치게 예민하고 나약하다는 생각을 할 수 있는 것이다.

또한 남대생의 자살은 당시 1950~1960년대 사회에서 용인되기 어려운 사랑

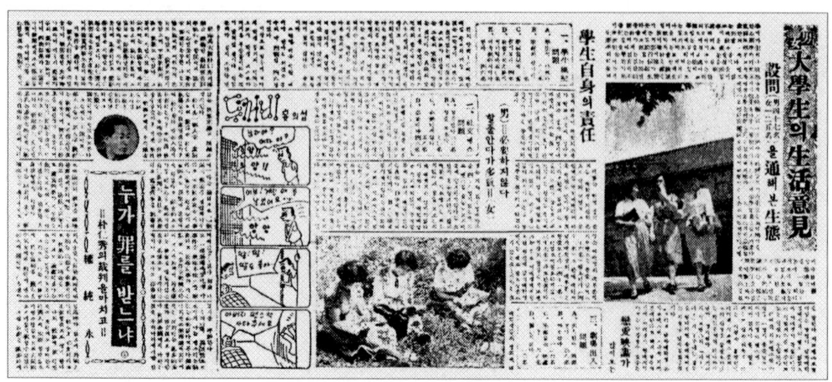
男女大學生의生活意見
設問(男四十七名 女一二五名)을 通해 본 生態
學生自身의責任
누가 罪를 받느냐
―朴仁秀의裁判을마치고Ⅱ

〈남녀 대학생의 생활의견〉(《경향신문》, 1955. 7. 23, 4면). 〈남녀 대학생의 생활의견―설문(남 47명 여 125명)을 통해 본 생태〉, 〈누가 죄를 받느냐―박인수의 재판을 마치고 2〉, 〈두꺼비〉(네 컷 시사만화) 등 기사 지면 전체가 여대생을 '문제적 여성들'로 대상화하고 있다.

〈두꺼비〉(《경향신문》, 1955. 7. 23, 4면)

을 했어도 연민의 시선으로 그 상황이 묘사되지만, 여대생의 자살은 충분히 동정을 가질 수 있음에도 다수가 비윤리적으로 것으로 형상화되고 있다. 일례로, 한 남대생이 창녀와 진심으로 사랑을 나누었으나 부모의 반대로 죽음을 택한 사연은 안타까운 시각에서 서술된다. 남대생이 음독자살한 이 사건은 자신이 사랑했던 창녀가 '이룰 수 없는 사랑'이라는 내용의 유서를 쓰고 자살하자 자신도 극약을 먹고 그 뒤를 따른 순애보적 측면에서 다루어진다.[10] 반면, 두 여대생이 서로의 몸을 한데 묶어 투신자살한 사건에서는 죽음의 동기를 찾기보다는 대중에게 충격을 줄 만한 '동성연애'가 강조된다. 기사를 살펴보면, 이들이 동성연애를 했다는 것은 추측일 뿐 정확한 근거는 없다. 그들이 일류대에 가지 못한 것을 비관해 자살을 했다는 사실은 2일 뒤에나 보도된다. 재수를 하며 힘든 가운데 서로 의지처가 되었던 두 여성은 '동성연애라는 소문' 속에서 죽어서도 오명을 남기게 된 것이다.[11] 한 기사에서는 이들이 친한 친구 사이였음이 명확하게 서술되기도 한다. "두 여학생은 서로 똑같은 처지를 동정, 거의 하루도 빠짐없이 만나 생활을 같이 해왔다는 것. '동성연애를 한다'는 주위의 오해(?)를 받을 정도로 둘이는 사이가 가까왔다"는 것이다.[12] 또한 교내 보일러 굴뚝 속으로 투신자살한 여대생은 "경기여고를 우등으로 졸업한" 영리한 학생이지만 "아버지가 첩을 얻은 것을 비관해왔"다. 그러나 기사에서는 그녀가 "죽기 며칠 전 서울에 있는 할아버지에게 '죽는 것이 곧 사는 것이다'라는 내용의 편지를 낸 일이 있고 학교에서 교수들과 무신론을 주장, 곧잘 토론을 벌이기도 했었다"는 일이 먼저 강조된다.[13] 이 사건을 다룬 다른 기사에서는 아버지가 첩을 얻었다는 내용은 완전히 사라져 여대생의 자살이 근본적으로 여대생의 개인 성격에 문제가 있다고 오해될 수 있는 내용이 서술된다. "유서를 남기지 않아 확실한 자살 원인은 알 수 없으나 서울 경기여고를 우등으로 나온 양(梁) 양은 평소 허무주의에 빠져 고민했던 것으로 보아 염세자살이 아닌가 보여진다."[14]

이 밖에, 충분한 근거 없이 대학 교수의 설문 조사라는 권위에 기대어 여대생을 이상성격자로 왜곡한 사례도 보인다. 〈여대생들의 성격—생각하는 지방 학생·사회적인 서울 학생〉[15]은 한 대학교 교수가 고안한 성격 검사를 같은 대학교 여학생 500명 중 207명을 대상으로 실시하고 있다. 기사에서는 여학생의 성격 형성에 큰 영향을 끼치는 것으로 특히 거주 방식이 강조된다. "정서적 안정과 행복을 위한 시간과 그것이 이루어질 수 있는 장소"를 확보하는 것은 한 인간의 성격을 형성하는 데 중요하다. 그런데 쓸쓸한 하숙이나 자취 생활은 "젊은이의 성격 형성"에 영향을 미쳐, 여학생들이 친절한 마음을 갖지 못하게 됨을 우려하고 있다. 한 인간의 성격 형성은 가족과의 동거 여부가 중요한데, 설문 결과 조사 여대생의 35퍼센트가 부모나 형제와 헤어져 살고 있어 정서적 안정을 얻기 어렵다는 것이다.

1960년대 한국소설에는 고향을 떠나 고학하는 남학생들의 이야기가 빈번하게 나타난다. 어려운 대학생활 속에서도 열심히 고학해 중산층 이상의 가정을 꾸린 할아버지, 아버지 세대의 이야기들은 그 시대를 극복한 감동적 서사들로 남아 있다. 이들은 자신의 자손들이 좀 더 쉽게 공부할 수 있는 기회를 열어준 세대들이다. 특히 〈침몰선〉(이청준, 1968)에는 대처(大處)에서 학업에 열중하는 똑똑한 남학생이 가족을 그리워하면서도 전근대적 고향에 돌아가고 싶지 않아 하는 이중적 감정이 잘 형상화되어 있다. 이들은 방학에도 고향에 가지 않고 대처에 남아 열심히 공부하면서 성장해나간다.

> 1년에 두 번씩 방학이 되어 차를 타고 시골 마을로 가는 것이 그를 훨씬 더 잘 견디게 해주었다. (…) 그러나 그 3년이 끝나자 그는 비로소 마을로는 영영 다시 돌아갈 수가 없게 된 자신을 깨달았다. 누가 그렇게 시킨 것은 아니었으나 수진은 그 무렵 어느 날 문득 제물에 그것이 깨달아진 것이었다. (…) 고등학교 진학

을 하고부터는 1년에 두 번씩 찾아오는 방학 때가 되어도 그는 집에도 잘 가지 않고 열심히 공부를 했다.

— 이청준, 〈침몰선〉(《숨은 손가락》, 이청준 문학전집 중단편소설 9, 열림원, 2001, 36쪽)

곧, 고향을 떠나 고학하는 경우에도 그것이 남학생들에게는 '가화(家和)'를 위한 일로 여겨진 데 반해 여학생들에게는 '타락'의 나락으로 떨어지는 길로 간주된 것이다.

요컨대, 1950~1960년대의 여대생은 "학력자본과 경제자본의 불균형 속에서 지식은 쌓았지만 계급적으로는 성장할 수 없었"[16]던 '아프레 걸들'이었다. 여성은 결혼 전에는 가정의 울타리 안에서 보호를 받으며 생활해야 가정교육을 제대로 받은 조신한 신붓감이 될 수 있었고, 결혼 후에는 가족을 희생적으로 돌보는 역할을 다해야 사회적 존재로 대접을 받을 수 있었다. 다시 말해, 여성은 '결혼'을 통해서만 사회적으로 성장할 수 있을 뿐 여성 스스로의 능력만으로는 대우를 받을 수 없었고, 사회활동을 하더라도 원만한 가정의 '딸' 혹은 '아내'의 지위에 있을 때 의미가 있었던 것이다. 특히 고향을 떠나 생활고에 시달리면서도 공부를 계속하려고 했던 여학생들은 1950~1960년대가 원하는 여성상이 아니었다. 모범적으로 생활하더라도 여성이 예컨대 자취나 하숙을 하는 등의 거주 방식은 달갑지 않은 것이었다.

2. '불의'한 치정 살인극의 주인공들

1960년대에는 서양권 여대생의 개방적 성관념을 소개하는 해외 토픽 기사가 유난히 많은데, 대부분 대중의 말초적 흥미를 유발하는 자극적 제목이 눈에

띈다. 〈여대생 누드 공연 '피터 팬' 말썽〉, 〈미(美)에 성혁명 징조, 여대생 50%가 비처녀(非處女)〉 식이다.[17] 한국의 여대생에 대한 성관념의 편견과 외국의 여대생에 대한 성의식이 결부되면서 이 시기 한국사회 여대생의 이미지가 왜곡될 수 있는 지점이다. 1960년대는 아직 한국 여대생의 성가치관만으로는 '성혁명' 등의 담론을 구성할 수 없는 시기라 외국 여대생의 사례를 이용해 마치 한국 여대생도 그렇다는 이미지를 만들려 했다고 볼 수 있는 것이다.

1960년대 여대생의 이미지 중 가장 문제가 되는 것은 '정숙하지 못함'이라 할 수 있다. 이 시기 사회적 분위기에서 성관계는 기혼자만의 것이었다. 왜냐하면 가부장제를 유지하기 위해서는 사랑하는 사람을 만나 정식으로 결혼을 한 뒤 스위트홈을 만들어 자녀를 낳고 행복하게 사는 낭만적 사랑이 지향되었기 때문이다. 이러한 시대적·사회적 분위기에서 아버지를 중심으로 한 가족 질서는 낭만적 사랑의 꿈 안에서 확립될 수 있다.[18] 그렇기에 비혼 여성의 혼외관계는 도덕적으로 문제시된다.

1960년대에는 여대생을 치정 사건과 임의적으로 연결하거나 '개방적' 성의식을 가진 존재로 이미지화하는 작업이 수행된다. 여대생을 정숙하지 못한 존재로 대상화하고 싶은 당대의 욕망은 '여대생' 피살 사건에 특히 잘 드러난다.

1950~1960년대의 기사에서는 사건의 핵심이나 결말과 상관없이 피살된 여성의 매니큐어를 바른 '손톱'이나 입고 있는 '팬티' 등 자극적이거나 선정적인 내용이 언급되는 경우가 많았다. "손톱은 '매니큐어'를 칠하여 빤짝거"리는, 남편에게 살해당한 첩의 기사,[19] "두꺼운 것과 얇은 것 등 두 개의 '빤쯔'를 입고 있"는, 피살된 묘령의 여점원의 기사가 그러하다.[20] 두 번째 기사의 경우, 젊은 여성이 평소에 다방에서 남성과 교제가 있었다는 사실이 서술되기는 하지만, '살인 사건'이라는 핵심을 벗어나거나 피해자 여성의 성격을 왜곡하는 면모가 두드러지지는 않았다. 또한 피해자 여성이 가난한 집안의 장녀로서 어렵게 돈을 벌다가 살해를 당했

다는 점, 그녀의 성격이 강직했다는 점이 언급되면서 읽는 이가 안타까운 마음이 들도록 했다.

> 장녀로서 집에는 전기〔前記〕 아버지와 어머니 이 씨(53) 및 대학에 다니는 오빠 아래로는 M여중 3년에 재학 중인 여동생과 국민학교에 다니는 남동생 등 여섯 식구가 살고 있다 한(韓) 양은 충남공주국민교를 졸업하고 서울에서 모 고등공민학교를 얼마 동안 다니다 말았으며 홍은시장에서 밀가루 장사를 하는 부모 밑에서 자기의 양장점원 수입으로 가난하게 살고 있다. 가족들의 말로는 한 양은 성격이 퍽 강직해서 남자들이 함부로 말도 붙이지 못했을 거라고 하며 가족들은 불의의 참변에 넋을 잃고 울부짖고 있다.
>
> —〈묘령의 여점원 피살—치정 살인으로 단정하고 수사〉(《동아일보》, 1961. 2. 15, 3면)

그런데 '여대생' 피살 사건은, '여점원' 피살 사건과 달리, 1960년대 신문이 사실을 보도하기보다는 '소설'과 같은 서사를 만들어냈다는 점에서 주목된다. 독자의 호기심과 상상력을 극대화하는 서사적 장치를 통해 이미 죽고 사라진 여대생은 정말 그러한 일이 있었는지 알 수 없는 소설의 '주인공'이 된다. 돈 문제로 인해 시작된 '살인' 사건은 되바라지고 정숙하지 못한 여대생의 '치정' 사건으로 변질된다.

대표적으로 1961년에 발생한 '시체 없는' 여대생 피살 사건에 대한 기사를 사례로 들 수 있다. 처음에 사건 경위를 밝힐 때만 해도 여대생의 시신을 찾을 수 없었는데, 현장을 가장 잘 드러낼 수 있는 '몸'이 없었기 때문에 기사를 접하는 사람들의 호기심과 상상력이 더욱 극대화될 수 있었다. 기사에는 여대생의 몸을 연상시키는 사물이 서술되는데, '물 위에 떠 있는 흰 속치마'가 공통적으로 나온다. 이보다 더 독자의 성적 자극을 이끌어내는 것은 수사관들의 상상력(아래의 첫 번째 인용문)과 시체를 인양한 후의 묘사(아래의 두 번째 인용문)다. 이때 부각되는 것은 여대생이 어떤 식으로 죽었는가이며, 이는 매우 선정적으로 서술된다. 기사 내용은 여대생이 '왜' 살해당했는지보다 여대생이 '강간당한 것은 아닌지'에, 여대생이 '몸에 무엇을 어떻게 걸치고 있는지'에 집중된다. 실제라기보다는 상상에 가까운 내용들이 기술되면서, 여대생과 그녀를 죽인 남성의 행동은 마치 영화처럼 다양한 각도에서 상세하게 재현된다.

> 경찰의 사건 추리
>
> 한편 경찰은 김(金) 양이 4일 하오 5시경 미리 약속한 남자와 만나기 위해 또는 길을 가다가 우연히 친한 남자를 만나 사건 현장까지 산책을 하며 와서는 남자가 사랑을 고백하여 육체를 요구했으나 김 양이 끝내 이에 불응하자 돌 같은 흉기로 김 양의 머리를 강타 실신케 하고 옷을 벗겨 강간을 한 후 시체는 강물에 던진 것이 아닌가 보고 있다.
>
> ─〈여대생은 피살?─광나루에 피 묻은 옷만 남기고 신체는 행방불명, 한강 물엔 흰 '속치마' 맴돌아〉(《동아일보》, 1961. 4. 6, 3면)

> 김(金) 양은 흰 '즈로즈' 검은 치마 흰 '콜셋트'와 같은 '빤쯔' 및 맨발에 흰빛 구두를 신고 위에는 검은털 '도꾸리 샤쯔'만 입고 있었다. (…) 또한 검시 결과 검은 '스카트'가 위로 추켜올려져 허리에 감겨 있었으며 '빤쯔'에 배꼽 있는 부분이 손으로 약 5'센치'가량 찢겨 있었다. 따라서 경찰은 범행이 난행을 하려고 하다가 김 양이 완강히 거부하자 주위에 있는 돌로 왼편 눈 위를 찔러 실신케 한 후 머리카락을 휘어잡고 바위에 마구 뒷머리를 쳐서 죽인 후 물에다 굴려버린 것으로 보고 있는데 시체의 외형으로는 '빤쯔'가 제 모양대로 입혀지고 있어 난행당한 흔적은 있는 것 같지 않다고 한다. (…) 난행을 하려고 했다면 '빤쯔'

에 음모가 묻었는가의 여부도 밝혀낼 것이다.

— 〈안면에 심한 상처—광나루 여대생 피살 사건, 김 양 시체를 인양〉(《동아일보》, 1961. 4. 8, 3면)

위 사건을 다룬 다른 기사에서는 독자의 흥미를 고조하려 피살 여대생의 삼각관계를 부각해 남성이 질투심으로 여대생을 잔인하게 살해했다는 소설적 내용이 서술된다. 살해된 여성이 "수도여대"를 다니고 있음을 명확하게 알 수 있게 기사를 배치하고 있으며, 내용 중간에는 큰 글자로 "삼각관계·치정으로 단정"이라고 소제목을 뽑고 있다.[21]

그리고 그렇게 추정하는 이유를 다음과 같이 서술하고 있다. 첫째, 살해된 김 양이 문제의 사촌오빠 '김 모' 군과 천호동 거리를 나란히 보행하던 장면을 목격한 사람이 있다. 둘째, 사건 현장이 피로 물들어 있던 이유는 범인이 여대생을 둔기로 잔인하게 살해했기 때문이고, 이는 사건이 '혈육의 발작적인 치정살인'이란 것을 뒷받침하는 근거가 될 수 있다. 셋째, 살해된 김 양은 사촌오빠와 자주 만났고, 김 양의 애인은 그 사촌오빠와 학교 친구라는 점에서 이 셋 사이에 삼각관계가 벌어졌던 것으로 보인다. 그러나 김 양이 사촌오빠와 같이 길을 걸었고, 사촌오빠가 김 양을 잔인하게 살해했다는 사실로 이 사건을 '치정'으로 인한 살인사건이라 단정할 수 없다. 또한 기사에서는 이 사건과 관계가 있다는 아무런 증거가 없는데도 김 양의 애인까지 뜬금없이 호출되고 있다. 즉, 이와 같은 내용으로 볼 때, 뜬금없이 부각되는 '삼각관계'설은 대중의 말초적 흥미를 유도하기 위한 장치일 뿐 추정에 불과하다. 게다가 죽은 여대생의 가정사가 여과 없이 기사화되는 것도 문제다. 여대생 김 양의 아버지는 "한때 친일파로 몰렸던" 사람의 조카사위여서 가족 대부분이 일본에 있고, "사업에 실패하여 현주소지의 방 한 간을 세로 얻어" 딸과 둘이 살고 있다는 내용이 자세하게 서술되어 있다. 이는 사촌과 치정관계에 얽혀 있는 여대생이 피살된 환경적 조건으로 충분히 가정 배경을 문제 삼을 수 있게 하는 것이다.

이 사건은 20여 일 후 치정이 아닌 돈 문제로 벌어진 것으로 재보도가 된다.[22] 흥미로운 점은, 기사가 정식으로 정정 보도를 하지 않고 사건을 정황상 삼각관계에 의한 치정극으로 단정 지을 수밖에 없었다는 변명을 하고 있다는 것이다. 〈광장서 엽기적 여대생 살인—삼각관계·치정으로 단정〉[23]에서는 여대생의 가정에 문제가 있는 것으로 서술되었다면, 이 기사의 정정 기사인 〈백악(百惡)의 난무(亂舞) 봄의 사회상〉[24]에서는 여대생을 "가풍 있는 양가의 자손"으로 바꾸어 표현한다. 또한 정정 기사는 기사가 퇴폐풍조에 물든 사회를 비판하는 기획 기사의 일부 내용이었다는 점에도 문제가 있다. 요컨대, '광나루 여대생 살인사건'은 치정 사건이 아니며, 여대생은 돈 문제로 친척 남성에게 죽임을 당한 명백한 피해자다.

또한 〈'불의의 관계' 확인—여대생 피살 사건, 김○○ 양 시체 해부〉[25]에서는 여대생의 시체를 해부한 결과 남자의 정액이 검출되었음을 알린다. 그런데 그 정액이 범인의 것인지 알 수 없고, 강간 등의 여부 등을 고려하지 않은 상태에서 제목만으로 피살 여대생과 남자의 관계에 "불의(不義)"라는 표현을 쓰고 있다.

이 수도여대생 피살 사건을 다룬 기사에서 발견되는 또 하나의 문제점은 여대생의 성격을 형상화하는 방식이다.[26] 위에서 인용한 〈여대생은 피살?〉 기사에서는 "과거 고교시절에는 비교적 얌전한 편이라 남녀 교유관계는 뚜렷이 밝혀지지 않고 있다고 한다"라고 했으나, "여고 시절에 고전 무용을 하여 학생들 사이에 대인기를 가진 학생이라고 하며 성격은 극히 명랑한 편이라고 한다"라는 말이 그 사실과 함께 서술된다.[27] 피살 여대생을 남성과 만남을 가질 여성으로 만들기 위해 "얌전"과 대비되는 "극히 명랑"이라는 여성의 성격을 내세울 필요가 있었던 것이다. 〈백악의 난무 봄의 사회상〉 기사에서는 여대생 살인 사건의 원인을 명확하게 여대생의 '성격' 탓으로 돌린다. 범인이 "실직 상태에 있었다는 사실과 피살자 김 양의 성격이 괄괄해 상대방이 누구든 아랑곳없이 마구 말해온 습성을 지녔다는 점에서 성격의 대결이 빚어내는 참극"이라는 것이다. 즉, 기사에서 실제의 여성은 사라지고, 피해자 여대생은 살인 사건의 주인공이 될 만한 인물로 윤색되고 있다.

요약하자면, 여대생이 금전관계 때문에 사촌오빠에게 채권을 이행하라는 독촉을 하다가 강간·살해당한 사건으로, 나이 어린 여학생이 어려운 가정 형편 때문에 스스로 돈을 어떻게든 마련하려다가 변을 당한 것이다.[28] 그런데 미디어의 세계 안에서 사건은 오해되기 쉽게 치정 살인 사건으로 기사화되었고, 여대생은 정숙하지 못한 존재로 변질되었다.

1960년대에 여대생은 여전히 1950년대의 사치·향락·타락의 대명사였던 '아프레 걸'의 범주에서 벗어나지 못했다. 그 이유는 이 시기 미디어가 충분한 근거 없이 여대생의 존재성을 왜곡해 형상화한 데 있다. 그러나 대중이 아프레 걸로서의 여대생의 표상을 여과 없이 받아들일 수 있었던 것은 여대생에 대한 편견이 1960년대 사회에 광범위하게 존재한 때문이라 여겨진다. 현모양처가 되기보다 가족의 울타리에서 벗어나 조금 더 큰 세상을 경험하며 살아가려 했던 이 시기 여대생들은 대중의 흥미를 위한 대상으로 전락하고 만다. 그러나 정숙하지 못하면서 이상성격을 가진 것으로 형상화되던 여대생은 1980~1990년대에 이르러 뜻밖에도 '청순가련'한 존재성을 지니게 된다.

3. 사회 금기를 깨뜨리는 '부량소녀'들

여대생의 '창부'의 기질 혹은 부딪치는 육체들

최희숙은 《슬픔은 강물처럼》(1959)을 발간한 이후 문란한 작품을 썼다는 이유로 다니던 대학교를 그만두게 된다. 《창부의 이력서》는 1965년 신문소설로

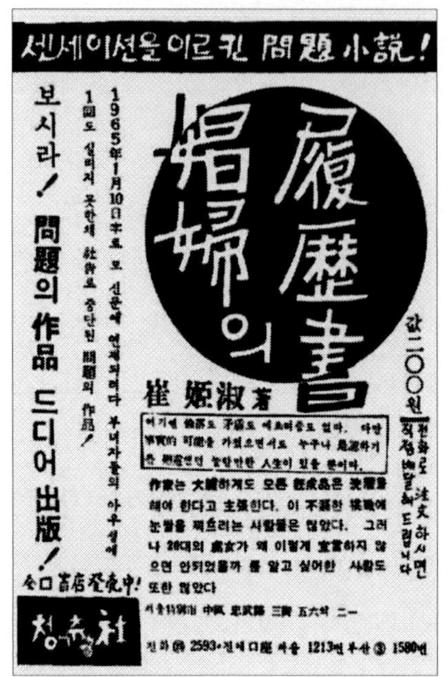

《창부의 이력서》 신문 광고(《동아일보》, 1965. 11. 29. 1면). "1965년 1월 10일 자로 모 신문에 연재되려다 부녀자들의 아우성에 1회도 실리지 못한 채 사고(社告)로 중단된 문제의 작품", "작가는 대담하게도 모든 기성품은 세탁(洗濯)을 해야 한다고 주장한다. 이 불손(不遜)한 도전에 눈살을 찌푸리는 사람들은 많았다. 그러나 20대의 처녀가 왜 이렇게 선언하지 않으면 안 되었을까를 알고 싶어 한 사람도 또한 많았다."•

기획되었으나, 최희숙이 소설의 주제가 "여자는 모두 창부의 기질을 가졌고, 거기서 놀아나는 사내들은 얼간이"라고 했다가 "부녀자들의 아우성에 1회도 실리지 못한 채 사고(社告)로써 중단되어버렸다." 그리고 이를 특필한 신문사로 인해, 작품을 본 사람이 없는데도 작품을 둘러싸고 한 달 동안 찬동과 반대의 싸움이 벌어졌다.[29]

• 《창부의 이력서》(최희숙, 김홍중 엮음, 소명출판, 2013)를 엮은, 최희숙의 아들 김홍중은 〈창부의 이력서〉의 신문 연재가 무산된 1965년 11월 최희숙이 "'창부의 이력서'(청춘사)라는 책을 펴냈지만 이는 단편소설로 애초 구상한 신문 연재물은 아니었다"며 "당시 신간 출간을 알리는 신문광고까지 실렸지만 어떤 이유에서인지 어머니도 이 책을 보관하고 계시지 않았"으며 "신문 연재를 위해 쓴 장편소설은 이듬해 '사랑할 때와 헤어질 때'(문교출판사)라는 다소 엉뚱한 제목으로 출간됐다"라고 말한다. 《창부의 이력서》는 "작가의 별세[2001] 이후 아들 김 씨가 '사랑할 때와 헤어질 때'를 보고 손수 타자를 쳐 문서파일로 만들면서 소설은 신문 연재 무산 48년 만에 원제 그대로 출간될 수 있었다"(〈소설 '창부의 이력서' 48년 만에 원제목 찾았다〉, 《동아일보》, 2013. 11. 11, 접속일 2019. 12. 16).

최희숙의 작품 속 여대생들은 작가 최희숙처럼 아프레 걸의 이미지로 그려진다—예컨대, 그녀는 "나는 이 책이 세상에 던져짐으로써 베스트셀러가 되기를 원하기보다는 얼마나 많은 공격이 들어올까를 각오한다"라고 밝힌다.[30]• 여대생은 자신의 부모가 사회적 지위가 높은 사람들이라고 거짓말을 하면서 명동에서 돈을 흥청망청 쓰고, 거리에서 처음 만난 남성과 술집에 가려고 자신들을 고등학교를 나와 댄서생활을 하는 여자들이라 소개하기도 한다. 상대 남성들은 그녀들을 "공연히 바람나서 아프레니, 비트닉크니•• 하는 멋을 부려 보려고 하는 초보생들"(《부딪치는 육체들》, 276쪽)이라 놀린다. 그녀들은 유부남과 불륜관계를 맺거나, 술 담배를 하며, 삶을 의미화하지 못하고 시간을 공허하게 보낸다. 소설은 자신이 살아가는 시대적 상황을 고민하기보다 유희적 수다, 사연이 있는 남성을 사랑하는 여대생들의 소녀적 감수성으로 가득 차 있다. 그래서 "도덕이구 윤리구 어딨어. 넝마장수한테 주어버릴 일이야"(《부딪치는 육체들》, 102쪽)라고 외치는 여대생들은 '아프레 걸'의 전형이라 오해될 만하다. 소설에서 여대생은 성적 측면에서 금기 위반을 하는 성 해방론자이거나, 항상 죽음을 생각하는 허무주의자로 그려진다. 예를 들어, 《부딪치는 육체들》에서 생활이 어려워진 대학생 을애는 회사를 경영하는 경훈과 잠자리를 하고, 수우는 아버지의 잘못된 재혼을 비관해 자살을 시도한다. 《창부의 이력서》에서 지우는 유부남과 불륜의 관계에 있다가 창부의 신분으로 자살한다.

그러나 위의 여대생들은 '불량소녀'를 연기하는 배우와 같은 인물들이다. 《부딪치는 육체들》에서 여대생 수우 일행은 낯선 남자들에게 자신들을 'M홀에

• 이 책에서는 《창부의 이력서》(소명출판, 2013)와 《부딪치는 육체들》(구미서관, 1964)을 분석했다.

•• beatnik. 비트족 또는 비트제너레이션(Beat Generation)의 일원. 1950년대 전후 풍요로운 물질적 환경 속에서 기성세대의 질서와 도덕을 거부하며 저항적 문화를 추구했던 미국의 젊은 세대를 말한다. 직업 역할이나 가족 외부에서 자신의 정체성을 찾고자 했다.

〈슬픔은 강물처럼〉 신문 광고(《경향신문》, 1960. 10. 12, 4면). "한국의 '싸강' 현대 여대생 최희숙 양의 이색적인 애정수기!"

〈슬픔은 강물처럼〉 신문 광고(《동아일보》, 1960. 10. 26, 4면). "한국 여대생의 새로운 애정 윤리의 추구!", "백만 독자의 가슴을 뒤흔든 전후(戰后) 여대생 최희숙 양의 새로운 성도덕은?"

나가는 댄서'로 소개하면서 자신들이 힘든 삶을 산다는 거짓말을 한다. 여기에 다 스무 살 때 동거하다 생긴 어린애 하나까지 있다고 하면서 삶이 고달프다고 하소연한다. 그러다가 그녀는 담배가 피우고 싶어지면, 담배 한 대를 얻어 그럴싸한 폼을 내며 연기도 뿜어본다. 작가는 사실 불량소녀인 척하는 여대생들을 내세워 사회의 이면을 들여다보고자 했다. 하지만 이 시기 1960년대 미디어는 당대 한국 사회의 보수적이고 위선적이었던 부조리한 측면을 소설화하려는 작가의 마음을 들여다보고자 하지 않았다.

최희숙이 《슬픔은 강물처럼》을 통해 주목의 대상이 될 수 있었던 것은 그녀가 1950~1960년대 대중이 '여대생'에게 품고 있던 흥미와 성적 편견을 충족시켰기 때문이다. 프랑수아즈 사강(Françoise Sagan)의 〈슬픔이여 안녕(Bonjour Tristesse)〉(1954)은 자유를 지향하는 여성 주인공의 젊음을 서사화한 소설로, 1959년 한국에서 동명의 영화로도 개봉되었다. 최희숙의 《슬픔은 강물처럼》은 사강의 책 제목을 염두에 둔 것이라 짐작하는 연구자도 있는데, 1950~1960년대 최희숙의 작품은 '한국의 사강'이 쓴 것처럼 읽혔고,[31] 역시 영화(《슬픔은 강물처럼》, 정창화, 1960)로도 만들어졌다.[32] 소설에 묘사되는 당돌한 사건들은 여대생에 대한 대중의 환상을 충족시켰을 것이다. 그러나 작가가 "여자는 모두 창부의 기질을 가졌"다고 말한 것은 여대생을 흥미로운 존재로 간주하는 1960년대의 사회적 분위기에 편승한 것이 아니다. 그녀의 발언은 당대 가치관에 위배되는 것이기에 사회적으로 배제될 수밖에 없었다. 1960년대 '여대생'은 대중이 소비할 수 있는 성적 대상이 될 때에만 주목받는 존재일 뿐 사회 금기를 위반해 사회를 균열시키는 주체가 되면 이방인으로 취급되었다.

1950년대 후반부터 1960년대 초반의 독서시장에 등장한 '여대생 작가'의 소설[33]은 '단지 흥미로울 뿐' 아무런 비평적, 미학적 가치를 갖지 않은 것으로 평가받았다.•[34] 그러나 "한국의 싸강"으로 떠오르던 작가 최희숙의 《부딪치는 육체들》(구미서관, 1964)과 《창부의 이력서》(청춘사, 1965)를 단지 '흥미로운 것'으로만 평가할 수는 없다. 작가가 여대생의 허무와 일탈, 여대생의 유부남과의 열정적 사랑, 여대생의 자살이라는 당시로서는 불량스러운 내용을 통해 궁극적으로 이야기하고자 한 바는 1950~1960년대 가족이데올로기의 문제점이라 할 수 있다는 점에서다.

• 1950~1960년대 "한국의 싸강"으로 호명되던 "여대생 작가"는 사소설(私小說) 성격의 작품을 발표한 일군의 여성들을 지칭한다. 여대생 작가는 순문학의 정전이 된 남성 대학생 소설가나 평론가와 대조적으로 통속적이고 대중적인 소설을 썼으며, 한국문학사의 바깥에 위치되었다.

부딪치는 육체들의 야성성, 스위트홈에 내재된 위선성

최희숙은 1950~1960년대에 풍기 문란 한 글을 쓴다는 이유로 독자와 사회로부터 외면받았다. 그런데 그녀의 소설 속 여대생들을 단순히 유부남과 불륜을 즐기는 사회 일탈자로 보기는 어렵다. 소설에서 여대생은 T. S. 엘리엇 선집을 읽고, 영화 시나리오를 쓸 만큼 영민하다. 영어와 프랑스어에 능숙하고, 일주일 내내 학교 도서관에 틀어박혀 책을 읽는다. 또한 카바레에 가서 모르는 사내의 어깨에 기대어 춤을 추다가도 남자가 치근덕거리면 숙제를 해야 한다며 헤어지고는 다신 그 홀에 가지 않는다. 또 증권회사에 다니는 남성들과 "스트리프 거얼 쇼"를 구경하지만 끝까지 함께하지는 않는다. 그녀들의 진짜 목적은 오히려 함께 스트립쇼를 구경하던 남자들의 돈을 훔쳐 길거리의 거지에게 뿌리는 것이다. 《부딪치는 육체들》에서 유부남 정 감독은 수우를 불량소녀라고 하지만, 그녀는 자신이 정말 불량소녀라면 "이처럼 목마른 사슴마냥 외로움에 떨 것 같지는 않았다"라고 말한다. 《창부의 이력서》에서 지우도 상점에서 옷과 화장품 도구를 훔치고 사랑하지도 않는 남자와 동거를 하지만, 음악감상실에서 처절하게 울고, 호텔 바에서 공허와 쓰라림 속에서 술에 취한다.

소설 속 여대생들은 사회적으로 금기시하는 일들을 즐기는 척하며 자기 위안을 삼고 있다. 사회적 일탈이라기보다는 개인적 일탈의 '포즈'를 취하는 것이며, 유희 행위를 통해 일시적으로 일상에서 벗어나고자 한다.

> "술 덕택으로 부량소녀적 용기가 났던 것이다. 나를 미치게 하던 우울도, 슬픔도, 끈덕진 권태와 불안도, 쓰레기통에다 던져버린 것처럼 사라져버렸다."
>
> — 최희숙, 《부딪치는 육체들》(244쪽)

무엇이 그녀들을 이토록 우울하고 허무하게 만들었을까. 1960년대 여대생들에게 그녀들이 의지할 '가족'이 없음은 그녀들이 미래를 기획할 수 있는 힘이 부재하다는 것과 같다. 공부를 할 수 있는 경제력과 환경을 갖추지 못할 때 그녀들은 대학 공부를 끝까지 하기가 어렵다. 여대생에게 '고학'이라는 말은, 남대생들과는 다르게, 어울리지 않는다. 1960년대에 열심히 공부를 해서 집안을 일으켜 세우고, 개인적으로 또는 사회적으로 출세를 할 수 있었던 것은 어디까지나 남대생(남성)의 몫이었다. 《부딪치는 육체들》에서 을애는 군대 간 오빠의 자살 이후 부모님이 오빠에 대한 큰 상실감으로 인해 사업까지 망하자 어머니로부터 학교를 그만둘 것을 강요받는다. 《창부의 이력서》에서 경아는 어렵게 대학을 졸업했지만 그녀에게는 결혼이라는 더 큰 과제가 남아 있다. '대학 졸업장'보다는 '결혼 입학서'가 그녀의 삶에서 더 중요한 것이다.

이처럼 1960년대의 여대생은 남대생과 평등하게 자신의 능력을 인정받고 사회적으로 성장할 수 없는 존재였다. 남대생은 개인적 노력을 통해 새로운 계급으로 성장할 수 있었지만 여대생의 사회적 위치는 대부분 남편에 의해 정해졌다. 이 시기 이청준 등이 쓴 소설에서 남학생들은 공부를 열심히 하는 것으로써 자신들을 옥죄는 전근대적 '고향'을 탈출할 수 있었지만, (일례로 최희숙의 소설에서) 여학생들은 공부를 열심히 하는 것으로써 새로운 삶을 시작할 수 없었다. 최희숙의 소설에서 지우는 "시골의 적막함에서 참을 수 없는 환멸"(《창부의 이력서》, 102쪽)을 느낀다. 여대생 경아는 아무리 열심히 공부하더라도 스스로의 힘으로 "비가 새서 지도를 그린 천장, 쭈글쭈글하게 습기 찬 방, 찌그러진 밥그릇에 담긴 된장, 시어빠진 찬 밥덩이"(《창부의 이력서》, 33쪽)에서 벗어나기가 어렵다는 사실을 알고 있다.

한편으로, 《부딪치는 육체들》과 《창부의 이력서》에는 사회 금기를 위반하는 여대생과 현실에서 모범적으로 생활하는 여대생이 함께 나온다. 《부딪치는 육체들》에서 불량소녀 수우의 동생 수지는 아르바이트로 생활비를 벌면서도 학교

성적이 좋고 교수들에게도 칭찬받는 대학생이다. 《창부의 이력서》에서 경아는 유부남과 불륜관계에 있는 지우와 다르게 어려운 가정 형편에도 악착같이 대학교를 졸업한다. 경아는 지우를 만난 지 얼마 되지 않았을 때 거짓말로 삶을 살아가는 그녀를 이해하지 못한다. 그래서 다음과 같이 반문하기도 한다.

> "너는 왜 좀 더 평범한 여자가 되기를 원하지 않니? 스스로 몸을 망치면서 공부를 해야 하고, 화려한 옷을 걸쳐야 하느냐 말이야. 너는 결국 창녀와 뭐가 다를 게 있니? 네가 좀 더 현명할 수만 있다면 적어도 이러한 형태의 너는 아닐 거야."
>
> — 최희숙, 《창부의 이력서》(45쪽)

평범한 여대생 수지와 경아는 소설에 가끔씩 등장하지만 현실의 이면을 드러내주는 중요한 역할을 한다. 《부딪치는 육체들》에서 모범생 수지는 아버지는 같지만 어머니는 다른 경훈과 경민 형제가 갈등해 서로 권총을 들이대며 싸울 때, "낭패한 늙은 세대들은 구멍조차 없어 벌벌 기는 걸"(305쪽)이라 외친다. 이 말은 수우나 경민 등이 느끼는 삶의 공허함이 기성세대의 도덕적 허약성에서 온 것임을 들춘다. 수우나 경민은 삶의 환부("구멍")를 드러내며 괴로워하지만, 기성세대들은 자신에게 환부가 있는지조차 자각하지 못하고 실패한 삶 속에서 타락해간다는 것이다. 《창부의 이력서》에서 결혼을 앞두고 마음이 공허해진 경아는 약혼자가 옆에서 춤을 추자고 권하는데도 거절하고 지우에게만 관심을 갖는다. 약혼자 진성은 심란한 경아의 마음을 헤아리지 못하고, 경아는 무슨 일인지 외로운 듯 웅크리고 있는 지우의 모습에 마음 아파한다. 진성은 여자 혼자 호텔에서 지내며 밤마다 술에 취하는 지우를 이상한 사람으로 여긴다. 그러나 경아는 "그녀가 절대 불행하지 않다"라고 말한다. 경아는 오히려 결혼을 앞둔 자신이 "한정 없는 고독에 시달"리는 것처럼 느껴진다.

소설에서 여대생들은 아버지보다 어머니를 더 존경하며, 동성과 우정 이상의 감정을 교류하는 것으로 그려진다. 《부딪치는 육체들》에서 여대생 수우도 어머니에게 의지하는 존재다. 수우의 아버지는 국가와 국민을 위해서가 아니라 자신의 부귀와 명예에 눈이 어두워 국회위원이 되려다 낙선한다. 이 과정에서 가산을 탕진하고 불구자가 된다. 반면, 수우의 어머니는 학식이 풍부하고 자상한 존경할 만한 여성으로 소개된다. 다정했던 수우의 어머니는 남편의 계속된 계집질, 술주정, 가산 탕진으로 병을 얻어 죽는다. 수우는 어머니를 잃은 상실감을 자신과 마찬가지의 처지인 동성 여자 친구들과의 관계를 통해 극복하고자 한다. 《창부의 이력서》의 경아 역시 지우에게 완전히 매혹된 것으로 그려진다. 그리고 경아는 지우가 자신의 삶을 기록한 에세이로 그녀의 진짜 모습을 만나면서, 지우가 자살한 창부였지만 그 어떤 여인들보다 순결한 존재였음을 깨닫는다.

소설에서 여대생이 지닌 '야성성'은 사회가 정한 규칙에서 벗어났다는 의미가 강하다. 그녀들이 동성인 친구들에게서 찾은 '야성성'에는 성적 매력, 열정적 눈빛과 더불어 고귀함, 순결함이 내재한다.

> 깊은 호수(湖水)처럼 맑기만 한 서늘하고 시원한 눈은 정열과 냉혹이 겹쳐서 언제나 물끼가 돌고, 가늘게 선(線)을 긋고 나려진 어깨는 십팔 세기의 귀족 부인들의 어깨를 방불케 한다. 피부는 야들야들한 계란색이어서 만나는 사람으로 하여금 침을 꿀꺽 삼키게 하는 것이 아닌가. 입술은 항상 무엇인가를 바라는 듯하고, 광대뼈는 약간 두드러진 편인데, 이것이 더욱 그녀를 야성적으로 만들었다.
>
> — 최희숙, 《부딪치는 육체들》(18쪽)

> 황홀하기만 했다. 그녀의 눈은 마치 보석처럼 빛나서 번쩍번쩍 빛을 냈다. 숱이 적은 머릿결은 태양에 그을려 살아 있는 듯이 물결처럼 굼실거렸다. 흰 코스

모스처럼 가냘픈, 그러면서도 야생미가 전신을 덮은 그녀의 청순한 몸은 아리따웠다. 붉은 장미꽃으로 물들인 것 같은 입술, 상어의 흰 뼈대처럼 눈부신 코, 신의 계시를 기다리는 듯한 이마…. 그녀는 한마디로 너무나 깨끗했다.

— 최희숙 《창부의 이력서》(21쪽)

《부딪치는 육체들》에서 수우와 을애, 《창부의 이력서》에서 지우는 현실에서 모범적 대학생 수지와 경아가 자신의 내면에서 찾은 '야성적 자아'다. 소설은 여대생의 내면에 잠재된 야성성을 이끌어내고, 그녀들을 동성들과 연대하게 한다. 그리고 스위트홈에 내재된 위선적 가족의 관계성을 통찰한다.

소설은 여대생의 눈을 통해 1960년대 기성세대의 그릇된 윤리의식과 사회의식을 보여준다. 《부딪치는 육체들》에서 수우의 아버지가 불륜을 즐기고 뇌물을 받은 것은 명백히 부도덕한 행위지만 사회적으로 크게 문제 되지 않는다. 그러나 부도덕한 가장으로 인해 그 자식과 부인은 큰 고통을 당한다. 젊은 남성은 출세하고 돈을 벌기 위해 유부녀와 사귀고, 유부녀는 현모양처인 척하면서 자신의 욕망을 채운다(《창부의 이력서》). 새어머니는 불구자가 된 아버지를 속이고 정원사와 바람이 나고, 유부남 감독은 아내가 무서워 벌벌 떨면서도 자신의 욕망 충족을 위해 여대생을 유희의 대상으로 삼는다(《부딪치는 육체들》).

여대생은 단순히 유부남과 불륜을 즐기는 것이 아니라 사회 금기의 위반을 통해 역설적으로 1960년대 부부의 윤리를 문제 삼는다. 가족제도에 이의를 제기하는 면모는 신문 연재가 좌절된 《창부의 이력서》에 더욱 극명하게 드러난다. 지우는 동거를 하는 정신과 의사가 자신에게 정숙한 아내가 되기를 바랄 때마다 불편해한다. 정숙한 아내가 되기 위해 지우는 자신이 아닌 다른 사람이 되어야 하기 때문이다. 온순하고 자상하게 보이는 그도 지우를 "울타리에 가둬 넣고 개처럼 길들이려고 애썼"(116쪽)던 것이다. 지우는 그래서 일생 동안 놀고먹을 수 있는 돈을 준다는 남자의 제안도 뿌리치고, "자신을 억압하는 의식의 벽을 깨기 위해"(121쪽) 영원히 유랑하는 존재가 된다. 그녀는 다음과 같은, 1960년대로서는 놀라운 발언도 서슴지 않는다.

> "전 사람들을 이해할 수가 없어요. 결혼은 신성하고 아름다운 것이나 동거생활은 악의 씨처럼 생각하는 걸요. 둘이 다를 게 뭐 있어요? 결혼도 따지고 보면 국가가 인정한 독점적인 사창(私娼)이 아니고 뭐예요."
>
> — 최희숙, 《창부의 이력서》(129쪽)

《창부의 이력서》에서 비판되는 존재는 젊은 여성과 불륜관계에 있으면서도 공개적으로 자신의 명예와 지위를 실추시키지 않고자 하는 위선자인 기혼 남성 '민준'과, 대외적으로 선망의 대상이었던 안주인의 이미지와는 다르게 젊은 남성과 불륜을 저지르는 '안 여사'다. 그들은 환락만을 위한 애욕과 공허함을 대체해 줄 불륜에 매몰되어 있으면서도, 역설적으로 "어떤 도덕과 윤리에 얽매여 외관상으론 순결하고 모범적이길 원한다."(178쪽) 여대생 지우는 이들에 비해 "세상의 모든 것을 잃어버려도"(174쪽) 괜찮다는 마음으로 민준을 사랑한다. 그리고 지우는 생각한다. 젊은 남성들과 불륜을 저지르고 있으면서도 "고귀한 미망인으로" 칭송받는 안 여사와, 민준의 자살 후 "창녀"로 전락한 자신 중 "누가 더 지옥의 용광로 속으로 사라져야 할까?"(267쪽)라고.

여대생들의 사랑은 순간적으로 타올라 모든 것을 불태울 것 같기에 위협적이다. 어머니가 다른 형제를 가진 경민, 아내와 진실한 감정을 교감하지 못하는 유부남과 벌이는 여대생들의 사랑은 너무 뜨겁거나 너무 일탈적이다. 그러나 그녀들의 '열정적 사랑'은 1960년대가 지향하는 부부 간의 '낭만적 사랑'이 얼마나 세속적이고 현실에서 실현되기 불가능한 허구적인 것인가를 들추어낼 수 있는 수단이 된다. 그렇기에 《창부의 이력서》에서는 겉모습만 현모양처인 척하며 기득권을 누리는 기혼 여성보다 기혼 남성을 열정적으로 사랑하다 사회적으로 배제되어 창녀가 된 지우가 더 순결하게 그려진다.

1960년대 여대생들은 현실에서 자신의 생각을 당당하게 발언하고 현실을 개선할 수 있는 힘이 없었다. 소설은 지우가 창부의 존재로서 자살에 이르는 '자신을 소멸시키는' 과정을 통해 이 시기 한국사회의 위선을 보여준다. 1960년대의 가족이 표면적으로는 스위트홈을 꾸리는 듯하지만, 이면적으로는 물질적 탐욕, 성적 욕망 등 얼마나 지저분한 사랑의 논리가 내재되어 있는지 들추어내는 것이다. 소설은 '창부'의 사랑이 더 깨끗할 수 있음을 역설하고 있다.

무엇보다 소설에서 1960년대의 여대생들은 남성들과의 사랑에만 집중하지 않는다. 《부딪치는 육체들》에서 수우는 정 감독이 자신을 심심풀이로 여긴다는 사실을 알고 있다. 《창부의 이력서》에서 기혼 남성은 아내와 부부의 인연을 이어나가는 것이 의미가 없는 상황에서도 사회적 비판을 감수하지 못해 여대생과 소극적으로 밀회를 나누다가 자살한다. 그녀들은 이제 자매나 친구들 외에는 아무도 의지할 사람이 없다. 그래서 여대생들은 동성과 우정 이상의 감정을 느끼며 그들과 연대한다. 자신과 같은 약자와 동질감으로 연대하는 것이다.

주목해야 할 것은 다른 작가들도, 일례로 최인호도 〈전람회의 그림I〉(1972) 등과 같은 작품에서 낭만적 사랑에 내재된 쾌락적 사랑의 실체를 들추어냈다는 사실이다. 최인호는 김영호가 자신의 결핍을 충족시킬 오유미와 결혼하려는 욕망과 김형국이 문란한 성을 즐기는 행위를 그려냄으로써 낭만적 사랑 속의 위선을 보여준다. 최희숙이 최인호와 크게 다른 이야기를 했다고 보기는 어렵다. 다만, 최희숙의 경우는, 최인호의 경우와 달리, 여대생이 유부남과 연애를 하고, 담배를 피우며, '창부'가 되었기에 곧 낭만적 사랑 이면의 쾌락적 사랑의 실체를 드러내는 주체가 여대생이었기에 받아들여지기 어려웠던 것이다.

최희숙이 단순히 "모든 여성이 창부의 기질을 가졌다"는 맥락 없는 말을 했기 때문에 작가의 메시지가 사회적으로 배제된 것이 아니다. 그녀가, 예컨대, "여성이여, 사회가 제시한 규범에 무조건적으로 종속되지 말고, 현모양처 윤리에 내재된 문제를 살펴봐라. 그리고 자신의 욕망을, 그리고 내면을 들여다보라"고 바꾸어 말했다면 문제가 달라졌을까.

결과적으로, 최희숙 같은 '아프레 걸' 작가의 등장과 배제의 과정은 1950~1960년대 사회의 속성을 잘 드러낸다. 이 시기에 '여대생'은 사회에 균열을 일으킬 수 있는 잠재성을 지닌 혐오적 여성집단으로 간주되었다. 그리고 성적 규범을 위반하는 방식으로 사회를 비판하는 여대생을 배제하는 상황 자체가 1950~1960년대 사회에서는 매우 흥미로운 것이자 가치관에 부합하는 것이었다.

제3장

헌신하는 '만능 주부', 허영 가득한 '일하는 여성'

1. 주부에게 '여가'를 허하라

주부 부업 권하는 사회, "부지런한 손"의 주부

한국사회에 2010년대 들어 나타난 여성혐오와 관련해 주부의 '여가'는 반드시 생각해보아야 하는 주제다. 1980~1990년대 미디어에서 충분한 여가를 즐기는 주부의 면모는 여성의 지위와 행복을 드러내는 지표로 작용했다. 그래서 바쁘고 각박하게 사는 취업주부와 여유롭게 가족을 위해 노력하는 전업주부를 부정적/긍정적으로 존재시키는 면모도 나타났다. 그러나 2010년대 이후에는 여가를 누리는 전업주부가 '맘충' 개념과 맞물리면서 부정적으로 간주된다. 사(史)적 측면에서 혐오적 여성의 배치와 재배치 현상이 가장 도드라지는 집단이 '전업주부'라는 점에서, 1950~1960년대 미디어에서 주부의 여가를 어떻게 개념화·형상화하고 있는지 그 원형을 살펴보는 것은 매우 중요하다.

1950~1960년대 가정일은 굉장히 힘들고 노력을 요하는 것으로 간주되었다.

가정일은 남편의 직장일보다 고된 것으로 설명되었고[1] 남편이 적극적으로 가정일을 도와주지 않으면 부인은 여가를 활용하기 어려웠다.[2] 전업주부들은 가정일을 효과적으로 수행하는 기계를 사용하지 못했고, 부엌 등 주택 구조도 전업주부가 일하는 데 불편하고 불합리하게 설계되어 있었다. 게다가 농촌에서는 아내가 밭에서 일을 해야 했던 만큼 주부의 업무가 도시의 경우보다 더 과중했다.

그런데 "이즈음 도시에 있어서는 비교적 설비가 구비된 부엌과 중류 이상의 가정에서는 식모가 있는 관계로 주부들의 노동은 어느 정도 완화되고 (…)" 있음이 지적되며,[3] 그래서 사회적으로 주부의 여가 소비 방식에 대해 고민되기 시작한다. 지금까지 '가정주부'가 밤잠을 자지 못하면서 일하는 근면한 생활 태도를 가져야 함이 강조되기만 하다가, 1950년대 후반에 이르러 주부도 여가를 잘 활용해야 한다는 의식이 등장하는 것이다. 특히 "유한주부(有閑主婦)가 (…) 바른 '레크리에이숀'을 취하지 못하는 데서 화제는 자연 남의 소문을 주고받고 개인의 생활을 얘기하게"[4] 됨이 경계되었다. "그 귀한 시간과 노력을 쪼개 모이는 회나 모임에서 옷 자랑이나 남편 자랑, 남의 험담, 돈 거래 남편들의 감투 거래나 일삼는"[5] 것은 주부의 본분이 아니라는 것이다. 그래서 주부가 건전한 '여가'활동을 통해 여성들끼리의 사담에서 벗어나 생활을 더 행복하고 윤택하게 가꿀 수 있음이 강조되었다.

주목해야 할 것은 1950~1960년대 전업주부들의 '여가' 소비 방법이 계층에 따라 다르게 언급되었다는 사실이다. 여가의 방법은 독서, 회화, 음악, 원예 등[6] 일종의 '교양 교육'과 연관된 것이었는데, 주부들은 여가를 자신이 할 일을 모두 끝내놓은 후에 즐길 수 있었다. 이 시기에는 사실 부유한 계층의 주부만이 충분한 여가를 확보할 수 있었다. 그리고 남편이 홀로 가계를 꾸려가기 어려운 경우에는 가정에 도움을 줄 수 있는 주부의 경제활동이 강조되었다.

한 기사에서는 외국인의 가정을 통해 여성의 사회활동이 긍정적으로 이야기된다.[7] "가정생활에 큰 지장이 없는 한" 부인이 경제활동을 하는 것은 가정을 윤택하게 만드는 만큼 지향되어야 한다는 것이다. "그가(결혼 상대)가 무슨 직업을 가졌든 상관없으며, 또 만약 아무 직업도 없는 사람이라도" 여자가 취직을 하면 즐겁게 살 수 있다고 언급된다.

다음의 기사에서도 주부의 부업을 긍정적으로 생각하는 면모가 드러난다.

> 반드시 경제적인 이유에서만이 아니라 일할 수 있는 시기에 또한 일할 수 있는 나이에 즐겁게 일을 하여 더 많은 여유를 가지고 생활할 수 있기를 바란다. 한마디로 일하지 않고 편한 것이 팔자가 좋은 것으로 여기는 사상이 없어져야 한다고 김(金) 여사는 강조하였다. (…) 이 가사원이 제대로 운영되고 시간을 따져 열심히 일하고 거기에 대한 노동대가를 즐거움과 권리로 받을 수 있는 사상이 심어지기를 바란다. 우리나라 현실에서 생각할 때 파출부 제도는 경제적인 이유뿐만이 아니라 여가의 선용과 취미와 솜씨를 이용하고 사교적인 면으로도 발전할 것이다.
>
> —〈'가사원(家事院)'을 들여다본다—유휴(遊休) 능력의 매개체〉(《경향신문》, 1964. 6. 15, 8면)

기사에서 볼 수 있듯, 1960년대 전후 특히 도시의 전업주부들은 가사노동의 기계화와 적은 자녀 수 등으로 개인 시간을 점차적으로 확보하게 된다. 그러나 부유하지 못한 계층의 가정주부는 교양 교육보다는 가계에 도움을 주는 일을 하는 것이 긍정적으로 여겨졌다. 당시는 중산층이 적었던 시기라 대부분의 주부들에게 부업이 권장되었다고 할 수 있다.

1960년대 신문에는 주부들이 부업을 통해 돈을 벌 수 있는 방법을 알려주는 기사가 자주 실렸다. 기사에서는 가난에서 벗어나 행복한 가정을 꾸리기 위해 부업을 하는 주부와 자식을 충분히 교육시킬 수 있는 경제적 바탕을 마련하기 위해 고심하는 주부가 칭송되었다.

가난하기 때문에 일어나는 가정 비극은 날마다 신문지상을 통해 또는 이웃이나 친지들 간에서 너무나 잘 알고 있는 터입니다. 그러므로 현명한 아내라면 이러한 비극을 미연에 방지하기 위해 또는 좀 더 행복하고 윤택한 살림을 위해 부단히 연구하고 노력해야만 할 것입니다. (…) 남편의 수입으로써 절약하고 절제있는 살림살이를 하는 동시에 자기의 힘으로 어떻게 좀 더 부수입을 만들어 부족한 경제생활이면 이를 보태고 또 부족하지 않는 형편에서는 이를 저축해 장래 아이들의 교육이나 혹은 불의의 일을 당할 때의 여유를 만들어둔다면 그야말로 현모양처의 실천을 하는 현명한 여성이라고 하겠습니다. 그래서 여기에 주부들을 위한 몇 가지 부업을 소개하려는 것입니다.

—〈주부와 부업—편물, 줄잡아 (한 달) 4, 5만 환 수입, 1개월 강습(강습료 8천 환)으로 하루 '수웨타' 하나〉(《경향신문》, 1958. 9. 7, 4면)

부업으로는 남편의 봉급 외에 수입 증가를 위해 처음에는 양계, 다음에는 송아지를 키워 결혼 초 작은 셋방살이에서부터 다음은 큰방 지금은 35만 원짜리 집을 소유하게끔 되었다. (…) 내 집을 마련하고 난 다음의 이(李) 여사의 제2목표는 4명의 아이를 교육시키는 데 뒷받침할 수 있는 생활 기준으로 계속 저축할 계획하에 그의 1968년도 예산안은 다음 표과 같다. (…) 가족만을 위해서 봉사하노라고 자신의 교양이나 발전을 위해서는 전혀 지출을 못하고 있는데 (…).

—〈알뜰한 주부상(主婦賞)—봉급봉투째 맡기는 보답으로 7년간 가계부 기록〉(《매일경제》, 1968. 2. 13, 2면)

1950~1960년대/1970년대 주부가 부업을 하게 된 것은 "가부장제도에서 진일보한 부부 중심주의 가정생활이 여성 지위의 향상을 가져왔"[8]기 때문으로 이야기되지만, 이는 적절한 분석은 아니다. 21세기를 살아가는 오늘날의 주부들이

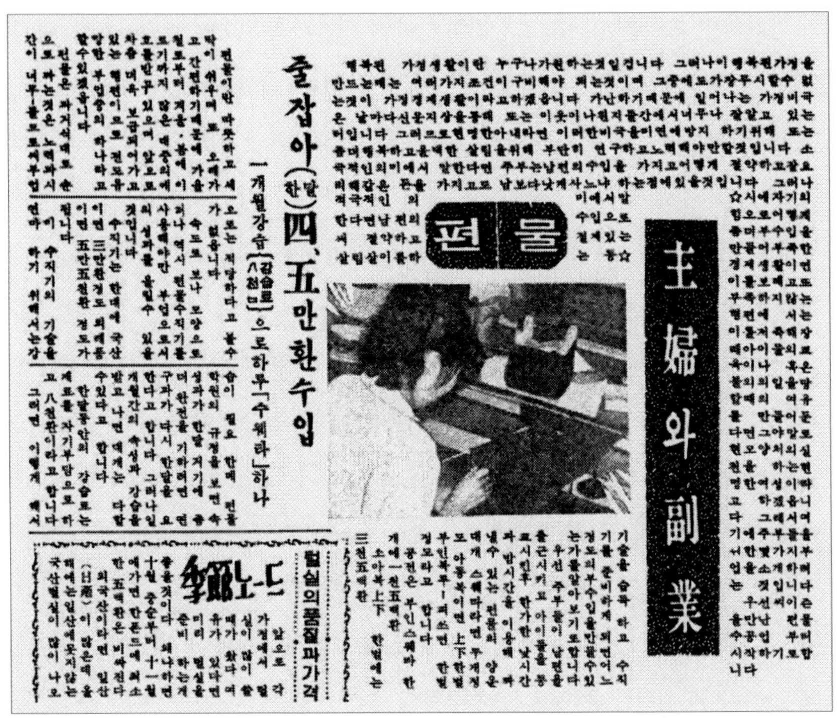

主婦와 副業

편물

줄잡아(한달)四, 五만환수입

一개월강습(강습료八천환)으로하루「수웨타」하나

행복된 가정생활이란 누구나가원하는것일겁니다 그러나이행복된가정을 만드는데는 여러가지조건이구비해야 되는것이며 그중에도가장무시할수 없는것이 가정경제생활이라고하겠읍니다 가난하기때문에 일어나는 가정비극은 날마다신문지상을통해 또는 이웃이나친지들간에서너무나 잘알고 있는터입니다 그러므로현명한아내라면 이러한비극을미연에방지 하기위해 또는좀더행복하고윤택한 살림을위해 부단히 연구하고노력해야만할것입니다 소극적인의미에서 말한다면 주부는남편의수입을 가지고어떻게 절약하고잘요리해같은 돈을 가지고도 남보다낫게사느냐 하는점에있을것입니다 그러나

〈주부와 부업—편물, 줄잡아 (한 달) 4, 5만 환 수입, 1개월 강습(강습료 8천 환)으로 하루 '수웨타' 하나〉(《경향신문》, 1958. 9. 7, 4면)

'여유롭게 쉬는 것'에 죄책감을 갖게 되는 원인은 1950년대 이후 점차 강조된 주부들의 부업을 장려하는 분위기에서부터 찾을 수 있다. 1950~1960년대/1970년대 신문에서는 주부들이 부업을 선택하게 되는 동기로서, "가장 중요한 것은 선택의 동기, '돈을 벌어야겠다'라는 생각보다 '남아도는 여가를 어떻게 사회에 봉사하느냐' 하는 여가 선용에서 출발해야 한다", "부업은 어디까지나 생업과 구분된 가정에 바탕을 둔 것이어야 한다"라는 관념이 중요시되었다.[9] 주부가 아무 일도 하지 않고 충분히 쉴 수 있는 시간을 확보해야 한다는 주장, 주부가 본인의 자아실현을 위해 사회활동을 지향해야 한다는 언급은 찾기 어렵다. 주부

가 한가하면 타인을 험담하고 남편의 출세에 민감하게 된다는 편견과, 가정의 번영이 곧 주부의 자아실현이라는 개념이 있을 뿐이다. 이를 통해 1950~1960년대/1970년대 여성의 사회활동에 대한 당대 한국사회의 '이중적 인식'을 명확히 알 수 있다. 바로, 여성이 직업을 갖고 남성과 같은 공식적 사회활동을 하는 것은 부정적으로 간주되었으며, 오직 음성적으로 가정경제에 일조하는 주부만을 이상적 여성으로 여겨졌다는 것이다.

1970년에 "부지런한 손"으로 뽑힌 주부의 일상을 살펴보면, 당대 사회가 원하는 주부상을 알 수 있다. 그녀는 공무원인 남편을 돕고자 함석 세공 일체를 손수 두들겨 양동이 등을 만드는 공업사를 운영해 가계를 도왔고, 여가 시간을 이용해서는 적십자사 부녀봉사대원으로 활약했으며, 여성저축회 종로구 지부장으로서 저축운동에 앞장서기도 했다. 놀라운 점은, "부지런한 손"의 주부가 식모를 두어본 적이 없이 가정일과 바깥일을 함께 하느라 시간을 쪼개 써왔다는 사실이다. 그러나 "부지런한 손"으로 뽑힌 주부의 수상 소감은 "나보다 부지런한 사람도 더 많은데 무척 기쁩니다"로 서술된다.[10] 이처럼 이 시기에는 기혼 여성에게 '한가한 시간'은 허용되지 않는 분위기가 조성되었다. 항상 가족을 위해 무언가를 해야 한다는 암묵적 분위기는 기혼 여성이 '쉬는 것'에 대해 분명 죄책감을 갖게 했을 것이다.

한국사회에서 전후 시기인 1950~1960년대/1970년대는 전업주부가 부업이라는 수단을 통해 자녀를 교육하고 가족이 더 나은 주거 환경에서 생활하게 한 시기였다고 할 수 있다. 남편의 공식적 사회활동과 변별된 아내의 비공식적 부업활동을 통해 한국은 가난에서 더 빨리 벗어날 수 있었다.

주부 여가의 통제, "치맛바람의 유한마담"을 "의욕 살려 만능 주부로"

여가와 관련해, 중류층 이하 주부의 경우 부업이 장려되었다면 상류층 주부의 경우에는 그녀들의 시간을 통제하려는 모습이 나타났다. 곧, 허영심, 사치심, 자기 자식만 귀하게 여기는 이기심이 비판되었다(아래 인용문). 그리고 비교적 안정된 계층의 부녀자들이 동창회와 계모임 등으로 시간을 낭비하지 말고, 사회와 국가를 위해 봉사할 수 있어야 함이 역설되었다. 이를 통해 계층에 따라 주부의 여가가 다르게 관리되었음을 알 수 있다.

> 어린애가 있는 주부에게는 입신 출세주의를 버려주기를 바라는 것입니다. 생활난 취직난의 시대이니까 조금이라도 좋은 학교 좋은 사회를 원하는 것은 어쩔 수 없겠으나 이러한 것만으로는 앞으로의 세상을 살아가는 데 있어서 아무것도 도움 될 점이 없는 것입니다.
>
> —〈(가정) 외견보다는 실력 있는 생활—현명한 주부 신조는 이렇게〉(《동아일보》, 1956. 1. 22, 4면)

> 살림은 식모와 가정교사가 맡았다. 남편의 부정과 협잡으로 얻어진 돈으로 사치를 자랑하며 '계'니 '파티'니 하여 요정으로 극장으로 몰려다녔다. 남편들이야 협잡을 하건, 실컷 놀고 입고 먹는 것 사치와 허영만이 전부였던 그들이다. (…) 학교에선 유한 자모(姉母)로 불리우는 일부 유한부인들의 치맛바람이 또 대단했었다.
>
> — 〈(혁명 전후前後 완完) 여성—치맛바람…'부각하(副閣下)' '사모님' 유한매담족은 천하기만 해, 이젠 여대생도 내핍생활 찾아〉(《경향신문》, 1960. 6. 29, 3면)

> 비교적 안정된 가정의 중년 주부들은 그들의 유휴 시간 이용에 부심하고 있다. 생활을 보다 윤택하고 아름답게 하기 위해서 꽃꽂이니 요리 서예 무용 실내장식 등 여러 가지 공부를 하는 사람도 있지만 대부분의 여성들은 무의미하게 낭비한다. 아무런 안건 없는 동창회라든지 '계' 모임 등으로…. (…) 자기가 살고

있고 또 자신들의 자손들이 살아나갈 국가와 사회에 봉사한다는 것은 한국인에게 결여된 커다란 문제가 아닐 수 없다. 이것은 여자들에게만 국한된 문제는 아니다. 그런데 이런 봉사하는 정신을 기르는 데는 역시 여성의 힘이 필요한 것이다.

—〈뜻있는 여가의 선용—사회 위한 봉사에〉(《경향신문》, 1965. 3. 24, 6면)

한국전쟁 이후 한국사회에서는 없는 시간을 쪼개서라도 중류층 이상 주부들이 적극적 봉사활동을 통해 지역 사회와 국가에 헌신하는 것이 뜻깊은 일로 형상화된다. 해외 주부의 사례를 빌려 한국의 주부도 "치맛바람으로 가정과 사회를 흩트리는 존재로서보다 가정과 사회를 위해 무엇인가 도움이 되는 일류 어머니"[11]가 되어야 함이 강조되는 것이다.

1950~1960년대/1970년대에 상류층의 주부에게 '교양'과 '봉사'가 강조된 것은 주부의 '치맛바람'을 막기 위해서였다. 이 시기 신문에서 '치맛바람'은 자녀교육에 지나치게 관심을 갖는 주부, 카바레에서 춤바람이 난 주부, 계를 하는 주부, 남편의 인사 청탁을 하는 주부 등 부정적 사회활동을 하는 모든 여성을 장식하는 수식어로 사용된다. 곧, "치맛바람"이라는 말에는 주부의 춤바람, 불륜, 도박, 사치, 허영심, 지나친 교육열 등을 관리하기 위한 의도가 있었다. 이 시기에, 주부가 불륜을 하는 원인은 여성의 감상적 성격과 경제적 여유에 있다고 진단된다. "봄철이 되면 자기도 모르게 공연히 집념(執念)을 잃어버리고 생리적(生理的) 충동을 받기가" 쉬워 자성해야 한다거나, "배가 부르면 잡념(雜念)이 생긴다"[12]는 것이다. 실제 기사에서도 도박 등에 빠지는 기혼 여성은 여가 시간이 많은 부유한 계층의 주부로 서술된다. "여자 도박꾼은 대부분 남편이 늦게 들어오고 돈이 많고 계 등을 통해 외출이 잦"[13]았던 것으로 나타나는 것이다.

이러한 사회 분위기에서, 한 "YWCA 어린이 센타"는 어머니들이 "어린이를

革命前後

—完—

女性

치맛바람…「副閣下」「師母님」

有閑매담族은 賤하기만해

이젠女大生도耐乏生活찾아

〈(혁명 전후前後 완完) 여성—치맛바람…'부각하(副閣下)' '사모님' 유한매담족은 천하기만 해, 이젠 여대생도 내핍생활 찾아〉(《경향신문》, 1960. 6. 29, 3면)

〔센타〕 공부방에 들여보낸 후면 몇 시간을 로비에서 잡담으로" "지루하게 보내는 동안에 치맛바람의 악성 유행이 번질 것을 염려, 이들을 다른 일에 몰두"할 수 있게 하기 위해 "애기들의 공부시간이 끝나기까지 기다리는 시간을 이용, 〔어머니들에게〕 영어 가정 공예, 꽃꽂이를 배우"게 했다는 기사도 있다.[14] "맹목적인 입시 준비와 치맛바람의 완화를 위해 초등학교 자모를 대상으로 하는 주부학교가 신설"되기도 한다.[15]

그러나 1950~1960년대에는 자녀의 학교에서 부정적 권위를 행사하는 일부 주부들이 문제였으며, 주부 자체를 문제적 집단으로 규정하는 분위기가 있었던 것은 아니다. 이 시기에는 치맛바람을 날리는 주부뿐만이 아니라 치맛바람을 날리게 하는 "권력층"에 대한 비판적 시선도 있다. 예를 들어, 자녀의 학교에 부정부패한 권력을 휘두르는 주체는 권력층이고, 주부의 '치맛바람'은 이 권력층을 뒤따르는 것으로 서술된다. "보다 효과적인 교육행정을 구현하기 위해 아동과 직접 접촉하는 일선 교육기관을 강화하고 교육감 수와 교육위원회의 기구를 대폭 줄일 것을 천명한 후 권력층과 이를 뒤따르는 '치맛바람'의 압력 등을 앞으로 제거할 것"이라는 기사가 그러하다.[16] 또한, 치맛바람 주부들도 있지만 "학원의 잡부금"을 징수하거나 "부교재의 강매"를 하는 잘못된 교원들도 있어서 대부분의 주부들이 그 상황에 시달리고 있다는 기사도 보인다.[17] 하지만 한편으로 주부는 여가에 만든 수예품을 팔아 번 돈으로, 학업을 중단할 수밖에 없었던 가난한 아이들을 위해 배움의 집을 여는 "참된 치맛바람"을 날리는 여성이기도 했고,[18] "생산자의 횡포에서 소비자를 보호하"기 위해 "여러 가지 운동과 행사를 활발히 진행시키"는 "선의의 치맛바람"을 날리는 여성이기도 했다.[19]

1950~1960년대 시기 주부의 불륜과 관련된 기사에서도 치맛바람의 경우와 마찬가지의 양상이 보인다. 기사에서는 '불륜한' 주부들이 아니라 오히려 '순진한' 주부들을 파탄으로 몰고 가는 남성들이 '독충'으로 묘사되고 방종한 기혼 남

성들의 부도덕함이 고발된다.

> 유부녀 특히 돈푼이나 지녔다는 남의 아내만을 상대로 마수를 뻗는 악질 사나이들도 많다. 직업적으로 '정조'와 '재산'을 일거에 양탈(兩奪)하려는 악한들이 그 부류다. (…) 실로 독충 같은 존재들 그들을 청소하는 것도 이 땅의 사회악을 구제(驅除)하는 당면 과제의 하나가 안 될 수 없다. 겸해서 이 기회에, 방종한 남성이나 가도(家道)가 어지러운 집안의 가장 된 사람들도, 다 같이 '지지대고개' 사건•을 교훈의 거울로 삼아, '맑은 가풍의 진작'이 시급할 것 같다.
>
> —〈(횡설수설)〉(《동아일보》(1963. 4. 26, 1면)

이에 더해, "무슨 마음과 경제적 여유로 처첩을 거느리고 '지상 최대의 쇼오'를 하려고 한단 말인가?"라고 호통하는 성격의 기사도 있다.[20]•• 또한, 1959년에 큰 화제가 된 춤바람과 불륜 행각으로 법정에 선 모(某) 고관 부인의 사건은 이 시기의 불평등한 여성의 지위를 생각하게 했다. 기사에서는 부인의 죄를 묻는 이들에게 역으로 기혼 남성의 방탕한 성생활 문제를 따지는 부분이 있다. 여성의 인내심 부족을 탓하기보다 남성의 부도덕함에 대한 반성이 요구되는 것이다.

> "남편이 외도 좀 했기로서니 아내가 춤을 추고 돌아다녀야 되겠는가?" 적은 아내의 부정도 그 동기와 경로 여하를 막론하고 냉정하고 신랄하게 비판받은 사회심리에 대한 커다란 반항이었었다. "누구를 위한 땐스였는가?" 법을 요리하

• "지지대고개 사건"은 1963년 4월 21일, 수원 지지대고개에서 한 주부가 변사체로 발견된 사건이다. 당시 "여염집 주부의 불륜행위가 빚어낸 피참살극"으로 "2호 부인"을 두고 "3남매들까지 낳"은 남편의 외도가 그 "비극의 씨"가 되었다고 보도되었다.

•• 1950~1960년대에는 남성의 축첩을 비판한 기사가 빈번하게 나타난다. 이 책의 제2부 4장에 관련 내용을 분석했다.

는 사람의 입에서 아내인 피고에게 하는 힐문이었다. 방청석은 웅성웅성 들끓었다. "남편들의 매일매일의 차와 요리와 춤과 그 밖의 유흥은 누구를 위한 것이었는가?"를 먼저 대답하라는 말이라고 해석했다. 남편 몰래 있는 적은 부정이 결코 옳다는 것은 아닐 것이다. 그것은 여성 스스로가 반성할 문제이다. 아내의 적은 부정을 들추어 법 앞에 심판받기를 기다리기 전에 한국의 남성이 먼저 반성해야 되겠다는 아내의 항의의 해였다.

—〈(59년도의 여성계) 남편이 바라는 부도(婦道) 상치와 아내의 저항의 해〉(《동아일보》, 1959. 12. 10, 4면)

살펴보았듯, 1950~1960년대 중류층 이상 전업주부의 여가를 규율하는 것에는 주부의 불륜 등을 통제하겠다는 의도가 있지만, 그렇다고 주부가 범죄자로 형상화되지는 않았다. 오히려 가정을 제대로 돌보지 않은 가장으로 인해서 불행해진 아내의 죽음을 통해 가장의 역할에 문제가 있음도 지적된다.[21]

주목해야 할 것은 이 시기 미디어에서 주부가 여가를 제대로 활용하지 못하는 현상이 비판되면서 동시에 주부에게 새로운 임무가 부과되는 양상이다. 표면적으로 여가는 개인이 시간을 자유롭게 관리하는 것으로 여겨지지만, 여성이 여가를 사회나 국가에 공헌하지 않는 방향으로 보내는 것은 비판을 받았다. 특히 1970년대에 들어서면, 주부가 여가를 효율적으로 활용해 "만능 주부"의 덕을 쌓아야 한다는 주장이 제기된다. 그 핵심 내용은 주부가 남편을 내조하고 자녀를 교육하는 방안을 잘 고민하는 것, 노후 대비를 위해 수입과 지출을 잘 관리하는 것, 정보를 잘 수집하는 것 등이라 할 수 있다. 동시에 가족을 위해 헌신하는 주부의 역할이 가정과 국가를 지키는 바탕이 됨이 강조된다.[22] 또한 주부가 살림에 필요한 물품을 돈을 주고 사기보다 여가를 이용해 살림살이를 창의적으로 만드는 것의 중요성이 서술되기도 한다.[23] 한 신문의 〈가정백과 여성백과〉 시리즈에는 현관을 꾸미는 방법, 물건을 싸게 구입하는 방법 등이 구체적으로 소개되고 있다.[24] 주부의 업무가 세탁하고 밥을 짓는 '가정일'을 넘어서고 있음을 알 수 있다.

정리하면, 1950~1960년대/1970년대부터 주부가 가족의 더 나은 미래를 위해 끊임없이 노력해야 함이 강조되었다. 그리고 현실에서 주부는 남편과 자녀를 위해 부지런하게 일했다. 그러나 2010년대에 이르러 희생적 어머니였던 주부는 갑자기 '맘충'으로 위치되어 비판받게 되었다. 주부가 가족을 사랑하는 마음과 이웃을 배려하는 마음이 갑자기 달라지지는 않았을 텐데, 왜 느닷없이 주부가 비판의 대상이 된 것일까. 혹, 사회가 주부에게 바라는 요구가 달라져서 그런 것은 아닐까.

2. 일하는 여성의 죽음에 내재된 교훈

21세기에 이르러 여성이 자유롭게 사회활동을 할 수 있는 사회제도를 마련했다고 주목된 북유럽 국가 역시 1950~1960년대/1970년대에는 문제가 많은 국가로 기사화되었다. 스웨덴의 어린이들은 부모의 품에서 제대로 성장하지 못해 중학생만 되어도 담배와 술을 하고 이성교제를 즐긴다는 기사가 그 한 사례다.[25]

1960년대에도 자신의 재능을 사회적으로 발휘해 찬사를 받는 주부가 있었다. 그러나 주부가 찬사를 받기 위해서는 어디까지나 가정을 먼저 잘 돌보아야 했다. 방송극 대본 공모에 당선된 주부[26]가 신문에 긍정적으로 서술된 까닭은 그녀가 대학을 졸업하고 여고에서 교사를 하다가, 결혼을 하고 아이를 낳은 이후에 "가사를 돌보며 여가를 이용하여 2개월 동안에 작품을 완성"해서다. 이 시기에도 전문적 일을 하는 여성이 있었으나, 그래도 그보다는 가족에 충실한 주부로서의 삶이 우선이되어야 한다고 여겨졌다. 일례로, 한 기사에는 극단에 종사하는 전문직 여성이 소개되었는데, 그녀가 극단의 살림살이를 꾸리는 것이 '주부'의 역할과 연결되면서 긍정적으로 서술되고 있다.

> 이제 세 꼬마가 11살, 9살, 7살 꽤 자랐다는 안도감이 지난가을부터 '여인극장(女人劇場)'의 살림을 선뜻 맡은 용기를 주었다. (…) '여인극장'이 좀 더 든든해져서 극단 살림살이를 맡은 손을 떼어도 좋게 되면 연출을 해보겠다는 것이 강 여사의 포부…. 그러나 아이들과 아빠에게 '0점 주부'가 되지 않는 노력만은 잊지 않겠단다.
>
> —〈(리포트 나의 생활에서) '여인극장'의 강○○ 씨—끈질긴 연출의 정열〉(《경향신문》(1966. 11. 28, 6면)

1960년대 신문에서 '문제적 여성'은 자신의 재능을 실현하기 위해 가정을 등한시하다가 이혼 위기에 이르러 자살하거나, 남편의 급여에 만족하지 않고 양장점 등에서 근무를 하다가 사치나 애정 행각에 빠져 피살된 주부였다. 가정보다 개인의 능력 개발이나 경제활동을 우선시했던 주부들의 죽음을 다룬 기사에서는 그 사건의 전개 과정이 매우 흥미롭게 서술되어 대중의 관심을 받았을 것으로 여겨진다.

1960년대 초반에 미국에서 무용가로 크게 주목받던 여성이 미국에 체류하던 중 그녀의 남편이 다른 여자와 아이를 낳은 것을 비관해 자살하는 사건이 있었다. 기사에서 무용가 여성은 "'예술'과 '가정주부'의 틈바구니 속에서 끝내 조화를 못" 찾은 여성으로 평가되고, 그녀 역시 유서에 모든 것이 자신의 잘못이라 적는다. 이 시기 가정보다 일에 매진했던 여성의 삶은 그 누구에게도 긍정되지 못했던 것이다. 그녀는 외국 대학에서 자신의 실력을 키웠고 또 외국에서 자신의 재능을 인정도 받았으나 한 가정의 아내, 어머니, 며느리로서의 삶은 실패한 사람이 된다. 그리고 그녀가 개인으로서의 자아실현을 추구하다 맞게 된 아내로서의 파국은 세상에 '교훈'을 남기고, 남편의 바람은 아내가 "예술을 위해 가정에 충실할 수 없었던 죄의 업보"로서 합리화된다.

> 사업에 시달리는 남편 김○○ 씨는 몸과 마음을 어루만져줄 따사로운 마음이 아쉬워졌다. 김 씨의 친모 온(溫) 씨는 "아니 글쎄 아내가 그렇게 오래 딴 나라에 가 있는데 혼자 살 수 있었겠어요." 이렇게 말하며 아들 김 씨의 외도를 동정하는 눈치였다. (…) 사회활동을 하는 아내가 가정과 남편에 소외되어 있을 때 초래되는 비극적인 '피날레'…. 김 여사의 죽음은 하나의 교훈을 던져주었다.
>
> —〈무대를 버린 춤, '실의(失意)'의 종장(終章)—양립 못한 예술·가정, 1차 도미 때 벌써 비극의 서주(序奏), 유언엔 다만 "용서하세요"〉(《경향신문》, 1963. 5. 11, 7면)

1950~1960년대/1970년대에 기혼 여성은 자신의 재능이 좋은 평가를 받을 만한 것일지라도 결혼을 해서 주부의 역할에 충실하는 게 더 중요했다—그 재능이 국제적 수준의 것일지라도. 여성이 자신의 전문적 자질을 키워 사회에 공헌할 때 사회는 그녀에게 찬사를 보낼 수도 있겠지만, 그 과정에서 여성이 남편을 외롭게 하거나 아이를 제대로 돌보지 못했다면 그녀가 일에서 이룬 성공의 의미는 퇴색된다. 그러나 전문 분야에서 명성을 날리기 위해서는 실질적으로 직장일과 가정일 모두를 잘하기란 어렵다. 1950~1960년대/1970년대는 여성이 재능과 능력이 뛰어나더라도 그것으로 사회적·경제적 성취를 하기는 매우 어려웠던 시기였다 할 수 있다.

'일하는 주부'와 관련해, 남성처럼 종일 근무를 하는 여성의 '풍기 문란' 사건이 어떻게 기사화되었는가도 살펴볼 필요가 있다. 1950~1960년대/1970년대는 주부가 부업을 주로 했던 시기라 "맞벌이"라는 말은 신문에서 흔히 볼 수 있는 개념이 아니었다. 오랜 기간 많은 남성과 연애를 즐긴 '일하는 주부'의 피살 사건은 대중에게 커다란 가십거리로 받아들여졌을 것이다. 대표적으로 '1968년 종암동 여인 피살 사건'은 여러 기사에서 다양한 각도로 다루어졌다. 그런데 범인이 밝혀지는 과정을 알려주거나 범인을 밝혀냈다는 사실보다는 피살당한 주부의 사생활과 범죄 발생 당일 피살당한 주부와 그 살해범이 주고받은 은밀한 대화가 주로 서술되고 있다. 기사에는 살해범이 피살된 주부에게 보낸 편지까지 첨부되는 등 대중의 말초적 궁금증을 충족시키기 위한 내용이 주로 언급된다. 이 점에서 기사는 사실보다는 소문과 짐작을 총집합한 서사물로서 한 편의 소설을 읽는 것 같은 느낌을 준다.

살해를 당한 종암동 조 여인은 월 5000원의 남편 수입으로 힘들게 살다가 한 달에 7000원을 받을 수 있는 양화점에 취직했는데, 미모에 성격까지 쾌활해 남자 손님들의 전화가 걸려왔다. 그녀는 처녀 행세에 사치를 했고, 늦은 밤 11시가 넘어 귀가를 했으며, 친구들이 알고 있는 애인만 해도 5명이었다. 조 여인과 그녀를 죽인 남자는 결혼하기 전부터 서로 알고 지낸 사이였고, 그녀는 자신의 청혼을 거절당한 남자에게 살해를 당한다.[27] 기사에는 사건 자체보다는 범행 당일의 조 여인과 남자 사이 풍기 문란 한 상황이 주로 다루어지고 있다. 독자는 조 여인과 남자가 어떻게 만났으며, 남자가 어떤 직업을 전전했는지까지 알 수 있다.[28] 그리고 조 여인에게 사랑을 고백하는 남자의 편지까지 기사에 추가로 배치되면서 사건은 더욱 흥미롭게 구성된다.

> 조(趙) 여인은 브래지어만 걸치고 나체로 엎드린 채 입에는 조 여인의 흰 팬티로 재갈이 물렸으며 방 안에는 범인이 쓴 것으로 보이는 편지 쪽지 9장이 갈갈이 찢어져 있었다. 이 편지에는 "사랑하는 ○○ 씨, 남편이 있는 몸인 줄 알면서

도 당신을 죽이고 싶도록 사랑했읍니다"라는 내용이었으며 (…).

— 〈여관서 유부녀 피살—양화점 외교원(外交員) 입 틀어 막히고 알몸 된 채. 치정, 1년 전부터 사귀어온 조명기사 이(李) 모 수배〉(《경향신문》, 1968. 5. 27, 7면)

사랑하는 당신이여, (…) 더 불쌍한 인간은 잊혀진 사람, 참아야 할 가슴을 참지 못하고 발버둥 치는 한 사나이가 있다면 당신은 보고만 계실거냐… 당신은 저에게 경고하였지요. "한○○의, 한 남성의 아내로서, 아니 한 아기의 어머니로서 충실히 가정을 돌봐야 하지 않는가"구요. 그리고 "○○ 씨 저를 잊어주세요. 저를 찾지도 말구요" 하며 당신은 떠나버렸어요. 당신은 작년 9월 16일 멀지않아 태어날 우리의 꽃봉오리를 매만지며 우리들의 아름다운 미래를 설계했지요. ○○ 씨를 도저히 잊을 수 없소.

— 〈동숙(同宿) 청년 이(李)를 현상 수배, 종암동 여인 피살 사건—필적 감정 결과 진범으로 단정, 6년 전의 연인들…구애 거절에 범행〉(《조선일보》, 1968. 5. 28, 7면)

자식만 아니면 그이와 결혼하고 싶다고 몇 번이고 되뇌는 것을 친구들이 말렸다고 전했다.

— 〈미모 유부녀의 이중생활〉(《조선일보》, 1968. 5. 28, 7면)

사귀던 남성에게 죽임을 당한 주부의 비밀스러운 일들이 기사 전면에 배치되면서, 주변에서 쉽게 볼 수 없는 자극적 사건을 엿보고자 하는 대중의 심리는 충족되었을 것이다. 또한 범인이 쓴 편지는 그를 추악한 사건을 저지른 남성이 아닌 순애보적 남성으로 전도시키는 역할을 한다. 이 기사들에서 대중을 계도하고자 하는 의도는 찾기 어렵다. 앞에서 자신의 재능을 살리려다가 죽음에 이른 '무용가의 자살 사건' 기사에서는 '교훈성'이 주가 되었다면, '조 여인의 피살 사건'

기사에서는 흥미성이 주가 된다. 평소 창작에 관심이 있던 범인이 쓴 절절한 편지 내용과 가정 때문에 사랑하는 사람과 헤어져야 하는 유부녀의 상황이 강조되면서 처참한 살인 사건이라는 본질은 흐려진다. '무용가의 자살 사건'에서는 여성이 자신의 재능보다 남편과 자식 곧 가정을 중요하게 여겨야 한다는 관념이 강조될 필요가 있었다. 그러나 '양장점 여인 피살 사건'의 경우, 조 여인의 행동은 사회적으로 받아들여지기 어렵다는 공감대에 의해 기사는 한 여인의 일탈을 경험할 수 있는 서사물로 전이될 수 있었다고 보인다.

또한 1950~1960년대에는 의처증에 걸린 남편이 공사용 삽으로 아내의 머리를 난타하거나 도끼로 아내를 살해하는 유의 사건이 종종 기사화된다.[29] 특히 남편이 밖에서 일하는 아내를 시기하거나, 남편이 자신보다 학력이나 능력이 좋은 아내에게 열등감을 느껴 아내를 살해하는 사건도 다수 발생했다. 일례로 남편 이 씨는 한국전쟁에서 오른쪽 팔을 잃고, 제대한 후 살길이 막연해지자 아내가 과자 행상을 시작했다. 3남매를 둔 가족은 아내 덕분에 어렵게 끼니를 이어갔지만, 남편은 아내가 화장을 하거나 장사를 하다 늦게 돌아오면 아내를 의심했다. 그러다 마침내 남편은 아내의 목을 면도칼로 찔러 아내를 죽이고 자신도 과도로 목을 찔러 자살한다.[30] 다른 사례로는 아내가 ○○여대 미술부장으로 남편을 대신해 7년 동안 생활비를 벌었지만, 실직한 남편은 자신보다 능력 좋은 아내에 대한 열등감에 사로잡혀 아내를 살해하려고 한다. 그는 자신을 말리던 장모의 동맥을 끊고 음독자살을 한다.[31]

한 기사는 3남매가 있는 실직 가장이 의처증으로 가계에 도움을 주고자 솔 행상을 했던 아내를 살해한 사건을 다루고 있다. 그런데 아내가 불륜을 했다는 '근거' 없이 아내가 다른 남자를 만났을 수도 있었다는 '정황'만이 제시된다. 열 살짜리 아들의 증언을 빌려, 35세 전후로 보이는 남자가 방을 구한다고 찾아온 것을 독자가 혹시 그 남자가 아내와 알고 지내는 사람일 수도 있겠다는 생각이들게끔 뜬금없이 언급하는 식이다.

> 아버지와 같이 3남매가 밥을 먹은 뒤 아버지는 어머니에게 욕설을 퍼붓고 있었는데 그때쯤 다간방 방문 앞에 35세 전후로 보이는 남자가 방을 구한다고 찾아오자 아버지는 "요놈 잘됐다. 너구나" 하면서 큰소리를 쳤다.
>
> — 〈의처증 아내를 자살(刺殺)—제 목도 찔러 중태, 밤 늦는 행상에 의심 부부싸움 잦다〉(《경향신문》(1963. 7. 4, 7면)

기사에는 또 부인의 옷은 "깨끗한 치마저고리 10여 벌이 보였으나 남편 이씨의 옷은 깨끗한 것이 한 벌도 없었다"라고 서술된다. 사건은 남편의 '의처증'으로 벌어진 것임에도, 기사는 밖에서 행상을 하던 부인이 가정에 충실하지 못했을지도 모른다는 여운을 남기고 있다. 밖에서 일하는 아내들이 남편과의 갈등 끝에 죽거나 죽음에 이를 뻔한 사건을 다룬 기사는 이 시기 가정경제에 일조하는 여성들에게 가정에 충실하지 않으면 문제가 생긴다는 경각심을 갖게 했을 것이다.

1950~1960년대 '일하는 주부'의 죽음과 관련된 기사는 1980~1990년대 이후 그녀들을 문제적 집단으로 엄숙하게 서술하는 기사와는 양상이 다르다. 1960년대는 일하는 주부가 피살된 사건을 심각하게 보도하기보다는 소설적 서사 방식을 취해 대중의 흥미를 충족시키는 경향성이 있었다. 이 점에서, 이 시기 '일하는 주부'의 죽음을 다룬 기사가 상대적으로 전업주부보다 '일하는 주부'에게 부정적 이미지를 부여한다고 보기 어려우며, 불륜을 저지른 주부를 다룬 기사 또한 주부들을 계도하는 목소리를 낸다고 보기 어렵다.

3. '여성상위 시대'와 '치맛바람'의 원형

언제부터인가 '여성상위 시대', '치맛바람'은 여성을 부정적으로 이미지화하는 말 중의 하나로 인식되었다. '여성상위 시대'는 여성이 기가 세고 자유분방해 남성을 압도하는 분위기가 있을 때, '치맛바람'은 주부가 가정 밖에서 주도적으로 움직일 때 쓰이는 말이었다. 21세기에도 사용되는 이 말의 원형은 1960년대 영화에서 찾을 수 있다. 바로 〈여성상위시대〉(신상옥, 1968)와 〈치맛바람〉(이규웅, 1967)이다.

'여성상위 시대', '불가능한 것'을 꿈꾸는 여성의 희화화

1950~1960년대의 한국영화에는 자기주장이 지나치게 강해 남성을 압도하면서도 가정에서 현모양처 역할을 잘하지 못해서 문제가 되는 여성들이 다양하게 나온다. 그중 눈에 띄는 것이 〈언니는 말괄량이〉(한형모, 1961)다. 영화에서 유안순애(문정숙 분)는 이름처럼 '순하지 않은 성격'에 유도에만 관심이 있을 뿐 결혼할 마음이 없어 온 가족이 그녀가 노처녀로 늙어가는 것을 걱정한다. 영화는 철없는 여성이 자신의 '본분'과 '결혼'이 갖는 의미를 알아가는 과정을 그리고 있다. 주인공 유안순애는 처음에는 결혼을 하지 않고도 잘 살 수 있다고 생각하지만, 나중에는 자신의 그 믿음이 잘못된 것이었음을 깨닫는다. 그녀는 험한 산에서 남성이 손을 잡아주지 않으면 산을 오르지 못하고, 아무도 없는 첩첩산중에 홀로 있게 되자 커다란 두려움에 휩싸인다. 곧, 영화는 아무리 강한 여성도 남편의 그늘로 들어가지 않으면 고난과 역경을 겪다가 지칠 수밖에 없음을, 여성은 남편의 사랑을 받을 때 진정으로 삶의 행복을 누릴 수 있음을 드러내고 있다.

결론적으로, 노처녀 안순애는 순종적 여성이 아니었기에 비판받아야 할 대상이었고, 아버지(김승호 분)를 비롯한 남성들은 그녀를 끊임없이 계도하려고 노력한다.

"순애 씨가 그 나이에 아직도 여성의 본분이 무엇인가 깨닫지 못하는 것은 그 쓸데없는 자존심을 버리지 못하고 있기 때문이 아닐까요."

"그 사람이 오죽하면 너한테 손찌검을 했겠니. 맞을 만하면 맞아야지."

"여자는 남편을 섬겨야 한다."

영화에서 아버지는 딸 안순애가 남편(김진규 분)의 출근 준비를 돕지 않고 외출 준비를 하거나, 자신은 식모가 아니라며 남편을 마당에 던져버리고 집을 나가버리는 딸의 태도를 고치려 부녀 간 유도 시합을 제안한다. 그리고 이를 통해 여자가 유도를 잘해보아야 아버지와 남편을 이길 수 없고, 이제 남편과 함께 사는 집만이 그녀가 유일하게 안식할 수 있는 공간임을 딸에게 인식시킨다.

〈언니는 말괄량이〉에서는 '자기주장 강하고', '남성에게 의존하지 않고 독립적으로 살려는' 여성의 성격에 '고집이 세서 자기의 구미에 맞지 않으면 폭력을 사용하고', '남편의 시중을 들지 않고 가정일을 등한시하는' 속성이 첨가된다. 자기주장이 뚜렷하고 독립성이 강한 여성의 성격이 부정적 속성이 아닌데도 여기에 1960년대 비판받을 만한 속성을 교묘하게 접합하는 것이다. 이를 통해 의존적이지 않은 노처녀를 '종잡을 수 없는 이해불가한' 존재로 주조한다.

여기서 주목해야 할 것은, 1980~1990년대에는 희생적 아내와 어머니의 역할에서 벗어난 여성을 엄격하게 비판해 배제시키지만, 1950~1960년대에는 그녀들을 희화화해 웃음을 유발한다는 사실이다. 현모양처상에서 이탈한 여성들은 보통 사람이 갖기 어려운 취미나 능력—남편을 때려눕히는 무술 유단자(《언니는 말괄량이》), 어린 아이를 혼자 두고 쇼핑을 하는 어머니(《여성상위시대》)—이 있고, 관객은 이를 통해 큰 흥미를 느낄 수 있다. 유도를 배워 남편을 이기는 여성은

〈언니는 말괄량이〉 포스터

자신에게 손찌검을 한 남편을 유도 기술로 던지는 유안순애

부녀 간 유도 시합에서 아버지에게 지고 마는 유안순애
(이상 한국영상자료원)

서양에서나 있을 법한 캐릭터인 것이다.[32] 동시에 〈언니는 말괄량이〉에서 노처녀가 자신에게 접근하는 건달 둘을 손쉽게 제압하는 장면은 관객에게 속 시원한 웃음을 선사하기도 했을 것이다. 현실에서 존재하기 어려운 괴상한 특기를 가진 여성이기에 신기하면서도, 특히 여성 관객에게는 '나도 저랬으면' 하는 카타르시스를 줄 수 있게끔 긍정적으로 묘사되는 측면도 있다.

이처럼 1960년대 영화에서 부정적 특징을 가진 면모의 여성을 엄숙하게 그리지 않고 단순하게 '희화화'한 이유를 두 가지로 정리할 수 있다. 첫째, 남성이 당연하게 여성보다 우위에 놓일 수밖에 없던 사회적 분위기로 인해 현모양처상에서 (약간) 벗어난 여성을 엄단할 필요가 없었다는 점에서다. 〈언니는 말괄량이〉에서 안순애는 결국 한복을 입은 모습으로 아침상을 차리고 남편의 출근을 다정하게 도와주는 '현모양처 타입'으로 계도된다. 이는 1950~1960년대에는 너무나 당연한 귀결이었기에 굳이 엄숙하게 내용을 구성할 필요가 없었다. 둘째, 여성 주인공에게 여성을 괴롭히는 부정적 남성을 처단하는 힘을 일시적으로 부여함으로써 여성 관객이 카타르시스를 느낄 수 있게끔 하기 위해서다. 〈언니는 말괄량이〉에서 안순애는 '길들지 않은 말'로 등장한다. 그러나 그녀는 개가 무서워 도망치고, 비싼 외제로 몸을 치장하고, 허풍을 떠는 남자들을 비웃으면서 남성의 부정적 속성을 풍자하는 주체가 되기도 한다. 또한 자신만만한 눈빛으로 남성을 쳐다보는 안순애의 당당함, 일순간에 남성을 땅에 처박아버리는 그녀의 모습은 여성 관객에게 대단한 즐거움을 주었을 것이다.

1950~1960년대 영화에서 여성의 '희화화' 양상이 가장 극단적으로 나타나는 사례는 바로 〈여성상위시대〉다. 주인공 박현숙(남정임 분)은 〈언니는 말괄량이〉의 유안순애보다 훨씬 문제적 여성이다. 영화는 현숙이 아직 걸음마도 떼지 않은 아기를 집에 묶어둔 채 문을 잠그고 쇼핑을 나간 후, 몇 시간 동안 자지러지게 우는 아이 때문에 같은 아파트 이웃의 주부들이 현숙의 아파트 문 앞에서 웅성거리

〈여성상위시대〉 신문 광고(《경향신문》, 1969. 10. 15, 4면). "전(全) 여성 생애에 가장 큰 충격을 줄 새 풍조의 최신 여성 영화!!" "여성은 남성잠복 시대와 남성하위 시대를 창조했다"

〈여성상위시대〉 신문 광고(《경향신문》, 1969. 10. 14, 4면). "남성하위 시대와 여성상위 시대란? 국내! 국외를 휩쓴 유행어!!" "여권신장 때문에 상위다!" "애정 모랄 때문에 상위다" "섹스 미학 때문에 상위다" "남성을 지배하는 시대가 왔다!!"

는 장면에서 시작한다. 때마침 아들의 집에 들른 시어머니가 이 해괴한 며느리의 행태를 목격한다. 그러나 박현숙이 아이를 집에 두고 쇼핑을 즐기는 모습을 최근(2019년)의 어린 자녀를 방치해서 죽음에 이르게 하는 기사[33]와 비슷한 맥락에서 해석해서는 안 된다. 박현숙은 모성이 부재한 범죄자로 재현되기보다는 남성보다 더 높은 권위를 가지려는 여성의 존재성이 얼마나 우스꽝스럽고 이치에 벗어난 것인지 보여주기 위해 고안된 '상상 속' 여성이라는 점에서다. 중산층의 가족이 모여 사는 아파트에서 박현숙은 요리를 배우거나 남편을 내조하지 않고, 패션모델로 활동하며 술자리를 갖다가 밤늦게 귀가한다. 그녀의 남편은 집에서 근심이 가득한 얼굴로 아내를 기다린다.

박현숙의 남편 이상호(남궁원 분)는 "가정 안에서 부부가 차지하는 위치는 다 같이 동등해야 하며, 때로는 아내가 상위를 차지해야 가정은 행복하고, 그것이 올바른 부부의 형태라고 생각해서" 그렇게 살려고 애쓰는 인물이다. 그런데 1950~1960년대 아내에게 많은 자유를 허용하는 것은 남편들이 지향해야 할 태도는 아니었다. 이 시기에 춤으로 여성 수십 명을 유혹했던 박인수의 사건을 재판했던 판사는 "내가 생각컨대 이 세상에서 제일 어리석은 인간이 자기는 진보적 사상의 소유자이며 남녀평등을 실천하며 민주주의적인 남성이라고 자부하면서 자기 아내에게 아내 혼자 땐스 하는 것을 승낙하는 남성이다"라고 말한 바 있다.[34] 〈여성상위시대〉에서도 이상호가 아내를 제대로 제어하지 못해서 결국에는 아내가 다른 남자와 춤을 추고, 다른 남자에게 추행을 당하며, 자살까지 시도하게 되는 것으로 그려진다.

그런데 주목해야 할 것은 〈여성상위시대〉에서 남편과의 이혼이 두려워 자살까지 시도한 아내가 현모양처로 탈바꿈되지 않는다는 점이다. 〈언니는 말괄량이〉는 일시적으로 여성에게 여성의 희생을 강요하는 현실에서 벗어나는 즐거움을 선사한 뒤 다시 여성을 가부장제 질서에 편입시키지만 〈여성상위시대〉는 그마저도 드러나지 않는다.

〈여성상위시대〉에서 아내는 아이를 혼자 놀게 한 채 화장을 하고, 남편에게 자신이 사진 모델에 패션쇼 활동으로 바빠 귀가가 늦을 것이라고 말한다. 아내는 자신이 번 돈으로 TV 등의 고급 가전제품을 구매하며, 자신의 팬이라는 젊은 남성의 차를 타고 출근한다. 남편 상호는 주부의 본분을 다하지 않는 아내 현숙에게 아무런 말을 하지 않고 한숨을 쉴 뿐이다. 현재 한국영상자료원에서 보관 중인 〈여성상위시대〉 영화에는 없지만, 심의 대본에는 상호가 "끓는 물 속에 자기를 던지고 끓는 물 속에서 살려는 여자! 그를 과연 악처라고만 부를 수 있을까? 남이 악처라고 해도 좋다. 앞으로 난 이 아내를 짐이라고 느끼지 않을 것만은 확실

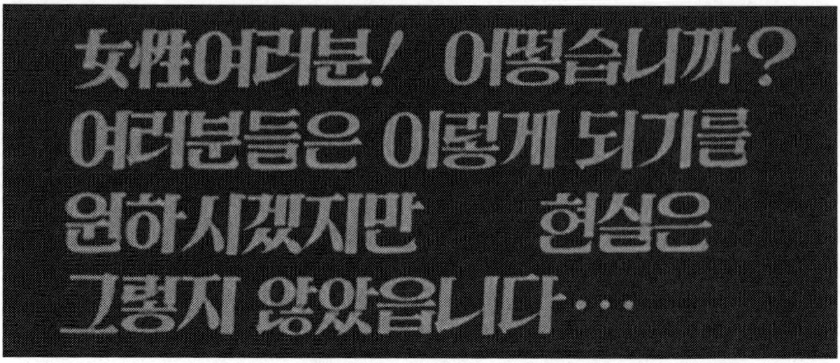

女性여러분! 어떻습니까?
여러분들은 이렇게 되기를
원하시겠지만 현실은
그렇지 않았읍니다…

〈여성상위시대〉 마지막 자막 (한국영상자료원)

하다"[35]라고 생각하는 부분까지 있다.• 현모양처에서 벗어난 주부를 계도하지 않는 것이다.

물론 〈여성상위시대〉의 진짜 마지막 장면은 다른 남자의 차를 타고 출근하는 아내를 떠나보내는 남편의 모습이 아니다. 영화는 다음과 같은 자막으로 막을 내린다.

> 여성 여러분! 어떻습니까? 여러분들은 이렇게 되기를 원하시겠지만 현실은 그렇지 않았읍니다…

남편 이상호의 내레이션으로도 전달되는 이 자막을 통해 현숙과 같은 주부가 현실에서는 존재할 수 없음이 명백히 드러난다. 1950~1960년대에 여성이 스스로 사회적 성공을 이루기는 지극히 어려운 일임을 보여주는 설정이라 하겠다. 또한 아이를 돌보지 않고 지저분한 집에서 출근하는 현숙의 모습이 좋아 보이도

• 현재 한국영상자료원에 존재하는 〈여상상위시대〉의 심의 대본에는 "끓는 물속"이라 표기되어 있으나, 이를 오기(誤記)로 보아 "끓는 물 속"이라고 고쳐 표기했다.

록 묘사되지 않았다. 실질적으로 〈여성상위시대〉는 자신의 욕망 충족을 위해 현모양처를 거부하는 여성이 얼마나 우스꽝스러워질 수 있는지를 보여주고 있다.

〈여성상위시대〉에서 현숙은 연구원인 남편과 의사인 아주버니에 의해 '불량주부'로 단호하게 처단되거나• '현모양처'로 엄숙하게 계도되지 않는다. 심지어는 아파트 부녀자들이 주부회의에서 정한 "가정요리 강습회" 수강을 거부하고 밖으로만 도는 현숙에게 주부로서 문제가 있다고 하자, 현숙은 주부들이 집에 모여 하는 일이 허영심을 가지고 남의 흉이나 보는 일이라 공격한다.

> "공동정신 좋아하는군…. 얼굴을 서로 맞댔을 땐 싱글벙글허구, 돌아서기가 무섭게 서로 남의 흉이나 보는 그런 공동정신 입 밖에 내지도 말어! (…) 당신네들은 모여 서기만 하면 누군 무슨 옷, 어떤 빽… 어떤 반지 무슨 반지 누구 집은 어쩌고, 뭐도 없구… 누구 남편은 어쩌구저쩌구, 그래 고작 한다는 얘긴 남을 헐뜯는 얘기밖엔 없는데, 공동정신? 웃기지 말어요."

또한 현숙이 가정을 등한시하지만 요염한 모습으로 남편의 사랑을 이끌어내는 모습은 긍정적으로 그려진다. 상호는 아내에게 큰 매력을 느끼며 빠져드는

• 실제로 〈여성상위시대〉에서는 아내 박현숙의 자살 시도 후, 남편 이상호가 자신의 아내를 싫어하는 큰형이 의사의 본분을 다하지 않고 아내를 죽게 내버려두는 것은 아닌지 걱정을 한다. 박현숙이 죽음에 이르거나 가정 파탄으로 인해 죽음과 같은 생을 살아가게 되었다면, 〈여성상위시대〉의 계몽적 서사는 서양의 고딕소설에서 흡혈귀가 성적 축제를 즐기게 하다가, 과학자·귀족·의사가 주체가 되어 뱀파이어를 죽이고 기존 질서를 회복하는 메커니즘과 유사한 것이 된다. 그러나 〈여성상위시대〉는 여성을 현모양처로 계도하는 서사의 논리에서 벗어난 측면이 강하다. 여기서 유추해볼 수 있듯, 1950~1960년대에 남성들은 '상상 속에서 금기 위반을 하는' 주부의 형상도 부분적으로 수용할 수 있는 자신감이 있었다 하겠다. ('고딕'은 18~19세기에 들어 죽음과 초자연적 이야기를 전하는 문학텍스트를 지칭하는 문학용어로 사용되었는데, 《프랑켄슈타인(Frankenstein)》(1818), 《드라큘라(Dracula)》(1897)가 대표적이다. 차희정, 〈근대 고딕소설의 괴물 사냥꾼과 폭력의 이미지—《프랑켄슈타인》과 《드라큘라》를 중심으로〉, 《영어영문학 21》 25-4, 21세기영어영문학회, 2012, 146~147쪽.)

것으로 설정되고 있다

박현숙을 현모양처로 계도하지 않는 예상 밖의 결말과 박현숙을 부분적이지만 긍정적으로 존재시키는 면모는 1950~1960년대 영화 중에서도 〈여성상위시대〉를 다소 이례적 작품으로 만드는 요소다. 한편으로, 박현숙과 같은 '불량주부'의 형상을 허용할 수 있었던 이유는 이 시기 남성들이 생득적으로 갖게 되는 남성이라는 자신감에서 찾을 수 있다. 동시에 성적 측면에서 남편에게 완벽한 서비스를 하는 박현숙의 면모는 이 시기 남성들이 동경하는 아내의 형상이기도 하다.

남편에게 유혹적인 존재로 형상화되는 아내 박현숙의 면모와 관련해 잡지 《여원》을 살펴볼 수 있다. 《여원》에는 남성의 일탈적 성행위가 애정의 공백에서 비롯되었기 때문에 "아내란 낮에는 귀부인이요 밤에는 요부가 되어야 한다"(1964. 10, 118쪽)는 내용의 기사가 실린다. 여성의 요부적 행위가 남성을 위해 대상화됨으로써 여성의 성이 가부장제 질서 안에서 재차 억압되는 양상이 제시되는 것이다.[36] 또한 앞서 다룬 영화 〈남자와 기생〉(1969)에서도 아내가 남편이 가정에서 즐거움을 느낄 수 있도록 "서비스"를 해야 한다는 내용이 있다. 영화에서 가정주부는 언제까지나 남편들이 외도를 하고 가정을 등한시하는 것을 그대로 둘 수 없다며 해결책을 찾기 위해 기생집을 답사한다. 주부가 기생을 이겨서 남편의 버릇을 고쳐놓아야 한다는 마음으로 기생을 찾은 것이다. 여기서 주부들은 남편의 마음을 사로잡는 것이 해맑은 웃음, 부드러운 말씨 등의 "서비스"임을 알게 된다.

박현숙의 아름다움과 유혹적 면모는 남성의 판타지를 충족시키고 있으며, 박현숙의 방종한 생활은 현실의 주부들에게는 불가능한 것이기에 그녀를 계도하지 않는 남성들의 자신감도 드러난다. 또한 〈여성상위시대〉는, 영화 포스터 문구처럼, 여성 관객에게도 "전(全) 여성 생애에 가장 큰 충격을 줄 새 풍조의 최신 여성 영화!!"[37]가 된다. 자신의 욕망을 드러내는 데 거리낌이 없고, 스스로 번 돈으로 자유롭게 물건을 구매하는 현숙의 모습은 주부들에게 큰 즐거움을 주었을 것이다.

영화의 제목인 '여성상위 시대'는 ―"남성하위 시대와 여성상위 시대란? 국내! 국외를 휩쓴 유행어!!", "여성은 남성잠복 시대와 남성하위 시대를 창조했다", "남성을 지배하는 시대가 왔다"라는 신문 광고 문구와 달리― 여성이 남성보다 우위에 있다는 문자 그대로의 개념을 가진 말이 아니었다. 그것은 '여성상위'라는 불가능한 것에 대한 자극적 상상을 담고 있다. 〈여성상위시대〉에서 여성이 '계도'되기보다 '희화화'되어 등장할 수 있었던 것은 여성이 일시적으로 남녀의 서로 다른 판타지를 충족시킨 후 금세 사라질 존재에 불과하기 때문이다. 여기서 주목해야 할 것은 '여성상위' 개념이 이후 완전히 다른 것이 된다는 사실이다.

'치맛바람', 여성의 생활력에 대한 남성의 '결혼 판타지'

1960년대에는 여성이 계모임을 하는 것에 대해 사회적으로 부정적 담론이 형성된다. 한 여성은 남편의 사회적 지위를 이용해 고관 부인들과 계를 하다 1억대의 사채를 지고, 부유한 부인들에게 그녀들의 패물을 팔아준다고 속여 이익을 취하는 '사기'까지 벌여서 사회적으로 문제가 되었다.[38] 그런데 〈치맛바람〉에서는 계모임을 포함해 남편의 사회활동에 참견하는 여성을 부정적으로만 형상화하지 않는다. 영화 도입부에 흘러나오는 주제가를 통해 아내가 남편 대신 가족의 생계를 위해 가정에 머무르지 않고 집 밖으로 나서는 것에 대해 부정적으로 그리지 않을 것임이 명확하게 암시된다.

> "못 버는 남편을 나무라서 무엇하랴/ 바가지를 긁는다고 없는 것이 나오랴/ 차라리 그럴 바엔 내가 나섰다/ 암탉이 울어도 될 것은 된다/ 불어라 치맛바람 여자의 슬픔/ 불어라 치맛바람 여자의 눈물."

물론, 〈치맛바람〉에서 계모임을 하는 주부들은 생산적 일을 하지는 않는다. 그녀들이 한가한 시간에 수다를 떨고, 남편을 승진시킨다며 회사에 무리 지어 몰려가 압력을 행사하는 행동 등을 긍정적으로 볼 수는 없다. 그러나 영화 전체 내용을 고려할 때 이 주부들이 영화에 혐오스러운 대상으로 주조된다고 보기는 어렵다.

그 이유는 계모임 주부들을 혐오스러운 여자로 낙인찍거나 계도할 수 있는 인물이 영화에 부재하기 때문이다. 여성을 완력이나 돈으로 제압하려 하거나 아내를 무시하고 함부로 대하는 남성은 무 사장(양훈 분)과 몽 여사 남편 정도다. 무 사장은 진 여사(김지미 분)의 보증인 되기를 자처하다가 기회를 엿보아 진 여사에게 강간을 시도하고 영화에서 사라진다. 몽 여사 남편은 늦은 시각 아내에게 밥을 차릴 것을 요구하는데 이에 아내가 졸자 아내에게 손찌검을 한다. 몽 여사가 틈만 나면 조는 것으로 묘사되는 것은 아내를 함부로 대하는 남편 때문이라 할 수 있다. 무 사장과 몽 여사 남편 모두 도덕성을 갖춘 인물들이 아니며 오히려 계도를 받아야 할 존재들이다.

영화의 주요 남성 인물인 진 여사 남편 장(허장강 분)은 월급 2만 3000원을 받는 회사원으로 검소한 생활을 하고 있으나, 가족을 부양하느라 담배까지 끊는 처지가 된다. 그는 성실하게 일하고 가부장으로서의 책임을 다하고자 하지만 늘 생활고에 시달리며 가족들에게 큰소리를 못 내는 소심한 인물이다. 영화는 시종일관 화기애애한 분위기가 연출되는데, 그 중심에는 정 여사의 시댁 식구인 하 영감(김희갑 분)과 그의 아들 차(김순철 분)가 있다. 하 영감은 아들이 가져온 소주를 몰래 마시고 물을 부어놓거나, 풍 여사(도금봉 분)와 흥겨운 외국 노래를 불러 분위기를 띄운다. 취직을 하지 않고 집에서 놀고먹는 차는 바지 뒤가 뜯어진 줄도 모르고 즐거운 표정으로 돌아다닌다. 영화는 여성 계원들이 수영복을 입은 채 남성들과 자유롭게 어울리는 등 1960년대 가치관으로는 방종한 모습을 보여주지만,

〈치맛바람〉 포스터

〈치맛바람〉의
계모임 장면

〈치맛바람〉
속의 남성들

〈치맛바람〉
속의 하 영감
(이상 한국영상자료원)

남성들 역시 위선적이거나, 위축되어 있거나, 우스꽝스럽게 그려진다.

〈치맛바람〉의 진정한 주제는 가족의 생활비와 집세를 걱정하다가 병원에 입원하고 만, 장의 아내 진 여사의 고달픈 맏며느리의 삶이다. 영화에서 남편 장은 진 여사가 계모임을 하는 것을 좋아하지는 않지만, 호텔에서 아내가 강간을 당할 뻔하거나 계원들과 몰려다닌 것을 심각하게 문제 삼지 않는다. 아내가 가족들을 위하려다가 계원들과의 감정적 불화로 계모임에서 쫓겨나서 집세도 내지 못하게 된 비극적 상황이 묘사될 뿐이다.•

특히 영화 〈치맛바람〉에서 가족을 위해 돈을 마련하려다가 강간당할 위기에 처했던 진 여사는 다음과 같은 말을 한다.

> "여보, 용서하세요. 제 딴엔 무엇인가 해본다고 어울렸던 것인데 성사도 되지 않고 빚만 지고 말았어요. 담보물이 없다고 계를 태워주질 않더군요. 생각다 못해 이렇게 펜을 들었어요. 우리도 남들처럼 한번은 잘살아보려고 했는데 아직은 운이 없는가 봐요. 이번에 그거라도 타면 당신 양복 한 벌 해드리고 아버님 좋아하시는 중국요리도 실컷 잡숫게 해드리려 했는데 이제 다 틀리고 말았어요. 저로선 도저히 당신 얼굴을 바라볼 수가 없으며 또한 식구들 앞에 앉아 있을 수가 없어요…. 여보 밤낮 집을 비우고 싸돌아다닌 것 용서해주세요!"

하 영감은 계모임으로 집세를 만들려는 며느리에게 "뭐니 뭐니 해도 네 공이 크다", "살림을 도울랴 곗돈 부어나갈랴 정말 고생이 막심하구나. 네가 없다면은 우리 집안은 벌써 거덜이 난 지가 오래다"라고 공을 치사하며, 남편은 그런

• 현재 남아 있는 한국영상자료원의 자료로는 무 사장이 진 여사에게 강간을 시도하는 장면과 그 후 진 여사가 남편에게 미안한 마음을 전하는 모습을 배우들의 말소리를 통해서만 확인할 수 있다. 이 부분은 영상이 삭제되어 있고 말소리만 들린다.

아내에게 "당신, 돈 때문에 하두 애를 쓰구 다녀서 몹시 피곤한 모양야"라며 아내를 다독인다.

무엇보다 계원들에게 부인의 입원을 알리고 도움을 부탁하는 장의 대사에는 아내를 다시 받아들임으로써 상부상조하는 계모임이 되기를 바라는 마음이 가득하다.

> "전 애당초 계를 반대했습니다. 가정을 지켜야 할 부인네들이 자칫 잘못하면 돈에 혈안이 되어 좋지 못한 치맛바람을 날리게 되는 것이 아닐까 하고요! 허지만 집사람은 늘 여러분을 칭찬했습니다. 가장 믿음직하고 건실한 모임체라고요…. 물론 제 자신 돈을 못 번 죄도 있겠습니다만 내 딴엔 가난한 살림 속에서, 슬픔과 괴로움 속에서 참된 기쁨과 행복을 발견하려고 노력해왔습니다. 그것이 남 보기에는 바보 천치처럼 느껴졌을 겁니다. 허지만 제겐 뚜렷한 주관과 인생관이 있었던 것입니다. 돈이란 항상 사람의 성품을 낡은 곳으로 끌어내립니다. 돈 있는 사람은 자진해서 돈에 노예가 된다는 말이 있습니다. 여사님들! 아무리 인정이 메마른 현실이라고 하지만 여사님들만은 상부상조할 수 있는 미덕을 낳아주시길 마음속으로 바라겠습니다."

장이 성실한 가부장이어서 계모임의 여성들을 계도할 수도 있었겠지만, 영화에서는 그가 계모임 자체를 부정적으로 보지는 않는 것으로 형상화된다. 심지어, 심의를 받기 전의 영화 오리지널 대본에는 남편 장이 아닌 시아버지 하 영감이 계원들을 찾아가 문제가 생기면 자신이 '머슴 노릇'이라도 하겠으니 며느리를 도와달라고 부탁하는 것으로 나온다.

> "치맛바람이 나쁘게만 불지 않고… 좋은 곳으로 불어오는 것도 여간 좋은 것도

아닌데… 안 되겠나? (…) 정 그렇다면 내가 담보물이 되지! 자네 집들을 골고루 찾아다니면서 머슴 노릇을 할 테니 같이들 나가서 우리 며느릴 찾아보자구! 이래도 못하겠나?"

— 이규웅 감독, 유호 원작, 신봉승 각본, 〈치맛바람〉, 오리지널 대본(한국영상자료원 자료, 1967, 61쪽)

하 영감은 1980~1990년대 감수성에서는 한 가족의 중심으로서 가부장제적 위엄을 갖추어야만 하는 존재일 수 있다. 그러나 1960년대 영화 〈치맛바람〉에서는 이러한 가부장의 권위가 잘 나타난다고 보기 어렵다.

〈치맛바람〉의 오리지널 대본에는 우스꽝스러운 성격의 하 영감이 계원들에게 도움을 요청하나, 영화에는 남편 장이 진지하게 계원들의 심금을 울리는 것으로 바뀌어 있다. 장은 유일하게 '성실한 가부장'의 위치에 있기에, 영화에서 이처럼 설정을 바꾼 것은 계모임 주부들을 '계도'하기 위해서라고 할 수 있다.

또한 계를 주도하는 과부 풍 여사의 개인적 삶이 드러나면서 계원들을 나쁘게만 볼 수 없게 만드는 측면이 있다. 특히 오리지널 대본에서 풍 여사의 속마음이 묘사된 부분이 그러하다. 1960년대 신문 등의 공식적 매체에서는 여성들이 주체가 된 계모임을 인정할 수 없다는 논지를 폈으나, 실제 생활에서는 계모임 없이 가정을 유지하기 어려운 측면이 있었다고 할 수 있다.

(오리지널 대본)

풍: 과부라고 넘겨다보지 말라구요… 헝 혼자 산다고 해도 다아 생각은 있어요… 내가 그렇게 호락호락 넘어가나요? 어림없어요… 돈 보고 달려들다간 코다쳐요….

영감: (아찔하다) 아니 풍 여사… 무슨 말씀이십니까… 내가 가진 게 있다면 인격 하나 하고… 이 육체뿐이올시다… 그거면 됐지 뭐가 또 있어야 합니까… 네

풍 여사….

풍: (신세타령으로 변한다) 영감… 죽은 아들만 살아 있어도 이렇게 치사한 짓 안 한다구요…. (과장된 울음을 운다) 헝… 그 자식이 죽지만 않아도 영감 같은 거 거들떠보지도 않는다구요… 그것만 믿고 살려구 했는데… 전생에 무슨 죄를 졌다구… 울음으로 지새워야 하냐구요….

— 이규웅 감독, 유호 원작, 신봉승 각본, 〈치맛바람〉, 오리지널 대본(한국영상자료원 자료, 1967, 43~44쪽)

(영화)

풍 여사: 이거 왜 이러세요 얼렁뚱땅 하고… 내가 호락호락 넘어갈 것 같애요. 어림도 없다구요….

하 영감: 아이구 풍 여사 술이 취했는데 (…)

풍 여사: 영감, 내 죽은 아들만 살아 있으면 내가 이렇게 치사한 짓 안 한다고요. 영감 같은 건 거들떠보지도 않는다구요. 아이구 내 팔자야, 아이구 가슴아.

위 인용문 내용을 살펴보면, 오리지널 대본에서는 하 영감이 가난하지만 좋은 성격을 내세워 부유한 풍 여사와의 결혼을 꿈꾸고 있다. 그러나 영화에서는 풍 여사가 자신의 힘든 삶에 대해 하소연을 하거나 그녀와 결혼을 생각하는 듯한 하 영감의 대사가 삭제되거나 줄어든다. 심의를 염두에 두어 계모임 여성들을 훈계하는 대사를 추가했듯이, 계를 하는 여성들을 동정적으로 볼 수 있는 부분을 영화화하는 과정에서 축소한 것이라 여겨진다.

이러한 차이에도 〈치맛바람〉 오리지널 대본과 영화의 결말은 동일하다. 〈치맛바람〉에서 진실로 행복해지는 사람들은 진 여사 같은 여성들이 아니라 하 영감을 비롯한 남성들이다. 계모임 일원인 풍 여사와 골 여사(남정임 분)가 각각 하 영감과 차에게 청혼을 하는데, 그 결과 가족들은 더는 집세 등을 비롯한 생활고에 시달리지 않아도 좋게 된다.

1960년대 영화인 〈치맛바람〉에는 타자를 혐오적으로 위치시킬 만한 남성이 실질적으로 부재하며, 치맛바람을 휘날리는 여성들 역시 각자 나름의 사연이 있는 것으로 묘사된다. 또한 영화에서 과부가 된 여성은 혼자 살기 어려워 재혼을 선택하는 것이지 그 결혼이 그녀들의 계층을 변화시키는 것도 아니다. 오히려 남성들은 생활력 있는 여성들과의 결합을 통해 생활고에서 벗어난다. 영화에서 '치맛바람'은 여성의 생활력으로 형상화되고, 일정 부분 가정을 책임져야 하는 남성들의 부담감을 경감시키는 남성들의 '결혼 판타지'를 충족시키고 있다.

제4장

비도덕적 가장에 의해 파괴되는 이혼(위기에 놓인)녀

1. 이혼녀, 동정의 스토리텔링, "현대의 유행병"에 대한 경각심을 위한

1950~1960년대의 이혼녀가 1980년대 이후의 이혼녀와 변별되는 점은 그녀들이 부도덕한 존재로만 이미지화되지 않는다는 사실이다. 1950~1960년대의 이혼녀는 아이들을 남편에게 뺏기거나 경제적으로는 전락했지만, 그럼에도 여전히 자녀들을 그리워하는 모성을 지닌 어머니로서 동정의 시선에서 형상화되었다.

1950~1960년대에 대부분의 여성들은 남편이 부당한 이혼 요구를 했을지라도 그것을 거부할 자신감, 지식, 관계망이 부재했다. 이 시기에는 여성이 이혼을 수용하기 어려웠기에 남편의 이혼 요구에 응하지 않다 남편에게 죽임을 당한 아내와 관련한 기사가 빈번하게 다루어진다. 남편이 칼을 들이대고서야 이혼장에 도장을 찍은 아내, 이혼하기 위해 친구와 결탁해 아내가 그와 정을 통했다는 허설을 유포하는 남편, 이혼하는 데 방해가 된다고 친딸을 생매장한 남편 등 비상식적이고 끔찍한 내용의 기사가 많다.[1] 이혼 후, 중이 되지 못해 자살하는 여성,

첩을 둔 남편이 학대하며 이혼을 강요하는데도 수락하지 않다가 매를 맞고 시체로 발견된 여성, 이혼 후 무허가 미용업으로 생계를 이어가다 금전적 고민 때문에 연탄불을 피우고 자살한 여인[2] 등의 사건은 당시 기혼 여성에게 이혼이 어떤 의미였는지 단적으로 보여준다.

1950~1960년대에는 "남성들 자신이 신장되어가는 여성의 자아를 이해하고 그 여권을 존중해주지 않는다면 이혼율은 필연적으로 증가해갈 것"[3]이라 이야기되기도 한다. 실제로 이 시기 미디어에서 이혼을 여성의 잘못으로 돌리는 경향성을 찾아보기는 어렵다. 또한 이혼으로 삶의 위기를 맞은 여성들을 무조건 동정의 대상으로 만들지도 않았다. 이 시기에는 이혼 시 여성이 주장할 수 있는 아내로서의 권리보다 여성이 이혼녀로서 맞게 될 '파국'이 강조되었다.

이러한 점에서, 1950~1960년대에는 이혼 시 남편에게 위자료를 당당하게 요구하면서 자신의 권리를 주장하는 여성이 긍정적으로 대상화되지는 않았다. 1954년 한 아내는 남편의 부당한 축첩과 이혼 요구에 남편에게 위자료 500만 환을 줄 것을 주장해 큰 이슈를 끌었다. 부부가 따로 살던 중, 남편은 자신의 이혼 요구를 아내가 거절하자 아내를 상대로 이혼소송을 제기했다가 패소한다. 그 후 남편은 직장의 여직원과 허위 결혼 하고는 아내에게 생활비를 주지 않았다. 그럼에도 아내는 시부모를 모셨으며, 더는 참을 수가 없어 남편에게 위자료 500만 환을 청구하는 이혼소송을 하게 된다.[4] 그런데 이 여성이 이혼소송을 할 수 있었던 까닭은 그녀가 경기여고 출신으로 학식이 있었고, 남편이 고철회사 지배인으로 재산이 있었기 때문이다. 이 여성은 재판에서도 남편의 의견을 반박하고 자기주장을 분명히 이야기하는 것으로 서술되고, 재판 광경은 대중에게 매우 흥미로운 것으로 나타난다.[5]

그러나 주목할 것은 남편은 부인과 이혼하고 동시에 위자료 200만 환을 부인에게 지불해야 한다고 판결[6]이 나 부인이 위자료 청구 및 이혼 소송에서 이긴

"悖倫의 男便에 실증낫소"

五百萬圓慰藉料請求코離婚訴訟

〈"패륜의 남편에 실증 낫소"
—500만 환 위자료 청구코 이혼소송〉
(《동아일보》, 1954. 2. 13, 2면)

것으로 여겨질 수 있으나, 실상은 그렇지 않다는 사실이다. 1950~1960년대 미디어에서 기세등등해 보이는 이혼 직전의 여성은 동정적으로 대상화되지 않았다. 아울러 이 시기의 사회적 인식은 부인과 별거하는 남편은 필연적으로 재혼할 수밖에 없다는 것이었다.[7] 물론, 남성에게 경종을 울리는 의미에서 남성을 처벌해야 한다는 목소리도 있었지만, 강조된 것은 주로 "돈과 이혼과 바꾸자는 여자가 나쁘다.", "과연 우리나라에서 500만 환을 내고 이혼할 사람이 있을가?"라는 사실이었다. 결국, 남편이 본부인을 두고 내연녀와 결혼한 것은 "애정 없는 8년간의 부부생활을 결산하고 재출발하려는 목적이었다"라고 이야기될 뿐이었다.[8] 오직 살길이 막막한 이혼녀만이 불쌍한 대상이 되고, 그녀들의 존재성이 여성의 삶에 대한 성찰로 이어지지는 않은 것이다. 1950~1960년대에 이혼은 여성에게 목숨을

起訴된 姦通雙罰 一號

崎구한 破鏡哀歌

五百萬圓慰藉料請求도倂審

본처가 남편과 그리고 그의첩을걸어 간통이란 이름으로 고소를 제기하고 그보다먼저 남편에게 五백만환의 위자료를내라는 민사소송을 제기하였던 근자에보기드문 부부의갈등극이신형법의효력을받아 「사회에번지는 부부생활판의 제一탄」이란 천지에서 서울지방검찰청에서는 십四일 동사건을 재판소에 회부함으로써 일반의화제는고소인 피고소인에대하여 또다시 시시비비를 논의하고있으며 아울러 신형법실시이래「간통쌍벌의 제一호기소사건」이되었다 민사사건이형사사건까지되어 말썽을 일으키고있는 내막은 기소사실을 통하여보면 사ㅣ사상 보기드믄 문제까지 번지고있다

▲離婚前夜=고소인 현순원(玄順源=三〇)여사와 피고인 한위동(韓偉東=三七)씨는 四二七八년 二월八일 서울에서 결혼식을 거행한다음 한(韓)씨가당시 거주하고있던 중국 ^로 들어가 결혼생활을 하여오다가 七九년 시는 현(玄)여사의 시부모 그리고 [illegible] 와더불어 본국으로 돌아오자 二년후인 八一년 시부가 작고함에 시가로 한(韓)씨로 귀국하게되었다 이후두사람 사이에는 무슨이유인지는몰라도 같이살수없는 형편이되어 별거생활을 계속ㅣ여자는 여자대로 내친정에 들어갔다고 전하여지고있으며 남자는 군부서 근무하게 되었다는것일때 이때가 바로 구남녀가 지난 [illegible]명적인 이혼전야로 되었다

▲再婚理由=부부간 별거생활을 할운명에 다다른 남편은 결연적으로 재혼이 요청되고있다는것이다 그러므로 당시 한(韓)씨가 근무하고있던 미국인경영 태평양고결구시회사의「다이퍼스로」로 있던 장인혜(張仁惠=二三)양과의 사이에 결혼이 약속되어 八五년 六월에 부산에서 약혼을 이루고있던중 마침 八六년 十월三일을 기하여 신형법이 실시되고보니 간통쌍벌죄에 걸리게되고ㅣ 그러나 기왕 하려면 결혼이나 하는 천지에서 신형법 실시후 二십三일만인동 년十월 二십五일 부산에서 드디어 결혼식을 거행하게된것이다 이때부터 한(韓)장(張)의 두사람 사이에는 신형법의 그물에 걸리고있던것이다

▲女人哀歌=이사실을 알은 현(玄)여사는 남편에게 달려가서 방ㅇ의 신혼방법을 다 [illegible]하였나 부득한눈서 가 떨어졌던지 수로로 이문제의 내막은 이혼을 승락하는「위자료」의 금액이 맞지않아 와해가되었다고도 전하여지고있는데 이것은 장차법정에서 밝혀질것이다

▲男便先手=이렇듯 복잡한공기속에서 남편은 하는수없이 부산지방법원에 처음걸어「유기」를 이유로 이혼소송을 제기하였다 그결과 재판소의 판단은 남편의 주장이 옳음을 지못하다고 보아 결국 원고편남편은 패소(敗訴)당하고ㅣ그러나 즉각으로 공소를 제기하여 현재 서울고등법원에 사건은 계속중에 걸려있다

▲本妻挑戰=서울이 현주소되자 본처인 현(玄)여사는 뜻한바있었는지「위자료 五백만환을 내라」는 조건으로 남편을 걸어 이혼소송을 제기하였다 동사건을 심의하면 서울지방법원에서는 동일한 사건이 고등법원에 지속중임을 알고 사건을 고법으로 옮기어 피고의 반소로 병합심리중에 놓여있다

▲姦通雙罰=민사소송을 제기한 본처는 드디어 [illegible] 서울지방검찰청에 간통쌍벌죄를 이유로 남편과 장(張)여사를 상대하여 고소를 제기하였다 이ㅇ담당한 이영호(李

〈기소된 간통 쌍벌 1호—기구한 파경 애가, 500만 환 위자료 청구도 병심(倂審)〉
(《경향신문》, 1954. 4. 15, 2면)

걸고 피해야 할 사건으로 강조될 뿐이었다. 그래서 이 시기 자기 살길을 도모하면서 적극적으로 이혼을 하고자 하는 여성은 비판의 대상이 되었다.

이혼을 당당하게 요구하는 여성에 대한 1950~1960년대의 시선은 아래의 재판 판결문에 잘 나타난다. 즉, 아내의 입장에서는 남편의 부당한 대우를 참지 못해 이혼을 선택한 것이었음에도 신문에서는 아내가 성품이 좋지 못해서 이혼할 수밖에 없었다는 식으로 매도된다. 판결 내용을 요약하면 다음과 같다. 첫째, 고학력의 이 여성은 시부모를 모시지 않는다는 중매인의 말에 속아 허영으로 결혼을 했다. 둘째, 이 여성은 결혼을 희생으로 지탱하기보다 결혼이 자신의 기대에 어그러지자 가족에 대해 의무를 다하지 않았다. 셋째, 이 여성은 8개월 만에 딸을 낳은 후 남편과 8년간 별거했다. 특히 셋째 내용은 여성이 남편과 결혼 후 8개월 만에 아이를 낳아서 여성의 결혼 전 순결이 의심될 수 있으며, 남편과의 8년간 별거 사실은 여성이 아내로서의 의무를 다하지 않은 것이니 남편에게는 이혼사유가 될 수 있다는 것이다. 결국 이 여성은 허영심이 강하고, 정조 관념이 희박하며, 희생정신이 부재해 이혼에 이른 것이 되었다. 이 여성의 이혼 재판 과정은 대중에게 '재미있는 구경거리'에 불과했다. 곧, 이혼녀가 될 여성이 처한 어두운 현실을 보여주기보다 대중이 듣기를 원하는 흥미로운 부분만 서술된 것이다.

> (…) 현○○은 경기고등여학교를 졸업한 지식인으로서 응당 한국 여성의 주부로서 걸어갈 의무와 자신의 진퇴에 관한 것 등은 능히 판단 처리 할 수 있는 여성이면서 동(同) 한○○과의 결혼 동기가 문화적 생활 형태에서 부부가 단 둘이 가정을 이룰 수 있다는 중매인 최○○의 말에 유혹되어 불과 수일 만에 혼인을 거행케 된 것은 지식인의 여성으로서 그 허영의 소치일 것이며 결혼 후 신가정은 당초의 화려할 것이라고 믿었던 그것과는 기대가 어그러짐에 동인(同人) 등의 가정은 부부로서의 애정이나 상호협조가 없는 불화한 가정으로

화하여 동 한○○ 급(及) 그 가족과 동 현○○과 간에는 상호 반목 질투로서 대립하여오던 중 결혼 후 8개월 만에 동 현○○이 여아를 분만하자 더욱 반목이 심하여 동인 등은 부부로서의 임무를 다하지 못함은 물론 이래 8년간을 별거하고 (…).

— 〈쌍벌(雙罰) 간통 제1호 사건 판결문〉(《동아일보》, 1954. 5. 25, 2면)

1950~1960년대에는 아내가 먼저 남편에게 이혼을 요구하는 것이 사실상 어려웠다. 관련 사례를 보자. 노처녀 박 씨는 한 번 결혼한 경력이 있는 남성과 결혼한다. 그런데 남편의 자녀인 6남매는 그녀를 외면했고, 남편은 술을 마시고 바람을 피웠다. 남편은 내연녀와 동거까지 했고, 내연녀는 박 씨에게 생활비를 가져오라며 함부로 대했다. 이에 박 씨는 가출을 하고, 남편은 아내 박 씨에게 돌아오지 않으면 죽인다는 협박을 했다. 박 씨는 남편과의 이혼을 간절히 원했지만, 과도로 남편의 어깨를 찌르고 나서야 남편의 집에서 벗어날 수 있게 된다. 이처럼 이 시기에 여성은 감옥을 선택해야 남편에게 벗어날 수 있는 상황이었다. 그녀는 8개월 된 아들을 안고 유치장에 수감되면서 이렇게 말한다. "저의 소원은 감방입니다. 지긋지긋한 남편을 보지 않게 되어 기쁩니다."[9]

이 지점에서 주목해야 할 것은 이혼녀 중 의지할 데가 없어 비참한 삶을 살게 된 여성만이 연민의 시선으로 형상화된다는 사실이다. 〈남존여비의 악례〉[10] 기사에서는 남편이 은사와 중국요리를 함께 먹은 아내를 친정으로 내쫓은 후, 아내가 사망했다는 낭설을 퍼뜨리고 재혼을 한 사건을 다룬다. 아내는 재혼한 남편에게 양육비를 달라고 애원하지만 남편은 딸 셋을 고아원에 넣고, 막내딸은 그곳에서 병사한다. 이 기사는 굶어 죽을 만큼 가난하게 사는 여성이 "핏기 없는 얼굴에 눈물을 흘리"는 것으로 마무리되고 있다.

또 다른 사례로는 서울 유명 대학의 한 교수가 조혼(早婚)한 아내에게 정이 없어 새로운 살림을 차린 경우를 들 수 있다.[11] 남편은 첩을 얻은 후 아내에게 11년간 생활비를 주지 않았고 불치병에 걸린 딸도 돌보지 않았다. 그러나 아내는 시부모의 사랑으로 모든 것을 인내하다가 그들마저 죽자 남편에게 이혼소송을 제기한다. 이 기사에서도, 남편에게 버림받은 아내는 집도 가족도 없이 파국을 맞는 가련한 존재로 대상화된다.[12]

> "이 세상에서 나를 돌보아줄 사람이라곤 그래도 남편 하나밖에 없는데 그 남편은 끝내 나를 자기 집 문 앞에도 드려놓지 않을려고 하고 있읍니다. 그러니 이제는 나를 먹여줄 사람이라고는 한 사람도 없고 집도 절도 없이 거리에서 헤매게 되었읍니다. 그래서 최후로 남편에게 끝내 돈 300환만 주면 여생을 나 혼자 살아보겠다고 애원하였더니 냉정히 거절당하였읍니다. 시부모님을 모시고 홀로 시집에서 살아볼려고 하였더니 그 시부모님도 돌아가시고 친정에서라도 지낼 수 있었으면 좋겠는데 친정 식구 하나 없게 되니 어디로 가야 합니까? 남의 고용살이를 하여 볼래야 나이가 벌써 이쯤(44) 되었으니 그럴 수도 없고 큰딸(출가한 딸=25세) 하나만을 믿고 살래야 넉넉지 못한 그것들에게 여생을 맡길 수도 없게 되었읍니다. (…) 아무런 잘못도 없는 내가 이 꼴이 된 것을 생각하면 정말 억울하고 분합니다."
>
> —〈버림받은 지 11년—대학교수 부인이 이혼소송 제기〉(《동아일보》, 1956. 6. 22, 3면)

1970년대에 일어난 이혼 재판 사건을 다룬 〈법 앞에 모정은 서럽다〉[13]도 크게 다르지 않다.[14] 이 기사에는 결혼 전 정신과 치료 병력을 남편에게 알리지 않고 결혼을 했다는 이유로 이혼을 당할 위기에 있는 아내에 대한 사건이 서술되고 있다. 아내의 과거 병력이 결혼생활에 문제가 되었다고 보기 어려운 상황임에도 남편은 아내에게 혼인 취소를 청구한다. 이 과정에서 아내는 빼앗긴 두 딸을 찾기 위해 법정 투쟁을 하지만 친권은 남편에게 있어서 법적으로 이길 수 없었다. 이 아내의 가족은 미국에서 살고 있던 남편이 이혼소송을 굳이 한국에 와서 하는 이유도 아내에게 위자료를 적게 주기 위함임을 주장한다. 한국의 가정법원은 남편의 혼인 취소 청구를 기각했지만, 이들은 끝내 미국에서 이혼을 한다.

이 사건은 이혼(위기에 놓인)녀를 비참하게 만드는 한국사회의 법제도와 자식을 사랑하는 어머니의 절절한 사랑을 강조하는 방향에서 서술된다.

> 자식에 대한 어머니의 사랑—이것은 법 이전의 뜨거운 모성애와 어린자식들에 대한 영원한 의무감(즉 내가 돌보아주지 않으면 안 된다는)이 복합된 귀하고도 가장 근본적인 인간의 본성이다. 누가 보나 이 어머니는 너무도 기본적인 인간의 권리를 빼앗긴 것이다. (…) 어떤 선배님이 여성들의 모임에서 "여러분들이 어머니의 권리가, 지위가 우리 법상 어떻게 규정되어 있는지 모르니 이렇게 태연히 앉아서 살고 있지 아마 아신다면 다 피를 토하고 죽어 마땅할 거요"라고 말씀하셨었는데, 이것은 과장이 아닌 사실 그대로이다.
>
> — 〈(일요에세이) 어느 여인의 경우—부당한 이혼 요구…소송 중인데도 자녀들을 만날 수 없는 한국 모성, '별거 코스트' 낮은 모국 법 악용하는 남편의 역겨운 타산〉(《조선일보》, 1974. 6. 2, 4면)

위의 사례에서 보듯, 대체로 1980년 이전의 미디어에서는 자녀들이 양육권과 재산권을 행사하는 아버지보다 이혼과 동시에 모든 권리에서 배제되는 어머니에게 정서적으로 더 밀착감이 있는 것으로 형상화된다. 한 사례로, 남편이 새로운 여자와 결혼해 버림받은 여성이 친정아버지가 이혼을 말려 홀로 어렵게 자식을 키웠다. 그 아들은 "소박맞은 홀어머니의 가냘픈 여자의 손으로" 훌륭하게 자라 대학생이 되었고 어머니를 대신해서 아버지에게 잘못을 되물으며 소송을 시작한다.[15] 어머니는 눈물겨운 희생으로 자식을 성장시킨 존재였고, 아버지는 양육

親父걸어扶養料請求訴訟

소박맞은 홀어머니손에자란 大學生이

六年間生活費學費로百85萬圜

母親苦痛더볼수없다

子息사랑한다면支拂하라고

〈친부 걸어 부양료 청구 소송—소박맞은 홀어머니 손에 자란 대학생이, 6년간 생활비·학비로 185만 환, '모친 고통 더 볼 수 없다, 자식 사랑한다면 지불하라'고〉(《동아일보》, 1958. 11. 25, 3면)

의 책임을 이행하지 않아 가족을 힘들게 만든 장본인인 것이다. 실제로 1980년 정도까지만 하더라도 이혼한 부부의 자녀는 대부분 이혼 원인이 아버지에 있다고 보고 있으며, 경제력이 된다면 어머니가 자신의 양육자가 되기를 희망하는 경향성이 있었다.[16]

1950~1960년대에 기혼 여성은 대다수가 이혼을 선택할 자유가 없었고, 그

렇기에 이혼은 '아버지'를 중심으로 한 가족 체제에 균열을 일으킬 만한 사건이 되지 못했다. 이혼녀는 가족제도 바깥에 위치하기는 했지만 이 시기 결혼관에 타격을 줄 수 없는 이방인이자 동정을 받는 약자일 뿐이었다. 미디어에서는 비정하게도 파국을 맞은 이혼녀가 흥밋거리의 대상이 되었다. 결혼은 여성의 희생으로 유지될 수 있는 것으로 간주되었으며, 여성이 자신의 권리를 언급하는 순간, 신문에서 그 여성은 허영심 가득하고 생활이 문란한 존재로 격하될 뿐이었다. 사실상 이 시기 여성에게 이혼은 축첩하거나 학대하는 남편과 사는 것보다 '더 나쁜 선택'이 될 수 있었던 것이다.

2. 이혼녀, 동정적 존재에서 균열적 존재로

1950~1960년대 한국사회에서 여성은 결혼을 해서 아내·어머니·며느리의 자격으로 자신의 위치를 정립하며 살아가는 것이 당연시되었고, 여성이 독립적으로 경제활동을 하는 것은 어려웠다. 이 점에서 여성이 이혼하는 것은 자신의 삶을 포기하는 행위와도 같았고, 이혼은 '자살', '자폭'처럼 '죽음'의 이미지와 쉽게 연결되어 기사화되었다.

1950~1960년대에 이혼율이 계속 증가하고, 여성이 이혼 청구 소송을 먼저 제기하는 비율이 이전보다 높아졌다는 사실이 심각한 어조로 보도되었으나, 이 시기는 사실상 여성이 이혼하는 것이 쉽지 않았던 때였다. 교황청이 있는 가톨릭 국가 이탈리아에서 이혼법으로 시비가 일어났을 때, 한국의 한 신문에서는 여성들이 이혼법을 가장 반대한 것으로 기사화된다. "이혼한 여자가 어떻게 살아나가죠? 우리는 미국 여자들과는 달리 직업이 없어요. 그래서 우리를 보호해줄 남자 없이는 살 수 없어요."[17] 한국 기혼 여성의 경우도 이탈리아 기혼 여성의 경우와

스위트홈은 왜 깨지나

不倫이 首位, 虐待·遺棄도

'離婚은 男子責任이 많은가봐요.'

10代의 눈에 비친 女權

舞鶴女高 人權옹호團의 分析

〈스위트홈은 왜 깨지나—불륜이 수위(首位), 학대, 유기도, "이혼은 남자 책임이 많은가 봐요"(무학여고 인권옹호단의 분석)〉(《경향신문》, 1962. 12. 8, 7면)

다를 바가 없었을 것이다.

1950~1960년대 이혼사유는, 당시 여성법률상담소의 자료에 의하면, 남편의 간통과 남편의 학대[18]가 대부분이었다. 미디어에서도 이혼의 책임이 남편에게 있음이 명확하게 이야기된다.[19] 이러한 상황에서 이혼할 수밖에 없는 자신의 처지를 절실하게 호소하는 아내를 부정적으로만 위치시킬 수는 없었다. 그녀들은 법원으로 가자니 용기가 안 나고, 그대로 참자니 견디기 괴로운 갈 곳 없는 아내들로, 남편으로 인한 굴욕을 더는 참지 못해 사회에 적극적으로 호소하는 여성들로 서술된다.[20] 다시 말해, 이혼을 원하는 여성들이 가정 문제를 체념하지 않고, 잃어버린 자기 위치를 찾으려고 노력하는 집단으로 여겨지기도 했던 것이다. 그래서 이혼율이 높아진 것을 긍정적으로 기사화하는 경우도 있었다. 〈(63년의 좌표 6) 법창에 비쳐진 여성 문제〉[21]에는 다음 내용이 보인다. "스스로 저자세를 자처하던 여성이 인간 본연의 자기 위치를 찾으려고 노력한 한 해였고 그 노력에 저촉된 사건이 이혼의 건수를 높인 결과라 보겠다."

1950~1960년대에는 사회적으로 여성이 결혼을 하면 이혼이 불가하다는 분위기가 조성되었는데, 모 여대에서 학교 자랑 중 하나로 내세운 것이 바로 "매년도 졸업생의 결혼율이 매우 우수하고 또 이혼했다는 말은 들은 기억이 없"다는 것이었다.[22] 게다가 아내는 남편에 대한 "아량과 관대가 필요"해, 결코 남편의 "경제적인 가난이라든가 부정(不貞)이 이혼의 조건이 될 수는 없"[23]었다. 남편이 유부녀와 정을 통해 가족을 생활고로 수년간 허덕이게 하더라도 이를 용서하는 것이 처(妻) 된 도리라 여겨졌다.[24]

반면, 남편에게 이혼은 상대적으로 쉬운 것이었다. 일례로 다음을 보자. 한 남편이 신문에 조혼한 아내가 자신을 지극히 존중함에도 이혼하겠다는 내용의 글을 상담자에게 보낸다. 그러자 상담자는 허영에 가득 찬 모던걸이 남편을 행복하게 해주는 것이 아님을 강조하면서 이혼을 말리기도 하지만, 그럼에도 이혼하겠다면 이혼 수속을 밟을 수밖에 없다고 이야기한다.

> 문
>
> 나는 18세 때 이미 결혼한 당년 21세의 남자입니다. 결혼 당시 상대방의 인품을 잘 알고 있기 때문에 강력히 반대하였으나 완고한 부모의 명령을 거역할 수 없어 마침내 순종하고 말았던 것입니다. 현재는 모 대학 재적자로 죽어도 그 여자와 일생을 같이할 수 없읍니다. 여자 측에서는 물론 이혼을 반대하고 지극히 저를 따르려고 합니다. 그러나 꼭 이혼은 해야 하겠아오니 좋은 방법을 가르쳐 주십시오. (대구 M생)
>
> 답
>
> 딱한 사정입니다. 봉건적 누습이 가져온 비애라고 하겠지오. 그러나 한번 다시 냉정히 생각해보십시오. 부인께서는 당신을 지극히 따르려고 한다지 않습니까.

본래 결혼이란 남과 남이 결합되어 평생을 해로하는 것이니 당신의 마음씨 여하에 따라서는 오히려 행복을 가져올 수도 있는 것입니다. (…) 요즘 허영에 날뛰는 '모던 껄'이래야만 당신을 행복하게 해주는 것은 결코 아닐 것입니다. 그러나 정녕 그렇게 할 수 없다면 부인에 대한 충분한 책임을 지고 법적으로 이혼수속을 하는 수밖에 없겠지오.

— 〈(상담실—인생안내) 조혼의 아내와 해로할 수 없는 경우〉(《동아일보》, 1955. 6. 7, 4면)

남편이 아내가 결혼 전 성관계가 있었던 일을 알게 되었을 때도 경우에 따라 이혼의 사유가 되기도 했다.[25] 이처럼 1950~1960년대는 아내가 남편에게 이혼당하기가 쉽고 여성이 이혼 이후의 삶을 모색하기 어려운 시기였던 만큼 '조강지처' 개념은 남편이 아내를 함부로 버리지 못하게 하는 의미가 강했다.[26] 1997년 외환위기 이후, 아내가 경제력 없는 남편과 이혼하는 것을 부정적으로 보면서 조강지처의 논리를 강조하는 것과는 맥락이 다르다고 하겠다.

또한 1950~1960년대에 아내의 재혼은 전쟁으로 인해 남편의 생존 여부를 알기 어렵고 그래서 여성이 홀로 가족을 부양하기 힘들더라도 쉽지 않았다. 미디어에는 본처가 지켜야 할 윤리와 파탄이 난 재혼의 사례가 강조되면서 여성의 재혼을 실질적으로 허용하지 않는 분위기가 형성된다. 전쟁으로 남편의 생존을 알 수 없을 경우 법으로 정한 이혼 절차가 있기는 했지만, 이때 여성이 재혼을 선택하는 것은 윤리성의 유무와 연결되었다. "의용군 나간 남편을 저바리고 재혼할 수 있는지요"라는 상담 문의에, 신문의 상담자는 다음처럼 안내한다. "(…) 당신의 현재의 고독감을 떠나 애정을 살리는 길도 당신의 청춘과 삶을 위해서는 마땅한 일이라 하겠지만 타방 연분이 있어 평생 해로코자 결합된 그리고 당신한테는 하등 죄 없는 남편이 그 애꾸진 운명으로 현재에 이른 것을 생각하드라도 적어도 이 사변이 완결되어 남편의 분명한 소식을 알 때까지라도 기다리는 것이 처(妻)

性道德에 警鍾

離婚당한 "結婚前不貞"

『결혼전의 부정(不貞)을 결혼후에 숨기고있다가 스스로 밝혀졌을 경우 충분한 이혼사유가 된다』라는 새로운 판결이 17일상오 서울가정법원에서 내려져 흔히 남녀들의 흐트러진 성도덕관념에 경고를 던졌다.

男便에 慰藉料받으려다 오히려 된서리

숨기고있다綻露

심한精神的피해

「過去는묻지마셔요」이젠안통해

家庭法院서判示

地方出張이 잦자 過去의 男子만나

어느 한구석에는 어두운 그림자가

〈南鮮木材 金鶴壽〉

〈성도덕에 경종, 이혼당한 "결혼 전 부정"―남편에 위자료 받으려다 오히려 된서리, 숨기고 있다 탄로, 심한 정신적 피해, '과거는 묻지 마셔요' 이젠 안 통해, 지방 출장이 잦자 과거의 남자 만나, 어느 한 구석에는 어두운 그림자가, "과거의 부정" 이혼 조건 안 되나 고백 안한 게 문제(가정법원서 판시)〉(《경향신문》, 1964. 12. 17, 3면)

된 그리고 인간 된 도리가 아닐까요?"[27] 또한 재혼한 "젊은 전쟁 미망인"이 남편 식구에게 자신의 전 재산을 강탈당한 후 분노 끝에 음독자살에 이른 기사도 보인다.[28] 미디어에서만큼은 여성에게 '불행한 재혼'은 있어도 '행복한 재혼'은 없었다. 그래서 더욱 여성이 재혼을 선택하기 어려웠을 것이다.

1950~1960년대는 실질적으로 이혼녀들에게 혐오적 시선을 부여하기가 어려웠다. 그래서 1950~1960년대 미디어에는 미풍양속이 무너진 서양사회가 비판되고, 서양의 이혼녀가 희화화되거나 비윤리적 존재로 대상화되는 면모가 나타나게 된다. 서양 여성이 이혼을 제기하는 이유는 당대 한국사회의 관점에서 볼 때 비상식적인 것으로 서술된다. 서양 여성은 신랑이 결혼식장에서 자신에게 키스를 하지 않았다고, 남편의 귀가가 늦는다고, 남편이 대낮까지 침대에서 나오지 않아 게으르다고, 남편이 자신에게 한 차례 막 때리고 욕을 퍼부었다고, 애정 공세로 들볶는다고 남편과 이혼하거나 남편을 상대로 이혼소송을 제기한다.[29]

1950~1960년대에 한국사회에서 미국은 "세계에서 가장 높은 이혼율과 가장 높은 재혼율을 보이고 있는" "'행복한 이혼'이 '불행한 결혼'보다 훨씬 낫다는 것이 (…) 지배적인 통념"이 있는 사회였다.[30] 곧, 미국은 결혼을 5년간의 계약제도로 만들어 결혼 계약을 갱신하거나 취소할 수 있도록 하며, 이혼하게 되면 그 자녀들은 '대용부모'에게 맡기면 된다[31]는, 당대의 한국인 가치관으로는 받아들이기 어려운 "말세적 풍조"를 제시하는 사회였다. 한국의 미디어에서 미국 여성은 매우 이상하고 불결한 존재로 형상화된다. 아내의 권리는 막강하고 남편의 지위는 허술한 것으로 언급되는데, "17살 난 사내 녀석이 TV를 보다 말고 아버지를 두들겨 거의 '노크·다운'시키기도 하고, 이때 어머니는 옆에서 웃고만 있"는 것으로 묘사된다.[32] 또 위자료로 거액을 받은 미모의 이혼녀는 이웃을 살인한 사건의 범인과 재혼하기도 하고,[33] 한 판사는 이혼소송을 청구한 26세의 금발 미녀에게 홀려 호텔에서 만나, 그녀가 법정에서 진술할 내용을 미리 알려주고 그녀에게 사랑을 고백하는 편지를 보냈다가, 사감(私感)에 의한 재판을 했다는 혐의로 기소되기도 한다.[34]

한국사회에서 1950~1960년대는 가정이 국가와 인류의 기초가 되는 만큼 안정된 사회를 위해 안정된 가정을 만들어야 함이 역설된 시기이자,[35] 신문 기사에는 이혼의 이유로 경제의 불안정, 성평등 사상의 곡해, 정조 관념의 희박 등이 언급되며, 여성의 부도덕함으로 인해 결혼생활이 무너질 수 있음이 지적된다. 이러한 것들은, 유교 중심의 가족제도가 무너지는 가운데 개인주의적 서양 풍조가 한국사회에 유입되었는데 현재 이를 대체할 윤리가 부재하다는 내용 속에서 다루어지고 있다. 이 윤리의 부재는 특히 여성에게 심각하게 나타남으로써 이혼에 이르게 된다는 논리로 이어진다.[36]

> 남녀는 새로운 서양풍 모랄 속에 뛰어들 수도, 낡은 전통대로 따를 수도 없어 갈팡질팡하며 우울증에 젖어버린다. 이 우울증은 남성에게는 늦은 귀가, 알코홀을 즐기는 경향으로, 여성에겐 성적 좌절감과 히스테리만 늘어가는 경향으로 흘러버린다. 이때 특히 여성 측의 증세는 남성보다 극심하다. 즉 히스테리 결과 남편의 지위 정체 등에 지나치게 간섭하고, 어머니로서, 아내로서의 역할을 버리고 이른바 '모성 부재' '가정 부재' 현상이 일게 된다. 사치, 남편에 대한 간섭, 겟바람, 자녀교육에 지나친 열을 보이는 등으로 표출된다. 이것이 이혼 결심의 큰 계기가 되는 수가 많다.
>
> —〈스위트홈에 적신호, 부쩍 늘어난 이혼소송〉(《조선일보》, 1967. 9. 3, 5면)

그러나 윤리의 부재가 우려되더라도 한국사회에서 이혼율이 늘어가는 것에 대한 단순한 경각심이 지적될 뿐이다. 곧, 기사에서 이혼이 "현대의 유행병"이라 언급되고는 있지만, 아래 인용문에서 볼 수 있듯, 아직까지 이혼은 서양과 더 밀접하게 관련이 있으며 서양과 한국의 가정환경은 '다르다'고 인식되고 있는 것이다. 이로 볼 때, 1950~1960년대에 한국사회에서 부부의 이혼으로 어린 자녀들이 가정을 잃고 방황하거나, 결혼한 아내가 사치와 허영을 하는 모습은 다소 이례적 사건, 극소수에 한정된 이야기라 할 수 있다.

> 우리네 여성이나 가정과는 달리 손쉽게 행동하고 유리한 조건으로 이혼하여 곧 행복을 찾아 결혼한다는 '미국' 여성의 하나의 생태를 단면만 들추어본 것뿐이다. (···) '미국'의 가정생활은 우리네와 달리 유혹이 많다. 우리나라도 요즘 젊은 분들 사이엔 '캠핑'이니 바다니, '댄스파티' 등 남성과의 교제가 잦지만 일단 가정에 들어가면 거의 기회가 없어 끊어지기 쉽다. 이와 반대로 '미국'은 가정부인이 되고나서부터 더 '파티'니 초대받는 기회가 많다.
>
> — 〈(여성) 현대의 유행병 이혼—밥 먹듯 하는 '사회문제', 네 사람에 한 사람꼴 · 30만 어린이가 가정 잃어, 허영심에도 큰 원인, 매니큐어 비용만도 연 4248만 불 들어〉(《조선일보》, 1963. 12. 5, 5면)

이혼이 부정적 사건임을 대중에게 인식시키는 효과적 방법 중 하나는 현실 속 이혼녀가 이혼을 후회하며 행복한 삶이 무엇인지를 고백하는 것이다. 그런데 1950~1960년대 대부분의 한국 여성의 경우 이혼을 원하지 않았던 만큼 '이혼을 후회한다'는 발화 자체가 불가능했다. 이런 사회 분위기에서 미국의 "여우(女優) 리즈의 독백"은 한국의 대중에게 경각심을 갖게 하는 효과를 불러왔을 것이다.

> 다섯 번이나 결혼한 여인, 세기의 바람둥이로 알려진 '엘리자베드 테일러'도 자녀들한테는 끔찍한 어머니인 모양. (···) 그녀는 "결혼은 신성하고 존경받고 오래 계속되어야 한다"고 아이들에게 가르친다고. "나는 내 아이가 아무도 이혼의 고통을 갖지 않기를 바라요. 이혼은 추하고 괴로운 것이예요. (···)."
>
> — 〈(해외 여성가) 여우 '리즈'의 독백—자녀들에겐 끔찍한 어머니, 이혼의 고통 갖지 않기 바라〉(《경향신문》, 1969. 4. 21, 5면)

이 점을 볼 때, 1950~1960년대에는 한국사회에서 이혼녀를 혐오적으로 위치시키는 담론이 구성되지 못했다고 할 수 있다. 1950~1960년대에는 1980년대 이후와 비교해 상대적으로 이혼녀를 이기적이고 파렴치한 집단으로 만들지 못했다는 것이다. 물론, 이혼녀가 남자와 술을 가까이 하고, 이혼녀가 보호받지 못하는 존재라 변사체로 발견되고, 이혼녀가 순응적이지 않다는 내용의 기사가 보이기는 한다.[37] 그러나 이러한 기사는 1980년대 이후의 상황과 견주면 상대적으로 드물다.

또한 1960년대까지는 이혼과 자녀의 불행이 명확하게 서로 연결되어 기사화된다고 보기 어렵다. 물론 이혼과 비행 청소년의 관계를 문제 삼기는 하지만,[38] 이혼이 자녀에게 악영향을 끼친다는 이론이 잘못되었음을 이야기하는 기사도 있다. 〈이혼과 불화와 자녀 문제〉[39]에서는 불화하는 가정의 자녀들이 이혼한 가정의 자녀보다 더 큰 문제를 안고 있다는 해외 학자의 이론을 소개한다. 이혼을 자녀의 불행과 연결하지 않는 분위기는 당시에 청소년의 비행을 보도하는 기사의 내용과도 연결된다. 곧, 패싸움을 하다가 칼로 상대방을 찌른 청소년과 성매매를 하는 여성의 가정환경을 이야기할 때, '이혼'보다는 '어머니가 외출이 잦았다'거나 '가족과 불화했다'는 내용이 언급되고 있다.[40]

그러나 1970년대부터는 이혼과 이혼녀에 대한 어조가 확연히 달라진다. 1950~1960년대에 전후미망인 등이 사회적 통제의 대상이 되었다면, 1970년대에는 이혼한 모자(母子) 가정이 '가난한 계층'으로 명명된다. "이들[모자 가정] 가장의 연령은 45~49세가 18%. 이런 연령 분포로 보아 모자 가정이 전후 미망인과 다른 새로운 계층으로 형성되고 있음을 보게 된다."[41] 그런데 모자 가정을 이루게 되는 주원인을 남편이 병사했거나 사망한 경우 83퍼센트, 남편이 행방불명 또는 납북된 경우 5퍼센트, 이혼의 경우 4.2퍼센트로 밝히고 있다. 이혼으로 인해 생긴 모자 가정이 적은 데도 "최근의 이혼율 상승이 사회적인 문제로 제기됨을 엿보게 한다"라고 서술되고 있다. 또한 남편의 이혼 요구를 거부하다가 살인당한 아내는, 이제 남편이 "홧김에 이혼하자고 대수롭지 않게 얘기한 것"에 흥분해 자살하는 존재로 변모한다.[42] 한편으로는, "적지 않은 수의 어머니들이 방종과 퇴폐, 잘못된 개인주의에 젖어들어 불행한 가정, 문제 어린이를 만들고 있음 또한 사실"이라고 지적되기도 하고, 한국사회에서 이혼 시 여성은 법적으로 자식과 인연을 끊어야 하기 때문에 여성은 자녀를 위해서라도 무조건 이혼을 거부해야 한다고 주장되기도 한다. "어머니는 이혼할 경우 자식과의 줄도 끊어야 하는 것이 한국적 현실. 아이는 그 집 아이니까 두고 나와야 된다는 생각을 갖고 있고 또 제도가 그렇게 돼 있는 이상 한국의 어머니는 이혼을 거부해야 한다."[43] 회사 돈을 가로채 탕진한 여성, 본처 아들을 목 졸라 죽인 여성에 대한 기사에서도 그녀들이 추악한 행동을 한 배경으로 부모가 이혼한 사실이 강조된다.[44] 또한 미국의 아동심리학자의 연구를 빌려 이혼으로 인해 아버지 없이 자란 자녀들의 인성 문제가 심각하게 제기되기도 한다.[45]

지금까지 살펴본 것처럼, 1950~1960년대에는 여성들의 이혼사유가 대부분 남성의 부정과 축첩이었고 그에 따라 남성들의 도덕성이 전면적으로 문제시되었다. 그러나 1970년대에 이르면 이혼의 원인이 여성의 잘못된 가치관에 있는 것으로 역전된다. "남녀 평등 개념의 잘못 인식, 애정 독점 의식에 의한 질투, 부정의 망상, 남성들의 업무량 증대에 따르는 성능력 감소 등이 여성 측의 노이로제와 파라노이아(paranoia, 편집증)를 앙진(昻進)시키고 있는 것"이 이혼을 하는 중요한 요인이라는 것이다.[46] 1950~1960년대에 동정의 대상이었던 이혼녀는 1970년대에 아버지 중심의 가족이데올로기를 균열시킬 수 있는 대상으로 떠오른다. 그리고 1980년대 이후 미디어에서 이혼녀에 부정적 이미지를 부여하는 방식은 더욱 공교해진다.

3. 축첩하는 아버지, 처와 첩의 기이한 동거

축첩하는 가장, 몰락하는 가정

1950~1960년대에는 기혼 남성의 축첩에 관한 신문 기사가 굉장히 많으며, 축첩한 남성은 도덕적 측면에서 비판적으로 서술된다. 축첩 시장, 축첩 공무원, 축첩 교원을 그 첩까지 구속하라는 내용이 기사의 중심이 되고 있으며, 축첩한 남성이 실제로 직장에서 파면당하는 경우도 적지 않았다. 남편이 축첩한 것을 비관한 나머지 연탄을 피워 자신은 물론 남편까지 죽게 만들고, 자식과 함께 쥐약을 먹어 집단자살을 시도하는 등 파탄에 이른 가족들의 이야기도 빈번하게 다루어진다.[47] "축첩생활로 인하여 경제적 고통이 극심하여" 남성 스스로 자살을 선택하거나, 아들이 아버지의 둘째 첩과 "사랑을 맺게 되었다는바 그 이후 정교관계가 탄로됨을 두려워하여" 아버지를 죽이는 극단적 패륜 범죄도 양산된다.[48] 또한 한 남성이 거느린 다섯 명 첩 중 세 첩이 자신들의 운명을 비관해 집단자살한 사건이 기사화되기도 한다. 이 기사에서 남성은 본처와의 사이에서 낳은 1남 1녀의 아이들이 죽자 부인과 헤어진 후, "자식이 없어 혈육을 보아야겠다"고 첩 다섯을 들여 함께 산다. 본처와 아이가 부재하기 때문에 '첩'들의 자살을 안타까운 시선에서 형상화할 수 있었던 것으로 여겨진다.[49] 그래서 1965년에 이르면 아내가 축첩을 동의했더라도 남편의 축첩이 이혼사유가 된다는 판례가 나오고, 실제로 아내가 축첩한 남편을 상대로 위자료를 받기 위해 소송을 하거나 축첩한 남편으로부터 위자료를 받는 일이 있었다.[50]

1950~1960년대에는 부모들이 정해준 나이가 많은 여성과 결혼했음에도 축첩을 하지 않은 남성이 훌륭한 인품의 존재로 칭송되는 경우가 있었다. 기사의 주인공은 축첩을 하지 않음으로써 존경받는 아버지이자 남편이 될 수 있었다.

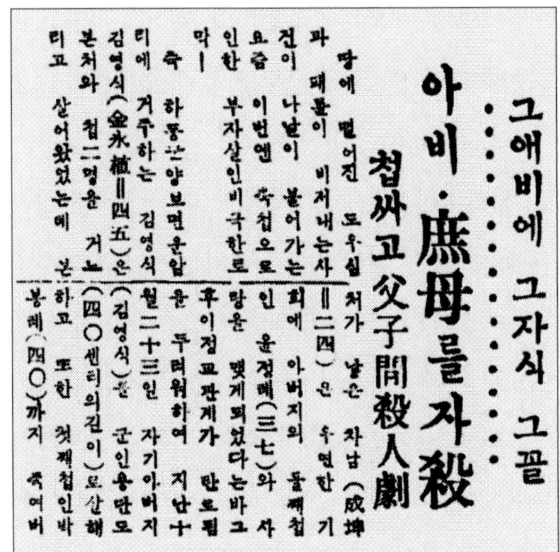

그애비에 그자식 그끌 ……………
아비·庶母를 자殺
첩싸고 父子間殺人劇

땅에 떨어진 도우십
파 때문이 비저내는사
진이 나날이 붙어가는
요즘 이번엔 축첩으로
인한 부자살인비극한로
막ㅣ
축 하똥土양보면운압
리에 거주하는 김영식
김영식(金永植=四五)은
본처와 첩二명을 거느
리고 살어왔었는데 본
처가 낳은 자남(成坤
=二四)은 우연한 기
회에 아버지의 둘째첩
인 윤정례(三七)와 사
랑을 맺게되었다는바그
후이점 파판계가 탄로될
을 두려워하여 지난十
월二十三일 자기아버지
(김영식)을 군인용단모
(四○센티의길이)로살해
하고 또한 첫째첩인바
봉례(四○)까지 죽여버

〈그 애비에 그 자식 그 꼴—아비·서모(庶母)를 자살(刺殺), 첩 싸고 부자 간 살인극〉(《경향신문》, 1952. 10. 27, 2면)

예의범절과 가사에 능란한 부인과는 서로 존경하는 마음은 있었지만 따뜻한 애정이라든지 이해하기까지에는 부인을 미흡하게 생각했다. 그것은 시대적인 비극이기도 했다. 남자들은 모두 새로운 공부와 사조에 젖어들면서도 부인들은 구습 그대로의 가정에서 한 발자국도 벗어날 수 없었으니까. 그래서 새로운 공부로 성공한 ○○의 친구들은 모두 본부인을 버리고 새로운 여성들을 맞아들이게 되었다. 그러나 ○○은 돌아가실 때까지 부인 이외의 여성과 인연을 맺은 일은 없다. 도리어 성행하던 축첩 행위를 철저하게 배격하였다.

—〈(가정) ○○의 여성관, 자부(子婦)가 말하는 고 김○○ 씨—여학교 보내준 시부(媤父), 학문과 기술 배워 현모양처 되게, 방종을 가장 미워하고〉(《경향신문》, 1964. 1. 15, 8면)

기사에서 남성은 부인을 따뜻한 애정으로 대하지는 못했지만 서로 존경하는 마음으로 결혼생활을 한 남편이다. 또한 큰며느리가 아이를 유모에게 맡기고 계속 공부를 하게 했으며, 불합리한 상황에 처한 여성이 자신의 주장을 굽히지 않는 것을 격려하는 존재로 등장한다. 축첩을 하고 자신의 욕망만 채우는 남성과 대비되는 인물이 강조되는 기사라 할 수 있다.

1950~1960년대 이혼녀는 동정적 시선에서 형상화된 반면, 축첩하는 남성은 혐오적 시선에서 형상화된다. 이 시기 축첩하는 아버지는 마치 1980~1990년대에 자녀들의 삶을 비참하게 만드는 존재로 묘사된 이혼녀처럼 '가족을 파탄 내는 적'으로 기사화된다. 아버지의 축첩은 가정 평화를 파괴하는 것으로 아내뿐 아니라 자녀의 인권도 유린하는 것으로 지적되는 것이다.[51]

1950~1960년대는 여성이 이혼을 선택하기 어려웠던 시기여서 이혼녀가 한국영화에서 주인공으로 나오는 사례를 발견하기가 쉽지 않다. 대신 아버지의 축첩으로 본부인과 그 자녀가 고통을 받는 내용의 〈저 눈밭에 사슴이〉(정소영, 1969)[52]를 주목할 수 있다.• 〈저 눈밭에 사슴이〉는 훌륭한 소설가로 칭송받고 장성한 자식까지 둔 중년 남성이 갑자기 젊은 기생에게 마음을 빼앗겨 두 집 살림을 하는 이야기를 담고 있다. 남편이 집에 들어오지 않는 날이 많아지자, 아내는 남편의 첩과 남편과 첩 사이에서 생긴 아기를 집으로 들인다. 자녀가 결혼할 시기가 된 중년 아내는 축첩하고 아이까지 낳은 남편과의 '이혼'을 전혀 고려하지 못한다. 그러나 첩과 본처의 자녀들은 첨예한 대립을 한다. 신문에서도 처와 첩이 동거하는 내용을 다룬 이 작품은 "이조시대적 도덕과 윤리관 따위를 이 영화에서 찾지 말자!"[53]라고 광고된다.

〈저 눈밭에 사슴이〉는 1950~1960년대 축첩하는 아버지에 대한 사회적 인식을 보여준다. 자상하고 고상한 인품, 경제적·사회적으로 안정된 위치에 있는 중년 남성 문학준(신영균 분)은 친구가 축첩을 한 자신의 행동에 대해 조소하자

• 〈저 눈밭에 사슴이〉는 1970년 4월에 TV(TBC)로도 방영된 것으로 확인되나, 한국영상자료원에는 남아 있는 영상 자료가 없으며, '시나리오'로만 내용 확인이 가능하다. 이 책에서는 정소영 감독, 김수현 각본, 〈저 눈밭에 사슴이〉, 심의 대본(한국영상자료원 자료, 1969)을 분석했다.

〈저 눈발에 사슴이〉 신문 광고. "이조시대적 도덕과 윤리관 따위를 이 영화에서 찾지 말자!"

〈저 눈발에 사슴이〉 신문 광고 (《동아일보》, 1969. 6. 7, 5면). "저주받는 가계(家系)에서 홀로 버티고 앉은 묘심(描心)의 여인!!"

분노가 치민다. 조용한 인품의 학준도 친구로부터 "자넬 경멸"한다는 말을 듣고 난 뒤에는 감정이 폭발해 가족에게 폭력적 행동을 한다.

첩인 현주(윤정희 분)는 유혹자로서의 이미지가 부각되고 처(최은희 분)의 권위를 넘보며 재산권을 쥐기도 하지만, 영화에서 가장 문제적 인물은 가부장인 학준이다. 학준이 처음부터 현주의 유혹에 넘어가는 것으로 형상화되는 것은 아니다. 그러나 결과적으로 한순간의 탈선이 가져온 아버지의 비도적적 축첩은 가족을 뿔뿔이 흩어지게 만들고 첩의 정신이상을 불러온다. 불륜의 죄를 지은 아버지는 자식들이 제대로 학업에 열중할 수 없게 하고 가족의 평화를 짓밟는 존재로 그려진다. 축첩한 남성은 "사회적으로 고립하게 되고, 아버지가 사랑하던 자식들은 아버질 증오하"(《저 눈밭에 사슴이》, 심의 대본, 42쪽)게 되는 것이다.

1950~1960년대 사회는 남편의 외도와 축첩에 관대하고, 남자라면 그럴 수도 있다는 인식이 받아들여졌다고 '상상'하고 있으나, 사실 그 일부는 편견이라 할 수 있다. 이 시기 기혼 남성의 혼외정사는 미디어 등에서 공론화되어 아버지의 도덕성 부재와 파탄이 난 가족에 대한 무책임이 크게 비판되었다. 이렇게 가장의 불륜을 문제 삼는 현상은 모범적 가부장을 구축하는 1980년대가 지나면서 오히려 드물어진다고 할 수 있다.

내연녀와 자녀의 갈등, '혐오스러운 가부장'의 부각

1950~1960년대 신문에서 기혼 남성의 내연녀는 매우 부정적으로 형상화된다. 한 내연녀는 본처가 남편에게 위자료를 많이 받아가는 것을 못마땅하게 여겨 본처가 간통했다는 거짓을 만들어낸다. 또 한 내연녀는 본처의 집으로 돌아가는 남편을 가위로 찔러 살해하고 그 양녀까지 죽이고는 자살 시도를 한다.[54] 한 칼럼에서는 경제력이 부재한 여성이나 삶이 불행한 여성이 첩이 되는 수가 많으며, 첩을 "가정을 가진 남성에 기생충처럼 붙어살다가 (…) 회충제를 마시면 씻기어 내려가는 운명"을 지닌 존재로 언급되기도 한다.[55]

〈저 눈밭에 사슴이〉에서 본처가 첩과의 동거를 결심하게 된 까닭은 남편의 두 집 살림이 "떳떳한 게 아"(20쪽)니기 때문으로 서술된다. 동거하는 처와 첩은 서로를 원망하는 감정은 있지만. 남편을 두고 두 여성 사이에 첨예한 갈등은 일어나지 않는다. 본처가 첩과 같이 살게 된 자신의 처지를 부정적으로 인식하고는

있으나 한스러운 자신의 감정을 되도록 드러내지 않아서다

이처럼 〈저 눈밭에 사슴이〉에서 본처는 전형적인 조강지처로 등장한다. 본처는 18세에 남편을 만나 가난한 가운데 고생을 했지만, 자신의 내조 결과로 남편은 문학계에서 이름이 나고 가족은 중산층이 되어 안정적으로 살게 된다. 그래서 남편이 "두 여자를 거느릴 수 없다는 건", '양심'으로 표현된다(16쪽). 본처는 첩인 현주와 동거하게 된 이후에도 여전히 남편을 내조하고 아이들을 보살피면서 가정을 열심히 꾸려나간다. 본처는 나중에 첩 현주가 남편의 도장과 가정의 경제권을 차지하게 되지만 본처의 자리가 위협당하는 상황에 크게 당황하지 않는다. 한국사회에서 본처의 인내심과 현모양처로서의 위엄은 고소설부터 이어져온 상투적 이야기라 할 수 있다. 〈저 눈밭에 사슴이〉에서 본처는 남편에게 가정일을 도와달라거나 자신과 시간을 보내달라는 등의 요구를 적극적으로 제기하지 않는다. 심지어 그녀는 첩에 대한 남편의 사랑을 감내하고 가족들로부터 소외감을 느끼는 현주를 다독이기까지 한다.

반면, 내연녀 '현주'는 조강지처인 본처와 비교하면 부정적으로 이미지화된다. 첩 현주는 한 가족을 무너뜨린 여성으로서 혐오스러운 존재인 것이다. 1950년대 한 신문에 실린 사설에는 "범죄의 뒤에는 여인이 있다"[56]라는 말로 내연녀의 존재성을 단적으로 드러낸다. 축첩한 공직자들의 범죄가 내연녀에 의해 촉발된다는 의미다. 또한 남편의 축첩과 학대로 병원에 입원한 본처를 위해 "의분에 찬 부녀자들이 돌보겠다고 돈을 모으"기까지 한다.[57] 〈저 눈밭에 사슴이〉에서도 첩 현주는 학준을 먼저 유혹했고, 그의 집에 들어와서도 남편을 독차지하려 했으며, 가정의 경제권까지 쥐려 하고 이를 기어이 손에 넣는다.

그러나 현주는 가해자일 뿐 아니라 동시에 피해자의 형상도 하고 있다. 현주가 대학교를 나왔음에도 기생이 된 까닭은 경제 사정이 어렵고 아버지가 부재하기 때문이다. 그녀는 학준이 자신을 따뜻하게 대해줄 아버지처럼 느껴졌기 때문

에 그에게 집착한다. 학준의 곁에만 있으면 자신이 행복해질 줄 알았으나, 그의 집에 들어선 순간 자신은 식모한테도 무시당하는 '첩'일 뿐이다. 그녀는 자신에게 '남편이자 아버지'였던 학준의 사랑이 변한 것을 깨닫고는 정신이상이 된다.

아버지의 축첩 스토리에서 자식들의 역할은 굉장히 중요하다. 학준의 자식들은 자신들의 어머니 대신 아버지 학준과 첩 현주에게 말하고 행동하는 주체가 된다. 학준은 자녀인 동훈, 진희, 선희를 무시할 수 없다. 특히 〈저 눈밭에 사슴이〉는 소아마비에 걸려 휠체어에 앉아 있는 학준의 셋째 딸 '선희'를 통해 상황의 비극성을 보여준다. 어머니는 갑작스럽게 입대를 한 아들과 파혼당해 집을 나간 딸을 찾아 나섰다가 거리에서 교통사고가 난다. 첩 현주는 정신이상으로 병원에 입원한다. 이제 가정에는 삶의 의욕을 포기한 듯한 아버지와 배다른 동생을 돌보는 선희만이 남는다. 남겨진 아기를 돌보고, 불쌍하게 된 아빠의 손을 잡아보는 선희를 통해 강조되는 것은 파탄이 난 가족의 모습이다. 선희가 영화의 마지막에 읊조리는 대사는 바로 〈저 눈밭에 사슴이〉의 주제라 할 수 있다.

> "아빠는 아직두 햇빛 속으로 나오기가 부끄러운가봐 깊은 겨울입니다. (…) 홀연히 찾아와줄 게 분명한 우리 집의 안정을 위해 나는 천천히 구겨진 마음을 펴가는 거예요."
>
> — 정소영 감독, 김수현 극본, 〈저 눈밭에 사슴이〉, 심의대본(한국영상자료원 자료, 1969, 52쪽)

〈저 눈밭에 사슴이〉에서 축첩한 아버지와 또 아버지의 내연녀와 전면적으로 갈등을 하는 존재는 바로 자식들이다. 본처의 아들딸들은 화목한 가정을 무너뜨린 첩 현주와 아버지의 부도덕성을 경멸한다. 막내딸 선희는 무너진 가정에서 아버지의 내연녀가 낳은 아이를 보살피면서 유일하게 희망을 갖는 인물이다. 자녀는 내연녀와 심각하게 갈등함으로써 어머니를 옹호하고 아버지를 비판한다. 또한

〈저 눈밭에 사슴이〉에서 본처는 교통사고 후 남편에게 처와 첩의 동거라는 기이한 상황을 만든 자신을 용서해달라고 마음속으로 말한다. 그러나 대중은 그녀의 대사를 통해 오히려 이 모든 책임의 근본 원인이 남편에게 있음을 제삼 깨닫게 될 것임이 분명하다.

> "애들아 아빨 용서해드려. 괜히 모여 앉아서 시큰둥한 얼굴을 하고 그러지 마. 아빠가 서재에 갇혀서 나오시질 못해요. (마음의 소리) '여보 용서하세요. 이럴 작정은 아니었읍니다. 이렇게 뿔뿔히 흩어져버리자고 현주를 집으로 끌어들인 게 아닙니다. 스스로 지칠 줄 알았어요. 버티다 못하면 제풀에 물러나 앉으리란 계산이었읍니다. 다른 여자들처럼 소리소리 지르며 씨앗 본 분함을 호소하기엔 오십 평생을 소리 없이 살아온 자존심이 허락지 않았읍니다. 열화같이 달아오는 미움에 얼굴 앞에 전 위선의 가면을 썼읍니다. 그 여자의 양심에 큰 여자의 관용을 미끼로 던진 것입니다 그랬읍니다. 사실입니다 그런데 이게 뭡니까? 아이들은 집을 버리고 나는 갈 곳이 없군요. 용서하세요. 용서해주세요.'"
>
> — 정소영 감독, 김수현 각본, 〈저 눈밭에 사슴이〉, 심의 대본(한국영상자료원 자료, 1969, 51~52쪽)

〈저 눈밭에 사슴이〉에서 축첩한 아버지로 인한 가족 갈등으로 강조되는 것은 가장에 대한 도덕적 물음이다. 여성이 주도적으로 이혼하는 경우가 드문 1960년대 한국사회에서 축첩하는 남성이야말로 가족을 무너뜨리는 장본인이자 자식들의 미래를 암울하게 만드는 '혐오적' 존재가 된다. 〈저 눈밭에 사슴이〉는 가족을 위하는 처와 부도덕한 남편이라는 도식으로서, 아내를 동정의 대상으로 만들고 남편을 처벌받아야 할 존재로 위치시킨다. 가족을 돌보지 않는 남성을 통제하려는 시각이 엿보인다.

이 책에서 1950~1960년대 처-남편-첩의 관계와 그 도덕적 비판의 양상을 중요하게 언급하는 이유는 남편의 바람으로 인한 가족 간 갈등의 모습이 1980~1990년대에 이르러 완전히 달라지기 때문이다. 1980~1990년대에는 특히 '이혼'이 주요 주제인 영화에서 처는 '조강지처'로, 첩은 '유혹녀'로 대비되는 면모가 대폭 축소된다. 곧, 남편의 불륜으로 이혼을 선택하게 된 처는 모성이 삭제되면서 조강지처로서의 면모가 사라지고, 첩은 처의 가정경제권을 뺏는 유혹녀라기보다는 이혼으로 자연스럽게 부재하게 된 처의 자리를 대체하는 그림자와 같은 존재로 등장한다. 그 이유는 1950~1960년대 축첩하는 가부장이 사회적으로 문제의 대상이었다면, 1980년대 이후에는 가부장의 불륜과 도덕성을 결부하는 모습이 약화되기 때문이다. 남성이 부정(不貞)행위를 한 것은 동일하더라도 시기에 따라 다르게 이미지화되며, 그에 따라 처-남편-첩의 혐오 이미지는 변하고 있음을 알 수 있다.

여기서 또 하나의 의문이 남겨진다. 1980~1990년대는 1950~1960년대보다 가부장의 모범적 존재성과 가족관계에서 유교적 윤리성은 더 강조되는데 왜 아버지의 불륜과 도덕성의 연결고리는 느슨해지는 것일까. 그리고 왜 이혼녀는 부정적 존재로 급부상하는 것일까. 그 이유는 가부장의 부도덕성을 가릴 수 있는 혐오적 대상을 새롭게 주조해냈기 때문이다. 그것은 바로 여권신장이라는 환상과 아내의 이혼 이유를 여성의 '자아 발견'으로 축소하는 메커니즘이다.

제3부

환상으로서의 여권신장, 노스탤지어로서의 가부장제

— 1980~1990년대 —

1980~1990년대에 이르면 여성에게 불리했던 법을 개정하려는 사회 분위기가 형성되면서 점차 여성이 법적 권리를 확보하게 된다. 표면상으로는 한국사회가 여성의 권리를 신장하는 방향으로 나아가는 것처럼 여겨졌지만, 성차별의 벽은 여전히 높았다. 남성은 집 밖에서 돈을 벌고 여성은 집 안에서 가정일에 충실할 것을 요구하는 가부장제의 성별분업 체계에서 '여권신장'은 불가능했다. 일반적으로 1980~1990년대 한국사회는 여권이 점점 신장되고 있다는 관념이 있었는데, 현실에서 여성이 남성과 평등하게 법적 권리를 누릴 수 있다는 생각은 환상에 가까웠다. 여성의 법적 권리의 인정과 여성의 경제적 지위의 향상은 '윤리적 가부장제 질서'를 와해하고 이혼율을 높여, "우리의 전통적인 가치관과 사회의 기초 단위인 가정이 붕괴되고 있다는 중대한 경고가 아닐 수 없"으며 "가정의 기틀을 위협하는 요소"이자 "가족의 해체를 부추기는 요인"이라고 서술되었다.[1] 분명히 해두건대, 성별분업을 지향하는 가부장제 질서와 여권신장은 절대 공존할 수 없는 개념이다.

주목할 것은 1980년대 이후 미디어에서는, 실제로는 여성상위 시대가 도래하지 않았는데도, 마치 여성이 남성보다 우위에 놓인 것처럼 사회 분위기가 조성되었다는 사실이다. TV 드라마 〈사랑이 뭐길래〉(1991)에서 대발의 말은 20세기 후반에 벌써 여상상위 시대가 이루어졌다고 믿는 이 시기의 관념을 단적으로 드러낸다.

> "이 시대가 얼마나 남자가 남자답게 살기 힘든지 아십니까? (…) 여자들이 극악스러워지면서 여성은 남성화되는 반면 남성은 위축되고 찌그러져가지고 이게 남잔지 여잔지 모르게 여성화되고 있는 것에 저는 참을 수 없는 거부감을 느낍니다. (…) 요즘은 거꾸로 단지 남자라는 이유 하나만으로 우릴 덮어놓고 그냥 지 여섯째 동생처럼 속이 덜 찼느니 철이 없다느니 덤벙댄다느니, (…) 아마 절더러 애기까니 낳으라 그럴 겁니다." (14회)

신문에서는 여권신장으로 인해 사회윤리가 무너지고 있는 것처럼 보도되었다. 그리고 남아선호사상이 여전히 만연한데도 현실과는 상관없이 "아들-딸 차별 없어졌다"는 기사가 등장했다.[23] 실질적으로 자녀교육의 임무는 어머니에게 부여되었지만, 자녀에 대한 일을 아내에게 맡겨버리는 가부장제적 아버지들이 사라졌다고 이야기되기도 했다. "바쁜 직장생활 때문에, 남자라는 등의 이유로 관심 영역 밖으로 밀어두었던 가정생활에 아버지들이 새롭게 관심을 갖기 시작했다("아버지가 가정으로 돌아오고 있다")."[4] 세상이 바뀌어 아버지의 시대는 지나간 것("사라지는 '가부장시대'")으로 단언되었고,[5] 화려한 정장을 입고 진한 화장을 한 전문직 여성들이 각종 드라마와 광고의 주인공이 되었다.

한국사회에서 1980~1990년대는 모든 사회문제의 근본 원인을 가부장 권위의 추락과 여권신장에서 찾으려는 경향성이 나타난 시기다. 이 시기 신문 미디어에서는 서양에서 이미 그로 인한 많은 문제가 일어나고 있음이 심각하게 보도된다. 미국의 사례에서는 가정의 파괴로 인해 강력범죄가 발생하고 가정이 바로 설 때 이 모든 문제가 해결될 수 있음이 강조되며,[6] 특히 이혼녀와 취업모의 증가로 인해 방치되는 자녀들의 범죄가 이야기된다.[7] 프랑스의 사례에서는 여성을 위한 세제-법률이 제정된 결과 여성들이 자기만을 위해 가정을 쉽게 팽개치는 현상이 생겨났다고 주장된다.[8]

이처럼 여권신장에서 모든 사회문제가 기인한다는 사회 분위기가 조성된 상황에서, 성평등이 답이 아니고, 심지어 여성들 스스로 남성과 평등한 것은 여성에게 불리하며 올바른 여성의 위치가 아니라는 생각을 갖게끔 부추기는 현상도 나타난다. 그 한 예로 〈더 이상의 평등은 되레 불리할 수도, 고민하는 유럽의 여권신장〉[9]을 생각할 수 있다. 이 기사는 제목을 통해 '더 이상의 평등이 오히려 여성에게 불리할 수도 있음'이 강조된다.[•] 이 외에도 외국 사례를 소개한 많은 기사에서 사회적 지위가 높거나 경제력 있는 여성들의 이혼이 불행하게 묘사된다.

1980~1990년대 한국사회에서 가족제도의 주인공은 경제적 능력 및 윤리성을 갖춘 아버지와 물질적·정신적 여유를 누리면서 가족의 경제권까지 장악한 전업주부다. 이처럼 성별분업이 지켜지는 중산층 핵가족은 미디어에서 타인이 부러워할 완벽한 스위트홈의 전형으로 제시된다. 이러한 미디어의 전략으로 이 시기에는 성적으로 방종하거나 무서운 아버지가 존재했던 '과거'가 남편의 권위가

• 기사에서 프랑스 정치가 시모느 베유는 아이를 키우는 삶과 사회참여를 하고 싶은 여성의 소망이 모두 이루어지기 어려운 현실에 대해 이야기한다. 그리고 성평등을 추구함으로써 그동안 여성이 남편과 가정에서 받았던 권리를 잃는 것은 아닌가라고 곧 여자로서 얻었던 이익을 잃는 것은 아닌가라고 생각하는 여성이 있음을 인지한다. 그러나 최종적으로는 제도와 현실 사이의 모순을 해결하면서 성평등을 모색해야 한다는 대답을 한다. 이로 볼 때, 시모느가 여권신장이 문제가 있다는 내용의 발언을 한 것은 전혀 아니다. "더 이상의 평등은 되레 불리할 수도"라는 기사 제목은 사실을 왜곡하고 있다고 할 수 있다.

바쁜 직장생활 때문에, 남자라는 등의 이유로 관심영역 밖으로 밀어두었던 가정생활에 아버지들이 새롭게 관심을 갖기 시작했다. 개인생활을 중시하는 사회분위기 변화, 육아에 대한 남녀공동책임의식 확산 등과 함께 최근 두드러지게 나타나고 있는 '가정으로 돌아오는 신세대 아버지들'의 달라진 모습을 7차례에 걸쳐 조명해 본다. 〈편집자〉

"아들딸 교육 아내몫만 아니죠"

유치원등 각종행사 적극참여 '신세대' 부쩍늘어

아버지가 가정으로 돌아오고 있다 ①

유치원 '아버지 참관의 날' 행사에서 자녀들과 함께 음악에 맞춰 둘리춤을 추고 있는 젊은 아버지들. 이들은 자녀들과 호흡을 같이 하려는 신세대 아버지들의 새로운 경향을 잘 보여준다. 〈김선규 기자〉

〈(아버지가 가정으로 돌아오고 있다 1) "아들딸 교육 아내 몫만 아니죠"—유치원 등 각종 행사 적극 참여 '신세대' 부쩍 늘어〉(《한겨레》, 1992. 11. 2, 7면). "유치원 '아버지 참관의 날' 행사에서 자녀들과 함께 음악에 맞춰 둘리춤을 추고 있는 젊은 아버지들. 이들은 자녀들과 호흡을 같이하려는 신세대 아버지의 새로운 경향을 잘 보여준다."(기사의 사진 설명)

존중되었던 노스탤지어의 시공간으로 역전되면서 아버지 중심의 모범적 가부장제가 구축된다. 이를 통해, 아버지가 큰소리를 칠 수 있었던 과거가 끊임없이 그리움의 대상으로 호출되면서 가족에 제대로 대접받지 못하고 회사에 시달리는 현재의 아버지들이 위로되었다. 그리고 과거가 윤리적 질서가 확고했던 시간으로 미화되면서 현재의 무너진 도덕적 질서가 회복되어야 함이 강조되었다. 이때 가정주부는 과거를 그리워하면서 구축된 '환상의 가부장제'를 지탱하는 존재로 배치되었다. 이 과정에서 아내·어머니·며느리로서의 인내와 희생을 통해, 무너진 사회의 윤리가 회복되고 가족은 행복해질 수 있는 것으로 여겨졌다. 이러한 배경에서 주부는 현실에서는 고되고 힘들지라도 미디어에서만큼은 여성으로서의 권리를 온전히 누릴 수 있고, 사회적 책임을 다하면서 자아실현까지 하는

빨래 취사 육아등 家事담당 예사

사라지는 「家父長시대」

변화의 물결속 「절대우위」 붕괴에 주눅

〈사라지는 '가부장시대'—빨래 취사 육아등 가사 담당 예사, 변화의 물결 속 '절대우위' 붕괴에 주눅〉(《동아일보》, 1993. 4. 6, 17면)

존재로 형상화되었고, 주부의 가사노동 가치는 법적으로 보장되는 것은 어려웠어도 미디어에서만큼은 남성의 일만큼 의미 있는 노동으로 평가되었다.

1980~1990년대에는 아버지 중심의 가부장제가 우리가 지향해야 할 윤리라는 사실이 환상임을 들추어낼 수 있는 여성이 혐오적으로 재배치된다. 이때 특정 여성/여성집단은 사회를 균열시킬 수 있는 마녀성이 제거되거나 혐오의 이미지가 부여됨으로써 사회에 편입되거나 사회에서 배제당하게 된다.

1980~1990년대 가족이데올로기에 나타난 여성혐오의 특징은 다음과 같이 정리할 수 있다.

첫째, 1950~1960년대에는 기존의 정숙한 가족이데올로기를 위협하는 금기 위반의 주인공이었던 여대생이 1980년대 이후에는 청순가련한 외모에 사치를 즐기고 애정을 구걸하는 존재로 주조된다는 점이다. 성적으로 문란하게 형상화되었던 마녀는 날카로운 손톱이 잘리고, 남성을 매혹시키는 청순한 판타지의 대상으로 자리 잡는다. 이와 마찬가지로, 1990년대에 이르면 아이 키우는 일이 사회활동과 동등한 것으로 위치되어 '고학력 주부'가 가정의 울타리 안으로 포섭된다. 혐오의 이미지로 형상화되었던 고학력 여성이 1990년대에 능력맘 '미시'로 존재성이 뒤바뀌게 되는 것이다.

둘째, 1980~1990년대는 여권신장이 비약적으로 이루어지고 성평등 사회가 되었다는 기이한 환상이 만들어진다는 점이다. 미디어에는 성평등적 가정을 이룬 전문직 여성이 특집기사 등을 통해 조명되지만, 동시에 경제적 능력을 갖춘 여성이 가정을 파괴하는 주범으로 형상화된다. 취업주부의 경우에는 자신의 성취감만을 위해 남편과 아이를 희생시키며 그 자녀들에게는 문제가 생길 소지가 많다는 편견이 생긴다. 요컨대, 여성의 경제력을 통제하려는 전략이 치밀하게 나타나는 것이다.

셋째, 그동안 동정과 연민의 대상이 되어왔던 이혼녀는 단란한 가족을 무너뜨리는 최대의 적으로 위치된다. 문란한 성적 타락자이자 모성이 제거되어 남편의 내연녀보다 못한 어머니가 되는 것이다. 이혼의 이데올로기에 갇힌 아내는 이혼을 하지 못해, 가족에게 폭력을 행사하는 남편을 살해하는 비극을 통해 가정에서 벗어나기도 했다.

1980~1990년대에는 1950~1960년대의 성적으로 방종하고 무섭게 여겨지는 '원초적 아버지'가 제거되고, 표면상으로 도덕적 아버지를 중심으로 한 가족질서가 세밀하게 구축된다. 그리고 여기에 '제대로' 소속되지 못한 대상은 혐오적 위치로 전락하게 된다. 이 시기 새롭게 구축되는 가부장제의 의미, 여권신장이라

는 환상, 여성이 자발적으로 가부장제에 편입되는 양상을 분석하는 과정에서, 새롭게 여성이 긍정적/부정적 대상으로 재배치되는 맥락을 살펴볼 수 있을 것이다. 다시 말하건대, 아버지에게 부여되는 '윤리'와 여성에게 부여되는 '혐오'는 만들어지는 것이다.

제1장

유교적 아버지를 보좌하는 내조의 힘

1. '노스탤지어'로서의 유교적 가족의 대두, '모범적 아버지'의 탄생

1980년대가 되면 '가부장제'가 존립했던 시기는 마치 돌아가고 싶지만 사라지고 없는 고향과 같은 '노스탤지어'의 공간으로 묘사된다. "사회구조의 변화와 함께 지난날의 화려했던 가부장의 지위는 빛바랜 사진처럼 추억 속으로 퇴장해버리고"[1] 만 것이다. 이 과정에서 남성은 현재는 —대가족이 생활했던 전통 농경사회와 달리— 남성 스스로 가장의 자리를 만들어야 하는 어려움이 있고 출세가 그 권위를 만드는 동력이 되기에 사회적 경쟁에 시달릴 수밖에 없는 처지가 된다.[2] 그런데 산업화가 일어나기 전의 그 어떤 시기 곧 가부장제 질서가 바로잡혔다고 여겨지는 그 시간이 언제인지는 명확히 제시되지 않음에도, 그 시공간은 남성의 안식처로서 끊임없이 호출된다. '대가족제도' 역시 과거를 그리워하는 감수성 아래에서 긍정적으로 이미지화된다. 이처럼 윤리적으로 지향해야 할 '알 수 없는 시공간'을 구축하는 메커니즘 안에는 무너져버렸다고 여겨지는 아버지의 권위를 다시 구축하려는 의도가 내재되어 있다. 그래서 과거의 대가족에서처럼 자식들이 아버지를 존경할 수 있도록 가정 안에서 아내가 남편의 권위를 세워줄 필요가 있음이 역설되고(아래의 첫 번째 인용문), 인내하는 아내상이 강조되기도 한다(아래의 두 번째 인용문).

> 부권 확립의 두 번째 조건은 가족 구성원이 많은 대가족이어야 한다는 점이다. (…) 아버지는 잘나고 못나고 잘 벌고 못 벌건 간에 그 가정에서의 권위가 기대되고 또 자신도 그 기대에 맞추러 들었으며 주변에서 그 권위를 만들어주었던 것이다. (…) 한데도 남들과 비겨 돈을 잘 못 벌거나 출세가 더디거나 일요일 날 방 안에 딩굴딩굴 구르며 텔리비전이나 보고 있으면, 공부하지 않으면 너희 아버지 꼴이 되느니… 무의식중에 아버지에의 경멸을 자녀들에게 전염시키는 어머니가 없지가 않다.
>
> —〈(사설) 희미해진 아버지상—그 때문인 병폐와 뚜렷이 부각시킬 처방〉(《조선일보》, 1982. 4. 2, 2면)

> "어떻게 사느냐보다 사는 것 그 자체에 급급했던 과거에는 사실 웬만한 문제가 있어도 참고 견디었지요. 남편의 부정 때문에 이혼하겠다는 여성도 그리 많지 않았고, 부부 갈등도 요즘처럼 복잡한 것 같지는 않았습니다. 인종(忍從)이 미덕으로 통했고, 행복이 인생의 전부라고도 생각하지 않았습니다. 그런데 요즘은 행복을 너무 내세우는 것 같아요. 행복을 위해서는 무슨 일이든지 할 수 있다는 사고방식은 무엇 때문에 고생을 하며 사느냐는 생각과도 통하지요."
>
> —〈(여성가정—'부부 갈등과 이혼' 전문가 좌담) '기성품 행복'만 찾지 말라—부부 사랑에도 타협 필요〉(《조선일보》, 1982. 3. 23, 6면)

그러나 과거 1950~1960년대의 아버지를 모범적 가부장이라 말하기는 어렵다. 앞서 살펴보았듯, 축첩을 일삼고 가정의 경제 문제를 아내에게 전가한 아버지들이 많았다는 점에서다. 이 점에서 1980~1990년대에 강조된 유교적 가부장제는 '존재하지 않았던 시기' 혹은 '존재하지 않았던 아버지'를 낭만화함으로써 만들어진 가족 질서라 할 수 있다. 또한 가족을 이끄는 중심으로서의 '모범적 아버지'가 어떤 존재인지 모호하다. 이 시기 미디어를 살펴보면, '도덕성', '경제력', '위엄', '권위' 등의 그 어떤 용어로도 아버지의 위치가 명확하게 이야기되는 경우를 찾기 어렵다.

1980~1990년대 미디어에서는 한국의 전통 사회가 "가부장제적 유교사상"을 지향하는 가족 질서가 있어 윤리적일 수 있었으나, 여권이 신장한 결과 "여성은 해방되고 가정은 파괴되는" 현상이 일어나게 되었음이 강조된다.[3] 이때, '여권 신장'은 여성의 '성(性)적 타락'과 긴밀하게 연결된다. 예를 들어, 한 여성은 남편보다 더 사랑한 애인이 있었지만 경제력이 더 좋은 남편을 결혼 상대자로 선택했고 현재 남편과 사별했다. 남편의 가족들은 그 여성에게 아이를 출산하고 떠나라고 하지만, 그녀는 옛 애인에게 돌아가고 싶어 해서 출산을 망설인다. 이 여성은 한 남편을 섬기라는 유교적 가르침을 위반하고 있으며, 그에 따른 성적 딜레마에 봉착하고 있다. 게다가 이 여성은 남편을 물질적 측면만 고려해 선택했으니 윤리성에도 결함이 있다.

> 80년대 한국사회의 뒤안길에 흔하게 깔려 있는 '사랑의 현실' 몇 토막을 보자. 21세의 기혼 여성이다. 현재 임신 4개월의 몸인데 한 달 전 남편이 교통사고로 죽었다. 그런데 결혼하기 전 2년 동안 교제했고 깊은 관계까지 맺은 옛 애인이 자기에게 돌아오길 바라고 있고 나도 그를 사랑하고 있다. 애초부터 나는 그를 더 좋아했지만 그의 경제 사정이 어려워 결혼 상대자로는 사별한 남편을 택했던 것이다. 지금이라도 빨리 옛 애인의 품으로 돌아가고 싶은데 시댁에선 3대

독자인 남편의 대를 이을 태아를 출산해주고 가라고 애걸한다. 태아를 지워야 할까 아니면 애인에게 돌아간 뒤 낳아줘도 될까.

—〈〈고속사회—마음의 여유를 갖자 15〉 표류하는 '성'—순결 잃은 뒤 '쇠사슬서 풀려난 기분', 유교윤리를 흔드는 엄청난 새 물결〉(《동아일보》, 1981. 4. 13, 9면)

1980년대 이후 한국의 미디어에서는 서양이 전과는 다르게 보수적 성의식이 자리 잡으면서 결혼과 자녀 양육을 삶의 큰 의미로 받아들이고 있음이 보도된다. 서양에서는 "사랑해서 결혼하고 가족을 이루며 살아가는 일이 가장 바람직한 삶"이라고 입을 모으고 있다는 것이다.[4] 또한 영국에서 "60년대 성개방의 후유증은 에이즈 등 성병 만연, 미혼모 증가, 결손자녀 비행 문제 등으로 나타나고 있다"라고 주장하는 "증가하는 사랑의 대가(The Rising Price of Love)》란 책"이 화제가 되고 있음이 소개된다. 이 책에서는 엄격한 도덕적 사회로 회귀해야 함이 역설되고 있다.[5]

이 시기 1980~1990년대 미디어에서는 유교적 질서를 바탕으로 한 도덕적 가족주의를 내세움으로써 아버지를 중심으로 한 가부장제적 가족제도가 유포된다. 예를 들어, 동양의 가족주의에 기초한 정신은 공동체적으로 극단적 개인주의, 출세주의를 강조하는 서양 정신의 결함을 보완할 수 있는 윤리적 산물로 선전된다.[6] 그리고 세계에서 뛰어난 학습 능력을 보여주는 아시아인들을 언급하면서 '도덕적 가족주의'는 개인의 능력 발달에도 강력한 원동력이 된다고 주장된다.[7] 또한 가부장을 정점으로 하는 공동체적 질서가 민족적으로 위기에 처했을 때 대동 단합 하는 민족정신으로 승화될 수 있었다고 하면서 이를 현대 시민사회의 새로운 윤리로 정착시키기 위해 고민하기도 한다.[8]

이를 통해, 과거의 가부장제도 아래에서는 윤리에 중점을 둔 가정교육이 이루어졌지만 핵가족제도로 변하면서 사회가 병들게 되었으니 이를 치료해야 한다는 가치관이 역설된다.[9] 일례로, 세계 가정의 날에는 부부 중심의 외국 가정은 이혼과 재혼이 쉬운 반면 한국은 핵가족제도의 형식을 취했으나 실질적으로 대가족의 테두리 안에 있음이 이야기된다. 그래서 한국사회에서는 부모님께 효도하면서 동시에 자녀 중심적 가족이 구성될 수 있다는 것이다.[10] 결혼보다 동거를, 혈연보다 애정을 중시하는 프랑스인의 가족관에 대해서는 "개방된 방향으로 나가고 있지만 안정성은 그만큼 잃어가고 있다는 평가"[11]가 내려지기도 한다. 이렇듯 1980~1990년대에는 핵가족화가 비판되고 대가족의 체계를 지향할 필요가 있다는 주장이 빈번하게 제기된다. 이를 통해 부부 중심의 핵가족 체제에서는 부부 간에 권태도 빨리 오고, 갈등이 생기면 대화가 단절되어 이혼이 쉽다는 사실이 지적되며,[12] 핵가족 안에서 자기중심적으로 양육된 젊은이들은 이타적 마음을 가질 수 없기에 20대 부부의 이혼이 급증하는 것이라고 진단된다.[13] 부모를 무참하게 살해한 유학생 아들, 자식을 때려죽인 부모 등의 사건이 언론에 잇따라 보도되면서 가정 해체의 위기를 극복하기 위해 국가가 적극적으로 효를 실천할 수 있는 가족 정책을 세워야 할 때임이 강조되기도 한다.[14] 존속 살해 등의 범죄는 1950~1960년대에도 문제가 되었지만 이 시기에는 효(孝)가 전면에 등장하지는 않았다. 반면, 1980~1990년대에는 '유교적 논리'가 강화되는 면모가 뚜렷해진다.

한편으로, 한국사회에서 이혼 증가 등 가족 문제가 발생하는 중요한 원인이 한국의 '전통 윤리가 병들고 있는 것'[15]으로 진단하는 양상이 나타난다. 그런데 '전통 윤리'가 무엇인지는 명확하게 언급되지 않는다. 하지만 미디어에 나타난 내용을 바탕으로 전통 윤리에 기반을 둔 결혼제도가 무엇인지, 왜 전통 윤리를 중요시해야 하는지를 유추해볼 수 있다. 다음에서 이에 대한 작업을 진행해보자.

1980~1990년대에 가족 문제로 중요하게 제기된 사안은 '아버지를 중심으로 한 전통적 가부장제도의 확립'이었다. 아버지의 존재는 그 자체로 도덕의 구심점이기에, 아버지의 부재는 사회적 불안으로 연결된다고 이야기된다.

지금까지 아버지는 도덕과 윤리의 중심으로 초자아(超自我)였다. 아버지의 존재가 허물어지면서 온갖 사회문제가 심각해지고 있다.

—〈(가정) "'물리적 아버지' 되지 말자"—직장 시달림으로 집에선 쉬려고만…가부장 권위 스스로 찾아야〉(《조선일보》, 1983. 6. 18, 6면)

아버지만 가정의 식탁에서 실종된 것이 아니라 가정교육 뿌리마저 말라 들어가고 있음에 심각성이 있다. 정○○ 씨(주부클럽연합회회장)는 "아버지의 가정 부재는 자녀에 대한 인간교육 부재를 초래한다"고 말한다.

—〈(한국 지금 몇 시인가 18—대변혁기를 살며 '내일의 좌표'를 찾는다) 창밖의 '아버지'—"엄마, 이 사람 누구야", 2세들의 현장에서 밀려나는 부정(父情), '핵' 잃는 핵가족…물질·출세 제일주의에 부권은 축소지향 계속〉(《경향신문》, 1984. 2. 1, 3면)

가정의 질서 부재는 사회의 질서 부재 현상을 가져오며 나아가 나라의 질서가 없어지게 마련이다. 이보다 더욱 무서운 것은 자라는 아이들 마음속에 확고한 아버지상이 없어진다는 것이다.

—〈(신新가장학—흔들리는 부권 긴급진단 12) '아버지' 대신 '아빠' 차지—규범과 권위는 사라지고 친구만, 이제라도 시대에 맞는 부친상(像) 세워가야〉(《경향신문》, 1990. 10. 31, 19면)

또한 아버지가 승진을 하지 못하고 능력이 부족할 때에는 자본주의와 상반되는 아버지의 도덕성이 부각된다.

인간생활의 계량화 비인간화 인간상실 속에서도 흐트러지지 않고 부모를 모시고 1남 1녀의 자식들을 돌봐왔다. L씨는 웃사람에게 잘 보일 줄 아는 재주, 흠을 덮고 공을 돋보이게 하는 요령, 적을 만들지 않는 주위에 대한 친화력, 외부

지원의 동원 능력 등이 주요한 역할을 한 줄 알면서도 그런 것에 눈을 돌리지 않은 채 살아왔다.

— 〈(고속사회—마음의 여유를 갖자 4) 어느 '후진 인생'—세태와 타협 거부한 부끄러움 없는 '만년 말단'〉(《동아일보》, 1981. 1. 19, 13면)

이러한 점을 살펴볼 때, 아버지는 가족 안에서 엄격하고 당당해야 한다는 언급이 자연스럽게 나올 수밖에 없었음을 알 수 있다. 이는 1950~1960년대에 '자상한 아버지'가 되라 당부되거나, 21세기에 부성애와 더불어 가정일과 육아를 담당하는 아버지상이 부각된 것과는 변별되는 부분이다.

가정에는 구심점이 있어야 하는데 아버지가 엄해야 자녀들이 안정이 되며 충동과 유혹에서 자신을 지키는 자제력을 키울 수 있게 된다.

— 〈(심포지엄—전문가들이 진단해본 바람직한 현대가정) 긴장 풀어줄 피난처 역할을, 가족의 평등과 개성 중시하도록〉(《경향신문》, 1981. 5. 28, 10면)

도덕적이고 모범적인 아버지상을 만드는 메커니즘은 다음의 사항에 주목해서 구체적으로 살펴볼 필요가 있다.

첫째, 앞 장에서 살펴보았듯, 전후 국가적으로 모범적 가장의 모습을 구축하려 했지만, 1950~1960년대 미디어에서 드러나는 현실의 아버지상은 그렇지 않았다는 점이다. 일례로, 1950~1960년대에는 남편이 아내 몰래 다른 여자를 만나는 경우가 드문 일이 아니었다—반면, 아내는 간통죄가 있었지만 대부분 남편의 불륜을 참을 수밖에 없었다. 1950~1960년대의 아버지가 1980년대 이후의 아버지와 비교해 경제적 책임을 주도적으로 가졌다고 보기도 어렵다. 1950~1960년대에는 국가의 전쟁과 산업화로 아버지는 부재했고, 이런 가장을

아! 父情

오늘의 어린이 무엇을 생각하나 ③

「저 철도끝에는 무엇이 있을까?」 우리는궁금한 것이 너무나 많다. 그러나 아빠에게 물으면 「엄마에게 물어봐」란다. 【[illegible]기자】

'엄마에게 물어봐'

"궁금한것 너무나도 많은데 아빠 왜對答을 안해주지요"

不信·對話의斷絶 초래 우려

엉뚱한 質問에 당황말고 誠意로 應答을

「더 많은探索」돕는게 바람직

〈(아! 부정父情 3—오늘의 어린이 무엇을 생각하나) "엄마에게 물어봐"—"궁금한 것 너무나도 많은데 아빠 왜 대답을 안 해주시지요", 불신·대화의 단절 초래 우려, '더 많은 탐색' 돕는 게 바람직, 엉뚱한 질문에 당황 말고 성의로 응답을〉(《경향신문》, 1981. 4. 2, 10면). "'저 철도 끝에는 무엇이 있을까?' 우리는 궁금한 것이 너무도 많다. 그러나 아빠에게 물어보면 '엄마에게 물어봐' 한다."(기사의 사진 설명)

韓國 지금 몇時인가 >18<

—大變革期를살며 「내일의座標」를 찾는다

窓밖의 아버지

'엄마, 이사람 누구야'

2世들의 현장에서 밀려나는 父情

「核」잃는 核家族…物質出世 第一主義에 父權은 축소지

〈〈한국 지금 몇 시인가 18—대변혁기를 살며 '내일의 좌표'를 찾는다〉 창(窓)밖의 '아버지'—"엄마, 이 사람 누구야", 2세들의 현장에서 밀려나는 부정(父情), '핵' 잃는 핵가족…물질·출세 제일주의에 부권은 축소지향 계속〉(《경향신문》, 1984. 2. 1, 3면)

대신한 어머니의 생활력이 강조된 시기였다.

미디어에서 표면적으로 언급만 하지 않을 뿐, 현재 기준으로 그 이전 시기의 아버지들은 쾌락을 점유하는 남성으로서 사실상 윤리적 가족 질서를 확립하기 위해서는 배제되어야 할 대상으로 위치된다. 이 점에서 '전통 윤리'의 회복이란, 정확히 말해서는, 과거의 아버지상을 회복하는 것이 아니라 새로운 모범적 아버지상을 창안하는 것이다. "지금까지 아버지는 도덕과 윤리의 중심이었다. 아버지의 존재가 허물어지면서 온갖 사회문제가 심각해지고 있다"[16]는 것은 맞는 말이 아니다. 1980년대 이전 시기의 아버지는 결코 '도덕적' 측면에서 중심에 있었다고 보기 어렵다. 표면상 잃어버렸던 아버지의 권위를 다시 세우고자 했지만, 이러한 작업이 실질적으로 의도했던 바는 성적 권력을 독차지했던 남성상을 허물어뜨리는 것이었다. 그러므로 일반적으로 우리가 "한 세대 전까지만 해도 자식의 눈에 비친 아버지는 단순한 가장이 아니라 집안의 절대자이자 어디에도 얽매이지 않는 자유인이었다"[17]라고 말하며, 1950~1960년대 아버지의 권위를 낭만화하는 것은 문제가 있다. 미디어에서 그리워하던 아버지는 사실 '그 시기' 아버지가 아니다.

표면상으로 1980~1990년대에는 이혼을 하거나 여성관계가 복잡한 남성이 비판받게 된다. 이혼남이나 사생활이 문란한 남성의 경우는 좌천당하고 진급하지 못하는 경우가 발생하기도 했다[18] 직장과 가정을 분리된 것이라 생각되지 않았고, 기업마다 '가정'을 중시하는 경영 전략이 추구되면서 아내까지 남편의 직장에 편입되어 아내가 남편의 회사에서 가족보(家族報)를 제작하고 주부 리포터로 활동하는 경우도 있었다. 곧, "가정 점수가 직장 점수"이고 "가정 없이는 직장도 없는 시절이 열리고 있"던 것이다.[19]

둘째, 1980~1990년대 미디어에서는 가정에서 아버지의 부재가 가져오는 온갖 사회문제가 매우 강조된다는 점이다. 미디어에서 이야기된 내용만 볼 때,

1980년대 이후 한국사회는 유교윤리를 바탕으로 한 가부장제가 무너진 상태였던 만큼 '가부장제 사회'가 재건되어야 하는 상황에 놓였다고 할 수 있다. 가부장제는 "부모가 자식을 위해 고생하는 것"처럼 "기업가도 종업원을 위해 가부장적인 위치를 지켜나가"야 한다는 식으로 긍정적으로 개념화되었다.[20] 그런데 이 시기 미디어에서 페미니스트들은 여성이 남성 중심의 가부장제로 인해 억압받고 있다고 주장한다.[21] 그러나 페미니스트들이 이야기하는 '가부장제'는 미디어 안에서 존재하지 않는 만큼 싸움이 제대로 이루어질 수 없는 상황이었다.

사실, 유교적 가치관 아래에서 경제력과 도덕성을 바탕으로 가족을 모범적으로 이끄는 가부장은 현실에서 존재하기 어렵다. 또한 모든 능력을 갖추었다고 여겨지는 가부장도 현실에서는 왜곡된 형상으로 나타날 수밖에 없다. 일례로, "그는 자타가 공인하는 엘리트이다. 직장생활 18년 동안 지각과 결근이 한 번도 없다는 것도 자랑이다. 못한다는 소리는 남에게서 들어본 적이 없다. 그래서 남의 실수나 실패는 이해하려 하지 않는다. 집안에서도 완벽을 원한다. 모든 것이 완벽하게 준비되어 있어서 언제든지 그가 원할 때는 즉각 대령되어야 한다."[22] "완벽주의 가장" 밑에서 아들은 자신이 아버지의 기대를 따라갈 수 없어 괴롭고, 아내는 남편 같은 잘난 사람에게 자신과 같은 여자는 안 어울린다는 자괴감에 빠진다. 이 기사에 등장하는 가부장은 다른 남성보다 경제적 능력이 우월할 수는 있지만, 아내의 헌신을 너무 당연한 것으로만 여겨 가족관계에 문제가 나타날 수 있다.

현실에 부재한 '환상적 아버지'는 실제 모범적이기에 권위를 갖기보다는 가족제도를 위반하는 위험한 여성을 배제하는 것으로써 공고하게 구축된다. 문란하고 모성이 부재한 이혼녀, 사치스러운 여대생 등의 이미지를 주조함으로써 모범적 아버지가 탄생할 수 있다는 것이다. 가부장제적 신화의 이데올로기는 아버지 중심의 질서라는 '환상'을 무너뜨릴 수 있는 존재를 혐오의 대상으로 배치함으로써 유지된다.

행복찾기 28

흔들리는 현대가정 現場에세이

완벽주의 家長

"뭐든지 잘해야,…부담느낀 아들은 問題兒로

중학생인 아들이 학교 주변에서 학생들의 금품을 빼앗는 불량배 노릇을 하다가 같은 패거리와 함께 경찰에 붙들려갔다는 소식을 듣고 공무원인 金씨는 기절할듯이 놀랐다.

「이놈이 도대체 무엇이 부족해서— 공부나 열심히 하면 되는데— 아비 얼굴에 먹칠을 하고—집안이 망했구나— 이제 내인생도 끝났구나. 이게 무슨 망신인가—」

金씨는 부인에게「집에서 무엇했길래 아이가 그모양이됐느냐」고 소리소리 질렀다.

아이는 성격도 착실하고 학교성적도 좋은 편이었다. 별로 말이없고 찾아오는 친구 도서관에 들러 공부하다가 좀 늦게 오는걸로 알고 있었다.

특별히 문제성이 있어보이거나 난폭한 성격도 아니고 늘 온순하고 고분고분해보이던 아이였다.그런 아이가 도서관에 간다는 거짓말을 하고 불량배들과 어울려 그런 짓을 하고 다닌것이다.

金씨의 분노는 무엇보다 창피하다는 것이었다.「내자식이 그럴수가 있나?남의 자식이 다 그래도 내자식은 안 그럴줄 알았는데 이놈이 나

보호자가 오라는 파출소의 연락에도 안가겠다고 펄펄 뛰었다.「그런 못난놈은 내자식이 아니다. 나쁜짓을 했으니 당연히 벌을 받아야한다」고 냉정하게 말했다.

어머니혼자 아들을 만났을때 아들은 말했다.「나는 아버지기대에 따라 갈수가 없어요. 아버지는 똑똑한 사람이지만 나는 못난놈이에요. 아버지만큼 할수 없어요. 공부하려면 아버지생각이 나고 머리가 아파요. 친구들과 함께 나쁜 장난을 하고 다니면 오히려 기분이 편해져요」

아들의 말을들은 어머니는 남편에게 이이야기를 전하고 덧붙여 말했다.

「나는 그애의 말을 이해해요.나도 당신과 살면서 가끔 가출하고싶은때가 있었어요. 당신같은 잘난사람에게 나는 안 어울리는 여자예요」. 金씨에게는 너무 충격적인 말이었다.

그는 자타가 공인하는 엘 안 지각과 결근이 한번도 없다는것도 자랑이다. 못한다는 소리는 남에게서 들어본적이 없다. 그래서 남의 실수나 실패는 이해하려하지않는다.집안에서도 완벽을 원한다.

모든것이 완벽하게 준비되어 있어서 언제든지 그가 다.

학자들은 이런사람들을 반쪽 인생이라고 말한다. 어려서부터 공부만 강조하고 사회적 출세만 열망한다. 모든것이 점수로 평가되어 공부잘하는 애(좋은애)못하는 애(악한애)로 분류된다. 타인과 체험을 나누고 감정을 공유하고 상대를 이해하거나 동정하는 기회없이 점수관계로만 연결된다.

〈(행복찾기 28—흔들리는 현대가정 현장에세이) 완벽주의 가장—"뭐든지 잘해야"…부담 느낀 아들은 문제아로〉(《경향신문》, 1985. 6. 24, 6면)

여기서 유념할 것은 1980~1990년대 페미니스트들이 이야기했던 '남성 중심의 가부장제'를 미디어에서 개념화하는 대로 받아들이면 안 된다는 사실이다. 법과 규범, 법이 실질적으로 적용되는 과정, 여성이 처한 명백히 불평등한 상황 등도 중요하지만, 우리는 여대생·이혼녀·취업주부/전업주부 등을 혐오스럽게 배치하는 '남성 중심적 논리'를 주목해야 한다. '중심'은 '배제된 주변'을 통해 만들어진다는 점에서다. 그리고 그 배제의 논리를 사회 구성원에게 내면화하는 것이 중요하다. 1980~1990년대 미디어에서 가부장제는 '지향해야 할 윤리'로 주조되었고, 이에 어긋나는 여성은 혐오적 존재로 배치되었으며, 동시에 아버지는 경쟁사회에서 시달리는 약자로 이미지화되었다는 점에서 이 시기 페미니스트들의 주장은 받아들여지기 힘든 것이 되었다. 미디어가 페미니즘을 여성들만 생각하는 이기적 사상으로 간주하게 만들었다고 할 수 있다.

2. 남성의 유아성(幼兒性), 출세 담론에 갇힌 아버지

1980~1990년대에 이르러, 미디어에서는 사회(직장)에서의 경쟁과 스트레스로 가정을 소홀히 하는 아버지 부재 현상이 강조된다.[23] 또한 1990년대에는 남편의 입장에서 이혼을 선택할 수밖에 없는 이유를 소재로 한 소설이 출간되기도 한다. 남편은 사회에서 생존 투쟁을 벌이지만 집에 돌아가면 아내에게 경제적·사회적 능력을 멸시당한다는 것이다.[24] 남성이 사회에서 동성 간 경쟁으로 힘겨운데도 가정에서 제대로 대우받지 못함이 강조되고 있다.

1980~1990년대 미디어에서는 가장이 직장과 가정에서 '시달리는' 이미지가 극대화된다. 회사에서 동료와 후배에게 존경받는 사람이 되기 위한 초조감으로 불면증에 시달리고, 이를 극복하기 위해 술을 마시다가 간암에 걸리며, 감원에 대한 불안감으로 고통 받는 40대 남성들의 사망률이 높다는 통계도 빈번하게 기사화된다. 경쟁 사회를 살아가는 남성들은 "심장 괜스레 뛰고 설사까지" 하는 "출근거부증", "아내 바가지 생각하면 '골치'" 아픈 "귀가공포증"에 "과식·거식증"으로 괴로워한다.[25]

1980~1990년대 소주 광고나 약 광고를 살펴보면, 경쟁 사회에서 하고 싶은 말을 하지 못해 자존심이 상한 남편들을 위로하거나, 격무에 시달리는 남성의 건강을 챙기는 문구를 쉽게 발견할 수 있다. 고개 숙인 남편을 격려하는 소주 광고의 카피("남자들이여, 지문을 찾자")[26]와 무단결근을 하고 싶은 남편을 다독이는 간장약의 카피("깨어나십시오")[27]가 그러하다.

특히 영화 〈남자는 괴로워〉(이명세, 1995)에는 1980~1990년대 한국 아버지의 존재성이 잘 묘사되어 있다. 영화에서 어린 딸들은 회사일로 늦게 들어오는 아빠의 얼굴을 잊어버리고, 아버지는 남자라는 이유로 자신에게 부여된 경제적 책임감에 괴로워하다 자살에 이르기도 한다. 자녀들은 아빠 소유의 집에서 살고,

人間化시대

>8<

'過速질주 벼랑에 선「中年」

스트레스社會의 비극

격변기 '畸形성장'… 自我喪失 아픔 간직

〈〈인간화시대 8〉 스트레스 사회의 비극—"과속 질주" 벼랑에 선 '중년', 격변기 "기형 성장"…자아상실 아픔 간직〉(《경향신문》, 1990. 2. 27, 17면). "우리나라 직장인들은 급격한 사회변동, 곳곳에 남아 있는 권위주의 등 때문에 많은 스트레스를 받고 있다. 과도한 스트레스는 40대 남성 사망률을 높이는 등 부작용을 낳고 있어 스트레스를 줄이는 사회적 대책이 시급하다."(기사의 사진 설명)

〈남자들이여, 지문을 찾자!〉 신문 광고(《동아일보》, 1995. 4. 6, 30면)

〈깨어나십시오! 헬민 200〉 신문 광고(《동아일보》, 1995. 8. 21, 11면)

아빠가 번 돈으로 산 침대에서 잠을 자지만, 가장의 이름도 제대로 모른다. 새로운 아이디어를 내놓으라는 회사의 독촉을 받고, 결혼한 동생들의 생활까지 걱정을 해야 하는 오성전자 신제품 개발부 과장 안성기(안성기 분)와 시간 전쟁을 치르듯 새벽에 출근하는 남자들의 모습은 기혼 남성의 고된 삶을 단적으로 보여준다(《남자는 괴로워》의 배우들은 맡은 역에서 자신의 이름을 그대로 쓰고 있다). 회사에서 컴퓨터와 외국어 능력으로 무장한 후배들이 빠르게 진급하고, 큰소리치던 부장이 하루아침에 필요 없는 존재로 전락하는 모습은 아버지가 지닌 삶의 무게를 잘 드러내준다. 회식 자리에서 부장 윤주상(윤주상 분)이 하는 발언은 바깥일에 바빠 가족관계에 신경을 쓸 수 없었던 이 시기 가장들의 모습 그대로다.

〈남자는 괴로워〉 포스터. "아! 웃고 있어도 눈물이 난다!"

〈남자는 괴로워〉의 오성전자 신제품 개발부 과장 안성기 (이상 한국영상자료원)

"경제 전쟁이다, 감량 경영이다, 인원 감축이다, (…) 회사에 충성을 다하자! 퇴근이 뭐냐? 회사가 바로 집인데. 주말은 또 뭐냐? 이 한 목숨 백골이 진토 되더라도 회사에 바치자!"

반면, 〈남자는 괴로워〉에서 아내들은 직장에서 바쁜 남편과는 달리 '한가하게 낮잠을 자고', 힘든 남편에게 돈도 못 벌어오고 주말에 극장도 안 간다며 '소리나 크게 지르는' 존재로 희화화되어 등장한다. 바깥일로 피곤한 남편을 이해하지 못하는 주부의 모습은 오성전자 회사원들이 만든 청소기 판매 광고에 잘 드러난다. 아내 김혜수(김혜수 분)는 가정일을 도와주지 않는 남편 박상민(박상민 분)을 향해 매우 화가 난 톤으로 소리를 지른다. 점점 쇳소리처럼 갈라지는 아내의 화난 목소리는 관객에게 웃음을 유발하려는 설정이다. 분명 대중에게 웃음을 유발했을 것이다.

> "상민 씨! 결혼하기 전에 나하고 약속한 거 벌써 잊어버렸어요? 첫째, 퇴근하는 즉시 총알같이 집으로 돌아온다. 둘째, 하루 한 시간 이상 대화하는 것은 기본, 주말이면 아내를 위해 모든 것을 해주는 날로 한다. 근데 지금 TV만 보고 앉아 있어요? 빨리 청소하세요! (…) 누구는 안 피곤하고 누구는 샐러리맨이 아니라서 아내에게 커피 타주고, 자, 남편들도 빨래를 하자구, 그래요? 하기 싫으면 당장 나가요, 당신은 해고예요. 오늘부로, 집에서!!!"

그런데 〈남자는 괴로워〉에서 남편에게 지나친 요구를 하는 듯한 아내의 존재성은 아내가 남편을 박대하는 내용을 다룬 기사 속 아내의 모습과 상통한다. 1980~1990년대 미디어에서는 한가한 아내들이 사회에서 시달리는 남편을 제대로 대우해주지 않는 성불평등 모습이 일어나고 있었던 것이다.

> 다음 순간 남편에 대해 참을 수 없이 화가 난다. 그래서 마음 놓고 소리를 꽥 지른다. "아주 들어오지 말지 뭐하러 이제 들어와요? 하루 이틀도 아니고 내가 말라 죽겠어. 여기가 술 취해서 새벽에 잠이나 자러 들어오는 덴 줄 알아요? 그렇게 집이 싫으면 차라리 나가요."
>
> — 〈(행복 찾기 6—흔들리는 현대가정 현장에세이) '내일 귀가' 하는 남편—귀찮아도 일찍 와 곁에 있어야 아내는 안심〉(《경향신문》, 1985. 1. 25, 6면)

> "아무개 씨는 당신하고 같이 입사했는데 벌써 부장 됐다면서요? 당신은 여태 뭐했수? 남보다 출세를 했나, 돈을 벌었나. 남들은 눈이 벌개서 온갖 수단을

다해 뛰는데 당신은 매일 술이나 마시고 허송세월만 하니 참 한심해서…."

— 〈(행복 찾기 34—흔들리는 현대가정 현장에세이) 애정이 담긴 '바가지'—'남편 분발' 자극… 지나치면 무력감 키워〉(《경향신문》, 1985. 8. 5, 6면)

〈남자는 괴로워〉에서 김혜수는 자기주장이 분명하며 컴퓨터 능력도 뛰어난 여성으로 나타난다. 그녀는 어설프게 행동하는 신입사원 박상민에게 전화받는 직장예절까지 가르치며, 연애에서도 남자를 리드하는 위치에 있다. 박상민은 집에서는 어머니의 지시에 따르며, 회사에서는 모든 일을 똑부러지게 처리하는 김혜수에게 의존하는 면모를 보인다.

그런데 〈남자는 괴로워〉에 묘사된 남편/아내의 존재성(의존적이거나 시달리는/보좌하거나 압박하는)은 1980~1990년대 사회의 중요한 이데올로기였던 '출세' 담론과도 연결된다. 기혼 남성은 가부장으로서 권위를 세우기 위해 사회적으로 성공해야 한다는 강박관념이 있었고, 경쟁적으로 출세를 추구했다. 그래서 이 시기에는 가부장제가 남성들에게도 '괴롭다'는 인식이 있었다.[28] 그렇다고 성차별적 질서의 해악을 깨닫는 것[29]이 여성에게 사회활동을 권장해 고통 분담을 하려는 실천으로 발전되지는 못했다. 그러한 깨달음은 남성의 고통이 이만큼 크니 아내가 남편을 이해하고 인내하라는 의도로써만 이용되었다. 40대 주부들 역시, 40대 남성이 힘든 것처럼, 남편이 관리직으로 승진하고 아이들이 크면서 공허감을 느낀다.[30] 그런데 이 시기는 "일벌레 남편 그늘서 욕구 불만 술로 달래"는 주부의 "알콜중독[알코올의존증]" 등 기혼 여성의 정신적 문제가 우려되기는 했으나, 그녀들의 사회 진출 욕망을 금기시하는 담론이 주로 형성되었다. 아울러 주부들이 받는 "주부 우울증" 같은 정신적 고통에 대해서는 현재 당신은 "특별히 이뤄지지 않은 것이 없"으니 "겉으로 드러나는 것에 관심을 집중할 것이 아니라 마음속에 있는 행복을 찾아보십시오. 지금부터라도 자신을 사랑하는 시간이 되길 바랍니다"라는[31] 추상적 해결책이 제시되었다.

그렇다면, 가장의 고통스러운 책무를 부각한 진짜 의도는 무엇이었을까. 이 시기 1980~1990년대에 반드시 주목해야 할 사항은 미디어에서 남성 간 경쟁으로 인한 스트레스가 강조되었지만 동시에 그 경쟁에서 탈락하는 남성까지 가장으로 권위를 가질 수 있게 분위기가 조성되었다는 사실이다. 또한 외환위기 이후에는 대체로 경제력을 잃은 가장이 가족으로부터 소외되는 현상이 우려되었지만, 1980~1990년대에는 비교적 자신의 삶을 잘 꾸려나가는 가장이 느낄 수 있는 정신적 고민까지 배려되었다. 경제적으로 안정적이고 도덕적으로 모범적인 가장의 권위까지 지니고 있는데도 미디어에는 이들 기혼 남성이 사회에서 시달리고 있으며, 육체적·정신적으로 힘든 상황이 지나치게 강조되는 것이다. 〈가정·직장·사회의 기둥 40대가 흔들린다〉[32]에서는 가정을 잘 이끌고 있지만 자신의 건강과 가족의 미래를 걱정하는 몇몇 가장이 등장한다. 그런데 40대 초반 정도의 그 가장들의 고민은 21세기 현재의 관점에서 볼 때 심각한 고민은 아니라고 할 수 있다. 한 가장은 건강에 신경 쓸 만큼 시간적 여유는 없지만 공부를 잘하는 아들과 살림을 알뜰하게 꾸리는 아내가 있었고, 또 한 가장은 자신이 고혈압으로 고생한 적이 있음을 밝히고 있으나 경제적으로 안정적인 가정을 이루고 있었다. 게다가 또 다른 한 가장은 자신이 진급이 늦고 노후를 준비하지 못했다고 말하고 있으나, 그의 직업은 공무원인 것으로 서술되고 있다. 단언컨대, 1980~1990년대만큼 가장인 남성이 배려된 시기는 없다. 2010년대 가족과 분리되어 고독사하는 50대 남성의 삶을 생각해보면 이를 더 실감할 수 있을 것이다.

1980~1990년대 미디어 속 남성성의 면모는 다음의 두 측면에서 더 구체적으로 살펴볼 수 있다.

첫째, 아버지의 '엄격함', '무서움'의 속성이 외환위기 이후 폄훼되었고, 아버지의 '부드러움', '따뜻함'의 속성이 새롭게 떠올랐다고 여겨지는 경향성의 양상이다.

가정·직장·사회의 기둥

40대가 흔들린다

일·일·일에 쫓기다 문득 "도대체 나는 뭔가"

직장安定 좋지만 停年후 노후대책 막막
뭔가 내事業 시작하기엔 어정쩡한 나이

과중한 스트레스에 건강自信感 잃어… 가족 이해·사랑이 妙藥

〈가정·직장·사회의 기둥 40대가 흔들린다—일·일·일에 쫓기다 문득 "도대체 나는 뭔가", 직장 안정 좋지만 정년 후 노후대책 막막, 뭔가 내 사업 시작하기엔 어정쩡한 나이, 과중한 스트레스에 건강 자신감 잃어…가족 이해·사랑이 묘약〉(《매일경제》, 1990. 8. 19, 7면). "담배도 조심스러워. 누군들 담배 해로운 줄 모르는가, 건강에 나쁜 줄 알지만 일에 쫓기고 대인관계 스트레스에 못 이겨 습관적으로 담배갑에 손이 간다. 그러나 집안에서는 아내나 자녀들 눈치 살피랴 마음 놓고 담배도 못 피고 구석진 자리를 찾는 것이 오늘을 사는 40대 우리나라 남성의 한 모습이다." (기사의 사진 설명)

그러나 이미 1980년대부터 남성의 나약함, 의존성, 유아성이 강조되는 기사를 쉽게 찾을 수 있다. 아이러니하게도, 남성의 유아성이 강조되면서 가족의 구심점인 아버지상이 정립되었다는 것이다.

> 그러나 남성들도 때로는 무척 섬세하다. 남자라는 위신 때문에 대범한 체하려 하지만 자존심을 지키려는 심리나 상처받기 쉬운 마음은 남자나 여자나 다를 바 없다.
>
> —〈(행복 찾기 13—흔들리는 현대가정 현장에세이) 부부 사이의 자존심—현명한 아내일수록 남편 앞에 더 예의 지켜〉(《경향신문》, 1985. 3. 15, 6면)

> 현대 가족의 위기상이라는 측면에서 분석한 결과 20~30대 '신세대 가족'의 특징은 젊은 남편이 나약하고 의존적인 성향이 높다고 지적했다. 젊은 남편 환자들은 대개 가정과 직장 문제 적응에 어려움을 느끼며 두통, 불면증, 소화불량 등 3대 스트레스 증후군에 시달리는 경우가 많았으며 술·도박에 탐닉하거나 충동적인 성격으로 변하는 등 '남편이 무너져가는 양상'을 보였다. 이에 반해 젊은 아내들은 남편·시부모와의 갈등을 참기보다는 이혼소송 등 적극적인 해결책을 모색하며 자기주장을 강하게 내세우는 특징을 보였다.
>
> —〈'약남강녀(弱男强女)' 신세대부부, 남편이 무너지고 있다—스트레스성 신경질환 급증세, 갈등 생길 땐 이혼 등 극한대응〉(《경향신문》, 1994. 5. 15, 23면)

즉, 여성이 남성보다 성숙하고 강하며, 남성이 여성보다 나약하고 유아적이라는 생각은 1980년대에 만들어진 것이며, 오늘날 우리가 과거의 가부장을 '엄격한 존재'로 상상하는 것은 편견이다. 이 시기 가부장이 엄격하다는 것은 오히려 외환위기 이후 조작된 관념이다. 그래서 1980~1990년대 미디어에서는 기혼 여성이 결혼하면 남편의 "노이로제"와 "유아성" 때문에 어려움을 느낄 수 있지만 넓은 아량으로 남편을 이해해야 한다는 사실이 강조되었다. 특히 남편은 겉으로는 큰소리를 치지만 내적으로는 '소년'이라서 아내가 남편을 거칠게 다루면 안 되고, 남자의 의존심은 미성숙에서 비롯되므로 아내가 남편을 뒤에서 잘 보좌하는 것이 필요하다는 것이다. "남편은 겉으로 자신만만하고 부인을 '아기'라고 하는 등 큰소리를 치지만 내적으로는 소년이기 때문에 심하게 면박 주듯이 다루어서는 안 된다." "남편을 뒤에서 움직이는 것은 부인의 권리고 능력이다."[33]

그래서 남편의 부족한 점을 아내가 감싸 안는 것이 큰 부덕(婦德)으로 간주되었고, 남편을 보좌하는 아내의 내조는 큰 찬사를 받았다. 아내는 어머니의 역할을 떠안았고, 남편은 아내의 내조에 의해 가장의 위치를 사실상 유지할 수 있었다. 1980년대 초만 하더라도 아내의 내조는 남편이 신경 쓰지 않도록 가정일을 잘하는 것, 남편에게 맛있는 반찬을 하는 정도로 한정되었다. "남편이 시행착오 범하지 않게 귀띔하고 내조하며 살아가자."[34] 이러한 아내의 내조는 시간이 지나면서 사장을 보좌하는 비서와 같은 역할로 확장되었다. "보너스 대신 받은 현물을 처분하기 위해 동창 친지들을 붙들고 호소하는 주부들도 적잖이 볼 수 있"고 남편이 "업무량이 많아 집에까지 끌고 들어온 서류 정리, 영문 서류의 번역 및 작성 작업을 도와주다는 주부도 있다."[35] 그러나 아내에게 내조를 강조하는 것은 역으로 남편이 출세를 하지 못하거나 부정적 방법으로라도 출세하려는 것을 부인 탓으로 돌릴 수 있는 빌미가 되기도 했다.[36] 또한 지나치게 아내에게 의존하는 남편의 성품은 잘못된 어머니의 교육 방식을 탓했다. "어머니의 익애[溺愛] 속에서 어머니에게 의존하여 살아온 아들은 나이가 먹어도 어린애같이 절제력이 없는 것이다."[37]

무엇보다 1980~1990년대는 아내의 내조가 강조되던 시기였지만, 남편의 출세가 윤리적 삶에 위배될 수 있다는 담론도 구성되었다. 일례로, 경쟁에서 우위를 점하려는 남편이 부정부패를 일삼고 아첨을 하는 행태를 고발하는 기사가 나타났다.[38] 또한 출세한 남편에게 내연녀가 있다는 관념은 출세를 못하는 남편을 부정적으로만 볼 수 없는 기능을 했다. 한 기사에는 남편의 출세에 대한 아내의 반응이 소개되었다. 남편이 기업체 사장과 중역인 부인들은 "돈은 있지만 사실은 늘 불안하고 남편에 대한 불만이 많다"라고 한 반면, 남편이 보통 위치, 보통 수입의 직업에 종사하는 부인들은 "아내의 위치에 관한 한 자신 있다는 표정들"로 "이제 남편에게 출세하고 돈 벌어 오라는 바가지를 안 긁겠다"는 말을 한다.[39]

둘째, 남편이 밖에서는 경쟁에 시달리고 가정에서는 대우를 받지 못한다는 상황이 남편이 아내에게 폭력을 행사하는 것을 합리화하는 양상이다. 1980년대 초반의 주요 이혼사유는 폭력을 비롯한 남편의 부당한 아내 대우였고, 남편에게 '매 맞는 아내'가 커다란 사회문제로 등장했다. 이 문제를 해결하기 위해 열린 한 대담에서는, 부분적으로 아내의 교육 수준이 높아져 아내가 남편의 말을 듣지 않는 경향성을 문제 삼기도 한다. 직장에서 격무에 시달린 남편이 스트레스 때문에 술을 마시고 귀가하면 바가지를 긁는 아내에게 주먹을 쓰게 된다는 것이다.[40] 물론 대담의 전체 내용을 살펴보면, 남편의 폭력이 정당화되지는 않는다. 하지만 폭력 남편의 원인은 남편이 스트레스를 받아서가 아니라 남편이 남성이 여성을 때리는 것을 많이 보아왔고 자신도 많이 맞았던 체험에 있다. "'때리는 남편'의 공통적인 특징은 가계 속에 때리는 남자가 많았다는 것. 할아버지 아버지 삼촌 등에게서 여성을 때리는 것을 봐오고 또 스스로도 맞고 자란 남성이 '폭력 남편'이 되기 쉬운데 이들은 쉽게 좌절하고 세상이 자기에게 상처를 주었다고 생각, 그 울분을 아내에게 푸는 경우가 많다고 한다."[41]

또한 미디어는 남편이 가정에 충실하지 못하는 것에 대한 변명도 만들어낸다. 일례로 남편이 집에 들어오지 않으려는 원인이 아내가 남편의 일을 제대로 이해하지 못하기 때문이라는 기사를 들 수 있다. 가족에게 멸시를 받은 가장은 "가정

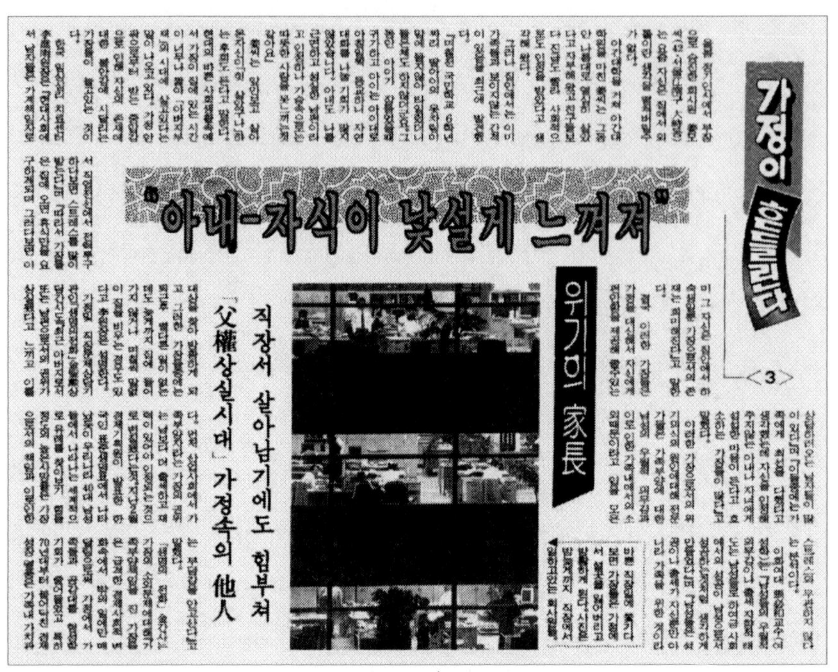

가정이 흔들린다 <3>

위기의 家長

"아내-자식이 낯설게 느껴져"

직장서 살아남기에도 힘부쳐

「父權상실시대」 가정속의 他人

〈〈가정이 흔들린다 3〉 위기의 가장—"아내·자식이 낯설게 느껴져", 직장서 살아남기에도 힘 부쳐, '부권 상실 시대' 가정 속의 타인〉(《동아일보》, 1990. 5. 8, 9면). "바쁜 직장일에 쫓기다보면 가장들은 가정에서 설 곳을 잃어버리고 방황하게 된다. 사진은 밤늦게까지 직장에서 일하고 있는 회사원들."(기사의 사진 설명)

을 대신해서 자기에게 편안함을 제공해줄 수 있는 대상을 찾아 방황하게 되고 그러한 가장들 중에는 퇴근 후 별다른 일이 없는데도 늦게까지 집에 들어가지 않거나 며칠씩 말없이 집을 비우는 경우도 있"[42] 게 된다는 것이다. 아버지는 직장에서 시달리고 가정에서 배제되기 때문에 자신의 고독과 상실감을 해소하기 위해 퇴폐향락 문화를 가까이하게 된다는 이야기도 나온다. "가장의 고독과 상실감은 이해해줘야 하지만 그것을 슬기롭게 해소하지 못하기 때문에 퇴폐향락 문화가 발생한다는 것을 알아야 합니다."[43] 한밤중에 아내에게 걸려온 남편과 특별한 관계였다는 여자의 전화는 남편의 비즈니스로 인한 해프닝으로 합리화되기도 한다.[44]

1980~1990년대에 한국사회에서 가장이 사회에서 시달리고 있었던 것은 맞

다. 그러나 이 시기의 남성들은, 현 2010년대 신자유주의에 내재된 가공할 자본주의 논리 속에서 살아가는 남성들과 비교하면, 상대적으로 느슨한 형태의 경쟁을 했다고 볼 수 있다. 아버지/남편은 아버지/남편으로서 명백히 잘못한 점이 있고 개선이 필요했음에도, 미디어에서는 가장의 결함이 함구되었고 아버지가 존경받아야 할 가장임에도 가정에서 대우받지 못함만이 한탄되었다.

이를 기반으로 다음과 같은 가설을 세울 수 있다. 혹시 2010년대에 대두된 "개저씨"의 모습이 1980~1990년대에 경쟁과 출세의 주체이자 피해자로 이미지화되었던 가장의 민낯은 아닌지 하는 것이다. 1980~1990년대에는 남편의 스트레스와 나약함이 강조되면서 남편이 아내의 보좌를 받게 하고, 남편이 술을 마시고 다른 여자를 만나는 것이 일의 연장선으로 합리화되었다. 그런데 현 2010년대에는 그럴 수 없게 되었다. 아내는 남편을 내조 또는/그리고 보좌하기보다 자신의 사회활동을 해야 하고, 남편은 출세를 하기보다 가정의 육아에 신경 쓰는 프렌디(friend+daddy, 친구 같은 아빠)가 되어야 한다. 미디어에서 가부장을 환상화하는 장치가 제거됨으로써, 일부 중년 남성은 연민의 시선을 받아야 할 가부장이 아닌 추태와 폐습을 일삼는 존재가 되고 있다.

제2장

'환상화'되는 여대생과 전문직 여성

1. 여대생, 정숙하지 못함에서 철이 없음으로

현실 속 여대생의 실제, 미디어 속 여대생의 허구

1950~1960년대에 여대생은, 앞서 살펴보았듯, 기가 세고 정숙하지 못한 매우 혐오적인 존재로 대상화되었다. 이 시기 여대생은 사치스럽고 결혼을 위해 대학을 다닌다는 인식도 있었지만, 가장 강조된 것은 '정숙하지 못함'이었다. 그런데 1980년대에 이르면, 여대생은 "결혼 전 성관계" 등 성적 측면에서 문제가 되는 이미지가 거의 언급되지 않는다.[1] 대신 1950~1960년대 여대생의 사치스러운 성향과, 학업보다는 미용과 결혼 등에 관심이 더 많은 이미지가 확장된다. 그러다 보니 1980년대 여대생들에게는 혐오 이미지가 약화되었으나 그 한편으로 어른스럽지 못한 '철부지'의 이미지가 새롭게 만들어졌다. 그 결과, 대중은 계속해 학과에서 수석을 차지하고, 취업이 어려운 상황에서 끊임없이 노력하는 여대생의 또 다른 면모는 상대적으로 간과하게 된다. 이를 통해, 1980년대 여대생은 사치스러운

소비의 주체이자 남성과의 결혼을 통해 자아실현을 하려는 비독립적 존재로 형상화된다.

1980년대 이후, '과소비'는 사회의 전반적 분위기였으나, 이상하게도 유독 여대생들이 '사치'와 연관되어 다루어지면서 비판의 대상이 된다. 〈대학가에 '마이카 등교' 는다〉에서는 여대생과 남대생이 "자가용 승용차를 손수 운전하며 통학하는" 모습이 대립적으로 묘사된다. 남녀 공학에서는 자가용이 있더라도 학생의 신분으로 차를 모는 것을 조심스러워하는 것으로 나타난다. 그런데 독자는 위화감을 우려해 '마이카 등교'를 조심스러워하는 이들이 주로 남대생이라는 생각을 할 가능성이 크다. 왜냐하면 차를 몰고 다니는 남녀공학의 여대생은 "차림새가 너무 원색적이어서 (…) 눈길을 모으는 예도 있다" 등으로 묘사된다는 점에서다. 여대학생의 경우는 "기름값", "음식점 골목", "드라이브" 등의 단어가 배열되면서 학업에 집중하기보다 노는 데 관심을 두는 것처럼 형상화된다. 사치한 여대생들 중에서도 특히 여대의 학생들이 가장 사치스럽게 묘사되는 것이다(아울러 기사에는 마이카 등교를 하는 사례로 여대생의 사진이 실려 있다).

> 서울대의 경우 (…) 모두 30명이 넘는다. (…) 아직은 주위의 눈길을 의식해서인지 드러내놓고 차를 몰고 다니지는 않는다. 서울대의 한 관계자는 "확실한 숫자는 알 수 없지만 꽤 많은 학생들이 자기 차를 갖고 있는 것으로 안다"면서 "그러나 교수들도 아직 통근차나 버스로 다니는 만큼 학생들 스스로가 차를 몰고 다니길 조심스러워하는 것 같다"고 귀띔했다.

> 고대의 경우도 20여 명의 손수 운전 학생이 있는 것으로 알려지고 있다. (…) "이들 가운데는 저학년 여학생도 몇 명 있는데 차림새가 너무 원색적이어서 다른 학생들의 눈길을 모으는 예도 있다"고 들려줬다.

大學街에 '마이카登校' 는다

손수운전…학교마다 평균20~30대

違和感우려 아직 '조심조심'

강의실옮길땐 학우들싣고…

점심遠征등 캠퍼스타운에 새風俗圖

20개自立農高 학

文敎部지정 올해 45億

〈대학가에 '마이카 등교' 는다—손수 운전…학교마다 평균 20~30대, 위화감 우려 아직 "조심조심", 강의실 옮길 땐 학우들 싣고…, 점심 원정 등 캠퍼스 타운에 새 풍속도〉(《경향신문》, 1983. 4. 5, 7면). "최근 대학가에도 손수 운전 붐이 일어 통학은 물론 교외에 드라이브를 나가는 등 새바람이 불고 있다. 4일 하오 이대 캠퍼스에서."(기사의 사진 설명)

문리대 김(金) 모 양(22)은 "1주일에 두 번 정도씩 차를 몰고 학교에 온다"며 "기름값으로 1주일에 1만 원꼴이 들어가는데 주말에는 친구들과 함께 드라이브를 나갈 수 있어 좋다"고 즐거워했다. 이대 앞 음식점 골목에는 점심시간마다 여대생 손수 운전자들이 몰고 온 승용차가 20~30대나 밀어닥쳐 통행로를 꽉 메울 정도다.

— 〈대학가에 '마이카 등교' 는다—손수 운전…학교마다 평균 20~30대, 위화감 우려 아직 "조심조심", 강의실 옮길 땐 학우들 싣고…, 점심 원정 등 캠퍼스 타운에 새 풍속도〉(《경향신문》, 1983. 4. 5, 7면)

대학생의 '용돈'과 관련된 기사를 살펴보면, 여대생의 사치스러운 이미지가 1980년대 이후 더욱 강화되고 있음을 확연히 알 수 있다. 1970년 기사에는 남대생이 더 용돈 지출에 문제가 있는 것으로 언급되기도 한다. 한 사례로, 〈(낙서함) 우리나라 대학생의 한 달 용돈은 남자 2만 원·여자 1만 원〉[2]에서는 기사 제목에서도 잘 나타나듯이, 남대생은 여대생보다 용돈이 많은 것으로 조사된다. 또한 여대생은 의복비에 용돈을 상당히 지출하지만 남대생은 의복비 대신 술값으로 많은 용돈을 지출하는 사실이 지적되는데, 남대생은 "5천 원 이상을 술값으로 바쳐 한 달에 몇 번씩 시계가 전당포에 간다는 대학생도 7%나 된다"라고 서술된다. 또한 이 1970년대 기사에서는 엄청난 대학생의 용돈 지출에 대해 남녀 대학생이 어떻게 생각하는지를 통계 조사 했는데, "가정경제 수준에 비하면 많은 편이나 줄일 수 없다"라고 대답한 경우가 "여대생 28%, 남대생 42%"로 이야기된다. 여대생이 자신의 용돈 지출에 대해 남대생보다 더 반성적으로 생각하고 있는 것이다.

그러나 1980년대 이후에는 분위기가 완전히 달라진다. 남대생이 가정에서 받는 한 달 용돈은 "일반적인 추측보다는 약간 낮은 셈"이라는 기사[3]가 등장함으로써 남대생에게 절약한다는 이미지가 부여되고, 반면 여대생은 부정적으로 서술되는 경향성이 뚜렷해진다. 일례로, 1986년에 남녀 대학생의 용돈 사용처를 조사한 결과를 살펴보면, 친구와의 교제 관련 지출이 가장 높고(20.1퍼센트), 많은 학생이 아르바이트 경험이 부재하는 것(33.8퍼센트)으로 나타나지만, 지방에서 도시로 올라온 대학생들이 경제적 어려움을 겪고 있음이 강조된다.

> "이번 조사 결과 대학생들 가운데 의외로 경제적인 어려움을 겪고 있는 학생들이 많은 점을 알았다"며 "특히 과외금지조치 이후 지방 학생들이 서울 소재 대학에 진학할 경우 교육비 조달이 어려워진 점을 생각할 때 정부는 물론 대기업에서 가정형편이 어려운 학생들을 경제적으로 돕고 건전한 사회경험을 쌓을 수 있도록 노력을 기울여줬으면 좋겠다"고 말했다.

—〈(젊은이 광장) 대학생 용돈 한달 3~8만 원—'마케팅학술원' 조사, "아르바이트로 벌어 쓴다" 15%뿐, "과외금지 이후 지방 출신 학비 조달 큰 어려움"〉(《동아일보》, 1986. 2. 18, 8면)

반면, 여대에서 지방 출신을 대상으로 조사한 경우에는, 여대생 대부분이 용돈을 식사 및 도서비에 건전하게 쓰고 있었음에도 자립도가 문제가 된다는 식으로 기사화된다.

> 용돈 조달 방법은 89.7%가 부모로부터 받으며 7.1%는 형제나 자매한테서 받고 스스로 용돈을 버는 학생은 2.2%뿐으로 여대생들의 자립도가 매우 낮은 것을 보여준다.
>
> —〈(이대 생활지도연 조사) 지방 출신 여대생 한 달 용돈 평균 4~5만 원선〉(《동아일보》, 1984. 1. 6, 7면)

'사실'을 기사화한 것이라도 여대생이 아르바이트를 구하기 어려운 배경은 서술되지 않으며, 여대생이 '의존적'이라는 이야기만 언급되고 있다. 이 기사는 여대생의 사치 이미지가 조장되는 기사와 맞물리면서 여대생에 대한 대중의 '편견'을 강화할 수 있다.

호화족 대학생이 비판되는 경우에도 여대생이 남대생보다 더 사치스럽게 묘사된다. 여대생의 경우는 차뿐 아니라 의상과 장신구가 강조되고, 남대생의 경우는 학교 성적과 차를 바꾸는 이야기가 병치된다.

> 모 대학 '문과대의 트로이카'로 불리는 세 여대생의 경우를 보자. 현금 몇십만 원씩을 늘 갖고 다니는 이들은 점심식사를 위해 시내 L호텔이나 W호텔 등을 찾아다닌다. 각종 액세사리에 성장(盛裝)을 하며 의상도 수시로 바뀐다.

또 정(鄭) 모 군(K대 경영학과 4년)은 한 달 용돈으로 집에서만 40만 원을 탄다. 포니와 로얄을 번갈아 타고 다니며 비슷한 환경의 친구들과 함께 호텔로 점심을 먹으러 다닌다. 학교 성적이 좋아지면 차를 더 좋은 새것으로 바꿔주겠다는 약속을 어머니한테 받아놓았단다.

—〈대학생들의 용돈—천차만별 평균 4~5만 원 안팎, 지방 출신 서울 하숙생들은 거의 2만 원의 '쪼들리는 살림', 자가용 몰고 다니며 호텔서 점심 즐기는 '호화족'도 있어〉(《동아일보》, 1983. 9. 7, 11면)

1990년대는 대학생 과외가 허용되고 사회가 이전보다 경제적으로 더 풍족해지면서 대학생들의 과소비 풍조가 더욱 문제가 되는 시기다. 1980년대에는 남대생과 여대생의 미묘한 세부 묘사 차이로 여대생의 사치가 부각되었다면, 1990년대에는 허위 사실이 유포되거나 인터뷰가 의도적으로 짜깁기되는 형태로 여대생에 대한 편견이 강화되었다.

허위 사실 유포의 대표적 사례로 1991년 11월 《뉴스위크》지의 기사를 들 수 있다. 한국의 과소비·배금주의 풍조 등을 다룬 〈너무 빨리 부자가 되다(Too Rich Too Soon)〉라는 제목의 기사에 치장한 여대생의 사진을 싣고 "'돈의 노예들': 이화여대생('Slaves to momey': Students at Ewha Women's University)"이라는 부제를 단 기사인데, 사실 이들은 졸업 사진을 찍고 교문을 나오는 정장 차림의 여학생들이었다. 해당 학교 총장은 《뉴스위크》지에 보도 경위 해명과 사과를 요구하기도 했다.[4]

〈대학 골프 강습, '사치' 비판 속 수강생 급증〉[5]에서도 여대생에 대한 편견이 강화될 수 있는 편집의 양상을 살펴볼 수 있다. 1990년대에는 부유한 계층의 취미로 여겨지던 '골프'가 대학의 수강 과목이 되었다. 기사에 따르면, 골프가 정규 과목으로 채택된 것은 연세대(1984)가 가장 먼저였고, 고려대(1988), 서울대(1990)가 그 뒤며, 이화여대(1991)가 가장 늦게 가르치기 시작했다.

주목해야 할 것은 기사가 독자들로 하여금 여대 학생들을 '사치'와 연결하기 쉽게끔 서술되었다는 사실이다. 기사에는 골프를 치는 이화여대생 사진의 바로 오른편에 한 여대생이 "한 주에 3천 원밖에 들지 않아 큰 부담도 없고, 2시간 동안 500여 개의 공을 치고 나면 기분이 상쾌해진다"라고 말한 인터뷰 내용이 배치되어 있다. 그런데 신문을 자세히 읽으면 이렇게 말한 여학생이 연세대 학생임을 알 수 있지만, 기사 배치상으로는 인터뷰 여학생이 사진과 기사 배치에 의해 충분히 이화여대생이라 여겨질 수 있다. 이 기사 사진 왼편에 "체육 교양 과목으로 골프를 수강하는 이화여대생들이 학교 체육관에서 플라스틱공을 치며 기초 연습을 하고 있다"는 설명이 명확히 서술되어 있다는 점에서다. 이 때문에 독자들은 사진 주변에 있는 내용들을 서로 연결해서 이해했을 가능성이 크다. 또한 고려대는 골프 과목을 1988년부터 매년 150여 명이 수강해왔지만 1991년에는 30명만 수강하고, 이대는 시설 부족으로 골프 과목 수강 인원을 250명으로 제한하고 있다는 내용이 있다. 게다가 연세대 학생은 "역시 골프는 부유층 운동이라는 거부감을 지울 수 없었다. 굳이 대학에서까지 골프를 강의할 필요가 있겠느냐"는 의견을 제시했고, 고려대에서도 1988년에 교내 골프연습장을 설치하는 과정에서 총학생회 측이 "학생들 간에 위화감을 조성한다"며 강한 반발을 했다는 사실이 서술된다. 분명 골프를 좋아하는 남녀공학 학생도 있었을 것이고 골프 과목을 수강하는 친구를 비판하는 여대 학생도 있었을 것인데, 의도된 편집에 의해 여대생과 관련한 실상이 왜곡되고 있는 것이다(195쪽 참조).

살펴보았듯, 1980~1990년대 실제 여대생의 모습과 미디어 속 여대생의 이미지에는 커다란 간극이 있었다. 버스 안내양을 하면서 대학생이 된 이의 인터뷰는 여대생의 실제 삶을 보여준다. "'그 안내양'은 (…) 또 대부분의 여대생들이 사회에 심어진 인상보다는 훨씬 집안 형편이 어려운 사람이 많다면서 '과외 중지로 아르바이트를 못하게 된 몇몇 친구들이 학교를 그만두어야겠다고 하더군요.

뉴스위크 '돈의 노예' 이대생 사진보도

학교 "1백년 명예 훼손" 발끈

미국의 대표적인 시사주간지 〈뉴스위크〉 아시아판 최근호가 한국의 과소비풍조를 다루면서 이화여대 정문을 나서는 여대생 사진을 싣고 '돈의 노예'라는 제목을 달아 학교쪽이 13일 "1백년 명예를 떨어뜨리는 허위보도"라며 보도경위 해명과 사과를 요구하는 총장명의의 항의서한을 보내기로 결정하는 등 크게 반발하고 있다.

특히 학교쪽은 문제의 사진에 등장하는 여대생들의 신원을 확인한 결과 이 사진은 법정대생 4명이 지난달 22일 정장차림으로 졸업앨범 사진을 찍고 교문을 나서는 장면인 것으로 밝혀졌다면서 이로 미루어 이 기사를 취재한 기자가 의도적으로 사실을 과장하거나 왜곡했을 가능성이 크다고 주장하고 있다.

학교쪽은 〈뉴스위크〉쪽이 항의서한에 대해 성의있는 답변과 사과를 하지 않을 경우 법정소송도 불사하겠다는 강경방침을 밝혔다.

문제의 사진은 지난 11일자 〈뉴스위크〉 아시아판이 '너무 일찍 부자됐다'는 제목아래 한국의 과소비풍조를 꼬집는 기사와 함께

11월11일자 〈뉴스위크〉 아시아판에 실린 문제의 사진.

"졸업사진 찍고 교문 나서는 장면" 사실 왜곡
사과요구 항의서한 보내기로…법정투쟁 불사

〈뉴스위크 '돈의 노예' 이대생 사진 보도—학교 "1백년 명예 훼손" 발끈, "졸업사진 찍고 교문 나서는 장면" 사실 왜곡, 사과요구 항의서항 보내기로…법정투쟁 불사〉(《한겨레》, 1991. 11. 14, 14면). "11월 11일자 《뉴스위크》 아시아판에 실린 문제의 사진."(기사의 사진 설명)

"사치" 비판속 수강생 급증

大學골프강습

최근 골프를 교양체육과목으로 지정하는 대학들이 늘면서 대학가에 골프붐이 일고있다.

84년 연세대가 골프를학생들의 교양과목으로 선정한이래 88년 고려대, 90년 서울대에 이어 올해엔 이화여대가 골프과목을 신설, 서울에서만 5개 대학에서 가르치고 있고 앞으로 다른대학에서도 교양골프 과목을 채택할 움직임을 보이고있다.

골프를 교양과목으로 채택한 대학들은 교내에 골프연습장을 설치하기도 했고 교내연습시설이 없는대학은 사설연습장을 빌려수업을 하고있다.

현재 대부분의 대학들은 체육과 학생들에게 골프를 전공과목으로 가르치고 있다. 그러나 일반학생들에게까지 골프를 교양과목으로 가르치는데 대해 일부 학생들은 우리 현실과 어울리지 않는 사치풍조라며 반발을 보이기도 하고 있다.

79년 체육교육과 전공과목으로 골프를 채택한 뒤 84년부터 일반학생들의 교양과목으로 선정한 연세대는 첫해 수강생이 30여명에 불과했으나 올해는 1백50여명으로 늘어났다.

골프수강 학생들은 1주일에 한번씩 각자 적당한 시간을 선택, 학교가 제공하는 골프용구로 사설골프연습장에서 수업을 받으며 3천원씩의 골프연습장 입장료를 내고 있다.

수강생 李恩庚양(22·의생활학과3년)은 「한주에 3천원밖에 들지않아 큰 부담도 없고, 2시간동안 5백여개의 공을 치고나면 기분이 상쾌해진다」고 말했다.

1백여명이 수강중인 서울대는 학교체육관에서 플라스틱볼로 연습을한뒤 하기말에 골프연습장에 실습을 나가며, 고려대는 88년부터 매년 1백50여명이 골프를 수강해오다 이번학기에는 30명이 배우고 있다.

또 신입생을 대상으로 골프를 가르치는 이화여대는 연습장인 교내체육관의

"우리 현실과 안맞는 운동"
"큰돈 안들고 상쾌" 反論도
현재 5개大 개설…더 늘듯

시설부족으로 수강인원을 2백50명으로 제한하고있다. 연세대·이화여대 등은 자체연습장을 신설할 계획

◇체육교양과목으로 골프를 수강하는 이화여대생들이 학교체육관에서 플라스틱공을 치며 기초연습을 하고 있다. 〈林賢澈기자〉

〈대학 골프 강습, '사치' 비판 속 수강생 급증—"우리 현실과 안 맞는 운동" "큰돈 안 들고 상쾌" 반론도, 현재 5개大 개설…더 늘듯〉(《조선일보》, 1991. 4. 11, 22면). "체육 교양과목으로 골프를 수강하는 이화여대생들이 학교 체육관에서 플라스틱공을 치며 기초 연습을 하고 있다."(기사의 사진 설명)

그러다 9일 개강 때 학교에 나가보니 모두 다른 일거리를 붙잡았다며 학교에 나와 함께 공부하게 돼 얼마나 기쁜지 몰랐어요'라고 말한다."[6] 물론 대부분의 여대생이 아르바이트를 하고, 여학생이 비교적 건전하게 소비한다는 내용의 기사도 찾을 수 있지만,[7] 여대생의 실상을 알 수 있는 기사는 너무 뜸하게 있었고, 그로 인해 대중은 쉽게 여대생이 사치한다는 편견에 사로잡힐 수밖에 없었다.

여대생의 백마 탄 왕자님과 결혼하는 노하우

1980년대에 여대생들이 남편감을 선택하는 기준은 "인간성이 훌륭한 사람"이었다. 또한 여대생이 대체로 건전한 결혼관을 갖고 있으며, 설문 조사에서 여대생 상당수가 깊이 있는 학문 연구를 위해 대학원 진학이나 외국 유학을 원하는 것으로 조사된다. 또한 여대생 과반수가 학교에서 가장 심각하게 고민하는 사항은 '학업 문제'이며, 빈 강의 시간에는 도서실에서 책을 읽는다. 이들은 결혼 후에도 여건이 허용하는 한 사회활동을 계속하는 것을 바람직하게 여긴다.[8] 그리고 1980년대 이후 많은 기사[9]에서 공학에서 여학생들이 수석 졸업의 영광을 차지하고 있음이 다루어진다.

그러나 동시에 여대생이 학업을 소홀히 하고 결혼을 통해 신분 상승이나 일신의 편안함을 추구한다는 기사도 쉽게 찾을 수 있다. 대학을 "남자는 처자식 묵어 살릴라꼬 가고, 여자는 시집 잘가라꼬 가는"[10] 것이라는 편견은 1980년대 이후 마치 '사실'처럼 자리 잡고 있다. 한 여대생과 그 어머니가 의대 1학년인 남학생을 미리 사윗감으로 생각하고 매주 그 남학생의 방을 청소해주는 이야기[11]는 결혼을 신분 상승의 수단으로 삼는다는 여대생에 대한 편견을 정당하게 만든다.

1980년대 여대생은 이중의 이미지로 형상화된다. 학교/학과 수석을 할 만큼 열심히 공부하고 자기 일을 당당하게 하면서도 결혼관은 매우 세속적인 것이다. 여대생은 1950년대에는 '박인수 사건'으로 인해 성적으로 방종한 '자유여대생'의 맥락에서 비판받았으나 1980년대 이후가 되면 판검사라는 남성의 신분에 매료되는 존재로 대상화된다.[12] 〈여대생들 '현실적 결혼관' 우세, "경제-사회적 조건도 중요"—남학생들은 "사랑으로 난관 이길 수 있다"〉[13]에서는 "현실적 결혼관"이라는 모호한 제목을 내세워, 여대생과 남대생을 세속적 여대생/건전한 남대생으로 이원화한다. 그러나 기사를 읽어보면 여대생이 결혼 상대자를 부유한 이로 선택해야 한다는 식의 말을 한 것은 아니다. 한 여대생이 양가의 경제적·사회적 배경이 다를 경우 남녀 중 한 사람이 예속의 관계로 떨어질 수 있다고 이야기한 것을 독자가 오해할 수 있는 제목으로 만든 것이다. "선 보고 한달 만에 결혼하는 사람들도 많은데 꼭 사랑이 있어야만 결혼할 수 있다고는 생각지 않습니다"라고 말한 이도 있지만, 이는 여대생의 발언인지 남대생의 발언인지 알 수 없게 편집되었다.

여대생의 세속적 결혼관과 결부해 〈(대학가의 음영 15) 급진파 여대 학생들〉[14]은 주목할 만하다. 기사에서는 여학생이 사회 변혁을 위한 신념을 갖고 있어서가 아니라, "성(性)에의 콤플렉스" 때문에 열정적으로 학생운동에 매진하는 것으로 서술된다. 어떤 여학생은 대학을 결혼의 도구로 여긴다는 남학생의 비판에 심적으로 괴로웠던 데서 학생운동을 했다. "남학생들의 비판의 대상에서 벗어날 수 있는 어떤 일을 하지 않을 수 없는" 중압감 때문에 학생운동을 자기위안의 도구로 삼은 것이다. 기사에는 이 여대생들이 느끼는 사회의 불평등을 있는 그대로 이해하려 하지 않고 그 시기 유포되었던 근거 없는 여대생의 부정적 결혼관을 이용해 학생운동을 하는 여대생을 사회적으로 배제하는 전략이 은연중에 숨어 있다.

더 나아가 "깊이 있는 공부를 하려면 남녀공학에 가야 한다고 믿는 경향"성도 생긴다.[15] 여대생을 세속적 결혼과 밀접하게 연관 지으면서도, 여대 여대생이 남녀공학 여학생보다 더 대학을 결혼의 도구로 여긴다는 편견이 있음을 알 수 있다. 이 편견은 '결혼'과 관련이 없는 기사에서도 보인다. 한 기사에서는 공학의 경우 성 구분 없이 학생 대부분이 겉모습으로 사람을 평가하고 일류대를 지향하는 당시 한국사회의 문제점이 비판된다. 그런데 "E여대" 여대생만이 뜬금없이 미팅에서 부유한 집 자제인 남대생만을 상대하려는 '일류병'에 걸린 존재로 등장한다.

> E여대 정문. 신입생인 듯한 한 떼의 여학생들이 재잘거리며 몰려나온다. "어제 미팅 때 파트너였던 개 어땠어?" "조다시 나이키 형이야" "어머, 그럼 오래 이야기를 나누었겠구나." '조다시'는 국내 청바지 중 가장 비싼 제품이고 '나이키' 역시 가장 비싼 신발. "그러데 그게 무슨 뜻이냐"는 질문에 "가장 좋다는 뜻"이라고 풀이해주었다.
>
> ─〈《전후前後 세대 3─청년문화 오늘의 주소를 찾는다》 일류병에 시드는 '자기발견'─간판주의 '현실' 이기고 내면 돌아볼 환경 시급〉(《경향신문》, 1983. 8. 9, 3면)

이런 상황에서 《뉴스위크》지가 이들 E여대생을 돈의 노예로 보도한 내용이 '거짓'임이 밝혀졌어도 사람들은 그 《뉴스위크》지 보도에 공감하면서 흥미 있게 뉴스를 소비할 수밖에 없었다. 《뉴스위크》지에 실린 여학생들이 졸업 사진을 찍느라 한 번 치장을 해본 평범한 대학생이었을지라도 허영심에 찬 여자들로 매도될 수 있었던 이유다.[•16] 또한 이와 함께 여대 졸업앨범이 이른바 '결혼시장'의 중매인들 손에 들어가는 경우가 있다는 소문도 이와 결부된 자극적 흥밋거리가 되었을 것이다.[••17]

• 당시 이화여대생 3명은 미국 시사주간지 《뉴스위크》가 1991년 11월 "돈의 노예들, 이화여대생"이란 부제로 자신들의 사진을 실는 바람에 자신들이 과소비하는 학생이라는 누명을 썼다며, 뉴스위크사를 상대로 손해배상청구소송을 냈다. 이후 1993년 7월 '피고회사는 원고들에게 각각 3000만 원씩을 지급하라'라며 원고 승소 판결이 내려졌다.

•• 1970년대 후반에 등장한 '마담뚜'는 결혼을 성사시키면 그 대가로 고액의 수수료를 받는 것으로 알려져 있다.

1950~1960년대에는 여대생을 신분 상승을 위한 결혼을 지향하는 존재로 여기는 경우를 1980년대와 견주어 상대적으로 찾기 어렵다. 오히려 이 시기 여대생은, 앞서 서술했듯, 이상성격을 가졌거나 성적으로 단정치 못해 치정 사건의 피해자로 형상화되었을 뿐 결혼 곧 스위트홈의 주인공으로 쉽게 호명되지는 못했다. 일례로, 손창섭의 신문 연재소설 〈부부〉(1962. 7. 2~1962. 12. 29, 《동아일보》)에 나오는 정숙은 중산층 이상의 집안에서 태어난 여성이며, 교수와 연애 사건을 일으켜 대학교 시절 퇴학당한다. 그리고 마치 사회적 명망과 경제력을 갖춘 의사와의 결혼을 목적으로 한 것처럼 그 의사의 비서로 취직해, 그 의사와 타인이 부러워하는 결혼을 하게 된다. 여기에서도 추정해볼 수 있듯, 1950~1960년대에는 대학 졸업장이 1980년대 이후만큼 결혼에서 중요하게 간주되지 않았던 것으로 보인다. 오히려 정숙의 언니는 대학을 졸업하고 직업적 능력이 있는 똑똑한 여성이었으나 사회적으로는 인정을 받지 못하는 남성과 결혼했다. 손창섭은 〈부부〉에서 정숙이 현모양처형 여성이라기보다는 '점잖은 집안의 젊고 예쁜 미혼' 여성이라서 경쟁자들을 모두 물리칠 수 있었던 것으로 설정하고 있다. 그리고 정숙이 자신의 남편감으로 생각한 남성의 주변에서 일을 시작한 처세는 그녀가 원하는 결혼을 쉽게 할 수 있게 했다. 손창섭은 〈부부〉를 통해 1960년대 가부장제적 질서와 현모양처 이데올로기를 비판한다.

여대생을 결혼을 통해 신분 상승을 하려는 집단으로 여기는 것은 물론 편견이다. 성별과 시기를 불문하고 결혼을 계급 변동의 기회로 삼는 경향성이 있었음에도, 유독 경제발전 이후 '여대생'을 '결혼을 잘하기 위해 대학 간판을 따는 사람'으로 생각하기 시작한 것이다. 분명 홀로 출세하기 어려운 현실에서 아내를 통해 신분 상승의 꿈을 품는 "온달" 남성도 존재한다.[18] 또한 1980~1890년대에는 야수가 성(城)이라는 돈과 왕자라는 '백'이 있어 사랑이 이루어졌지만, 이 시기 '미남과 마녀'와 같은 이야기는 히트하기 어려운 상황이었다. 결혼 문화에 대한 비판은 같은 계급끼리만 어울리고 다른 계급의 접근을 허용치 않는 배타적 성격을 띠고 있다는 식으로 이루어지는 것이 더 현실적일 것이라는 점에서다.[19]

1980~1990년대의 여대생은, 1950~1960년대의 여대생과는 다르게, 혐오 이미지가 약화된다. 1950~1960년대에 여대생은 정숙하지 못한 대상으로 형상화되었지만, 1980~1990년대에 여대생은 성적 측면에서 건전하다는 기사[20] 등을 통해 다르게 재현되고 있다. 다만 여대생과 결혼을 연관시키는 기사만큼은 예외라 할 수 있다.

2. 전문직 여성의 스위트홈, 슈퍼우먼을 위한 찬사

1980년에 이르면, 여대생들은 사회에서 자신의 능력을 펼치고자 적극적으로 노력한다. 이 시기 여대생은 "졸업 후 취직과 학업"을 통해 자아실현을 하고자 했다.[21] 배우자가 직장생활을 반대하더라도 배우자를 설득해 직장생활을 꼭 하겠다는 미혼 여성이 1980년대 초반에 64퍼센트가 넘었고, 혼자 살 능력이 있으면 결혼하지 않겠다는 여대생이 58퍼센트로 조사되었다.[22] 여대에 고시반이 생기면 학생들이 고시반에 대거 몰려 성적순으로 고시반 학생을 가려 뽑을 정도라는 기사도 등장한다. 그러나 여대생이 고시 공부 하는 것을 그 부모가 달갑게 여기지 않아 중도에 포기하는 여대생이 많았고, 그래서 고시에 합격하는 여대생도 극소수였다.[23] 또한 여대생은 대학 재학 중 수석을 차지하고 대학원에 진학하는 등 공부에 대한 열정이 있었지만 졸업 후 취업이 어렵거나 결혼하면서 가정에 안주하게 되는 경우가 대부분이었다.[24]

사실상 1980~1990년대에도 여대생은, 다른 시기와 다르지 않게, 졸업 후 취업을 하거나 자신의 전문 능력을 살리기가 매우 어려웠다. 그런데 이 시기 미디어에서는 여대생이 취업하기 어려운 까닭과, 결혼을 전후로 퇴직하는 상황이 사회구조적 측면에서 충분히 이야기되지 않는다. 가정일 분담에 대한 아내와 남편 사이 갈등, 남성만을 채용하는 기업문화, 여성이 일과 가정을 양립할 수 없는 상황 등의 구체적 원인을 규명한 후 실질적 취업 해결책을 제시하는 경우[25]는 찾기 어렵다. 이런 상황에서 대부분의 기사에 여성의 경력 단절 문제는 여성의 개인적 자질 문제로 서술된다.

일례로, 1980~1990년대 기사에서 여대생은 취업을 하고자 하는 의식만 높을 뿐 장기적 사회활동을 위해 "실제로 취업을 목표로 구체적인 취업 준비를 하고 있는 여성은 극히 소수"라는 식으로 이야기된다.[26] 또한 여대생 대부분이 정년까지 일하기보다는 결혼과 출산 등을 고려해 형편이 허락할 때까지만 일하려는 점 등을 들어 여대생들의 직업의식이 확고하지 못함이 지적된다. 남녀공학에서는 여학생의 비율이 늘어나는 현상을 달가워하지 않았다고 보도되었는데, "대학을 졸업한 대개의 여성들이 사회활동을 하지 않고 결혼 뒤 자기 능력을 사장시키기" 때문임이 그 이유로 언급되었다.[27] 대졸 여성을 원하는 기업이 적은 이유는 "[여성에게] 초과근무를 시킬 수 없으며 [여성들이] 일에 대한 능력과 의욕이 부족하고 가사와 겹칠 때 회사일을 소홀히 하"기 때문이라고 설명된 것이다.[28]

한편으로, 여대생들은 남녀가 불평등한 사회에 문제의식을 던지지 못하고 열악한 상황을 극복하지 못하는 동성 선배들에게 불만을 토로한다. "똑같은 능력으로 똑같은 일을 해도 여자는 차별을 받는 판에 일할 만하면 퇴사해버리는 선배들 때문에 지금 우리의 취업이 이렇게 어려운 거라고 생각해요."[29] 이뿐 아니라 여성 스스로 자신을 남성과 경쟁하는 주체가 아닌 결혼에 집착하는 존재로 간주하기도 한다. "자기도 장래를 보는 목표의식이 달라지고 자아의식에 변동이 오는 것을 느낀다. 남자들과 경쟁한다 또는 사회적으로 성공한다는 것만이 자기 충족이 아니고 자기도 결혼해서 한 가정을 이루어야 한다는 새로운 목표의식이 생기기 시작했다."[30] 이처럼 여성이 취업을 하지 못하거나 결혼해서도 일을 지속하지 못하는 이유를 여성의 잘못된 행동에서 찾는 경향성은 1980년대 후반으로 갈수록 강화된다. 〈여느 여대생의 자성(自省)〉에서는 사회구조의 불합리성과 그 불합리성을 극복하지 못하는 여대생의 모습 중 후자가 더 비판된다.

> 도서관에서 취직시험 준비를 하면서 남학생들이 여학생들보다 더 열심히 그리고 더 오랜 시간 공부하는 것을 지켜보고 그것이 바로 '차이'라는 것과 그 결과의 댓가는 정당하다는 것을 깨달았다는 것이다. (…) 현재 여성 취업의 여건이 남자들보다 불리한 것은 사실이다. 채용 모집 공고부터 '군필 남자'로 자격 제한을 하는 곳도 있고 (…) 남자에 비해 터무니없이 적은 수만을 뽑는 곳도 있다. (…) 그러나 이와 함께 그 여학생 말마따나 여성들 스스로는 얼마만큼 취업하려는 노력을 했던가, '정 안 되면 시집이나 가지' 하는 생각은 없었던가를 한번쯤 짚어보는 자세도 필요한 것 같다.
>
> —〈(여성 칼럼) 어느 여대생의 자성〉(《동아일보》, 1986. 12. 11, 11면)

여대생이 졸업 후 취업하기 어렵고, 결혼 후 퇴사하기 쉬운 이유는 사회구조와 여성의 안일한 태도 양쪽 모두에 있을 것이다. 1980~1990년대 여성 중에는 취업을 하기보다 결혼을 하고, 처음부터 아이를 낳고 직장을 그만두려고 생각하는 여성도 있었을 것이다. 그러나 중요한 사실은 어느 한쪽을 지나치게 확장해 '더' 말하는 기사가 축적되면서, 사실이 서술된다고 해도 여대생의 이미지는 기사 속에서 왜곡된다는 점이다. 다시 말해, 이 시기 사회가 여성의 사회활동을 적극적으로 권장했는데도 여성들이 사회활동을 포기한 것으로 오해될 수 있다는 것이다. 그러나 이 시기 결혼 후에도 계속적으로 일하기를 원하는 여대생은, 앞서 보았다시피, 많았다 그렇기에 여성이 가정에 안주하는 것을 개인의 문제로만 환원하는 것은 대단히 문제적이다. 결혼과 출산으로 일을 그만둔 여성들을 일을 '자의로 포기한' 존재들로 위치시킨다는 점에서다.

이뿐 아니라 신문에는 표면적으로 여권이 비약적으로 신장해 "지금은 여성이 참여하지 않은 분야가 없을 정도로 거의 모든 직종이 여성 직업의 대상이 되"어, "이론적으로는 여성 대통령도 못 나올 근거는 없다"[31]는 말까지 나온다. 사회는 열린 마음으로 여성의 사회활동을 바라보고자 하는데 여성이 그것을 주저하고 있는 것으로 오해될 수 있는 지점이다. 요컨대, 1980~1990년대에는 한국사회가 성평등 사회라고 말할 수 없음에도 마치 그러한 사회가 도래한 것처럼 이야기되며, 남성과 평등하게 사회활동을 하지 못하고 가정으로 돌아가는 여성에게 그것은 '너의 책임'이라 말하는 논리의 왜곡 현상이 나타난다.

1980년대 후반에 이르면, 진정한 성평등은 철저한 능력의 평등 위에서만 가능하기에 여성들이 "'나는 여자'라는 인습의 굴레를 벗고 남자와의 경쟁의 세계에 나서는 각오가 사회활동에서의 남녀동권을 이루는 첩경임을 알아야 한다"라고 강조된다.[32] 이 시기에 남녀고용평등법, 탁아 시설 확충 등의 이야기가 나오지 않는 것은 아니다. 다만, 여성의 적극성이 성차별을 극복하는 최우선 수단이라 언급됨으로써 성평등이 이루어지지 않는 원인을 여성의 태도에서 찾는 경향성이 있다.

> 이 같은 현상은 (…) 80년대 중반을 지나 경제 안정기에 들어서면서 성장률이 둔화하고 산업구조가 고도화함에 따라 경제의 고용 흡수력이 떨어짐으로써 여성 대졸자의 취업이 상대적으로 어려워지고 있음을 보여주는 것. (…) 사회 형편을 탓하는 데 그칠 것이 아니라 여성 개개인이 사회에서 받게 될 성차별을 극소화하려는 의지를 가져야 한다고 강조한다. (…) 성취 의식을 갖는 여성에게는 가사 부담이나 자녀의 수, 남편의 소득수준이 여성의 경제활동에 지장

을 주지 않는 미국의 예를 보더라도 여성이 적극적인 자세를 갖는 것은 노동시장에서의 성적 차별 극복에 최우선 수단이 될 수 있다.

—〈여성 취업 갈수록 좁은 문, 대졸 30%만 일터로—성차별 극복 적극적 자세 필요〉《동아일보》, 1988. 7. 29, 7면)

이는, 비유하자면, 여성의 몸을 가정에 단단히 묶어놓고는 여성에게 왜 하늘로 날아오르지 못하느냐고 다그치는 것이라 할 수 있다. 자신의 몸이 묶여 있는지 모르는 여성은 모든 책임을 하늘로 날아오르기는커녕 앞으로 걷지도 못하는 자신에게 돌릴 것이다. 반면에, 1980년대 이전에는 여성이 남성 못지않은 능력이 있음에도 여성의 사회활동이 저조한 원인을 여성만이 가사노동을 해야 한다는 가치관 등에서 찾는 경향성이 강했다. 곧, 1980~1990년대처럼 여성이 결혼과 출산 후에 사회활동을 포기하는 이유를 여성의 인내심 부족과 여성의 능력 부족이라는 개인 자질에서 찾지 않았다는 것이다.

"여성에게 공개채용의 기회가 없어 힘들었다"고 애로점을 들고 있는데 직장생활에 있어서도 "여성이 남성보다 더 나은 대우를 받고 있다"고 말한 사람은 700명 중 단 한 명도 없었다. 그러나 남성과의 능력 비교에선 절대적으로 남녀가 비슷하다고 보고 있으며 직장생활에서는 취업기회, 승진, 수입, 대우, 퇴직제도 등에서의 남녀 불평등에 강한 불만을 표시하고 있다. 가정 문제에 있어선 시간 여유가 없고 여자만이 가사노동을 해야 된다는 사고방식에 불만을 느낀다.

—〈(대졸 취업 여성…형편은 이렇다) '푸대접' 받다가 결혼하면 '퇴장'—"능력에 비해 대우 불공평", 가뭄에 콩 나듯 힘든 공개 채용 기회, 승진·수입에 불만 커, 가정생활도 활동에 큰 부담〉《경향신문》, 1978. 11. 21, 4면)

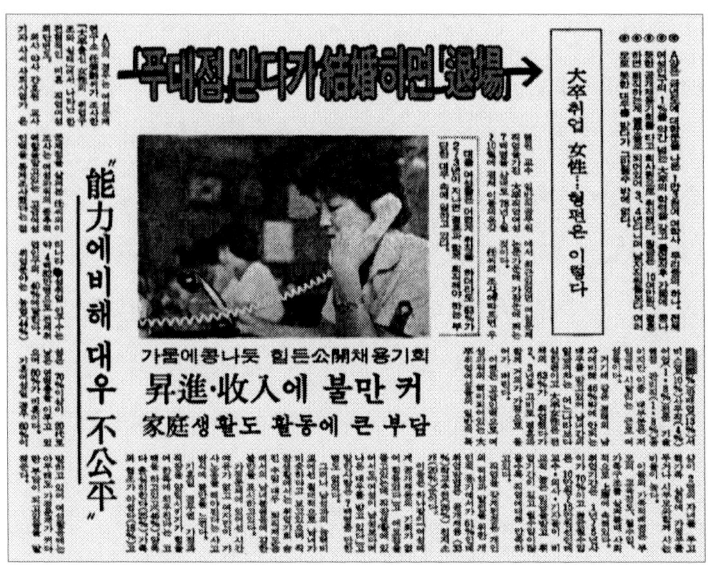

'푸대접' 받다가 結婚하면 '退場'

大卒취업 女性…형편은 이렇다

"能力에 비해 대우 不公平"

가뭄에콩나듯 힘든公開채용기회

昇進·收入에 불만 커

家庭생활도 활동에 큰 부담

〈(대졸 취업 여성…형편은 이렇다) '푸대접' 받다가 결혼 하면 '퇴장'—"능력에 비해 대우 불공평", 가뭄에 콩 나듯 힘든 공개 채용 기회, 승진·수입에 불만 커, 가정생활도 활동에 큰 부담〉(《경향신문》, 1978. 11. 21, 4면). "대졸 여성들은 어렵게 취직을 하더라도 63%가 2~3년이 지나면 결혼과 함께 퇴직해야 하는 부당한 대우 속에 일하고 있다."(기사의 사진 설명)

그런데 한 가지 특기할 만한 사실은 결혼 후 취업을 거부하던 우리 여성노동의 과거의 전통이 완전히 뒤바뀌게 되었다는 점이다. (…) 한편 여성노동의 노동조건에 있어서는 일반적으로 극히 불리하다. (…) 그 외 복지 시설과 승진, 임금, 산전후(産前後), 생리휴가 등이 거의 지켜지지 않고 있다. 이상과 같은 문제점은 남성의 경우와는 달리 여성노동의 고용에 전통적인 가치관이나 구관(舊觀), 구례(舊禮)가 깊이 작용하고 있기 때문인 것으로 풀이된다. 심지어 '책임 부서에 여성을 두지 않는 남성 우선의 사회 질서를 오히려 당연한 것으로 받아들이는 취향은 여성단체에 더욱 뚜렷하다'는 주장이 여성 측에서 나오고 있는 실정이다.

—〈(여성) 우리나라 여성노동의 실태—전(全) 노동력 40% 차지, 임금·승진에 남녀차별 아직 커, 노조활동 적극 참여 절실〉(《매일경제》, 1977. 2. 7, 6면)

아내가 남편과 평등하게 사회활동을 하면서 아이들까지 키우기는 매우 어려운 일이다. 1980~1990년대에도, 2000년대 이후와 마찬가지로, 안정된 직업, 자녀를 돌보아줄 아이 조부모와의 연계망 등 제반을 갖춘 소수의 여성만이 일과 가정을 훌륭하게 양립시킬 수 있었다. 여성학자들은 여대생들이 가족도 중시하고 직장생활도 병행하겠다고 하지만, 그것의 불가능성을 우려한다. "20대 여성의 이상(理想)은 순진하고 아름답다. 남성 중심의 사회구조를 변화시키기 위해 노력하지 않을 때 그 이상은 가부장제 유지를 위해 초능력적으로 헌신하는 '슈퍼우먼'으로밖에 결실을 맺지 못하는 것이다"라는 지적이다.[33] 그러나 1990년대에 이르면 가정일과 사회일을 모두 잘하는 여성을 쉽게 볼 수 있는 것처럼 기사화된다. 이 상황은, 2020년 현재에도 경력 단절 여성을 해결하지 못하고 부부 간 가정일 분담의 공평성이 문제가 된다는 사실을 생각하면, 굉장히 역설적이라 할 수 있다. 요컨대, 1990년대 미디어는 여권신장이 비약적으로 이루어지고, 양성이 평등해졌다는 '환상'을 주조해내고 있다고 할 수 있다.

1980년대에는 의대생 부부가 양성평등을 지향하는 이색 결혼합의서를 쓴 것을 주목한 기사가 있었는데, 이는 사회적 편견을 완전히 뛰어넘은 것으로 소개된다. 의대생 부부의 결혼합의서에는 동등한 노동의 의무, 여가의 권리, 가정일의 균등 부담, 배우자의 수입에 대한 재산권 주장 불가, 부부생활에 대한 일방적 강요 금지 등의 내용이 담겨 있다.[34] 이와 같은 선언은 당시 감수성으로는 파격적이어서 기사 끝에 "걱정하는 것만큼은 위험스런 게 아니다"라는 학자의 설명이 있기도 하다.

그러나 1990년을 넘어서면, 신문에 전문직 여성의 '평등한 부부관계를 이룬 가정'에 대한 기사가 시리즈로 연재되기도 한다. 〈부부시대〉 시리즈(《경향신문》), 〈요즘부부〉 시리즈(《조선일보》) 등이 그 좋은 사례다. 이 시리즈 기사에서는 대체로 ① 아내가 남편만큼의 전문 능력을 지니고 있으며, 서로의 좋은 조언자가 된다.

② 사회활동뿐만 아니라 가정일에서도 성평등이 이루어져 아내가 자신의 일에 매진할 수 있다. ③ 아내와 남편의 수입은 합의하에 각자 관리하고 아내의 수입이 남편만큼 상당하지만 그것은 문제가 되지 않는다.

> ① 부부는 인생의 동반자라고 한다. 자녀의 육아, 교육에서부터 자신의 사생활에 이르기까지 서로 떨어져 생각할 수 없고 같은 길을 걷기 때문이다. 이 중에서도 같은 업종에 종사하는 부부는 더욱 남다르다. 직업의 동질성이 부부간의 또 다른 세계를 형성해주기 때문이다. (…) "다른 동료들이 우리의 작품을 비평해주지만 결정적인 아픔은 못 꼬집는다"며 서로가 상대방 작품의 날카로운 모니터 역할을 한다고 말했다. ② 작업장 위층에 살림집을 둔 이들은 평소에 집안일을 나눠서 한다. 남편 이(李) 씨는 망가진 전기제품을 고치거나 화장실과 하수구 등을 보수하는 일을 직접 하고 아내는 주로 집안 청소와 요리를 한다. (…) ③ 각자의 온라인 통장에 들어온 고료는 남편이 조금 많은 편이지만 서로의 수입을 유리창 속 들여다보듯 훤히 알기 때문에 모두 공동 관리 한다. 하지만 집안에 경조사 등 큰일이 있을 때는 지출을 놓고 미묘한 갈등이 일어나기도 한다고. 그래서 남편은 처가에, 아내는 시집에 신경을 쓰기로 한 후 자연스럽게 해결됐다고 했다. 〔번호는 인용자〕
>
> — 〈(부부시대 1—만화가 이○○ · 이○○ 씨) 같은 길을 "오손도손", 작품 비평엔 "영원한 맞수", 수입관리 · 집안일 공동으로〉(《경향신문》, 1993. 2. 7, 10면)

② 이들은 결혼하면 여자가 집안에 들어앉아 남편 내조 하는 생활 방식을 한 번도 생각해본 적이 없다고 말한다. 서로 가진 재능을 최대한 발휘하도록 돕는 동등한 협력관계로 시작했다는 것. (…) ③ 이들은 각자 수입과 지출을 따로 관리한다고 했다. 수입을 각자 통장에 따로 넣어두고 지출에 대해서도 서로 간섭

하지 않는 원칙으로 생활한다는 것이다. 부모님께 드리는 생활비, 아이 교육비 등도 각자 낸 '공동기금'에서 꺼내 쓴다. 90년에 이 씨는 지하 1층, 지상 2층의 양옥을 마련했는데, 이 집을 사느라 빌린 채무액을 갚는 데는 손 씨가 '지원'한다. (…) ① 이들 부부의 대화는 집에 돌아온 후에도 주로 일에 대한 것으로 이어진다. 그날 누구누구를 만났고, 그 문제에 대해서는 어떻게 생각하는지 직업적 토론이 이어진다. 〔번호는 인용자〕

— 〈요즘 부부 1—맞벌이 기자 이○○·손○○〉 생활비는 분담…각자 지출 불간섭, 기사 작성-취재기획 서로 조언, 아기-부엌일 시어머니가 도와 '든든'〉(《조선일보》, 1993. 1. 1, 23면)

이들 부부는 만화가, 기자, 서양화가, CF 분장사, 항공사 승무원, 산부인과 의사 등 동일한 분야에서 일하고 있다는 점에서 그 어떤 부부보다 서로를 잘 이해해 줄 수 있다. 남편은 직장일에 대한 아내의 열정에 감탄하고 가정일을 도와주려는 입장을 취한다. 그리고 아내가 일 때문에 집에 늦게 들어오는 것을 수용하며, 자신이 재력가라면 아내의 직업 능력을 키워주겠다고 이야기한다. 다른 남편은 설거지 등 가사 분담을 하고, 육아에도 적극적으로 참여하겠다고 말한다.

"저는 한번 작업에 몰두하면 밤늦도록 매달리는 성격이어서 늘 늦게 집에 오는데 술병은 자주 그리지만 술은 전혀 못하는 남편은 항상 저보다 일찍 귀가해요. 아마 같은 길을 걷는 남편이 아니라면 이런 부인을 이해하지 못하겠죠." (…) "때로는 내가 같은 화가가 아니라 든든한 재력가라면 아내의 재능을 더 키워줄 수 있을 것 같아 안타깝기도 합니다. 하지만 아내만큼 아내의 작품을 완벽히 이해하고 사랑한다는 것만은 자부하죠."

— 〈부부 시대 16—서양화가 구○○·장○○ 씨〉 '화폭'에 담는 예술과 금슬, "혹독한 비평가이자 조언자", 부부전 5회…화풍은 서로 달라〉(《경향신문》, 1993. 6. 5, 10면)

"아침 설거지는 이 씨가, 저녁 설거지는 우 씨가 주로 하는 편, 남편은 이불개기-방청소-빨래 등 부부 몫의 집안일을 기꺼이 먼저 하려 한다. 이 씨는 곧 첫아이를 출산한다. "아침은 당신이, 저녁엔 내가 아이를 보면 어떨까?" 남편의 제안이다.

—〈(요즘 부부 7—광고사 운영 우○○·이○○ 씨) 회사일도 집안일도 '역할 분담', 결혼 비용 줄여 창업…밤샘도 같이, "서로 경쟁하며 끌어주는 동업자"〉(《조선일보》, 1993. 2. 23, 17면)

그런데 1980~1990년대에 남편과 평등하게 사회활동 하는 여성이 무조건 대단하다고 찬사의 대상이 된 것은 아니었다. 사실 아이가 있는 기혼 여성이 전문직에 종사하는 것 자체가 쉽지 않았다. 1980~1990년대에는 여성이 가장 행복할 수 있는 위치를 '주부'로 제한하려는 인식이 있었고, 여성의 사회활동을 지원할 수 있는 제반 시설도 마련되지 못했다. 기혼 여성이 아이를 잘 키우면서 사회적 성취를 하는 것은 매우 어려운 일이었던 만큼 출산 후 그녀들은 전업주부가 되는 일이 많았다. 무엇보다 이 시기 남편은 직장에 다니는 아내와 평등하게 가정일을 하지 않았다(이 시기 맞벌이 가정의 여성이 느끼는 육아의 어려움을 다룬 기사를 살펴보면, 남편의 책임을 언급하는 부분을 찾기가 어렵다).[35] 남편이 육아에 적극적으로 참여하지 않는다거나, 남편이 가정일 분담을 평등하게 하지 않는 것에 대한 본격적 비판은 1997년 외환위기 이후에 시작되었다.

요컨대, 위의 기사에 등장하는 전문직 여성들은 소수이며, 직장과 가정을 균형 있게 양립시키는 여성은 일상에서 찾기 어려웠다. 미디어 속 전문직 여성의 삶은 선도적으로 보이긴 하지만 이례적 사례였다. 또한 아내의 능력과 열정을 이해하고, 집안의 모든 일을 함께하고자 하는 남편도 현실에서는 찾아보기 어려운 존재였다.

그런데 문제는 성평등이 이루어진 듯 보이는 전문직 여성의 가정을 다룬 기사가 1990년대 한국사회가 여전히 남성 중심적 사회임을 망각시키고 동시에 마치 여권신장이 이루어진 것 같은 환상을 유포한다는 점이다. 비혼이든 기혼이든 여성이 사회활동을 제대로 할 수 없는 중대한 원인은 분명 가부장제적 사회에 있음에도, 여성이 비판해야 할 '남성 중심적' 사회는 미디어에서 찾아보기 어렵다. 위의 기사처럼 아내는 시가를 남편은 처가를 챙기는 상황과 부부가 가정일을 평등하게 분담하는 상황이 자연스럽게 그려지는 것 자체가 '달콤한 환상'이라 할 수 있다.

1980~1990년대 미디어에서 전문직 여성은 '남편과 평등하게 역할을 분담하며 가정을 꾸려가는 스위트홈의 주인공'으로 주조된다. 그러나 꼭 주목해야 할 것이 있다. 바로 '전문직 여성'에게 찬사를 보내면서도 그녀들이 지닌 경제적 능력을 추락시키기 위한 작업이 동시에 진행되었다는 사실이다.•

3. 청순가련한 여대생, 당당한 커리어 우먼

1980년대에도 여대생의 사회적 일탈에 대한 담론이 생성되는데, 이와 관련된 것으로 '담배 피우는 여학생'에 대한 기사를 살펴볼 수 있다. 담배 피우는 여대생의 모습은 "우울"하고 "슬픈 생각까지 들"게 하는 풍경으로 묘사된다. 여대생이 담배 피우는 행위는 "부당한 금기 사항을 깨뜨림으로써 자기 각성을 얻을 수 있고 그런 행위를 통해 주체적인 자아를 인식할 수 있"는 것으로 주장되기도 했고, "단순한 호기심이라기보다는 오히려 일종의 허영이나 사치"라고 주장되기도 했다.[36]

• 전문직 여성의 경제적 능력을 폄훼하는 미디어의 전략에 대해서는 이 책의 제3부 3장에서 구체적으로 분석했다.

그런데 1990년대에 이르면, 여대생의 흡연은 다이어트 수단이나 쓸쓸함을 달래기 위한 수단으로 전락하며, 여성은 유산, 태아에 끼치는 영향 등을 이유로 흡연이 남성보다 더 문제시되었다.[37] 여성의 흡연은 의학적·과학적 근거로써 명백히 부정적 행위로 간주되는 것이다.

1980~1990년대 여대생이 지닌 사회 변혁과 금기 위반의 힘이 제거되는 현상은 여대생의 외모 면에서도 나타난다. 이 시기 여대생의 이미지는 갑자기 '청순가련함'과 결부된다. 젊은 여성들의 멋 내기 관련 기사에 "청순"이라는 단어는 유행어처럼 빈번하게 나온다. "사회 첫발 여성 '출근 멋내기', 청순하고 단정한 모습 좋아". "상큼한 여대 1년생, 재킷·진 등 활용 청순 이미지 강조."[38] 요컨대, 1960년대에 도발적·개방적·진보적으로 여겨졌던 여대생은 1980~1990년대에 이르러서 사회 반항적 이미지가 제거되는 것이다

그런데 청순가련했던 여대생은 대학 졸업 후 20대 후반~30대가 되면, 갑자기 당당하게 일과 사랑을 성취하는 '커리어 우먼'으로 그 존재성이 전이된다. 특히 1990년대 광고에는 자신의 분야에서 의욕적으로 일하는 여성의 이미지가 자주 등장하는데, 화장품 광고와 의류 광고 등을 사례로 들 수 있다. 이 시기 헬렌 걸리 브라운(Helen Gurley Brown)의 《나는 초라한 더블보다 화려한 싱글이 좋다(Mouseburgering)》(1993)•[39]의 성공은 커리어 우먼에 대한 선망의 결과라 할 수 있다.

현실적으로 청순가련함의 여대생과 그들의 미래라 할 수 있는 당당함의 전문직 여성이 공존하기란 불가능하다. 젊은 여성에게 동시에 부과되는 청순가련함과 당당함이라는 이미지는 1980~1990년대 미디어가 만들어낸 것이다. 그리고 그 판타지는 사회 금기를 위반하는 힘을 지녔던 젊은 여성을 소비지향의 존재

• 《나는 초라한 더블보다 화려한 싱글이 좋다》의 번역자는 이 책의 원제인 'Mouseburgering'의 의미를 "예쁘지도 않고 학벌도 없으며 집안도 좋지 못한, 그런 내세울 것 없는 여자가 정상에 서기까지의 노력을 쥐[mouse]가 햄버거 만드는 것[burgering]에 비유"한 것이라 밝히고 있다.

로 바꾸어놓는다.

청순가련한 악녀의 여대생, 세상에는 백치적인 사랑에만 도발적인

1980년대 후반 연예계에서는 청순가련형 이미지의 여성들이 인기를 얻었으며, 이들을 주인공으로 한 음반·드라마·영화 등이 다수 제작된다. 드라마로 정비석 원작의 〈산유화〉(1987, KBS 1TV)에서는 전인화가 청순가련한 여대생으로, 〈사랑의 굴레〉(1989, KBS 2TV)에서는 김미숙이 청순가련한 고아 여대생으로, 〈하늬바람〉(1991, KBS 2TV)에서는 이미연이 "스무 살다운 순수함과 투명함"을 보여주는 활달한 성격의 여대생 역을 맡는다. 〈마지막 승부〉(1994, MBC)의 심은하도 청순가련한 이미지의 대학생 역할로 시청자의 주목을 받았다.[40]

그런데 1980~1990년대 드라마 또는 영화 속 청순가련함의 여대생은 대부분 기혼 남성이나 홀로 아이를 키우는 남성을 연모한다는 공통점이 있다. 곧, 그녀들은 이 시기 사회에서 우려하는 사랑의 주인공으로 등장하는 것이다. 여기서 주목해야 할 것은, 여대생이 1950~1960년대에는 기존의 정숙한 가족이데올로기를 위협하는 금기 위반의 주인공이었다면 1980~1990년에는 개인의 감정에만 함몰된 이해될 수 없는 존재로 전락했다는 점이다. 여대생은 남성과의 사랑에는 맹목성을 띠는 야성적 성격을 보여주지만 세상은 잘 모르는 백치적 존재다. 그렇기 때문에 규범을 위협하는 악마라기보다는 남성의 성적 판타지를 충족시키는 '타락한 천사' 정도의 존재성을 지닌다. 그녀들은 사랑에만 도발적일 뿐 혼자서는 아무것도 할 수 없는 수동적 존재들이다. 대표적으로, 이 시기 크게 주목을 받았던 영화 〈비오는 날 수채화〉(곽재용, 1989)를 예로 들 수 있다.

〈비오는 날 수채화〉는 1989년에 개봉되어 흥행에 성공했으며, "89 좋은 영화"에 선정되기도 했다.[41] 영화는 자신들이 친남매가 아니라고 믿는 지수(강석현 분)와 지혜(옥소리 분) 사이 금지된 사랑을 중심 내용으로 하는데, 사건보다는 영상과 음악이 차지하는 비중이 크다. 영화의 성공에는 미대생인 '지혜'로 분한 옥소리의 청순가련형 외모가 큰 몫을 했다. 옥소리는 데뷔 이후 청순가련한 여대생 역할을 주로 맡았고, 한 신문사와의 인터뷰에서 여대생의 이미지에서 벗어나고 싶다고 이야기하기도 한다.[42] 순수하고 가녀린 여대생의 이미지는 1980~1990년대 미디어가 강조시킨 것이었고, 대중은 영화가 종영된 후 일상에서도 이 여배우의 이미지를 계속적으로 소비하기를 원했다고 할 수 있다. 풍성한 긴 머리에, 흰 치마를 입고, 긴 손으로 그림을 그리며 미소 짓는 여대생. 그녀는 아름다운 전원 풍경과 감성을 자극하는 배경음악으로 더욱 아름답고 사랑스럽게 그려진다.

오빠 지수와 불가능한 사랑을 꿈꾸는 지혜는 이미지는 청순가련형이나 사랑에서는 남성을 먼저 유혹하는 도발적 존재다. 아버지(신성일 분)에게 반항하고 싸움을 일삼는 오빠를 여동생이 보듬어주는 모습은 따뜻하고 아름답게 영상화된다. 그러나 여동생 지혜는 오빠 지수를 유혹함으로써 오빠가 자신에 대한 사랑을 표출할 수 있게 만든다. 영화에서 지혜는 오빠를 끊임없이 자극하고 있으며 오빠가 자신이 원하는 행동을 하게끔 이끌어내는 면모를 보여준다.

예를 들어, 지혜를 짝사랑하는 병환(한정호 분)이 자신의 마음을 녹음한 테이프에는 다음 내용이 포함되어 있다. "지혜가 지수를 바라보는 눈길은 누가 봐도 수상쩍거든." 지혜는 이 내용을 오빠 지수가 듣게 하면서 병환을 질투하게 만든다. 지수가 지혜를 몰래 훔쳐보면서 보이지 않게 욕망을 충족시키려 했다면, 지혜는 누구나 알 수 있게끔 지수에게 신호를 보내고 있었으며 자신의 욕망을 직접적으로 충족하기 위한 행위를 한다. 그녀의 도발성은 교회의 동료들과 송년회를 하는 장면에서 극대화된다. 촛불 의식을 하느라 모두가 눈을 감고 있을 때, 지혜는 먼저 그 대열을 빠져나오면서 지수도 대열에서 이탈하게 한다. 남매 사이 입맞춤은 오빠 지수가 시작했지만, 둘의 일탈 행위는 여동생 지혜에 의해 가능해진 것이다. 남매의 입맞춤은 계율을 깨고 선악과를 따 먹은 것과 같았고, 이후

〈비오는 날 수채화〉의
청순가련한 여주인공

〈비오는 날 수채화〉의
남매 사이 입맞춤 장면
(이상 한국영상자료원)

이들은 보다 위험한 사랑을 시작하게 된다.

지혜는 오빠를 유혹하는 금기 위반자이자, 아버지의 권위에 반항하고 싶은 오빠를 보듬는 천사다. 그렇기에 그녀의 내면은 단일할 수 없다. 악녀와 천사를 넘나드는 그녀의 내면은 햇살이 비추는 아름다운 전원 속에 있는 '어두컴컴한 창고' 혹은 '버려진 빈 집'에서 이루어지는 대사에 잘 드러난다. 처음에 지혜는 아버지 생각에 머뭇거리지만 점점 자신의 욕망을 적극적으로 표현한다.

> 난 머릿속에 나쁜 생각만 꽉 찼어… 내가 올바르게 살고 있는지가 의문이야. (…) 오랜만에 따뜻한 햇빛이야. 아빤 오빠밖에 없어…. (…) 오빠는 목사가 되

고…. 무서워… 언젠간 세상에서 없어지고 말거야. 영원히 산다는 건 더 무서워. 내일 당장… 할머니가 되면 어쩌지? 지금과… 다른 생각, 다른 감정을 갖고 있는 건 더 무서워…. 오빠, 난 무서워. 오빨 알고 싶어. 난 오빠가 두려워.

'깨진 거울'에 비친 자신의 모습을 바라보는 지혜의 모습은 그녀가 목사 아버지의 엄숙한 테두리에서 이미 벗어났음을 의미한다. 그런데 둘의 대화를 살펴보면, 오빠 지수는 동생 지혜의 말만을 반복하고 있다. 영화는 지혜의 금지된 욕망을 분출하고 있으며, 지수는 지혜의 욕망에 끌려 다니는 수동적 면이 강한 남성이다.

(깨진 거울 보는 지혜)

(…)

지혜: 사실 나는 그림을 그리지 못하겠어. 내가 왜 이러는지 모르겠어. 나쁜 생각만 떠오르고.

지수: 아무 말도 하지마, 아무 말도.

지혜: 말해봐. 난 정말 나쁜 애지.

지수: 그래, 넌 나쁜 애야. 세상에서 제일 나쁜 애야. 막 욕해주고 싶어. 세상에 있는 욕 다 해주고 싶어.

지혜: 차라리 오빠가 날 막 때려줬으면 좋겠어.

지수: 널 막 때려줬으면 좋겠어. 널 막….

이뿐만 아니라 지수는 영화 후반에 이르러 여동생과의 이룰 수 없는 사랑이 고통스러워 가출을 한다. 지수는 아버지에게 여동생 지혜를 사랑한다는 말을 하고는 아버지로부터 "신과 아버지를 함께 버렸다"는 이야기를 듣는다. 그리고 지혜에게 먼 곳으로 떠나자는 제안을 하지만 이내 울먹이는 지혜를 뒤로한 채, 고아원 동기이자 술집 여자로 살아가는 경애(방은희 분)에게로 간다. 그리고 마치 속죄라도 하듯, 건달들에게 잡혀 술집에서 벗어나지 못하는 경애를 탈출시키기 위해 고군분투한다.

여대생 지혜는, 앞서도 말했듯, 사랑에는 도발적이나 세상에 대해서는 잘 모르는 백치적 존재다. 지혜는 오빠 지수가 떠나버린 후 지수를 찾아가지만 거기에서까지 지수의 외면을 받자 정신이상으로 병원에 입원한다. 이처럼 영화에서 지혜는 오빠를 사랑하는 감정만을 세상의 모든 것으로 여기는 여성으로 등장한다. 그 외의 세상에 대해서는 무지하며 알려고도 하지 않는다. 지혜는 "나도 모르게 이런 감정을 즐기고 있는" 비현실적 존재다. 지혜는 오빠 지수에게 다음과 같은 내용의 편지를 쓴다. "헌데 난 나도 모르게 이런 감정을 즐기고 있는 것 같아서 그것이 날 더 놀람과 슬픔에 빠져들게 해." 천호(이경영 분)는 지혜가 지수에게 보낸 편지 내용을 여자 목소리로 외우는데, 이는 세상에는 무지하고 사랑에만 몰입하는 지혜의 존재성을 희화화하는 기능을 한다. 자신의 한쪽 팔을 잘라야만 술집 여자 경애와 자신의 아들을 살릴 수 있는 천호의 사랑이 '현실'적이고, 자신들이 법적으로 남매라는 이유 때문에 사랑을 이룰 수 없다고 고통스러워하는 지혜와 지수의 사랑은 '비현실'적으로 보인다. 사랑하는 이에게 모든 것을 바칠 준비가 된 청순가련한 그녀는 '환상으로서의 젊은 여성'이라 할 수 있다.

일반적으로 가부장제적 사회는 여성을 성녀/악녀로 나누고 후자를 배제한다고 여겨지지만, 1980~1990년대 미디어에 재현된 여대생에게는 묘하게 이 둘의 이미지가 공존한다. 사실 악녀의 속성을 배제하면 유혹자로서의 매혹성까지 사라진다. 백치적인 마녀의 존재성은 여성을 성적으로 대상화하는 한 방식이라 할 수 있다. 그런 의미에서 영화의 마지막에 진한 화장을 하고 검은 옷을 입은 지혜가 "오빠면 어떻고 아니면 어때! 사랑하면 되지!"라고 말하는 모습으로 그녀의 존재성이 달라졌다고 말하기는 어렵다. 여전히 세상에 대해 알려고 하지 않으며 오빠의 사랑만을 최고의 가치로 여기고 있다는 점에서 금지된 사랑에 맹목적인 그녀의 존재성은 그대로인 것이다.

〈비오는 날 수채화〉는 1980~1990년대 갑자기 나타난 여대생의 청순가련한 이미지를 잘 이용해 성공한 작품이다. 그러나 한편으로, 〈비오는 날 수채화〉는 표면적이긴 하지만 도덕적 아버지의 존재성 이면에 도사리고 있는 균열과 왜곡을 보여주었다는 점에서 주목할 만하다. 영화에서 아버지는 자식들에게 자애롭거나 위로를 건네는 가족이 아니라 타인에게 자신이 어떻게 비칠지 늘 근심하는 존재로 그려진다. 싸움을 하고 들어온 아들에게 "얼마나 창피를 당했는 줄 알아", "남들이 날 어떻게 생각하는 줄 알아"라고 이야기하고, 자식이 주는 선물에 행복해하기보다 자식이 자신이 원하는 인간형이 되기만을 강요한다.

1980~1990년대 사랑에만 도발성을 띤 청순가련한 악녀는 당대 남성들이 원하던 환상적 존재였다. 그렇기 때문에 영화에는 1950~1960년대 성적으로 문란하게 대상화되었던 여대생의 위협적 마녀성이 부재한다. 그녀는 친오빠를 사랑했지만 가족이데올로기를 무너뜨릴 수 있는 날카로운 손톱이 잘리고 없다. 그녀는 오직 관객을 일순간 매혹시키고, 그 죗값을 치르기 위해 사라져버리는 백치적 악녀일 뿐이었다. 〈비오는 날 수채화 2〉(곽재용, 1993)에서 지수와 지혜는 자신들이 친남매라는 사실을 알게 되면서 동반자살을 한다. 그들의 죽음이 표면적으로만 도덕적인 체하는 아버지를 조롱하거나 가족 질서에 균열을 일으키는 행위라고 보기는 어렵다. 그들은 단지 불가능한 사랑을 한 것에 대한 속죄로 죽음을 택한 것으로, '친남매가 사랑을 하면 자라는 독초'를 먹고 죽어버린 것이다.

'화려한 더블'의 여성, 현실에서는 불가능한 판타지의

1980~1990년대에 미디어는, 앞서 살펴본 것처럼, 여성들이 대학을 진학하는 이유가 자아실현보다는 결혼에 있다는 편견을 만들었다. 그러나 동시에 이와는 전혀 다른 상반된 이미지를 유포함으로써 대중의 공감과 상업적 성공을 얻기도 했다. 한 화장품 브랜드는 "결혼이 인생의 목표는 아니다"는 카피로, 한 여성의류 브랜드는 일하는 여성을 광고의 전면에 내세우며 "그녀는 프로다, 프로는 아름답다"[43]는 카피로 당시 여대생들과 여성들에게 좋은 반응을 얻는다. 이 시기 전문가들은 이 광고가 평생 직업을 원하는 여성의 심리를 잘 충족시키고 있다고 말한다.[44] 또한 외모보다는 능력과 개성을 바탕으로 일하는 방송인들을 화장품 모델로 기용하는 현상에 대해 여성이 자신감 있게 사는 모습이 여성들에게 호소력이 있기 때문으로 이야기된다.[45]

1990년대 화장품과 의류 광고에는 현실에서는 이루기 어려운 여성의 소망을 충족시키고자 하는 여성들의 환상이 잘 드러난다. 남대생과 달리 취업하기가 어렵고 취업을 하고 나서도 승진하는 데 걸림돌이 많았던 여대생, 결혼해서도 일을 계속하고 싶었지만 현실적 장벽에 부딪혔던 주부들에게 이 광고들은 그녀들의 불가능한 현실적 욕망을 대리 충족 하게 해주었다.

또한 1990년대에는 전문직에 종사하는 여성들이 쓴 "당당하고 강인한 삶"에 대한 에세이가 큰 인기를 얻었다.[46] 대표적으로, '일과 사랑에서 성공한 커리어 우먼들의 성공비법'이라는 부제가 달린, 헬렌 걸리 브라운이 쓴 《나는 초라한 더블보다 화려한 싱글이 좋다》(1993)[47]를 예로 들 수 있다. 저자는 1965년부터 1997년까지 미국의 세계적인 여성잡지 《코스모폴리탄(cosmopolitan)》의 편집장을 지낸 여성이다.

그녀는 여성의 사회적 능력을 강조하기보다는 남성에게 사랑받기를 원하는 여성들의 욕망을 건드린다. 그리고 '보통'의 여자들이 '어떤' 노력을 통해 매력적 존재로 거듭나 자신의 생활을 즐길 수 있는지 그 비법을 여성들에게 전수한다. 그녀는 책의 도입부에서 특별히 미인도 아니고, 머리가 우수하지도 않고, 집안도 대단치 않은 보통 여자인 자신이 순전히 노력을 해서 성공했다는 사실을 강조한다. 그리고 자신이 '소말리아의 어린이를 돕자'는 주장에는 흥미가 없지만 모든 것을 손에 넣고 싶은 이기적 욕망을 지닌 사람이라는 듯한 분위기를 조성한다.

저자는 "화려한 싱글이 좋다"는 제목을 내세우고 있지만, 사실 이 책은 '화려한 더블이 되기 위한 비법'을 소개하고 있다. 이 책에서 반드시 당신이 성공한 멋진 여성이 되어야 하는 이유는 다음과 같이 언급된다.

> 케네디나 레이니에공과 같은 남성은 당신이나 나와 같이 이름도 없는 처녀와는 우선 결혼할 이유가 없다는 것이다. (…) 귀엽고 사랑스런 전업주부라고 해서 안심하고 있을 수는 없다. 상상도 할 수 없을 만한 대저택에 살며 벤츠를 몇 대나 굴리는 생활은 오래 계속되지 않는다. 아내나 어머니 역할에 만족하며 멍청히 있다가는 벤츠와 함께 차고에 버려지고 만다. (…) 남편에게 지지 않을 만큼 좋은 일을 하고 있는 여성은 버림을 받는 일이 적은 것 같다. (…) 출세하는 여성은 누구보다 섹시하다.
>
> — 헬렌 걸리 브라운, 《나는 초라한 더블보다 화려한 싱글이 좋다》(푸른숲, 1993, 23~25쪽)•

그리고 책은 권력의 중심에 있는 전도유망한 젊은 중역들 곁에서 일할 수 있는 여성이 되라고 하면서, 스스로 익히는 지식이 학교에서 배우는 것보다 도움이 되니 대졸 학력이 중요하지 않다고 말한다. 저자는 여성에게 전문적 능력을 쌓아 자신만의 재능으로 당당히 나아가라는 이야기는 하지 않는다. 오히려 비즈니스

• 이하, 같은 책의 인용문은 쪽수만 표기.

廣告속 여성직업 男性영역 '종횡무진'

경호원-카레이서 이어 대통령 등장

〈광고 속 여성 직업 남성 영역 '종횡무진'—경호원-카레이서 이어 대통령 등장〉(《동아일보》, 1994. 8. 29, 17면). "'보디가드' 탤런트 이○○가 화장품 마몽드 CF에서 총을 빼들고 외국 국가 요인을 보호하기 위해 달려가는 장면" "'우리나라 최초의 여성 대통령' 이○○이 호주 나우라 해국기지에서 의장대의 사열을 받는 CF 장면"(기사의 사진 설명)

'잃어버린 이름'을 찾고싶다

달라진 여성 달라지는 사회 1

일하는 모습에서 아름다움 발견

광고도 세태영합 자기표현 강조

적극적인 능력과시로 '건방지다'편견 없애

〈(달라진 여성 달라지는 사회 1) '잃어버린 이름'을 찾고 싶다—일하는 모습에서 아름다움 발견, 광고도 세태 영합 자기표현 강조〉(《한겨레》, 1993. 5. 24, 7면). "자유직이나 전문직의 '일하는 여성'들이 상품광고에서 일대 유행을 이루고 있다. 대중 정서에 가장 민감한 상품 광고는 우리 사대의 변화하는 여성상을 들여다보게 하는 창이다."(기사의 사진 설명)

《나는 초라한 더블보다 화려한 싱글이 좋다》 신문 광고(《한겨레》, 1993. 12. 19, 8면). "당신은 좋은 남성을 사랑하고 또 사랑받고 싶은가? 섹스를 즐기고 싶은가? 부자가 되고 싶은가? 매력적인 여성이 되고 싶은가? 근사하고 성실한 친구를 갖고 싶은가? 가족을 돕고 싶은가? 여러 가지 걱정거리에서 해방되고 싶은가? 가능하면 이 세상을 조금이라도 나아지게 하고 싶은가? 좋다. 그렇다면 나는 당신의 선생님이 될 수 있다."(신문 광고의 카피)

를 위해 여자라는 점을 이용하라고 조언한다.

> 당신이 눈빛 하나로 남자의 프라이드를 세워줘서 '나는 남자다'는 느낌으로 우쭐댈 수 있게 할 수 있다면 계속 그렇게 하면 된다. (43쪽)

이를 통해 책은 무엇보다 1980~1990년대 여성들에게 훌륭한 취업주부가 될 수 있다는, 불가능하지만 달콤한 환상을 심어준다. 동시에 여성들을 격심한 감정노동과 육체노동의 장으로 내몬다.

> 페니는 일요일마다 외국에서 온 교환유학생 다섯 사람을 저녁식사에 초대한다. 자기 아이들을 스키 강습에 보내며, 또 한 아이에게는 할로윈 의상을 만들어 입혔고 일주일에 한 번 디스코 댄스 레슨에 나가기도 한다. 일자리가 없는 몇몇 친구들의 일자리를 찾아주었고 어머니 머리를 파마도 해준다. 또 항공회

사의 잡지에 기사를 쓰고 게다가 영화 프로듀서 비서로도 일하고 있다. 페니는 내가 알고 있는 한 누구에게나 사랑받고 있는 사람이며 가장 열심히 사는 사람이다. (38쪽)

그러면 출산한 뒤 직장에 복귀하는 걸 언제쯤으로 할까? 내가 만난 사람들은 대부분 빠를수록 좋다는 의견이었다. 그 이유는 두 가지.
하나는, 우물쭈물하는 사이에 회사는 당신이 없는 것에 익숙해진다는 것. (…)
에스테 로더 부사장인 이브링 로더가 말했다.
"나 같은 사람은 금요일 밤까지 일하고 토요일 아침에 아이를 낳았다. 그리고 3주일 후에는 또 일하러 나왔다." 그런 여성들은 모두 무척 바쁘게 산다. 하지만 상당히 행복해 보인다. (65쪽)

저자는 책에서 여성이 일에서 성공하기 위해 능력을 향상시킬 수 있는 비법을 전수하지 않는다. 대신 여성이 성공하기 위해서는 다이어트를 해야 한다며 이상적 체중은 기아 직전의 상태라고 언급한다. 피부를 위해 비싼 화장품을 써야 하고, 여성이 성공하기 위해서는 미용 성형을 해야 하며, 패션에 센스가 있어야만 한다. 결국 저자는 '일하는' 여성도 결혼을 해서 행복한 가정을 꾸릴 수 있는 자신만의 방법에 대해 말하고 있는 것이다. 그러나 남편과의 가정일 분담에 대한 토론은 탁상공론이 되니 아내가 좀 더 부지런해야 할 필요가 있음을 암시하거나, 남편을 항상 칭찬함으로써 좋은 관계를 유지하라는 식으로 조언한다.

가사의 분담은 탁상공론 (…)
나의 경우 아침에 잠자리에서 튕겨져 나와 한 시간 동안 체조를 하고 데이빗의 아침식사를 준비하며 나의 아침식사를 믹서에 돌린다. 그리고 화장을 하고 머리와 복장을 정비한 다음, 가정부에게 전달할 지시사항을 타이프한다. 그래도 사실상 일이 하나도 없는, 데이빗보다 빨리 사무실에 당도한다. 그것을 생각하면 무심결에 웃음이 나온다. (229쪽)

남편의 성격과 행동을 바꾸고 싶을 때 (…)
구워삶는다—그렇다. 구워삶는 것이다! (…) 우선, 이것이다, 하고 결정한 테마를 몇 번이건 몇 번이건 반복한다. 애정을 담아 그가 알아줄 때까지. "죠이, 당신의 발은 세계 제일이야, 덧니도 귀엽고…. 그런데 10킬로그램만 몸무게를 줄이면 얼마나 멋있을까?" (231~232쪽)

《나는 초라한 더블보다 화려한 싱글이 좋다》는 '일하는 여성'을 지향하고는 있으나 실질적으로 여성의 자아실현이나 여권신장과는 아무 관련이 없는 책이다. 화려한 외양으로 일하는 여성의 환상적 이미지를 소모할 뿐이다. 책의 내용은 1980~1990년대 여대생과 관련된 기사에서 '뷰티' 이야기가 많아진 사실과 연결해 생각할 수 있다. 이 시기에는 예비 여대생들이 수험 준비 중 운동 부족으로 찐 살을 빼기 위해 ○○ 뷰티라인, ○○ 건강교실 등에 다니는 기사, 여대생 및 직장 여성의 성형 수술이 유행한다는 기사가 다수 다루어진다.[48] 현실에서 열심히 공부하고 일하는 여대생과 젊은 직장 여성들은 미디어 안에서 주로 외양을 꾸미는 존재로 나오는 것이다.

실제 일하는 여성들이 겪는 고충과 그녀들이 준비해야 할 미래를 위한 충고를 담기보다 좋은 남편, 부, 인기를 얻기 위해 '기묘하게' 행동하라고 말하는 《나는 초라한 더블보다 화려한 싱글이 좋다》는 당시 베스트셀러였고, 그에 따른 파장도 컸다. 책은 장년까지 멋지게 자기 능력을 발휘하고픈 여성의 불가능한 소망을 충족시켜준 측면도 있으나, 사회활동을 하고 싶은 여성의 욕망을 왜곡해 표현하고

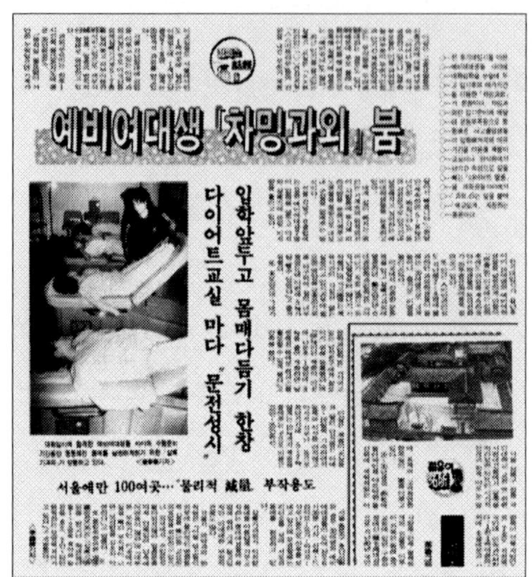

예비여대생「차밍과외」붐

입학앞두고 몸매다듬기 한창

다이어트교실 마다 "문전성시"

서울에만 100여곳… '물리적 減量' 부작용도

〈(캠퍼스 화제) 예비 여대생 '차밍과외' 붐—입학 앞두고 몸매 다듬기 한창, 다이어트교실마다 '문전성시'〉(《경향신문》, 1992. 2. 28, 11면). "대학 입시에 합격한 예비 여대생들 사이에 수험 준비 기간 동안 뚱뚱해진 몸매를 날씬하게 하기 위한 '살빼기 과외'가 성행하고 있다."(기사의 사진 설명)

있다는 점에서다. 책의 내용만을 보면, 직장일을 하는 여성은 능력 없이 외양만 번드르르하고 남성을 자신의 진급에 이용하는 세속적 욕망을 가진 존재다. 이와 관련해 이 시기 1990년대 드라마 속 직장 여성의 모습을 비판한 기사에 주목할 필요가 있다.

> 요즘 TV드라마에 등장하는 커리어 우먼들은 '하는 일'은 없고 '직장 분위기'만 강조되어 묘사되고 있다. (…) 이들은 모두 패션잡지에 그대로 나올 듯한 화려한 의상과 파티장에서나 더 어울릴 듯한 헤어스타일로 컴퓨터, 팩시밀리 등이 갖춰진 사무실에 앉아 있으나 무엇을 하는지는 알 수가 없다.
>
> —〈(TV 평) 드라마 속 직장여성 직업은 있되 '하는 일' 없다—첨단 직종 불구 실무 모습 묘사 없어, 깔끔한 사무실·화려한 의상 등 '겉만 세련', "직장은 고급 치장품" 인식 심을 우려〉(《경향신문》, 1992. 12. 16, 14면)

新世代

〈18〉

멋내기

"성형手術도 옷사듯 가볍게 생각"

여름방학 휴가때 살빼기 - 화장술 배우기

남자 미장원 출입-목걸이 착용 예사

〈〈신세대 18〉 멋내기—"성형수술도 옷 사듯 가볍게 생각", 여름방학 휴가 때 살빼기-화장술 배우기, 남자 미장원 출입-목걸이 착용 예사〉(《동아일보》, 1993. 8. 8, 9면). "'에꼴 사르망뜨'에서 메이크업을 배우는 여대생. 신세대에게 모양새 가꾸기는 필수 과목이다. 여대생뿐 아니라 서울 J여고, Y여고에서는 학교 차원에서 '멋내기 교실'을 열어 신세대의 자기표현 욕구를 수용하고 있다." "머리 모양에도 유행이 있다. 여성들에게는 청순해 보이는 긴 생머리(사실은 퍼머한 머리)가, 남성들에게는 무스 발라 앞머리를 세운 머리가 인기라고."(기사의 사진 설명)

사실, 외양을 꾸미는 여부는 개인의 취향 문제이지 그것을 능력과 직결하기는 옳지 않을 것이다. 그러나 1990년대에 나타난 일하는 여성에 대한 편견으로 인해서, 현재 우리는 '여성이 꾸미는 것'에 대해 잘못된 의미를 부여하는 경우가 있다. 곧, '여성이 꾸미는 것'이 여성이 남성에게 잘 보이려는 행동이라거나 여성이 사회 체제에 순응하는 행위라는 관념이 생겨날 수밖에 없었던 것이다.

제3장

전업주부와 취업주부, 그녀들의 대립

1. "전업주부라서 행복해요"

중산층 전업주부, 교양인이자 '명예집단'의

1980~1990년대 신문에 재현된 전업주부의 이미지는 크게 두 측면에서 설명할 수 있다. 첫째, 전업주부는 동시대의 여대생, 이혼녀, 취업주부 등 모든 여성집단 중에 가장 순수한 가치관을 지니며 교양까지 겸비한 존재로 이미지화된다는 측면이다. 둘째, 전업주부는 가정의 경제를 장악하고 소비를 주도하면서 남편보다 우월한 위치에 있는 것으로 이미지화된다는 측면이다.

1980~1990년대 신문에는 주부의 소박한 생활을 다룬 기사가 가득했다. 특히 1980년대 신문에 게재된 주부들의 수필에서는 가정의 화목을 추구하는 주부의 순수한 마음이 드러난다. 1980년대 〈주부일기〉와 〈공중전화〉 시리즈(《조선일보》)를 대표적 사례로 들 수 있는데, 주부들이 일상에서 겪은 소박한 일화를 싣고 있다. 기사에는 타인을 배려하고 타인과 서로 도움을 주고받으며 살고자 하는 주부의

마음이 담겨 있다. "날마다 여유와 감사 속에서 살려고 노력해왔지만 그것이 그렇게 쉬운 일만은 아니었다." 그렇더라도 한 주부는 일상의 사소한 사건 속에서 "새삼, 여유와 감사"를 느끼며 "깨끗이 늙고"자 한다.[1] 결혼과 동시에 여자는 자신의 이름을 잃어버리지만 "내겐 가정을 사랑하는 남편과 나를 필요로 하는 두 아이가 있"으니 행복하다는 내용, 가정의 부족한 생활비 마련을 위해 취업을 하게 된 여성이 그곳에서 사람들이 서로 마음으로 도우며 일하는 장면을 목격하고, 모든 사람이 "사랑으로 교제하고 한마음이 된다면 이 사회는 좀 더 아름다운 믿음의 사회가 되지 않을까" 생각하는 내용이 서술되고 있다.[2] 또한 이 시기에는 주부가 "돈" 이야기를 하는 것이 천박하다는 인식이 있었는데, 이는 주부를 교양을 갖춘 순수한 존재로 위치시키고자 한 데서 비롯한다. 동시에 주부는 독서할 수 있는 시간적 여유가 있어 교양 면에서도 우월해야 한다고 여겨졌다. "살림만 하는 여성이 파티에서 늘 주도권을 잡을 수 있는 것은, 그들이 직업을 가진 여성보다 독서나 취미생활에 훨씬 많은 시간을 할애할 수 있어서 광범위한 분야에 거의 전문가적인 지식을 가질 수 있기 때문이라"는 것이다.[3]

경제성장기인 1970년대부터 가부장제적 가족 질서가 무너지고 한국사회가 "신모족(新母族) 사회의 문턱"에 이르렀다는 이야기가 나오면서 아내와 남편의 지위 역전 상황이 문제화되었다. 산업화의 최대 수혜자는 여성이라 할 수 있는데, 아내는 남편의 수입에 만족하지 못해 남성은 "돈을 벌어 바치는 가련한 신세로 격하되고" 가정에서 주도권이 주부에게로 넘어간다는 것이다. "성장하는 여자의 욕망을 만족시킬 만큼 남자의 수입은 늘어나질 못한다. 주부의 욕구불만은 남편이 시원치 않아서라는 결론을 낳게 하고 가정의 주도권은 주부 편으로 굳어진다."[4] 1970년대부터 벌써 "근대화는 주부에게 한가한 시간을 늘려주고" 주부들은 남는 시간에 소비와 쾌락을 쫓게 되었다는 인식이 생겨났다. 남편은 직장에서 경쟁에 시달리느라 가정에서 주도권을 잃은 반면, 주부는 남편이 벌어온 돈으로 태평하게 시간을 보낸다는 것이다.[5] 또한 1980~1990년대에는 돈을 버는 일은 남편이 하지만 실질적으로 가계의 수입을 관장하고 소비를 주도하는 일은 아내가 하는 것으로 나타난다. 가정에서 아내의 영향력이 커지면서 직장일을 하는 남편과 가정일을 하는 아내의 용돈 차이도 크지 않게 된다.[6]

그런데 1980~1990년대에는 기혼 여성의 소비력이 "남편의 출세를 지나치게 선전"하는 것과 연결된다.[7] 기혼 여성이 누리는 풍족한 삶은 남편의 위상과 관련성이 있다는 것이다. 2000년대 이후에는 국가의 경제 상황이 악화되면서 전업주부의 존재성이 비자립성·과소비 등 부정적 측면에서 맥락화되지만, 1980~1990년대에 전업주부는 누구나 부러워할 만한 중산층 가정의 부인으로 배치되는 경향성이 있었다. 표면적으로는 전업주부의 과소비가 비판되기도 하지만(아래의 첫 번째, 두 번째 인용문), 미디어가 만든 세계 속에서 전업주부는 가사노동이나 생계에 대한 중압감을 느끼지 않고 파출부를 쓰면서, 백화점에서 여유롭게 자신을 위한 시간을 보낼 수 있는 존재로 형상화되었다. 전업주부가 삶을 즐길 수 있는 존재로 강조되는 것이다(아래의 세 번째 인용문).

> 요즘 백화점마다 경쟁적으로 벌이고 있는 모피 의류 할인 판매 행사에서 2백만~3백만 원짜리 의상이 찬거리값을 걱정해야 할 보통 주부들에게까지 팔려나간다.[8]
>
> —〈주부 과소비 옷사치 극성—어울리지 않는 외제 입고 '바보 경쟁', 옷본 구하던 근검절약 정신 사라져〉(《동아일보》, 1991. 10. 3, 11면)

> 아이들까지 데리고 나와 비싼 백화점 옷을 하나씩 사 입히는 데는 어이가 없고 그 주부들의 정신상태가 의심스러웠다고 한다.
>
> —〈(여기자 생활칼럼 11) '허영'에 재미 보는 비싼 옷〉(《경향신문》, 1986. 1. 31, 6면)

한 집에 한 대씩 타고 출근했을 텐데도 아파트 주차장은 빈자리가 눈에 잘 띄지 않았다. 김 씨가 먼저 할 일은 입주자와 관련 없는 '얌체 주차'를 단속하고 '사모님'이 몰기 편하게 차들을 이리저리 치워주는 일이다. (…) 파출부들이 일하러 올 때부터 아파트는 새로운 활기를 띠기 시작했다. 남편과 자식이 각각 직장과 학교에 간 데다 가정주부들마저 외출해버린 오후 2~3시까지 아파트를 들락거리는 사람들은 주로 파출부, 청소부, 세탁물 배달원, 요구르트 배달원 등 '외부인사'들뿐이었다. (…) 또 4~5시께부터는 쇼핑 나갔다 돌아오는 '사모님'들의 짐을 아파트 마루까지 들어다주는 배달원 노릇을 해야 했고 (…) 고장 났을 때는 수리공 역할을 맡아야 했다. (…) 방문을 열고 들어서자 아내는 인형에 솜을 넣느라 정신이 없었다. 인형의 팔과 다리 몸통 등에 솜을 채우면 개당 30원씩 받을 수 있는데 많이 벌면 하루에 3천 원까지 벌 수 있다며 아내는 어깨가 아프다면서도 하루 종일 이 일에 매달려오곤 했다.

— 〈가상으로 그려본 한 아파트 경비원의 1991년〉(《한겨레》, 1991. 1. 1, 26면)

중산층 전업주부의 위상과 관련해 특히 〈가상으로 그려본 한 아파트 경비원의 1991년〉을 살펴볼 수 있다. 이 기사에서는 아파트 경비원 '김'씨의 삶이 가상으로 재구성되고 있다. 그는 전세금, 자식의 대학 등록금과 결혼 자금 등으로 힘들어하며, 한국이 잘살게 되었다지만 다 남의 일이라고 생각한다. 여기서 주목할 부분은 표면적으로는 부유층 아파트 주민과 경비원이 대비되는 것 같지만 실질적으로는 중산층 이상의 전업주부와 경비원 남편을 둔 아내의 삶이 대비되는 지점이다. 기사에서 전업주부들은 자가용을 몰고 쇼핑을 다녀오며, 경비원의 아내는 아르바이트를 해서 남편의 부족한 수입을 메운다. 물론 이 기사의 목적은 1990년대 사회의 빈부 차를 비판하는 것에 있지만, 그것과는 별개로 아파트의 주부들은 부러움의 대상이 된다.

1980년대에 이르면 전업주부들의 여가 시간은 상당히 많은 것으로 조사된다.[9] 한 전문가는 기사에서 "여가 선용은 일하고 생산하는 능률을 높이고 삶을 삶답게 이끌어주는 것이기 때문에 강조된다. 여성의 여가 선용이나 레저라면 사치스럽거나 불필요한 것 중의 하나로 여기는 것이 아직도 통념이나 건전 스포츠나 취미 활동 등은 현대를 살아가는 여성들에게 극히 중요하다"라고 주장한다. 이 시기 핵가족 형태로 아파트에 살고 있는 전업주부는 여가 시간을 이용해 교양을 쌓으며 자아실현을 한다.

> 남편과 2남 1녀가 있는 가정주부인 Y여사는 오전 시간은 물론 가사에 얽매인다. 남편이 출근하고 고교 3년 중학 3년인 두 아들과 국교 5년인 딸이 학교에 가는 뒤치다꺼리를 하고 설거지와 청소를 한 다음 1시간 정도 음악도 듣고 신문도 보며 쉬다가 오전 안에 밀린 일을 모두 해치운다. 그러고 나면 오후는 Y여사 자신의 시간이다. 월요일부터 금요일까지 매일 1시간 정도 수영을 한다. 월 수 금요일에 영어회화 강의를 듣는 외에 화요일은 꽃꽂이, 금요일은 학교 동창회 모임, 토요일은 성경 연구회를 나간다. 요즈음은 해가 길어져 테니스를 다시 시작했다.
>
> —〈(고속사회—마음의 여유를 갖자 11) 여성의 여가—자기 시간 40년 전 주부보다 11배나, 서예·테니스 등 분수에 알맞게 선용〉(《동아일보》, 1981. 3. 9, 9면)

중산층 전업주부는 가정일에 얽매이지 않으면서 여가를 즐기는 자로 위치되었고, 그럼에도 가사노동은 직장에서의 노동처럼 평가해야 한다고 역설되었다.

> 김치 담근 것하며 집안 정돈이 아주 깔끔한데 다만 가사보다 더 보람 있는 일을 하기 위해 파출부를 부르는 것 같다는 것. (…) "주부가 손가락 하나 까딱 안

主婦와 여가선용

都市경우 하루 4~5시간 남아

TV 라디오 많이 보고 듣는편

심심풀이 취미보다 奉仕활동 바람직

늘어난 여가를 이용, 취미활동에 몰두하는 주부들이 늘고 있다. 그러나 남을 위한 봉사를 하려는 주부는 많지않다.

〈주부와 여가 선용—도시 경우 하루 4~5시간 남아, TV 라디오 많이 보고 듣는 편 심심풀이 취미보다 봉사활동 바람직〉(《동아일보》, 1986. 2. 18, 7면). "늘어난 여가를 이용, 취미활동에 몰두하는 주부들이 늘고 있다. 그러나 남을 위한 봉사를 하려는 주부는 많지 않다."(기사의 사진 설명)

家事 멀리하는 主婦 늘어나

파출부에 맡기고 "더 보람있는일 한다"

남는시간 취미활동으로 보내

〈가사 멀리하는 주부 늘어나—파출부에 맡기고 "더 보람 있는 일 한다", 남는 시간 취미 활동으로 보내〉(《동아일보》, 1989. 1. 13, 9면). "파출부 등 가사대리인들이 보는 요즘 주부들의 모습은 대체로 '살림도 잘하는 야무진 여성들'이라는 것(사진은 기사의 특정 사실과 관계 없음)"(기사의 사진 설명)

하면서 파출부를 부르기보다는 더욱 야무지게 살림하기 위해 부르는 경우가 늘고 있다"고 들려준다. 파출부가 와 있는 시간에 배우고 싶은 것을 배우는 등 시간을 더욱 유용하게 쓰는 것이 자기 자신과 가족에게도 이득이라고 생각하는 것 같았다는 것이다. (…) 살림만 하는 주부는 '아무 일도 안 하는 사람'으로 여기는 것이 잘못이라며 자신 같은 파출부가 어엿한 직업으로 인정받고 있듯 주부들의 가사도 한몫의 일로 평가하는 것이 필요하다고 말하기도 했다.

─〈가사 멀리하는 주부 늘어나─파출부에 맡기고 "더 보람 있는 일 한다", 남는 시간 취미 활동으로 보내〉(《동아일보》, 1989. 1. 13, 9면)

전업주부들이 남는 시간을 제대로 활용할 수 있는 방법을 알려주는 기사도 많다. 주부는 자신의 취미와 재능을 살리는 것도 좋지만 이웃을 위한 봉사를 해야 한다고 역설되기도 했다. 이와 관련해 자원봉사 주부들의 '긍지와 보람'이 강조되면서 이들은 하나의 '전문인'으로 형상화된다.[10] 주부들은 몸은 고달프지만 자원봉사에 참여함으로써 가족들의 존경을 받는다. 한 여성은 "국민학생 중학생인 두 아들이 엄마를 자랑스럽게 여기는 것이 가장 기쁘다"라고 이야기한다.[11] 1990년대에 이르러서 자원봉사는 여성들의 "사회참여 통로"로 서술된다.[12] 이는 대학을 졸업한 고학력 주부들이 많아짐에 따른 한 현상으로 파악할 수 있다.

1980~1990년대에도 1960년대와 마찬가지로 여유 있는 계층의 전업주부들이 무력감으로 춤바람이 나거나 도박에 관심을 갖게 되는 "유한(有閑) 열병"인 "탈선의 유혹"이 우려된다고 기사화된다.[13] 그래서 주부가 여가를 제대로 활용해야 한다고 주장되지만 그렇다고 주부가 부정적 집단으로 이미지화되지는 않는다. 예를 들어, 전업주부가 도박·춤바람·불륜 등에 연루된 내용을 다루는 경우에도, "그러나 흐트러진 여인상보다 밝은 여인상이 많다"라고 하면서 여가를 선용하는 주부의 모습이 함께 서술되고, 가정을 등한시하고 도박에 빠진 주부에 대해

이야기할 때에도 "그러나 건전한 방법으로 여가를 활용하기 위해 노력하는 주부가 우리 주변에는 많"다는 말이 추가된다.[14] 탈선하는 주부들을 비판할 때 주위에 건전한 주부들이 많다는 이야기를 함께 하는 기사는 쉽게 찾을 수 있다. 일례로, 도박하는 주부는 "먹고살려고 열심히 땀 흘리는 주부들에게, 남을 위해 애쓰고 있는 주부들에게 미안한 일이고 (…) 울화가 치밀거든 세상을 한번 가만히 둘러보라. 이 추위에 공사장에서 막일하는 주부, 시장에서 소리 지르며 생선을 파는 주부, 길거리에서 귤 몇 알을 놓고 파는 주부, 달구지에 짐을 싣고 나르는 주부. 보다 훨씬 불우한 환경에 있으면서도 얼마나 열심히 살고 있는가를 둘러보면서 자기의 모습을 냉정하게 쳐다보라"라는 기사가 그러하다.[15] 더 나아가 중산층 전업주부들이 여가 활용으로 TV 프로그램을 모니터링 하는 활동은 민주화 운동의 의미처럼 기사화된다. "〔주부들이〕 시민에게 나쁜 영향을 주는 프로그램을 가려내는가 하면 총선에 이어 이번 대통령선거에서도 불공정한 보도 프로그램을 감시하는 연대 활동에 뛰어들고 있다."[16]

그러나 예외적으로, 1960년대부터 문제가 되었던 여성들의 "치맛바람"은 1980년대에 이르러 완전히 "교육 부조리의 대명사"가 된다.[17] 주부는 대체로 건전한 모성의 존재로 여겨졌지만, 어머니들의 교육열만큼은 부정적으로 형상화된 것이다. 1980년대 이후에도, 1960년대와 마찬가지로, 주로 중산층 이상의 어머니들이 비판의 대상이 되었다. "'훌륭한 어머니상'의 상징으로 알려진 맹모는 '극성 학부모의 표상'이요, '치맛바람의 원조'로서 '그릇된 교육관을 통해 교육 실태를 오도했다'는 이유로 고발당해" 한 대학의 "역사상 인물 가상재판정"에 서게 되기도 한다.[18] 의대 졸업생이 된 자녀가 모교에서 인턴을 하기 어려운 상황이 되자 교수에게 승용차까지 사주는 학부모가 있는가 하면, 자녀를 시설 좋은 사립 유치원에 보내려는 부유층 학부모의 치맛바람으로 고액을 지불해야 하는 유치원이 생겨난다.[19] 무엇보다 1990년대 이후 대학입시에서 고교 내신 반영률이 높아지자,

〈한겨레 그림판〉
(《한겨레》, 1989. 8. 31, 2면)

"치맛바람이 부조리 낳는다"

공보처 教育관련 여론조사

교사 86%가 돈봉투·선물 경험

고교생 93%는 "과외·학원수강"

학부모들은 스스로 학교부조리 발생책임이 극성스런 「치맛바람」에 있다고 생각하는것으로 나타났다.

공보처는 22일 전국의 학생과 학부모및 교사들 1천3백명을 대상으로한 교육부조리 여론조사 결과 학부모들의 70·8%가 「치맛바람 때문에 학교부조리가 일어난다」고 답했다고 밝혔다.

교사들의 42%도 「부모들의 극성」을 교육계 부조리의 가장 큰 요인으로 지적했다.

이 조사에 따르면 학부모의 98·7%가 자녀의 학교문제와 관련해 학교를 방문하고 있으며 80%는 돈봉투 또는 선물을 교사에게 전달한 적이 있다고 대답했다.

교사들의 86·3%도 학부모들로부터 돈봉투나 선물을 받은 적이 있다고 답했는데 지역별로는 서울(92%)에서, 학교별로는 국민학교(94·1%)에서 이런 관행이 더욱 극심한 것으로 나타났다.

금품액수도 국민학교는 5만원(60·2%), 중학교는 5만원(46%)과 10만원(34·5%), 고등학교는 10만원(45·5%)과 5만원(28·8%)으로 나타나 상급학교로 올라갈수록 돈봉투 액수가 많아지고 있다.

이러한 돈봉투 추방과 관련, 학부모들(93%)과 교사들(91%)은 학부모회의나 시민운동단체가 「안주고 안받기」 서명운동을 하면 이에 참여하겠다고 답했으며 학부모의 70%는 교육부조리 척결을 위해 교육세를 추가부담할 용의가 있다고 밝혔다.

반면 학생들의 92·7%는 자신의 부모가 돈봉투를 갖고 학교에 찾아오는데 대해 반대한다는 의견을 보였다.

학생들은 또 89%가 과외 또는 학원수강 경험이 있는 것으로 나타났으며 초·중·고별로는 국민학생의 91·1%, 중학생의 76·7%및 고등학생의 93%가 과외나 학원수강 경험이 있다고 밝혔다.

〈許[illegible]기자〉

〈(공보처 교육 관련 여론조사) "치맛바람이 부조리 낳는다—교사 86%가 돈 봉투·선물 경험", 고교생 93%는 '과외·학원수강'〉(《경향신문》, 1993. 6. 23, 23면)

"예체능 내신은 엄마 점수"라는 말까지 나온다.[20] 자녀의 내신을 돈으로 사려는 어머니들이 비판의 대상이 된 것이다.

이처럼 1960년대에 궁핍한 가정경제에 일조하던 '긍정적 치맛바람'은 1980~1990년대에 이르면 온갖 사회 부조리를 낳는 문젯거리로 전락한다.[21] 그런데 이러한 과잉 교육열을 주부가 남는 시간을 제대로 보내지 못하는 것으로 간주하는 분위기가 조성되거나,[22] 단순히 '아줌마적 기질'로 치부하며 비판하는[23] 경향성이 대두된다. 한국의 특이한 교육열을 사회구조적 측면에서 접근하지 않고 주부들의 개인적 성향에서 찾고 있는 것이다.

그러나 종합적으로 살펴보면, 1980~1990년대 중산층 전업주부는 외환위기 이후처럼 카페에서 수다를 떨며 개념 없는 행동을 하거나 자기 아이만 지나치게 감싸 안는 '맘충'으로 형상화되지는 않는다. 이 시기에 전업주부는 자신의 여가를 잘 활용해 자아까지 실현하는 '능력 있는 어머니·아내'의 이미지가 강하다. 곧 1980~1990년대 중산층 전업주부는 시간적·물질적으로 여유로운 사회의 교양인이자, 희생과 봉사로서 가정과 사회에 책임을 다하는 명예로운 집단이었다. 다만, 어머니로서 자녀의 교육에 열성적으로 관심을 갖는 상황은 2010년대에 이르러 혐오적으로 변질되어 전업주부의 긍정적 존재성을 뒤흔들게 된다.

고학력 전업주부, 가족제도에 포섭된 가정일과 육아의 달인의

1989년 가을, 39세의 한 주부가 사회적으로 자신의 능력을 발휘할 수 없는 점을 비관해 자살한 사건이 있었다. 유서에는 자신의 능력이 부족하다는 생각에 갈등이 컸고, 이런 마음을 극복하고자 사회활동을 했으나 해결이 되지 않았다는 내용이 적혀 있었다. "자아성취 길이 없다"라며 자살한 주부는 ○○여대 도서관학과를 졸업하고 두 아들을 두었으며 비교적 유복한 생활을 했다.[24] 이 사건 이후 〈보람보다 좌절 많다〉[25] 등에서처럼 "중산층 이상의 고등학교나 대학 출신 고학력자" 주부들이 돈벌이보다 성취감 때문에 사회활동을 시도하지만 이를 제대로 수행하지 못해 도리어 스트레스와 열등감을 갖게 된다는 내용이 다수 기사화된다.

1990년대에는 사회활동을 하고픈 여성의 열망을 관리하는 것이 중대한 과제로 떠오른다. '중·고등학교 다닐 때 우등생이었고 대학까지 졸업했으나, 결혼으로 학업을 포기하고 평범한 주부로 살다가, 아이가 크고 우울증에 걸린 주부'와 유사한 이야기가 문제로 부상하기 시작한 것이다. 물론 미디어에서 '중산층 전업주부'는 다른 여성 계층에 비해 우월한 존재로 재현되었다. 그러나 현실에서 주부들은 여자가 결혼하면 아내·어머니·며느리로서의 신성한 의무를 수행해야 한다는 사회 관념 때문에 직장에 계속 다니지 못했다. "'아내와 어머니로서의 신성한 의무에 전념하라'는 이유로 직장을 쫓겨난 주부들이 재취업을 하기란 말 그대로 하늘에 별 따기다."[26]

고학력 여성을 가정에서의 역할에 만족하게끔 하기 위해서는 가정일이 곧 사회활동이자 자아실현임을 인식시킬 필요가 있었다. 그래서 1990년대에 이르면 미디어에서는 가정일과 육아가 그 누구도 대신할 수 없는 여성의 숙명이며, 그 임무를 능력 있는 고학력 여성이 가장 잘 성취할 것이라는 관념이 만들어진다. "여성의 모성 역할은 여성의 개인적 일이 아니고 사회적 행위라는 것"[27]이 강조되는데, 이는 사회활동을 하고자 하는 주부의 욕망을 포섭하기 위한 전략이라 할 수 있다.

1980년대에 '고학력 전업주부'는 부정적으로 재현되었다. 기사에서는 "고졸 이상의 고학력 주부가 중졸 이하의 저학력 주부보다 외국 상품을 더 많이 쓰"고 있다, "경제적으로나 시간적으로 여유 있는 여성들은 자신의 여력을 사회봉사를 위해 쓰기보다 쓸데없는 낭비와 사치에 쓰기 쉽다", 신혼 파경은 "결혼이 여성의 자아실현에 도움이 되기보다는 장애가 된다고 느끼는 고학력 젊은 주부에게서 더욱 뚜렷이 나타나고 있다", "30대 흡연 주부는 대부분 고학력의 중상류 가정 출신"이다[28]라는 등의 편견이 서술된다.

그러나 1990년대에 이르면, 고학력 여성에 대한 기사는 표면적으로 그녀들의 사회적 능력을 인정하는 듯한 방향으로 선회된다. 기존의 현모양처 개념처럼 '가정에 안주하는 모성'이 아니라, 외면적·내면적 측면에서 자신을 가꾸면서 사회활동 능력까지 뛰어난 어머니의 존재성이 부각되는 것이다. 동시에 기혼 여성의 취업을 부정적 관념과 연결해 억제하려는 기사도 양산된다. 1990년대에는 고학력 여성이 자신의 능력을 가정에 활용하는 것을 스스로 자랑스럽게 만드는 전략이 등장한다. 여기서 반드시 주목해야 하는 존재는 바로 '미시(Missy)'다. 일반적으로 기혼 여성을 지칭하는 '미시족'은 "과소비의 대명사, 외모를 지나치게 가꾸는 여성", "시간과 경제적 여유를 누리는 40대 한국여성"의 이미지로 알려져 있다.[29] 그런데 이러한 미시의 부정적 이미지는 주로 외환위기 시기에 나타난 것이고, 1990년대 초중반의 미시는 '타인이 부러워할 만한 기혼 여성'이었다.

'미시'는 기존의 아줌마에 대한 통념을 깨뜨리고 나온 고학력 기혼 여성이다. 1993년 말, 백화점 광고에서 미시족은 희생만 한 이전 세대의 '어머니'와 달리 직업, 공부, 외모 가꾸기 등 자기발전을 위해 노력하는 '신세대 주부'를 일컬었다. 신문에서는 386세대 주부가 한국사회의 훌륭한 자녀교육자, 민주적 부부관계를 이루는 여성, 다양한 문화상품의 소비자로서 서술되었다.[30] 외환위기 전 미디어에서 미시는 지향해야 할 주부로 형상화되었다. 이들은 자신의 능력을 사회적으로 활용할 수 있는 지성인으로서,[31] 자기 일에 대한 욕구가 강하지만 가정을 매우 소중히 여긴다고 언급되었다. 또한 미디어에서 미시는 "끊임없는 자기계발을 통해 주관 있고 적극적으로 살려는 사람"으로서 "정기적으로 건강식품을 섭취하고 집에서 가족끼리 특별 메뉴를 준비하는 등 자기만이 아니라 가족과 주위의 만족을 동시에 추구하는" 주부로 개념화되었다.[32] 이처럼 미디어에서 말하는 미시족의

유통업계 「미시」를 잡아라

구매력갖춘 20~30代 커리어우먼

實利·개성추구의 소비행태

독립코너 설치등 販促신경

〈(풍향) 유통업계 "'미시'를 잡아라"—구매력 갖춘 20~30대 커리어우먼, 실리·개성 추구의 소비행태, 독립 코너 설치 등 판촉 신경〉(《경향신문》, 1994. 4. 7, 23면)

요건은 주부의 역할을 훌륭하게 수행하는 것과 밀접한 관련이 있었다. 드라마를 보기 전에 가사를 부지런히 끝내지 않고, 남편과 자녀의 친구들과 화목하게 지내지 않고, 생활비를 절약하지 않고, 자기계발을 하기보다 이웃집 여성들과 수다를 떠는 것을 즐기는 주부는 미시족이 될 수 없다는 식의 기사도 찾을 수 있다. 특히 미시 전업주부의 경우 "'주부도 직업'이라는 의식을 가지고 가정일에 의미를 부여"하고 "시(時)테크를 하면서 일주일의 스케줄을 짜서 (…) 집안일을 과학적으로 실행한다."[33] 또한 그녀들은 "경제 감각과 실리감각도 뛰어나 (…) 1벌로 3~4벌의 효과를 내는 콤비 의류를 구입하는 지혜"도 가진 여성들이다.[34] 요컨대, 미디어에 보이는 '미시'는 고학력 주부의 위치를 격상시키기 위해 발명된 개념이라 할 수 있다.

더 나아가 1990년대는 여성 스스로 전업주부의 역할을 충실히 수행함으로써 사회적 성취를 할 수 있다는 발화가 나온 시기다. 아래 기사에서는 주부의 일이 사회적으로 큰 의미가 있는 활동임이 명확하게 부각되고 있다.

> "우리 세대는 주부도 일종의 직업이라고 생각해요. 집에서 노는 사람이라고 하는 친구는 하나도 없어요. 살림하면서 자아실현도 할 수 있다고 의미를 두죠." (…) 6세, 4세의 두 아이를 키우고 있는 박○○ 씨(30)는 "내 아이가 아니라 '사회'를 키운다는 생각을 한다"고 들려준다. 그래서 학교 때 배운 여성학과 사회학을 자녀교육에 활용하고 있다. 학문과 '현장'의 접목인 셈이다. 엄마의 눈빛 하나에서도 엄청난 영향을 받는 아이를 보며 그는 "엄마라는 직업이야말로 사회변혁의 주체도 될 수 있음을 실감한다"고 했다.
>
> — 〈(신세대 4) 주부—"집안일도 직업" 남편과 동등 위치, 살림 꾸리며 컴퓨터 외국어 공부… 자아실현 노력〉(《동아일보》, 1993. 4. 25, 9면)

위 1990년대 기사 속 미시의 발화는 1980년대에 고학력 여성이 주부의 일을 생각하는 관점이 보이는 아래의 기사와 비교하면 그 차이점을 더 명확하게 알 수 있다.

> 할머니나 가정부나 파출부가 아이 보기나 집안 살림을 잘 해주니까 직장에 나와서도 아무런 걱정을 할 필요가 없다는 소리는 새빨간 거짓말이다. 전문성을 살리는 것이 인생의 보람이기 때문에 직장생활을 한다는 말도 내 보기에는 반쯤 거짓말이다. 정직하게 말해보자. 일자무식이라도 할 수 있는 일이라고 우습게 알던 집안일이 힘들고 어렵기 때문에 직장으로 도피하려는 것은 아닌지.
>
> — 〈(결혼의 심리학 9) 가정과 직장—"애 보는 일이 수도(修道)보다 어렵다"는 교훈〉(《동아일보》, 1984. 3. 7, 8면)

新世代 <4>

주부

"집안일도 직업" 남편과 동등위치

살림꾸리며 컴퓨터 외국어 공부…자아실현 노력

시어머니 설득 자기편 만들기도

사회문제 관심갖고 이웃과 "서먹"

〈(신세대 4) 주부-"집안일도 직업" 남편과 동등 위치, 살림 꾸리며 컴퓨터 외국어 공부…자아실현 노력〉(《동아일보》, 1993. 4. 25, 9면). "자녀와 함께 영어를 공부하는 신세대 주부들. 끊임없이 자기개발에 힘쓰고 자녀에게 최상의 교육을 제공하려는 모습을 보인다."(기사의 사진 설명)

1980년대 고학력 취업주부는 미디어에서 자기 일을 가정일보다 우위에 두는 것처럼 그려지며, 이는 비판적으로 서술된다. 그러나 1990년대 이르러 고학력 전업주부는 미디어에서 육아를 사회활동과 동등하게 생각하는 것으로 형상화된다. 고학력자로서 배운 능력을 육아에 발휘할 수 있는 주부는 사회 변혁의 주체로서 격상되는 것이다. 즉, 미디어에서 1980년대에 부정적으로 이미지화되던 '고학력 전업주부'는 1990년대에 이르러 '가정일과 육아를 잘하는 사회적으로 인정받는 전업주부의 존재'가 되어 가족제도 안으로 포섭되고 있었다.

그러나 한국사회는 주부의 가정일을 사회적으로 격상시켰을 뿐, 실질적으로 주부가 직업을 갖고 사회에서 자아실현을 하는 것을 바라지는 않았다. 1990년대 미디어에서는 주부가 직업을 갖고 싶은 욕망이 정신병과 연결되면서 부정적으로 이미지화되는 현상이 뚜렷해진다. 1980년대에는 보통 자식을 다 키운 주부가 우울증에 걸리는 이유를 사회가 여성의 모성적 역할을 지나치게 강조하는 데서 찾는 경우가 많았다. 또한 현모양처이기 전에 '자기발견'을 해야 함이 주장되기도 했다. 여성이 가정에만 머무를 것이 아니라 사회적으로 성취의 기회를 가져야 한다는 것이다. 이 경우에는 '주부의 정신병'을 해결하기 위해 모성을 강조하면서 여성을 계몽하는 경향성을 발견하기 어렵다.[35]

그러나 1990년을 전후해 분위기가 완전히 달라진다. 특히 전업주부의 우울증이 큰 문제가 되는 가운데, 그녀들의 지나친 사회활동에 대한 의욕이 정신질환의 원인으로 간주된다. 그리고 가정적으로 문제가 없는데도 우울증에 걸리는 상황이 비판된다.

> ㅈ 씨의 경우 제조업체 이사인 남편 덕택에 경제적인 풍요는 누렸으나 항상 사회활동에 대한 강한 의욕이 현실 속에서 제대로 실현되지 못하자 심한 좌절감을 느낀 경우다. (···) "가정적으로 큰 문제가 없는 경우에도 자아실현에 실패,

좌절감을 느껴 우울증으로 고통 받는 중년주부도 많다"고 말했다.[36]

—〈(중년여성 14) 봉사활동—'타인의 삶' 살아가는 정신서 출발, 거창한 계획보다 작은 일에서 보람 찾도록〉《경향신문》, 1989. 12. 5, 15면)

이에 더해 취업주부의 자아실현 욕망이 '허위의식'으로 격하되기까지 한다.

소수이긴 하지만 취업주부의 경우에도 주부와 직장인이란 이중역할의 부담에서 육체적·정신적 어려움을 겪기는 마찬가지다. 특히 '일 권하는 사회'에서 주부 자신이 사회진출에서 기쁨을 얻지 못하면서도 자아실현이라는 '허위의식' 아래 취업을 원하고 있는 경우도 적지 않다.

—〈(가정이 흔들린다 2) 방황하는 주부들—"희생하며 살아온 인생 허무", 남편은 직장에 매인 '이방인', 자식 "엄마는 참견 말라" 핀잔, "나이 들며 설움 더해" 가정 밖 만족 찾아〉《동아일보》, 1990. 5. 3, 13면)

그리고 기혼 여성의 우울증과 자살을 해결하기 위해 주부들이 봉사 등의 사회활동을 활발하게 해야 함이 강조되기도 하다. 그런데 사회봉사의 내용은 맹인과 어린이 등을 보살피는 것으로 대부분 돌봄의 모성이 부각되고 있다.[37] 즉, "사회참여란 돈을 버는 활동만을 의미하는 것이 아니"라면서 주부가 "어머니의 특성을 살려 다음 세대가 좀 더 좋은 환경에서 살 수 있도록" "환경보호운동·소비자운동·교육개혁운동·평화운동 등 어머니들의 능력을 필요로 하는 일"에 눈을 돌려야 한다고 이야기된다.[38]

여기서 전업주부가 우울증을 겪는 이유가 가사노동을 폄훼하는 사회 분위기에 있었던 것은 아닌가 하는 생각을 할 수도 있다. 일반적으로 아내의 가사노동은, 남편의 임금노동과 달리, 그 가치가 돈으로 환산되지 않아 의미가 격하된다고 여겨지기 때문이다. 그러나 1980~1990년대에는 가정의 성별분업 체제로 주부의 존재성이 절하되었다고 말하기 어렵다. 미디어에서 여성의 가사노동 가치가 폄훼되기 시작한 시기는 1997년 외환위기 이후다.• 오히려 1980~1990년대에는 여성의 가정일을 과소평가하는 것이 경계되고, 가정일과 육아의 중요성이 강조된 시기다. 이 시기에 '가정주부'가 긍정적으로 위치된 것은 그녀들이 가정에 헌신한다는 점 때문이었다. 이 점에서 전업주부는 여성으로서 최대의 행복을 누리는 존재로 미화되었다. 다시 말해, 20세기 후반은 "주부의 일에 대한 재평가 작업"[39]에 고심했던 시기다. 법적으로는 전업주부의 가사노동 가치가 낮게 평가되었을지 모르지만 미디어에서는 가사노동 가치가 높게 평가되었다.

이와 관련해, 1980~1990년대에는 전업주부의 가사노동 가치가 돈으로 환산되지 않아 주부가 법적 보호를 받지 못함을 우려하는 기사가 다수 보인다.[40] 이뿐 아니라, 가사노동의 중요성이 끊임없이 강조되면서 이 시기 주부들은 세상에서 가장 중요한 일을 하는 존재들로 형상화된다.

> '주부의 가사노동은 독립적인 생산노동이며, 주부의 가사노동이 있음으로써 남편의 노동력이 확대·재생산되는 것이고 남편의 수입도 결국 부부의 복합노동의 결과'이기 때문에 혼인생활 중의 부부의 재산은 그 명의가 누구로 되어 있든지 간에 부부 공동재산이라고 인식하는 혁명적 발상이 필요하다고 (…).
>
> —〈(주부클럽연합회 세미나) 가사노동 정당하게 평가해야 한다—법적 뒷받침·산정기준 마련돼야, 재산청구권 보장·상속분 비과세로〉(《한겨레》, 1988. 11. 18, 8면)

진정한 포용적 모성으로 자녀들의 적과 대항할 수 있는 사회적 힘을 기른다면

• 외환위기 이후 여성의 가사노동이 폄훼되는 양상은 이 책의 제4부를 참조.

가사노동 푸대접 취업여성 겹고생

주부를 '무직자'로 여겨서야
"집안일의 노동가치 새롭게 평가하자"

◀ 재봉질하면서 아이도 돌봐야하는 주부의 어깨는 무겁기만 하다.

〈가사노동 푸대접 취업여성 겹고생—주부를 '무직자'로 여겨서야, "집안일의 노동가치 새롭게 평가하자"〉(《한겨레》, 1988. 5. 15, 31면). "재봉질 하면서 아이도 돌봐야 하는 주부의 어깨는 무겁기만 한다."(기사의 사진 설명)

주부 家事노동 法的보호를

세미나 개최한 主婦클럽聯 건의

男便재산 상속땐 非課稅마땅

위자료등 算定 기초자료돼야

주부의 가사노동가치가 전혀 인정되지 않는 현행 상속세법등 법제도는 불합리하므로 개정돼야 한다는 주장이 나오고 있다.

〈(세미나 개최한 주부클럽연 건의) "주부 가사노동 법적 보호를"—남편 재산 상속 땐 비과세 마땅, 위자료 등 산정 기초자료 돼야〉(《경향신문》, 1988. 11. 16, 8면). "주부의 가사노동 가치가 전혀 인정되지 않는 현행 상속세법 등 법제도는 불합리하므로 개정돼야 한다는 주장이 나오고 있다."(기사의 사진 설명)

인신매매 마약 불량식품 폭행 퇴폐문화 추방의 주역으로 아이들이 존중되고 인간이 중심 되는 부드러운 사회를 만들 수 있다는 것. 주부는 살림의 주체자로 스스로 설 수 있고 가족과 그 이웃을 바로 세울 수 있으며 인류를 건강하게 지켜낼 수 있는 힘을 갖고 있다.

— 《('또 하나의 문화' 조○○ 교수 문제 제기) 21세기의 새로운 주부상—'전업·취업·시간제'로 역할 따라 3분류, '가정의 성역시(聖域視)'서 자기발견 촉구〉(《경향신문》, 1990. 7. 12, 9면)

21세기인 현재는 1980~1990년대보다 법적으로 전업주부의 권리가 보장되고 있지만 주부의 지위가 명확하게 향상되었다고 보기는 어려운 데 반해, 위 기사에서도 볼 수 있듯, 1980~1990년대 미디어에서 전업주부는 모든 여성집단 중 가장 긍정적으로 이미지화되었다.

외환위기 전까지 미디어에서 가사노동의 중요성이 계속해서 강조되면서, 전업주부는 자신의 사회 위치에 자긍심을 가질 수 있었을 것이다. 특히 1990년대에는 여성 스스로 자아실현은 '가정의 행복과 육아'이고, 가정을 꾸려나가는 일이 곧 사회활동임이 발화되는 양상까지 보이고 있다.

2. "취업주부라서 편견 받아요"

맞벌이에 대한 장려에서 취업부부에 대한 편견으로

1980년대에는 기혼 여성이 취업을 하는 이유 대다수가 가족의 생계유지나 생활비 보조에 있었으며 '자아실현'은 극히 소수 계층에 해당되는 것이라 여겨졌다. 달리 말해, "여성이 직업활동을 하는 것이 '남자가 하는 일'에 대한 도전이라거나 또는 여성이 경제력을 갖는 것이 남성의 권위 체계를 위협하는 것"이라고 보기는 어려웠다.[41] "주부들의 취업이 크게 늘고 있는 것은 기혼 여성의 사회참여 욕구 증대, 핵가족화와 출산율 감소, 가전제품 등 생활편의 시설 보급 등에 따른 가사노동 시간 감소와 여가시간 증대, 생활수준의 향상에 수반하는 추가 수입의 필요 등에 근본적이 원인"[42]에 있다고 생각되기도 했으나, 그렇다고 여성의 경제력이 위협적으로 여겨지지는 않았다. 또한 탁아 시설이 정말 필요한 집단은 '경제적으로 어려운 주부'로 이야기되었다.[43] 살펴보았듯, 1980년대에는 여성의 자아실현을 위해 일이 필요함이 이야기되고는 있지만 이 시기 여성이 직업을 갖는 가장 큰 이유는 가정의 생활 유지에 있었다.[44]

그러나 1990년대에 이르러 고학력 취업주부가 늘어나면서 분위기는 달라진다. 신문에는 부부가 각자 재산을 관리하는 세태가 문제화되면서 부인의 위상이 강화된 것처럼 서술되거나, 30대 젊은 남편들이 가장의 권위를 반납하고 아내와 함께 발전해나가기를 바라는 추세가 보편화된 것처럼 언급된다.[45] 남편과 아내의 권리와 책임이 평등해진 것처럼 여겨질 수 있는 대목이다. 그러나 실질적으로 1990년대는 주부의 경제력에 대한 통제가 가장 극심하게 이루어진 시기였다. 이 시기에는 경제력을 갖춘 여성이 2000년대 이후처럼 능력 있는 존재로 받아들여지지 않았다. 동시에 여성들 또한 주부가 가정일에만 전념해야 한다는 생각을 하는 경우가 많았다.[46]

1990년대에 취업주부에 대한 편견이 강화된 면모는 1980년대 미디어에서 일하는 여성이 재현되는 양상과 비교하면 쉽게 알 수 있다. 여성의 이미지가 국가 경제의 안정 여부에 따라 극렬하게 바뀔 수 있음을 실감할 수 있는 부분이다.

1980년대는 1990년대에 비해 사회적으로 여성의 취업에 관대했던 시기로, 취업 여성에 대한 편견이 광범위하게 조장되었다고 보기는 어렵다. 물론 맞벌이 부부의 가정에 문제점이 있다는 언급이 있으나,[47] 아이가 학교 선생님에게 부모가 없다고 말한다든지, 부부간 불화가 잦아진다든지 하는 가족 간 관계성의 문제에

新世代부부 아내입김 세졌다

맞벌이 급증추세… 수입 따로관리 당연시

집안문제 공동결정 많아

「부인친구 남편들」 모임 부쩍 늘어

〈신세대 부부 아내 입김 세졌다—맞벌이 급증 추세…수입 따로 관리 당연시, 집안 문제 공동 결정 많아, '부인 친구 남편들' 모임 부쩍 늘어〉(《조선일보》, 1993. 1. 1, 23면)

주로 한정되어 있다.[48] 이 시기 가정의 파탄과 자녀의 정서적 문제는 주부의 취업과는 큰 상관관계가 없는 것으로 언급되었다. "자녀는 어머니가 직업을 갖고 있는가 아닌가보다는 어머니 자신이 보다 행복한 상태에 있을 때 조화롭게 자란다"라고 이야기된 것이다.[49] 맞벌이는 건전한 사회 풍조의 하나로 역설되고, 부부가 이해하고 협조해야 함이 강조되기도 했다. 그렇기 때문에 남편이 가정일을 도와주지 않는 것이 비판적으로 언급되기도 하고,[50] 경기가 침체되었지만 맞벌이를 하는 전략으로 생활수준을 유지하는 것을 긍정적으로 서술한 선진국의 기사[51]가 소개되기도 했다. 사실 맞벌이는 국가경제가 어렵고 복지가 제대로 실현되지 못할 때 국민의 생활수준을 보다 향상시킬 수 있는 방법이었던 것이다.

1980년대에는 여성이 돈을 버는 사회활동이 장려되었다. 맞벌이는 "마이 홈"을 위해 도움이 되는 것으로, 고부 사이 갈등을 완화하는 것으로 기사화되기도 했다.[52] 아울러 다음과 같이 외국의 사례를 토대로 외벌이 부부보다 맞벌이 부부를 우위에 놓기도 했다. "어린이나 소년소녀들은 물론 일하기를 좋아하지는 않지만 어머니들에게 일이 얼마나 중요한가를 점차 이해하고 어머니가 집안일만 하는 가정의 친구들을 딱해 하는 경향도 있다." "집에만 계시는 엄마들은 아이들이 뭘 하는지 너무 꼬치꼬치 알려고 하시거든. 별다른 일도 없는데 말야", "엄마가 뭐든지 다해주는 집 아이들은 뭐 하나 할 줄 아는 게 없어."[53]

반면 경제적으로 보다 풍요로워지는 1990년대에는, 취업주부들이 직장일과 가정일을 함께 하는 데서 오는 고통과 우울이 강조된다.[54] 특히 취업주부의 고통은 직장일과 가정일을 다 하는 것에 따른 육체적 힘듦뿐만이 아니라 '어머니의 역할'을 잘하지 못한다는 자괴감으로까지 이어진다.

> 긴 외출에서 돌아와보니 아이가 엄마를 찾다가 눈물을 흘리고 있을 때, 혹시 아이가 감기에 걸리거나 기운이 없어 보이면 가슴이 굉장히 아프다. 내가 사서 고생하는 바보에다 나만 아는 이기주의자는 아닌가. 하지만 작은 일이라도 '내 일'을 포기하고 하루 24시간 쓸고 닦고 아이에게만 전념하다 보면 자꾸 기운이 없고 우울해진다.
>
> — 〈(주부일기) '일' 가진 엄마의 갈등—가정·육아 소홀…아이에 미안〉《경향신문》, 1993년, 9. 14, 9면)

그리고 맞벌이 가정의 아내는 자신의 성취감만을 위해 다른 가족을 희생시키며, 맞벌이 가정의 남편도 취업한 아내 때문에 힘든 삶을 살고 있음이 기사화되기도 한다.

엷은 화장에 말쑥한 옷차림을 하고 나서도 양(梁) 씨의 얼굴은 30대답지 않게 폭삭 늙어 보인다. 직장일로 만나는 사람마다 "많이 피곤하신가 봐요"라는 말은 으레 받는 인사다. (…) "왠지 짜증이 나고 제 자신의 처지가 비참하게 느껴지곤 합니다. 이것이 결혼인가 하고 회의까지 하게 됩니다." 전문직 아내를 둔 이(李) 모 씨(34. 회사원)는 이렇게 불만을 털어놓았다. (…) 맞벌이 가정의 남편은 직장 동료 친구 등 남성집단과 본가에서도 유언무언의 압력을 받아 고민을 털어놓을 상대가 마땅치 않다는 것도 문제다.

— 〈맞벌이 주부, 두 마리 토끼 사냥 '갈등'—가정·직장·육아 사이 3중고, "남편은 일 나가는 아내 원하면서도 퇴근 뒤의 아파트가 왠지 썰렁했다. 아내는 주위의 불만이 귀 따갑고…, 부부의 이해 함께 사회 여건도 뒷받침돼야〉(《경향신문》, 1991. 3. 25, 17면)

또한 취업주부의 자녀에 대한 "좀 소극적이고 표현력이 없어", "역시 엄마가 챙기지 않으니까 저렇게 덤벙대고 떠벌이고 다니지" 하는 식의 편견은 일반적이었고, 이 때문에 취업주부들은 죄책감을 갖기도 했다.[55] 그리고 "맞벌이 부부를 이웃에 둔 전업주부의 고민"이 소개되기도 한다. "의사인 이웃 엄마는 달리 아이들을 돌봐줄 사람이 없어 밖으로 아이들이 나오지 못하게끔 조치를 취해놓은 뒤 출근을" 해서는 (직장이 가까워) "점심시간 등 사이사이에 집에 들러 아이들을 밖에 풀어놓는데 이때 맞벌이 부부 아이들에게 피해를 본다는 전업주부의 이야기다.[56] 즉, 맞벌이 부부가 제대로 가정에 신경을 쓰지 못해 그 자녀에 문제가 생길 소지가 많다는 편견이 1990년대에 더욱 강화되는 것이다.

게다가 1990년대에 이르면 맞벌이 부부의 자녀는 살해하고 살해당하는 강력범죄의 주인공이 되며, 이들에 대한 우려가 심각해진다.[57] 이와 함께 맞벌이 부부는 이혼율이 높으며,[58] 맞벌이 부부의 자녀가 겪는 어려움은 이혼 부부의 자녀가 겪는 어려움과 별반 다르지 않게 된다.

주목되는 것은 1980년대에는 맞벌이가 가정경제에 큰 도움이 된다는 어조로 서술되었다면, 1990년대에는 그 장점이 대거 사라져 오히려 맞벌이가 가정경제에 도움이 안 되는 사례가 소개되기도 했다는 점이다. 기사는 맞벌이의 장점이 "좀 더 빨리 집을 마련하고 조금 더 여유 있게 생활할 수 있다는 점"으로 서술하고는 있지만 종합적으로는 아내가 전업주부인 것이 가정경제에 더 이득이 될 수 있다는 여운을 남긴다. "맞벌이 부부의 대부분은 경제사정 때문에 맞벌이를 하고 있으나 실제 재산 증식이 쉽지는 않다"[59]거나 맞벌이 부부는 "〔보모 비용으로〕 돈은 돈대로 들고 아이와는 생이별을 해야 하는 '이중고'"[60]의 생활을 하고 있다는 기사도 등장한다. 1990년대 신문에서는 가족 구성원 모두가 고달프게 되는 맞벌이 가정의 세태가 그림을 통해 풍자되기도 한다. 아이를 두고 일하러 가는 어머니의 표정에는 죄의식과 피곤함 등의 감정이 혼합되어 있다(252쪽 아래 기사 참조).

전업주부의 막강한 경제권, 취업주부의 불행한 경제력

1990년대 미디어에서 취업주부의 자녀에 문제가 많다는 편견이 조장된 이유는 여성의 경제력 통제에 있었다. 그러나 취업주부에 대한 편견 조장보다 더 전략적인 통제는 전업주부의 경제권이 막강하다는 환상을 유포하는 것이라 할 수 있다. 바로, 전업주부는 남편이 벌어온 돈을 마음대로 쓸 수 있는 결정권이 있고, 돈을 많이 버는 취업주부는 여자로서 불행한 삶을 살 거라는 고정관념을 만드는 것이다.

20세기 후반에 '전업주부'는 공식적으로 돈은 벌지는 못했지만 미디어에서 막강한 경제권을 행사하는 존재로 형상화되었다. 전업주부는 남편에게 "돈도 못 버는 주제에"라고 소리치면서 동창회와 친목모임을 오가며 뒷주머니를 찼다.[61] 그럼으로써 전업주부가 취업주부보다 오히려 막강한 경제권을 행사하는 아이러니가 생겨났다. 물론, 정말로 전업주부가 현실에서 '막강한 경제권이 있었던 것은

맞벌이 主婦

두마리 토끼사냥 "갈등"

가정·직장·육아 사이 3重苦

남편은 일나가는 아내 원하면서도
퇴근뒤의 아파트가 왠지 썰렁했다
아내는 주위의 불만이 귀따갑고

부부의 理解 함께 사회與件도 뒷받침돼야

〈맞벌이 주부, 두 마리 토끼 사냥 '갈등'—가정·직장·육아 사이 3중고, 남편은 일 나가는 아내 원하면서도 퇴근 뒤의 아파트가 왠지 썰렁했다. 아내는 주위의 불만이 귀 따갑고…, 부부의 이해 함께 사회 여건도 뒷받침돼야〉(《경향신문》, 1991. 3. 25, 17면). "맞벌이의 갖가지 어려움을 대화로 해결하는 ○○○ 씨 부부. 이들을 돕기 위한 사회의식의 변화와 제도적 뒷받침이 현실 문제로 등장했다."(기사의 사진 설명)

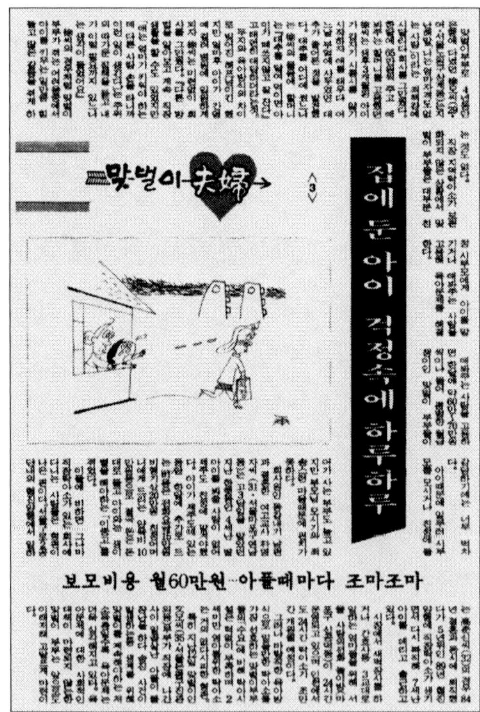
맞벌이 夫婦 3

집에 둔 아이 걱정속에 하루하루

보모비용 월60만원…아플때마다 조마조마

〈맞벌이 부부 3—'집에 둔 아이' 걱정 속에 하루하루, 보모 비용 월 60만 원…아플 때마다 조마조마〉(《동아일보》, 1993. 1. 21, 12면)

아니다. 여성은 부모가 상당한 재산을 남겼어도 분배를 받지 못하고 오빠로부터 남매의 연을 끊겠다는 통보를 받기도 했다. 출가외인이 감히 남자 형제의 재산을 넘볼 수 없다는 것이다. "출가외인이 감히 친정재산을 넘보다니." "실컷 길러 시집 보내니까 배은망덕도 유분수지." "당장 굶어죽는 것도 아닌데 컴컴한 심보는…."[62] 또한 주부가 남편의 월급에 권리를 가지고 있다고 해도 주부가 남편의 수입을 쓰기만 한 존재도 아니었다.

명백한 것은 1990년대 기사에서는 주부가 세금을 내지 않는 부업 등 음성 수입을 통해 가정의 경제에 기여했으며,•[63] 동시에 아내가 소일거리를 해서 돈을 버는 걸 남편이 은근히 자랑스럽게 생각한 것으로 서술된다는 점이다. 박완서의 소설에는 돈을 불리는 능력이 있는 주부의 이야기가 잘 나타나는데,[64] 작가는 아내의 "세금을 내지 않은 음성 수입"을 대하는 남편의 이중적 모습에 대해 말하고 있다.[65]

> "그런 남자는 이사 간 집이 어떻게 해서 18평에서 30평 아파트가 됐는지도 알려고 하지 않는다. 그러면서도 자신의 이런 대범함과 황금의 알을 낳는 아내를 만난 행운을 은근히 동료들에게 자랑한다. 얼핏 보기에는 모든 공을 아내에게 돌리는 것 같아 듣기 좋지만 벌어다주는 걸 쪼개 쓸 재주밖에 없는 아내를 만난 동료를 은근히 우울하게 만들고 그런 우울증은 무능한 아내에게 이만저만한 스트레스가 되지 않는다. (…) 그들의 대범함에는 잘됐을 때는 그 혜택을 누리고 못됐을 때는 발뺌을 하자는 지극히 교활한 속셈이 숨어 있다."
>
> — 〈(박완서 칼럼) 남성은 위선으로부터 해방을〉(《경향신문》, 1993. 6. 4, 5면)

• 1990년대에는 많은 주부가 파트타임 일자리, 과외 교사 등을 통해 수입을 얻는 것으로 서술된다.

이를 통해 1990년대의 전업주부도 암암리에 가정에 경제적 기여를 할 것을 요구받았고, 전업주부가 가정일과 육아에만 매진하거나 남편이 벌어오는 돈을 마음대로 쓸 수 있었던 것은 아니었음을 알 수 있다.

1990년대 전업주부의 경제권이 막강한 걸로 이미지화되는 것이 환상에 불과하다는 사실은 이 시기 '혼수' 관련 기사를 살펴보면 쉽게 알 수 있다. 20세기 후반은 한국사회에서 여성의 혼수가 심각한 문제로 떠오른 시기다. 1980년대에 혼수는 미혼 여성이면 일반적으로 갖게 되는 부담으로 기사화된다. 많은 미혼 여성은 다소 무리가 있더라도 시가나 주위에 창피하지 않게 혼수를 준비해야 한다고 생각하고 있으며, 딸만 6명을 둔 주부는 자녀 혼사로 남편과 다투다가 "딸만 많이 낳아 혼사 비용이 많이 든다"는 말을 듣고 자살하기까지 한다.[66]

이런 사회 분위기에서 1990년 전후, 여성이 혼수 때문에 겪는 물질적·정신적 갈등의 폭은 굉장히 커진다.[67] 이에, 남편 될 남성의 집안이 며느리 될 여성의 집안에 과도한 혼수를 요구하고, 그것으로 인한 파혼이나 이혼이 빈번하게 일어났다.•[68] 여성이 결혼을 할 때 상당한 액수의 지참금을 가지고 왔고 아파트를 사 왔음에도, 남편과 남편의 가족이 그것에 만족하지 못해 아내·며느리를 학대해서 문제가 발생하기도 했다.[69] 문제적 사실은 이때 전문직 남성과 결혼하려는 여성의 욕망만이 지나치게 강조된다는 점이다. 여성은 의사·교수 등 전문직 남성과 결혼해 신분 상승을 도모하고, 남성은 여성을 평생 누구의 아내로 대접받게 한 대가를 얻은 것으로 치부하게 만드는 것이다 이러한 '혼수 담론'에서 비판의 대상은 주로 여성이 될 수밖에 없다. 하지만 관련 기사를 살펴보면, 여성이 연애를 통해 자연스럽게 결혼에 이른 경우에도 혼수로 인한 갈등이 발생한다는 사실을 알

• 예비신부의 40퍼센트가 자신의 경제 능력을 넘어서는 혼수를 장만하느라 허덕이고, 결혼 후까지 남편과 혼수 문제로 갈등을 겪는 경우가 많았다. 1992년 이혼재판 중 결혼 2년차 미만이 전체의 17퍼센트를 차지했는데, 그중 혼수 트집이 시초가 되어 이혼한 경우가 상당수였다.

수 있다. 한 여성은 모 대학 영문과를 졸업하고 남편과 같은 법률사무소에서 근무하다 연애결혼을 했다. 결혼할 때 여성은 혼수를 1000여 만 원어치를 준비했고, 자신 부모 소유의 아파트도 마련했다. 그러나 이 여성은 처가의 경제적 지원이 적다며 남편에게 갈비뼈가 부러지는 폭행을 당했으며 유산까지 했다.[70]

또 다른 사례로, 한 여성은 일본 유학 중 남편을 만나 혼인신고 후 도미해 남편이 석박사 학위를 취득할 때까지 내조를 했으나, 시아버지는 당시 한국에서 외국박사 취득자의 경우 거액의 결혼 지참금이 오고가는 풍조에 편승해 며느리에게 유학 경비 등을 요구했다.[71] 평범한 집안의 남자와 중매를 한 경우에도[72] 여성이 과다 혼수 요구에 시달리는 경우가 많았다. 이처럼 1990년대에는 여성이 결혼하는 데 대체로 남성보다 훨씬 많은 비용이 들며, 친정 부모가 허덕이며 빚을 갚는 현상까지 벌어졌다.

1990년대에 형성된 혼수 담론을 2010년대의 '김치녀' 개념과 동일하게 생각하기는 어렵다. 1990년대에 '혼수'는 이 시기의 '무직' 여성이 '평생직장'을 구한 데 대한 값을 지불한 것으로 간주되었다.[73] 결혼해서는 남편이 아내를 먹여 살려야 하는데 아내가 "자기 먹을 것을 좀 싸들고 오는 것이 뭐 잘못되었느냐"는 생각이 생겨난 것이다.[74] 신랑감이 "결혼하기 전에 뜯을 수 있는 데까지 뜯어내야 한다"[75]라고 신부에게 혼수를 강요하는 풍조에는 결혼한 후 직장생활을 하기 어려운 여성이 남성에게 경제적으로 의존한다는 심리가 작용하고 있다. 1980~1990년대는 여성이 일부 직종을 제외하고는 평생직장을 갖기가 어려웠던 시기다. 여대생은 혹독한 취업난과 마주했고, 기혼 여성은 어린이집 등 사회 제반 시설을 갖추지 못한 상태에서 일과 육아를 병행할 수 없었던 것이다.

1980~1990년대에 중산층 전업주부는 표면적으로 대단한 경제권을 가진 것으로 기사 등 미디어에 형상화되었지만, 그녀들은 실제로는 '혼수'라는 혹독한 대가를 치르고 스위트홈에 입성했다. 이 시기에는 전문직 남성과 결혼하는 여성의

한국病 <4>

破鏡·自殺까지… 빗나간 과시욕
과다 婚需 갈수록 "눈덩이"

物量·액수가 「정성의 尺度」로 둔갑
「예단」에 밍크코트·콘도会員券까지

외국인의 시각

천문학적 婚需도 "부족"… 결혼이 흥정·거래로 전락돼서야

전문가의 분석

좀더 「가난한 마음」을…
「體面文化」 벗어나 결혼의미 再考토록

李光子

猝富·상류층의 物質만능주의가 중산층·서민층으로도 확산

〈(연중시리즈 월요기획 한국병 4) 파경-자살까지…빗나간 과시욕, 과다 혼수 갈수록 '눈덩이'—물량-액수가 '정성의 척도'로 둔갑, '예단'에 밍크코트-콘도회원권까지, 졸부-상류층의 물질만능주의가 중산층-서민층으로도 확산〉, 〈(전문가의 분석) 좀 더 '가난한 마음'을…'체면문화' 벗어나 결혼 의미 재고토록(《조선일보》, 1990. 4. 9, 5면)

혼수를 강조해, 여성이 남편의 직업을 따지는 것을 비판하는 기사가 많았다. 여성이 신분 상승을 위해 재벌·의사·검사 등의 남성을 원한다는 것[76] 곧 여성이 전문직의 남성과 결혼하기 위해 감당하기 어려운 혼수를 준비한다는 것이다. 그러나 혼수는 일부 여성만의 문제가 아니라 결혼하는 모든 여성이 갖는 부담이었고, 실제로 그녀들은 '혼수'를 통해 '(환상에 불과한) 스위트홈'을 소유할 수 있었다. 미디어에서는 남성을 신분 상승의 수단으로 삼는 일부 여성의 허영심이 부각되었고, 혼수로 속앓이가 심했을 다수의 전업주부는 결혼을 잘한 부러움의 대상으로 미화되었다.

요컨대, 외환위기 전까지 중산층의 전업주부는 시간적으로 여유롭고 남편이 번 돈에 경제권을 행사하는 등 온갖 권리를 누리는 환상의 존재성을 갖는다. 그러나 실질적으로 경제력 없는 아내가 남편에게 자신의 권리를 주장하기는 매우 어려운 일이다. 1990년대 여성의 혼수는, 그 안에 남성에게 경제적으로 기대려는 여성의 존재성이 드러난다는 점에서는 문제적이지만, 2010년대에 남성의 지위와 경제력을 이용하려는 여성을 폄훼하는 개념으로 등장한 '김치녀'와는 그 의미가 완전히 다르다고 할 수 있다.

한편으로, 1990년대에는 남편의 경제력에 기대려 하지 않는 기혼 여성은 행복하지 않다는 편견이 더욱 강화된다. 여성의 경제력 자체가 가정 파탄과 동일시되는 것이다. 1990년대 기혼 여성의 경제력을 폄훼하는 분위기가 강화되는 면모는 다음의 1980년대 기사와 1990대 기사를 비교하면 더 명확하게 알 수 있다. 아래 1980년대의 한 기사는 약사 부인이 경제력이 좋고 사회적으로 왕성하게 활동하자, 중학교 교사직을 그만 둔 남편이 "부인 덕에 고급 룸펜 생활을 하는 자신의 처지에 열등감이 생기고 초조해지게" 된 이야기를 다루고 있다. 물론 "아내의 수입이 남편보다 많든지" 아내가 남편보다 "사회적 지위나 인기도가 높은 경우 [가정의] 불행은 더욱 커질 수 있다"라고 서술되기는 한다. 그러나 보다 문제가 되는 것은 남편이 부인에게 의존적이 되거나 성숙하지 못해서 갈등이 심화된다는 내용이다.

> 부부는 의존적 관계지만 한쪽이 자립 능력이 없이 자기 일을 포기하거나 자기 일과 상대방 일을 분별하지 못할 때 자신과 상대방을 파괴한다. 특히 남편이 정신적으로 자립되지 않고 부인에게 너무 의존적 입장이 되면 그 가정은 불행해진다. "이 세상에 불행한 결혼이란 없다. 다만 성숙하지 못한 결혼 상대가 있을 뿐이다"고 가정 문제 전문가인 데이비드 메이스는 말했다.
>
> —〈(행복 찾기 19—흔들리는 현대가정 현장에세이) 재정권 쥔 '아내 상위'—남편의 정신적 자립 능력 앗아 집안 황폐화〉(《경향신문》, 1985. 4. 26, 10면)

그러나 1990년대에 이르면, 신문에서는 아래의 사례처럼 여성의 경제력과 이혼율은 정비례한다고 주장된다. 이에 더해 남편처럼 돈을 벌어오는 아내의 역할이 아이들의 성관념을 왜곡시킬 수 있다고 여겨진다.

> 92년도 노벨경제학상을 받은 시카고대학의 베커 교수에 의하면 여성의 경제력과 이혼율은 정비례한다고 했다. (…) 부부가 다 바깥일에 바쁘다 보면 아이들을 돌볼 겨를이 없는 것은 당연하다. (…) 부부무별이 자라는 아이들에게는 '남녀무별'로 인식되어 성을 동일시하는 왜곡 현상을 초래할 수도 있다. 동성연애자의 증가는 서구 선진국의 공통적인 현상인데 미국에서는 하나의 정치세력을 이룰 정도가 됐다. (…) 영국의 저명한 육아전문가 리치 여사는 저서 《육아우선주의》에서 여성이 커리어보다 육아를 우선해야 한다고 강조했다.
>
> —〈(나의 의견) '부부무별(夫婦無別)' 사회 가족해체 부른다〉(《동아일보》, 1994. 11. 30, 19면)

1980년대에는 아내가 맞벌이를 할 때 가정의 불화가 잦다는 연구 결과가 있었다.[77] 또한 한 기사에는 "여성이 남편보다 수입이 많고 직책이 높으면 가정이 평탄치 못하다(34.4%)거나 여성의 행복은 남편 출세와 자녀 성공에 달려 있다(48.2%)는 등 남녀차별적 생각을 가진 여성이 많아 높은 취업 욕구와 대조를 이뤘다"라고 서술된다.[78] 여성 스스로가 기혼 여성의 공식적 사회활동을 인정하지 않는 분위기를 내재화한다고 여겨질 수 있게 하는 기사다.

그런데 1990년대에는 "돈 잘 버는 아내"의 비극성이 부자 아내는 결혼 시에는 가족의 생계를 책임지고 이혼 시에는 남편에게 위자료까지 주어야 하기에 불행한 존재가 되고 있다는 외국(미국)의 사례를 통해 더욱 심화된다. 경제력이 남편보다 좋은 아내는 남편의 자신감을 떨어뜨리고 이혼 시에는 자신의 일만 중시해 가정의 행복을 깨뜨렸다는 비난까지 감수해야 한다는 것이다.[79]

그러나 1980~1990년대에는 현실에서 남성들은 가정경제에 보탬이 되는 맞벌이를 원했다[80]는 점에서 능력 있는 여성을 혐오스럽게 만드는 담론은 여성의 경제력을 부정했다기보다는 통제하려는 의도가 있었다고 볼 수 있다. 또한 남편들은 아내들이 가정에 경제적 기여를 하면 좋겠다고 생각하지만, 아내들이 공식적 직업을 갖기보다는 시간제 일자리나 부업 등을 통해 돈 버는 것을 원했다고 할 수 있다.

요약하자면, 1980~1990년대에는 부부생활을 원만하게 하기 위해 아내가 남편의 생활을 존중하고, 남편의 피로를 풀어주며, 남편의 충실한 내조자 역할을 하는 것이 당연하게 받아들여졌다. 남편도 아내가 집 마련 등을 위해 가정에 경제적 기여를 하는 것을 은근히 바랐으나, 사회적으로 여성의 경제력은 여성을 독립시킬 수 있는 '무서운' 것으로 간주되었다. 그래서 이 시기 미디어는 경제력 있는 여성을 남성과 행복한 가정을 이룰 수 없는 혐오스러운 존재로 '만들었던' 것이다. 특이한 것은 취업주부를 1980년대에는 긍정적으로도 바라보다가 1990년대에 이르러서는 갑작스럽게 부정적 존재로만 간주하는 이미지 반전 현상이 나타난다는 사실이다. 1990년대 혼수 담론은 남편을 통해 계층 상승을 하려는 특정 여성을 비판함으로써 현실에서 여성 전체가 혼수로 고통을 겪고 있다는 사실을 망각시켰다. 그런데 여성의 경제력에 대한 부정적 이미지는 2000년대에 이르러 다시 긍정적으로 반전된다.

3. 가부장제의 미화, 핵가족 전업주부의 교화

드라마 〈사랑이 뭐길래〉(1991. 11. 23.~1992. 5. 31, MBC)는 방송 내내 높은 시청률을 유지했는데, 1992년 1월 12일 방영분에서 "시청률 76.9퍼센트, 점유율 86.1퍼센트"를 기록하기도 했다.[81] 드라마는 전업주부 여순자(김혜자 분)가 가정을 위해 헌신하는 모습을 그려내면서 여성의 공감을 샀다. 또한 드라마에는 똑똑한 대학원생 노처녀 박지은(하희라 분)을 주인공으로 내세우면서 세계적으로 능력을 과시하는 여성들을 거론하고, 충분히 여자 대통령도 나올 수 있다는 이야기가 나온다.

〈사랑이 뭐길래〉에는 표면상 1990년대 여성들이 느낄 법한 불평등과 주부들의 정서적 갈등이 노골적으로 드러나 있는 것 같지만, 사실상 드라마에서 지향되는 것은 아버지 중심의 가부장제 질서라 할 수 있다. 전문가들은 가부장의 권위를 가진 아버지 이병호(이순재 분)의 모습에 남성들이 '대리만족'을 한다고 분석했다.[82] 드라마 방영 당시 이순재의 인기는 굉장했다. 특히 드라마를 찍으면서 국회의원선거에 출마한 이순재와 관련된 기사도 쉽게 찾을 수 있는데, 아내를 업신여기는 가부장으로 등장했던 그는 아이러니하게도 남성뿐만 아니라 여성에게도 인기가 높았다. 기사에서는 이순재가 맡은 캐릭터 '대발이 아버지'가 지닌 "대쪽

드라마 「사랑이 뭐길래」

안방극장 「석권」

두家庭의 대조적분위기 男女시청자 모두 「대리 만족」

"방송 6주째부터 시청률 70% 상회"

〈드라마 〈사랑이 뭐길래〉 안방극장 '석권'—두 가정의 대조적 분위기 남녀 시청자 모두 '대리 만족', "방송 6주째부터 시청률 70% 상회"〉(《동아일보》, 1992. 1. 18, 25면)

같은 성품, 분명한 판단력, 강직한 도의성" 등이 이순재의 국회의원 당선에 영향을 미친 것이라고 언급되었다.[83] 그런데 전근대적 가장으로 나오는 '대발이 아버지'는 과거의 아버지상을 미화하는 캐릭터다.

〈사랑이 뭐길래〉에서 주목되는 점은 이병호라는 가부장제적 인물이 매력적으로 그려지는 것, 그리고 아버지의 권위가 무너졌다고 여겨지는 1990년대 핵가족제도가 비판되는 양상이다. 드라마에는 가부장제 질서가 미화되면서, 이 시기 핵가족 안에서 '주부'의 존재성을 교정하려는 의도가 강하게 드러난다. 자기주장 강한 고학력 주부 박지은, 똑똑한 딸의 사회활동에 기대를 걸었던 전업주부 '한심애'(윤여정 분), 독신주의를 고수하기 위해 여성의 경제력을 중요하게 여기는 약사 박정은(신애라 분), 여성의 섹슈얼리티를 이용해 사회활동을 하려는 이대발(최민수 분)의 여동생 이성실(임경옥 분)까지. 그녀들 모두 가부장제 이데올로기 안에서 개선의 대상이 되었다.

〈사랑이 뭐길래〉는 한국의 20세기 후반 시기를 대표하는 홈드라마의 하나로서, 단순히 가족의 따뜻한 사랑을 보여주는 것에서 끝나지 않는다. 드라마는 궁극적으로 아버지 중심의 질서를 공고화하는 1990년대 가족이데올로기의 메커니즘을 선명하게 드러낸다는 점에서 반드시 주목해야 할 작품이다.

'아버지'를 통해 가부장제 질서를 지탱하는 방식

1990년대 중반까지 미디어에서는 여성의 사회활동을 제한하고 경제력을 통제하면서 여성을 '집안'에 묶어두기 위한 전략이 나타난다. 남성 중심의 가부장제 질서가 정점에 달한 1990년대였지만, 역설적으로 이 시기 미디어에는 사회에서 시달리고 가정에서 밀려나는 아버지의 불쌍한 모습만이 강조되었다. 한 신문의 〈신가장학(新家長學)〉 시리즈 중 한 기사에는 돈을 벌고 있는데도 아내의 비위를 맞추어야 하는 불쌍한 남편의 지위 문제가 제기되었다. 과거에는 가장의 권위가 학문과 인간 됨됨이에 있었지만 현재에는 사회 지위나 돈벌이에 있음이 비판된다. "옛날엔 가장의 권위가 반상의 위치나 학문의 정도, 아니면 사람 됨됨이에 따라 평가받았지만 이젠 그런 것으로 통하는 시대는 지나갔다. 그보다는 어디에 내놔도 인정받을 만한 뚜렷한 사회적 지위나 직업을 가졌거나 아니면 돈을 벌어와야만 인정을 받는다."[84]

〈사랑이 뭐길래〉에서는 권위를 잃은 가장의 모습이 비판되면서 동시에 '아버지가 큰소리를 칠 수 있었던' 신화적 시대의 캐릭터가 '코믹'하게 그려진다. 드라마는 성격이 상반된 두 가족의 생활이 대조되면서 이야기가 진행된다. 박지은의 가족은 1980~1990년대의 근대적 가정 질서를, 이대발의 가족은 1980년대 이전의 전근대적 가정 질서를 대변한다. 그러나 이대발의 아버지 이병호가 재현하는 전근대적 가부장제는 과거에 재현된 적이 없는 '환상적 질서'로서, 남성 중심의 가부장제를 미화하는 요소로 작용한다. '뿌리'를 중요하게 여기는 큰아버지가 갑자기 찾아와 이병호를 호통친다거나, 고리타분한 말을 하는 이병호에게 부인이 "상투는 안 트시우?"라는 말을 하지만, 이것들은 막연히 '유교적' 이미지와 연결될 뿐이지 조선시대 유교적 가풍과 직접적으로 연결되는 질서를 의미한다고 보기는 어렵다.

이병호는 시대를 역행하는 괴팍하고 무서운 가부장제적 인물로 나온다. 그는 드라마의 대사를 이용하면 한마디로 "이상한 남편"이다. 이병호는 친구가 세 번째 결혼을 35세 노처녀와 하게 된 것을 아내에게 이야기하면서, 이혼하면 자신은 괜찮지만 "당신은 그야말로 비극"이라는 말을 한다. 그리고 이병호가 아내에게 무릎을 꿇으라고 엄포를 놓는 장면 등은 전근대적 아버지의 부정적 속성을 잘 보여준다. 그는 결혼이 남자한테 밑지는 장사이며, 아내가 자식을 낳는 것 외에 하는 일이 없다는 말을 아무렇지 않게 내뱉는다. 그래서 이병호의 딸 성실이 "아버지랑 오빠랑 살라고 하고 우리 둘이 나가 살자"라고 어머니에게 말하는 모습은 절박하게 느껴지기까지 한다.

반면, 박지은의 아버지 박창규(김세윤 분)는 "이해심 많고 민주적으로 가정을 이끄는 남자"[85]로 묘사된다. 그는 가족에게 자상하고, 부모에게 효도하며, 경제적으로 능력 있는 가부장이다. 박창규는 여자일 남자일이 따로 있다고 여기지 않아 아내의 부엌일을 도와준다. 박창규와 한심애가 자식들 앞에서 보여주는 돈독한 부부애는 감동적으로 그려진다. 그러나 박창규는 중요한 결정을 아내에게 맡기고 아내의 의사를 존중하기는 하지만, 그렇다고 아내가 남편보다 우위에 있는 것은 결코 아니라는 식의 말을 한다. 박창규의 막내아들(김찬우 분)은 어머니 한심애가 아들인 자신이 콧수염을 기르고 싶어 하는 것을 못마땅하게 여기자, 어머니의 의사보다 가장인 아버지의 결정이 중요하다고 이야기한다. 그 과정에서 한심애는 가정에서 아버지보다 어머니인 자신의 의견이 더 영향력이 있음을 언급하는데, 박창규는 한심애의 발언이 틀렸음을 꼬집는다.

> 한심애: 네 아빠가 오케이해도 내가 안 돼.
>
> 막내아들: 아버지가 가장이시잖아요. 가장의 결정은 존중돼야 하잖아요.
>
> 한심애: 가장은 네 아빠지만, 네 아빠의 선장은 나야. 여태 그것도 모르니?
>
> 박창규: 어 여보. 난 당신을 내 선장으로 모신 기억은 없는데….
>
> 한심애: 그래요?
>
> 박창규: 아니, 공식적으로 그런 적은 없잖소. 비공식적으론 혹시 모르지만은…. (3회)

이는 곧 아내 한심애의 목소리가 더 큰 것 같지만 사실상 안정된 경제력과 온후한 인품을 갖춘 남편 박창규가 배후에서 가족을 조용하게 감독하는 구도를 보여준다.

〈사랑의 뭐길래〉에서 성격이 상이한 두 가부장이 이끌어가는 가족은 매우 대조적으로 형상화된다. 그리고 상반되는 이 두 가족을 대비하는 재미를 통해 현재의 '우울한' 가부장제 질서는 '발랄한' 가족애로 전도된다. 그 양상은 다음의 측면에서 구체적으로 살펴볼 수 있다.

첫째, 지은이 가족의 갈등이 너무 현실적이어서 비극적이라면 대발이 가족의 갈등은 너무 희극적이어서 시청자에게 웃음을 준다는 측면이다. 한심애와 박창규(지은의 부모)의 돈독한 사랑은 사실상 고된 시집살이를 인내한 한심애의 눈물로 만들어진 것이다. 그녀는 표면상 경제적으로 여유롭고 화목한 가정의 주부이지만, 실질적으로는 경제적 달콤함을 누릴 시간도 감정적 틈도 없는 주부의 삶을 살아왔다. 드라마 마지막 회(55회)에서도 한심애는 청소기를 돌리며 여전히 가족을 뒷바라지하느라 여념이 없다. 그런데 전업주부의 고통을 상쇄하는 것이 바로 코믹한 이병호 가족이 보여주는 '환상'의 가부장제 질서다.

이병호와 여순자(대발의 부모)의 관계는 부인이 일방적으로 순종하는 부조리한 것으로 여겨지나 밝고 유쾌하게 형상화된다는 점을 주목할 필요가 있다. 〈사랑이 뭐길래〉에서 가장 정겹고 친근하게 그려지는 존재는 바로 '대발이 아버지'다. 그는 시청자가 좋아할 법한 코믹한 장면에 어김없이 등장한다. 아내 여순자는 아깝게 그릇을 깨고, 몸에 붙는 청바지를 입은 딸의 모습을 남편 이병호에게 들키자 너무 긴장한 나머지 이병호에게 물을 쏟고 도망가는데, 이 장면은 매우 재미있게 연출된다. 이병호가 여순자에게 불호령을 내릴 것이라는 시청자의 예상을 깨고, 이병호는 아내의 행동이 우스워 벌렁 드러누워 깔깔거린다(4회). 그는 아들 내외의 대화를 엿듣다가 미끄러져 자빠지고, 삶에 대한 우울과 고민으로 나약한 모습을 보여주기도 한다. 드라마의 마지막 회는 며느리 지은이 아이를 낳으러 간 후, 이병호가 아내 여순자를 대신해 몰래 쌀을 씻는 장면으로 끝난다. 이병호는 전근대적 '무서운 아버지'의 부정적 측면을 적절하게 솎아내고 코믹과 감동을 절묘하게 혼합해 만들어낸 매력 만점의 아버지상이라 할 수 있다.

둘째, 박창규(지은의 아버지)는 1990년대가 지향하는 가부장의 모습을 하고 있다는 측면이다. 그는 안정적 경제력, 온후한 인품, 민주적 관계성 등 모범적 아버지의 덕목을 고루 갖추고 있다. 그의 둘째 딸 정은은 아버지가 "따뜻, 배려, 섬세, 친절"한 사람이라면서 엄마가 복 터진 사람이라 이야기한다. 그러나 동시에 남편 박창규의 목소리보다 아내 한심애의 목소리가 더 커서 그가 가족 질서를 확립하는 것에는 실패했다고 보이기도 한다.

그런데 이병호는 박창규로 대변되는 1990년대 '약한' 아버지상에 윤리적 위엄을 더하면서 가부장의 권위를 지탱할 수 있는 힘을 제공하는 역할을 한다. 이병호는 물품을 아껴 쓰는 애국자로, 혼수로 받은 커다란 텔레비전을 노인들을 위해 기증하는 이타적 존재다. 특히 〈사랑이 뭐길래〉는 1990년대 들어 심각해진 여성의 혼수 문제를 전면에 내세우기도 한다. 이병호의 말처럼 이 시기에 결혼은 남자에게 "버는 장사"이며 신랑 측 부모가 요구하는 혼수를 해오느라 신부 측 부모가 경제적으로 어려움을 호소하는 경우가 많았다. 그러나 이병호는 혼수가 다 사치라며 며느리에게 이불과 장롱만을 요구하고 그 외의 것은 일체 거부한다. 또한 그는 가족들에게는 돈 한 푼 쓰지 않으려 하지만, 자신의 운영하는 인쇄소의 직원들에게는 연립주택을 지어주는 호의를 베푼다. 이 점에서 이병호는 이 시기 과소비의 주범자들을 호되게 비판할 수 있는 윤리적 존재가 된다. 그리고 윤리적 존재인 이병호로서 전근대적 가부장제는 도덕적인 것이 되며, 현재의 남성 중심 가부장제를 공고하게 유지할 수 있는 기반이 마련된다. 드라마에서 아버지는 문제가 많은 여성을 계몽할 수 있는 윤리적 주체로 위치되는 것이다.

이병호는 그가 내는 목소리와 문소리만으로도 가족에게 공포의 존재지만, 동시에 자신에게는 엄격하고 타인에게는 관용을 베푸는 존재다. 그는 사돈 부부와 교류하는 과정에서 깨달은 바가 있어 아내에게 이제까지 고생했다며 문화주택을 지어주겠다 하고, 며느리가 첫 아이를 낳은 후에는 며느리가 공부를 계속할 수 있도록 자신이 손주를 키울 생각까지 한다. 드라마에서, 실질적으로 여가를 즐기는 여성은 박창규의 아내 한심애가 아니라 이병호의 아내 여순자로 나타난다. 여순자는 파출부에게 마당 청소 등을 맡기면서, 시집을 읽고 자식들에게 편지를 쓰는 취미생활을 한다. 반면 한심애는 시어머니 형제까지 수발을 들며, 살림을 거의 혼자서 한다. 한심애가 사람을 쓰지 않고 김장을 하거나 파출부를 쓰지 않고 당분간 혼자서 살림을 하겠다는 말에 시어머니는 칭찬을 할 뿐이다. 물론, 한심애가 편리한 가정 기기와 안락한 부엌 환경 속에서 가정일을 하고 있긴 하지만, 그녀는 긴 시간 육체적으로 고된 집안일을 하느라 병이 나기도 한다.

그런데 이병호로 대변되는 전근대의 가부장제 질서는 매우 윤리적으로 형상화되며 또한 발랄하게 묘사됨으로써 현재의 가부장제가 아내·어머니의 희생으

전근대적 아버지
이병호의 가족 (MBC)

로 유지된다는 어두운 사실을 가려버린다. 그러면서 아버지 중심의 가부장제는 지향되어야 할 모범적 질서이자 화목한 이데올로기로 전이된다. 이 점에서 〈사랑이 뭐길래〉는 '환상의 전근대적 가부장제'를 바탕으로 '현재의 판타스틱한 스위트홈'을 구축시키는 면모를 내세우고 있다. 그리고 윤리적 가부장제 이데올로기를 바탕으로 현모양처의 중요성을 선전하고 말괄량이 미혼 여성들을 계도하는 작업을 진행시킨다.

그러나 〈사랑이 뭐길래〉에서 '정말 무서운 아버지'는 이병호가 아니라 박창규의 외삼촌 학준(심양홍 분)이다. 그는 온종일 다방에서 시간을 보내며, 마담에게 적금을 모두 줘버리고, 잘 때만 집에 들어가 가족의 원망을 산다. 학준은 1950~1960년대 한국의 미디어에 빈번하게 재현되었던 축첩하는 아버지들의 모습을 연상시킨다. 그런데 드라마는 산업 부흥기 이전의 문제적 아버지들의 이미지를 성실하고 모범적이면서 가족에게 큰소리칠 수 있는 이병호의 존재성으로 탈바꿈시킨다. 바로 이 지점이 주목되어야 한다. 성적으로 방종하거나, 엄격하거나, 무서운 아버지상이 자주 등장했던 시공간을 남성의 권위가 모범적으로 살아 있었던 노스탤지어의 시공간으로 역전시키고 있다는 점에서다.

'전업주부'를 통해 스위트홈을 만드는 방식

1980~1990년대 신문에서 중년 여성은 이유 없이 초조하고 불안한 "사추기(思秋期)"의 존재로 등장한다. 그녀들은 늙는다는 불안감, 자녀로부터 소외되고 있다는 초조감, 소녀 시절의 꿈을 이루지 못했다는 허무감으로 괴로워한다. 1980년대의 신문에는 중년 여성이 나이가 듦에 따라 경험할 수 있는 갈등을 정신병과 연결하는 경향성이 보인다.[86] 〈사랑이 뭐길래〉에서도 갑자기 결혼을 선언한 딸에게 느꼈을 한심애의 배신감과 울분감 역시 중년 여성의 '갱년기 증상'과 겹쳐서 묘사된다. 공부를 계속해 촉망받는 학자가 될 줄 알았던 장녀가 갑자기 결혼을 선택하자, 한심애는 화가 끓어올라 얼굴이 화끈거리고 추운 겨울 모두가 한기를 느낄 때 부채질을 하면서 덥다는 소리를 한다.

한심애는 겉으로는 부잣집 사모님처럼 보이지만, 과민한 시어머니와 집안에 무슨 일이 생기면 '가만히 있는 것이 특기'인 남편으로 인해 심신이 하루도 편할 날이 없다. 그녀는 평소 장녀에게 '결혼이 전부가 아니다!', '나처럼 살지 마라!'라고 외치며, 공부를 계속하는 딸을 매우 자랑스럽게 여겼다. 그런 만큼 딸 지은이 남성 우월주의자인 듯 보이는 대발이를 만나 공부를 포기하고 결혼하려는 것을 결사적으로 반대할 수밖에 없다. 그런데 드라마에서는 한심애가 격하게 딸의 결혼을 반대하는 모습이 '갱년기 증상'처럼 표현되고 있다. 이는 한심애의 행동이 뭔가 잘못된 것임을, 정상이 아닌 것임을 드러내고자 하는 설정이라 할 수 있다.

딸 박지은은 어머니 한심애가 자신의 결혼을 부정적으로 생각하는 것에, "고달프긴 해도 엄만 행복한 부부 아니오?"라는 말로 저항한다. 이때, 한심애는 "당신 불행하오?"라고 묻는 남편에게 제대로 대답하지 못한다. 곧, 한심애는 딸의 결혼을 반대할수록 어른 잘 모시고 남편 잘 내조하면서 큰 집에서 잘 살았던 자신의 행복한 결혼생활을 부정하게 된다. 남들이 부러워하는 자신의 스위트홈이 허구임에 직면하는 아이러니에 빠지게 되는 것이다. 한심애가 딸에게 자아실현을 해야 한다고 강조하는 것은 1980~1990년대 학력이 높아진 여성들의 소망을 드러내는 것이라 할 수 있다. 그런데 드라마는 교묘하게도 사회활동을 하고자 하는 이 시기 여성의 소망을 석사 과정을 마친 고학력 주부 '박지은'의 존재성을 통해 퇴색시켜버린다.

〈사랑이 뭐길래〉에는 한국여성개발원이 여성계몽영화로 제작한 〈내일의 빛〉(1988)의 한 장면을 연상시키는 부분이 있다. 〈내일의 빛〉에는 여고 시절 단짝 둘이 40이 되어 다시 만나는데, "한쪽은 외국 유학에서 돌아온 여성학 박사, 또 한쪽은 남편과 아이들 뒷바라지를 행복으로 알았던 평범한 주부"다. "[각자 저] 나름대로 삶의 방식을 선택했던 두 여인은 대화가 무르익어갈수록 안쓰러움과 부러움이 엇갈렸다."[87] 한심애는 딸에게 여성의 삶을 남편에게 종속시키는 결혼의 부정성과 사회활동을 왕성하게 하는 친구들의 당당한 모습에 위축되었던 자신의 속마음을 이야기하면서, 딸의 공부 중단을 극구 말린다(아래 인용문의 ①). 반면, 고학력 여성 박지은은 희생적 모성을 찬양하며 사랑하는 남성과의 결혼을 공부보다 우위에 놓는 발언을 하면서, 1990년대 전업주부가 그 어떤 존재보다 훌륭한 사람임을 강조한다(아래 인용문의 ②).

> 심애: 변해도 보통 변한 게 아니야. 한 바퀴 반은 돌았어. 돌아가신 네 외할아버지랑 할머니 지금 외삼촌 이모들이 이렇게 변한 나를 얼마나 가슴 아파하셨고 하는지 너 아마 모를 거야. 옛날에 비하면 난 지금 정상이 아니야. 넌 안 믿을지 모르지만 나 참 차분하고 조용하고…. 우스워도 할 수 없다. 나 우아한 걸 좋아하던 성격이야. 그게 네 아빠랑 결혼해서 어려운 어른들 모시고 살면서 대가족 속에서 이렇게 변한 거야. 왜 변했냐? 내가 변하지 않고는 미치겠더라. 내 의사 표현 하나 제대로 못하고 하나부터 백까지 전부 다 다른 사람 맞춰서 살아야 하는데, 내 본래 성격 고집하다가 나도 미치고… 다른 사람도 불편하고….

내가 나를 바꾸는 수밖에 없더구나. 이렇게 살면서 가끔 한 번씩 너 얼마나 회의를 느끼는지 알아? 이게 내가 아닌데, 이렇게 많이 지껄이고 이렇게 헛웃음 많이 웃고 이러는 게 내가 아닌데. 내 본모습은 어디 갔나? 난 어디로 갔나? 그래 물론 결혼이란 어떤 결혼이든 여자를 조금씩은 변하게 해. 내 경운 심한 예지만. 내가 원하고 소망했던 결혼이 어떤 건지 아니? 그림같이 정갈하고 이쁘고 아름다운 집에서 아이 이쁘고 참하게 키우면서 음악 틀어놓고 책보고… 눈 내리는 밤이면 촛불 켜놓고, 그리운 친구한테 그립다는 편지 쓰고…. 이렇게 너덜너덜해진 내 자신이 어떤 때는 정말 끔찍하게 혐오스럽고 비참하단다. (…) ① 제발 넌 공부해. 공부해서 엄마가 못 가진 또 하나의 널 확실하게 빛내면서 살란 말이야. 나처럼 결혼이란 용광로 속에 집어넣어져서 나 자신은 흔적도 없이 사라져버리고 이렇게 되지 말고. 엄마 친구들 지금 사회적으로 한다 하는 친구들 더러 있다. 걔들 만나면 다르다 너. 빛이 나. 후광 같은 게 있단 말야. 자신 있고 당당하고. 엄만 그런 친구들 만나면 엄만 참 비참해져. 아는 게 살림밖에 없으니까. 화제도 궁색하고, 자신도 없고. 엄마 죽고 싶어. 너 그렇게 되고 싶어? 제발 그러지마. 그래선 안 돼. 너하곤 그런 인생이 맞지를 않아. (…) 너는 달라. 너는 충분히 한몫 해낼 수 있고. 넌 평범한 여자로 살 자질이 없어. 난 너가 아까워서 도저히 그럴 수 없어. (…) 천지개벽을 하더라도 공부는 포기하지 마. (…)

지은: (…) ② 사랑하는 사람 열심히 뒷수발해주는 거 그게 얼마나 아름다워? 사회활동이 반드시 더 가치가 있는 건 아니잖아. (…) 내 가정 하나 잘 꾸리는 게 가장 근본적인 사회 기여 국가 기여야. 바로 엄마가 가장 성실하게 사회 기여 하고 있는 거라고. 대한민국 주부 다 엄마 같으면 우리나라 아무 문제 없어. 혼신을 다해서 어른 모시고, 남편 비뚜로 안 나가게 내조하고. 아이들 문제 안 만들고. 그게 얼마나 가치 있고 아름다워? (9회, 밑줄은 인용자)

〈사랑이 뭐길래〉에서 박지은은 미혼이었을 때는 혐오스러운 고학력 여성이었지만 결혼과 동시에 성실한 전업주부로 탈바꿈되면서 계몽의 주체로 위치된다.• 그녀는 대학원을 졸업했지만 경제력을 확보할 수 없다는 면에서 독립적이기 어려운 존재였다. 박지은은 여성 문제에 진보적으로 보이지만, 결혼 전 자신이 순결을 잃어버렸다는 거짓 소문이 퍼지자 수치심에 힘겨워한다. 그녀는 성평등을 외치며 대발의 가족을 개선하고자 노력하는 듯 보이지만, 사실상 한 가정의 며느리로서의 책무에 성실한 주부다. 이 점에서 지은은 표면적으로만 개혁적일 뿐 이면적으로는 당대인 1990년대 가부장제에 부합하는 여성이라 할 수 있다.

박지은의 어머니 한심애는 결혼과 동시에 대학을 중퇴했지만 모두가 부러워하는 중산층 이상 가정의 여주인이다. 그러나 시어머니의 6개월 여행 취소에 크게 실망하는 며느리다. 그런데 드라마에서는 비록 전업주부가 현실에서 직업 갖기를 포기하고 가사노동에 시달리고 있을지 모르지만, 그래도 그것이 여성으로서 최선의 선택이었음이 강조된다. 한심애가 남편의 지나친 효심 때문에 평생 고생 한 것도 "사랑하는 마음으로 기꺼이 가족을 위해 헌신"한 것으로 발화된다. 어머니로서의 역할은 힘든 것이지만 가족을 위해 필요한 것이었다는 사실이 부각되는 것이다(31회).

〈사랑이 뭐길래〉에는 한심애의 대사를 통해 여성이 결혼하면서 원래의 자신을 잃어버리는 과정이 세심하게 발화된다. 한심애가 눈물을 글썽거리며 딸에게 자신의 모습을 한탄하는 모습(위 인용문)은 매우 공감 있게 묘사된다. 그러나 고학력 신세대 주부, 1990년대의 '미시' 박지은은 가족을 위해 헌신하는 어머니의 삶을 긍정하면서 계승하려 한다. 지은은 임신한 아내가 안쓰러워 친정에서 쉬다

• 고학력 여성은 1980년대에 혐오적으로 이미지화되었지만 1990년대에 이르면 가부장제 이데올로기에 부합하는 긍정적 이미지로 형상화된다. 이 과정은 이 책의 제3부 3장을 참조.

오라는 남편 대발의 제안을 거절하면서 자신은 전혀 그럴 뜻이 없음을 시어머니 마음에 들도록 이야기한다. 그러면서 그녀는 다음과 같은 이야기를 한다. "우리 엄마가 선택한 방법이 현명했다."(45회) 당찬 박지은도, 살아내기 위해 "내가 나를 바꾸는 수밖에 없"었다는 한심애의 말처럼, 점차 시댁 상황에 맞게 바뀌어가는 것이다.

이야기의 마지막에 이르면, 가족을 위해 헌신하는 주부를 부각하기 위한 발화가 직접적으로 나타난다. 박지은과 이대발의 언쟁은 주부의 위치에 대한 재평가를 위해 삽입된 것이라 할 수 있다. 이 둘의 대화를 통해 강조되는 것은 가족을 사랑하는 주부의 마음이며, 주부로서 여성의 헌신은 세계적으로 중요한 일을 결정하는 남성보다 위대하게 묘사된다.

> "남자들이 주도한 이 세계가 지금 어떻게 되어 있어? 전쟁 하는 거나 좋아해서 전쟁이 그칠 날이 없고. (…) 남자들이 하는 일이라고는 지구를 통째로 날리고 또 날리고, 날리고 또 날리고. (…) 남자들한테 맡겨놓은 꼴이 이게 뭐야. (…) 여자가 결혼해서 자식 낳아 키우고 남편 시중 들고 하는 거, 결코 우리가 남자보다 능력이 떨어져서가 아니야. 여자는 사랑이 많은 사람들이라서 그래. 여자의 결혼생활, 헌신, 봉사 무시하지 마. 우리는 남자가 가진 천박하고 유치한 야심 대신 사랑이 많아 사랑을 실천하고 사는 것뿐이야. (…) 아, 이겼다. 아, 시원해." (54회)

〈사랑이 뭐길래〉에서 남편이 아내에게 선사하는 반지에는 중요한 의미가 내재되어 있다. 그동안 고생했다며 이병호가 건넨 반지를 밤중에 부엌에 들어가 자세히 들여다보는 여순자의 행복한 표정에서, 대발이 결혼반지를 끼지 않고 직장에 나갔다고 타박하는 박지은의 모습에서 여성에게 결혼과 남편이 얼마나 중요한 의미가 있는지 잘 묘사된다. 한심애는 가족 간 관계 유지를 위한 감정노동과 가정일에 시달리지만 동시에 가정의 경제권과 의사 결정권을 지닌 존재로 나타난다. 드라마는 한심애를 통해 전업주부를 여성이 누릴 수 있는 최대의 권리를 지닌 존재로 격상한다. 한심애는 어머니·아내·며느리의 의무를 다하느라 매우 고생했지만, 후에 시어머니로부터 상당한 유산을 상속받으면서 그 공로를 보상받기도 한다. 1990년대에 미디어는 여성에게 행복한 결혼이야말로 진정한 '자아실현'임을 강조했고, 〈사랑이 뭐길래〉는 그 관념을 거대한 서사물로 구성해냈다. 드라마 〈사랑이 뭐길래〉는 주부의 존재성을 그 어떤 사회적 활동보다 격상해 묘사해내고 있는 것이다.

'말괄량이 여성'을 통해 주부의 숙명을 부각하는 방식

한국사회에서 20세기는 '결혼'이 성인이라면 꼭 해야 할 대사(大事)로 간주되고, 결혼을 해야 인간으로서 제대로 성숙할 수 있는 시기였다. 〈사랑이 뭐길래〉에서, 자기주장만 내세우는 노처녀(박지은), 유아성에서 벗어나지 못하는 약사(박정은), 섹슈얼리티를 돈으로 환원해 독립적으로 살려는 모델(이성실)은 결혼을 통해(혹은 결혼을 할 남성을 만나면서) 철부지 소녀에서 벗어나 윤리적으로 성숙한 여성이 된다.

〈사랑이 뭐길래〉에서 '말괄량이'는 박사 과정에 진입하려는 재원으로, 사랑하는 대발에게 먼저 결혼하자고 말하는 박지은으로 오해될 수 있다. 그러나 앞서 언급한 것처럼 1980~1990년대 이르러 여대생은 사회 금기를 위반하는 무서운 존재로 간주되지 않았으며, 고학력 여성도 가부장 중심의 이데올로기에 포섭된 존재였다. 드라마에서 계도되어야 할 진정한 말괄량이 여성은 박정은의 여동생 박정은과 이대발의 여동생 이성실이다.

〈사랑이 뭐길래〉의 초반부에서 지은은 히스테리한 면모를 지닌 28살 노처녀였다. 지은은 자신과의 결혼을 거부하는 대발에게 무섭게 화를 내다가 갑자기 슬픈 표정을 짓기도 하고, 집에서 대성통곡을 하기도 한다. 그러나 가족들은 평소에도 지은이 특이한 행동을 했다는 사실을 떠올리며, 알고 보면 별일 아닐 거라 지은의 행동을 가볍게 취급한다. 대발은 유학을 통해 공부를 계속하고자 하고 자기주장이 지나치게 강한 듯 보이는 지은에게 다음과 같은 폭언을 한다. "너처럼 건방지고 교만하고 도도하고 콧대 센 애가 (…) 아니 어떤 미친놈이 널 데려가. (…) 넌 아마 이혼녀가 돼 있을 거다. 반반이야. 결혼도 못한 40살 처녀가 돼서 돌아오거나 이혼녀가 돼서 돌아오거나."(6회) 여순자도 처음에는 지은이 공부를 많이 했다는 점, 나이가 많아 임신하기 어려울 것이라는 점을 우려하고, 지은의 시누이가 될 이성실도 "일종의 수재바보구나. (…) 공부만 들입다 해서 아무것도 모르는 맹꽁이구나. 그러니까 세상물정도 모르고 남자도 모르고"(8회)라는 말을 한다.

그러나 박지은은 결혼 후 바로 임신을 하면서 시댁 어른의 사랑을 받고, 살림을 능숙하게 해내며, 어른들을 매우 공손히 대하는 존재로 형상화된다. 물론 박지은이 지나치게 똑똑하고 독립적이라는 이야기가 나오기는 한다. 그녀는 임신 여부를 확인하기 위해 산부인과를 혼자 가고, 남편에게 자신은 사시 패스를 해서 최초의 여성 법무장관이 될 거라고 큰소리를 친다. 그런데 박지은의 이런 당당한 면모는 일시적으로만 나타나며, 궁극적으로 그녀는 아내와 며느리 역할을 훌륭하게 수행하는 주부의 존재성에 만족하는 여자가 된다. 지은은 결혼과 동시에 친정 부모보다 시댁 식구들과 친밀한 관계를 맺기 위해 노력한다. 그리고 그녀는 결혼할 때 가져온 돈으로 시어머니에게 옷을 사드리고, 모델이 되기 위해 가출한 시누이가 안전하게 생활하도록 돕는다. 시아버지는 며느리가 법을 전공한 것이 가정에 도움이 될 거라는 이야기를 하고, 실제로 며느리가 회사 장부를 검토해주기를 바란다. 지은의 명석함은 훌륭한 며느리의 역할을 수행하는 데 잘 활용된다. 이 점에서 박지은은 길들여야 할 말괄량이가 아니라 오히려 가부장제 질서를 지탱하는 똑똑한 미시다.

그렇기 때문에 〈사랑이 뭐길래〉에서 드라마의 중요한 서사 중 하나라 할 수 있는 '말괄량이 길들이기' 모티프는 매우 복잡하게 구성된다. 박지은은 말괄량이의 탈을 쓰고 있을 뿐, 계도의 대상이 아니라 계몽의 주체다. 그녀는 시댁 식구들에게 "여자도 바지를 입을 수 있다"라고 야무지게 이야기하지만, 그 말에는 실상 여권과 관련 있는 내용이 없다. 그냥 바지가 치마보다 가정일을 하기에 편하다는 것이다. 사실상 길들여야 할 말괄량이는 '경제력'이 있어 결혼의 테두리 안에 갇히지 않고 독립적으로 존재할 수 있는 약사 박정은과 자신의 성적 매력을 발산해 모델이 되기를 희망하는 이성실이다.

〈사랑이 뭐길래〉의 후반부는 남성과의 신체적 접촉을 경멸하던 정은이 철진(이재룡 분)을 만나 결혼하는 과정이 주요한 이야기로 구성된다. 경제력을 갖춘 약사 박정은은 정신적으로 문제가 있는 유아적 존재로 묘사된다. 그녀는 독신으로 살기 위해 그림 그리기를 포기하고 약대에 들어갔다며, 앞으로 돈을 벌면서 탁아소를 만드는 등 어려운 이웃을 돕는 삶을 살 것이라 말한다. 독신주의자 정은은 남성의 여성에 대한 신체적 접촉을 "동물적 욕망"의 발로라면서 매우 경멸하는데, 주변 사람들은 그녀를 정신적으로 문제가 있는 것처럼 여긴다. 그녀의 병은 어린 시절부터 알고 지냈던 철진과 결혼하는 과정에서 점점 치유된다.

앞서 살펴본 1960년대 영화 〈언니는 말괄량이〉에서 안순애가 결혼을 거부하는 이유는 사치와 허영에 찌든 남자들의 가치관과 여성을 얕보는 동네 건달들의 마초적 태도에 있었다면, 1990년대 드라마 〈사랑이 뭐길래〉에서 박정은이 결혼을 거부하는 이유는 그녀 자신의 정신병에 있다. 박정은은 '엘렉트라 콤플렉스(Electra complex)'에 빠진 노처녀로 격하된다. 한심애는 둘째딸 정은을 임신했을 때 시집살이로 힘들어했으며 임신 사실을 행복하게 여기지 않았다. 활발한 소녀였던 정은은 언니 지은보다 사고도 많이 저질렀고, 힘들었던 한심애는 둘째딸을 더 엄격하게 대했다. 어머니가 무서웠던 정은은 자상하고 따뜻한 아버지에게서 안정감을 얻었으며, 이러한 정은의 지나친 아버지에 대한 집착은 그녀로 하여금 남성과의 정상적 관계를 어렵게 만들었다. 게다가 정은은 아버지와 과도하게 정서적으로 밀착되면서 지나치게 유아적이고 순진무구한 소녀로 성장했다. 남성에 대한 관심이 없어 성(性)에 무지하고 애인이 어깨에 손을 올리는 행동에도 소리를 지르는 정은의 모습은 세상을 잘 모르는 비성숙한 처녀의 모습을 반영한다.

정은은 또한 매우 비논리적이고 비약적인 이해를 하는 사람으로 형상화된다. 정은은 결혼 상대자인 철진이 "꽃은 꽃이다"라고 단순히 말한 내용을 "여자는 여자다"라는 논리로 확대해 왜곡한다. 그리고 뜬금없이 철진을 "위선자"로 만들어버린다.

> 철진: 난 개나리 좋더라. 명랑하고 발랄하고.
>
> 정은: 응… 넌 영감이면서 명랑하고 발랄한 게 좋구나? (…)
>
> 철진: 좋아하는 꽃이라고는 안 했다. 남자가 좋아하는 꽃이 어딨니? 꽃은 다 꽃이지.
>
> 정은: 꽃은 다 꽃이라고?
>
> 철진: 그래.
>
> 정은: 여자는 다 여자?
>
> 철진: 아니, 그 뜻은 아냐.
>
> 정은: 뭐가 아냐. 넌 위선자야. 꽃은 다 꽃이다 그 말은 여자는 다 여자다라는 말이 포함돼 있는 거라고. (40회)

후에 정은은 철진이 키스를 하려다가 가슴을 만지려 하자, 그를 "여성을 성적으로만 대상화하려는 동물적 남자"로 경멸한다. 정은은 철진의 언어 표현이나 철진이 자신을 사랑해서 하는 행동을 과도하게 '잘못된 것'으로 공격한다. 그런데 철진을 공격하는 정은의 태도는 20세기 후반에 여성을 성적으로 대상화하는 것을 경계하던 페미니즘의 논리를 격하하는 것으로 이어질 수 있다는 점에서 문제적이다. 박정은은 남성이 현재 사귀고 있는 여성을 사랑해서 한 행동을 더러운 것으로 매도한다. 철진이 자신의 결혼 상대자로 생각하는 정은에게 하는 행동을, 그녀는 철진이 '여성을 성적으로 대상화'하는 것이라 간주하는 것이다. 정은의 행동은 1990년대 시기 페미니즘이 지향하는 방향을 '지나친 결벽'으로 전도(顚倒)할 위험성이 있다. 여성을 타자화하는 가부장제의 폭력성에는 여성을 억압하는 논리가 내재되어 있지만, 순진하고 결벽증적인 박정은의 존재성을 통해 페미니즘이 남성을 무조건적인 적으로 만들어낸다는 논리를 양산할 수 있는 것이다.

정은은 둘째딸과 일정한 거리를 두려는 아버지와 한결같은 사랑을 보여주는 철진의 노력으로 마침내 철진과 결혼한다. 그녀는 부모와 점점 멀어지다가 마침내 남편 철진에게 안착한다. 마지막 회에서 정은이 철진의 몸에 기대어 과장된 애교를 부리는 모습은 그녀가 결혼으로 성숙한 여성이 되었음을 의미한다.

대발의 여동생 성실은 보수적 아버지 이병호의 눈을 피해 모델 준비를 하던 중 TV 신발 CF를 찍는 기회를 얻게 된다. 짧은 치마를 입은 모습이 강조되는 CF였고, 성실은 아버지가 모델 일을 그만둘 것을 요구하자 올케 지은의 부모 집에 들어가 숨어 지낸다. 그러나 CF가 한창 방영되고 있는데도 다른 CF 섭외가 없고, 방영되던 CF 역시 갑자기 중단되는 사태가 일어나면서 성실은 부모가 반대하는 일을 계속해야 할지 망설이게 된다.

성실의 경우 주목되는 점은 그녀가 모델 일에 매진하려는 원인이 오빠와의 차별로 인한 설움, 자신을 부드럽게 대하지 않는 아버지로 인한 외로움에서 비롯한다는 사실이다. 이병호는 비록 성실한 아버지였으나 자식을 따뜻하게 대하지 못하는 무섭기만 한 존재였으며, 그로 인해 성실은 독립적 삶을 살아가고자 한다. 문제는, 앞서 분석했듯, 드라마에서 이병호로 대변되는 질서가 여성의 삶을 옥죄고 수동적으로 만드는 것으로 형상화되지 않는다는 데 있다. 이병호는 성실하게 근검절약해 한 가족을 꾸려나간 존경받을 만한 아버지이며, 가족에게 좀 더 부드러워지려고 노력하는 모범적 가장이다. 그래서 성실의 독립을 쟁취하겠다는 욕망은 절실하게 여겨지기보다 부모로부터 자유로워지려는 치기로 간주되기 쉽다. 성실은 가출을 감행하면서까지 자기 일을 지속하겠다는 의지를 보여주었고, 갑작스럽게 CF가 중단되는 상황에서 자신의 재능을 성찰하기도 했지만, 결국은 자신을 향한 청년의 구애를 받아들인다. 마지막 회에서 성실은 청년의 그림 속 모델이 된다. 대중의 사랑을 얻고자 했던 그녀는 이제 한 남자의 시선을 받는 모델로 만족하는 것이다.

〈사랑이 뭐길래〉의 가장 심각한 문제는 남성 중심의 가부장제를 코믹하고 온화하며 모범적으로 설정함으로써 정은의 결혼 거부의 욕망과 성실의 독립 갈망의 무게를 약화한다는 점이다. 이를 통해 대중은 여권을 추락시키는 가부장제의 주체를 '아버지'로만 간주하게 되고, 동시에 아버지도 사회적으로 시달리는 약한 존재인데 여성이 이 사실을 간과하고 있음을 비판하게 된다. 그러나 여성을 억압하는 가부장제의 주체는 남성인 아버지가 아니다. '가부장제 질서'라는 말은 박지은과 같은 고학력 여성을 성별분업을 지향하는 가족제도 안으로 포섭하는 메커니즘, 결혼을 하지 않고 독립적으로 생활을 꾸려나가겠다는 박정은과 같은 여성을 유아적 존재성으로 만들거나 혐오스러운 존재성으로 전도하는 메커니즘 등을 의미한다. 1990년대 '말괄량이 길들이기'에서 아버지는 계몽의 주체이되, 무조건 딸들을 자신의 권위에 복종시키려 들지 않는다. 말괄량이 길들이기의 진짜 목적은 성별분업이라는 가치관에 어긋나는 여성을 처단 혹은 계도하는 것에 있다. 또한 현실적으로 여성은 자신의 경제력이 있을 때 자신의 권리를 확보할 수 있으나, 1990년대 미디어는 여성이 '전업주부'일 때 최고의 권리를 누릴 수 있다고 선전했다. 그리고 이를 통해 자신의 경제력이 있는 여성을 불행한 존재로 만들어버렸다. 또한 남편의 사랑을 받을 수 있는 아내의 나긋한 성격과 애교가 여성이 편안하게 살 수 있는 무기가 될 수 있다고 암암리에 광고했다.

1990년대에 박지은과 같은 고학력 여성이 사회적 권력과 경제적 안정을 얻기는 어려웠다. 그러나 전문직 약사와 TV CF에 등장하는 인지도 있는 모델은 경제력을 확보할 수 있었기에 상대적으로 결혼의 이데올로기에 얽매일 필요가 없었다. 이 점에서 1990년대에 보다 혐오스러운 존재는 '고학력 여성'이 아니라 '경제력을 확보한 여성'이었고, 〈사랑이 뭐길래〉에는 이러한 1990년대 여성혐오의 논리가 잘 드러난다.

제4장

이혼녀, 범죄자의 형상을 한

1. '나쁜' 이혼녀의 탄생

여성의 독립(성)과 경제력이 상관성이 있다는 것은 근거가 있다. 1967년에 초등학교 교사인 한 아내가 남편이 "결혼 후 3개월 만에 뚜렷한 이유 없이 직장을 사퇴한 후 아내에게 결혼 때 빌어 쓴 부채를 갚아야겠다는 것을 구실로 친정에 가서 돈을 가져오라고 졸라대는가 하면 폭언을 퍼붓고 때로는 손찔까지 가했"다며 남편을 상대로 이혼소송을 제기한다. 이 여성이 "제기한 이혼신청 사건은 법원의 끈덕진 화해조정과 남편의 이혼 반대에도 불구하고 '인간 이하로 취급하고 행패만을 부리는 남자와는 도저히 원만한 가정생활을 이룰 수 없다'는 아내의 주장의 받아들여"져, 재판은 "아내가 4만 원의 손해배상을 내고 이혼하도록 매듭지어"졌다.[1] 1950~1960년대 가치관으로는, 오늘날의 경우와는 다르게, '아내의 인내'가 중요하게 여겨져 아내가 오히려 위자료를 내고 어렵게 이혼한 경우라 할 수 있다. 그래서 이 사건은 "여성 측이 남편에게 손해배상이나 위자료 등을 주고 이혼을 성립시킨 색다른 사건"으로 다루어진다.[2] 여성이 스스로 안정된 경제력을 확보하기는 대단히 어려웠고, 사회 분위기상 이혼녀는 평범하지 못한 여성으로 치부된 1960~1970년대의 일이다.

그런데 1980~1990년대에 이르면, 미디어에서 기혼 여성은 갑자기 참지 않고 당당히 남편에게 이혼을 요구하는 존재로 전이된다. 1980~1990년대는 성평등 관련 법이 제정되는 등 '여권신장'의 시기임이 부각되면서 여성에게 이혼이 쉬워진 것처럼 여겨졌다. 실제로 많은 단체에서 여성의 권리를 위한 법 개정을 요구했고, 실제로 법 개정이 이루어지기도 했으며, 남편이 이혼한 부인에게 위자료와 자녀의 부양료를 주어야 한다는 여론이 형성되기도 했다. 특히 1991년 개정 민법이 시행된 이후, "91년 6월 서울가정법원은 처음으로 가사노동 대가를 부부재산의 50%로 인정했다. 전업주부가 남편을 상대로 낸 소송에서 '위자료 외에 결혼 뒤 모은 돈 절반을 지급하라'는 판결이 나왔다." 이혼 시 여성이 양육권을 가져오는 것도 보다 쉬워졌다.[3]

그러나 실질적으로 1980~1990년대 한국사회에서 여성이 이혼을 먼저 제기하거나 이혼녀로 사는 것은 쉽지 않았다. 1980년대에는 남편의 상습폭행이 이혼사유가 될 수 있다는 것, 여성의 혼전 성경험이 이혼사유가 될 수 없다는 것이 기사로 나오는 정도로만 상황이 바뀌었을 뿐이다.[4] 여전히 많은 아내가 남편의 부정과 폭력에 시달리면서도[5] 경제력이 없기 때문에 혹은 아이를 키우지 못하게 될까 두려워[6] 이혼을 선택하기 어려웠다.[•] 그리고 1980년대는 여전히 남편이 부인

• 이 시기에 아내가 남편에게 매를 맞는다는 내용의 기사는 매우 빈번하게 등장한다. 한 칼럼에서는, 아내가 매를 맞는 이유는 "남편의 옷 위에 자신의 옷을 걸었다는 것 등"의 사소한 것까지 있으며, "놀라운 것은 남편만이 아니라 아내 자신이 맞을 수 있다고 생각하고 있는 사실이다. 전화[여성의 전화]를 해왔던 많은 부인들이 매를 맞는 것을 억울해 하면서도 그것을 문제 삼기보다는 이제 와서 남편이 날더러 나가라고 한다든지 남편이 다른 여자를 가까이하는데 아예 나를 버리면 어떻게 하나

의 혼전 성경험 사실을 알고 나서 이혼을 요구하던 시기였다.[7] 신혼여행 중 남편이 아내의 "처녀성을 의심하며 밤새도록 남자관계를 추궁"하거나, 남편이 자신의 혼전 성관계를 말하는 것은 상관없지만, 아내가 "중3 때 성피해를 당한 것을 말했더니 구타"당하는 일이 발생하기도 한다.[8] 여성들은 자신의 혼전 성관계가 탄로 나 남편에 이혼을 당할까 노심초사했다. 또한 여권이 신장함에 따라 며느리가 시댁에 복종하지 않는다는 분위기가 조성되었지만,[9] 현실은 이와 달랐다. 남편이 친정에 극심한 횡포를 부리거나, 시어머니가 결혼생활(부부생활)을 방해해 이혼을 원하는 경우[10]가 주를 이루었고, 기혼 여성이 시어머니를 밥을 안 주고 굶기는 학대를 하는 등으로 이혼에 이르는 기사[11]는 드물었다. 그리고 여성이 이혼을 제기하다가 남편에게 토막 살해를 당하거나 자녀 혹은 아내의 부모나 식구까지 남편에게 살해당하는 등의 끔찍한 내용이 빈번하게 기사화되며,[12] 이혼한 전처의 현재 남편까지 살인하는 전처 남편도 있었다.[13]

1980~1990년대에는 여대생도 취업하기 어려운 상황이었던 만큼 이혼한 전업주부가 경제적 능력을 갖기는 더욱 어려웠다. 남편이 새 여자가 생겨 먼저 이혼을 요구하는 일이 생길지라도 아이들의 장래 때문에 남편을 간통죄로 고소도 못하고 자신의 미래를 걱정하는 것이 평범한 아내의 모습이었다.[14] 그러나 이 시기에는 여성에게 부당한 현실의 상황과는 별개로 이혼의 모든 원인을 여성에게 찾는 분위기가 형성되기 시작한다.

이처럼, 1980~1990년대를 1950~1960년대/1970년대와 비교할 때 그 존재성이 완전히 변화한 여성은 바로 '이혼녀'다. 1950~1960년대/1970년대에 동정의 대상이었던 이혼녀는 1980~1990년대에는 갑자기 상상할 수 있는 모든 혐오

걱정이 더 크다"라고 말하고 있다(〈(여성 칼럼) 매 맞는 아내—"맞을 수도 있다"는 생각이 더 문제〉, 《동아일보》, 1984. 2. 9, 7면).

스러운 이미지를 뒤집어 쓴 존재가 되어버린다. 1980~1990년대에 '이혼녀'는 단란한 가족을 무너뜨리는 최대의 적으로서, 그녀들을 악의적으로 다룬 기사가 넘쳐난다. 공식적 통계 결과보다는 부분적 사실을 지나치게 확대해 보도하거나, 개인적 견해를 일반화하는 경우가 눈에 띄게 나타나는 것이 특징이기도 하다.

1980~1990년대에는 먼저, 대학 교육을 받거나 경제력이 있는 여성이 부정적으로 이미지화된다. 아내의 교육수준이 높을수록 가정에 갈등이 많이 일어나고, 여성의 경제력과 사회적 권리가 향상됨으로써 이혼율이 증가한다는 식의 이야기가 자주 기사화된다.[15] 이혼의 핵심 사유가 여성의 '경제력' 때문은 아닐 텐데도 외국 사례를 빌려 여성이 돈을 벌 수 있다는 자신감이 가정 존립에 위협을 주는 것처럼 형상화되기도 했다

> 부인이 남편보다 더 좋은 직업을 갖고 돈도 더 많이 벌 경우 그 부부는 성생활이 불편해지고 사랑의 느낌도 줄어들 뿐 아니라 상호 심리적·신체적 공격 위험성이 커져 이혼할 확률이 대단히 높을 뿐 아니라 〔남편이〕 심장병으로 일찍 죽을 확률이 많은 것으로 밝혀졌다. (…) 부인이 고성취자일 경우에는 〔남편이〕 부인으로부터 심리적으로 조종을 당하거나 경멸을 받아 일찍 죽는 불행이 발생한다고 사회학자들은 밝히고 있다.
>
> — 〈(해외 여성) 아내가 사회적 지위 높으면 이혼율 높다—상호공격성 강해 마찰 잦아, 남편은 심장병 걸릴 위험 많아, 간호원·비서 등 여성적 직업은 무관〉(《경향신문》, 1982. 11. 29, 10면)

또한 실질적으로 남편의 불륜이 압도적으로 많고, 남편이 가정을 돌보지 않는 경우가 대다수인데도 기사의 내용은 그 반대로 서술된다. 이혼한 부부의 재판자료를 분석한 기사에서는 통계결과를 통해 다른 이유에 대한 고려 없이 이혼 원인과 여권신장을 연결하고 있다.

〔대법원이 재판자료로 낸 〈가정파탄의 법정 원인과 실태〉 분석에 따르면〕 (…) 또 80년에 이혼한 부부의 이혼 원인을 보면 부정행위가 전체의 48.88%(5419건)로 가장 많았으며 이 중 여자의 부정이 2781건, 남자의 부정이 2638건으로 여자의 부정이 이혼 원인이 되는 경우가 남자보다 더 많은 것으로 나타났다. 여자의 부정으로 인한 이혼은 79년도에도 비슷해 2846건으로 남자의 부정 2456건보다 많은 것으로 집계됐었다. 이혼 원인 중 두 번째로 많은 것이 상대를 돌보지 않는 이른바 '악의의 유기'로 전체의 17.66%(1956건)를 차지했는데 그중 여자가 남자를 돌보지 않은 경우가 1088건으로 남자가 여자를 돌보지 않은 868건보다 많아 여권이 크게 강화됐음을 보여주고 있다.

— 〈(대법 소송 이혼 분석) 결혼 5년 내가 "이혼의 고비"—80년 한 해 1만1천 쌍 헤어져, 전체의 60.5%로 초년 파경 늘어, 원인은 '부정'이 48.9%로 으뜸〉(《경향신문》, 1982. 9. 2, 7면)

특히 1980~1990년대에는 여권이 신장되어 여성이 주도적으로 이혼소송을 한다는 기사[16]가 빈번하게 등장하지만, 이는 사실이 아니다. 이혼신청자가 남자보다 여자가 많다는 것이 현 시기의 특징이라는 내용은 1950~1960년대/1970년대에도 찾을 수 있으며, 여성이 먼저 이혼소송을 제소하는 비율은 1960년대 초반 80퍼센트에 이르렀다.[17]

1980년대에 "여권신장"이라는 말은 혐오 여성이 된 이혼녀의 존재성과 밀접하게 결부되면서 부정적 사회문제를 불러오는 징후처럼 사용되었다. 여성의 권리가 신장되면 뭔가 문제가 생길 수 있다는 이상한 논리를 만들어내는 것이다. 또한 아이러니한 사실은 1980년대 이루어진 통계에서 남편의 이혼 청구가 조금 더 많아지는 경우에도 그 원인이 아내의 잘못으로 서술된다는 것이다. 남편의 이혼 청구가 늘어난 이유는 이혼 요구에 아내가 순순히 응하지 않아서, 혹은 여성의 경제적 자립으로 아내의 가출이 늘어났기 때문이라고 설명된다.[18] 결론적으로,

이혼 청구가 남성이 많든 여성이 많든 통계 결과에 상관없이 여성이 부정적으로 서술되고 있는 것이다.

요컨대, 1980년대에 "여권신장"이라는 개념은 "가정윤리의 붕괴, 가족 간 유대 의식의 희박 등" 부정적 맥락에서 사용되면서 온갖 사회문제의 원인이 된다.[19] "그리고 이 시기부터 바로 전통적 가치관에 위배되는 아내의 품성이 부각되었다. 이제 여성들은 과거 전통적 가정에서와 달리 인내를 미덕으로 삼지 않기 때문에 더는 참지 않고 과감히 이혼을 주장한다는 것이다.[20] 극단적 경우로, 어떤 여성이 "부부싸움 끝에 홧김에 합의이혼서에 도장을 찍고 법원에 와서 수속을 밟았는데 재판관이 적극적으로 말려주지 않고 데꺽 도장을 찍어주"어서 지금 머물 곳도 없다며 통곡하는 내용을 담은 기사도 있다.[21] 신문에는 아내들이 제기하는 이혼사유로 남편의 외도, 과한 음주, 결혼 전 애인을 잊지 못하는 것, 결혼기념일과 생일을 기억하지 못하는 것 등이 서술되고 있으며, 이 사유는 전통적 관념에서 충분히 감내할 수 있는 것이라 설명된다.[22]

그리고 과거에는 부부가 이혼할 때 '배우자의 부정' 등 명확한 사유가 있었다면, 이제는 아내가 '추상적 사유'를 내세우는 것이 비판된다. 〈이혼…'여성 청구'가 더 많다—작년 2만여 건 중 52%…사유도 주관적-추상적〉[23]에서는 아내가 '남편의 의처증, 주벽, 성격 차이, 애정 결핍, 성적 부조화, 경제 파탄'의 문제로 이혼하는 것이 부정적으로 서술되고 있다. 그러나 앞서 서술했듯이 1980~1990년대에도 남편의 부정과 폭력이 이혼의 핵심 사유였다는 점에서 '남편의 의처증' 등을 추상적 사유로 간주하기는 어렵다.

이뿐 아니라 1980~1990년대에는 이혼을 원하는 여성이 성적 측면에 집착한다는 인상을 주는 내용의 기사가 점차 많아진다. 미국 등 외국의 보고서가 언급되면서, 이혼의 중대한 사유로 '성적 불일치'가 떠오르는 것이다. 동시에 생활의 여유가 생기면 욕구를 충족시키지 못해 우울증이 생긴다고 하면서 특히 중년

「참는 美德」 부족한 젊은世代

離婚 너무 쉽게 한다

합의·調停않고 裁判 직행

거의 여성提訴 "子女 뒷전"

相談 67%가 3년이하 夫婦

지난해 4천5백79쌍 헤어져 서울

法개정 전의키로

老婆 패

〈'참는 미덕' 부족한 젊은 세대, 이혼 너무 쉽게 한다—합의·조정 않고 재판 직행, 거의 여성 제소 "자녀 뒷전", 상담 67%가 3년 이하 부부, 지난해 4천5백79쌍 헤어져 서울〉(《조선일보》, 1982. 3. 18, 11면)

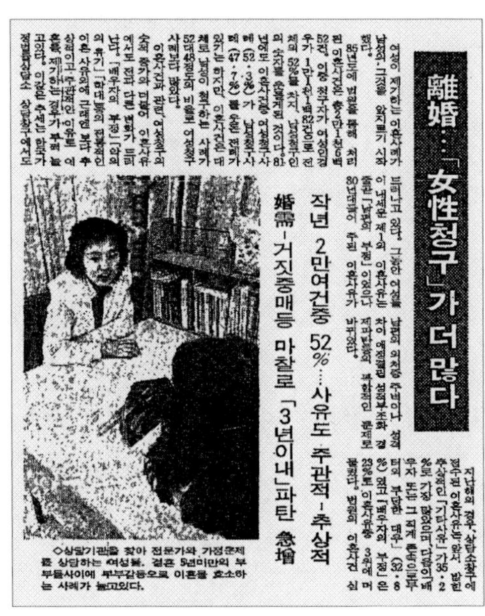

離婚…「女性청구」가 더 많다

작년 2만여건중 52%…사유도 주관적-추상적

婚需-거짓중매등 마찰로 「3년이내」파탄 急增

여성이 제기하는 이혼사례가 남성의 그것을 앞지르기 시작했다.

85년도에 법원을 통해 처리된 이혼사건은 총2만1천6백52건. 이중 청구자가 여성인 경우가 1만1천1백82건으로 전체의 52%를 차지, 남성청구인의 숫자를 앞지르게 된 것이다. 81년에도 이혼사건중 여성청구사례(52·3%)가 남성청구사례(47·7%)를 앞선 전례가 있기는 하지만, 이혼사건은 대체로 남성이 청구하는 사례가 52대48정도의 비율로 여성청구사례보다 많았다.

이혼사건과 관련, 여성청구의 숫적 증가와 더불어 이혼사유에서도 전과 다른 변화가 드러난다. 「배우자의 부정」「악의의 유기」「학대」등의 전통적인 이혼사유외에 근래엔 보다 추상적이고 주관적인 이유로 이혼을 제기하는 경우가 부쩍 늘고있다. 이같은 추세는 한국가정법률상담소 상담창구에서도

드러나고 있다. 그동안 여성들이 내세운 제1의 이혼사유는 「남편의 부정」이었으나 80년대에 추세 이혼사유가 바뀌었다. 남편의 외처등 주벽이나 성격 차이 애정결핍 성적부조화 경제파탄등의 복합적인 문제로

지난해의 경우, 상담소창구에 접수된 이혼사유는 밝힌 추상적인 「기타사유」가 35·2%로 가장 많았으며 다음이 배우자 또는 그 직계 존속으로부터의 부당한 대우」(32·8%)였고 「배우자의 부정」은 23%로 이혼사유중 3위에 머물렀다. 법원의 이혼사건 심

◇상담기관을 찾아 전문가와 가정문제를 상담하는 여성들. 결혼 5년미만의 부부들사이에 부부갈등으로 이혼을 호소하는 사례가 늘고있다.

〈이혼…'여성 청구'가 더 많다—작년 2만여 건 중 52%…사유도 주관적-추상적, 혼수-거짓 중매 등 마찰로 '3년 이내' 파탄 급증〉(《조선일보》, 1986. 8. 5, 6면). "상담기관을 찾아 전문가와 가정 문제를 상담하는 여성들. 결혼 5년 미만의 부부들 사이에 부부갈등으로 이혼을 호소하는 사례가 늘고 있다."(기사의 사진 설명)

여성들의 마음의 병이 우려된다.[24]

> 특이한 이혼사유도 쏟아졌다. (…) 95년엔 매일 1회 성관계를 원하던 30대 주부가 이혼을 허락받았고, 이듬해엔 결혼 후 한 번도 정상적 부부관계를 갖지 못한 남편이 이혼하면서 위자료 4천만 원을 물기도 했다. 당시 심인성 발기부전증이던 남편은 부인이 지어준 보약을 마다하다가 이혼당했다. 낭비벽과 도박벽, 가정형편에 비해 과다한 교회 헌금도 이혼사유가 된다는 판결도 있다. 지난해 11월에는 잠꼬대로 다른 여자 이름을 부른 남자가 이혼판결을 받았다. 경마에 중독된 남편이 이혼당하는가 하면, 96년 4월엔 단지 '경제적으로 무능력하다'는 이유로 30대 남자가 이혼을 당해 남자들을 한숨짓게 했다.
>
> —〈(이혼 그리고 재혼) 91년 후 여권신장…특이 판결 봇물〉(《조선일보》, 1997. 9. 30, 35면)

1980~1990년대에는 "여권신장"이라는 말이 광범위하게 사회적으로 퍼져나갔고, 마치 한국사회에서 여성들의 권리가 남성보다 우월한 것으로 착각하게끔 사회 분위기가 주조되었다. 그러나 미디어가 조성한 것은 '거짓 분위기'에 불과했고, 이 시기 현실에서 여성의 위치가 남성과 평등해진 것은 결코 아니었다. 이런 상황에서 이혼녀는 여권신장의 부정적 이미지와 맞물리면서 혐오적 대상으로 형상화되었다. 동정을 받을 수밖에 없었던 불쌍한 이혼녀들은 갑작스럽게 단란한 가족을 무너뜨리는 적으로 전이되어 배제되어야 할 사회악으로 위치되었다. 사회를 균열시키는 악랄한 범죄자 혹은 파렴치한 범죄에 시달릴 수밖에 없는 자, 문란한 성적 타락자이자 모성이 제거되어 내연녀보다 못한 어머니가 되어버린 그녀들. 이혼녀는 하루아침에 혐오 여성으로 '등극'한 것이다.

2. 모성이 제거된 이혼녀, 단란한 가족의 '공공의 적'인

이혼녀, 문란한 여성의 전형이자 사회적 관리의 대상인

여성은 이혼을 하게 되면 빈곤층으로 전락할 확률이 높고, 국가의 입장에서는 관리해야 할 대상이 된다. 1980~1990년대 미디어에서는 미국에서 이혼녀나 과부가 된 여성이 빈곤층으로 전락하는 비율이 빠르게 늘고 있으며 사회적으로 문제가 되고 있음이 심각하게 보도된다. "특히 과부 빈곤층은 자녀들에게 가난밖에 물려줄 것이 없다"라고 주장되며, 근본 대책의 필요성이 강조된다.[25] 〈'길에 사는 여인'…미(美)에 2백만 명〉[26]에서는 미국에서 집 없이 생활하는 여성은 정신적 결함이 있어 가출했거나 추방당한 존재로, 단순히 집이 없는 것이 아니라 '가정'이 부재한 방랑자들이기 때문에 국가의 커다란 문젯거리이자 관리 대상이라고 서술된다.

미국 사례만 아닌 한국 사례를 소개한 기사에서도 비슷한 양상이 나타난다. 편모들은 심각한 경제적 어려움을 겪고, 그에 따라 자녀교육에 문제가 생김으로써 사회적 관리가 필요하다는 것이다.[27] 미디어에서는 여성에게 이혼이 능사가 아니라고 경고를 한다.[28] 그 이유는 이혼녀가 할 수 있는 일이 많지 않아 경제적으로 독립하기 어려우며, 외로움으로 범죄에 노출될 확률이 높아지기 때문이라고 언급된다. 이는 물론 실제 이혼녀가 느낄 수 있는 어려움이기에 타당성은 있으나, 이혼녀가 쉽게 문란하게 될 것이라 유추하게 만든다는 점에서 문제적이다. 즉, 그러한 기사에서 이혼녀가 쉽게 술집에서 남성에게 웃음을 파는 일을 하거나, 외롭다고 쉽게 남성을 사귀게 된다는 편견을 마주할 수 있는 것이다.

> 아이가 몇 되는 중년에 이르면 친정 복귀가 그리 쉽지 않다. 집 한 간이라도 갖게 된 형편이라면 방세나 놓으면서 아이나 보고 살겠다는 아주 소박한 사람도

여성개발원 저소득층 千9百가구 조사

홀어머니家庭

經濟·자녀교육 어려움

월평균 소득액 16만7천원 정도

87%가 홧병증세…정서갈등 심해

모자복지법 제정 생계비보장등 필요

〈(여성개발원 저소득층 1900가구 조사) 홀어머니 가정—경제·자녀 교육 어려움, 월평균 소득액 16만 7000원 정도, 87%가 홧병 증세…정서 갈등 심해, 모자복지법 제정 생계비 보장 등 필요〉(《동아일보》, 1988. 9. 15, 9면). "여성단체가 마련한 '모녀 캠프'에서 딸과 한때를 보내는 편모들. 모자가족을 위한 사회 지원 확대가 시급하다는 연구 조사 결과가 나왔다." (기사의 사진 설명)

있다. 아직도 얼굴에 자신이 있는 여자라면 '물장사' 생각도 할 일이다. 다방이나 경양식, 아니면 양품점·의상실 등이다. 물론 경험이라고는 백지다. 궁여지책이기는 하지만 정말 뜬구름 같은 계획이다. 그것이 얼마나 힘든 일인가는 해보지 않고는 모른다. (…) 밤이면 몰려오는 고독의 물결은 당신의 가슴을 아프게 할 것이다. 결혼에는 많은 고통이 따른다. 하지만 혼자 사는 사람에겐 고독의 고통이 크다. (…) 이혼은 인간적인 고독을 이겨낼 수 있는 사람만이 누릴 수 있는 특권이기 때문이다.

— 〈(중년여성) 이혼이 '불행한 결혼'만 못할 수도 있다〉(《조선일보》, 1983. 12. 18, 6면)

1980~1990년대에는, 아내가 가출하는 이유가 남편의 경제적 무능력이나

폭력 때문이라 할지라도, 기사에는 아내가 남편에게 성적 불만을 갖거나 허황된 꿈을 좇은 것으로 왜곡되어 서술되는 경우가 많았다.[29] 이 점에서 이혼녀는 그 자체로 사회적으로 허용될 수 없는 존재였다. 이혼녀는 자신을 보호해주는 울타리를 스스로 벗어난 것으로 간주되었고, 그렇기에 빈번하게 범죄의 대상이 되었다. 특히 부유한 이혼녀는 범죄자들의 타깃이 되어 납치를 당하거나 사기를 당한다고 언급되었다.[30] 또한 그녀들은 남성과 돈 문제 등으로 다투다가 험악한 방법으로 살해당하거나, 하의가 벗겨진 시체로 발견되었다는 내용의 기사도 있다.[31]

이뿐 아니라 이혼녀 혹은 이혼을 하려는 여성은 돈과 성적 자유를 얻기 위해 폭력과 살인을 하고, 모사(謀士)에 능하면서 문란한 존재로 이미지화된다. 이혼녀를 문란하고 파렴치한 존재로 형상화하는 기사는 1990년대에 이르러 대거 보인다.[32] 일례로, 같은 마을에 사는 남성과 정을 통하며 여행을 다닌 아내가 남편에게 이혼을 요구했으나 거절당하자 남편에게 극약을 먹인다. 그러고는 남편이 "잠자다 숨졌다"며 장례 준비를 하는 섬뜩한 행동을 한다. 기사에는 아내가 남편 명의로 생명보험에 가입한 돈을 타내려고 한 범행으로 서술된다.[33]

이혼녀들은 치정에 얽힌 살해 사건의 주인공으로도 등장하는데, 대표적으로 이혼녀와 그 두 자녀가 시체로 발견된 경우를 생각할 수 있다.[34] 이 사건은 여러 신문에서 수차례 보도되었다는 점에서도 주목할 만하다. 30대 이혼녀와 그녀의 두 자녀가 심하게 부패된 상태에서 발견된 사건인데, 결국에는 동거했던 남성이 여성에게 많은 돈을 요구했다가 거절당하자 여성을 살해한 것으로 밝혀졌다. 경찰서에 40대로 추정되는 한 남자가 사람이 죽었으니 확인해보라는 전화를 걸어왔고, 사건이 일어나기 전 한 동네 주민이 죽은 여성과 어떤 남자가 심하게 다투는 모습을 목격했다는 것에 따라 이혼녀의 타살 가능성이 제기된다. 그런데 이 사건을 다룬 기사에는 다음의 세 가지 점에서 '이혼녀'에 대한 편견이 드러난다. 첫째, 발견되었을 당시 이혼녀는 상반신이 '알몸'인 채 침대에 누워 있었고, 둘째,

죽은 이혼녀는 '남자 친구가 많고 채무관계도 복잡했다'는 가족과 주민 및 제보자의 증언 등이 있어 이혼녀는 성적으로 문란하고, 경제적으로 어렵다는 편견과 셋째, 이혼녀가 자신의 '복잡한 사생활을 비관해 자녀와 동반자살'을 했을 가능성이 제기되면서 이혼녀는 모성이 제거된 존재이고 사회적 관리의 대상이라는 편견이 그것이다.

> 숨진 박 씨는 검은 바지 차림에 상반신은 알몸인 채 건넌방 침대 옆에 반듯이 누워 있었고, 두 자녀는 안방의 침대에 나란히 누워 이불이 덮여져 있었다. (…) 경찰은 박 씨가 남자 친구가 많고 채무관계도 복잡했다는 가족과 주민 및 제보자의 말에 따라 이런 문제로 살해됐을 가능성이 높은 것으로 보고 사체의 부검을 국립과학수사연구소에 의뢰했다. (…) 그러나 경찰은 현관이 잠겨 있었고 외부에서 출입한 흔적이 없으며 집 내부가 정돈돼 있는 점 등으로 미루어 박 씨가 두 자녀를 목 졸라 죽인 뒤 자신의 방에서 극약을 먹고 자살했을 가능성에 대해서도 조사 중이다.
>
> — 〈일가 3명 의문의 변시(變屍)로—30대 이혼녀-두 자녀, 40대 남자 제보…타살 가능성, 흉기 찔린 채 심하게 부패…자살 여부도 수사〉(《조선일보》, 1991. 1. 19, 19면)

요컨대, 미디어에서는 이혼녀가 '알몸'으로 죽어 있던 것과 그녀의 '많은 남자 친구'를 강조함으로써 이혼녀가 문란했을 것이라는 선입견을 강화하고 있다. 그리고 결국에 사건은 타살로 종결되었으나 이혼녀가 자녀를 죽였을 가능성을 처음부터 강하게 열어두었던 점에서 죽은 여성은 억울하게도 극악한 어머니로 추락하고 말았다.

그런데 이혼녀의 재생(再生)은 가족 안에서 어머니의 지위를 얻는 순간 가능해진다. 어려운 경제 상황에서 두 남매를 키우며 미용사로 일하던 이혼녀는 어느 날 택시 기사에게 돈을 빼앗기고 길바닥에 내던져진다. 그녀는 택시 차량번호를 알 수 없어 신고가 불가하다는 말에 화가 나 경찰에게 행패를 부리다가 공무집행방해 혐의로 구속된다. 그러나 배고픈 동생과 학교를 휴학하고 식당에서 일을 하겠다는 누나가 "재판장님, 엄마를 한 번만 용서해주세요"라는 애절한 편지를 보내자, 재판부는 직권으로 전례 없는 낮은 보석금을 매기고, 즉석에서 판사와 검사가 돈을 보태 보석 절차를 마치고 이혼녀를 풀어주기도 한다.[35] 공권력에 '행패를 부린 여성'은 자녀를 통해 어머니이자 가족의 가장으로 그 존재성이 전이될 수 있었다. 하지만 이혼녀는 홀로 어렵게 아이를 키우는 가장이기에 양육비를 기사에게 뺏겨 앞이 막막했을 것이고, 파출소에서 슬픔과 분노의 감정을 표출했을 것이다. 물론 이 여성도 잘못이 있지만, 사실 진짜 범죄자는 택시 운전사다. 그러나 1980~1990년대 미디어에서 이혼녀는 무조건 '악녀'로 배치되었기에 여성이 처한 상황은 간과되고 여성의 죄만 부각된 것이다.

1980~1990년대에 미디어에서 '이혼녀'는 성적으로 문란할 뿐만 아니라 도덕성이 부재한 여성으로서, 가정을 돌보지 않고 자신의 쾌락과 안위만을 우선시하는 이미지로 주조된다. 그러나 실질적으로 이혼(을 하고자 하는 여성)녀의 악마성은 다른 사건에서 더 극적으로 찾을 수 있다. 한 아내는 "술만 먹으면 욕을 하는 등 폭행을 일삼고, 이혼을 해달라는 자신의 요구를 들어주지 않"는 남편을 더는 참고 살 수 없어, "망치로 남편의 얼굴을 10여 차례 내려치고 식칼로 온몸을 찔러 숨지게" 한 후, 그에 따라 감옥에 들어간다.[36] 이처럼, 이 시기 아내의 위치는 남편을 죽이지 않으면 이혼 뒤에 그녀 자신들이 죽음에 이르고 마는 이혼녀들의 모습[37]에서 찾는 것이 논리적으로 맞을 것이다. 술 취해 자신에게 행패를 부리는 남편을 죽이는 아내들,[38] 딸만 낳는다는 시댁 식구의 구박에 아기를 살해하거나, 딸을 구박하는 남편이 미워 자녀를 죽이는 악녀들의 모습[39] 속에서 이 시기 이혼녀의 실상을 알 수 있다는 것이다.

가족을 살해하는 이혼녀의 기사는 많지만, 1980~1990년대 신문들은 이 악녀들의 속사정을 깊게 들여다보지 않는다. 악녀의 속사정을 읽으려는 기사조차도 남편의 잔인한 폭력에 지쳐 남편을 살해한 여성을, 기사 제목을 통해, '위험한 돌발 행동'("공포 못 이긴 주부 돌발행동 위험")을 해서 '의외의 비극'("가정폭력, 누적되면 '의외의 비극' 부른다")을 만든 존재처럼 묘사하는 경향성이 드러난다.[40] 이 시기는 여성이 이혼을 해야만 하는 상황에는 관심이 없었다. 치정에 얽혀 살해하거나 살해당한 이혼녀의 문란함만을 가십거리로 삼을 뿐이었다.

조강지처, '흔적'으로 존재하는 불륜녀/내연녀에 밀려난

일반적으로 본처는 조강지처로서 그 존재성이 인정되고, 내연녀는 '타도'의 대상으로 격하되는 경향성이 있다. 그러나 1980년대 신문에서 남편의 부정과 두 집 살림을 하는 세태를 이전처럼 비판적으로 서술한 기사를 발견하기는 어렵다. 반면, 놀랍게도 남편의 불륜 때문에 이혼한 여성들이 남편의 내연녀보다 못한 존재로 명확히 이미지화된다. '내연녀'를 치정 서사에서 제외시키고 조강지처의 부정적 측면을 강조함으로써, 두 여성이 정면 대결 하는 것을 되도록 피하게 만드는 스토리텔링이 새롭게 등장한 것이다.• 이처럼 조강지처와 내연녀의 갈등을 부각하지 않는 미디어의 태도는 1980~1990년대의 시기적 성격을 드러내는 매우 독특한 특성이라 할 수 있다. 1950~1960년대에 미디어에서 본처는 남편의 첩보다 무조건 우월한 지위에 있었다면, 1980~1990년대에 미디어에서 조강지처로서 본처의 위치는 서서히 흐려진다.

조강지처로서 본처의 위치가 퇴색되는 면모는 다음의 사례에 잘 드러난다.

• 이 책에서 강조하는 것은 내연녀나 계모가 선하거나 악하게 묘사되었다는 것이 아니다. 남편-아내-내연녀의 치정 서사에서 내연녀가 강조되어 갈등을 일으키는 주체로 나오지 않고 그저 그런 존재가 있었다는 '흔적'으로만 묘사되는 점을 주목하고자 한다.

기사를 보면, 새 여자가 생긴 남편이 아내를 버리고 버림받은 아내는 아이와 헤어진 채로 생계도 막막하게 되었지만, 본처는 동정의 대상으로 위치되지 않는다. 남편이 아내보다 연하이기 때문에 이 결혼이 처음부터 문제가 있으며, 본처가 자신의 자식이 이혼한 남편의 집에서 학대받는다고 생각하는 것은 본처의 망상에 불과하다고 이야기된다. 도리어 경제력 없는 본처가 아이들을 방치하고 영양실조로 만드는 등 학대를 하는 내용이 서술된다.

> 부인은 그녀 자신의 결혼생활의 실패가 오로지 그녀 남편이 자신을 버리고 다른 곳으로 가버린 데 연유하다고 생각했다. 실제로 그녀의 남편은 그녀보다 연하로서 처음의 출발부터 책임 있는 결혼생활을 약속한 것이 아니고 한낱 불장난에 지나지 못했던 것 같다. 자신을 버리고 도망쳐버린 남편을 찾아 지난 5년간을 꼬박 헤맨 끝에 도달한 결론이 그 남편의 씨앗인 자식과 함께 죽어버리는 것이라고 생각했다. (…) 나는 부모의 불행 때문에 자녀가 입어야 할지도 모를 또 다른 불행은 최소한으로 막아야 옳다는 생각을 했다. (…) 이 부인은 그녀의 자녀가 그 남편의 집에서 모진 학대를 받기보다(실제로 학대한다는 뜻은 아니다) 자신이 데려다가 키우는 것이 옳겠다고 생각하고 몰래 그 집에 가서 남매를 훔쳐다가 뒷방에 가두어두었다. 애들한테 집 밖에 나가면 나쁜 너의 아버지가 와서 잡아가 죽일는지 모른다는 공포를 날이면 날마다 심어주었기 때문에 이 남매는 그 방을 한 발짝도 나오지 않았다. 그 부인은 행상을 떠나 집에 없는 동안은 빵을 몇 개 사서 애들에게 주곤 했다. 병원에 왔을 때 이 남매는 아주 영양상태가 좋지 못했다.
>
> — 〈(여성 건강) "자식은 내가 키운다," 위험한 고집 삼가야—남편에 대한 적개심을 자녀들에 투사로 복수〉(《경향신문》, 1980. 4. 16, 4면)

또 다른 기사에서는 한 아내가 가난한 남성을 만나 결혼 후 넉넉한 형편의 가정을 만들었으나 남편에게 이혼을 당한다. 남편은 처음에는 재산을 불리는 아내가 고마웠지만, 재산이 어느 정도 모이자 아내가 가정일에만 전념하는 주부가 되길 바란다. 그런데 아내가 여전히 돈 모으는 것에만 흥미를 두자, 남편은 재산을 모두 거부하고 젊은 여자와 재혼한다. 신문에서는 아이들이 생모보다 계모에게 더 잘 양육될 것이라거나, 새 아내는 옛 아내보다 훨씬 따뜻하고 인간답다는 식으로 이야기된다.

> 남편이 돈이 다 떨어지면 하찮은 여자에게 버림받고 거지꼴이 되어 찾아오겠지만 절대 용서하지 않겠다고 다짐한다. 그러나 남편은 돈 외에는 사는 의미를 잃어버린 김(金) 여사에게 이제 진저리가 쳐진다. 아내의 공로도 인정하고 남들이 자신을 손가락할지 모르지만 집에서 보지 못했던 순진한 애정으로 자기를 의지하고 따뜻이 대해주는 새 여자와의 생활이 훨씬 인간답다고 주장한다.
>
> —〈(행복 찾기 39—흔들리는 현대가정 현장에세이) 돈의 노예된 아내—"잘살아보겠다" 욕심이 끝내 파경 불러〉(《경향신문》, 1985. 9. 9, 6면)

1980~1990년대 미디어에는 남편의 불륜을 목격해서 아내가 이혼까지 생각하는 이야기들이 기사화된다. 인물들의 감정과 세부 행위까지 구체적으로 서술되어 소설인 듯한 기사도 있다. 기사에서 '내연녀'의 존재는 '바람'처럼 사라지고 없기 때문에 남편의 외도 행위는 '흔적'처럼 남아 있다. 이 까닭에 본처의 모욕감과 분노는 내연녀와의 정면 대결로 이어지지 못한다. 오히려 "외도 들킨 남편의 거짓말에 안도감이…", "'아니다'라는 남편의 말은 아내와 가정에 대한 그의 애정의 표시라고 믿고 싶었다." "정말 이혼할 마음이 없다면 상대를 막다른 골목까지 몰고 간다든지 자신의 부정을 정직하게 고백하지 않는 것이 좋다. 거짓말도 때로

는 부부 사이의 중요한 예의가 된다"는 말로서 남편의 도덕적 결함을 공론화하는 것을 봉쇄해버린다.[41]

주목해야 할 것은 미디어에서 1950~1960년대에는 축첩하는 남편의 도덕성을 적극적으로 문제 삼았다면, 1980~1990년대에는 남편의 부도덕한 성관계에 윤리적 물음을 던지는 경우가 현저하게 줄어들었다는 사실이다. 1980~1990년대에 남편이 도덕적 가부장이 될 수 있었던 까닭은 미디어에서 남편의 부정한 행위를 문제 삼기보다 남편을 바람까지 나게 만든 아내의 '나쁜' 성격을 강조했기 때문이다. 1990년대에 이르러 미디어에서 이혼녀는 '호색녀'로 이미지화되었고, 기혼 남성의 불륜이 기혼 여성보다 훨씬 많다는 사실도 제대로 기사화되지 않았다. 그래서 1980~1990년대에는, 1950~1960년대와는 다르게, 어려운 상황에서도 가정을 이끌어가는 조강지처의 면모가 퇴색되고 그에 따라 본처는 내연녀에게 그 잘못을 물을 수 없는 처지가 된다. 극단적 사례로 아래의 〈남편 안 믿는 아내〉에서는 "7남 1녀를 둔 양가에서 막내딸로" 자란 여성이 남편의 외도로 이혼을 두 번 하게 된 것 모두 그 여성의 잘못으로만 서술된다. 기사에서 아내는 남편에게 사랑만 구걸하는 심각한 정신적 결함이 있어 의부증이 심했고("'사랑 받는 게' 당연, 〔남편〕 외출 때마다 미행"), 그렇기에 남편은 "부인이 무의식 세계에서 원하고 있는 대로 혼외정사를" 한 것으로 묘사된다. 남편의 부정은 아내의 문제에서 비롯했다는 것이다.

> "ㄱ 부인의 문제는 혼돈된 성적 주체의식에 있었다. 8남매 중 막내로서 유일한 딸로 자랐기 때문에 여성의 역할을 배울 기회가 없었고 특히 오빠들의 특별한 관심 속에서 싹이 튼 여성이라는 자신에 대한 개념이 자신은 뭇남성으로부터 당연히 사랑을 받아야 한다는 비윤리적 사고를 갖게 했다. 이러한 무의식적 욕구를 충족시키기 위해 ㄱ 부인은 남성 편력에 나섰으며 새로운 남자를 구하

기 위해 남편으로 하여금 혼외정사에 말려들도록 유도했던 것이다. 그러면서도 ㄱ 부인은 남성을 절대로 믿지 못할 존재로 여겼다."

— 〈(우리 가정 이것이 문제다 5) 남편 안 믿는 아내—7남1녀 귀염둥이…두 번 결혼 모두 이혼, "사랑받는 게 당연" 외출 때마다 미행〉(《경향신문》, 1988. 6. 8, 8면)

이처럼, 1980~1990년대 미디어는 이혼녀를 모성이 부재한 이기적 존재로 위치시킴으로써 내연녀보다 못한 존재로 형상화한다. 그렇기에 이혼녀는 자녀에게 그리움의 대상으로 호출되지도 못했다. 이혼한 어머니가 어느 날 갑자기 아들에게 "너와 나는 이제 끝났다. 오는 28일 출소하는 아버지를 찾아가 같이 살아라"[42]라는 말을 하거나, 이혼한 어머니가 "생겨가 어려워" "자신의 딸을 사창가에 팔아넘긴" 비정한 존재로 대상화[43]되는 것도 이 시기에 등장한 현상이라 할 수 있다.

3. 이혼녀의 혐오 이미지 부각과 가부장의 도덕성 회복 메커니즘

여성의 자아실현 비판, 남편의 부정과 비도덕성 축소

1980~1990년대에는 〈"결혼 후 여성 사회활동 64%가 자아실현 목적"〉[44]과 같은 내용의 기사가 빈번하게 보이는데, 여기서 분명히 알 수 있는 것은 결혼 후에도 사회활동을 통한 여성들의 자아실현 욕구가 크다는 사실이다. 하지만 이 시기 여성들은 자신의 능력을 펼치며 꾸준히 사회활동을 하고 싶었지만 일과 가정을 양립하기가 쉽지 않았다.

〈안개기둥〉(박철수, 1986)은 1986년 영화진흥공사 제정 '좋은 영화'에 뽑혔으며,[45] 영화에서 부부로 출현한 배우 이영하와 최명길은 제25회 대종상영화제(1986)에서 남우주연상과 여우주연상을, 영화는 일반부문 우수작품상(최우수작품상)을 받는다.• 영화는 여성의 결혼과 일의 문제를 주요 내용으로 다루고 있다. "여자가 홀로 설 수 있음을 믿는 영화"와 같은 신문광고 문구를 통해 〈안개기둥〉이 페미니즘의 측면에서 만들어진 영화라는 사실을 알 수 있다. 그런데 영화에 대한 1980년대 이 시기의 평가는 좋지만은 않았다. 최명길이 연기한 아내는 가정을 바로잡기 위한 노력이 부족하고,[46] 부부가 첨예하게 대립하고 있으나 그렇다고 남편에게 큰 잘못이 있다고 보기 어렵다는 것이다. 또한 부인의 직업에 대한 남편의 독선적 태도와 부인이 작은 갈등을 참지 못하고 집을 뛰쳐나오는 것은 비현실적 설정으로 지적된다.[47]

〈안개기둥〉에서 남편("그", 이영하 분)이 자신의 친구들에게 무뚝뚝하게 행동하는 아내("나", 최명길 분)를 향해 화를 내거나, 아내가 가정 안에서 정체성을 찾는 주부가 되기를 원하는 면을 비판하는 것은 의미가 있다. 아내가 남편의 불합리한 처사에 순응하지 않고 이혼을 통해 자신의 일을 선택한 것도 감독의 페미니즘적 의도를 보여준다. 영화에서 부부 간 갈등이 일어나는 원인은 남편이 아내에게 여자다움을 강요하거나 아내가 가정일과 육아에만 집중하기를 원하는 것에서도 찾을 수 있다. 그러나 이 점만을 부각하면 문제가 생긴다. 잘못하면 아내가 남편과의 사소한 다툼을 참지 않고/못하고 자식과 결별하면서까지 자신의 자아실현에 집착하는 것으로 보일 수 있다는 점에서다. 영화에서 아내는 아이들과 친밀하지 않고 자기 일에만 열정적인 이미지로 묘사된다. 그런데 여권신장의 이미지가 이처럼 여성의 자아실현과 사회활동만을 부각하는 방향에서 형상화되면, 페미니즘이 여성 자신만을 위하는 이데올로기라는 오해가 생길 수 있다.

〈안개기둥〉에서 아내는 남편에게 가족을 위해 무언가를 해달라고 요구하지

• 이 책에서는 영화와 함께 박철수 감독, 김상수 각본, 〈안개기둥〉, 심의 대본 및 오리지널 대본(한국영상자료원 자료, 1986)을 분석 대상으로 삼았다. 〈안개기둥〉의 실제 개봉은 1987년 2월이다.

〈안개기둥〉 신문 광고.
"여자가 홀로 설 수 있음을 믿는 영화"
(《동아일보》, 1987. 2. 27, 9면)

않는다. 아내는 남편에게 가정일과 육아를 도와달라거나 다른 여자를 만나지 말라고 말하지 않는다. 〈안개기둥〉에서 여주인공 '나'는 시어머니에게 아이를 맡기고 직장에 출근을 한다. 얼마 지나지 않아 시어머니는 자신이 파출부 노릇을 할 수 없으니 며느리에게 직장을 계속 다니고 싶으면 합가를 하라고 제안한다. 시어머니가 아이를 아무 데나 맡길 수 없다는 이야기를 하면서 합가를 제안한 것이기에, '나'는 일을 포기하고 가정주부의 삶을 택하게 된다. 그런데 〈안개기둥〉에는 육아로 인해 작장생활을 지속하기 어려운 여성의 상황에 대한 문제 제기는 잘 묘사되지 않는다. 한편 '나'가 "집안 살림은 여자만 해야 한다고 누가 명령을 했나봐"라고 이야기하면서 남편과의 불합리한 가정일 분담 상황을 인식하는 장면이 있다. 그러나 '나'는 남편에게 "이제부터 밤에 애 울리면 벌금 낼 테니까 당신도 제발 집에서 짜증스런 얼굴로 큰 소리 좀 치지 말아요"라고 말함으로써 부부가 똑같이 사회활동을 하지만, 아내는 남편이 가정일을 하지 않는 것에 대해서는 크게 문제화하지 않는다. 이것은 영화의 문제가 아니라 1980년대만 하더라도 한국사회가 직장일과 가정일을 양립하기 어려운 취업주부의 고민을 심각하게 받아들이지 않았던 데서 비롯하는 것이다. 미디어에서 "경단녀(경력 단절 여성)", "워킹맘", "독박 육아"에 대한 문제 제기는 21세기 이후에 본격화된다.

영화에서 여성이 직장일과 육아를 양립할 수 없는 불합리한 상황은 거의 문제시되지 않는다. 대신 영화는 여성의 '자기정체성' 확인과 '자아실현' 욕망만을 지나치게 확장해서 그려낸다. 반면, 남편을 비판할 때는 그의 비도덕성보다는 '경쟁적 사회'의 문제가 개입된다. 아내는 남편을 다음과 같이 비판한다.

> "그는 하루하루 자기 일에만 열중하는 자기중심적 사람이 되어가며 지나친 경쟁 욕구와 현실 욕망은 스스로 그를 지치게 했고, 나에겐 점점 남자의 권위를 주장하고 강요했다. 집을 비우는 일은 그에겐 습관처럼 자연스러웠고, 난 비판과 행동을 잃은 채 시간 속에 묻혀가고 있었다."

위 아내의 대사를 보면, 아내가 남편을 원망하게 된 이유가 마치 사회에 있는 것처럼 발화되고 있다. 남편은 가정의 경제 문제를 해결하기 위해 사회에서 시달리다가 문제가 생긴 사람처럼 형상화되는 것이다.

더불어 남편의 가부장제적 측면도 단편적으로 나타난다. 남편의 잘못은 밤에 아내에게 큰소리로 커피를 달라고 하다가 아이를 깨우는 것, 일 때문에 가족과의 약속을 어기는 것, 집에 와서 아이들과 시간을 보내지 않는 것으로 묘사된다. 남편의 가부장제적 면모가 구체적으로 드러나는 장면은 일을 하는 아내에게 갖는 거부감 정도다. 남편은 사회에서 경쟁에 시달리는 존재로 그려지고 아내는 자신의 자아실현에 집착하는 인물로 그려짐으로써, 1980년대 남성들의 비도덕성은 경감되고 상대적으로 여성들의 이기성은 강조되는 경향성이 있는 것이다.

영화에서 여주인공 '나'가 이혼을 결심한 핵심 원인은 자신의 자아실현에 있는 것이 아니라 남편의 불륜으로 인한 배신감과 절망감에 있는 것이다. 앞서(제2부 4장) 언급한 1960년대 영화 〈저 눈발에 사슴이〉에서 축첩하는 남성은 가족을 몰락시키는 주체로 등장한다. 아내가 남편에게 크게 반발하거나 가출하지 않아도, 남편의 비도덕성은 폭로되고 그 가족은 관계 파탄에 이른다. 그러나 1980년대 영화 〈안개기둥〉에서는 아내의 자아실현 욕망이 보다 드러나면서 상대적으로 남편의 불륜에 내재된 부도덕성이 경감된다. 실질적으로 혐오적 존재는 남편이지만, 피해자이자 약자인 아내의 부정적 측면이 더 강조되는 것이다. 영화는 남편의 비도덕성과 이기심은 축소해버리는 한편으로, 남편의 외도로 나락에 빠져드는 아내의 심정은 상대적으로 세밀하게 그려내지 못하고 있다.

'나'와 '그'의 이혼을 남편의 외도와 이기심 때문이 아니라 아내가 자신의 자아실현을 위해 가족과 결별을 선택한 것에 따른 결과로 형상화하는 면모는 영화의 오리지널 대본과 영화를 대조하면 보다 극명하게 드러난다. 오리지널 대본과 영화의 내용은 다른 면이 많다. 오리지널 대본과 영화의 차이 곧 영화에서 오리지널 대본의 어떤 부분이 사라지고 어떤 부분이 축소되었는지를 살펴보면, 1980~1990년대 가부장제가 어떤 메커니즘으로 도덕성을 회복하고 가족이데올로기에서 벗어난 여성을 혐오적으로 만들었는지 알 수 있다. 최종적으로 영화를 만들면서 이 시기의 상황이나 대중의 반응이 고려되어 오리지널 대본의 내용이 바뀌었을 것이라는 점에서다.

오리지널 대본에서는 남편이 내연녀와 다정하게 있는 모습이 비교적 세밀하게 그려지지만, 실제 영화에서는 남편의 불륜 장면이 축소되어 그려진다. 영화에는 '그'의 내연녀가 2명 등장한다. '그'와 예술가 여성(내연녀 1)의 정사 장면이 있지만 '그'가 직장과 직장의 동료들에 시달리는 모습이 예술가 여성(내연녀 1)의 예술

작품을 통해 공포스럽게 묘사됨으로써 '그'의 불륜이 지닌 부도덕성은 강조되지 못한다. 또한 같은 직장의 비서로 여겨지는 '그'의 또 다른 내연녀(내연녀 2)는 화면에 얼굴이 가끔씩 보이게 처리되는 것이 전부다. 반면, 오리지널 대본에서 내연녀는 캐릭터의 성격이 드러날 만큼 남편과 많은 대화를 한다. 또한 이들 부부가 이혼한 후 내연녀가 자연스럽게 남편 '그'의 가정에 합류하는 장면도 있다.

〈안개기둥〉에서 부부의 갈등이 극대화되어 '나'와 '그'가 이혼으로 치닫게 되는 결정적 장면은 아내가 남편에게 내연녀가 있음을 안다고 말하는 장면이다. 자존심이 상한 남편이 가구를 부수고 아내를 심하게 때리면서 그들은 완전히 결별에 이른다. 이 사건이 있기 전에 '나'는 후배가 청하는 번역 일을 거절하기도 하고, 남편이 가정에 무관심하더라도 아이들을 키우며 가정에만 충실했다. 영화는 오리지널 대본에 꽤 많은 분량으로 서술되었던 남편과 내연녀의 대사를 축소함으로써 남편에게 '그'의 불륜을 알고 있었다고 말하는 '나'의 이야기가 갑작스럽게 느껴지게 만든다.

동시에 남편이 경쟁에 시달리는 모습과 '그'의 불안한 내면을 드러내는 것은 남편이 아내 아닌 다른 여성을 만나는 비도덕성을 경감시킨다. 〈안개기둥〉에서 남편 '그'는 바쁘다는 핑계로 '나'와 가족과 많은 시간을 보내지 않고, 자신의 출세를 위해 회사에 모든 에너지를 소모하는 인물이다. 영화는 '그'가 완벽한 프레젠테이션을 한 후 갈채를 받는 모습을 보여주지만, 이 장면에 그로테스크한 음악을 배경으로 깔면서 '그'의 심리가 불안정함을 암시한다. '그'는 성공을 해야 살아남을 수 있다는 회사의 압력에 힘들어하는 존재다. 남편 '그'를 경쟁자로 여기는 동료들의 눈빛도 남편이 느낄 감정적 무게를 보여준다.

반면, 영화는 아내 '나'가 직장일과 가정일을 양립하는 것이 어렵다는 사실을 담아내고는 있으나, '나'가 직장에서 느끼는 스트레스에 대한 내용은 다루지 않으며, 남편이 부인을 도와주기 어려운 상황을 주로 형상화한다. 거기에 남편이 성공할수록 집은 커지고 자가용까지 생기며, 아내는 전업주부인데도 파출부가 가정일을 도와준다. 그러다 보니, 관객은 아내인 '나'가 별것도 아닌 일로 우울해하고 예민해하는 것으로 생각할 수 있다. 아내가 정말로 삶에서 어려운 것이 뭔지 모르면서 남편에게 화를 낸다고 충분히 느낄 수 있는 것이다.

한국사회에서 1980~1990년대는 성적으로 자유롭고 가정을 제대로 이끌지 못하는 아버지상이 제거되고 경제력과 모범성을 바탕으로 한 가부장제 질서가 구축된 시기다. 〈안개기둥〉에도 마찬가지의 메커니즘이 나타난다. 곧, 아내를 인간적으로 대우하지 않고 외도한 남편의 부정성은 축소되고, 가족을 위해 고생해서 안정된 중산층 이상의 가정을 이끌게 된 아버지의 긍정성은 강조된다. 또한, 아버지가 성공함에 따라 그 가족은 평수가 넓은 집으로 이사를 하고 자가용까지 탈 수 있게 된다. 그리고 뿔테 안경을 쓴 중후한 신사가 된 아버지의 모습은 가정을 안정적으로 이끄는 가장의 존재감을 보여준다. 1950~1960년대에 미디어에서 기혼 남성의 '축첩'은 무섭게 비판되었으나, 이러한 메커니즘을 통해, 1980년대 이후에 미디어에서 기혼 남성의 '불륜'은 '경쟁에 시달리는 남편의 존재성'과 '아내의 자아실현'이란 외피로 가려졌다고 할 수 있다. 그리고 이혼녀의 혐오적 속성이 강조되면서 가부장의 부도덕성은 쉽게 회복된다.

〈안개기둥〉에서 아내인 '나'가 이혼을 선택하는 이유는 자신의 일을 갈망했기 때문이 아니다. '나'와 '그'가 이혼한 정확한 이유는 남편인 '그'의 불륜과 부부간인 '나'와 '그' 사이 소통 부재에 있다. '나'인 아내는 '그'인 남편에게 한 인간으로 대접받지 못했기 때문에 가정을 떠날 수밖에 없었던 것이다. 실상 〈안개기둥〉에서 진정으로 이기적인 존재는 '나'인 아내가 아니라 '그'인 남편이다. 그러나 영화는 그렇게 결론을 내리지 않는다.

이기적 이혼녀 혹은 이기적 페미니즘, 자식보다는 나

〈안개기둥〉에서는 '나'의 모성이 퇴색됨으로써 '이혼녀'가 부정적 존재로 위치된다. 이혼녀를 이미지화하는 면모 역시 오리지널 대본과 영화 사이에 큰 차이가 있다. 오리지널 대본에서는 어머니와 자녀가 친밀하게 형상화되었다면, 영화에서는 모성을 강조하는 장면이 대폭 축소된다. 그래서 아이들이 어머니를 배제하고 쉽게 아빠 편에 서는 것이 자연스럽게 느껴진다.

오리지널 대본과 영화의 차이를 통해 이혼녀가 이기적이라는 편견이 생성되는 맥락을 다음과 같이 살펴볼 수 있다.

첫째, 〈안개기둥〉 오리지널 대본과 〈안개기둥〉 영화에는 '나'가 남편의 폭력과 외도로 부부관계에 균열이 생긴 후 상상으로 자녀들과 대화하는 장면이 있다. 이 과정에서 〈안개기둥〉 오리지널 대본에 등장하는 아들(석)은 어머니를 응원하는 것으로 묘사된다. 반면, 영화에서 이혼을 원하는 어머니와 자식의 관계는 완전히 대립적으로 설정된다.

(오리지널 대본)

석: 엄마, 힘을 내세요. 어느 날 모든 것이 따뜻한 공기처럼 풀릴 거예요.

나: 네 아버지 되는 사람은 영리하고 유식하고 토론에도 능하고 사람들이 존경하는 인물이야. 나보다 훌륭한 여자 친구도 있단다. 그저 때때로 충동을 해소하기 위해서 이 엄마를 써먹을 뿐이야.

석: 엄마, 우리끼리 살수도 있잖아요.

나: 이젠 틀린 것 같아. 아무것에도 저항할 만한 힘이 없는 것 같구나.

석: 엄마, 혼자서 살면서도 자신의 인생을 다스려가는 많은 젊은 엄마들도 있잖아?

나: 내가 어릴 때처럼 너를 자라게 할 수는 없어.

— 박철수 감독, 김상수 각본, 〈안개기둥〉, 오리지널 대본(한국영상자료원 자료, 1986, 52쪽)

(영화)

나: 저, 엄마가 아빠를 버리고 싶은데 '정'(딸)이 생각은 어때? ('나'의 다른 모습)

(상상 속 딸의 목소리): 팔자를 고쳐보겠다는 뜻이야? 하지만 엄만 그렇게 나쁜 팔자는 아니잖아?

나: 좋은 팔자를 사나운 팔자로 한번 고쳐 살아보려는 것뿐이야.

(상상 속 딸의 목소리): 알았어 엄마, 그럼 석이하고 나하고는 어떻게 되지?

나: (고민)

오리지널 대본에서 '나'는 '그'에게 부부강간을 당한 뒤, 자고 있는 아들로부터 마음의 위로를 얻는다. 그녀는 자신에게 아들이 있어 살아갈 이유가 있다고 생각하는 여성이다. 그녀는 이혼을 고려하지만, 자식들을 이혼 가정에서 자라게 할 수는 없어 참는 장면이 있다(위의 첫 번째 인용문). 그러나 영화에서 이혼을 결심한 '나'는 잠깐 고민하지만(위의 두 번째 인용문), 곧 이혼 절차를 밟기 시작한다.

1950~1960년대의 신문 기사나 영화에는 축첩하는 가장들의 비도덕성을 문제 삼는 자식들의 목소리가 굉장히 크게 다루어진다(이 책 제2부 4장). 그런데 〈안개기둥〉에는 아버지의 부도덕성을 비판하는 자식들의 목소리가 상대적으로 약하다. 비교적 페미니즘적이라 여겨지는 오리지널 대본도 아들 '석'이 어머니를 다독이는 부분이 있지만 '석'이 아버지를 비판하는 대목은 없다. 여기에 더해 실제 영화에서 자식들은 오히려 아버지 편에 가깝게 설정되어 있다.

영화에서 '나'와 '아이들' 사이의 관계는 원만하지 않다. '나'가 아이들을 제대로 돌보지 못하는 장면도 여러 번 등장한다. 아이들은 아래와 같은 말을 하는가 하면, 어머니가 이혼한 후 자녀들은 너무 쉽게 감정적 동요 없이 아버지와 살아간다.

"엄만 바보야. 문을 꼭꼭 잠가두니까 아빠가 못 들어오는 거야."

"아빤 엄마가 미워서 안 오는 거야", "아빠 그럼 엄만, 엄만 안 보고 싶어? 응? 헤헤 엄만, 내가 혼내줄 거야."

둘째, '낙태'와 연관된 내용도 오리지널 대본과 영화가 다르다. 오리지널 대본에서 '나'는 '그'와 결혼하기 전 아이를 가졌지만 "그래 이 일은 기쁜 일이야. 기뻐하고 감사해야 한다"라고 독백한다. 그녀는 자신의 아이에게 온 사랑을 쏟는 여성으로 그려지는 것이다. 또한 오리지널 대본에서는 아내가 세 번째 아이를 가졌을 때 낙태를 종용한 사람은 명확히 남편으로 설정되어 있다. 그러나 영화에서는 '나'가 갑자기 세 번째 아이가 생긴 걸 알고는 바로 낙태를 하는 것으로 설정된다. 영화에는 그녀가 낙태를 선택하게 되는 배경 설명이 부재한 것이다. 그런데 영화에서 여주인공 '나'는 아이와 친밀하지 않게 그려지고, 자신의 일을 중요하게 여기고 있기에 관객은 낙태를 결정한 사람이 그녀일지도 모른다고 충분히 추측할 수 있다.•

셋째, 영화에서는 오리지널 대본과는 결말이 다르게 구성됨으로써 이혼녀의 모성이 퇴색된다. 영화에서 '나'는 딸과 아들을 '그'에게 맡기고, 마음은 아프지만 자신의 삶과 일을 선택하는 것으로 끝난다. '나'는 가끔씩만 아이들과 시간을 보낼 수 있기에 눈물은 흐르지만, 자녀와 헤어진 후 운전대를 잡은 그녀의 표정엔 그럼에도 자신의 삶을 살아가겠다는 강인한 의지가 보인다. 그러나 여성의 자아실현만을 강조하면, 어머니가 아이와 결별하는 것을 긍정적으로 평가하기가 어렵다. 영화는 이혼녀의 모성을 약화하는 방식으로 여성의 자아실현 욕망을 부정

• 이 책에서는 '낙태'라는 행위 자체가 잘못되었다고 주장하는 것이 아니다. 오리지널 대본과 영화에 낙태를 하게 된 배경 등에 차이가 있음을 살펴보고, 그러한 차이가 여성의 존재성을 다르게 만듦을 이야기하고자 하는 것이다.

적으로 만들었다. 영화는 여성의 일을 중요하게 형상화했다는 점에서 페미니즘적 영화라고 여겨지지만 모성을 박탈함으로써 이혼녀를 혐오적으로 위치시키게 되는 것이다.

오리지널 대본에서도 '나'가 이혼 후 홀로 살면서 가끔 자녀를 만나는 것으로 설정되지만, 그녀와 아이들의 포옹은 영화에서보다 길고 감동적으로 묘사된다. 그리고 자녀들과 헤어질 때가 되자 '나'는 아이들을 남편에 보내지 않고 자신의 차에 태워 도주한다.

(오리지널 대본)

"나" 차에서 내리고 "나"에게 안기는 아이들.

"나" 아이들 온몸을 마구 쓰다듬고 부벼댄다.

마치• 동물 중에 에미가 지 새끼를 보다듬고 핥듯이 그렇게 긴 시간 동안 숨 가쁘고 감동적인 포옹이 계속된다.

갑자기 음악이 변주되어 들린다.

"나"의 시야에 "그"가 출입문 앞에 서 있는 모습이 들어온다.

아이들 멈칫거린다.

"나"도 "그"를 바라본다.

"그", 아이들에게 가까이 돌아오라고 손짓한다.

아이들 쭈빗거리고 "나"의 눈치를 살피고 "그"에게 마지못해 발걸음을 향하려고 움직거리는데, "나" 어떤 힘에서인지, 아이들을 나꿔채 차에 태운다.

외마디 소리 치면서 계단을 내려서는 "그."

— 박철수 감독, 김상수 각본, 〈안개기둥〉, 오리지널 대본(한국영상자료원 자료, 1986, 52쪽)

• 〈안개기둥〉 오리지널대본에는 "마차"라고 표기되어 있다.

영화에서는 오리지널 대본에 있었던 남편의 불륜 장면이 대폭 삭제되고 오리지널 대본에서 심각하게 다루어졌던 이기적 남편의 모습이 다루어지지 않게 됨으로써 부부의 이미지가 완전히 다른 것이 되었다.• 중요한 사실은 각색의 과정에서 '나'가 공감할 수 없는 어머니, 자신의 자아실현에 집착하는 이기적인 이혼녀로 그 존재성이 달라졌다는 점이다. 또한 영화에서는 오리지널대본보다 아내의 자아실현 욕망이 강조되면서 남편의 폭력성과 불륜이라는 부도덕성이 약해졌다. 그 결과로 이혼녀에 대한 부정성은 심화되고 페미니즘이 절실한 시기에 여성주의가 이기적으로 인식될 수 있는 씨앗이 생겨났다.

영화 〈안개기둥〉은 남편의 존재성과 이혼녀의 존재성을 통해 1980~1990년대 가부장제 사회의 성격을 잘 보여준다. 이혼녀가 이기적이고 모성이 제거된 존재로 위치되면서 남성의 부도덕성은 회복된다. 이 시기 한국의 가정은 가장이 도덕적이어서 행복한 가정이 구성되는 시스템이 아니었다. 어떤 이유로든 아내·어머니·며느리의 역할을 거부한 여성을 혐오의 존재로 내모는 방식으로 가족 체제가 존속된 것이다.

• 〈안개기둥〉은 오리지널 대본과 영화의 세부 내용 차이가 크다. 오리지널 대본에서는 여주인공 '나'가 훨씬 여성 관객에게 공감할 만한 것으로 그려진다. 오리지널 대본이 영화화되는 과정에서 어떤 이유 때문에 내용이 변경되었는지 확인할 길은 없다(각색된 내용에 대해서는 이 책에서 분석한 내용을 참조).

제4부

남성성의 패러다임 전이, 가족의 재구성, 여성 간 여성혐오의 확산

— 2000년대 이후 —

혼자 힘으로는 계층 이동이 불가능한 듯 보이는 21세기 한국사회에서 20대 남성의 분노는 극에 달하고 있다. 대학에 들어가는 입시 경쟁도 문제지만, '부모의 계층 격차'는 대학을 마치고 취업할 때까지 '고비용 스펙 경쟁'에서 나가떨어질 사람과 남을 사람을 가른다.[1] 한국의 20대 남성은 분노에 차서 말한다. "세상이 바뀌어 남성은 더 이상 여성을 약자로 보지 않습니다."[2] 그리고 성평등이 이루어졌다고 간주되는 상황에서 '여성혐오'는 마치 남성이 역차별을 당한 결과인 것처럼 여겨지고 있다.

2000년대에 이르러, 미디어에서 성역할의 역전 현상은 빈번하게 강조되었다. 일례로 〈양복 즐기는 여자, 거들 탐내는 남자〉,[3] 〈유혹 노래 하는 '알파걸', 순정 부르는 '베타보이'〉[4] 등의 기사가 그러하다. 그리고 중·고등학교에서 여학생의 성적이 남학생의 성적을 넘어서고, 남성보다 우월한 여성 "알파걸"의 세상이 도래했다는 식의 기사가 쏟아졌다. 21세기 한국의 미디어 속 세상에서 여성은 성차별 없는 사회에서 자신의 능력을 마음껏 발휘하며 살 수 있는 것처럼 그려진다.

21세기에 발생한 여성혐오는 국가가 새로운 가족이데올로기를 구성해가는(주조해가는) 과정에서 필연적으로 나타날 수밖에 없는 현상이었다. 외환위기 이후 경제적 상황이 악화되면서 사회적으로 새로운 가족이데올로기를 구성해야 할 필요성이 제기되었다. 이와 관련해 다음의 두 가지를 생각할 수 있다.

첫째, 외환위기 이후 경제적 상황의 악화로 기존의 성별분업 체계를 유지하는 것이 힘들어졌다는 점이다. 기사에서는 "핵심 인력의 정예화와 주변 인력의 외부 조달(아웃소싱), 연공서열식 임금 체계의 개편 등을 통해 전체 인건비를 줄여나가"야 하고, "'고임금' 구조를 개선하기 위한 근본 대책의 하나로 여성인력 활용 등"이 필요하다고 언급된다.[5] 그러면서 "고학력 여성들에게 전문직의 기회를 주지 않는 것은 국가의 재능과 고급 인력을 낭비하는 것으로 한국의 국제력 경쟁력을 크게 저해하는 요소"임이 지적된다.[6] 한 직장을 안정적으로 유지하기 어려운 상황에서 남성은 결혼에 부담을 느낄 수밖에 없는데, 미국에서는 "중산층에서 가장 한 명이 가족의 생계를 책임지던 전통적인 가부장제적 제도는 이미 수명을 다했다"고 선언된다.[7] 한국사회에서도 외환위기 이후 성별분업을 중심으로 한 가부장제 질서는 갑작스럽게 폐기 절차를 밟게 되며, 남성들은 이전과는 다른 유형의 남성성을 요구받게 된다. 이를 계기로, "프렌디"(friend + daddy, 친구 같은 아빠)라는 신조어에서 드러나는 것처럼, 아버지가 육아에 적극적으로 참여하는 것이 지향된다. 또한 "개저씨" 등 시대에 역행하는 남성성이 비판되면서, 표면적으로 더는 1990년대식 가부장제 질서가 설 공간이 없는 것으로 여겨졌다. 현재 미디어에서 한국은 '아버지 중심의 가부장제가 사라지는 장소'로 형상화된다. 1980~1990년대에 한국사회를 지탱하는 윤리의 구심점으로 여겨졌던 아버지 중심의 유교적 가부장제가 2000년대 이후 갑자기 성불평등한 가족제도로 치부되며 비판되고 있는 것이다.

둘째, 외환위기 이후부터 현재까지 경제적 상황의 악화로 결혼을 하지 않거나 결혼만 하고 출산은 하지 않는 인구가 급속히 증가하고 있다는 점다. 그에 따라 한국사회에서는 인구 감소와 고령화가 두드러졌으며, 국가는 국민연금 등 복지 분야에서 위기의식을 가지게 되었다. 이제 '저출생'은 국가의 미래를 위해 반드시 해결해야 할 과제로 떠올랐다.[8] 2010년에 이르면 일단 여성이 아이를 낳기만 하면 사회가 아이를 키워준다는 이야기까지 하게 된다. "일단 낳기만 하세요…구청이 키워드려요."[9]

그런데 현재 젊은 세대는 자신이 아이를 제대로 키우지 못할 것이라는 부담감에 아이 낳기를 주저한다. 젊은 세대는 시간적·경제적으로 여유로운 삶을 살기 위해 아이를 낳지 않는 것이 아니다. 이들은 노후대책이 부재한 부모가 있기 때문에, 아이의 교육·취업·결혼을 위해 아이에게 충분한 지원을 해주지 못할 것이라는 부담감이 크기 때문에 출산을 쉽게 선택하지 못하는 것이다.[10] 상황은 이러한데 한국사회에서 점점 출생률이 낮아지는 이유가 여성의 책임인 것처럼 생각되는 경향성이 있다. 여성이 결혼해서 가족에 헌신하는 삶을 기피하고 있다고 여겨지거나,[11] 여성이 자신의 자아실현만을 위한 고스펙을 추구해서 출생률이 낮아졌다는 보고서가 나오기도 한다.[12] 그런데 아버지 중심의 1990년대식 가부장제가 폐기되고 국가적으로 성평등 정책이 실시된다고 여겨지는 오늘날의 한국사회에서 여성에게 결혼제도가 불평등하다고 발언하는 것은 사실상 어렵게 되었다. 외환위기 이후 가족 질서를 새롭게 주조해가는 과정에서 그동안 여성의 적으로 간주되었던 '가부장제 질서'가 미디어상에서 사라져버린 것이다.

오늘날 가족이데올로기의 화두는 20세기식 가부장제의 폐기와 출생률의 증가를 위한 평등한 부부관계의 확립이라 할 수 있다. 그런데 신자유주의 사회에서 아버지가 혼자 벌어 가족을 경제적으로 책임지는 것은, 소수를 제외하고는, 불가능하다. 그래서 성별분업이 불가능해진 상황에서 그동안 부정적으로 간주되었던 기혼 여성의 경제활동을 당연하게 만들 수 있는 패러다임의 전이를 꾀하게 된다.

바로 이 과정에서 문제가 발생되었다. 미디어에서 갑자기 아버지의 권위가 약화되고 여성의 사회활동이 왕성해지는 것처럼 나타나면서, 남성 간 경쟁에서 져 굴욕감을 느끼는 남성들의 분노가 사회가 아닌 '여성'을 향하게 된 것이다. 남성의 새로운 경쟁자로서 군복무를 하지 않고 학점이 좋은 '젊은' 여성과 전문 분야에서 남성만큼 두각을 나타내며 가정일까지 잘해내는 '워킹맘'이 부각되면서 남성은 자신들이 역차별을 받고 있다는 피해의식에 시달리게 되었다. 그 결과, 남성은 실질적으로는 '남성 간' 경쟁에서 진 것이지만 '여성 때문에' 자신들의 사회활동에 뭔가 문제가 생긴 것처럼 여기게 되었다.

그런 의미에서 〈'잘난 여자' 많아진 세상…부담 없어 좋다 '못난 남자'〉[13]라는 식의 기사를 주목할 필요가 있다. 기사에서는 대중문화에서 모자란 남성이 인기를 얻는 현상이 발생하는 이유는 여성상위 시대에 추구되는 남성상이 "모자란 녀석들"이기 때문이라고 언급된다. 그러나 이 기사에도 소략하게 서술되듯이, 실질적으로 "찌질해 보이는 남성성은 유순한 중산층 배운 남자에 대한 저항이나 혐오"로 인해 등장했다. 한국사회에서 좀 더 높은 지위와 좀 더 큰 부를 놓고 벌이는 진짜 살벌한 경쟁은 남성과 여성이 아닌 남성과 남성 간에 벌어지고 있다. 현재 남성이 경쟁에서 진 굴욕감을 느낀다면, 그 감정은 대부분 여성이 아닌 남성에 의해 생겨난 것이다.

1980~1990년대에도 남성들이 사회에서 고달픈 경쟁을 하고 가족을 책임져야 하는 무게로 힘겨워하는 것으로 인식되었다. 그러나 이 시기에 미디어에서는 경쟁에서 진 남성은 물질만능주의에 함몰되지 않은 윤리적 존재로 묘사되었고, 남성은 본래 나약한 유아적 존재이니 아내가 남편을 적극적으로 보조해야 한다는 '내조'의 논리를 만들어 남성의 피로를 풀어주고 분노를 잠재웠다. 그러나 2000년대 들어서는 모든 것이 '잘난 여자' 때문이라는 뜬금없는 논리가 만들어졌고, 앞서 말했듯, 경쟁에서 진 남성의 분노가 사회가 아닌 여성을 향하도록 추

동되고 있다. 이런 현실에서 기혼 여성이 경제활동을 하는 것을 당연하게 여기는 상황만으로 성평등이 실현되었다고 보는 것은 문제가 있다. 실질적으로 한국사회에서 아직까지 기혼 남성만큼의 일할 시간을 확보해 자아실현을 할 수 있는 기혼 여성은 소수에 불과하다. 한국사회가 성평등이 이루어져 20세기에 지향되었던 성별분업 제도가 폐기된 것이 아니다. 신자유주의 시대에는 아버지만 일해서 가족을 존속시킬 수 없기에 성별분업 가치관이 폐기되고, 낮은 출생률을 높이기 위해 겉으로만 여성의 경력 단절을 막겠다는 발언이 강화되는 것이다. 그러나 결과적으로 오늘날, 여성의 적이었던 '아버지 중심의 가부장제'는 폐기된 것처럼 여겨지고, 젊은 남성에게는 '여성이라는 상상된 적'이 떠오른다.

이로 볼 때, 오늘날 한국사회의 여성혐오 현상은 모범적 아버지를 중심으로 한 가부장제의 환상이 폐기되고, '사회적으로 자신의 능력을 발휘하는 여성에 대한 환상'이 새롭게 주조되면서 시작되었다고 할 수 있다. 허영심을 바탕으로 신분 상승의 욕망을 보여주었던 골드미스와 전문직 고소득 여성은 이제 따뜻한 모성에 사회적 능력까지 갖춘 최고의 아내, 최고의 어머니로 격상되고 있다. 반면, 1980~1990년대 여성이 가질 수 있는 최고의 자리에 위치되었던 '중산층 전업주부'는 허영, 사치, 불륜, 도박을 하는 부정적 존재로 대상화된다. 그동안 한국사회에서 부정적 존재는 '취업주부'와 '이혼녀'였으나 갑작스럽게 이미지 전도 현상이 일어나게 된 것이다.

여기서 한편으로, 미디어에서 전업주부와 취업주부가 대립되어 이미지화되는 사실에도 주목할 필요가 있다. 최근의 '맘충'은 미디어에서 가사노동의 가치가 절하되고, 그동안 아내에게 부여되었던 자녀교육의 책임이 남편과 사회/국가로 분산되면서 만들어진 개념이라 할 수 있다. 미디어는 상황에 따라 1990년대처럼 남편보다 돈 잘 버는 아내를 불행의 대상으로, 혹은 현재처럼 능력 있는 여성으로 만들 수 있는 힘이 있다.

이 지점에서 기억해야 할 것은 한국사회에서 모성이 시기를 막론하고 가정을 유지하는 도구의 대상이 되었다는 점이다. 그 어느 때보다 대학에 들어가고, 취업을 하고, 결혼을 하는 일이 힘들어진 현실에서, 향후에는 가정을 존립시키고 계층 상승을 하기 위한 모성 경쟁이 심화될 것이다. 현 여성혐오의 최종 도착지는 여성 간 갈등과 여성 간 경쟁의 심화가 될 것이며, 그렇게 해서 새로운 형태의 가부장제 질서는 유지될 것이다.

한국사회에서 2010년대 이후 이혼녀에 대한 혐오 이미지가 눈에 띄게 약화된 이유는 출생률 저하 등 '이혼'보다 가족제도를 균열시킬 수 있는 사회적 현상의 출현 때문이다. 즉, 가난을 관리하기 위해 어머니의 생활력이 강조되고, 출생률을 높이기 위해 이혼녀를 부정적으로 보는 가족이데올로기가 긍정적으로 전환될 필요가 있는 것이다. 또한 현재 미디어에서는 맘충이 된 주부 대신 이혼녀의 존재성을 바탕으로 기혼 여성의 윤리가 새롭게 만들어지기 시작했다.

2010년대 후반에 이르러 한국사회에서는 기존 아버지 중심의 가부장제가 폐기된 것처럼 여겨지고, 여권신장을 위한 인식과 제도가 계속적으로 개선되고 있다. 또한 유럽 라테 파파(latte papa, 한 손에 카페라테를 들고 다른 한 손으로 유모차를 미는, 적극적으로 육아에 참여하는 아빠를 이르는 말)의 육아 이야기와 맞벌이 부부의 가정일 분담 이야기 등 평등한 가족윤리의 정립을 위한 캠페인식 기사가 쏟아지고 있다. 진정한 성평등을 이루기 위해 적확하게 설명하기 어려운 남성중심주의 구조를 어떻게 맥락화할 수 있을지 고심해야만 하는 시기다. 또한 새로운 가족 담론이 요구되는 시기이지만, 역설적으로 4인 구성의 핵가족이데올로기는 더욱 강화되는 듯 보인다. 제4부에서 살펴볼 '여성혐오' 양상은 현 가족제도가 유지되는 메커니즘을 파악할 수 있는 단서가 될 것이다. 말해두건대, 현 한국사회의 여성혐오는 '친구 같은 아버지 중심의 4인 핵가족 체제'를 유지하기 위한 결과로 발생한 것이다.

제1장

‘체질 전이’를 통한 남성성의 구축과 아버지의 재구성

1. 폐기되는 가부장제, 밀려나는 ‘개저씨’들

한국사회에서 1980~1990년대는 ‘아버지 중심의 가부장제’가 지향해야 할 도덕적 관념임이 강조된 시기다. 그러나 1997년 외환위기 이후부터는 기존 가부장제 질서가 비판받게 된다. 이어 21세기에는 “가부장주의의 빈곤한 상상력으로는 이해하기조차 어려운 다양한 문제들”이 제기될 것이라고 이야기되고,[1] 고리타분한 가부장제 질서의 부조리성은 수많은 예술작품을 통해 풍자된다. 신문에는 “매사에 (…) 제왕처럼 군림하는” 아버지 때문에 고통스러웠던 카프카의 글이, “왕년에 가부장으로서 책임을 단 한 번도 포기한 적이 없었던” 아버지 세대들에게 가부장제적 멍에에서 벗어나라고 권유하는 아들 세대의 칼럼이 실린다.[2]

현재 국가가 처한 경제적 위기 상황에서 실직·퇴직과 이혼 등으로 몰락하는 중년 남성의 존재성은 사회문제가 되고 있다. 외부와 고립된 채 고독사 하는 50대 남성의 이야기는 빈번하게 들린다. 2005년 기준 40~50대 이혼자는 전체 이혼자의 70퍼센트가 넘는데, 그 이유로 "경제 문제"가 "성격 차이", "외도", "학대·폭력"을 앞질렀으며, 중년 남성은 자신의 실직·퇴직과 아내의 불륜이라는 인생의 문제에 제대로 대응하지 못한다.[3] 이제는 퇴직과 노후 문제로 인해 아내의 불륜을 참을 수밖에 없는 중년 남성도 등장하고 있는 것이다.[4] 그동안 결코 수용되지 못했던 '기혼 여성(아내)의 불륜'을 남성(남편)이 모른 척한다는 사실은 경제적 어려움 속에서 주도권을 상실한 가장의 모습을 단적으로 드러낸다.

그런데 2010년 이후가 되면, 미디어에서 남성의 경제력 상실을 부권의 몰락과 연결하는 경향성이 점차 옅어진다. 상대적으로 남성에게 돈을 버는 '경제적' 의무보다는 가족과의 의사소통과 가족 간 관계성의 '감성적' 문제가 더 중요하다고 강조된다. 일례로, 한 남성은 퇴직 후 가족에게 무시를 받자, 그동안 자신이 "돈 버는 기계"였다는 생각에 분노하고 아내와의 이혼까지 고려하게 된다. 그러나 그는 아들이 결혼을 미루는 이유가 자신의 일그러진 부부관계에 있다는 것을 깨닫고는 아내와의 갈등을 해결하기 위해 노력한다.[5] 아울러 2010년 이후 한국사회에서는 아버지가 가족들과 함께하는 시간이 부족하다는 사실이 문제화되고,[6] 고소득 전문직 남성이 아이를 돌보는 기쁨 없이 가족을 부양하기 위한 경제활동만 한다는 사실이 이야기된다.[7]

더 나아가 남편이 돈 버는 활동을 아내에게 미루고 "샤이 대디", "전업아빠"가 되어 개인적 행복을 누리고자 하는 모습이 나타나기도 한다. 즉, 남성의 경제력 상실을 가족 안에서 아버지의 배제 논리와 연결하는 경향성이 약해진다는 것이다. 이제 아버지는 가족과 화합하기 위해 '돈'이 아닌 '감성'을 충전해야 한다.

> '육아 성벽'이 무너지고 있다. 아내와 함께 아이를 돌보는 남편의 모습은 이제 자연스럽다. 하지만 남편이 육아를 도맡았을 때는 사정이 다르다. 여전히 일가친척이나 직장 안에서의 시선은 따갑다. 부모나 집안 어른들은 "유난 떤다"고

흉보고, 직장 동료들은 "일은 뒷전인 무능한 동료"로 평가하기도 한다. 이런 시선 탓에 숨어서 육아를 하는 아빠들이 늘고 있다. 바로 '샤이 대디(shy daddy, 공개적으로 밝히지 않는 육아 지지층)'다.

(…)

7세와 4세 남매를 키우는 김영태 씨(40, 가명)는 3개월차 '전업아빠'다. 회사 다닐 때 그는 아이들의 웃는 모습보다 자는 모습을 더 많이 봐야 했다. '이렇게 살려고 결혼했나'라는 생각이 들었던 김 씨는 결국 사표를 냈다. "작은애가 열 살 될 때까지만 전업아빠로 살자"고 마음먹었다. 육아는 생각보다 적성에 맞았다.

— 〈(토요 화제) '샤이 대디'를 아시나요—육아 위해 직장도 박찼지만…'전업아빠' 내색 못하고 쉬쉬〉(《동아일보》, 2017. 3. 25, 20면)

외환위기 이후 부권이 실추되었다는 생각은 편견이다. 가정 내에서 추락한 아버지의 위상에 대해서는 주로 1980~1990년대에 문제화되었으며, 2000년대에 이르면 가정 내에서 아버지의 역할을 재정립하는 문제가 강조되기에 그렇다. 외환위기 이후에는 '엄격한' 아버지 중심의 가부장제가 비판되는데, 이때 기존의 가부장제를 수식하는 '엄격한' 등은 적절한 단어라 보기 어렵다. 이 책 제3부에서 분석한 것처럼 1980~1990년대에는 '엄격한'이 아닌 '나약한' 남성성을 중심으로 가족 질서가 구축되었으며, '유아적' 아버지를 보조하는 아내들의 '내조'가 강조되었다. 그러나 2000년대 들어 국가경제가 악화되면서 성별분업에 입각한 남편과 아내의 역할이 더는 강조될 수 없게 되었다. 최근에 20세기식 가부장제 질서가 엄격하고 무서운 것으로 이미지화되는 이유는 기존의 가족제도에서 강조되었던 성별분업 체계를 무너뜨리기 위해서라고 할 수 있다. 곧, 집 밖에서 노동을 해서 경제적으로 가족을 부양했던 아버지의 책임을 어머니에게 분산하기 위한 의도가 있는 것이다.

1990년대 중반 미디어에는 "숨어서 육아를 하는 아빠들이 늘고 있다"는 이야기가 나온다.[8] 이에 더해, 어려운 환경에서 아이들을 정성스럽게 키우는 아버지의 존재성이 강조된다. 유사 종교에 빠져 가출한 아내를 대신해 두 자녀를 밝게 키우는 소아마비 장애가 있는 아버지, 자신도 경제적으로 어렵지만 버려진 아이들을 데려와 지극한 관심을 쏟는 미혼 아버지는 시대를 감동시킬 만한 미담의 주인공으로 주목받기도 한다. 이들 중에는 태권도 코치, 과거에 건달을 했던 남성도 있다.[9]

외환위기 이후, 미디어에서는 '가시고기'의 존재성을 통해 자식을 돌보는 남성성이 강조된다. 새끼를 부화시키기 위해 자신의 몸을 새끼의 먹이로 내어주는 가시고기의 부성은 다큐멘터리·소설·드라마·연극 등을 통해 재구성되면서 대중의 심금을 울렸다. 한 아버지는 가시고기에 대한 다큐를 "온 가족이 울면서 봤고, 아이들이 나를 보는 눈도 달라졌다"라고 이야기했고,[10] 인간의 이야기로 극화된 '가시고기'가 상영되는 극장은 아버지와 가족을 위한 감동의 공간이 되었다.[11] 이처럼, 외환위기 이후에는 일방적으로 아내에게 이혼당한 남편이 백혈병에 걸린 아들의 수술비 마련을 위해 각막을 떼어내는 '가시고기'식의 이야기를 통해 아버지의 존재성이 재구성되었다. 미디어에서 강조된 자식에 대한 수컷 가시고기의 사랑은 현실에서도 재현되었다. 일례로, 이혼하고 사업 실패로 도망자 신세가 된 아버지가 희귀병에 걸린 아들에게 간을 떼어주는 기사[12]•는 대중에게 희생과 사랑으로 무장된 남성성을 재인식시켰을 것이다.

2010년대 중반에 이르면, 아버지로서 중장년 남성들의 존재성에 문제가 있다는 말까지 나오게 된다. 한국사회에서 현재의 중장년 아버지들이 과거에 한국

• 부도 후 이혼하고 도망자 신세가 된 아버지가 희귀병에 걸린 아들을 위해 한 달 만에 체중을 10킬로그램 줄여 간 이식을 한 이 기사의 이야기는 소설 《가시고기》(조창인, 2000, 밝은세상)와 많이 닮아 있다.

의 경제적·사회적 발전에 기여한 것은 사실이지만 문화적으로는 '가부장'적이어서 문제가 된다는 것이다.

> '한국 남자가 부끄러운 한국 남자'라는 페이스북 페이지에도 미투를 지지하는 남성들의 발길이 이어지고 있다. 특히 각계 핵심 위치에 오른 민주화세대 남성의 역할이 중요하다는 지적이 나온다. 운동권이었다가 1990년대 초반 제도권에 진입한 이들 중 적지 않은 이들이 정치적으로 평등을 추구하면서도 사회·문화적으로 가부장적인 면모를 보인다는 평가다. (…) 한 수도권 대학 사회학과 교수는 "성역할과 유교 질서가 동시에 무너지는 현실에서 기성세대 남성들이 혼란을 겪을 수 있다"며 "미투 운동이 성공하려면 이들의 적응을 돕고 참여를 이끌어내야 한다"고 강조했다.
>
> — 〈(권력지형 흔드는 미투 운동) 한국판 앙시앵 레짐(구체제)의 종언…알파걸이 방아쇠 당겼다〉(《동아일보》, 2018. 3. 10, A8면)

이처럼 2010년대 들어서는 '아버지 중심의 가부장제'가 비판되며 기존 남성성은 문제가 있는 것으로 치부되고 있다. 이 새로운 패러다임은 "개저씨"라는 말의 유행과도 관련이 깊다. "개저씨"는 "안하무인격 자기중심주의, 지위를 앞세운 퇴행적 습성 같은 '품격의 결함'이" 있는 중년 남성을 지칭하는 말이다.[13] "개저씨 지수"로는 "커피는 여자가 타야 맛있다", "시비가 붙었을 때 여자에게 윽박지르다가 남자가 나타나면 다른 태도를 보였다", "유흥업소에 갈 때, '이건 모두 사회생활의 일부일 뿐'이라고 여긴다", "대중교통에서 여성의 특정 부위를 자주 쳐다본다", "'우리 때는 말이야'란 말을 자주 쓴다"라는 것이 있다.[14] 이로 볼 때, "개저씨"는 2010년대 한국 중년 남성들의 실질적 존재성을 규명하는 말이라기보다는 그들의 부정적 면을 드러내는 단어다. "개저씨"는, "아줌마"와 같은 다면적 성격

여성-약자에겐 뻣뻣, 강자 앞에선 굽실… 그대 이름은 '개저씨'

'개저씨'라 불리는 한국의 중년 남자들

마초 근성-가부장 의식에 빠진 40대~60대 초반 권위男

20세기 '꼰대'와 비슷하지만 훈계와 조언을 하면 쉽게 우스워져

존경할만한 어른에 대한 갈망 반영 세대간 소통 '아재'의 모습 바람직

이럴 땐 '개저씨'로 보인다

약자를 상대하는 권위주의적 태도	25%
잦은 성희롱 발언과 성추행 시도	22%
길거리 흡연자, '쩍벌남', 노상방뇨 등 시민의식 결여	19%
여성 비하 발언, 남존여비 사고	15%
잦은 술주정	11%
허세, 잘난 체함, 기타	8%

한국 남성을 '개저씨'로 만드는 요인

뿌리 깊은 남성 우월주의	36%
인성 교육 부재	17%
남성의 무례함을 어영부영 넘어가는 사회 분위기	16%
물질주의, 권위주의적 통념	13%
권력, 자존감 하락으로 인한 남성의 위상 추락	8%
음주	4%
세대 차이, 기타	6%

체크해 보세요, 개저씨 지수

- 커피는 여자가 타야 맛있다(혹은 술은 여자가 따라야 맛있다) ☐
- 여자 혹은 식당 직원이 나보다 어려 보이면 반말을 한다 ☐
- 지하철 임산부석에 다리를 쫙 벌리고 앉아 본 적이 있다 ☐
- 내 생각이 틀렸는데도 일단 자존심으로 버틴다 ☐
- 길거리에서 주변 사람을 신경 쓰지 않고 담배를 피운다 ☐
- 시비가 붙었을 때 여자에게 윽박지르다가 남자가 나타나면 다른 태도를 보였다 ☐
- '남자는 와인이라 40세 이상부터 점점 꽃이 핀다'고 생각한다 ☐
- 군대 무용담 자랑하면서 정작 힘들고 위험한 일에는 '나 몰라라' 한다 ☐
- 가벼운 스킨십, 성적 농담을 할 때 질색하는 여자는 예민하다고 본다 ☐
- 술 마시고 공공장소에서 큰 소리로 떠든 적이 있다 ☐
- 마음만 먹으면 자신보다 한참 어린 여자와 사귈 수 있다고 생각한다 ☐
- '여자는 말이야'란 말을 자주 한다 ☐
- 유흥업소에 갈 때 '이건 모두 사회생활의 일부일 뿐'이라고 여긴다 ☐
- '우리 때는 말이야~'란 말을 자주 쓴다 ☐
- 대중교통에서 여성의 특정 부위를 자주 쳐다본다 ☐

embrain

〈(맨 인 컬처) '개저씨'라 불리는 한국의 중년 남자들―여성-약자에겐 뻣뻣, 강자 앞에서 굽실…그대 이름은 '개저씨'〉(《동아일보》, 2016. 2. 3, A21면).
"마초 근성-가부장 의식에 빠진 40대~60대 초반 권위 남"
"20세기 '꼰대'와 비슷하지만 훈계와 조언을 하면 쉽게 우스워져"
"존경할 만한 어른에 대한 갈망 반영, 세대가 소통 '아재' 모습 바람직"

〈열정같은소리하고있네〉의 하 부장

〈열정같은소리하고있네〉 포스터.
"니 생각 니 주장 니 느낌 다 필요없어!!!"
(이상 한국영상자료원)

을 지닌 말이 아니라, 어머니의 존재성 자체를 극악스러운 것으로 생각하는 "맘충" 처럼 혐오적 인식을 담은 말이라 할 수 있다.

'개저씨'의 이미지는 영화 〈열정같은소리하고있네〉(정기훈, 2015)에 잘 형상화된다. 직장을 다니는 젊은이들은 "성희롱당한 여직원 어깨를 감싸며 '남자로 입은 상처는 남자로 치유해야 하는 법'이라고 웃는 사장님"을 대처하는 법을 알아야 하고, 동시에 젊은이들은 "강남 30평 아파트에 살며 외제 차 굴리는 양반이 술만 마시면 '나는 평생을 물욕 없이 살았고 언제든 사표 낼 준비가 되어 있다. 한 달 수입 100만 원이 안 돼도 소신껏 살 거다. 너희는 젊은데 왜 그렇게 못 사느냐'"라고 하는 '쿨한 척 쿨저씨'도 극복해야 한다.[15] 영화에서 하 부장(정재영 분)은 '개저씨'의 이미지가 내재화된, 그래서 되도록 가까이 하고 싶지 않은 상사다.

하 부장은 회사에서 식사를 해결하고 발까지 닦는 불결한 모습을 보이지만, 동시에 가족을 부양하기 위해 회사에서 고달프게 일하면서도 아내와 제대로 교감을 나누지 못하는 불쌍한 가장이다. "현재 중장년 남성들은 엄격한 가부장제와 상명하달식 조직문화, 목소리부터 높여야 유리해지는 환경에서 살아남기 위해 몸부림쳐왔던 세대"라고 여겨진다.[16] 영화에서 하 부장과 같은 남성은 양면적 얼굴을 하고 있다. 그들은 동료 여사원의 허리를 툭툭 치거나 특정 신체 부위를 지적해 여성에게 수치감을 주며, 자살한 여자 연예인 이야기를 하면서 다음 같은 말을 농담 삼아 아무렇지도 않게 던진다. "그렇게 죽을 거면 이 불쌍한 남자들 한 번씩 주고 가지" 그러나 하 부장은 '싼마이'처럼 행동하더라도 회사의 추잡한 면모를 참아가며 자신의 밑에서 일하는 사원들이 한순간에 해고당하지 않도록 동분서주하는 의리의 사나이기도 하다. 하 부장은 번번이 승진에서 누락되는 '만년 부장'이고, 자녀들의 외국어 공부를 위해 기러기 아빠를 선택한 '외로운 아버지'이기도 하다. 또한 그는 직장에 붙어 있기 위해 음험한 조직문화에 발을 담그고는 있지만 뇌물을 받는 척하면서 돌려주는 '바른 사회인'이기도 하다.

드라마 〈SKY캐슬〉(2018. 11. 23~2019. 2. 1, JTBC)에서는 더 나아가 남성 중심적 가부장제 질서가 전면적으로 비판된다. 가족에게 엄격한 가부장이자 경쟁과 출세의 논리에 찌들어 있는 차 교수(차민혁, 김병철 분)는 드라마에서 매우 희화화되어 등장한다. 차 교수의 호통 소리는 가족에게 공포심을 유발하는 대신 가족의 아늑한 분위기를 깨는 천박한 목소리로 형상화된다. 또한 차 교수가 자녀를 타이르는 엄격한 태도는 경쟁과 일등만능주의에 찌들어 있는 위선으로 이미지화되며, 그가 지향하던 '피라미드'의 꼭대기 공간(부와 권력을 지닌 상위 계층을 의미)은 호두를 깨는 공간으로 전락한다(드라마 마지막 회에서 우양우[조재윤 분] 가족은 식탁에 모여 앉아 피라미드 모형으로 호두를 까먹는다). 아내 노승혜(윤세아 분)는 남편 차민혁의 '개저씨' 같은 행태를 거부한다. 자녀들은 어머니를 도와 아버지를 집 밖으로 내쫓고는, 아버지만 남기고 가족 전체가 '가출'을 감행하기도 한다. 아내는 남편을 내쫓은 후, 다음과 같이 말한다. "이렇게 추운 날 아빠를 밖으로 모신 건,

〈SKY캐슬〉의 차민혁. 가족에게 엄격한 가부장이자 경쟁과 출세의 논리에 찌들어 있는 인물이다. (JTBC)

찬바람을 쐬면 아빠가 정신을 좀 차리지 않을까 싶어서야."(16회)

또한 2018년의 〈SKY캐슬〉에서는 가장으로서 갖게 되는 아버지의 책임보다는 출세지향적 사회에서 남을 짓밟고 높이 올라가려는 남성의 음험한 결속 논리가 부각된다—1980~1990년대의 드라마에서는 출세지향적 사회에서 시달리는 남성의 존재가 부각되면서 가장이 어렵게 돈을 벌어 가족을 부양하는 사실이 강조되었다. 사회에서 실질적 권력자가 되기 위해 거래를 하는 〈SKY캐슬〉 속 남성들의 모습을 통해 현실에서 그들 남성의 질서가 어떤 식으로 만들어지는지 가늠해볼 수 있다.

한편으로, "개저씨"라는 말에는 '어른다운 어른'에 대한 열망이 담겨 있다. 개저씨와 대립된 존재인 "젠틀맨"은 "가부장적인 습성, 강자의 갑질, 무례를 벗"어나 "소통, 공감, 균형, 품위, 절제, 배려"의 품위를 지닌 중장년 남성을 의미한다.[17] 현재 미디어에서 "개저씨"가 끊임없이 비판되는 것은 시대에 역행하는 남성성을 교정하고 새로운 가족이데올로기를 만들어나가기 위해서라 할 수 있다. 그래서 표면적으로만 볼 때는, 더는 1990년대식 가부장제 질서가 설 공간이 없는 시대가 도래된 것처럼 여겨진다. 특히 2010년대 후반에 이르러 남성들에게 '체질 전이'가 요구되는 것이다.

2. 구축되는 남성성과 사라지는 여성의 적, 저출생의 극복을 위한

1990년대에는 현실에서 부부의 가정일 분담이 평등하게 이루어지는 것 같은 기사(《아내는 방 청소, 남편은 설거지》)가 다수 나타났지만,[18] 사실 이는 일부 가정에만 해당되는 내용이었다. 실질적으로 남편은 가정일을 나누어 맡고 싶어도 "아내를 맞벌이시키면서 집에서 개수통에 손 담그는 한심한 놈으로 보일까봐" 노심초사하며 제대로 가정일 분담에 나서지 못했다.[19] 신문 통계 자료를 살펴보면, 이 시기 남편의 가정일 참여율은 낮은데도,[20] 마치 성평등이 이루어진 듯 과장되어 선전된 경우가 많았고, 지금과 비교하면 남편이 가정일을 하지 않는 것이 크게 문제시되지 않았다.

1990년대에는 '엄부자모'가 지향되었고, 남자아이는 남성에게 여자아이는 여성에게 더 많은 영향을 받는다는 이야기가 있었다.

> 서울 ㅅ대학의 한 교수는 여교사 편중 현상을 '무부(無父) 교육상황'에 빗댄다. 여교사에게만 배우는 아이는 버릇없는 아이가 될 가능성이 높다는 것으로 '엄부자모(嚴父慈母)'식 교육이 바람직하다는 설명이다. 서울 ○○대 장○○ 교수(60·교육철학)는 (…) "교직의 바람직한 성비(性比)에 대해서는 어떤 교육이론으로도 설명할 수 없지만 남자아이는 남교사, 여자아이는 여교사에게 영향을 받으며 성장할 때 그 반대의 경우보다 효과적이라는 것은 역사적으로 증명된 사실"이라고 밝혔다.
>
> —〈'여교사 편중에 남자아이들 여성화(?)', '물증'없는 '심증'공방〉(《경향신문》, 1997. 3. 10, 29면)

그런데 2000년대에 이르러서는 남편이 가정일에 참여해야 그 자녀가 올바르게 성장할 수 있다는 사실이 강조된다.[21] 그 한 사례로, 딸들이 리더로 발전하기

"남편도 빨래하고 설거지를"

家事분담 쌓이는 스트레스

"마음은 있어도 왠지…" 주위「눈치보기」급급

『남편들도 빨래를 하자, 아내에게도 시간은 필요하다』

말쑥한 탤런트는 웃으면서 빨래감을 모아다가 세탁기를 돌린다.

아내를 꽉 잡고 산다고 큰소리치던 남편이 잠시후에는 진공청소기로 집안을 치우면서『잡혀사는게 편한 겁니다』라고 웃는다.

살림만 하는 아내를 둔 남편들도 이처럼 가사를 나눠 맡는 분위기 속에서 맞벌이 부부의 남편들은 쫄리는 데가 더 많다.

『모처럼 휴일에 TV를 보다가 이런광고가 나오면 진짜 마누라 눈치보입니다. 여자들도 직장생활에서 지치고 쉬고 싶을 테니

(그림 김덕선)

맞벌이부부 경우 더욱 심해 갈등요인

까요. 나도 마음이야 같이 하고싶지만 막상 몸을 움직이게 되질않아요. 그래서 미안한 마음을 늘 한자락 깔고 있어요』

막상 일을 나누어 해도

남성연구

그러나 현대사회는 어떤가. 사회생활을 원하는 여성도 늘어나고 경제적인 이유로 맞벌이아내를 원하는 남성들도 늘고 있다. 「남자는 돈벌기, 여자는 살림하기」의 전통적인 성역할 구분이 이제는 많이 무너지게 된 것이다. 그럼에

〈(남男 남성연구) "남편도 빨래하고 설거지를", 가사 분담 쌓이는 스트레스—"마음은 있어도 왠지…" 주위 '눈치 보기' 급급, 맞벌이 부부 경우 더욱 심해 갈등 요인〉(《동아일보》, 1993. 5. 11, 16면)

위해서는 딸들이 아버지와 친밀해야 함이 강조된다.

> 미국 하버드대 아동심리학과 댄 킨들런 교수는 《알파걸》이란 책에서 "아버지와 딸 사이의 친밀한 관계는 딸의 사고방식과 심리, 사회와의 교류 방식, 인생에 대한 소망과 기대치에 깊은 영향을 준다"고 밝혔다. 실제 리더 여학생은 이전의 여성들에 비해 아버지와의 관계가 돈독했다. (…) 경기 ○○여고 학생회장인 이○○(18) 양은 지난해 학생회장 선거에서 아버지의 덕을 톡톡히 봤다. (…) 이 양은 "엄마는 학생회 활동이 공부에 방해가 될까봐 걱정을 하지만 아빠는 늘 여학생도 리더가 될 수 있다고 힘을 주면서 학생회 활동에 아주 구체적으로 실질적인 도움을 준다"고 말했다.
>
> —〈아버지의 힘—경쟁심-성취욕 키워줘〉(《동아일보》, 2007. 4. 17, A3면)

앞의 1997년 기사와 뒤의 2007년 기사를 비교해보면, 10년 만에 굉장히 다른 논리가 구축되었음을 볼 수 있다. 이에서 알 수 있듯, 미디어에 형상화되는 아버지와-딸의 관계성은 만들어지는 것이라 할 수 있다.

2000년대에는 더 나아가 가정일과 육아에 적극적으로 참여하는 아버지의 모습이 긍정적으로 보도된다. 젊은 부부들이 가정일을 반반 분담 하는 것을 근거로 성평등이 이루어졌다고 확언되는 1990년대식의 기사와는 질적으로 달라지는 것이다. 이제는 가정일이 서툰 남편의 모습을 있는 그대로 이야기함으로써 실질적으로 남편들의 가정일 분담을 유도하는 기사가 등장한다.[22] 또한 아버지의 육아는 아이의 사교성을 향상시키고,[23] 아이의 스트레스를 관리하는 긍정적 효과를 창출한다는 내용 또한 기사화된다.[24] 동시에 아버지가 적극적으로 육아에 참여함으로써 '가족의 결속'이 끈끈해짐이 강조된다. 그러나 아버지가 가정일과 육아에 참여해야 한다는 사실이 강조되는 이유는 출생률을 높여 차세대 노동력의 양과 질을 확보하고 돌봄노동에 드는 사회적 비용을 줄이는 것에 있다.

> "나랏일은 저를 대신해서 할 사람들이 많지만 아버지의 역할은 그 누구도 대신할 수 없습니다. 육아 휴가를 쓰면서 아내에 대한 사랑과 믿음도 더욱 깊어졌습니다." 최근의 전 세계적 경제 위기는 노르웨이에도 영향을 미치고 있지만 솔햐르 장관은 "아버지의 적극적인 육아 참여가 나라 경제에도 도움이 된다"고 확신했다. "저출산 극복이 나라마다 큰 과제로 떠오른 요즘, 남성들의 육아 참여는 돌봄(care)노동에 드는 사회적 비용을 크게 줄일 수 있어요. 아버지가 육아에 적극 참여하는 집일수록 둘째 출산의 가능성이 높다는 통계처럼, 차세대 노동력의 질과 양을 높이는 결과도 가져오지요."
>
> — 〈두 달 육아휴가 쓴 노르웨이 교육장관, "나랏일을 대신할 사람 있지만 아빠는 나뿐"〉(《조선일보》, 2008. 12. 15, A8면)

어린 아이를 직접 키우는 아빠들이 점점 늘고 있습니다. 유모차를 번쩍 들어 트렁크에 착착 접어 넣고, 기저귀 가는 일도 무리 없이 해내곤 하죠. '슈퍼맨이 돌아왔다', '아빠를 부탁해' 등 TV 프로그램도 큰 인기를 얻으며 '아빠도 육아의 주체가 되어야 한다'는 인식이 날로 퍼지고 있습니다. 하지만 '육아는 여성의 몫'이라는 편견은 여전합니다. 남성이 육아휴직을 내려면 눈치가 보이고, 기저귀 교환대 없는 남자 화장실이 더 많습니다. 육아하는 아빠들을 만나 아이를 기르는 기쁨과 고충을 들어 봤습니다.

오피니언팀 종합·안나 인턴기자 서울대 융합과학기술대학원 졸업

숨 돌릴 틈 없는 육아전선 이야기

"육아 휴게실 없어 쩔쩔매고… 엄마까지 스트레스"

밤낮, 출퇴근 없는 육아

—다섯 살 아들 이호가 올해 유치원에 입학원서를 냈어요. 보통 여러 곳에 원서를 내기 때문에 추첨일엔 아빠, 엄마, 할머니 등 온 가족이 총동원하지요. 제 번호가 원장 선생님 입에서 불릴 때, 뭔가 쭉 내려가는 듯한 기분이 들면서 한숨이 훅 나오더군요. 평일엔 직장 일로 육아에 많이 참여하지 못해요. 하지만 저녁식사 후 이호와 목욕하는 것, 옷을 갈아입히는 동안 장난감 정리를 하는 것, 잠들기 전 이부자리에서 놀아주는 것 정도는 매일 하려고 노력합니다.(서현수·37·직장인)

—카카오스토리 육아 정보 채널 '육아달인'을 운영하고 있어요. 채널 구독자가 17만 명이 넘을 정도로 인기가 좋아요. 감기에 걸리거나 면역력이 약해졌을 때 먹는 비타민이라든지 연령별 인기 장난감, 학용품, 의류 공동 구매 정보 등을 공유합니다. 카카오톡 메시지와 댓글을 이용해 실시간 소통하죠. 아빠들은 건강이유식, 무공해 간식 고르는 법 말고도 "육아휴직을 신청하기 눈치 보인다"며 도움을 청하곤 해요. 전 소신껏 하라고 답해요. 꼭 육아휴직을 통해서만 육아를 하는 건 아니에요. 아이를 안아 주는 일 같은 간단한 일부터 시작해보세요.(정순화·39·'육아달인' 대표)

—'아빠가 나서면 아이가 다르다', '엄마만 느끼는 육아 감정', '엄마 vs 엄마'라는 아빠 육아 관련 책을 썼어요. 카카오TV에서 '주옥같은 육아썰전'이라는 생방송 프로그램도 진행하고 있고요. 아이의 성(性), 아이들 치아 관리를 다뤘어요. 방송 중 채팅을 통해 실시간으로 문답이 가능하다 보니 시청자들 반응이 좋더라고요. 시간이 없는 아빠들을 위해 '주말에 육아하는 아빠 모임'도 만들었어요. 아빠 자신이 아이를 더 사랑할 수 있게 된다는 점, 그리고 아이도 아빠를 더 사랑할 수 있게 된다는 점이 아빠 육아의 가장 큰 장점이고 육아의 맛이랍니다.(정우열·37·정신건강의학과 전문의·방송인)

"아빠여서 행복해요, 아빠여서 더 잘해요"

—제가 자라면서 본 아버지의 모습과 현 시대가 원하는 아빠상이 다르다고 생각해요. 성공보다 가족이 더 중요하다고 생각하는 사람이 늘어났죠. 움직임이 큰 놀이를 하기에 아빠가 엄마보다는 좀 더 수월해요. 타고 오르기, 목말 태우기, 간지럼 피우기 등 몸으로 부딪치며 살을 맞대는 모든 놀이가 그래요. 이런 즉흥적이고 에너지 넘치는 놀이로 아이들의 호기심을 자극해 주면 아이들이 스트레스를 더 잘 다스릴 수 있게 된다는 연구 결과도 나와 있어요. 은행 사내 커플인데 아내는 공동 육아를 시스템화해 주길 원했어요. 퇴근 후 집안일을 분담하고, 33개월 된 아들에게 책을 읽어 주고 체온을 나누며 놀아 주려고 노력했지요. 아참, 저는 올해 여름 태어날 둘째를 위해 3월에 배교지도사 자격증 시험도 봐요.(강회철·37·IBK기업은행 직원)

—총각 때부터 아이들을 워낙 좋아했어요. 제가 하도 안고 다녀서 아내가 "아기 띠를 존제 쓸 일이 없었다"고 우스갯소리를 할 정도죠. 5년 전, 아이들과 문화센터에 다녔어요. 그땐 아빠가 문화센터에 아이들을 데리고 가면 다들 신기하게 생각했습니다. 같이 수업 듣는 엄마들이 나중에 와이프에게 제 직업부터 해서 여러 가지를 조심스럽게 물어봤다고 하더라고요. 사실 그때 직장인이었어요. 아이들과 더 많은 시간을 보내기 위해 다들 기피하는 새벽 근무 부서에 일부러 자원했죠. 직장일로 힘들었다고 해서 아빠가 온 주말을 쉬어 버리면 아이에게 주중에 시달린 엄마는 쉬지 못해요. 주말 중 하루라도 아빠가 아이와 놀아준다면 엄마는 에너지를 충전할 수 있어요.(조현상·40·개인사업)

일러스트레이션 권기령 기자 beanoil@donga.com

만만찮은 아빠의 고충

—아내가 출산휴가를 3개월밖에 못 썼어요. 논문 쓰는 제가 육아를 전담하고 있지요. 학교엔 7개월 된 아이와 있을 곳도 따로 없고 수유실에 들어갈 수도 없었어요. 다행히 지도교수님께서 연구실에 데려와도 된다고 하셨어요. 미국엔 아빠 학생이 많대요. 음악이 나오고 모빌이 달린 유아 의자를 연구실에 갖다 놨어요. 정수기 온수 냉수를 5 대 5로 섞으면 분유 탈 물을 따로 안 식혀도 돼서 좋아요. 아이가 울 땐 연구실 동료들에게 소음 피해를 줄까 봐 얼른 안고 나가서 바깥 화단 나무나 개미 같은 걸 보여 주고 달래서 놀아가요. 아직 남자 화장실에 기저귀 교환대가 없어서 힘들어요. 엉거주춤하게 한 팔과 허벅지로 아이를 지탱하고 한 손으로는 물티슈 꺼내고 닦은 다음 새 기저귀 찍찍이를 떼죠. 시계를 봤는데 오후 2, 3시밖에 안 됐을 땐 남은 하루가 까마득해요. 아내가 퇴근하기만을 기다리게 돼요.(윤준석·32·대학원생)

엄마의 스트레스도 늘어

—저는 프리랜서이기 때문에 휴직의 염려나 진급에 대한 걱정이 없지만 제가 여성가족부 '꽃보다 아빠' 캠페인이나 보건복지부 '100인의 아빠단'에 멘토로 참여하면서 겪은 경험은 다릅니다. 대부분의 아빠는 연예인, 프리랜서, 공무원 아빠들이 아니라 기업체에 다니고 있는 분들이지요. 휴직하고 육아에 적극적으로 나서기 어려운 형편이나 보니 육아에 대한 글을 직접 쓰시거나 목소리를 낼 기회도 적습니다. 평범한 직장 생활을 하면서 육아를 감당하는 아빠가 책을 쓰거나 글을 쓰고 있는 경우는 거의 없습니다. 마음이 없어서라기보다 여건이 되지 않습니다. 육아와 관련해 발언하고 있는 대부분의 아빠는 소위 '평범한 아빠'가 아닙니다. 아빠 육아가 현실적으로 힘들다는 방증이죠.(권영민·37·작가·철학자)

—아이 셋을 낳고 사업 준비하느라 밖에 있을 때가 잦아요. 남편은 집에서 번역 일을 하고요. 남편이 "얼마나 대단한 일을 하겠다며 내내 밖으로 도니? 나는 육아도 하는데"라며 빈정거릴 때 마음이 상해요. '육아하는 아빠는 특별한 아빠'라는 생각이 깔려 있는 거죠. 원래 아빠의 영역이 아니라 여기는 걸 하고 있으니 대단하고 특별한 기여를 하고 있는 것 같나 봐요. 사실 남편이 있기에 마음 놓고 일하는 것도 맞지만 솔직히 서운해요. '걱정 마. 아이들은 내가 볼게. 당신은 지금 하는 일을 잘해'라고 말해 준다면 좋겠어요.(성지은·가명·34·주부)

〈(아빠 육아 톡톡TALK TALK) 숨 돌릴 틈 없는 육아전선 이야기—"육아 휴게실 없어 쩔쩔매고…엄마까지 스트레스", 밤낮 출퇴근 없는 육아, "아빠여서 행복해요, 아빠여서 더 잘해요", 만만찮은 아빠의 고충, 엄마의 스트레스도 늘어〉(《동아일보》, 2016. 1. 15, A28면)

2018년에는 외환위기 시기에 실직·퇴직 또는 이혼으로 파국을 맞았던 당시 중장년 남성이 '손자와 손녀를 돌보는 할아버지'의 모습으로 등장한다. 가부장적으로 여겨지던 중장년 세대의 남성이 이제 노년 세대의 남성이 되어 아가들을 성공적으로 키워내는 모습은 남성성의 변환을 더욱 극적으로 만든다. 한 기사에는, 사회에서 일하느라 살림을 하지 못했던 남성이 노년에 손주의 기저귀를 갈아주는 등 '할빠(할아버지+아빠)' 노릇을 하는 이야기가 담겨 있다. 할아버지가 손주를 3년 동안 기르느라 정이 흠뻑 들었는데, 어린이집에 가도 될 만큼 자란 손주와 이제 '슬픈 이별'을 하게 되었다는 내용이 감동적으로 서술되고 있다. "'5분 대기조'처럼 아이들 뒷바라지, 일한다고 살림 한 번 안 해본 내가 기저귀 갈고 밥 먹이며 아빠 노릇, 힘들었지만 마음껏 사랑했던 시간 내 생애 다시 찾아온 봄날이었다." 기사에는 할아버지가 친손주와 외손주 모두를 돌본 걸로 서술되지만, 기사 제목은 "외손주"를 앞세운다. 또한 할아버지의 육아는 처음으로 사람과 사람 사이에 티 없는 "교감을 나누면서 마음껏 사랑하고 헌신의 기쁨을 누릴 수 있었던" 소중한 시간으로 형상화된다. 할아버지는 발달장애 소견까지 있었던 손자를 단단하게 자라게 만든 보살핌의 미덕을 갖춘 가족지향적 남성이다. 할아버지의 돌봄노동은 딸의 경력 단절을 막고 여성이 사회 능력을 발휘할 수 있게 만든다.

> 큰딸은 막 승진을 했고 작은딸은 박사 과정에 들어간 참이었다. 10여 년 전만 해도 일하는 여성의 육아에 대한 지원 기반과 인식이 지금보다 훨씬 못했다. 수심이 가득한 딸들에게 뒷일 생각 않고 "애 걱정 하지 말고 너희들 할 일 해"라고 해버렸다. (…) 그렇게 3년여 보내고 나니 큰딸 직장에 어린이집이 생기고, 둘째도 학위를 받고 한숨 돌리게 됐다.
>
> —〈[아이가 행복입니다—75세 할아버지의 육아 일기] "3년 키운 외손주들 떠난 날 샤워실서 혼자 펑펑 울었죠"〉(《조선일보》, 2018. 1. 18, A29면)

더욱 주목되는 점은 '남편의 체력'이 '가정일과 육아를 잘할 수 있는 자질'로 이미지화되고 있고(아래의 첫 번째 인용문), '남편의 보살핌 능력'이 '가족의 행복에 기여하는 남성의 자아실현'으로 설명된다는 사실이다(두 번째 인용문).

> 직접 해보니 주부에게 진정 필요한 것은 '체력'이었다. 온갖 청소부터 칼질·불질까지 해야 하는 요리는 물론이고, 무한한 체력을 가진 아이들과 놀아주려면 무엇보다 체력의 뒷받침이 필수적이다. (…) 모유 수유를 빼면 아빠가 더 잘할 가능성이 높다는 데 한 표 던진다.
>
> —〈(아이가 행복입니다—두 딸 '전업육아' 노○○ 씨) "아내 대신 내가 회사 그만두고 애들 키운 5년…남자가 육아 더 잘할걸요? 머리 땋기만 빼고"〉(《조선일보》, 2018. 8. 9, A24면)

> 이 씨도 육아 스트레스에 시달린 적이 있다. 특히 "일보다 육아에 전념하다 보니 자존감이 낮아지고, 스스로 작아지는 듯한 경험을 했다"고 한다. (…) "육아는 아무리 애를 써도 세상이 나를 인정해주는 것처럼 느껴지지 않더라"는 것이다. 그럼에도 이 씨는 '아내에게 잘 보이기 위해' 육아의 길을 6년째 이어가고 있다. '육아를 잘해야 아내가 좋아하고, 아내가 좋아해야 나도 행복할 수 있다'고 믿기 때문이다.
>
> —〈(아이가 행복입니다—전업 육아 6년째, 개그맨 이○○ 씨) "사랑 듬뿍 받는 아빠가 되고 싶으세요? 놀이터에서 아이 친구들과 섞여 놀아보세요"〉(《조선일보》, 2018. 7. 19, A24면)

2010년대 들어 아버지가 가정일과 육아에 탁월한 능력을 발휘하고, 그러한 자신의 모습에 행복을 느끼는 내용의 기사가 갑자기 많아지고는 있으나, 그렇다고 이제 아버지가 가정일에만 전념하더라도 사회적으로 문제가 없게 되었다고 오해해서는 안 된다. 2010년대 한국사회는 여전히 1995년의 〈남자는 괴로워〉 속 가부장의 고뇌가 사라졌다고 보기 어렵다. 여전히 아버지는 아이가 아프면 어머니에게 맡기라는 회사의 압박에 직면하고 있으며, 아이들과 놀아주고 싶지만 직장일로 시간 내기가 어렵다. 게다가 아직도 성별분업에 입각한 20세기식 가부장제 유령이 사라지지 않았다. 또한 한국 남성은 여전히 가족 부양의 책임에서 자유롭지 않은데, 갑자기 육아 책임까지 맡게 되니 반발심이 생기고 스트레스를 받을 수밖에 없다. "남자라는 이유로 일을 더 하는데 육아 부담까지 늘어"났다고 여기는 사람이 적지 않은 것이다.[25]

여기서 1990년대의 한 기사를 주목할 필요가 있다.

> (…) 정치·경제·사회·교육을 통해 인간중심적 가치 체계를 확립하려는 노력의 시대가 될 21세기엔 부부와 자녀 사이가 민주화가 되고, 가족 안에 존재하는 성차별 의식의 불합리성이 보다 두드러지게 되고, 가족 사이의 인격적 대우가 보편적 규범으로 자리 잡고, 부부가 동등한 권한을 갖고 자녀들이 가정 문제에 적극적으로 참여하게 될 것이라고 내다봤다.
>
> —〈(21세기 향한 가정 교육세미나) "핵가족 가부장 권위의식 여전"〉(《한겨레》, 1991. 8. 15, 8면)

실질적으로 미디어에서 외환위기 이전에는 아내의 내조가 주로 이야기되었다면 외환위기 이후에는 능력 있는 아내를 위한 남편의 "외조"(〈될성부른 아내 위해 뭔들 못하랴〉)가 언급되었다.[26] 점차 가정일을 남편과 아내가 평등하게 처리하는 것이 당연시되었고, 한국사회에서 여성의 고용률이 낮다는 것도 문제가 되었다.

그러나 우리는 이 시점에서 다음과 같은 생각을 해야만 한다. 2010년대 미디어에서 남편은 아내가 했던 모든 일을 아내와 같이 해야만 하고, 일과 육아를 병행하는 워킹맘은 가족을 위해 과한 노동을 하고 있다는 찬사를 받고 있다는 것 곧 1990년대 기사에서는 '환상'으로 그려진 평등한 가족의 모습이 오늘날 마치

될성부른 아내위해 뭔들 못하랴

포럼

"출세하는 아내 든든" 외조남편 많아

밥짓기·설거지 전담…시부모도 후원

《〈포럼〉 될성부른 아내 위해 뭔들 못하랴—"출세하는 아내 든든" 외조 남편 많아, 밥짓기·설거지 전담…시부모도 후원〉(《매일경제》, 1997. 1. 24, 42면)

'실제'로 이루어진(이루어질) 것처럼 오해될 수 있다는 것이다. 현재 많은 사람은 오히려 남성이 역차별을 받는다고 이야기하며, 페미니즘 자체를 부정하기도 한다. 그러나 다시 곰곰이 생각해볼 필요가 있다. 성평등의 세상이 '미디어 안에서만 일어나는 현상은 아닌지' 말이다.

20세기의 가부장제 가족제도 안에서는 아내의 내조가 강조되고 유교 윤리가 중요시되면서, 사회에서 시달린 남편의 피로를 풀어주고 남성 간 경쟁에서 진 남편의 분노를 잠재울 수 있었다. 그러나 21세기 신자유주의 질서 위에 재구축된 가족제도 안에서 아버지는 이전만큼 위로받을 수 없게 되었다. 하지만 그렇다고 아버지를 더는 배려하지 않게 되었다고 말하기는 어렵다. 한 개인이 안정된 취업을 하기 어려운 신자유주의 시대에는 아버지 혼자 가정경제를 책임지기 힘들다. 그런데 짧은 시간 안에 기혼 여성의 경제활동을 당연한 것으로 여기게 만드는 패러다임의 전이가 있었다. 그러므로 '여성이 공식적 경제활동을 하는 것을 당연하게 여기는 것'만으로 한국사회에서 성평등이 실현되었거나, 남성 중심의 질서가 사라진 것이라 믿는 것은 위험하다. 국가적 위기 상황 속에서 일어난 패러다임의 전이가 일시적으로 페미니즘의 정신에 부합되었을 뿐이다.

주목할 것은 외환위기 이후 남성성의 패러다임 전이를 통해 가족제도를 재구축하는 과정에서 여성의 적이 사라져버렸다는 사실이다. 오늘날 미디어에서 '20세기식 남성 중심의 가부장제 질서'를 옹호하는 사례를 찾아보기는 어렵다. 2010년대에 전이되고 있는 남성성의 패러다임을 정확히 직시하지 않는다면, 한국사회에서 성평등이 이루어졌다고 착각할 수 있는 것이다. 이 책에서는 여대생과 전문직 여성, 전업주부와 워킹맘(취업주부), 이혼녀의 존재성을 면밀히 살펴봄으로써 신자유주의 시대 새로운 가족 질서의 의미를 파악할 수 있었다. 현 2010년대가 추구하는 가족제도의 민낯을 가부장제적 권위가 약화된 듯한 아버지의 존재성에서 찾으려고 하면 안 된다. 2000년대 이후 가족제도의 메커니즘은 1980~1990년대와는 전혀 다르게 전개되는 여성혐오의 양상을 통해서만 파악할 수 있다.

제2장

21세기 여성혐오 현상의 출현, 남성들을 압도하는 파워걸들

1. 성평등 지향 사회의 여학생, 엽기와 혐오의 주체로 떠오르는

엽기녀·된장녀·혐오스러운 페미니스트, 외환위기 이후 여학생들의 연대기

1990년대 후반은 아직 남아선호 풍조가 남아 있었지만 그래도 많은 부모가 자신의 딸이 능력을 쌓고 사회활동을 활발하게 하는 것을 바라는 시기다.[1] 1990년대 후반 미디어에서 소녀들은 일반적으로 이해하기 어려운 '이상한 존재들'로 형상화된다. 곧, 이 시기 소녀들은 부담스럽게 치장하면서 지나치게 개인주의화된 '불량학생'으로 이미지화되거나, 술 마시기를 즐기는 여중생으로 등장하고, 불량서클에 가입한 부반장인 여학생은 죄의식도 느끼지 못하면서 폭력과 향락에 젖어든다.

> 무릎 위 10cm까지 올라온 노란 원피스로 밤거리를 쏘다니고 있다. (…) 굽 높이 7cm쯤 되는 하이힐, 붉고 푸른 얼굴 화장이 부담스러워 보인다. (…) 원칙도,

절제도 없는 생활이지만 부끄러운 기색도 없다. "빽갈이 하다 좋은 사람 만나서 시집 갈 거예요" (…) 이들이 모두 '불량학생'인 것은 아니다. '소녀 이미지'는 더 이상 또래들 사이에서 인기를 끌지 못할 뿐이다. 거칠다고 공부 못하는 것도 아니다. 제 할 일 다하고 영악하게 미래도 챙긴다. '등생(우등생)', '범생(모범생)'으로 불리며 학원과 과외 공부에도 악착이다. "우리끼리 잘 통한다. 빈대는 사절"이라고 자처할 만큼 이들은 자기 또는 소그룹 중심적이다.

—〈오늘 딸과 대화를 해보자—요즘 부모-자식 간 1세기 이상 문화 차이, 부모의 넘치는 사랑이 당당하고 건강한 딸 만든다〉(《조선일보》, 1997. 7. 22, 29면)

서울 H학원 교사인 S 씨(28 · 여)는 얼마 전 학원 여중생들과 함께 길을 가다 화들짝 놀랐다. 곱창집 앞을 지나갈 무렵 여학생 한 명이 "곱창 참 맛있겠다"며 군침을 삼킨 것. S 씨는 "너희 또래도 곱창을 먹니?" 하고 물었다. 망설임 없이 대답하는 그 여학생. "어머, 선생님은…. 곱창에 소주 한잔하면 '캡'이에요."

—〈당당한 여학생 "내숭이 뭐죠"—활달하고 자기주장 강한 '신인류'…남학생이 맘에 들면 먼저 나서 "사귀자", 성(性) 급격히 개방 음담패설도 거리낌 없어… 남성 중심 사회 변화 과정 반영〉(《동아일보》, 1997. 7. 15, 17면)

"정말 나쁜 언니들이 아니에요. 나한테 얼마나 잘해주는데요" 그러나 '공주파' 아이들의 행동은 이미 위험수위를 넘어섰다. '나쁘지 않다'는 언니들이나 동급생 중에 팔뚝에 칼자국을 내거나 눈썹을 밀어버린 아이도 있다. 얼마 전 한 '언니'는 후배들을 때리고 돈을 뺏다가 정학을 당하기도 했다 상식적으로 볼 때 아무것도 부러울 것 없는 정상적인 아이들이 대부분 이런 식으로 폭력에 젖어든다. 승연이도 예외가 될 수 없다.

—〈언니에 '찍힘'당한 중2 여학생 짜릿한 재미…서클 탈퇴 꿈도 안 꿔〉(《한겨레》, 1997. 7. 8, 26면)

당당한 여학생 "내숭이 뭐죠"

활달하고 자기주장 강한 「신인류」- 남학생이 맘에들면 먼저나서 "사귀자"

性 급격히 개방 음담패설도 거리낌없어- 남성중심사회 변화과정 반영

『졸업앨범에 잘생긴 남자애가 하나 있었죠. 앨범 뒤편의 전화번호로 전화를 했어요. 「한번 사귀어 보자. 어때?」하고 말했을 뿐인데 걔는 말한마디 못하고 끊더라구요. 바보같이…』(서울 M중 3학년 K양·15)

여학생들이 당당해지고 있다. 성격도 개방적이고 활달하다. 오히려 요즘엔 남학생들이 수줍어하고 소극적인 경향. 여학생들은 「내숭」을 떨기 보다는 자기의사를 솔직하고 담백하게 표현한다.

서울 H학원 교사인 S씨(28·여)는 얼마전 학원 여중생들과 함께 길을 가다 화들짝 놀랐다. 곱창집 앞을 지나갈 무렵 여학생 한 명이 『곱창 참 맛있겠다』며 군침을 삼킨 것. S씨는 『너희 또래도 곱창을 먹니?』하고 물었다. 망설임 없이 대답하는 그 여학생. 『어머, 선생님은…. 곱창에 소주 한잔하면 「킹」이에요』

여학생들이 좋아하는 남학생을 따라 「전학길」가는 것도 서슴지 않는 것은 이젠 예사일. 서울 B여중에 다니는 M양은 집이 서울의 동쪽끝인 명일동이면서도 2년째 서울 서쪽 영등포의 한 학원을 다닌다. 지하철을 두번씩 갈아타면서.

『순전히 걔 때문이에요. 전학 간다고 날 벗어날 수 있나요. 지구끝까지 따라갈 거예요』

서울 목동의 한 남녀공학 중학교 교사인 L씨가 전하

무대에 불러내 장미꽃을 주며 프로포즈하는 「만나고 싶어요」란 코너가 있을 정도. 수줍은 남학생은 대부분 코앞에 갖다댄 장미꽃을 「덥석」 입에 문다.

YMCA 성교육상담실의 이명화씨(31)는 『사춘기 신체의 변화 등을 문의하던 예전과는 달리 요즘 여학생들은 임신이나 성병에 관한 질문을 하는 것이 예사』라며 『심지어는 남학생들이 전화를 해 「너도 남자냐. 어떻게 여자인 나를 사랑하면서도 그것을 확인하는 행동도 하지 않느냐」는 여자친구의 다그침에 어떻게 대처해야 할지를 물어오는 경우도 있다』고 말했다.

남녀학생간에 성에 관한 짓궂은 농담을 공개적으로 주고 받는 것도 흔한 일. 음담패설을 재치있게 받아넘기지 못하는 여학생은 「꽉 막힌」 것으로 치부된다.

최근 한국 에이즈퇴치연맹이 서울시내 남녀 고교생 3천명을 대상으로 실시한 청소년 성의식에 관한 조사결과는 이러한 여학생들의 개방적 성향을 극명하게 드러낸다.

『성경험이 있다』고 대답한 여학생 27명(전체 여학생의 5.6%)중 74.7%의 여학생이 초등학교나 중학교 때를 첫 성경험 시기로 꼽았다. 이는 똑같이 성경험이 있다고 대답한 남학생(전체 남학생의 17.2%)중 초등중학교를 첫 경험의 시기로 대답한 남학생의 비율(81.6%)과 맞먹는

<그래픽 강희준기자>

〈당당한 여학생 "내숭이 뭐죠"—활달하고 자기주장 강한 '신인류'…남학생이 맘에 들면 먼저 나서 "사귀자", 성(性) 급격히 개방 음담패설도 거리낌 없어… 남성 중심 사회 변화 과정 반영〉(《동아일보》, 1997. 7. 15, 17면)

1990년대 후반에 10대 여학생은 자신의 앞날을 위해서만 열심히 공부를 하고, 열심히 공부하면서도 "우리 엄마처럼 직장생활에 가사일까지 도맡는 슈퍼우먼이 되기는 싫다. 남편 고생은 시키겠지만, 내가 원하는 일을 하면서 당당히 살겠다"[2]라고 이야기하기도 한다. 또한 여고생은 대중이 우려할 정도로 성에 개방적이다. "얼마 전 서울시 조사에 따르면 우리나라 윤락여성의 89%가 10대 후반에서 20대 초반의 '어린' 여성이라고 했다. 또 89%가 '자신이 원해서' 매춘을 한다고 했다."[3]

2000년대 중반에 이르면, '이상하고 엽기적'인 행태를 보이던 여학생이 갑자기 우월한 알파걸로 전이되고, 남학생이 여학생에게 억울한 일을 당하거나 학업 등에서 패하는 이미지가 강화된다. 또한 미디어에서 1990년대 후반의 한국사회는 아직 성차별적 사회로 간주되지만 21세기를 넘어서면 한국사회는 여학생이 차별 없는 환경에서 커가고 있는 사회임이 강조된다. 〈우리 딸은 '파워걸' (상)—"남녀공학 우리학교 선도부장도 여자예요"〉[4]에서는 공부 잘하고 리더십까지 갖춘 여학생이 많아지고, 남학생도 다재다능한 여학생에 대한 거부감이 없는 현실이 소개된다. 이처럼 2000년대 중반의 미디어에서는 똑똑한 여학생과 경쟁하는 남학생은 유약한 존재로 묘사되며, 남학생은 남자다워야 할 뿐 아니라 우수한 사람이 되어야 한다는 압박감에 시달리는 것으로 묘사된다.

> '아들이 여자 아이한테 맞고 다닌다.' 요즘 아들 가진 엄마들의 고민 중 하나다. 여자를 차마 때릴 수 없어 맞는 것이 아니라 진짜 흠씬 두들겨 맞는다고 한다. 내신 상위 등급을 여학생이 싹쓸이하다 보니 아들 가진 학부모는 남녀공학 학교를 피하기 위한 이사까지 다녀야 한다. TV드라마에서도 '찌질한 남자'가 남성의 표준처럼 돼버렸다.
>
> —〈(오늘과 내일) 알파걸과 살아야 할 아들 키우기〉(《동아일보》, 2007. 11. 28, A39면)

> '알파걸(학업이나 리더십에서 남학생에게 뒤지지 않는 엘리트 소녀).' 이 시대의 대세인가. 여학생의 경우 양성평등 확대로 과거 남학생이 차지했던 영역에 진입하면서 "계속 잘해보라"는 격려를 받으며 성장한다. 반면 남학생은 운동을 잘해야 여학생에게 인정받는다는 심리적 압박을 받고 '남자다워지는 것'과 '우수한 학생이 되는 것' 사이에서 갈등을 겪는다.
>
> —〈세상은 알파걸이 접수한다〉(《동아일보》, 2007. 8. 8, A2면)

2000년대 중반 중·고등학생의 성적 관련 기사에는 남학생보다 모든 면에서 뛰어난 여학생의 존재성이 강조된다. 미디어 속 '알파걸'은 한국사회에서 여성이 더 실력을 발휘할 수 있는 환경이 조성되었다는 환상을 주조해내는 문제적 단어라 할 수 있다. 왜냐하면, 일례로 여학생이 남녀공학의 중·고등학교에서 반장이나 회장을 맡은 비율이 남학생의 그 비율보다 낮았다는 것과 학교 성적 이외에, 여학생이 남학생보다 우위를 점하고 있는 것이 사실상 무엇인지는 말하기 어렵다는 점에서다.[5] 기사는 특정 현상만을 강조해 한국사회가 여성 우월적 여건이 되었다는 성급한 분위기를 만들고 있는 것이다. 여학생이 남학생의 성적보다 높거나 여학생이 반장이나 학생회장으로 선출되는 일은 비단 21세기에 갑자기 일어난 사건이 아니다. 한국사회가 성차별적 사회임을 인정했던 1990년대 후반에도 리더십을 발휘하는 여학생과, 남학생보다 성적이 우수한 여학생에 대한 기사는 있었다.[6]

2000년대 중반 시기에 보다 주목해야 할 것은 여대생이, 여고생이 '알파걸'로 조명된 것과는 반대로, '된장녀'로 비판된 사실이다. '공부 잘하고 기가 세고 괄괄했던 여고생'은 여대생이 되자 갑자기 학업과 취업에 바쁜 남대생과는 다르게 명품과 결혼에만 관심을 두는 허영녀로 주조되는 것이다.

> 아침에 일어나 유명 여배우가 광고하는 샴푸로 머리를 감는다. 연예인이 된 기분이다. 화장은 진하지 않고 자연스럽게 한다. 최신 유행 원피스에 명품 토드백을 들고 전공서적 한 권을 겨드랑이에 끼고 집을 나선다. 큰 가방은 여대생답지 않다. 버스를 기다리며 자가용을 몰고 다니던 옛 남친을 그리워한다.
> 학교 앞에서 유명 상표의 커피와 도넛을 사먹으며 창밖을 바라본다. 마치 뉴요커라도 된 듯하다. 복학생 선배를 꼬여 패밀리 레스토랑에서 점심을 먹는다. 품위 유지를 위해 싸이월드에 올릴 음식 사진을 디카로 찍어둔다. 시간이 남아

> 백화점 명품관에서 아이쇼핑을 한다. 친구들과 결혼 상대에 대해 이야기를 나눈다. 3천cc 이상 차를 몰고 키 크고 옷 잘 입는 의사면 충분하다. 지금 사귀는 남친은 '엔조이'일 뿐. 헬스장에서 러닝머신을 한다. 〈섹스 앤 더 시티〉에서처럼 멋지게 느껴진다.
>
> —〈(인터넷스타) 된장녀의 하루〉(《한겨레21》 제621호, 2006. 8. 4, 접속일. 2019. 10. 5)

학자와 비평가들은 여대생을 '된장녀'로 폄훼하는 현상을 "사회적 불만과 불안을 여성에게 투사해 눈앞에 보이는 적 즉 희생양을 만들어내려는 사회심리의 반영"이라고 설명한다. "군복무와 취업난, 정리해고 공포에 시달리는 남성들이 정부와 대기업에 돌려야 할 화살 끝을 주변 여자들에게 돌리고 있다." 또한 한·미 자유무역협정(FTA) 협상 시기에 특정 여성을 혐오하는 분위기가 조성된 것에 대해서는 "거대한 외국자본에 대해서는 현실적으로 다스리거나 대응할 수 없는 반면, 외국바람이 든 여성은 비판하고 다잡음으로써 불안을 대리 해소할 수 있는 대상이 된다"는 것이라 분석한다.[7]

이처럼 사회적 상황에 의해 구성된 '된장녀'의 존재성에는 2000년대 중반의 미디어가 여성을 혐오적으로 만드는 메커니즘이 잘 반영되어 있다. 여기에 첨언하고 싶은 것은 사치심과 허영심 가득한 된장녀가 갑자기 등장한 존재가 아니라는 사실이다. 위 인용문의 여대생을 통해 '학업은 등한시하고, 사치를 일삼고, 돈 많은 남학생과의 미팅 후 에프터 신청을 기다리는 1980~1990년대 여대생'을 떠올릴 수 있다. 전후부터 계속적으로 편견과 혐오의 시선으로 이미지화되었던 여대생이 2000년대 중반 한국사회의 문화 현상과 결부되어 재생산되는 것이다. 이는, 2000년대 중반에 한국 여대생이 갑자기 된장녀가 된 것이 아니라 전부터 있어왔던 여대생에 대한 편견이 모습을 달리하며 지속되고 있는 것이라 할 수 있다. 자신의 꿈을 펼치기 위해 열심히 노력하던 '알파걸'이 갑자기 남자에게 모든 것을 의지하는 '된장녀'가 되기는 현실적으로 쉽지 않다. 2000년대 중반에 출현한 '된장녀'는 1980~1990년대에 여대생을 결혼하기 위해 대학 졸업장을 받으려는 존재로 치부하던 편견의 다른 버전이라 할 수 있다.

커피를 들고 한껏 멋을 낸 여대생과 학업과 취업으로 지쳐 보이는 남대생의 대립적 이미지 역시 갑자기 출현한 것이 아니다. 이는 〈"즐기기 위해 열심히 일한다" 83%〉(1995년)[8]와 〈허영부리는 '된장녀' vs 궁상떠는 '고추장남'〉[9](2006년)의 기사를 비교하면 쉽게 알 수 있다.

위 두 기사의 사진 속 여대생과 남대생의 모습은 10년이 넘는 차이가 있음에도 놀랍게 유사하다(344~345쪽 참조). 또한 이미 1980년대에 한 여대생은 신문매체와의 인터뷰에서 "매스컴이 여대생의 이미지를 잘못 보여주고 있다"며 "특히 TV연속극에서처럼 짙은 화장에다 한껏 멋 부린 옷차림으로 책은 한두 권쯤 달랑 옆에 끼고 다니는 '발랄한 멋장이 여대생'은 대학생에서도 따돌림당하는 일부에 지나지 않"는다는 이야기를 했었다[10] 이 점에서 2000년대 중반에 유행했던 '된장녀'라는 말은 과거부터 있어온 여대생의 부정적 이미지를 단어만 바꾸어 강조한 것으로 성대립까지 조장한 개념이라 할 수 있다.

이와 관련해 더 주목해야 할 시기는 2010년대다. 2010년대를 기준으로 미디어에서 확실이 이전과 변별되는 현상이 보이는데, 곧 젊은 여성의 '페미니즘' 의식이 혐오스럽게 위치되기 시작한다는 것이다. 특히 이 2010년대에는, 다른 시기와 달리, 남녀의 성이 평등해진 사회에서 여성이 남성보다 훨씬 배려받고 있다는 사회 인식과 맞물려 페미니즘에 대한 배척 논리가 만들어진다. 페미니즘을 지향하는 현 2010년대의 20~30대 여성은 "엄마, 할머니 세대가 겪은 차별을 10분의 1도 겪지 않았으면서 분노는 그 100배로 내뿜는" 세대이고, "차별은커녕 또래 남자들보다 월등한 우위를 점하며 성장해온 것이 [이들 20~30대 여성들의] 분노의 원천이란 사실은 역설적"이라고 언급하는 기사도 보인다.[11]

"즐기기위해 열심히 일한다" 83%

// 신세대 의식구조

19~29세 남녀 1,200명 대상

서울 마케팅데이타社 면접조사

■ 가치관

■ 결혼과 가정

■ 직장과 사회

"미래보다 지금의 행복이 중요" 절반이상

"무엇이 옳고 그른지 혼란" 76.6%

세명중 한명 "여가는 가족보다 혼자 즐겨"

"잘못된 관행도 편리위해 따른다" 52.4%

"이성에게 매력적으로 보이기위해 노력" 남자가 여자보다 많아

남자 무스-향수 사용 여자58% "꼴불견" 남자56% "괜찮다"

■ 가족과 이웃

■ 의식주

■ 기타

〈(19~29세 남녀 1,200명 대상 서울 마케팅데이타사社 면접조사) 신세대 의식구조—"즐기기 위해 열심히 일한다" 83%〉(《조선일보》, 1995. 1. 4, 17면)
"미래보다 지금의 행복이 중요" 절반 이상
"무엇이 옳고 그른지 혼란" 76.6%
세 명 중 한 명 "여가는 가족보다 혼자 즐겨"
"잘못된 관행도 편리 위해 따른다" 52.4%
"이성에게 매력적으로 보이기 위해 노력" 남자가 여자보다 많아
남자 무스-향수 사용, 여자 58% 꼴불견 남자 56% "괜찮다"

허영부리는 '된장女' vs 궁상떠는 '고추장男'

'대학가 新남녀갈등' ··· 된장 여학생 vs 고추장 남학생 논쟁

취업 준비로 바쁜 연세대 4학년 임선영(23)씨. 모처럼 도서관에서 만난 복학생 선배에게 테이크아웃용 커피 한 잔 사달랬다가 이상한 말을 들었다. "너도 된장녀니?" 석연치 않은 느낌에 휩싸인 임씨. 인터넷에서 '된-장-녀'를 검색해보곤 깜짝 놀랐다. 한마디로 '비호감' 절정에 달하는 요소를 고루 갖춘 여성형이다.

 # "세련되지 않으면 죽음을 달라!" 뉴요커의 라이프 스타일을 보는듯 '된장女'

 # "궁핍하게 살련다" 300원 아끼려 시내버스 대신 마을버스 타는 '고추장男'

 # "군복무·취업난··· 20代 불안이 상대性에 대한 잘못된 고정관념 만들어"

된장녀·된장남이 실제로 캠퍼스에 존재하는가?

항목	남학생(121명)	여학생(128명)
둘 다 많다	28.1%(34명)	46.1%(59명)
여학생들은 대부분 된장녀라고 보면 된다	28.9%(35명)	7.8%(10명)
된장남이 더 많다	1.7%(2명)	5.5%(7명)
된장녀 된장남 모두 소수에 불과하다	41.3%(50명)	40.6%(52명)

※서울지역 남녀 대학생 249명(남:121명, 여:128명) 대상 조선일보 설문조사

된장녀 논쟁의 본질이 무엇이라고 생각하나?

항목	남학생(121명)	여학생(128명)
서구문화의 수용에 대한 남녀간 인식차이	28.9%(35명)	25.0%(32명)
성 갈등이 아닌 계급적 문제다	37.2%(45명)	44.5%(57명)
군복무한 복학생들의 콤플렉스가 부른 해프닝	9.9%(12명)	7.8%(10명)
기타	24.0%(29명)	22.7%(29명)

〈('대학가 신新)남녀갈등'···된장 여학생 vs 고추장 남학생 논쟁) 허영부리는 '된장녀(女)' vs 궁상떠는 '고추장남(男)'〉(《조선일보》, 2006. 8. 4, A24면)
"세련되지 않으면 죽음을 달라!" 뉴요커의 라이프 스타일을 보는 듯 '된장녀(女)'
"궁핍하게 살련다" 300원 아끼려 시내버스 대신 마을버스 타는 '고추장남(男)'
"군복무·취업난··· 20대(代) 불안이 상대 성(性)에 대한 잘못된 고정관념 만들어"

그리고 여성 스스로가 '페미니즘'이 필요 없다고 인식하는 기사도 등장한다. 2010년대에는 대학 내에서 여학생들의 입지가 넓어지면서 총여학생회가 점차 사라지고 페미니즘 관련 잡지가 발간 중지 되거나 인력난을 겪게 된다. 기사에서 한 여학생은 "적어도 학교 안에서만큼은 여자라고 차별을 받거나 불편한 게 전혀 없는데 여학생을 위한 잡지들은 여성의 기득권이나 피해의식만을 강조하는 페미니즘적인 성향이 있어 읽기가 불편하다"라고 말한다. 동시에 이 기사에서 어떤 여대생은 1990년대 후반의 엽기 여고생의 이미지가 연상되는 존재로 대상화된다. "수업 중에 한 여학생이 벌컥 문을 열고 강의실 안으로 들어왔다. 이 여학생은 수업 중인 교수에게 "죄송합니다. 정말 마음에 드는 남학생이 여기 앉아 있는데 지금 아니면 기회가 없을 듯해 전화번호를 '따려고' 왔습니다"고 했다."[12]

젊은 여성의 페미니즘 의식에 대한 보도에서 주목되는 것은 남녀 대립이 아닌 여성 안에서의 분열이 조장된다는 점이다. 일례로 다음의 기사를 생각할 수 있다. 한 여대의 커뮤니티에 "화장이나 긴 머리, 하이힐, 미니스커트 등 이른바 '코르셋'을 거부하는" 탈코르셋 운동 관련 공지가 올라왔다가 학우들의 항의로 내려진 사건이 있었다. 그 후, 워마드(Womad, 여성을 뜻하는 'Woman'과 유목민을 뜻하는 'Nomad'의 합성어) 일원이 "민주주의로 이루어낸 당신의 여혐에 박수를 표한다"는 대자보를 쓴 것이 이슈가 되면서 탈코르셋 운동이 탈코르셋의 진정한 의미보다는 여성 간 대립에 초점이 맞추어진다.

> 이 같은 갈등은 (…) 대학가 전반, 나아가 사회 곳곳에서 포착된다. 탈코르셋 운동에 동참하지 않는다고 해서 '흉자'(남성 성기에 빗대 남성을 흉내내는 여성이라는 뜻)라고 조롱하거나 "너희들 때문에 탈코르셋 운동의 동력이 약화하고 있다"는 식이다.
>
> —〈"당신의 '여혐'에 박수를"…여대 덮친 '탈코르셋' 논란〉《세계일보》(2018. 9. 2, 접속일 2019. 2. 6)

그런데 2010년대 중반 들어 '페미니즘'의 본질이 논의되면서 페미니즘이 근본적으로 사람을 위한 휴머니즘이라는 이야기가 나오고 있다. 페미니즘과 휴머니즘이 결부되는 내용은 페미니즘이 휴머니즘을 기반으로 하기 때문에 페미니즘이 남성혐오가 아님이 강조되기도 하고,

> '빌어먹을 페미니즘'의 배경에 대해 정신건강학과 의사 서○○ 씨는 "상당히 많은 남학생이 자신들이 여학생들보다 유리한 점이 거의 없고, 나중에 군대에도 가야 하며, 오히려 불리한 점이 많다고 생각하기 때문"이라고 진단했다. (…) 당연하지만 페미니즘은 남성혐오가 아니다. 페미니즘은 '차이(difference)를 차별(discrimination)로 연결하지 말자'는 정신을 기반으로 한다. 여성 문화 잡지인 'IF'는 1997년 창간사에서 "페미니즘은 궁극적으로 모든 사람이 인간의 잠재성을 실현할 기회를 더욱 많이 가질 수 있게 하려는 것"이라 말했다. (…) 페미니즘의 시선은 사람을 향한다.
>
> — 〈"페미니스트가 싫어요"〉(《동아일보》, 2015. 2. 11, A29면)

페미니즘이 휴머니즘이어야 하기 때문에 휴머니즘과 거리가 있는 워마드가 부정적으로 간주되기도 한다.

> 페미니즘은 남성혐오가 아니다. 성별, 나이, 신분 그 무엇에 의해서도 차별받지 않는 세상을 만들자는 외침이다. 폭력이 된 미러링과 극단주의는 퇴출될 것이다. 착했던 딸들이 왜 이리 사나워졌는지 이해하려는 노력이 혐오의 시대를 끝낼 단 하나의 방법이다.
>
> — 〈(터치! 코리아) '혐오의 시대'를 끝내려면…〉(《조선일보》, 2018. 7. 21, A27면)

최근 문제가 되는 극단적 페미니즘에 대해 우려를 표했다. 오 작가는 '여성만의 운동'이 되어버린 페미니즘 운동으로 인해 흙수저 여성이나 빈곤층 등 사회적 약자 계층이 오히려 외면받게 됐다고도 지적했다. (…) "한국 페미니즘, 여성운동은 혁신해야 한다"라며 "빈곤 여성, 빈곤 남성 모두 함께 아우르는 협력과 연대 정신이 절실하다. 그것이 바로 휴머니즘 정신"이라고 강조했다.

— 〈(미투가 바꾼다 3) 시니어 여성운동가가 바라보는 여성운동〉(《시사위크》, 2018. 9. 3, 접속일 2018. 9. 4)

페미니스트들이 페미니즘의 진정한 의미를 대중에게 알리는 것은 의미가 있다. 그런데 워마드가 진정한 페미니즘을 추구하고 있는가/진정한 페미니즘을 추구하고 있지 않은가를 판별하는 데만 함몰되면, 페미니스트들은 분열될 수밖에 없다.

'메갈리아'와 '워마드', 남성 중심 사회 전복 주체에서 사회 위협 집단으로

2010년대에 이르러서 여성들 특히 젊은 여성들은 온라인 커뮤니티 사이트 메갈리아(Megalia)•와 워마드에서 '미러링(mirroring)' 전략으로 남성 중심적 사회가 여자를 타자화하는 방식을 '보여주는' 활동을 했다. 그녀들은 "보슬아치"(여성 성기와 벼슬아치를 합성한 용어)", "한남충(한국 남성을 지칭·비하하는 용어)". "애비충('아버지와 벌레'의 합성어로 '맘충'에 대응한 표현)"이라는 단어로 반격하면서, "상위 1%든, 하위 1%든 여성이 겪는 동일한 억압과 분노로 워마드가 움직이는 것이다. 그게 절망이라면, 이부진도 추미애도, 힐러리 클린턴도 피해갈 수 없는 절망을

• 온라인 커뮤니티 디시인사이드에 개설된 갤러리인 '메르스 갤러리'의 메르스(MERS)와 노르웨이 작가 게르드 브란튼부르크의 소설 〈이갈리아의 딸들(Egalias døtre)〉(1996)의 합성어.

우리는 얘기하는 것이다"라고 주장한다.[13]

그런데 2016년을 전후해 메갈리아가 불평등한 사회구조에 맞서는 페미니즘 공동체로 형상화되는 측면이 강했다면, 2018년 이후에는 메갈리아에서 떨어져 나온 '워마드'가 소수자 혐오, 음란물 유포와 방조 등을 일삼는 공동체로 추락되는 면모가 보인다. 신문 기사에서는 워마드에서 일어난 남탕 몰카, 고인 조롱, 성체 훼손 등의 사건이 주로 서술됨으로써 대중이 워마드에 심한 반감 또는 거부감을 가질 수 있게 했다. 이제 워마드는 부조리한 힘의 체계를 균열시키는 주체가 아니라 또 다른 혐오를 불러일으키는 '남성 혐오 성향 사이트'로 추락된다.[14] 물론 메갈리아와 워마드가 분리되면서 두 집단의 성격이 달라진 측면은 있으나, 그럼에도 미디어상에서 이 둘의 이미지는 굉장히 상반되게 묘사된다.

이와 관련해, 특히 여성혐오 발언 등의 원본에 성별만 바꾸어 그 원본이 얼마나 차별적이고 혐오적인지를 보여주는 '미러링'의 의미가 제대로 형상화되지 않는다. 일례로, '한국 남성의 평균 얼굴'을 조롱하는 데 쓰였던 그림인 '한남콘'은 사실 예쁜 여성을 우대하고 여성의 미를 획일화하는 사회가 미러링된 것이라 할 수 있다. 그러나 신문에는 남성이 여성의 미를 획일화하고 여성을 미로 차별하는 것을 비판하는 '한남콘'의 미러링의 의미가 서술되지 않는다. 대신 이 미러링으로, 얼굴 생김새를 격하하는 여성들의 철부지 같은 행동에 상처 받는 남성들이 부각된다. 성차별 비판 집회에도 등장했다는 이 그림의 진짜 의도를 대중은 알 수 없기에, 많은 사람이 이 기사를 통해 (여성 이용자가 남성 이용자보다 더 많은) 여초 커뮤니티에 부정적 감정을 가질 수밖에 없다.

> '안경남'을 처음 그렸던 홍 씨는 지난 달 해당 그림을 '얼큰남(얼굴이 큰 남자)'이라는 이름으로 저작권 등록 했다. 네티즌들의 무단 사용을 막기 위해서다. 홍 씨는 "내가 만든 이미지 때문에 상처 받는 사람이 더 이상 없었으면 한다. 내가

충격요법이라지만… "극단·폭력적" 역풍 부른 소수자 혐오

분노와 혐오 사이

워마드의 전략 '미러링'

강남역 여성 살해 사건 추모 등 오프라인에서 여러 운동 주도 남성중심주의 사회 비판하면서 페미니즘 관심 높여 '긍정 평가'

일반 남성서 고인·어린이까지 과한 비판… 부적절 어휘 차용도 트랜스젠더 등 소수자 혐오 발언 "다른 약자 억압, 첫 의도와 충돌"

〈(분노와 혐오 사이) 워마드의 전략 '미러링', 충격요법이라지만…"극단·폭력적" 역풍 부른 소수자 혐오〉(《경향신문》, 2018. 7. 26, 5면)
강남역 여성 살해 사건 추모 등 오프라인에서 여러 운동 주도—남성중심주의 사회 비판하면서 페미니즘 관심 높여 '긍정 평가'"
일반 남성서 고인·어린이까지 과한 비판…부적절 어휘 차용도—트랜스젠더 등 소수자 혐오 발언 "다른 약자 억압, 첫 의도와 충돌"

> 그린 그림이 불특정 다수를 비난하는 데에 쓰이는 걸 원치 않는다"고 했다.
>
> —〈'한국 남자 평균' 조롱 그림 알고 보니 안경점 광고〉(《조선일보》, 2018. 7. 24, A22면)

무엇보다 주목해야 할 점은 미러링 전략에 대한 여성계와 비평계의 평가가 분열되는 양상이다. 분명한 점은 과거 메갈리안들의 미러링은 대체로 긍정적으로 평가되었다는 것이다(아래의 인용문 참조). 즉, 메갈리안들의 미러링은 표면적으로 혐오와 폭력의 정서를 띠고, 소수자 혐오 정서를 재생산하는 한계도 있지만, 그래도 "불특정 다수가 모인 온라인 커뮤니티에 정교한 미러링을 기대하긴 어렵다.

미러링은 유일한 수단도 최종 수단도 아닌 문제 제기를 하는 신호탄일 뿐"이라 이야기되며, 저항의 의미가 긍정적으로 언급된다. 성소수자 혐오 논쟁도 메갈리안 내부에서 게이들이 성정체성을 숨기고 여성과 결혼하는 사례가 알려지면서 시작된 것이라며 대중이 메갈리안을 오해하지 않도록 세부 설명이 추가되기도 한다. 이때 메갈리안은 "잿더미와 폐허 위에 코르셋을 벗은 여자들"이 된다.[15]

> 외면적인 공격성과 폭력성 때문에 일각에선 메갈리아에 '여자 일베'란 이름을 붙였다. "아무리 그래도 (여성)혐오에 (남성)혐오로 대응하는 것은 나쁘다"는 지적도 있다. 메갈리안에 관한 최초의 논문 〈전복적 반사경으로서의 메갈리안 논쟁—남성혐오는 가능한가〉 저자 윤○○ 씨는 "메갈리안의 언어는 일베 언어의 단순 복사물이 아니라 비대칭적 젠더 권력구조에서 편향된 힘의 축을 휘젓고 뒤집어보려는 저항의 행위"라고 설명했다. 김○○ 씨는 현재의 갈등을 학교폭력에 비유했다. "일진에게 매일 맞던 애가 '아이씨 그만 좀 해'라고 소리를 질렀어요. 때리지도 않고, 위협하려는 시늉만 했죠. 그런데도 주변에서 '너 좀 조용히 해. 아무리 네가 맞았다고 해도 똑같이 때리면 어떡해. 사이좋게 지내'라고 하는게, 지금 상황인 거예요."
>
> — 〈페미니즘 전위 '메갈리아' 1년…'혐오'를 '혐오'로 지우려 한 그녀들은 유죄인가〉(《경향신문》, 2016. 7. 9, 12면)
>
> 메갈리아 운영진은 "만일 '미러링'이 폭력적이라면 미러링의 원본인 여성혐오 발언들도 똑같이 폭력적이었음을 알아야 한다. 이곳은 한국사회에서 갈수록 높아지는 여성혐오 발언의 수위에 견디다 못한 여성들이 소리 지르고 있는 공간"이라고 했다. 여성학자인 조○○ 국회입법조사관은 메갈리아의 탄생을 '젠더 전쟁'의 한 양상으로 해석했다. "온전한 성평등 사회로 가기 위한 과도기적 상황

으로 보인다." 노○○ ○○대 사회학과 교수는 "한국사회 전체는 여전히 가부장적이지만 대학 입시나 취업 같은 '출발점'의 퍼포먼스는 여성이 남성을 압도한다. 여성이 더 이상 약자가 아닌데도 보호받는 것처럼 보이는 착시 현상이 여성혐오를 낳았고, 그 반작용으로 '여혐혐'이 등장했다"고 말했다.

— 〈(Why) 우리가 김치녀? 그럼 너네 남자들은 '한남충'〉(《조선일보》, 2015. 10. 24~25, B4면)

여혐에 맞선 남혐은 메르스 갤러리, 메갈리아 등 온라인 커뮤니티와 SNS 게시물을 통해 번지는 추세다. (…) 하지만 이를 '남성의 여성혐오와 동등하게 취급해선 안 된다'는 게 여성들의 주장이다. 한 20대 여성은 "남성혐오가 아닌 여성혐오에 대한 혐오(여혐혐)"라며 "남자가 '가슴 작은 여자'를 놀리는 것에 여자도 '성기 작은 남성'이라고 맞서는 것일 뿐"이라고 말했다. (…) 이에 대해 배○○ ○○대 사회학과 교수는 "과거 남성우월주의의 사회 속에서는 여성이 남성을 공격할 화력을 갖추지 못해 수면 아래로 가라앉아 있었던 것"이라며 "매체 환경이 변하면서 여성들도 온라인에서 남성들이 하던 풍자 방식과 똑같이 일종의 '미러링(Mirroring, 거울효과)'으로 되받아치기 시작한 것"이라고 말했다.

— 〈(본보 10~30대 남녀 656명 설문 조사) 남과 녀, 서로의 반쪽 아닌 적? 이성 잃은 '이성 혐오 시대'〉(《동아일보》, 2015. 9. 9, A24면)

그런데 2018년에 이르면, 신문 기사에서, 워마드에 대한 여성계와 비평계의 반응이 매우 달라진 것처럼 서술된다. 2015년경에는 일베와 메갈리아 같은 사이트가 대체로 남성 비평가에 의해 문제가 있다는 비판이 주장되었다면,[16] 2018년에 이르면 일부 여성 페미니스트까지 워마드에 등을 돌리는 현상이 나타난다는 것이다. 이 지점에서 페미니스트들은 페미니스트로서 워마드와 선을 그을 것인지, 워마드의 활동을 페미니즘의 한 운동으로 간주할 것인지를 고심하게 된다.

다음의 4개 인용문을 살펴보면, 정도의 차이는 있으나 페미니스트 내부가 워마드를 페미니즘과 결별시키려 하거나, 문제는 있으나 그럼에도 페미니즘 측면에서 인정할 수 있는 부분을 강조하려는 진영으로 나뉘고 있음을 알 수 있다. 워마드를 긍정적으로 보는 페미니스트는 워마드가 윤리적 문제가 있으나 그럼에도 워마드가 지닌 의미와 역할이 무엇인지 강조하고자 한다.

> 익명을 요구한 한 남성 사회학자는 메갈리아의 미러링이 논쟁이 됐을 때 우호적이었다. 하지만 워마드의 미러링 전략에는 동의하지 않는다. 그는 "약자의 목소리를 내기 위해 선택한 미러링이 또 다른 약자에 대한 혐오와 억압으로 진행된다면 애초 미러링 의도와 충돌하는 것 아닌가"라고 했다. (…) 윤○○ 교수는 "사회 어느 누구도 여성혐오를 제지하지 않고 방관하고, 아무렇지도 않게 여성혐오 콘텐츠를 소비하는 현실에 대한 분노가 응축돼 워마드의 형태로 나타났다"면서 "남초 사이트의 여성혐오 등 워마드가 미러링한 여성혐오의 원본이 사라지지 않는 한 워마드의 미러링은 계속될 것으로 보인다"고 말했다.
>
> —〈(분노와 혐오 사이) 워마드의 전략 '미러링', 충격요법이라지만…"극단·폭력적" 역풍 부른 소수자 혐오〉(《경향신문》, 2018. 7. 26, 5면)

> 워마드의 행동에 가장 난감한 쪽은 여성단체다. 단순히 미러링이라 하기에는 이들의 표현이 너무 과격하기 때문. 일부 단체는 워마드와 관계없다며 선을 긋기도 했다. 7월 11일에는 한국여성단체연합이 성명을 통해 "워마드는 페미니스트가 아니다"라고 선언했다. 조○○ 명예교수는 "워마드를 '여성주의다, 혹은 그렇지 않다'로 구분하기보다 이례적 문화 현상으로 봐야 한다. 물론 성체를 훼손하거나 소수자, 약자에게까지 혐오 발언을 일삼는 것은 문제가 될 수 있다. 하지만 일부 여성의 과격한 언행에 집중하기보다 이들이 왜 이렇게까지 이야기

하게 됐는지를 생각해야 한다"고 밝혔다.

—〈(커버스토리) "워마드는 이례적인 문화 현상"—여초 커뮤니티가 분화하면서 급진층 모여… "차별과 위협의 반작용"〉(《주간동아》, 1148호, 2018. 7. 25, 12~15면)

한 페미니스트는 워마드의 윤리를 문제 삼기보다 워마드가 악마적으로 보이는 원인을 파악하고자 한다(아래의 첫 번째 인용문). 워마드의 비윤리적 행동을 통해 드러나는 것은 남성 중심 사회가 감추어왔던 그들의 일그러진 자화상이다. 사실 워마디언들은 그 존재 자체로 적확하게 문자화할 수 없는 남성 중심 사회의 추악하고 어두운 면모를 들추어낸다. 그런데 또 다른 페미니스트는 워마드의 비윤리성을 강력하게 문제 삼으며 워마드가 진정한 페미니즘을 추구하지 못하고 있음을 비판한다(아래의 두 번째 인용문). '도덕성'만을 문제 삼으면, 워마드는 사회에서 필수적으로 배제되어야 하는 집단이 된다. 왜냐하면, 워마드의 불결함이 실제로는 남성중심주의를 들추어내는 것일지라도 미디어에서 워마드의 비윤리성이 페미니즘의 본질과 연결되어 대중을 추동하면, 페미니스트는 죄의식을 가질 수밖에 없기 때문이다. 기존 페미니스트들은 워마드를 인정하거나 선을 긋는 선택밖에 없다는 딜레마에 빠지게 된다는 것이다.

언론이 워마드를 너무 악마화하는데 그래서는 안 된다. (…) 워마드 등 젊은 친구들이 과격한 원인은 사실 90년대 한국사회의 가공할 만한 여아 낙태에 있다. 여자가 특히 팔자가 세다는 말띠(내가 말띠다), 용띠, 범띠 해, 이 세 해에는 여아들이 더 많이 죽었다. (…) 그렇게 자란 여자애들이 그때는 제노사이드라고 말한다. 사회적 벌을 받고 있다는 생각까지 든다. 그 후유증이다. (…) 그들은 우리가 들여다보거나 말거나 상관없이 그냥 그렇게 갈 거다. 왜냐면 자기네들이 다 체험하고 아는데. 워마드 친구들도 메갈리아에서 밤 새워 싸우면서 경험한 그거를 다 이야기하더라. (…) 워마드 기사에는 항상 훈계가 나온다. 워마드는 익명이고 굉장히 유동적인 불특정 다수다. 별별 사람들이 다 있다. 그중에서 재미로 올린 애들도 있고, 일베나 소라넷 가서 미러링한다고 올려놓은 걸 보고, 그게 마치 워마드의 대표인 양, 여성 전체로 보고 '이래서는 안 된다'고 훈계한다. 언론은 항상 여성들에게 훈계한다. 바꿔야 한다. 훈계하는 기사와 데스크, 동료 기자의 부당한 성차별 행동을 끊임없이 지적하는 용기가 필요하다.

— 〈한국1세대 페미니스트 언론인이 말하는 워마드 논란〉(《미디어오늘》, 2018. 8. 19)

워마드의 행태는 기성 페미니스트 사이에서도 고민거리였다. 여성학자 손○○ 씨는 지난해 공저자로 참여한 '대한민국 넷페미사—우리에게도 빛과 그늘의 역사가 있다'에서 "워마드와 선을 긋고 싶어 했다. 메갈리아는 페미니스트의 다른 이름이라고 생각한 반면 워마드의 활동은 다소 불편한 지점이 있었기 때문" (…) "워마드의 센 발화가 불러일으키는 관심과 에너지를 기대하면서도 정치적으로 올바르지 않음을 버리는 것"이라고 워마드와의 관계를 정리했다. 그러면서 "페미니스트로 취할 건 다 취하면서, 새로운 페미니스트 주체 중 하나이면서 저와는 약간 다른 입장을 가진 젊은 여성을 도구화한 건 아닌가"라는 고민이 있다고 했다. 이 때문에 워마드 회원이 자신을 '도덕주의적'이라 지적했다고도 썼다. 손 씨는 홍대 미대 사건 이후 최근 인터뷰에서는 "페미니즘이라고 얘기하려면 윤리적인 태도가 필수다. 남에게 어떤 폭력을 가했는지 스스로 돌아보지 않는다면 페미니스트가 아니다"로 입장을 바꿨다.

— 〈(Why 뉴스초점 여성끼리 소셜미디어 댓글 다툼) "넌 한남 옹호하는 흉자"…여(女) 대 여(女) 혐오논쟁 벌이는 까닭〉(《조선일보》, 2018. 5. 12~13, B3면)

그러나 워마드를 옳고 그름의 이분법적 논리로 재단하는 담론에 함몰되면 결코 안 된다. 그렇게 될 때 나타나는 결과는 여성과 여성 간의 분열뿐이기 때문이다. 사실 워마드에 긍정성을 부여하는 페미니스트도 워마드가 무조건 옳다는 이야기를 하는 것은 아니라 여겨진다. 지금, 이 장소에 왜 워마드가 나타났고, '미러링'이 무엇을 의미하는지 분석하는 것이 목적인 것이다. 워마드를 단순히 윤리적/비윤리적이라는 이분법적 잣대로 판단하는 데 치우치면 현재 여성들이 거부하는 '남성 중심 사회'가 무엇인지 적확하게 드러내기 어렵다. 워마드가 보여주는 것은 한국사회의 고위직에 남성이 훨씬 많다는 것, 남편이 아내와 가정일을 분담하지 않아 여성들이 워킹맘으로 살아가기 힘들다는 것 이상이다. 워마디언들은 한국사회에서 사라진 것처럼 여겨지는 '남성중심주의가 여전히 지속되고 있다'는 사실을 증명한다. 그들은 '모범적'으로 표면화되었던 아버지 중심의 가부장제 이면에 존재했던 '더러움'을 들추어내는 존재들이다. 앞서 언급한 것처럼 현재는 20세기식 가부장제가 폐기된 것처럼 여겨지고, 여성을 함부로 대하는 중년 남성은 '개저씨'가 되어 비판의 도마 위에 올라 있다. 그리고 표면상으로 한국사회는 여권신장을 위한 인식 및 제도가 지향되고 있으며, 미디어에서 미투와 같은 여성운동은 긍정적 방향에서 다루어진다. 남성 중심적 질서가 해체되고 성평등 사회가 된 것처럼 여겨지는 이 상황에서 '현재도 남성중심주의가 지속되고 있다는 사실'을 어떻게 문자화할 수 있는지는 고심해보아야 한다.

워마드를 단지 '옳은가 옳지 않은가'라는 잣대를 적용해 판단하려 한다면 오래 고민할 필요가 없다. 그에 대한 답은 이미 정해져 있기 때문이다. 끔찍한 표현으로 약자를 조롱하고 타인을 혐오하는 존재는 온전히 페미니즘의 주체로서 인정될 수 없다. 표면적으로 '모범성, 올바름'이 결여된 존재는 어떤 운동이든지 단독 주체로 존립할 수 없다는 것이다. 이 점에서 기존 페미니스트와 워마드가 동등한 위치에서 연대하기는 원래 불가능하다. 페미니즘만이 그런 것이 아니다. 정치인이든, 경영자든, 어떤 사상이든, 도덕성은 필수다.

이 상황에서 문제가 되는 점은 워마드를 단순히 도덕적으로 판단하려는 행위가 여성 간 싸움과 분열을 조장할 수 있다는 것이다. 일례로, 미디어에서 여성계가 정치 세력화를 우선순위에 두고 '워마드'의 문제 행동에 침묵한다[17]고 이야기되면, 대중은 그것이 진실이라 여길 가능성이 크며, 현 여성운동은 여성 안에서 더욱더 분열될 것이다.

윤리적으로 균열되어 있는 워마드는 사실 쉽게 사회에서 배제될 수 있는 집단이다. 그러나 그 구성원의 대다수는 여대생, 비정규직, 경력 단절을 겪는 젊은 여성일 것이다. 그녀들은 자신의 생각을 기사로, 연설로, 논문 등으로 발화할 수 있는 위치에 있는 제도권의 페미니스트 기자, 페미니스트 행동가, 페미니스트 학자 등보다 사회적으로 훨씬 열악한 상태에 놓여 있다. 그녀들은 여전히 지속되는 남성 중심 사회에서 실질적으로 억압받은 사실이 명백히 있더라도, 어떤 측면에서는 앞으로 더 많이 억압받을 상황에 놓일 수 있더라도 그것을 공식적으로 발화할 힘이 부재한다. '사회적으로 자신의 생각을 소리 낼 수 있는 페미니스트'가 '사회에서 쉽게 배제될 수 있는 워마드'와 어떻게 관계해야 할 것인지는 매우 어렵지만 심각하게 고민해야 할 사안이다. 현재 한국사회에서는, 적어도 한국의 미디어에서만큼은 여성들이 자신을 사회적 약자라 이야기하기 대단히 어려운 상황이 되어가고 있기 때문이다.

2. 알파걸과 골드미스 존재성의 전이, 가족이데올로기의 강화

'알파걸'과 '트로피 남편'이라는 판타지, 그 안의 윤리

1990년대 초반에는 가정에서 성평등을 실현하는 전문직 여성의 가정이 선망의 시선에서 기사화되었다. 그런데 외환위기 이후에는 여성이 가정일과 직장일을 병행하는 것에 대한 실질적 고충이 드러나기 시작한다. 전문직에 종사하는 아내는 남편과 '계절부부'로 지내면서 새벽까지 일하고, 자신의 꿈을 실현하기 위해 노력한다. 하지만 여성은 여전히 '여자가 무슨'이라는 편견이 가득한 사회에서 가정일과 직장일을 함께 하느라 육체적으로 힘들다.[18] 사장, 교수 등의 전문직 여성은 기사에서도 "업무 초창기 그는 5살인 아들을 집에 둔 채 소프트웨어 테스트 때문에 연구실에서 밤을 새곤 했다. 그는 여성의 가치를 인식하는 조직이라면 이 같은 일을 방치해서는 안 된다고 주장했다" 등의 내용이 서술된다.[19] 최근에 미디어에서는 워킹맘의 고단함, 여성으로서 직장생활을 하는 어려움 등이 더 적극적으로 언급된다.[20] 변호사, 교육자, 과학자 등 전문직에 종사하는 여성인력을 효과적으로 활용하기 위한 방안이 고심되기도 한다.[21] 그러나 생계형 취업주부, 서비스업에 종사하는 워킹맘이 이들 전문직종 여성보다 수적으로 훨씬 많은데도 어린이집 확충 등 여성의 지위 향상을 위한 사회 제반 시설에 대한 논의는 상대적으로 전문직 여성을 중심으로 서술된다.

2000년대 중반 이후 미디어에서 대대적으로 등장한 '알파걸'은 여성이 능력 면에서 남성보다 뛰어나거나 남성과 동등한 것으로 간주되었다. 그러나 한편으로 알파걸은 아무리 똑똑해도 팀플레이에 취약하고 공동 업무를 등한시하는 개인주의로 인해 직장에서 두각을 나타내지 못하는 여성들로 형상화되었다(《똑똑한 그녀들, 직장에선 눈물 '뚝뚝' 알파걸의 비애—"학교선 1등만 했는데…일만 잘하면 될 줄 알았는데…"》).[22] 그런데 2018년에 이르러 타인과 화합하지 못해 능력 발휘가 어려웠던 알파걸은 그 존재성이 완전히 달라진다. 모든 면에서 뛰어났던 여성이 남다른 미래를 꿈꾸었으나 사회의 불합리한 구조 때문에 성공하지 못했음이 강조되는 것이다. 여성이 가정일과 직장일을 모두 완벽하게 잘해내기를 요구당했음이(《알파걸은 왜 알파맘이 되지 못했나》, 《알파걸과 알파맘의 굴레》),[23] 사회가 여성을 성적 대상 혹은 남성의 보조적 존재로만 취급했음이 폭로된다. 여성의 '미투 운동'을 통해

'알파걸'이란 본래 존재하기 어려웠음이 이야기되는 것이다(〈(권력지형 흔드는 미투 운동) 한국판 앙시앵 레짐(구체제)의 종언…알파걸이 방아쇠 당겼다〉).[24]

그리고 미디어에서는 '알파걸이 사회 변화를 주도하기 시작했다'는 사실이 강조되었다. 알파걸이 사회의 권력 지형을 뒤흔드는 미투 운동을 하면서 변혁의 방아쇠를 당긴 존재로 격상되는 것이다.

> 그래서 우리 사회는 꽤 오랜 기간 알파걸 신화 속에 살았다. 하지만 이는 거대한 착각이었다. 한국 여성의 성평등 의식은 눈부시게 성장했지만 사회구조는 과거에 머물러 있었다. 한국판 미투 운동은 역설적으로 '알파걸의 반란'으로 볼 수 있다는 것이다.
>
> (…)
>
> 전문가들은 미투 운동이 새 시대를 향한 물꼬를 텄다고 입을 모은다. 사안이 심각하고 비교적 명확한 여성 문제가 '한국판 앙시앵 레짐(구체제) 종언'의 포문을 열었다는 것이다.
>
> — 〈(토요판 커버스토리—권력지형 흔드는 미투 운동) 한국판 앙시앵 레짐(구체제)의 종언…알파걸이 방아쇠 당겼다〉(《동아일보》, 2018. 3. 10, A8면)

게다가 알파걸의 여성운동은 전 계층의 지지를 얻어내는 것으로 형상화된다. "한국의 미투 운동은 여성 문제뿐 아니라 계층갈등, 권위주의, 성차별 등 다양한 구태에 대한 고발로 이어지고 있다", "저임금 노동자나 청년들은 미투 운동을 계급운동의 연장선으로"까지 보고 있다는 것이다.[25]

2010년에 이르러, 전문직 여성의 존재성은 '트로피 남편'의 존재성을 통해 긍정적으로 그려졌다. '트로피 남편(trophy husband)'은 '트로피 와이프(trophy wife)'와 관련이 있는 용어다. 돈 많고 성공한 남자일수록 젊고 아름다운 여자를 배우자로 맞이해 과시한다고 해서 '트로피 와이프'란 용어가 유행했다. '트로피 와이프'는 1980년대 말 성공한 중장년 남성이 조강지처와 이혼한 뒤 집안의 장식용 '트로피'와 같은 젊고 아름다운 여성과 재혼하는 현상에서 비롯된 말이다. 그러나 '트로피 남편'은 '트로피 와이프'와는 다른 맥락에서 의미화되었다. 성공한 아내 역시 자신이 부와 매력을 연하 남편을 통해 과시하고자 한다고 여겨지기도 한다. 그러나 '트로피 남편'에는 그보다는 바쁜 아내를 대신해 가정일도 마다 않는 남편을 '트로피를 받을 만한 남편'이라 칭찬하는 의미가 담겨 있다.[26]

그런데 전문직 여성의 이미지 전이는 너무나 급격하게 이루어졌다. 2010년 이전만 해도 미디어에서는 골드미스가 '트로피 남편'을 찾는 것을 여성이 애완동물 키우는 것으로 희화화시키거나 비일상적 사건으로 다루었다.[27] 곧, '트로피 남편'은 능력 있는 여성이 자신의 성공과 매력을 과시하는 장식품쯤으로 받아들여졌던 것이다. 또한 바쁜 아내 대신 자녀의 일상을 책임지는 남편의 모습은 '별종'에 가까운 것이었다.[28] 실제로 신문 기사에서는 아내가 왕성하게 사회활동을 하는 억대연봉자라면 남편은 '기분이 좋지만은 않고', '트로피 남편이 행복하다는 것은 현실적으로 갖기 어려운 감정'으로 이야기된다.[29]

그러나 2010년 이후에는 서양의 남성 리더가 "젊고 예쁜 과시형"의 "트로피 와이프"보다 "똑똑하고 독립적인" "스마트 와이프"와 함께 성공적으로 일과 가정을 이끌어나가는 모습이 긍정적으로 기사화된다.[30] 서양의 IT업계에 종사하는 남성 리더는 아름다운 아내를 성공의 전리품처럼 취하는 이전의 남성과는 차별화된 면모를 보인다는 내용이다. 게다가 능력 있는 전문직 아내는 경제적으로 남편에게 의존하지 않고 자신의 일에 매진하는 존재로 그려진다.

> 1989년 가을 스탠퍼드대 한 강연에서 프레젠테이션의 귀재 스티브 잡스가 이상하게 허둥대고 말을 더듬었다. 청중 가운데 잡스의 넋을 빼놓은 사람은 당시

커버스토리 정치-권력지형 흔드는 미투운동

한국판 앙시앵 레짐의 종언… 알파걸이 방아쇠 당겼다

(구체제)

'알파걸 신화'에 가려진 성차별
성평등의식 눈부신 성장 불구
가부장문화 등 사회구조는 전근대
사회 곳곳서 성폭력에 무방비 노출

2030 여성들 "우리도 바꿀 수 있다"
2016년 강남역 살인사건이 기폭제
SNS 타고 연대 해시태그 물결
촛불집회도 미투운동 밑거름

새시대 향한 사회변혁운동 물꼬 터
'남성중심 가신구조' 정치판 흔들고
性문제 넘어 각종 구태 고발 이어져
남성 '위드유' 참여 이끄는 게 관건

《(토요판 커버스토리—권력지형 흔드는 미투 운동) 한국판 앙시앵 레짐(구체제)의 종언…알파걸이 방아쇠 당겼다》(《동아일보》, 2018. 3. 10, A8면)
'알파걸 신화'에 가려진 성차별
—성평등의식 눈부신 성장 불구, 가부장 문화 등 사회구조는 전근대, 사회 곳곳서 성폭력에 무방비 노출
2030 여성들 "우리도 바꿀 수 있다"
—2016년 강남역 살인사건이 기폭제, SNS 타고 연대 해시태그 물결, 촛불집회도 미투 운동 밑거름
새시대 향한 사회변혁운동 물꼬 터
—'남성중심 가신구조' 정치판 흔들고. 성(性) 문제 넘어 각종 구태 고발 이어져, 남성 '위드유' 참여 이끄는 게 관건

일하는 아내 위해 가사·육아는 남자가…

'트로피 남편' 늘고 있다

김송자(64) 전 노동부 차관은 지난해 퇴임한 이후, 김이 솔솔 오르는 아침 밥상을 차려 남편인 유경득(64·명지대교수)씨를 감동시키는 날이 부쩍 늘었다. 김 전(前) 차관이 노동부 소속 공무원으로 30년 외길을 걷는 동안 각자 알아서 해결하던 아침상이었다.

"내가 여성1호 노동부차관으로 발령(2001년)될 때까지 불평 한마디 없이 묵묵하게 도와준 남편에게 고마워서요."

지난 30년간 김 전 차관이 늦게 귀가할 때마다 두 자녀의 저녁과 잠자리·공부까지 챙기는 건 남편인 유 교수의 몫이었다. 김 전 차관이 노동 정책과 관련해 고민할 때는 든든한 조언자 역할도 마다하지 않았다.

유 교수 같은 남편이 또래들에게 '별종'으로 통한다면, 2030세대에겐 '현실'이다.

올 초 조선일보와 결혼정보업체인 듀오가 미혼남성 200여명을 설문조사한 결과, 응답자 중 80%(163명)가 결혼 상대로 맞벌이를 할 수 있는 여성을 원한다고 답했다. 또 응답자 중 62%는 맞벌이를 할 경우 가사를 똑같이 분담하거나 남편이 주로 하겠다고 답했으며, 아내가 고소득자인 경우 가사를 전담할 수 있다는 응답자도 32%에 달했다.

여성의 활발한 사회 진출과 함께 일하는 아내를 위해 가사·육아를 책임지는 남편이 증가하고 있다. 미국에서는 '트로피 남편(Trophy Husband)'이라는 신조어가 등장할 만큼 대중적인 현상이다. '트로피 남편'들은 아이들을 학교에 데려다주고, 각종 세금을 납부하며, 저녁을 차리고 정원을 가꾼다. 트로피를 받은 만한 남편이란 뜻이다. 미국의 경제전문지 '포천'에 따르면 지난 2002년 이 잡지가 선정한 가장 영향력 있는 미국 여성 사업가 50인 중 30%가 '트로피 남편'을 가진 것으로 나타났다.

국내 톱 메이크업 아티스트인 정샘물(34)씨의 가장 든든한 후원자도 역시 남편 유민석(36)씨다. 결혼 시즌마다 아침 5~6시에 일이나 밤 11~12시까지 고된 스케줄이 이어지지만 곁에는 항상 남편이 함께한다. 이승연·고소영·전지현·보아 등 스타들의 메이크업을 하며 자신의 명성을 날려온 정씨에게 남편은 일종의 '라이프(인생) 매니저'인 셈.

정씨를 아이콘으로 내세운 법인 '정샘물 인스피레이션'의 경영부터 정 원장의 스케줄 관리, 촬영이 끝난 후 마중나오는 일까지 모두 남편의 몫이다.

정씨는 "최근 몇 년 사이 메이크업 아티스트에 대한 사회적 인식도 크게 달라졌다"며 "힘들 때마다 '너는 꼭 세계적인 스타 아티스트가 될 수 있다'는 남편의 격려가 큰 힘이 된다"고 했다.

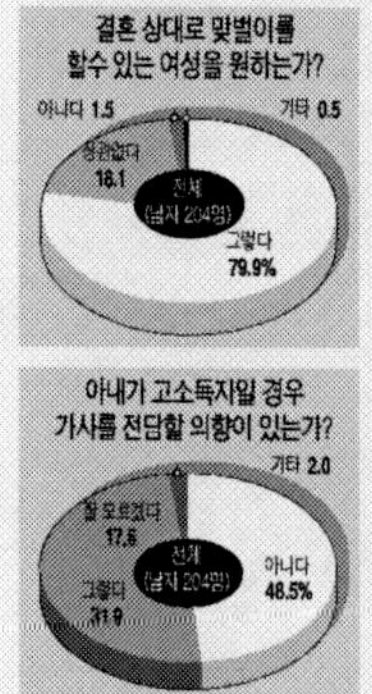

〈'트로피 남편' 늘고 있다…일하는 아내 위해 가사·육아는 남자가…〉(《조선일보》, 2004. 1. 15, A25면)

스탠퍼드 MBA 과정에 다니던 학생 로렌 파월이다. 펜실베니아대와 와튼스쿨을 졸업한 파월은 월가의 메릴린치와 골드만삭스에서 일한 재원이다. 잡스가 타임지 표지를 장식한 백만장자였을 때 만나 결혼했지만 유기농 식품회사 테라베라를 세우고 교육자선단체 칼리지트랙을 성공적으로 운영했다. (…) 캘리포니아 의대를 졸업한 챈은 페이스북에서 함께 일하는 저커버그의 제안을 거부하고 소아과 의사로서 자기 일을 시작한다. IT 업종 창업자들은 고급 스파에서 손톱이나 손질하는 금발미녀보다는 똑똑하고 독립적인 전문직 여성을 선호하는 모양이다. 사업을 구상하고 운영할 때도 아내에게서 많은 영감을 얻는다. 남편의 경제력과 명성에 의존하지 않고 독립적으로 자기 길을 걷는 아내들도 멋지다.

—〈(횡설수설) 성공한 CEO의 일하는 아내〉(《동아일보》, 2012. 5. 22, A30면)

이를 통해 새로운 유형의 아내는 남편으로부터 독립적이면서, 모두가 꿈에 그리는 '완벽한 남성'을 자신의 매력

속에 빠뜨리는 여성으로 형상화된다. 금발 미녀가 경제력과 권력 등 모든 조건을 갖춘 남성과 결혼하는 스토리와는 완전히 변별되는 서사가 등장하기 시작한 것이다. 한국사회에서, 2010년 직전에 "여성들의 지위 상승에 대한 방어적 기제로 정복욕과 지배욕을 상징하는 힘에 집착하는"[31] '짐승남'이 대세였던 것을 생각한다면, 사회적 지위와 경제적 능력을 모두 갖춘 여성을 긍정적인 아내의 상으로 간주하는 변화는 매우 급작스럽게 이루어졌다 할 수 있다.

주목해야 할 것은 미디어 속 전문직 여성에 대한 묘사가 현실과 차이가 커서 '환상'에 가깝다는 점, 그리고 그러한 묘사를 통해 여성 간 차별을 강화할 수 있는 논리가 양산될 수 있다는 사실이다. 일례로, 〈미(美), 아이 낳는 고학력 여성 확 늘었다〉[32]에서는 석·박사 학위를 가진 전문직 워킹맘의 출산 기피 풍조가 줄었다는 내용 외에 다음의 두 가지 사실이 강조된다. 첫째, 여성의 경력 단절 문제 때문에 일어나는 고학력 여성의 출생 기피는 똑똑한 유전자가 후손으로 이어지지 않는 현상을 발생시킨다는 것과, 둘째, '트로피 남편'의 존재성이 고학력 여성의 출산 기피 현상을 해소한다는 것이다. 그런데 여기서 주목할 것은 첫째와 같은 언급으로 인해 여성 간 경쟁과 여성 간 차별이 조장된다는 점이다. 그리고 둘째와 같은 언급의 일례로서, "(아내의 연봉이 많기 때문에) 내가 직장을 갖지 않더라도 가계엔 전혀 문제가 되지 않는다. 큰 행운이다"라고 말하는 트로피 남편도 현실에서는 찾아보기 어렵다. 게다가 밖에서 돈을 버는 활동만이 지나치게 중시되면, 가정일을 훌륭하게 수행하는 전업주부의 존재성까지 격하된다.

현실에 드물게 존재하는 '전업주부' 남편은 2018년에 이르러 미디어의 단골손님이 된다. 외환위기 이후, 기존의 남성성에 대한 관념이 해체되면서, 취업한 아내를 위해 남편이 가정일을 아내와 함께 해야 한다는 캠페인식 기사가 빈번하게 소개되었는데, 최근에 이르러 본격적으로 아내 대신 가정에서 '살림하는 남자'가 등장하게 된 것이다. 한 신문의 〈아이가 행복입니다〉 시리즈 기사에는 살림에 능숙한 남성이 다수 소개된다. 아이들을 돌보아주시던 할머니는 건강이 악화되고, 아내는 계속 일을 하고 싶어 하는 상황에서 남편은 회사를 그만두고 5년쯤 육아를 하는 동안 능수능란한 주부가 된다. 전업주부가 된 남편은 사회활동을 예전처럼 하지 않아도 "아이가 행복입니다", "지금이 훨씬 행복하다"라고 말할 수 있는 존재가 된다.[33]

2010년대에는 자신의 직업적 능력을 발휘해 사회 발전에 기여하는 아내와, 그런 아내를 보좌하는 남편의 존재성을 통해 '사회적으로 지향해야 할 성윤리'가 정립되는 현상이 등장한다. 특히 2017년에 기사화된, 한 여성 정치인과 남편의 관계에서 새로운 부부관계의 윤리가 분명하게 드러난다. 남편이 아내를 내조할 수 있는 성평등 가정이 될 때, 여성이 자신의 사회적 꿈을 실현할 수 있음이 강조되는 것이다.[34] 다시 말해, 2010년대 중반 이후 미디어에서는 다음과 같이 부부의 윤리가 발화된다고 할 수 있다. 남성은 아내를 희생적 존재로 간주하는 가부장제적 생각에서 벗어나야 하고, 여성은 결혼 상대자로 평등한 동반자관계를 유지할 수 있는 사람을 선택해야 한다. 남편이 가정에 최선을 다하면, '사회에서 능력 발휘를 하고 싶은 아내의 열망과 남편과 함께 육아를 하고 싶은 아내의 소망'이 충족될 수 있다.

'골드미스', 가족의 울타리에 편입된 비혼 여성

21세기 이후, 혐오의 대상으로 새롭게 주조된 여성/여성집단은 결혼제도가 불합리하다고 여겨 결혼하지 않거나, 경제력이 있으면 혼자 살아도 좋다고 여기는 '비혼' 여성(들)이다. 결혼을 하지 않고, 아이를 낳지 않더라도 실패한 인생이 아니라고 생각하는 여성[35]은 이제 사회 계도의 대상으로 떠오른다. 문제적 사실은 최근에 비혼 여성이 '화려한 싱글'의 이미지에서 가족에 편입된 존재로 전이되었다는 것이다.

'골드미스'에 대한 내용은 2000년대 중반에 미디어에 빈번하게 기사화되었다. 골드미스는 '자신의 일에 대한 경력과 경제력을 확보하면서 가정 등에 얽매이지 않고 자신의 생활을 즐기는 30대 중후반의 여성'을 의미한다. 그런데 미디어에서 골드미스는 혼자 살되 독립적이지 못하고, 도리어 가정을 이룬 이들을 부러워하는 여성으로 묘사된다. 골드미스는 공부하고 승진하느라 30대 중반이 되었는데, 자신이 마음에 드는 남자는 어린 여자를 찾고, 그렇다고 나이가 많은 재혼남을 만날 수는 없어 결혼을 못한 여성인 것이다.[36]

한 기사에서, 골드미스는 2000년대 중반 기준으로, 대졸 이상의 학력에 전문직에 종사하며, 연봉 4000~5000만 원이거나 혹은 개인자산이 8000만 원 이상 되는 여성으로 지칭된다.[37] 그러나 "우리 사회에 실제 골드미스에 해당되는 사람들은 여성 취업자 중 0.27% 정도로 매우 낮"으며 "재력을 갖춘 골드미스보다는 오히려 골드미스를 동경하면서 골드미스처럼 헤프게 소비하는 여성들이 적지 않다는 것이다."[38] 그리고 골드미스는 '경제력만 확보한 존재'일뿐, 타인이 부러워할 만한 대상은 아니었다. 한 신문의 〈골드미스 다이어리〉 시리즈에는 혼자서 밥 잘 먹는 방법, "그렇게 펑펑 쓰다간 푸어미스(Poor Miss)" 된다는 조언, 싱글 노년이 당당해지려면 노력은 더블로 해야 한다는 등의 내용이 주로 실려 있다. 또한 골드미스는 그녀들이 성공의 척도로 여기는 것은 놀랍게도 '행복한 가정'이고 "여성의 행복은 남편에게 달려 있다"며 결혼 상대 남성의 경제적 조건을 따지는 이중적 존재로 언급된다.[39]

실제로, 경제력을 지닌 골드미스는 기업의 마케팅 대상일 뿐이었고, 미디어에 재현된 그녀들의 이미지는 '순진한 소녀' 혹은 '헛똑똑이'에 가까웠다. 골드미스는 자신이 '아직 성장 중이라고 믿는 제2의 사춘기' 소녀로 진단되고, 연애는 글로 배우고, 소녀들이 좋아하는 핑크빛 바비 가구에 매료되며, 정서를 안정시킨다는 목적으로 그림책에 빠져 있다.[40] 사회적 능력이 있는 비혼 여성은 전기요금이 밀려 전기가 끊길 위기에 있는 의사, 도도해서 결혼을 못할 줄 알았지만 이혼한 남성에게 매달리는 대학 강사 등 "살림엔 젬병"에 "연애는 찌질하게" 하는 "헛똑똑이 알파걸"로 등장한다. 그들은 자기 일에는 능숙하지만, "연애에 삐걱거리는 '오메가걸(그리스 문자의 마지막 'ω'를 합성한 신조어, 알파걸의 반대 의미)'"이나 사회에 적응을 잘 못해 '부모에게 지나치게 의존하는 존재'로 형상화된다. "엄마, 한전에서 전기세 밀려서 전기 끊는다고 전화 왔었어. 엄마가 알아서 해결해줘. 오늘 환자 많아서 바쁘거든." "엄마, 다음 달 백수랑 결혼해."[41] 이처럼 미디어 속 골드미스의 '순진성'은 여성을 혐오적으로 위치시키지는 않지만, 한 사람이 대단히 힘들게 갖추게 된 전문 자질을 '아무것도 아니게' 만들어버린다. 1980년대에 이르러 1950~1960년대 여대생이 지녔던 사회 금기 위반의 힘이 상실되고, 1990년대에 이르러 이전에 부정적으로 여겨졌던 고학력 여성이 가정일과 육아를 잘하는 능력 있는 주부로 격상되어 가부장제 질서 속에 편입된 흐름을 염두에 둘 때, 골드미스의 존재성이 폄훼되는 현상이 특이한 것이라 할 수는 없다.

그런데 2017년 이후 미디어를 살펴보면, '비혼'이 비교적 긍정적으로 형상화되는 경우를 다수 발견할 수 있다. 30대 후반의 비혼 여성이 홀로 여행을 다니고 카페에 앉아 자유롭게 반나절 동안 독서하는 자유도 긍정적으로 그려지고, "1인 가구는 인생의 어느 단계에서 길든 짧든 경험할 수 있는 생활의 조건, 우리 모두의 미래"라고 인식된다. 아울러, 비혼 여성을 부정적으로 바라보는 사회 인식이 바뀌어야 한다는 성찰적 내용을 담은 기사도 등장한다.[42] 그러나 최근의 비혼 여성 기사에 이전과는 전혀 다른 패러다임도 동시에 나타나고 있음을 주목해야 한다. 그동안 화려한 독신으로 이미지화되었던 비혼 여성의 삶을 '가족'과 연결하려는 뚜렷한 경향성이다. 이는 '고령화'와 '가족 부양'이라는 사회문제를 부각시키면서 비혼 여성을 가족의 울타리 안으로 끌어들이는 방식을 취하는 면모도 보여주는 것이라 하겠다.

먼저, 부모를 돌보는 자녀가 며느리에서 딸로 바뀌고, 기혼 여성의 문제로 인식되었던 '경력 단절'의 문제가 비혼 여성에게 새롭게 부과된다. 현재 고령사회[43]인 한국사회에서 돌봄의 공백은 국가가 책임져야 함에도 저출생 담론은 '비혼자 집단'을 표적으로 삼고 있으며, 이를 통해 기혼 자녀와 달리 비생산적 존재로 인식되는 비혼 자녀가 부모 돌봄을 떠안게 되는 것이다.[44] 일반적으로 기존의 기사에서는 부모가 백수 자녀를 부양하거나, 부모가 자녀 양육에만 집중한 나머지 노후 자금을 만들지 못하는 상황이 주로 다루어졌다.[45] 비혼 자녀가 부모를 책임지는 존재가 된 것은 2010년대 들어 새롭게 나타난 이야기라 할 수 있다.

물론 고령사회로 진입함에 따른 자녀의 부모 부양 문제는 국가가 해결해야 할 것이다. 그러나 부모 부양의 문제가 가족의 존재성과 관련됨으로써 결혼의 중요성이 부각되고 있다. 현재 일본에서는 부모를 돌보는 비혼이 늘고 있으나 이들을 지원하는 사회적 시스템은 부재해서, 자녀가 고통 속에 부모를 살해하거나 자살하는 것이 사회적으로 문제가 되고 있다.[46] 그런데 한국사회에서 비혼 자녀의 고통이 서술된 기사 내용 중 대중에게 강조되는 부분은 '결혼'에 대한 것이다.

한 기사에서는 여행도 공부도 마음껏 할 수 있어서 '자유로운 영혼'이었던 비혼 여성 김 씨가 여동생의 죽음으로 조카딸을 맡고, 홀로 지내던 어머니가 치매로 판정받으면서 삶의 영역이 급격하게 축소되는 과정이 구체적으로 언급된다. 김 씨는 출간을 준비하던 책의 초고를 더는 진행할 수 없게 되었고, 개인으로서의 삶은 사라졌다. 물론, 김 씨의 삶을 담은 내용 뒤에는 비혼 남성이 치매 어머니를 훌륭하게 모시는 이야기, 다른 비혼 여성이 아픈 어머니와 함께 활짝 웃으며 비혼의 삶을 "후회하지 않아요"라고 말하는 이야기가 나온다. 그러나 김 씨의 삶을 다룬 부분이 기사의 처음에 배치되고 있으며, 그 분량도 다른 사례보다 많다. 이를 통해, 결혼을 안 한 것 때문에 어머니에게 죄송스러운 마음이 있었던 김 씨가 어머니를 돌보고, 어머니가 돌아가신 후 그녀에게 남은 공허함이 이야기되는

커버스토리 ▶4·5면

나의 노후도 부모의 노후도 내 몫…'화려한 싱글'의 삶은 멈췄다

'독박 돌봄'에 갇힌 비혼 자녀들

▶4면에 계속

이영경 기자

〈나의 노후도 부모의 노후도 내 몫…'화려한 싱글'의 삶은 멈췄다—'독박 돌봄'에 갇힌 비혼 자녀들〉(《경향신문》, 2018. 1. 27, 1면, 4면)

부분이 대중에게 깊이 각인될 수밖에 없다. 그래서 비혼의 김 씨가 아래에서처럼 대중에게 권하는 결혼은 큰 의미로 부각된다. 2000년대 중반의 '골드미스' 담론에서 개인의 외로움은 핵심어 중 하나였고 비혼 여성을 초라하게 만드는 전략이었지만, 그렇다고 비혼 여성의 존재성이 가족의 중요성과 결부되어 서술되지는 않았다. 그러나 2010년대 후반의 경우는 다르다.

> "어머니 돌아가시니까 세상에 나 혼자라는 걸 몸으로 느끼겠더라고요. 비혼인 사람들에게 저는 웬만하면 결혼하라고 해요." 홀가분해 보이기도, 쓸쓸해 보이기도 하는 김 씨가 말했다.
>
> —〈나의 노후도 부모의 노후도 내 몫…'화려한 싱글'의 삶은 멈췄다—'독박 돌봄'에 갇힌 비혼 자녀들〉(《경향신문》, 2018. 1. 27, 1면, 4면)

이와 더불어서 살펴보아야 할 점은 '순진한' 존재였던 골드미스가 자녀를 늦게 낳는 '올드맘'으로 전이되면서 긍정적으로 서술된다는 사실이다. 골드미스는 출생률 감소의 원인으로 지목된 문제적 여성/여성집단[47]이었지만 2010년대 이후 갑자기 일과 육아에 유능한 이미지로 전이된다. 한 가족아동학 전문가는 "올드맘은 자신의 시간과 경제적 자원을 아낌없이 쓰면서 아기를 'VVIB(Very very important baby)'로 키울 가능성이 높"으며 "남편들도 함께 아빠 역할에 몰입하면서 부부가 자녀에게 전력투구하는 성향을 보인다"라고 언급한다.[48] 또한 기사의 실제 내용은 대체로 공무원인 여성이 사기업에 다니는 여성보다 출산에 대한 부담이 적어 자녀가 많다는 것이지만, 이와는 상관없이 "엄마가 많이 벌수록 많이 낳는다"는 제목이 크게 강조되면서 여성의 경제력을 출생률로 연결하는 담론이 강화되고 있다.[49] 미디어에서는 '올드맘'을 '경제력'과 관련시키고, 여기에 더해 '어머니의 경제력'을 '출생 담론'과 결부하면서, '나이 많은' 골드미스가 '나이 많아 현명한' 올드 어머니로 그 존재성이 전이되는 것이다.

또한 올드맘(Old Mom)은 경제력만 강조된 '골드맘'(Gold Mom, 소비력이 좋은 어머니로서 중산층 이상의 전업주부도 포함하는 개념)과는 다르게 부부관계도 좋고 육아도 잘할 것이라는 이미지가 부여된다.[50] 여성이 '늦게' 결혼하고 출산하는 것이 긍정적으로 기사화되는 것이다. 요즘 같은 시대에 40세 정도의 여성을 노처녀라고 하면 시대착오적인 것이라고 하면서, 40대에 결혼하면 더 원만하게 결혼생활을 유지할 수 있다는 이야기도 나온다.[51] 불과 얼마 전까지만 해도 자기 일에 집중해 결혼을 하지 않던, 혹은 남성에게 선택받지 못했던 존재로 폄훼되던 골드미스는 순진하고 유아적인 노처녀·비혼 여성에서 일순간 성숙한 어머니·아내로 그 존재성이 전이되는 것이다.

여성의 '늦은 출산'과 '늦은 육아'에 대한 격려는 2018년 이후 더욱 빈번하게 기사화된다. 기사는 주로 늦게 결혼한 여성의 출산은 직장에 피해를 주지 않고, 학업에 대한 정보 부족으로 자녀교육에 지장을 주지 않는 것으로 서술된다. 또한 기사를 읽는 독자는 한 여성이 멸종 위기 동물에 관심이 많은 아이를 위해 휴가지로 미국의 알래스카를 선택할 수 있었던 것은 그녀의 좋은 경제력 덕분이라고 예상할 수 있다. 이 기사에는 여성이 늦게 아이를 낳았기에 남보다 더 늦게까지 양육비와 교육비 마련에 고심해야 한다는 사실이 부재한다. 전문직 여성이 가정일과 직장일을 동시에 잘하는 것은 현실적으로 대단히 어려운 것임에도, 여성의 늦은 출산과 늦은 육아는 어머니로서의 '행복한 삶'을 만들 수 있다는 내용만이 강조되고 있다.•

> 임신 기간 동안 나이 때문에, 맡은 직책에 대한 중압감 때문에 처음에는 임신 사실을 숨겼다. (…) 주변 반응은 내 예상과 달랐다. 동료 직원들의 축하가 이어졌고, 심지어 노조도 '고령 산모'를 배려해서인지 부드러운 협상 분위기를 이어갔다. (…) 종종 회사 후배들과 육아 관련 고민에 대해 이야기를 나누면 후배 직원들은 좋은 조언자가 되어준다. 덕분에 '혹시 요즘 초등학교 엄마들이 잘 챙기는 부분을 내가 놓치는 것은 없나'라는 고민도 조금 덜 수 있었다. (…) 아이를 키우면서 가족과 보내는 시간이 소중해졌고, 내가 맡은 부서에서 최대한 야근과 주말 근무를 줄이기 위해 노력하게 됐다는 것도 '조금은 늦은 육아'의 장점이다.
>
> ─ 〈(아이가 행복입니다─늦깎이 엄마 이○○ 씨의 육아) "마흔한 살에 본 딸은 나를 젊게 만드는 원동력…일과 육아 혼자 완벽히 하겠다는 욕심은 버려요"〉(《조선일보》, 2018. 8. 16, A29면)

이와 같이 2010년대에 '화려한 싱글이었던 골드미스'를 가족/가족제도 안으로 포섭하는 작업은 1990년대에 혐오스럽게 이미지화되던 고학력 여성을 능력

• 이 책에서는 자신의 분야에서 경력을 쌓다가 남보다 늦게 아이를 낳은 여성과 그녀의 가족에 대한 이야기를 담은 기사의 내용에 문제가 있다거나, 기사 속 인물의 말이 틀렸다고 말하는 것이 아니다. 분명 기사 속 인물들은 직장일과 가정일을 모두 잘하면서 행복한 삶을 만들어나가고자 노력했을 것이다. 우리가 주목해야 할 것은 전문 분야에서 남성만큼 경력을 쌓으면서 자녀를 양육하는 여성이 소수인데도, 미디어에서는 일하는 여성의 출산을 장려하기 위해 그녀들의 고민은 축소하고 좋은 부분만을 확대해서 보여준다는 사실이다.

있는 주부의 위치로 격상했던 작업과 연결된다. 전문직 여성이 수적으로 증가했다는 사실과 함께, 미디어에 재현되는 전문직 여성의 삶만을 보면, 한국사회에서 성평등이 이루어진 것처럼 여겨질 수 있다. 그러나 자신의 일에 대한 경력과 경제력을 확보한 2000년대의 기혼 여성은, 1990년대의 고학력 주부와 마찬가지로, 이미 남성 중심의 사회에 편입된 존재다. 그래서 전문직 여성이 가정일과 직장일을 동시에 잘하고 있다는 '선전'만으로 한국사회에서 성평등이 실현되었다고 말하기는 어렵다. 1990년대에 부부 모두 전문직에 종사하면서 모든 면에서 평등한 관계를 유지하는 일부 가정이 강조되었듯이, 최근에는 현실에서 '과로사'하기 쉬운 워킹맘의 현실이 일부 전문직 여성의 삶을 통해 미화되는 양상이 등장했다.•

2010년대에 이르러 미디어에서 사회로 진출하고자 하는 여성의 욕망은 긍정적으로 인정되는 대신 '전문직 여성'은 현실에 존재하기 어려운 이상적 존재로 형상화되고 있다. 1990년대 미디어에서 전문직 여성의 환상화가 가정에서의 부부평등, 여성의 멋진 옷, 비싼 화장품, 자신감 넘치는 표정 등으로 재현되었다면, 2010년대 후반 미디어에서 전문직 여성의 환상화는 모성과 사회적 능력을 모두 가진 것으로 재현된다. 이 과정에서 노골적으로 폄훼되던 골드미스가 갑자기 결혼 담론 안에서 최고의 어머니로 격상되고 있다. 한국사회에서 여전히 대다수 주부가 경력 단절에 독박 육아의 울타리 속에 갇혀 있는데도 마침내 여성이 자신의 권리를 쟁취한 듯한 이미지가 전시되고 있는 것이다.

• 이 내용은 이 책의 제4부 3장 2절의 "스위트홈의 뉴페이스, 능력맘·행복맘·성찰맘으로서의 워킹맘"에서 구체적으로 분석했다.

3. 여대생과 전문직 여성, '우월한 여성들'에 내재된 남성중심주의

'엽기'적인 여대생, 남성 간 경쟁 질서를 '가리는'

〈엽기적인 그녀〉(곽재용, 2001)는 개봉 6일 만에 전국 관객 100만을 돌파한,[52] 2001년 흥행작이다. 당시에 영화는 대중에 화제가 되었던 '엽기'를 이용한 기획 상품 정도로 여겨졌다.[53] 그러나 〈엽기적인 그녀〉에서 "엽기"는 여학생이 2000년대 사회 질서를 위반하는 방식이면서 동시에 그녀의 애인인 견우의 판타지가 담겨 있다는 점에서 주목해야 한다.•

〈엽기적인 그녀〉의 남주인공 견우(차태현 분)의 존재성은 외환위기 이후 부각된 남성상과 연결된다. 남성 우월주의, 강함, 경쟁 능력보다는 이해, 배려, 수용 성격을 지닌 견우는 부모에게 딸처럼 키워져 7살까지 자신이 여자인 줄 알았다. 그는 지하철에서 우연히 만난 술 취한 여대생의 토사물을 치워주고, 후에 친구가 된 그녀의 엉뚱한 행동을 바보처럼 다 받아준다. 또한 견우는 무거운 물건을 들고 가는 할머니를 그냥 지나치지 못하고, 애인과 다시 만날 날을 지고지순하게 기다리는 평범하면서 선한 청년이다.

견우의 이상형은 청순한 모습으로 피아노를 치는, 순정만화 속 주인공 같은 모습을 한 '그녀'(전지현 분)다(영화에서 이 여주인공은 익명의 "그녀"라고 표현된다). 영화에는 긴 생머리에 하얀 피부를 한 '그녀'를 클로즈업하는 장면이 많다. 〈엽기적인 그녀〉 속 '그녀'의 외모만 보면, 〈비오는 날 수채화〉(1989)의 여대생이 떠오른다. 그러나 '그녀'의 생각과 행동은 당돌하다 못해 당황스럽고 황당무계하게 느껴진다. 〈엽기적인 그녀〉에서 청순가련한 외모의 여대생은 왜 '엽기'적 행동을 하는

• 참고로 〈엽기적인 그녀〉는 미국에서 〈마이 쎄시 걸(My Sassy Girl)〉(얀 사뮤엘, 2008)이란 제목으로 리메이크되었다.

것일까. 남대생의 판타지가 왜 '비 오는 날 수채화를 그리는 여성'이 아닌 '악당을 단칼에 죽여버리는 여성 히어로'•로 전이될 것일까.

그녀는 밤늦게 만취해 탄 지하철 안에서 입 밖으로 뿜어져 나오려는 토사물을 다시 속으로 넘기고, 견우와 놀이동산에 가기 위해 교수에게 "아기 아빠와 수술하러 간다"는 말을 아무렇지 않게 한다. 그녀의 자유분방한 행동은 1990년대 후반 신문에 나왔던 10대 여학생의 이미지와도 연결된다. 그녀의 엽기는 기괴한 젠더의 전환성에서도 찾을 수 있다. 〈엽기적인 그녀〉에서 전통적 성역할이 거부되고, 기존 가치가 전복되는 점은 영화가 개봉되었던 2001년 당시의 기사를 통해서도 알 수 있다. 이 영화가 젊은이들의 폭발적 호응을 얻었던 주요 이유가 '성역할 뒤집기'가 주는 통쾌함에 있었다는 것이다.[54] 그녀는 지하철 안의 모든 사람이 불편한 표정을 하고 있는데도 견우의 빰을 신나게 때리고, 견우가 태어난 이유는 자길 위해서라고 외치며, 스포츠 실력도 매우 뛰어나 견우를 압도한다. 그녀는 견우의 운동화를 신고 견우에게는 자신의 뾰족구두를 신기고는 자기를 잡아보라는 장난을 치기도 한다. 그런데 그녀의 엽기는 불쾌함을 유발하기보다는 비현실적이어서 웃음을 끌어낸다. 여관에서 견우가 자신보다 어린 그녀에게 존댓말을 하며 치약 등을 챙겨주는 장면은 기존의 남녀 성 관계를 유쾌하게 비틀어내면서 관객이 즐겁게 웃을 수 있도록 유도한다.

주목해야 할 점은 '그녀'를 엽기적 존재로 위치시키는 시선의 주체가 바로 평범한 남대생 '견우'라는 사실이다. 견우는 선하고 평범한, 2000년대 일반적 남학생의 모습을 하고 있다. 견우가 모르는 '그녀'의 토사물을 치워야만 하고, 선의로 한 여성을 도와주었을 뿐인데 강간범으로 몰려 여성 경찰관에게 '누드의 상

• 〈엽기적인 그녀〉의 주인공 '그녀'는 2001년 당시의 관점에서는 '황당무계한 내용'의 시나리오 쓰는 것을 즐기는 희한한 성격의 여대생이다. 악당에게 잡힌 애인을 구하기 위해 고군분투하는 여성 요원, 남성인 악당과 결투를 벌여 승리를 차지하는 여성 검객은 시나리오 속 여주인공의 모습이다.

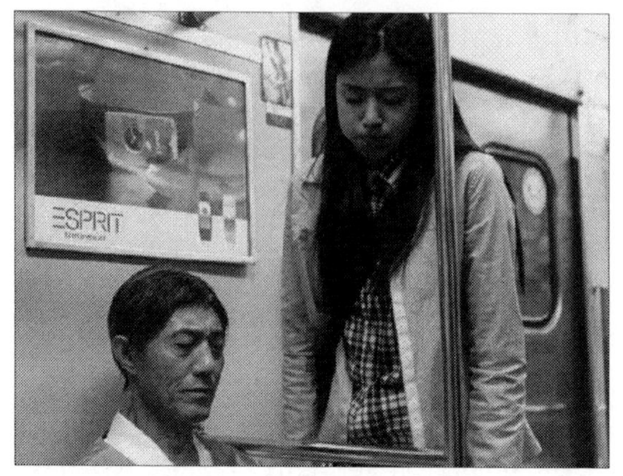

밤늦게 만취해 탄 지하철 안에서 자신의 입 밖으로 뿜어져 나오려는 토사물을 다시 속으로 넘기고 있는 그녀

'악당을 단칼에 죽여버리는 여성 히어로'로 나오는 그녀 (이상 한국영상자료원)

태로' 잡히는 장면에서는 '남자라는 이유'로 부당하게 뭔가를 책임졌던 남성의 억울함을 찾을 수 있다. 그리고 학창 시절 낮은 성적 때문에 부모에게 꾸중을 듣는 견우의 모습, 능력 있는 남성과 선을 보는 그녀에게 뭐라 화도 내지 못하는 견우의 초라한 표정은 당대 젊은 남성이 느꼈을 법한 열패감을 보여준다. 그녀가 '여자라는 이유로' 견우에게 자기는 따귀를 때릴 테니 견우는 손가락으로 그녀의 이마를 치라고 요구하자, 견우는 조그마한 목소리로 다음과 같이 말한다.

"남녀는 평등한 거야."

견우는 자신이 놓인 부당한 상황을 타개하기 위해 정당하게 답변하고 있지만 작게 말할 수밖에 없다는 점에서 억울한 상황에 직면했다고 할 수 있다. 희극적 상황이지만 웃어넘길 수만은 없는 장면이다.

견우와 같은 남학생은 중·고등학교 시절 여학생들과의 공부 경쟁에서 진 경험이 있고, 성인이 된 후에는 자신보다 학력이나 경제력에서 우월한 다른 남성과의 관계에서도 열등감을 느꼈던 적이 있다. 견우들에게 '남성 우월주의' 혹은 '여성 억압'이란 단어는 매우 생소하게 여겨질 법하다. 특히 그 열패감은 '사랑과 결혼'을 '시장'으로 만드는 사회에서 증폭된다. 견우보다 학력이나 경제력 면에서 우월한 남성은 견우보다 더 많은 것을 손에 넣게 되는데, 그중 참을 수 없는 것은 남성과의 경쟁에서 승리해 대학에 입학하고 회사에 취직한 여성이 순정이나 사랑보다는 부나 권력을 기준으로 남성을 선택하는 현실이다.

영화는, 단편적이기는 하지만, 2000년대 초반 시기 여대생이 느끼는 사회의 불공정한 면도 담고 있다. 그녀는 관객이 당황할 정도로 견우에게 크게 화를 내거나 지나친 폭력을 사용하기도 하는데, 사실 그녀의 '엽기적 짜증'에는 이유가 있다. 그녀는 지하철 연착으로 탄 택시에서, 기사가 이상한 눈초리로 자신을 쳐다보고, 지나가던 이름 모를 창밖의 여성에게 휘파람을 부는 행위에 매우 불쾌함을 느낀다. 그런 일을 겪고 난 후, 견우가 자신을 몰라보고 길거리에서 "아가씨, 시간 좀 있어요?"라고 말해서 화가 난 것이다. 또 놀이동산에서 우연히 마주치게 된 탈영병이 견우에게 "이 아가씨 따먹어도 돼?"라고 묻자, 그녀가 "따먹어요? 아니 내가 뭐 과일이에요? 사과하세요!"라고 탈영병에게 화를 내는 대사에는 여성을 쉽게 성적으로 대상화하는 사회에 대한 분노가 담겨 있다.

특히 그녀는 대학교를 졸업할 때쯤 지금까지 요구받았던 것과는 전혀 다른 사회적 분위기와 맞닥뜨린다. 영화에서 그 세계는 '결혼'이라는 구체적 에피소드로 형상화된다. 그녀는 남자와 평등하게 자랐지만 자신의 능력을 펼치기보다 능력 있는 남성과 결혼할 것을 요구받는다. 견우는 자신보다 능력 있는 남성에게 자신의 이상형을 빼앗길 위기에 처한다. 그녀의 아버지는 견우에게 "졸업하면 뭐할 건가?"라고 묻지만, 견우는 "사실 아직 뚜렷하게 생각해본 건 없습니다"라고 말할 수밖에 없다. 그녀의 부모는 그녀가 전도유망한 남성과 결혼하기를 원하며, 그녀는 부모의 속물적 소망으로 인해 주체적 삶을 살 수 없다 생각한다.

> 그녀의 엄마: "도대체 뭐가 불만인 거야? 내가 견운가 뭔가 그애 만나지 말라고 했지? 그런 멍청하고 미래도 없는 애를 만나서 어쩌자는 거야?" (…)
> 그녀: "좀 내 멋대로 살게 놔둬."

견우가 그녀를 자랑스럽게 생각하는 이유는 그녀가 진정으로 누군가를 사랑할 줄 알기 때문이다. 진실로 사랑했던 남성의 죽음을 경험한 그녀는 어린 나이임에도 순정이 무엇인지 정확히 알고 있다. 영화에는 애인이 군대에 간 자신을 버리고 다른 남성을 선택해 결혼하는 것에 분노하는 탈영병이 등장한다. 그녀는 탈영병에게 다음과 같은 말을 전한다.

> "애인이 마음 변했다고 그랬죠? 정말 애인을 사랑했어요? 스스로한테 물어보세요. 내가 보기엔 아닌 것 같아요. 정말 사랑한다면, 사랑하는 사람 놓아줄 줄도 알아야 돼요. 그렇지 않으면 사랑한 게 아니에요. 사랑하지도 않는 사람이 남한테 시집 좀 가면 어때요. 그만하세요. 그리고 당당하게 부대로 돌아가세요. 오빠 같은 사람은 사랑이 뭔지 더 알아야 돼요. 사랑이 뭔지 더 알려면 우리 모두 더 살아봐야 된다고요!"

사랑에 대한 그녀의 생각에는 '성숙한 윤리'가 있으며, 그 윤리를 배반한 만남은 허용될 수 없다는 '순정적 교훈'이 있다. 그녀에게 여고생들과 원조 교제를 즐기는 중년 남성은 징벌해야 할 대상이 되며, 자신의 이성 교제를 자유롭게 내버려두지 못하는 부모는 벗어나야 할 울타리가 된다.

그녀의 엽기는 견우의 입장에서 '성평등을 이룰 수 있는 여성의 용기'로 전환될 수 있는 것처럼 여겨진다. 그녀가 '시대'에 순응하지 않는 데서 그녀의 '용기'가 '엽기'로 인식되는 것이지, 그녀의 황당무계함의 진정한 실체는 순정이 내재된 용기다. 황순원의 〈소나기〉에서 몸이 약한 소녀는 개울가에서 만난 소년과의 사랑을 추억으로 남기고 죽음을 맞이한다. 그러나 그녀는 〈소나기〉의 비극성에 슬퍼하기보다 소녀가 사랑하는 소년을 소녀와 함께 순장(殉葬)시킴으로써 소녀가 소년에 대한 자신의 욕망을 엽기적으로 실현시키는 것으로 이야기를 바꾸어나간다. 그녀의 시나리오 작품은 여성을 슬픈 이야기의 주인공으로 치부하거나 남성의 도움을 받는 연약한 피해자로 간주하는 고정관념에서 벗어나 있다(영화에서 그녀는 시나리오 작가 지망생이다). 남성을 구하거나 정의를 구현하는 여성 히어로의 이야기가 2000년대 초반까지 부재했다면, 그녀는 실제 존재하지 않았던 '환상의 조선시대'라는 시공간을 만들어내 자기 마음대로 행동하는 여성 히어로를 창조해내는 것이다.

견우에게 그녀와의 사랑이 판타지가 되는 이유는 '그녀의 엽기성'에 있다. 그녀의 '엽기'가 견우의 열패감을 해소할 수 있는 무기가 된다는 점에서다. 견우는 그녀의 아버지가 자신에게 졸업하면 뭐할 것인가라고 묻는다거나, 자기 딸과는 그만 만나라고 요구하는 게 부당하게 느껴질 것이다. 그래서 견우는 자신을 만날 때는 괜찮은 일들이 다른 남자들을 만난다면 하지 말아야 할 일이 될 것이라고 그녀에게 주의를 준다.

"여자답게 행동해야 하고, 술 마시고 쓰러지는 여자를 이용하는 남자들이 많고, 〔남자를〕 이기려고 하지 말아야 하고…."

그러니 그녀는 주체적 삶을 살기 위해서는 "난 다르다고 생각했는데 나도 어쩔 수 없는 여잔가봐"라고 말하며 견우에게 이별을 선고해서는 안 된다. 그녀는 그녀가 몸이 약했던 시절에 자신이 원하던 모든 것을 해주던 죽은 남성에 대한 기억을 완전히 잊고 견우와의 사랑을 제대로 시작해야만 하는 것이다.

영화에서 여성을 성숙하게 만드는 것은 애정이나 결혼이 아니다. 그녀는 '약한 자신에게 뭐든지 해주었던 죽은 남자를 잊기 위해' 견우와 잠깐 작별을 함으로써 존재론적 전환을 하게 된다. 그녀는, 마치 동굴에서 웅녀가 긴 나날들을 마늘만 먹으며 고뇌했듯, 3년 동안 자신을 보호하고 아껴주던 죽은 그에게서 완전히 벗어나기 위해 혼자만의 시간을 갖고, 견우와의 새로운 사랑을 준비한다.

이를 통해 〈엽기적인 그녀〉에서는 외환위기 이후인 1990년대 후반 미디어에서 엽기적 이미지로 재현되었던 10대 소녀의 황당무계함이 기존의 남성 중심 이데올로기에서 벗어날 수 있는 행동력으로 전환된다. 극중에서 순진한 견우의 가방에서 쏟아지는 콘돔 등은 사회의 무서움을 반영하는 것이지 그와 그녀의 되바라짐을 의미하지는 않는다. 성인이 된 그들이 고등학교 교복을 입은 채 술을 마시고 담배를 피워대는 모습 속에서 우리는 입시에 성공하기 위해 고군분투했던 소녀 소년의 과거 시간을 읽을 수 있다. 또한 〈엽기적인 그녀〉에는, 여학생 역시 남학생과 마찬가지로 눈물 나는 경쟁을 해왔듯, 결혼에서도 여성의 빛나는 주체성을 보여주어야 한다는 소망이 내재되어 있다.

그러나 문제는 견우가 성평등을 실현할 것이라 믿는 그녀의 '엽기'에 대한 판타지가 말 그대로 '환상'이라는 점에 있다. 여성이 주체적으로 성장하는 일은 그녀가 아버지의 명령을 어기고 견우를 선택하는 것처럼 단순하지 않기에 그렇다.

성인이 되어 교복 차림으로 주민 등록증을 '당당하게' 내밀며 나이트클럽에 들어가는 그녀와 견우. 입시에 성공하기 위해 고군분투했던 소녀 소년의 과거 시간을 상징한다고 할 수 있다. (한국영상자료원)

견우는 한 가지 사실을 간과하고 있다. 21세기 초반, 여학생은 남학생과의 경쟁에서 승리해서 대학에 입학하고 회사에 취직하지만 결혼을 해서 아이를 낳으면 대다수가 가정으로 '영원히' 방향을 선회할 수밖에 없었다는 사실이다. 2000년대의 공부 잘하던 그 여학생은 남학생과 사회에서 명승부를 벌이는 경쟁자가 될 수 없었던 것이다. 또한 영화의 내용처럼 견우는 그녀를 선망했지만, 현실적으로 시나리오 작가가 되어 자신의 꿈을 실현한 사람은 남성인 그였다. 곧, 그녀의 미래는 여전히 남성과의 관계 안에 갇혀 있을 뿐이다. 그녀가 견우를 선택한다고 해서 현실 속 그녀가 부모의 소망에 갇히지 않고 자신의 꿈을 실현할 수 있는 존재로 전환되리라는 보장은 없다. 이 점에서 그녀의 '엽기'는 그녀 자신을 위한 저항의 행동이 아니라 견우의 판타지에서 시작된 것이라는 한계가 있다. 아버지의 명령에서 진정 벗어나기 위해서, 그녀는 '엽기'가 아닌 다른 '무기'가 필요했다.

〈엽기적인 그녀〉는 남성 간 경쟁에서 이긴 남성과 그렇지 않은 남성의 관계에서 벌어지는 경쟁의 살벌함을 그녀의 '엽기'로 가리고 있다. 그녀는 결국 견우를 위한, 견우에 의해 만들어진 환상 속 여성에 불과하다.

전문직 여성, '신데렐라'에서 '굿 와이프'로의 전이

〈신데렐라〉(1997. 4. 26.~1997. 7. 13, MBC)는 두 자매의 현대판 신데렐라 이야기를 담고 있다. 방영 당시 시청률 1위로 많은 관심을 받았으며,[55] 전문직 여성에 대한 편견을 잘 읽을 수 있는 드라마다. 언니 혜진(황신혜 분)은 아름답고 똑똑한 장녀로 온 가족의 기대를 받으며 자라나 능력 있는 토스쇼 진행자가 된다. 그러나 혜진은 남성의 힘에 기대어 토크쇼 진행자보다 더 큰 사회적 성공을 노리는 악녀로 나온다. 혜진의 동생 혜원(이승연 분)은 뛰어난 언니를 보조하는 차녀였지만, 언니에 대한 질투심과 복수심에 차서 준석(김승우 분)의 권력에 의지해 출세를 하게 된다. 혜진과 혜원 자매의 모습은 신데렐라의 언니와 신데렐라를 연상시킨다.[56] 그런데 신분상승을 꿈꾸던 자매의 욕망은 혜진의 자살 시도라는 파국으로, 자매는 모든 것을 내려놓고 고향인 제주도로 귀환하는 것으로 종결된다.

외환위기 즈음 방영된 〈신데렐라〉에서 전문직 여성은 "자신의 인생을 화려하게 바꾸어줄 남자를 기다리는" 존재로 그려진다. 비슷한 시기에 방영된 드라마 〈별은 내 가슴에〉(MBC), 〈욕망의 바다〉(KBS 2TV), 〈모델〉(SBS)등에 등장하는 전문직 여성도 남성을 토대로 "엘리베이터식 신분상승"을 노린다.[57] 〈신데렐라〉의 혜진은 수단 방법을 가리지 않고 부와 권력을 쟁취하겠다는 무서운 야망을 보여주고 있으나, 그것을 자신의 노력이 아니라 남성에게 자신의 섹슈얼리티를 어필해 이룬다는 측면에서 "욕심이 많아서 무엇이든 자기 것으로 만들려는"[58] 허영심 많은 여성으로 이미지화된다.

〈신데렐라〉는 혜진이 자신의 노력으로 상당히 능력 있는 토크쇼 진행자로 올라선 인물이라는 점은 거의 드러내지 않는다. 그녀의 대단한 능력은 축소되고, 거짓으로 가득한 그녀의 욕망만이 강조된다. 실제 현실에서 여성이 이를 악물고 악조건 속에서 남성과 경쟁하는 상황은 드라마에 전혀 반영되지 않는 것이다.

드라마 〈신데렐라〉. 전문직 여성에 대한 편견을 읽을 수 있다. (MBC)

이와 관련해 다음의 칼럼은 일하는 여성이 독해질 수밖에 없는 현실을 보여준다.

> 그러나 남성 중심의 현실 속에서 일하는 많은 여자들이, 미모도 없고 주위에 재벌 2세도 없지만 설령 있어도 그렇게는 살고 싶지 않은 대부분의 여자들이 "독해야만 살아남는다"며 이를 악물고 있음(왜? 독기를 내비치면 정 맞으니까)을 아는 이는 얼마나 될까. 일 때문에 혼기를 놓치고, 갓난아기를 떼어놓고, '못된 며느리' 소리를 들으면서도 남이 주는 유리구두 대신 자신의 고무신을 신고 뛰는 그들에게 "파이팅!"을 외치고 싶다.
>
> ─ 〈(여기자 노트) "'독한 여자'에게 박수를"〉(《동아일보》, 1997. 6. 26, 35면)

그런데 2016년의 〈굿와이프〉(2016. 7. 8.~2016. 8. 27, tvN)•에서는 1997년의 〈신데렐라〉에 농축되어 있던 전문직 여성의 부정적 성격이 말끔히 제거된다. 그리고 자신의 일에 전력투구하면서 아이들까지 길러내는 전문직 여성의 모습이 긍정적

• 미국 CBS에서 2009년 첫 방송된 동명의 드라마를 리메이크했다.

으로 재현된다. 1990년대 드라마 〈신데렐라〉에서 전문직 여성은 남성의 존재성을 위협하는 마녀성을 가졌기에 즉각 처단되었다면, 2010년대 드라마 〈굿와이프〉에서 직장일과 가정일 모두를 수행하는 전문직 여성(변호사)은 가족 안에서 긍정적으로 위치된다. 그런데 전문직 여성이 긍정적으로 묘사되기 시작했다는 사실만으로 여권이 신장했다고 말할 수는 없다. 현실은, 드라마가 '굿 와이프'의 의미를 재정의하면서 여전히 남성 중심인 현 사회의 실체를 드러내고 있듯, 여전히 남성을 중심으로 돌아가고 있기 때문이다.

〈신데렐라〉·〈굿와이프〉 등 미디어에 재현되는 전문직 여성의 존재성이 달라졌다는 것은 사회가 지향하는 가족이데올로기의 성격이 바뀌었음을 의미한다. 주목할 것은 〈굿와이프〉의 여주인공이 2010년대에 새로 구축된 가족제도에 포섭되지 않기 위해 새로운 연대를 모색한다는 사실이다. 이는 사회에서 '허용되지 않는 여성'을 감싸 안고 책임지는 위험한 연대라 할 수 있다.

'모범적이고 능력 있는 아버지'를 지탱하던 존재, '굿(희생적 전업주부인) 와이프'

〈굿와이프〉에서 김혜경(전도연 분)은 사법연수원에서 촉망을 받았으나 유망한 검사의 아내가 되어 전업주부로 15년간 살아간다. 그러다 김혜경은 남편 이태준(유지태 분)이 거대 기업과 고위 관료들이 연루된 범죄의 수사를 진행하던 중 남편의 성 스캔들이 인터넷에 퍼지고 남편이 뇌물수수 등으로 감옥에 가는 사건을 겪게 된다. '돈을 벌어야 하는 상황'에 처한 김혜경은 전업주부로서의 삶을 접고 변호사로서 새 삶을 시작한다. 〈굿와이프〉는 마치 롤플레잉 게임(RPG)처럼 사회에 대한 방어력과 공격력이 약했던 캐릭터가 퀘스트(Quest)에 차례로 성공하면서 역량이 강화되는 서사를 취한다. 매 회 여주인공은 새로운 사건을 성공적으로 처리하며, 남편에게 이용당하던 신입 변호사에서 남편을 넘어서는 유능한 변호사로 점차 탈바꿈된다. 1회에서 신입이라기에는 너무 '늙은 애'로 간주되던 전업주부가 회가 거듭될수록 검사 남편을 압도하는 변호사로 성장하는 것이다.

전업주부였던 김혜경이 처음 일하게 된 로펌은 젊은 신입 변호사와의 경쟁에서 이겨야만 정사원으로 인정해주는 공간이다. 스타 검사였던 남편이 성 스캔들에 휘말려 명예가 실추된 상태라 주위 사람 대부분이 김혜경과 그 가족을 외면하는 상황이다. 곧, 신입 변호사 김혜경은 남보다 열악한 환경에서 남보다 훨씬 뛰어난 성과를 내야만 하는 처지인 것이다.

〈굿와이프〉의 핵심 서사는 김혜경이 남편 이태준의 그늘에서 벗어나 독립적 존재로 성장해가는 것이다. 그러기 위해서 김혜경은 자신의 삶·명예 등 모든 것을 보호했던 남편의 실체와 직면해야만 한다. 검사 이태준은 표면적으로는 비리 정치인에게 뇌물을 주고 이권을 따내는 기업인들을 감옥에 넣는 정의로운 존재로 비추어졌으나, 실제로는 성 상납을 받고 크진 않지만 돈을 갈취하며 파렴치한 공갈협박을 빈번하게 일삼던 인물임이 밝혀진다.

그러나 김혜경의 주변에는 그녀에게 정의로운 한편으로 파렴치한 남편을 이해하라는 사람이 많다. 그녀의 자녀는 보석으로 풀려난 아버지가 다시 감옥으로 돌아갈까 슬퍼하고, 시어머니는 아들의 충격적 성행위 장면을 많은 사람이 보았는데도 "남자가 큰일하면 섭섭한 일도 많은 법"이라 말한다. 1980년대 인권 변호사로 유명했던 서재문(윤주상 분)도 다르지 않다. "이태준이 조금만 봐줘. 이런 일을 하다보면 망가지게 돼 있다." 남편 이태준조차 김혜경에게 자신을 이해할 것을 요구한다.

> "혜경아, 정치권에서도 우리 주목하고 있어. 이번 일만 잘 풀리면 전보다 더 높이 더 높이 올라갈 수 있다고. 옛날에 알던 사람들까지 신경 쓸 때가 아니야. 당신도 날 도와줘야 돼. 서로 믿고 힘을 합쳐야 된다고. (…) 날 믿어줘. 예전처럼." (5회)

이태준은 조국현(고준 분)에게 뇌물로 받았던 값비싼 보석조차도 아내 김혜경에게 주기 위해서였다고 이야기한다. 극 중에서 이태준이 강조하는 것은 자신이 상대하는 사람이 단순히 동네 건달이 아니라는 사실이다. 무섭고 나쁜 권력자들을 감옥에 보내기 위해서는 '형량 거래' 정도의 행동을 범죄로 간주할 수 없다는 것이다.

〈굿와이프〉에서 주목할 수 있는 또 다른 가부장은 바로 서중원의 아버지, 서재문이다. 서재문은 사회의 불의를 없애기 위해 과거에 가족을 등한시했던 인물이고, 그의 자녀인 서중원(윤계상 분)과 서명희(김서형 분)는 그런 아버지 때문에 마음에 분노가 쌓여 있다. 아버지는 아들이 재판 시간을 끌어 납중독으로 죽어가는 아이들을 방치하고 납중독 장난감 회사를 옹호했다고 아들을 미워하지만, 아들은 아버지가 만들어놓은 빚을 갚느라 그럴 수밖에 없었다고 이야기한다. 경영난으로 허덕였던 로펌 MJ가 지금까지 버틸 수 있었던 것, 순수하게 사회정의를 실현하기 위해 가족을 돌보지 못했던 아버지가 두 변호사 자녀를 이끌고 대표 노릇을 할 수 있었던 것, 누나 서명희가 그럼에도 불구하고 동생 서중원과 다르게 '깨끗한' 변호사로 남을 수 있었던 것. 그 모두가 서중원이 스스로 '더럽혀진 존재'가 되었기 때문에 가능했다. 그래서 서중원은 자신을 불결한 인간으로 취급하는 아버지를 비롯한 모든 사람에게 항변하듯 이야기한다.

> 〔지금 내가 돈이 안 되는 소송을 맡은 이유는〕 아버지에게 한번 보여주고 싶었어. 나도 아버지처럼 행동할 수 있다고. 우린 그냥 맡은 일을 하는 것뿐이라고. 그래서 그 빌어먹을 납중독 회사를 변호했다고. 나를 비난하는 게 얼마나 어이없는 소린지 알려주려 했는데, 그 인간 많이 약해졌더라고. 그러게 뭐 하러 인권이니 약자니 그런 걸 챙겨. 그 시간에 가족이나 챙기지. (6회)

이 두 가부장 이태준과 서재문은 모범적이고 능력 있는 아버지가 그 자체로 존립할 수 없음을 보여준다. 곧, 감당하기 어려운 불의에 맞서 정의를 이루거나 부와 사회적 명예를 동시에 얻기 위해서 주체는 온전히 '깨끗한 얼굴'을 유지하기 어렵다는 서사. 바로 이 서사를 위해 이태준처럼 큰 악을 처단하기 위해 작은 악 정도는 필요했다는 비열한 사회적 서사, 또는 서재문처럼 사회를 위해 일하느라 아내와 두 자식이 어떻게 생활하는지는 돌볼 여력이 없었다는 슬픈 개인적 서사가 필요한 것이다.

그럼에도 이태준이 서재문처럼 죄의식에 시달리지 않고 대중적 스타 검사로 이름을 날릴 수 있었던 것은 그가 '훌륭한 모범적 가장'이었기 때문으로 그려진다. 비리 검사로 낙인찍혔던 이태준이 고급 콜걸 엠버(레이 양 분)와의 혼외 성관계에도 국회위원까지 내다볼 수 있었던 까닭은 그의 옆을 지켜주던 아내가 있어서였다. 남편을 향한 아내의 믿음과 희생, 이태준이 감옥에서 풀려나자 환호하던 그의 자녀와 어머니의 얼굴. 이태준의 인생을 대단하게 만드는 것은 그가 비리 정치인을 잡아들였다는 사실이 아니라(왜냐하면 그 안에 이미 더러움이 존재하기에 그렇다. 비리 정치인을 잡아들이는 주체는 그 일을 성공적으로 수행하기 위해 온전히 깨끗한 얼굴을 하고 있기가 어렵다), 그가 가족에게 여전히 따뜻한 남편이자 아버지로 존재한다는 사실이다. '가십'에 불과한 검사의 불륜이 음모에 빠진 명예로운 가장의 이야기로 탈바꿈되는 것. 정치권에서는 아내의 믿음을 통해 강직한 검사의 존재성이 강화된 이태준의 '효용 가치'를 이용하려 한다.

> "컨셉 좋은데 뭐. 이태준 혼자 있으면 그냥 바람 핀 남자야. 흔하디흔한. 하지만 와이프와 같이 있으면 강직한 검사이자 유력한 정치인이지." (11회)

처음에 김혜경은 이태준의 불륜에 큰 충격을 받고 이혼 상담도 받으며 남편에게서 벗어나려고 노력한다. 그러나 쉽지 않다. 김혜경이 맡은 첫 재판에서 남편이 알려준 팁은 그녀가 재판을 승리로 이끄는 중요한 기회가 된다(1회). 김혜경은 성폭행 재판에서 죄를 지은 재벌 무일 그룹의 사과를 받아냄으로써 환호하지만, 이 과정에서 이태준은 무일 그룹과 한편이 되기 위한 거래를 공모한다. 아내가 무일 그룹의 압력에 끝까지 저항할 것을 알았기에 그녀가 재판을 맡게끔 한 것이다. 결국 김혜경은 남편에게 이용당했다고 할 수 있다(2회). 김혜경은 온전히 실력만으로 자신이 신입 변호사 이준호(이원근 분)와의 경쟁에서 이긴 줄 믿었으나, 자신이 로펌 MJ에 남는 조건으로 남편의 변호사인 오주환(태인호 분)이 고객들을 모두 데리고 MJ로 들어왔다는 사실을 알게 된다(10회). 서명희는 김혜경이 실력으로도 이준호 변호사를 이겼다고 말하지만, 김혜경의 승소는 표면적으로는 경쟁자 이준호와 내부의 다른 변호사들에게 오해를 살 만한 것이다.

김혜경은 이 모든 상황 속에서 좌절감을 맛본다. 아무리 애를 써도 달라지는 건 없기에 그녀는 아이들을 생각해서라도 이태준과 잘해보겠다고 말한다. 이런 김혜경이 결정적으로 남편과의 완전한 결별을 다짐하게 되는 것은 그녀가 남편 이태준이 자신에게 '가족을 위해 모든 것을 희생하는 아내'의 역할을 원한다는 사실을 깨닫고 나서다. 김혜경은 결혼 전 이태준이 낸 차 사고를 자신이 한 것으로 희생한다면, 그가 더 훌륭한 검사로 성장하고 모든 게 다 잘 풀릴 수 있을 거라고 여겼다. 그러나 김혜경은 이제 그 믿음이 완전히 잘못된 것임을 알게 된다.

여기서 김혜경이 원하는 것이 단순히 남편과의 결별이라고만 이야기할 수는 없다. 그녀가 진정 간절히 원하는 건 자신을 가정에 희생만 해야 하는 존재로 생각하는 '남편으로부터 독립'하는 것이라 할 수 있다. 김혜경은 누군가의 요구에 의해 희생당하는 존재가 아니라 내가 선택하는 삶을 살 것을 다짐한다. 이 점에서 그녀의 진짜 적은 남편이다. 그러나 이태준은 김혜경에게 적은 '외부'에 있다고 하면서 끊임없이 아내를 위협한다.

"저 밖에 아직 우릴 노리는 놈들이 있어. 지금이야 입 다물고 우릴 보고만 있지만… 빈틈만 보이면 우릴 물어뜯겠다고 덤빌 거라고. 이럴 때 우리가 갈라서면 어떻게 될 것 같아? 소문이 돌 거야. 다른 일들까지 엮어서 날 또 잡아넣으려고 할 거고. 우리 애들… 어? 우리 애들… 우리 애들… 그런 일 또 겪었으면 좋겠어?" (11회)

또한 김혜경이 남편 이태준에게 완전히 등을 돌린 이유는 이태준의 거듭되는 불륜에 있음에도, 남편과 시어머니는 김혜경의 이혼 결단이 그녀의 '새로운 남자' 때문이라 믿는다. 김혜경이 자신을 위한 삶을 살아가려 하자 그녀를 더러운 존재로 만들려는 것이다. 이런 상황에서 김혜경이 이혼을 선택한다면, 김혜경이 이태준을 거부하는 이유는 분명함에도, 그녀는 너무나 쉽게 '흑(黑)'이 되어버린다.

김혜경은 자신이 이태준의 완전히 반대편인 '백(白)의 존재성'을 갖기를 원한다. 그러나 공정한 재판, 정치적 올바름을 지향하는 그녀는 상대편에 이용당한다. 일례로, 변호사 손동욱(유재명 분)은 재판 과정 중 자신이 불리해지자 뜬금없이 김혜경이 선한 사람인지 여부를 확인한다. 손동욱은 재판에서 이기기 위해 자신이 '가볍게 남을 속이는 것' 정도는 '실력'이라 치부하면서도, 김혜경에게는 엄격한 윤리적 잣대를 들이대며 지금 정정당당하게 행동하고 있느냐는 식으로 그녀의 죄의식을 건드린다.

손동욱: 김혜경 변호사님. 많이 실망했습니다. 미망인 앞에서 남편이 죽는 영상을 틀다니요.

김혜경: 변호사님은 뭐든 해도 되지만 저는 하면 안 된다는 건가요?

손동욱: 이미지라는 게 있으니까요.

서중원: 김혜경 변호사는 제 지시에 따른 것뿐입니다.

손동욱: 아, 그럼 김혜경 변호사님은 아직까진 상냥하고 인간적인 변호사님이신 거네요. 아이고 다행입니다. (14회)

이태준을 비롯한 다른 남성들에게는 적용이 되지 않는 기준과 논리가 여성 김혜경에게는 적용된다. 한 남자의 아내로서 가족에 편입되지 않으려 할 때, 재판에서 다른 남성 변호사들처럼 행동해 재판에서 우월한 입지를 가지려 할 때, 김혜경에게는 여지없이 '당신은 제대로 일을 수행하고 있습니까?'라는 그녀의 존재성을 입증하라는 질문이 제기된다. 즉, 김혜경이 모범적 가장을 지탱하는 '희생적 아내(굿 와이프)'의 역할을 포기하면, 그녀는 죄의식의 굴레에 갇힌 한 여성이 되는 것이다.

이태준은 김혜경과 서중원의 불륜이 명확해지고 아내가 자신에게 협의이혼을 요구하자, 김혜경에게 서중원의 더러운 존재성을 보여주기 위한 재판을 기획한다. 그리고 아내에게 묻는다. "아직도 서중원이 깨끗하다고 생각해?"(16회) 여기서 주목해야 할 것은 이태준과 서중원 모두 그 존재성에 '더러움'이 내재하고 있지만 그 성격은 전혀 다르다는 사실이다. 이태준은 표면적으로 모범적 가장이자 비리를 뿌리 뽑는 법조인이다. 겉으로 드러나는 그의 모습은 다른 남성들이나 인물들이 지향해야 할 존재인 것이다. 반면, 서중원은 이미 납중독 장난감 회사를 변호해 회사의 이익을 챙겼다는 점에서 대중과 사회 앞에 당당히 나설 수 있는 인물이 아니다. 서중원은 문제가 생겼을 때 언제라도 내팽개쳐질 수 있는 남성인 것이다. 로펌 MJ는 서중원을 기반으로 무너지지 않았지만, 로펌에 문제가 생기자 서중원은 대표직에서 물러나라 권유를 받는다. 서중원은 언제라도 재판에 회부될 수 있는 존재인 것이다.

이처럼 김혜경과 서중원은 드라마에서 백과 흑의 얼굴을 하고 있으나, 이 둘이 크게 다르다고 할 수는 없다. 김혜경은 이태준이 요구하는 의무를 수행하지 않으면, 가족을 위해 희생하지 않으면, 언제라도 '흑'인 '더러운 어머니'로 전락될 수 있다는 점에서다. 김혜경과 서중원 모두, 그 방식은 다르지만, 아버지의 존재성을 지탱하는 그림자일 뿐이다.

전문직 여성에 대한 판타지와 현실 '사이', '굿(가정과 직장을 훌륭하게 결합한) 와이프'

2000년대의 〈굿와이프〉에서는, 앞서 언급했듯, 표면적으로 〈신데렐라〉를 비롯한 1990년대 드라마에 나타났던 허영심 가득한 전문직 여성에 대한 편견이 완전히 불식된 듯하다. 그리고 〈굿와이프〉에서 새롭게 강조되는 점은 '워킹맘'으로서의 전문직 여성의 삶이다. 김혜경과 경쟁관계에 있는 젊은 남성 변호사는 직장일에 14시간을 매달릴 수 있으나, 김혜경은 두 자녀를 돌보아야 하기에 그럴 수 없다. 김혜경은 직장에서도 시어머니의 간섭에 끊임없이 시달리고, 집에서도 자녀의 일상을 챙기면서 밀린 변호사 업무를 하는 것으로 그려진다. 집에서 김혜경이 피곤한 표정으로 가사노동을 끝내고 화장을 한 후 다시 직장일을 보는 인트로(11회)에서는 워킹맘의 고충이 잘 드러난다. 〈굿와이프〉에서 김혜경은 변호사 일을 하면서 가정일까지 담당한다. 이러한 설정이 여성 변호사의 실제 현실이라 하기는 어렵다. 현실에서 변호사 등의 전문직 여성은 가정일을 도우미 등을 통해 '대리'할 가능성이 크다는 점에서다. 드라마에서 김혜경이 주말에 청소와 설거지를 한 후 로펌에 피곤한 얼굴로 출근하는 모습이 부각되는 이유는 워킹맘의 하루가 얼마나 고된지 보여주기 위해서라 할 수 있다.[59]

김혜경은 이 모든 일을 함께 처리하는 만능 우먼이면서, 드라마 후반부쯤에는 다른 회사에 스카우트될 정도로 직업적 역량을 갖추게 된다. 그래서 김혜경이 지나치게 길게 일의 과정을 설명하려는 남자 변호사에게 자신 있는 표정으로 중언쯤은 "제가 알아서 할게요"라고 말할 때에는 카타르시스가 느껴진다.

그러나 한 여성이 15년간 전업주부로 지냈음에도 짧은 시간에 뛰어난 능력의 변호사로 성장하는 과정은 현실에서는 판타지에 가깝다. 보다 현실적인 여성 변호사는 MJ 로펌의 대표 '서명희'나, 아이를 재판에 데리고 다니는 이수연(오연아 분)이라 할 수 있다.

비혼(또는 미혼)인 서명희는 재판을 잘 수행하기 위해 남동생 서중원에게까지 자궁근종 수술로 자신이 입원해야 하는 사실을 숨기고, 회사에 문제가 생겼을 때 팔짱을 끼고 질문을 해대는 노련한 중년 남성 변호사들을 날카로운 눈매로 대응한다. 그녀는 적절한 공감 능력과 냉철한 리더십을 가졌지만, 성추행범을 변호하는 상황 등에서는 힘겨움을 표출한다. 서명희가 김혜경에게 "그래요, 고민 많은 거 알아요. 하지만 어떻게든 버티는 게 우선이에요. 그러면서 경력과 능력을 쌓고 자기 힘을 키우는 거죠"(10회)라고 하는 말 속에는 서명희가 그동안 겪었던 고뇌가 담겨 있다.

이수연은 자신이 만삭이라는 상황을 재판에서 자신이 위기에 몰릴 때 이용하고, 자신이 변호를 맡은 재판에 아이를 데리고 나온다. 상대 변호사들의 대화를 엿듣기 위해 녹음을 시도하고, 재판에 늦은 이유가 김혜경 때문이었다는 작은 거짓말도 서슴지 않는다. 그러면서도 이수연은 냉철하고 세심하게 재판에 임한다. 현실에서 변호사가 아기를 데리고 업무를 보는 것은 불가능하다. 드라마에서 이수연이 아기를 돌보면서 법률 수업에 참여하는 행위 등은 일과 육아를 병행하는 여성이 직면할 수밖에 없는 육체적·심리적 어려움에 대한 비유라 할 수 있다. 어린이집에 맡긴 자녀가 아프기라도 하다면 어머니로서 업무에만 집중하기가 어렵다. 직장일과 가정일을 함께하는 여성의 피곤한 모습이나 순식간에 바뀌는 표정 등은 맥락을 모르는 타인의 눈에는 희극적으로 보일 수 있을 것이다. 이수연이 보여주는 희극성은 워킹맘이 지닌 비극성과 연결된다.

김혜경이 지닌 재능은 서명희나 이수현과는 다르며, 드라마의 마지막을 구성하는 14~16회 정도를 제외하고는 변호사로서 김혜경의 능력이 뛰어나게 형상화되었다고 말하기는 어렵다. 주목해야 할 사실은 김혜경이 재판에서 이길 수 있었던 이유가 마지막 회(16회)를 제외하고는 대부분 로펌 조사원 김단(나나 분)의 활약에 있었다는 점이다. 김혜경이 능력자 손병호 변호사에게 스카우트 제의를 받은 까닭도 사실은 김단이 숨은 증인을 찾아내 회사의 분식회계 사실을 알아냈기 때문이다. 김단은 다양한 국면에서 큰 활약을 하며, 위기에 몰린 재판을 승리로 전환시킨다. 결과만 볼 때 확실히 김단은 김혜경이 지닌 성실성과 공감 능력을 넘어서는 인물이다. 김단은 타인에게 상처 받는 일과 상처 주는 일을 두려워하지 않는다. 김단은 사회 적재적소에서 자신과 상대가 원하는 정보를 서로 맞바꾸고 상황과 사람을 이용하는 일에 능했다. 그녀는 잠시 구치소에 갇히거나 심문을 받는 일 따위도 겁내지 않았다.

오히려 김혜경이 지닌 공감 능력은 중요는 하지만 한계가 있는 것으로 그려진다. 드라마 초반부에서는 김혜경이 타인에게 갖는 연민과 공감 능력이 사건을 해결할 수 있는 힘으로 작용했다. 김혜경이 첫 재판에서 승리할 수 있었던 이유는 힘들게 일하는 청소 아주머니에게 무심코 음료수를 건네고 듣게 된 "완전 게을러 빠졌어요. (…) 밤 근무 설 때 꼼짝도 안 하고 있다가 내가 출근할 때 깨울 때가 부지기수예요"(1회)라는 말 때문이었고, 그래서 그녀는 쉽게 CCTV 영상이 복제된 것임을 밝혀낼 수 있었다. 유흥업소 아르바이트생이었던 여대생이 강간당한 사건, 부유한 동네 학교에서 일어난 시험지 도난 사건 등에서도 김혜경의 소통 능력은 사건 해결에 긍정적으로 활용된다. 그러나 검찰이 자료 일부를 지웠을 거라는 남편의 팁이 있었기에, 그리고 김단이 김혜경으로서는 쉽게 알아낼 수 없는 증거물을 가져왔기에 김혜경의 조사는 순조롭게 진행될 수 있었다. 그러나 드라마 후반부로 갈수록 김혜경은 의뢰인에 대한 연민과 공감 능력이 '더 좋은 재판'과 연결되지 않는다는 것을 체감한다. 김혜경은 한 재판에서 실업자 남편이 베이비시터를 죽이지 않았다는 사실을 증명하지만, 그렇다고 그 남편이 젊은 베이비시터와 깊은 관계가 아니었다고 말할 수는 없었다. 부인을 살인한 혐의를 받은 예술가의 재판에서는 결국 그의 의붓딸이 범인임이 밝혀지나, 김혜경으로서는 이 모든 사건을 예술가가 의도하지 않았다고 단언하기 어려웠다. 김혜경이 의뢰인에게 연민을 가질 수 없는 사건이 점차 많아졌고, 김혜경이 타인에게 갖는 선한 의도는 상대 변호사에게 이용당하기도 했다.

김혜경의 성실성 역시 한계가 있었다. 그녀는 열심히 일한다고는 하지만 비혼(또는 미혼) 남성보다 많은 시간을 회사에서 보내기 어려웠다. 그리고 든든한 가족의 뒷받침 없이 홀로 고군분투하던 이준호는 김혜경이 스타 검사 남편과 로펌 부대표 서중원 덕분에 자기 대신 회사에 남을 수 있었다고 생각한다. 이런 이준호의 생각은, 드라마의 이야기 전개상, 오해라고 치부하기는 어렵다. 이준호는 김혜경에게 울분에 차 말한다. "저한테는요… 급한 순간에 전화할 남편도 없고, 15년을 놀아도 취직시켜줄 친구도 없어요. 그래서… 그래서 죽도록 노력했어요." (10회)

서명희와 이수현 식이 아니라면, 전업주부였던 초짜 변호사 김혜경이 아내에게 희생만을 강요하는 남편에게서 벗어나기 위해 선택할 수 있는 것은 실질적으로 김단과의 '위험한 연대'였다. 김단은 로펌에 근무하지만 법을 쉽게 위반하는 범죄자의 형상을 하고 있다. 드라마 중반부를 넘어서면 김단의 법 위반은 그 강도가 한층 높아진다. 그녀는 증거 인멸을 위해 병원에서 강도짓을 하고, 상대편 검사 측인 이준호와 중요 서류를 맞바꾸며, 잃어버린 서류를 아무도 모르게 새로 만들어내기도 한다. 게다가 김단은 남편 이태준과 과거 내연의 관계에 있었다.

김혜경은 김단과 한때 심각한 갈등을 겪었지만 마지막 회에서 자신의 한편에는 애인 서중원을 다른 한편에는 김단을 대동하고 나타난다. 재판 관련 서류를 김단과 주고받으며 환하게 미소 짓는 김혜경은 김단을 진정 한 팀으로 여기고 있는 듯하다. 왜 김혜경은 김단을 다시 한 팀으로 맞아들인 것일까? 김혜경은 남편

이태준과 이혼 대신 쇼윈도 부부로 남기로 했으니, 불법을 저지르기는 하지만 뛰어난 실력을 지닌 김단에게 도움을 받기로 한 것일까?

김혜경과 김단의 결합은 다음과 같은 딜레마와 관련이 있다. 김혜경은 회사에서 불합리한 대우를 받다가 자살한 가장을 둔 가족이 회사로부터 충분한 보상을 받게 하기 위해 고군분투하지만 딜레마 상황에 직면한다. 알고 보니, 그 회사는 3000억이 넘는 손해를 분식회계로 감추었는데 이를 김혜경이 얘기하면 승소 가능성이 높아지지만 회사가 문을 닫게 되어 의뢰인은 보상을 받지 못하게 되는 것이다. 김혜경은 의뢰인이 회사로부터 보상을 받아 아빠 없는 아이들을 키우게 하기 위해서는 아이러니하게도 회사의 범죄를 눈감아주어야 했다(14회). 또한 김혜경은 100억 대 소송에서 이길 수 있는 조항이 명시된 서류에 서명한 것을 기억하지만 서류를 잃어버린다. 서류가 있었음은 명백한 사실이지만, 이를 증명하기 위해서는 서류 조작이 필요했다(15회). 이를 통해 김혜경은 투명하게 흑과 백으로 갈리면 좋겠지만 그렇지 못한 사건이 더 많음을 깨닫는다.

다시 말하면, 김혜경은 이 성장의 서사 속에서 처음에는 '완벽히 깨끗한 얼굴'을 하면서 법과 윤리를 어기는 남편에게서 벗어나려 했지만, 나중에는 실질적으로 자신이 완전히 백이고 남편이 완전히 흑이 될 수 없음을 알게 된다고 할 수 있다. 남편 이태준은 국회위원으로 도약하기 위한 욕망을 가진 자였지만 동시에 아이들을 굉장히 사랑하는 아버지이며, 사회를 정화시키는 파수꾼이기도 했다. 김혜경은 어떤 상황에서도 선한 존재가 되려 했지만, 이태준을 함께 공격하자는 검사 최상일(김태우 분)의 제안을 김혜경이 거절하자, 최상일은 김혜경에게 그녀의 불륜을 언론에 공개하겠다고 협박한다. 드라마에는 최상일의 협박에 응하지 않은 김혜경이 집에서 흰 옷으로 갈아입는 장면이 묘사된다. 이러한 김혜경의 모습은 이미 이혼을 다짐했던 그녀의 불륜이 결코 악한 것이 될 수 없음을 상징한다. 그러나 최상일이 김혜경과 서중원의 관계를 언론에 공개하면, 그녀는 한순간에 문란한 불륜녀로 추락될 수 있다.

우리는 이쯤에서 드라마 제목인 굿 와이프(The Good Wife)의 의미를 주목할 필요가 있다. 국회위원 선거에 출마한 스타 검사 남편을 두고 있고, 자신의 일에서 뛰어난 능력을 발휘해 경제력도 갖추고 있으며, 아이들까지 잘 키워내고 있는 '알파맘'. 마지막 회에서 남편 이태준 옆에서 자신감 넘치는 표정으로 서 있는 김혜경의 존재성을 통해 직장과 가정 모두에서 자신의 역할을 완벽하게 수행하는 알파맘의 이미지가 재현된다. 그러나 〈굿와이프〉는 표면적으로는 여성이 아내·어머니·며느리로서의 희생을 강요하는 가부장적 제도에서 벗어난 것처럼 보일지라도, 이면적으로는 여성이 결혼과 일의 완벽한 결합이라는 또다른 불가능한 요구 속에 다시 놓이게 된다는 사실이 나타난다.

그리고 허울뿐인 '완벽한 여성'의 이미지는 사실 김혜경 자신을 위한 것이 아님이 강조된다. 김혜경은 서중원에게 이렇게 이야기한다.

> "밤새 생각했어. 너랑 헤어져야 될 수많은 이유들. 내 가족, 내 남편, 내 일. 그런데 거기 나는 없었어. 나 더 이상 내 감정 속이고 포기하고 싶지 않아. 나 너랑 함께하고 싶어. 너만 괜찮다면." (14회)

이태준의 완벽한 아내가 되는 것은 바로 이런 것이다. 다시 남편의 착한 그림자로 돌아가는 것. 비록 김혜경은 드라마의 결말에서 판타지에 불과한 굿 와이프의 자리를 받아들이지만, 대신 언제라도 남편을 벗어날 수 있는 무기를 장착한다. 그것은 바로 '정의로운 아버지를 지탱하기 위해 자신이 더러워졌기에 아버지의 틈을 너무도 잘 아는 서중원'과 '법을 위반함으로써 법을 균열시켰던 김단'과의 연대다.

물론, 김혜경이 김단과 연대하는 것은 굉장히 위험한 일이다. 김단은 범법자들을 잡기 위해 아무렇지 않게 법을 위반하는 김혜경의 남편 이태준과 너무 닮아 있다는 점에서다. 그러나 김혜경이 남편의 검은 속셈을 모두 사회에 밝히고, 그와 결별한 후 능력 있는 변호사로서 삶을 지속하는 등의 결말은 현실적으로 불가능하다. 게다가 그런다고 김혜경이 이태준에게서 완전히 독립할 수 있을지도 의문스럽다. 현실 속 김혜경은 남편과 이혼은 했으나 남편에게서 벗어나지 못해 더 고민에 빠지게 되었을 확률이 크다. 아마도 대중은 김혜경이 남편 이태준과 쇼윈도 부부가 되는 것에 실망했을 것이다. 표면적으로 김혜경·서중원·김단의 연대는 불결한 '불륜' 혹은 음험한 '동거'로 여겨질 수 있다. 하지만 김혜경이 서중원·김단과 친밀한 관계를 맺으면서 남편과 쇼윈도 부부로 남는 선택을 함으로써 '굿와이프'라는 김혜경의 지위는 균열된다. 그래서 역설적으로 김혜경이 남편으로부터 '독립'할 가능성이 생긴다.

〈굿와이프〉에서 김혜경·서중원·김단은 사회적으로 다른 위치에 있지만, 모두 가부장제 질서를 대변하는 아버지의 반대편에 위치하는 공통점이 있다. 이들은 각각 검사 남편을 보좌했던 아내(김혜경), 인권 변호사였던 아버지 대신 가족을 책임졌던 아들(서중원), 임무를 완수하기 위해 불법행위도 서슴지 않았던 젊은 여성(김단)의 존재성을 지닌다. 현실세계의 법과 도덕적 질서의 맥락에서 기혼 여성 김혜경을 중심으로 한 이들의 결속은 분명 문제적일 수 있다. 그러나 우리는 그들의 결속이 남성 중심의 가부장제 논리에서 쉽게 주변부로 배제될 수 있는 존재들 사이에서 이루어졌다는 사실에 주목해야 한다. 그들이 불결하게 느껴진다면, 그 이유는 그들이 가부장제 질서에서 벗어난 존재들이기 때문이다.[60]

김혜경이 사회의 정의를 구현하기 위해 노력하는 남편 이태준 곁을 지키는 '좋은 아내'로만 남으려고 했다면, 그래서 김혜경·서중원·김단이 서로 협력관계에 있지 못한다면, 그들은 가부장제 아래서 억압받았던 각자의 목소리를 낼 수 없었을 것이다. 곧, 이 세 인물이 분리되어 있을 때, 김혜경은 표면상으로만 행복한 가정을 가진 능력 있는 워킹맘으로, 서중원은 로펌의 이익만을 생각하는 악한 변호사로, 김단은 높은 연봉만 바라며 불법을 일삼는 이방인으로 남는다. 아이러니하게도 이들이 하나의 공동체로 결속될 때만 표면상으로만 모범적으로 여겨지는 가부장제의 어두운 실체가 드러난다. 그들은 이태준의 주변적 존재에서 벗어나 자신의 존재성에 대한 목소리를 낼 수 있게 된다.

한편으로, 김단과 김혜경의 연대를 위험한 것으로만 치부해서는 안 된다. 김단이 폭주하는 기관차처럼 국가 기관에서 정보를 마음대로 팔고, 김단이 이태준과 아무 생각 없이 내연의 관계를 맺은 것은 어디까지나 김단이 김혜경을 제대로 만나기 이전의 일이다.

김단은 김혜경에게 진심을 담아 말한다.

> "그러다가 변호사님을 만났고 변호사님이 좋아졌어요. 같이 일하는 게 좋았고 변호사님과 얘기하는 게 좋았어요. 그래서 더 마음이… 편치 않았고요. (…) 저 평생 친구 만든 적이 없어요. 그런데 변호사님은 친구라고 생각했어요. (…) 저… 사람들한테 상처 주고 상처 받는 거 두려워한 적 없어요. 미안해한 적도 없고요. 저한테 그런 거 아무것도 아니었어요. 그런데 변호사님은 달랐어요. 변호사님이 저 때문에 상처받는 거 보고 싶지 않았어요." (12회)

김단은 김혜경에게 우정을 느낀 뒤에는, 친구들이 정의라는 이름으로 불법을 일삼는 이태준에게 무너지는 것을 막기 위해 법을 위반한다. 김혜경은, 김단과 대조적으로, 불법을 허용하는 존재가 아니다. 김혜경은 변호사 일에 능숙해지고 남편의 존재성을 명확히 인식하게 되면서 더는 김단에게 끌려다니지 않는다. 오히려 김혜경은 표정만으로도 김단을 제어할 수 있는 자가 된다. 김혜경이 김단을 제대로 제어할 수만 있다면, 그래서 두 여성의 관계가 '선의'를 유지할 수만 있다면

선과 악의 경계에 놓인
듯한 표정의 김혜경 (tvN)

둘의 연대는 필수불가결한 것이 될 수도 있다.•

〈굿와이프〉에서 김단의 존재성은 김혜경의 남편 이태준의 존재성과 기묘하게 닮아 있다. 그러면서 김단은 대외적으로 선하게 여겨지는 이태준이 사실은 그렇지 않다는 사실을 증명하는 대상이다. 또한 기억해야 할 것은 김혜경이 남편 이태준과 내연관계를 맺고 불법을 저지른 김단을 끌어안은 것이 단순히 남편에 대항하는 연대를 구축하기 위해서만은 아니라는 사실이다. 김혜경이 자신을 경쟁자로서 적대시했던 이준호를 함부로 대했다면, 김혜경은 "저 사실은 부잣집 도련님 아니에요. 대출 받아서 학교 다녔고 이 양복도 구제로 샀"(15회)다는 이준호의 진심 어린 말을 듣지 못했을 것이다. 또한 김혜경과 김단 사이 연대가 가질 수 있는 진정한 위험성은 김단이 단순히 나빴다는 데 있는 게 아니다. 김단은 '백의

• 이 책에서 〈굿와이프〉의 주인공 김혜경을 '김단을 제어할 수 있는 자'로 언급하고 있지만, 그렇다고 김단을 김혜경보다 특정 측면에서 부족한 존재로 인식해서는 안 된다. 이 책에서 김혜경을 '김단을 제어할 수 있는 자'라고 이야기하는 이유는 현실 사회에서 불법을 저지르는 김단이 김혜경과 동등한 위치에 설 수 없다는 점에서다.

존재성'을 유지하려는 김혜경에게 가장 큰 균열을 낼 수 있는 존재다. 그럼에도 김혜경이 세상에 대한 분노를 삭이는 존재인 김단을 감싸 안고 그녀를 책임져야, 앞으로 '남편으로부터의 독립'이란 문제를 풀 수 있게 될 것이다.

이는 왜 그런가? '굿 와이프'는, 시대를 불문하고, 어디까지나 남편을 지탱하는 그림자적 존재였으며 남성 중심 사회의 감추어진 실체를 들추어내는 힘이 부재했기 때문이다. 굿 와이프는 언제나 남편을 돋보이게 하기 위해 '만들어진' 존재였다. 드라마 마지막 회에서 김혜경의 모습은 선과 악의 경계선상에 놓인 것처럼 보인다(《굿와이프》의 마지막 회에서 김혜경은 선과 악의 경계에 놓인 듯한 이미지로 나온다). 그녀의 표정은 남편의 부수적 존재로 더는 살지 않겠다는 무언의 선언을 하고 있는 듯하다.

제3장

전업주부 대 워킹맘의 갈등 조장

1. 된장아줌마 혹은 김치녀가 된 주부들

신(新)전업주부, 허영녀이거나 사치녀이거나 불륜녀이거나 또는 이상성격자인

1990년대 미디어에서 중산층 전업주부는 시간적·경제적으로 여유를 즐길 수 있는 부러움의 존재로 대상화되었다. 전업주부는 개인적으로 교양을 쌓고, 사회와 국가에 봉사로서 기여하며, 여론을 유도해 사회문제까지 해결하는 힘을 지닌 존재로 형상화되었다. 외환위기 시기 이후에도 전업주부는 한동안 긍정적으로 이미지화되었다. 한 주부는 직장에서 일을 하다가 아이가 생겨 회사를 그만둘 수밖에 없었지만, '전업주부'가 의미 있는 일이라 생각하고, 도서관에서 교양을 쌓다가 남편이 올 시간에 식사를 준비하는 것에 만족한다. 전업주부는 "가족의 밥을 따뜻하게 만드는 여인들, 그러면서 환경보호와 열린 자녀교육에 열심인" 한국사회를 변혁시키는 중요한 존재로 묘사된다.[1]

그러나 2000년대에 이르러 전업주부의 '여유로운 삶'은 '사치와 허영으로 가득 찬 삶'으로 바뀐다. 21세기에 아줌마 대열에 들어선 여성들은 "처음 페미니즘 교육과 고등교육의 혜택을" 받았으나, 성형으로 젊음을 유지하는 등 나를 위한 욕망에만 적극적으로 투자를 하는 존재로 그려진다.[2] '된장아줌마'는 '된장녀'와 더불어 여성'혐오' 표현으로 주목되기도 했는데, 된장아줌마는 갑자기 등장한 것이 아니다. '된장아줌마'의 존재성은 1980년대 중산층 주부의 여유로운 생활 패턴과 1990년대 '미시'의 한 측면이 극대화된 것이다. 오전에 가정일을 끝내고 오후에 취미생활을 하거나, 파출부에게 가정일을 맡기고 백화점에서 쇼핑을 즐기던 전업주부의 '여유로움'은 2000년대 들어 '남편의 경제력에 기대는 아내의 소비욕과 허영심'으로 묘사된다.

> 된장아줌마의 하루다. "아침 7시 20분, 탁상시계 소리에 기상한다. 졸린 눈으로 주방을 향한다. 콘프레이크와 저지방 우유로 대강 아침식사 준비를 한다. 황신혜 같은 몸매를 위해 일반 우유는 마시지 않는다. 설거지는 식기세척기로 돌리고, 그동안에 세수와 양치를 한다. 옷장을 열고 남편 카드로 그은 루이뷔통 멀티 스피디 30을 꺼내 거울에 모습을 비춰본다. 시슬리 향수를 귀밑에 뿌린 다음, 지난주에 구입한 마놀로 블라닉 구두를 신고 자동차 키를 들고 현관문을 잠근다. (…) 백화점에 도착했다. 남편 카드가 한도 초과 된 것을 투덜거리면서 딴 아줌마가 옷 사는 것을 실실 샘내기 시작한다…."
>
> ─ 〈21세기 신여성을 비틀다〉(《경향신문》, 2006. 8. 17, k02면)

특히 외환위기 직후 가정주부가 노래방에서 일을 하면서 가정 파탄과 이혼 등의 사회문제가 발생된다는 사실이 기사화되며, 주부의 부도덕한 가치관이 이슈화된다. 일반적으로 이혼녀에게 부과되던 성적 타락의 이미지가 주부에게 전이되고, 이혼녀는 상대적으로 성적으로 문란한 이미지에서 벗어나게 된 것은 2000년대의 주요 특징이라 할 수 있다. 주부는 "식당 등지에서는 30~40대 주부들의 일손이 턱없이 부족한 실정인데도 노래방에 가면 수월하게 많은 돈을 벌 수 있다는 망상에 사로잡"[3]힌 존재로 형상화된다. 이 시기 주부의 탈선 문제는 시사 프로그램을 통해 심각하게 다루어지기도 했다.[4]

물론 주부의 사치나 성적 타락 문제는 일부 주부에게만 적용되며, 모든 기혼 여성을 혐오적으로 위치시키지는 못한다. 그러나 주부의 도박이나 불륜 사건은 경우가 다르다. 미디어에서는 주부의 도박과 불륜 사건을 다룰 때, 주부의 '여유로운 시간'과 '비생산성' 등을 문제 삼으면서 주부와 관련한 혐오 관념을 주조해 낸다.

외환위기 이후 도박에 빠진 주부를 다룬 기사의 분위기는 1980~1990년대의 그것과 비교해 많이 달라진다. 1980~1990년대에는 부유한 계층 등 일부의 문제로 주부 도박 사건이 기사화되었다면, 2000년대에는 평범한 주부도 도박에 쉽게 빠지는 것으로 기사화된다.[5] 또한 2000년대의 주부들은 1990년대와 다르게 우울증 등 심리적 요인으로 도박에 빠진다고 언급되었다.[•] 결혼한 지 4개월 된 새댁이 남편이 출근한 후부터 퇴근할 때까지 오락실을 전전한다든지, 자식을 다 키웠거나 결혼시킨 것으로 여겨지는 50~60대 주부가 가족의 만류에도 도박에서 헤어나지 못한다는 기사가 그 사례다.[6] 이처럼 1980~1990년대에 긍정적으로 간주되었던 주부의 '여가'는 신자유주의 시대에 이르러 주부의 '우울증을 불러오는 남는 시간'으로 형상화된다.

다음의 기사에는 주부가 도박에 빠지게 된 계기가 '주부의 여가'와 밀접한 관련이 있음이 분명히 드러난다.

• 1980~1990년대 도박하는 주부를 다룬 기사에 대해서는 이 책의 제3부 3장을 참조.

김 모(44·여) 씨는 평범한 가정주부였다. 아들 하나에 남편과의 사이도 나쁘지 않았다. 그냥 그녀는 보통의 주부였다. 하지만 2011년 아들이 중학교에 입학하면서 김 씨의 일상은 무료해졌다. 낮의 대부분을 집안일 등으로 보냈고 말벗이 돼주던 아들도 사춘기로 인해 조용해졌다. 영업을 하는 남편은 거래처가 늘어갈수록 귀가시간이 늦어지기 일쑤였다. 그러다 김 씨는 동네에서 알고 지내던 다른 주부들과 친해졌다. 서로 비슷한 처지의 사정을 나누며 어울리던 그들은 가끔 김 씨의 집에 모여 심심풀이로 화투를 치기 시작했다. 점당 10원짜리 화투를 치면서 남편 욕, 아이 이야기를 하며 시간을 보냈다. 자신의 이야기를 듣고, 시간을 함께 보낼 사람이 있다는 것에 김 씨는 위안을 받았다. 그러던 어느 순간 화투가 목적이 돼버렸다.

—〈평범한 주부가 왜 도박 늪에 빠졌을까?〉(《헤럴드경제》, 2012. 7. 11, 접속일 2018. 9. 1)

2010년 전후로는 1990년대처럼 주부가 도박을 했다는 단편적 사실이 기사화되는 것에 그치지 않고, 소설 같은 스토리를 구축해 주부가 희화화되는 양상까지 나타나게 된다. 다음의 기사는 도박장을 그냥 지나가던 순찰차에 놀란 주부도박단이 도망치다가 중상을 당하거나 사망하는 사건을 담고 있다. 희생, 모성, 봉사의 대명사로 의미화되던 주부가 하나의 흥밋거리의, 혐오의 대상으로 형상화되는 것이다.

전화를 받은 박 씨가 "경찰이 온다"고 소리쳤고, 도박장은 한순간에 아수라장으로 변했다. 이들은 돈과 옷가지만 들고 신발도 신지 못한 채 집 뒤편으로 통하는 주방과 베란다 창문으로 몰려들었다. 하우스장 이 씨는 어른 가슴 높이의 주방 창문으로 나가려다 몸이 창문을 반 정도 넘는 순간 기우뚱하면서 떨어져 목뼈가 골절됐다. 창문으로 빠져나온 이들은 어둠 속에서 높이도 따져보지 않고 철제 난간을 넘어 옹벽에서 뛰어내렸다. 옹벽의 높이는 4.6m. 이들은 뒤틀린 허리와 부러진 다리를 잡고 아우성을 쳐댔다. 백 모 씨(64·여)는 뛰어내리다 높이가 6.1m나 되는 시멘트 맨홀로 떨어져 그 자리에서 목숨을 잃었다.

— 〈도박장 옆 지나던 순찰차에 깜짝…주부도박단 10여 명 '죽음의 점프'〉(《동아일보》, 2012. 7. 30, 14면)

미디어에서, 불륜에 빠지는 주부가 이미지화되는 면모도 주목할 필요가 있다. 실질적으로는 기혼 여성보다 기혼 남성의 불륜이 훨씬 심각하지만,[7] 신문 기사에서는 기혼 여성의 불륜이 흥미롭게 다루어지고 있다. 1990년대 후반에는 '386세대' 중 남성이든 여성이든 이성의 친구를 가진 이가 많다거나, 드라마 〈애인〉(1996)의 인기가 언급되면서 한국 주부가 "애인 몸살"을 앓고 있다는 식으로 이야기되었다.[8] 그러나 2000년대에는 기혼 여성의 불륜이 심각한 범죄의 형상을 띠게 된다. 한 기사에서는 기혼 남녀 모두의 성의식을 문제 삼고 있으나, 제목을 "아내는 오늘도 외출 중"으로 달면서 기혼 여성의 문란함을 부각하고 있다.[9] 기사에서 아내는 남편이 집 밖에서 힘들게 돈을 버느라 가정에 관심을 쏟기가 어려운데, 남편의 이유 있는 무관심을 이해하지 못하고 자신의 성적 욕망을 가정 밖에서 채우는 문란한 존재로 이미지화된다.

실질적으로 기혼 남성의 불륜이 기혼 여성보다 수치가 훨씬 높다고 해도, 1970년대부터 2010년대에 이르기까지 '배우자 부정'은 주로 '남편의 고민'인 것처럼 서술된다.

70년대 말에는 중동건설 특수로 번 돈을 아내가 홍청망청 쓰거나 카바레 등을 출입하다 바람이 났다고 토로하는 남편들의 상담이 줄을 이었다. (…) 80년대에는 가정을 비우고 춤바람이 나면서 이혼을 요구해도 받아주지 않는 남편에 맞서 과감히 가출한 아내에 대한 상담이 크게 늘었다. 여성들의 사회활동과 의사표현이 활발해진 사회상의 단면이다. 90년대 후반에는 인터넷을 통한 이성친구를 사귀는 문제로 남편과 아내가 갈등을 빚는 경우가 많아졌고 (…).

— 〈상담 1위는 '배우자 부정'—서울시 가정상담소 '30년사(史)' 책자 펴내〉(《조선일보》, 2001. 12. 18, 29면)

또한 불륜의 원인도 가정의 경제적 안정과 주부의 여유 있는 시간이 문제가 된다. "물질적으로 풍요로우나 배우자에게서 충족되지 않는 문제점이나 불만사항이 있는 부인들의 경우 일탈의 유혹에 빠지기 쉽다"는 것이다.[10]

2010년 이후 혐오적 표현으로 주목되는 '맘충'은 평가절하된 전업주부의 존재성을 단적으로 드러내는 개념이라 할 수 있다. 맘충은 집 밖에서 다른 사람들에게 피해가 가게 소리 지르고 뛰어다니는 아이를 제대로 제어하지 못하거나, 커피숍에서 기저귀를 바꾸고 이전 기저귀를 그 자리에 놓아두는 등의 행동을 하는 무개념 어머니를 일컫는 말이다. '맘충'은 여성혐오 단어로 분류되기도 하지만 단순히 무개념 어머니를 폄훼하는 의미로만 사용된다면 문제가 크지 않다. 그런데 시간이 흐를수록 맘충은 '대다수 어머니의 기행'과 깊은 연관성을 가지게 된다. 일례로, 한 어머니는 "태권도학원 차량이 난폭 운전을 했다"는 허위사실을 유포해 학원의 영업을 방해하기도 하고, 다른 한 어머니는 폭염 속 길 잃은 아이를 보살핀 고등학생에게 감사하기는커녕 "그 학생이 준 사탕 때문에 애 이가 더 상했다"며 화를 내기도 한다.[11] 이에 더해 윤리의식이 심각하게 비틀린 어머니들까지 등장하기도 한다. 실제로 중학생 아들을 둔 주부는 적금을 깨 "돈만 주면 무서운 '삼촌'들이 학폭(學暴)까지 해결해준다"는 심부름 업체에 의뢰해 학교폭력에 폭력으로 대응하기도 한다.[12]

"엄마를 욕하며 노는 아이들"이 흐름에 맞지 않는 말을 할 때 넣는 추임새인

"니애미", 누군가 실수를 하거나 잘못을 할 때 쓰는 "애미 터졌냐" 등은 실추된 어머니의 존재성을 단적으로 보여준다. 한 어머니가 "돈은 밖에서 아빠가 벌어오는데, 엄마는 집에서 하는 게 뭐야"라는 아이의 말에 당황해하는 내용의 기사도 보인다. 사춘기의 반항심이 여성혐오 정서와 맞물려 표출되고 있는 것이다.[13]

한 기사에서는 젊은 남성일수록 "맘충"이라는 표현을 서슴없이 쓰는 경향성이 있다고 말한다. "남성이지만 아직 기득권으로 살아온 적이 없는 데다 여러 어려운 삶의 문제들에 직면한 일부 청년 남성층에게는 기혼 여성, 자녀를 둔 여성이 나름의 기득권으로 비치는 상황"이라는 것이다. 실제로 기혼 여성이 "경력 단절 등으로 고통 받는 경우가 많은데도 사회에는 '남편이 벌어다주는 돈으로 편히 산다'는 부당한 평가, 돌봄과 가사 노동에 대한 저평가, 만연한 여성혐오의 정서 등이 뒤엉켜 있다"고 설명되고 있다.[14]

그런데 '맘충'은 주부에게 적용되는 표현이지만 워킹맘보다는 전업주부와 더 연관성이 있다. 맘충이라는 말에는 전업주부를 비생산적 집단으로 간주하는 의미가 포함되어 있다는 점에서다. 일례로, "사회는 일을 택한 여성에게 '나쁜 엄마'란 암시를, 가정을 택한 여성에게 '맘충'이란 타이틀을 선사한다"는 기사를 들 수 있다.[15] 모성 혐오는 전업주부 혐오에 다름없다. 일반적으로 한국사회에서는 주부가 가정일이나 육아 외의 일로 시간을 보내는 것을 문젯거리로 인식하는 "맘키즈 혐오사회"의 경향성이 있다. 주부가 애를 어린이집에 맡기고 남편이 일하는 낮 시간에 '남편 돈'으로 카페에 모여앉아 노닥거리는 것으로 간주되는 것이다.[16]• 반면, 1980년대 미디어에서는 주부가 카페를 찾는 이유가 "집안에 갇혀 살림만

• 《82년생 김지영》(조남주, 민음사, 2016)에서 주인공은 어린이집에 다니는 딸을 둔 30대 전업주부다. 그런데 유모차를 끌고 1500원짜리 커피를 사서 집으로 돌아가던 중 젊은 남자들에게 "맘충"이라는 말을 듣는다. 그녀는 살림과 육아에 지친 주부였으나, 오늘날 커피를 들고 잠시 휴식을 취하는 주부의 모습은 남편이 벌어다주는 돈으로 한가롭게 시간을 보내는 '벌레'로 전이되는 것이다.

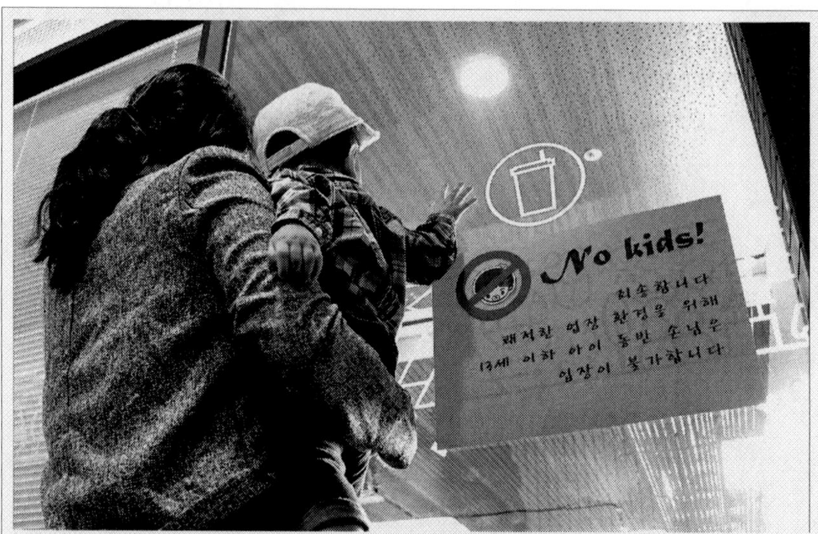

'민폐'일지도 모르는 아이와 보호자를 미리 추방하는 세계, 이 규율이 지워내고 싶은 '낯선 타자'의 범위는 어디까지 확장될까. 아기와 엄마를 가로막는 '노키즈' 문구가 관용 없는 사회를 상징적으로 보여준다. 류효진 기자

어쩌다 엄마와 아이는 대한민국 '동네북'이 됐나

#1 "아기를 동반한 여행은 오히려 해외여서 더 수월했다는 생각이 들었어요." 29개월 아기를 키우는 직장 맘 최지영(33)씨가 요즘 자주 하는 생각이다. 지난 5월 제주를 찾았을 때만 해도 머릿속엔 "우리가 갈 수 있는 식당은 따로 있다"는 은근한 압박이 가득했다. 제주에 시나브로 늘어난 노키즈존(No Kids Zone·특정 연령대 유아 및 어린이 동반인의 출입을 금하는 업장)의 존재와 의미를 모를 리 없었다. **★관련기획 8·9면**

한 사회가 아이를 대하는 태도에 대해 다시 생각하게 된 건, 일본 여행을 하면서다. 연령을 제한해 입장을 받지 못한 곳은 없었고, 어느 식당이든 들어서기만 해도 아기 식기를 따로 내주는 모습이 사뭇 생경했다. "직장인들이 아침식사를 하는 라멘집에 급하게 들어갔을 때조차 정원 딱 아기가 쓰기 좋은 쓰임새의 전용 식기를 반사적으로 챙겨 가져다 주더라고요."

이런 사소한 환대와 호의는 전골집, 고깃집, 료칸(旅館) 등에서 일정 내내 이어졌다. "국내에선 그런 환대가 보편적이지 않은데다 눈치도 많이 보고 힘들거든요. 오히려 주변 아기 엄마들 사이에선 '차라리 노키즈존이 낫다'는 솔직한 반응도 나와요. 아이들은 아무리 유지해도 소리 지르거나 찡얼거리는 건 어쩔 수 없는데, 쉬어서 눈치 볼 바에야 아예 오지 말라고 써 붙인 곳이 차라리 솔직하다는 느낌 같아요. 씁쓸한 세태죠."

'맘키즈 혐오사회' 실태 보고서
"애 데리고 굳이…" "맘충은 민폐"
카페·지하철 등서 존재만으로 눈총

노키즈존 곳곳 영업, 인권위 권고 무색
젊은 남성일수록 노키즈존 찬성
모성 혐오 '맘충' 용어 사용에도 관대

#2 한국일보의 온라인 설문조사에 응한 한 30대 여성 응답자는 얼마 전 한 뮤지컬 공연장을 찾았다가 귀를 의심했다. 여러 어린이와 엄마가 객석에 들어서자 "아유, 초딩이네"로 시작하는 다른 관객들의 불평이 들려왔다. 초등생 이상이면 누구나 관람 가능한 공연인 데다 해당 일행은 단지 자리에 앉았을 뿐이었지만 비난조의 목소리는 들으라는 듯 이어졌다. "어유, 요즘 맘충(모성 혐오 표현·이하 'O충')들은."

비슷한 일은 한 카페에서도 있었다. 엄마와 함께 온 아이가 실수로 쿠크를 바닥에 떨어뜨리자 옆자리 테이블에선 눈총뿐 아니라 폭언까지 이어졌다. "애 데리고 굳이 이런 데 오는 거, 정말 이해를 못 하겠어." 조심성 없는 혼잣말에, 아이 엄마는 서둘러 짐을 챙겨 자리를 떴다. "완벽한 아이는 없잖아요. 부모가 모든 실수까지 다 통제하기도 어렵고요. 그냥 이해심이 없는 거죠. 건장한 남자에게는 하지 않을 험담이나 비난을 아이와 여자라는 쉬운 대상에게만 화풀이로 하고 있다는 생각이 자주 들어요."

엄마와 아이들이 혐오의 최전선에 섰다. 지금 한국 사회에서 가장 미움받는 이들은 '난민 그리고 엄마와 아이'라는 자조가 나올 정도다. 예의 없고 몰지각한 시민은 남녀노소 어느 집단에나 존재하지만 유독 모성(母性)을 비난하는 용어는 무서운 속도로 온라인 댓글창과 게시판을 잠식했고, 'O충에게 사이다 날린 썰'은 각 커뮤니티에서 하나의 장르로 유포된 지 오래다. 저출산 우려를 무색하게 하는 여성과 아이를 향한 '낙인찍기'는 어느새 유행이 되어버렸다.

한국일보가 최근 남녀 성인 920명을 대상으로 실시한 온라인 설문조사에 따르면, 전체 응답자 가운데 57%가 "자녀를 둔 상태 자체를 비난하는 표현을 직접 보거나 들은 적이 있다"고 답했다.

김혜영 송은미 기자 ➝8면에 계속

〈('맘키즈 혐오사회' 실태 보고서) 어쩌다 엄마와 아이는 대한민국 '동네북'이 됐나—"애 데리고 굳이…" "맘충은 민폐", 카페·지하철 등서 존재만으로 눈총, 노키즈존 곳곳 영업, 인권위 권고 무색, 젊은 남성일수록 노키즈존 찬성, 모성 혐오 '맘충' 용어 사용에도 관대〉(《한국일보》, 2018. 9. 8, 1면, 8~9면). "'민폐'일지도 모르는 아이와 보호자를 미리 추방하는 세계, 이 규율이 지워내고 싶은 '낯선 타자'의 범위는 어디까지 확장될까. 아기와 엄마를 가로막는 '노키즈' 문구가 관용 없는 사회를 상징적으로 보여준다."(사진의 기사 설명)

하고 있기엔 '뭔가 억울한'" 때문으로 설명되었다. 주부가 자신을 드러내고 싶어 주부 대상의 가요열창에 나가 노래를 부르고, 에너지 분출할 곳이 없으니 "집안을 사치스럽게 꾸며놓고 점심은 분위기 좋은 카페에서 들며 남편을 겁나게도 한다"는 것이다.[17] 시대 상황에 따라 주부의 '비슷한 행위'가 대중에게 '다르게 인식'될 수 있음을 알 수 있다.

여기서 반드시 고민해야 할 것은, 전업주부의 '여가'를 혐오적으로 보는 논리가 잘못되었다는 사실이다. 앞서 언급했듯, 1960년대 한국사회에서 전업주부의 여가가 탄생되었으나, 실질적으로 기혼 여성에게 한가로운 시간은 허용되지 않았다. 당시에도 어머니들은 지역사회와 국가에 기여하기 위해 종일 바쁘게 활동해야만 했다. 현 2010년대에도 어머니들은 자녀가 대학에 입학하기 전까지 여러 일을 동시에 완벽히 하는 만능 주부가 되어야 한다. 그런데 1980~1990년대 미디어에서는 '전업주부'가 여성이 가질 수 있는 최고의 권리를 지닌 집단임을 강조하기 위해 주부의 '여가'가 지나치게 긍정적으로 형상화되었다. 그리고 현실에서는 '바빴지만' 미디어에서는 '한가했던' 주부의 존재성이 20세기 후반에는 문제가 되지 않다가 경제 상황이 악화된 2010년대에 여성혐오의 논리로 이용되는 것이다. 단언컨대, 현재 젊은이들이 느끼는 기혼 여성의 여가는 '상상된 것'이다.

혼수 담론의 변화, 김치녀 신부의 입장과 퇴장

1998년, 한 주부가 남편의 "경제 무능"을 이유로 이혼소송을 제기했다가 기각된 기사(〈못 벌어도 남편은 남편—'경제 무능' 이혼소 기각〉)는 퇴출 기업이 발표되면서 (남성) 직장인들이 앞날을 걱정하는 내용을 다룬 기사와 같은 지면(〈'퇴출 기업' 근로자들 허탈—퇴근길이 천근만근, 출근할 수 있을까…〉)에 함께 배치되면서 가정의 경제적 고난이 남편의 경제적 무능력에서 기인되는 것이 아님이 강조된다 (408쪽 참조).[18] 외환위기 이후, 사회적으로 남편이 돈을 벌고 아내가 살림을 한다

퇴근길이 천근만근
출근할 수 있을까…

「퇴출 기업」 근로자들 허탈

"열심히 일했는데… 우린 어떻게 되나"
동요·불안속 "그래도 기계는 돌려야"

准將1명 곧
陸本 부관

예비역준장도 별도 비리 혐의

차관급 10여명
수뢰혐의의 內査
선거법 어긴 단체장 4~5명도 곧 소환

KBS「수단 다큐」사과키로

못벌어도 남편은 남편

만두피는 식품의약청… 만두속은 농림부…

〈못 벌어도 남편은 남편—'경제 무능' 이혼소 기각, "사랑으로 극복해야"〉, 〈'퇴출 기업' 근로자들 허탈—퇴근길이 천근만근, 출근할 수 있을까, "열심히 일했는데… 우린 어떻게 되나" 동요-불안 속 "그래도 기계는 돌려야"〉(《조선일보》, 1998. 6. 19, 23면). "'뒤숭숭.' 퇴출기업 명단이 발표된 18일 오후. 대상 기업 관계자들은 일손을 잡지 못했다, 퇴출 명단에 포함된 H그룹 계열사 직원들이 사무실 창가에 삼삼오오 모여 앞날을 걱정하고 있다."(기사의 사진 설명)

는 도식은 깨질 필요가 있었고, 아내도 가정경제에 일조해야 함이 적극적으로 권장될 필요가 있었다. 신자유주의가 팽배한 오늘날 한 개인이 취업을 하고, 한 직업이나 직장을 안정적으로 유지하기는 매우 어려운 일이 되었다. 게다가 한국사회가 고령사회로 진입하게 되면서 젊은 세대가 일을 하고 보험료와 세금을 부담하는 것은 더욱 중요한 사안이 되었다. 경제적으로 어려운 가운데 내 집을 마련하고 자식까지 낳아 키우려면 기존의 성별분업 체제는 폐기될 필요가 있었다. 남편의 수입으로만 가족을 유지하는 일이 불가능해진 것이다.

1980~1990년대 미디어에 등장한 혼수 담론의 핵심은 여성이 결혼 후 전업주부가 되면서 남편의 경제력에 기대는 대신 물질적으로 가치가 있는 생활용품 등을 혼수로 장만하는 것이었다. 표면상 1980~1990년대에는 가정에서 주부의

경제적 발언권이 큰 것으로 언급되지만, 실질적으로 여성은 결혼 전에는 과다한 혼수를 준비하느라 고통스러웠고 결혼 후에도 아내가 남편이 번 돈을 마음대로 쓸 수 있었던 것은 아니었다.

그런데 여성이 혼수를 준비하느라 힘들다는 여론은 대체로 2010년 이후 전환점을 맞게 된다. "과거에는 주로 여성이 남편과 자녀를 배려했고 때로는 그들을 위해 희생도 마다하지 않았다. 요즘 남성과 똑같이 고등교육을 받고 자란 젊은 여성은 이제 그렇게 살면 손해라고 판단한다."[19] 여성들이 남성에게 더는 기대려 하지 않는 인식이 생겨나게 되었다는 것이다. 그리고 가족에 헌신하지 않으면서 남성(남편)에게 경제적으로 기대는 여성(아내)을 "김치녀"라 비판하는 양상이 나타난다. 이처럼 2010년대에 부각된 '김치녀'의 존재성을 통해, 본래 여성의 경제력을 긍정적으로 보지 않았던 한국사회의 관념이 확실히 다른 측면으로 바뀌었음을 알 수 있다. 여성이 남성에게 경제적으로 의존하는 것을 문제 삼는 시대가 된 것이다.

> 여성을 비하하는 뜻의 이 단어〔김치녀〕는 '데이트 비용을 남자에게 전가하거나 결혼 비용을 남자에게 기대는 여자'로 통용된다. 직장과 학교에서 급격한 진출을 했으면서 자신들이 필요할 때는 '전통적인 성역할대로 하자'는 일부 여성에 대한 남성의 불만이 폭발한 것으로 해석할 수 있다.
>
> — 〈(한국인의 가치관/SNS 조사) "국제시장 '덕수'는 옛날 얘기"…가족보다 내 행복이 우선〉(《동아일보》, 2015. 4. 24, A8면)

'김치녀'와 같은 여성혐오 인식은 특히 결혼 비용과 관련된 담론에 잘 드러난다. 2010년을 전후해 신랑 측이 집 마련을 해야 한다는 관념이 부각[20]되면서, 이제 여성의 혼수가 아닌 '남성의 혼수'가 성갈등의 한 중심 요소가 된다. 미디어에서도 결혼 시 집 마련은 남자 쪽이 해야 한다는 생각이 일반적인 것으로 나타나며, 부동산 가격의 폭등으로 결혼 비용이 크게 상승함으로써 남성이 과다한 결혼 비용을 감당해야 하는 상황이 강조된다.[21] 이러한 상황으로 2010년대에 이르러 '신혼집 마련 문제'는 결혼 갈등의 중심에 서게 된다.[22] 그러나 동시에, 1990년대에는 딸을 키우면 남의 식구가 되었지만 2010년대에는 "출가외인은 이제 옛말이고 딸네 집 살림을 친정엄마는 꿰뚫고 있어도 시어머니는 아들네 냉장고 열어보기도 어려운 세상"으로 바뀌면서 집 장만을 남자가 해야 한다는 관념이 성불평한 것으로 여겨지게 된다. 게다가 "젊은 여성은 모든 면에서 양성평등의 문화를 주장"하니, "남녀가 함께 시작할 터전인 주거지부터 함께 장만하는 것이 바람직하다"는 생각이 대두되었다.[23]

주목해야 할 것은 2010년대에는 결혼 비용과 관련한 기사가 남성의 고통만을 강조하는 방향으로 서술된다는 점이다. 일례로, 한 신문의 〈부모의 눈물로 울리는 웨딩마치〉 시리즈에는 과다한 결혼 비용으로 스트레스를 받는 남성의 고통이 잘 드러난다. 신부는 신랑 부모가 2억짜리 전셋집을 마련한 뒤 며느리에게 몸만 오라는 배려 넘치는 말을 들었지만, 그녀는 받은 만큼 신랑 부모에게 돌려주어야 한다는 생각에 스트레스를 받는다. "물론 고맙죠. 하지만 마음이 편하진 않아요. 받은 만큼 돌려줘야 하는데 그러지 못하는 현실이 너무 마음 아파요." 반면, 39세에 결혼을 준비한 남성은 1억짜리 전셋집을 구하면서, 잔금 9000만 원을 치르지 못해 자살한다. "알고 보니 누나들 많은 집에서 막내이자 장남으로 실질적인 가장 역할을 했습니다. 아버지는 10여 년 전 퇴직해 수입이 없었고요. 전세값 대출받아도 앞날이 캄캄하다고 느낀 것 같아요."[24] 또한 남성뿐 아니라, 아들을 둔 부모까지도 아들의 결혼으로 인한 경제적 고통으로 힘겨워한다. 아들을 둔 부모는 아들 부부가 살 아파트를 마련하느라 "난생처음 마이너스 통장까지 만들어" 5000만 원을 구한다. 그들에게 아들은 "짐 덩어리"로 여겨질 수밖에 없다.[25]

게다가 여성은 시댁에 도움을 받지 못하는 결혼을 하면 "인생 뒤처질까 좌절감"까지 갖는 것으로 그려진다.[26]

그래서 남성은 결혼을 준비하면서 빈부 격차로 인한 좌절감을 느끼고, 소박한 신혼의 출발을 실패로 여기는 여성의 물질적 욕망으로 더 깊은 나락에 빠진다. 한 남성은 연 3000만 원을 벌고 있음에도 결혼 비용 문제로 우울하기만 하다. 그는 인력 파견업체를 선호하는 대기업 문화로 인해 미래에 부담감을 느끼며, 또한 그는 과거에 결혼 비용 문제로 애인과 결별한 경험이 있어 결혼이 쉽지가 않다. 그래서 그는 차라리 자신이 불임이면 감사하겠다는 생각까지 한다. "여자 친구가 아기 얘기를 많이 해요. 낳고 싶대요. 겁이 나요. 감당할 수 있을까요? 남들은 불임이면 불행하다고 해요. 저는 '불임이면 감사해야겠다' 싶어요."[27] 그러나 여성은 자신은 비정규직이면서 "그래도 누군가와 결혼한다면, 60세까지 최소한 월 500만 원은 벌 수 있는 상대가 좋다"라고 말하고 있어, 남성이 쉽게 결혼을 선택하지 못하게 만들고 있다.[28]

이처럼, 미디어에서 올바른 결혼 문화를 무너뜨리는 장본은 여성의 허영심으로 그려진다.[29] 신문에는 남자 쪽 부모와 여자 쪽 부모가 집과 예단 문제로 대립하는 것으로 형상화된다. 예비부부가 자신의 저축과 대출로 결혼해서 살 전셋집을 얻는 만큼 시부모를 위한 예단은 하지 않겠다는 말에 '시어머니'는 발끈하고, '친정어머니'는 "이 결혼 꼭 해야겠니? 너는 집 사오는 남자와 할 줄 알았다. 집도 안 해오는데 예단 해줄 생각 없다"라고 응수한다. 또 한 사례로, 남편의 부모에게 지나치게 물질적인 것을 바라는 예비 신부의 모습이 그려지기도 한다. 시부모가 3억짜리 전세 아파트를 해주었지만, 2600만 원어치 예단만을 마련한 여성은 예비 남편을 졸라 시부모로부터 1100만 원어치 명품 가방까지 받는다. "결국 친정 부모 통장에서 나온 돈으로 명품 가방을 세 개나 장만한 셈이다." 한편, 또 다른 사례에서 한 여성은 시부모가 예비 아들 부부에게 1억 5000만 원 상당의 지방

아파트를 사주었으나, 예단으로 현금 500만 원만을 예비 신랑의 부모에게 준 것으로 나타난다.[30] 게다가 "샤넬 백"을 욕망하는 시어머니와 예비 며느리의 모습은 여성을 혐오적 존재로 만든다.[31] 기사에서 "김치녀"라는 단어는 단 한 번도 언급되지 않지만, 대중은 충분히 남성에게 부과된 집 장만의 책임과 명품을 중요하게 여기는 여성으로 인해 결혼 갈등이 심화된다고 생각할 수밖에 없다.

2010년대의 결혼 관련 기사에서 여성은 최악의 김치녀로 묘사된다. 한 여성은 집을 마련해주지도 않으면서 며느리에게 혼수만을 요구하는 가족을 둔 남성과 결별하고, 파혼한 그해 가을 "지난번 남자친구와 달리, (…) 본인 돈과 부모 돈을 합쳐서 1억 4000만 원짜리 전세 아파트를 해"온 남성과 결혼한다.[32] 한 20대 중반의 처녀는 애인이 반지하 주택에 사는 것을 알고 결별을 결심하는데, 그녀는 "능력 있는 남자보다 아버지가 부자인 남자가 이상형이었다"고 말한다.[33] 결혼 비용을 주로 남성에게만 감당하게 하고, 결혼 이후 남성의 경제력에 기생해 편하게 살려는 여성(김치녀)의 면모는 여성을 향한 남성의 분노를 합리화하는 근거가 된다. 현실에서는 무책임한 여성이 일부일 수 있으나(일부이겠으나), 미디어에서는 대다수 여성이 자신은 전혀 희생하지 않으면서 남성에게만 경제적 짐을 지우는 문제적 인물로 형상화되고 있다.

여성혐오는 변화한 성역할 제도를 둘러싼 남녀 사이 도덕적 대립으로 나타나기도 한다. 2010년대에 남성은 "여성들이 취업이나 소득에서는 남녀평등을 외치고 또 누리기까지 하면서, 데이트 비용이나 혼수 준비에서는 남성에게 부담을 주는 전통적 방식을 고수한다"라고 말한다. 여성에게 차별당했다고 믿는 남성의 분노는 김치녀라는 "혐오 표현으로 폭발"되었다. 김치녀라는 말에는 한국 여성을 "비도적적이고 이기적인 존재로" 여기는 관념도 투영되어 있다.[34]

자신의 책임은 이행하지 않은 채 남성의 경제력에 기생해 편한 삶을 살려는 여성이 있다면, 그 여성은 마땅히 비판받아야 할 것이다. 그러나 그보다 먼저 주목해야 할 것은, 미디어에서는 여성이 남성의 가족에게 과다한 "억대 지참금"을 요구받는 현실[35]이 상대적으로 공론화되지 못하고, 또한 경제력이 좋은 남성과의 결혼으로 인생을 역전시키려는 여성이 주로 문제될 뿐, "뼈 빠지게 일하고 현금인출기(ATM)로 살 수 없으니 받을 건 받자"라며 지참금으로 거액을 요구하는 남편들의 "연봉 1억당 지참금 15억…전문직 남성들 결혼 갑(甲)질"에 관한 기사[36]는 상대적으로 대중에게 각인되지 않는다는 사실이다. 살펴보았듯, 미디어에서 결혼 담론은 주로 남성에 의존하는 여성의 면모만이 굉장히 혐오적으로 스토리텔링 되고 있다.

요컨대, 기혼 여성(취업주부)이 직장일과 가정일을 동시에 수행하기 때문에 남성만큼 자아실현을 하기 어렵다는 사실, 불과 얼마 전까지만 해도(혹은 지금까지도) 기혼 여성의 사회적 지위가 남편의 직업이나 경제력으로 결정되었다는(결정된다는) 사실, 남성에게 경제적·정신적으로 기대지 않으려는 여성이 오히려 독특한 존재로 취급되었던 사실은 공론화되지 않는다. 오직 결혼을 신분상승의 도구로 여기는 여성의 불결한 욕망, 그러다가 여성이 결혼 정보 회사에 사기를 당하거나 남편 가족과 갈등이 생겨 이혼재판까지 가는 '인과응보'형 스토리만이 넘실된다.[37] 결혼 시 남성만이 집 장만을 전담하는 것은 분명 잘못된 것이지만, 한국사회에서 남성이 실제로 얼마만큼 집 장만의 책임을 수행하고 있는지, 왜 갑자기 남성이 집 장만을 하는 폐습이 부각되었는지에 대한 규명은 부재한다. 단순히 한국 여성이 김치녀이기 때문에 결혼이 쉽지 않다는 관념만이 강화되는 것이다.

그리고 이제 '김치녀'는 경제적으로 남성에 기대는 '파렴치녀'를 넘어 자신의 욕망을 위해서라면 죽은 약혼남의 재산까지 자기 마음대로 하는 '범죄자'로까지 형상화된다. 변호사와 약혼 사이인 한 여성이 약혼남 몰래 혼인신고를 하고, 변호사인 약혼남이 실종되자 약혼남의 신용카드로 명품 가방을 800만 원어치 사고, 약혼남의 인감증명서를 허위로 발급받아 차량을 1000만 원에 처분한다.

아버지 "결혼식장만큼은…" 어머니는 "예단만큼은…" 費用 키운다

부모의 눈물로 울리는 웨딩마치 7부-(4)

式場 허영심은 아버지가 강해

신랑·신부·혼주 1200명 조사
아버지 10명중 6명꼴로
"결혼식 너무 초라하면 곤란"
예물·예단 등엔 침묵하는 경향
"돈만 낼뿐, 들러리예요" 자조

'인생숙제'하듯 자식 결혼에 올인… 끝나면 몸져누워

해줄건 다해주고 우울한 婚主들

식장·하객 數·사돈댁 직업…
자식농사 기준 '물질'로 평가
"결혼식 감회 느낄 새도 없죠
그냥 '잘 해치웠구나' 생각만"

욕심없던 어머니, 고모·이모·옆집엄마만 왔다 가면 돌변

禮緞 허영심은 어머니가 강해

"누구네는 명품백 사왔다더라"
이불·반상기·은수저 3종세트도
필요해서 받는 경우 거의 없어

《(부모의 눈물로 울리는 웨딩마치 7부-4) 식장 허영심은 아버지가 강해—아버지 "결혼식장만큼은…" 어머니는 "예단만큼은…" 비용 키운다, 신랑·신부·혼주 1200명 조사, 아버지 10명 중 6명꼴로 "결혼식 너무 초라하면 곤란", 예물·예단 등엔 침묵하는 경향, "돈만 낼 뿐, 들러리예요" 자조〉
〈예단 허영심은 어머니가 강해—욕심 없던 어머니, 고모·이모·옆집 엄마만 왔다 가면 돌변, "누구네는 명품백 사왔다더라", 이불·반상기·은수저 3종 세트도, 필요해서 받는 경우 거의 없어〉
〈해줄 건 다 해주고 우울한 혼주들—'인생숙제' 하듯, 자식 결혼에 올인…끝나면 몸져누워, 식장·하객 수·사돈댁 직업…, 자식농사 기준 '물질'로 평가, "결혼식 감회 느낄 새도 없죠 그냥 '잘 해치웠구나' 생각만"〉
(《조선일보》, 2014. 11. 3, A6면)

新婦 홀리는 말 '평생 한번인데'… 커피값 아끼더니, 결혼땐 돈 물쓰듯

부모의 눈물로 울리는 웨딩마치 7부-(5)

결혼비용 키우는 女의 심리

"평생 한번뿐인 결혼식인데…" 더 비싼 식장·예복·예물 찾아

결혼하면 고생한다는 생각에 '미리 보상받자' 심리가 작동

몇 달 지나면 땅을 치고 후회 "그 돈 차라리 살림에 보탤 걸"

내 결혼식만은 특별하다는… 신부들의 착각

결혼식 내용보다 외양 집중

정작 하객들은 큰 관심 없어

高價 '스드메' 싫지만… 신랑은 신부 눈치보느라 '벙어리 냉가슴'

女에 끌려다니는 男의 심리

"몸 힘들고 돈도 아깝지만 따져봤자 싸우기만 하니까…"

웨딩업체들도 신부 쪽만 공략 "남자들 들러리, 투명인간이죠"

〈〈부모의 눈물로 울리는 웨딩마치 7부-5〉 결혼 비용 키우는 여(女)의 심리—신부 홀리는 말 '평생 한 번인데'…커피값 아끼더니, 결혼 땐 돈 물 쓰듯, "평생 한 번뿐인 결혼식인데…" 더 비싼 식장·예복·예물 찾아, 결혼하면 고생한다는 생각에 '미리 보상받자' 심리가 작동, 몇 달 지나면 땅을 치고 후회 "그 돈 차라리 살림에 보탤 걸"〉. "웨딩드레스 가게·스튜디오 등이 밀집한 서울 강남구 청담동의 한 거리에서 한 쌍의 신랑 신부가 턱시도와 웨딩드레스를 차려입고 사진 촬영을 하기 위해 이동하고 있다."(기사의 사진 설명)
〈내 결혼식만은 특별하다는…신부들의 착각, 결혼식 내용보다 외양 집중, 정작 하객들은 큰 관심 없어〉
〈여에 끌려다니는 남(男)의 심리—고가 '스드메'(스튜디오 촬영·드레스 대요·메이크업) 싫지만…신랑은 신부 눈치 보느라 '벙어리 냉가슴', "몸 힘들고 돈도 아깝지만 따져봤자 싸우기만 하니까…", 웨딩업체들도 신부 쪽만 공략, "남자들 들러리, 투명인간이죠"〉(《조선일보》, 2014. 11. 4, A6면)

그녀는 약혼남 명의의 오피스텔을 담보로 7000만 원의 대출을 받으려다 실패하자 오피스텔을 세놓아 보증금 6000만 원을 가로챘으며, 보험금 15억도 살인이 입증되지 않았기에 전액 수령 했을 것으로 보인다(실종 한 달 전 변호사는 생명보험에 가입한 것으로 되어 있었고, 그 수익자는 약혼녀였다). 게다가 그녀는 실종된 약혼남 외에 동거남까지 있었다.[38] 이와 같은 이야기는 현실에서 매우 드문 사례일 테지만, 대중은 기사를 통해 기존의 김치녀에 대한 편견과 함께 남편까지 죽여 자신의 물질적·성적 욕망을 충족시키는 여성의 스토리를 매우 공감하며 소비할 것이다.

그러나 2018년에 이르러 미디어에서는 성평등에 위배되는 결혼 문화가 전면적으로 비판되면서 결혼 비용과 관련한 담론이 변화되는 양상이 보인다. 주목해야 할 것은 이전처럼 여성을 김치녀로 형상화하면서 문제를 풀어나가지 않는다는 사실이다. 남성만이 집을 장만하는 것도 비판되지만 특히 "신혼집, 혼수 비용을 신랑과 반씩 부담했"는데도 "시댁 우선 분위기"가 있다는 점 등이 새롭게 지적된다.

> "저는 혼수품과 예단을 마련했습니다. 시어머니께서 예단이 성에 안 차셨는지 결혼 뒤에도 3년이나 눈치를 주셨어요. 작년에 결혼한 대학 동기는 예단, 예물을 생략하고 신혼집, 혼수 비용을 신랑과 반씩 부담했어요. 그런데 아직까지도 시부모님이 눈치를 준답니다. 명절에도 무조건 시댁부터 가야 하고요. '시댁 우선' 분위기가 사라지기 전까진 남자가 집을 장만하는 게 나아 보여요."—박 모 씨(29·가정주부)
>
> —〈(결혼준비 톡톡) "꼭 빌라여야 했나"…예비장인 말씀에 밤새워 술〉(《동아일보》, 2018. 6. 15, A28면)

또한 일반 봉급자가 쉽게 마련하기 어려운 집 역시 맞벌이 부부가 함께 갚아가는 경우가 많음이 언급된다.

> "신혼부부가 주택담보대출을 받는다면 은행에서는 부부 중 연봉이 더 높은 쪽을 채무자로 지정하려고 합니다. 대출금 역시 맞벌이 부부가 증가하면서 함께 갚아나가는 경우가 늘었죠."—한 모 씨(60대·법무사)
>
> —〈(결혼준비 톡톡 톡톡) "꼭 빌라여야 했나"…예비장인 말씀에 밤새워 술〉(《동아일보》, 2018. 6. 15, A28면)

이뿐만 아니라 맞벌이를 하기 때문에 자취방에서 시작해 아파트를 마련하고, 둘째까지 가져 행복한 가정을 이룰 수 있는 것처럼 이미지화된다

> 맞벌이로 열심히 일해 결혼 4년 만에 28평 아파트를 장만해 이사했다. (…) 실제 부부가 맞벌이하면서 ○○이는 엄마가 퇴근할 때까지 대부분 시간을 혼자 보냈다. 지금도 공부 학원, 스피치 학원, 검도 교실 등 학원 네 곳을 다닌다. 늘 "내 친구는 강아지와 인형뿐"이라던 ○○이에게 동생은 그만큼 간절했다.
>
> —〈(아이가 행복입니다) "딸이 '동생 낳아달라' 졸라 46세에 출산…늦둥이 덕분에 집에 늘 웃음꽃 핍니다"〉(《조선일보》, 2018. 2. 8, A22면)

2010년을 전후해 허영심 가득한 결혼을 통해 남성에게 경제적으로 기대려는 여성의 존재성이 비판받았다면, 2018년을 전후해서는 여성의 경제력이 긍정적으로 서술되면서 행복한 가정의 의미까지 되새기는 면모가 나타난다. 그러나 여성의 경제력이 긍정적으로 이미지화되었다는 사실로, 한국사회에서 성평등이 이루어졌다고 판단하면 안 된다. 여성의 경제력이 긍정적으로 인식되기 시작했다고 해서 한국사회에서 유리천장이 깨지고 여성의 사회활동이 남성만큼 인정될 것이

라 여길 수만은 없다.

2000~2010년대 미디어에서는 '여성의 경제력'을 기준으로 전업주부와 취업주부의 존재성이 대립적으로 형상화되며, 그에 따라 여성혐오의 문제가 남성과 여성 간에서 여성과 여성 간으로 전이되기 시작했다. 이제 취업주부의 경우는 '김치녀'와 같은 맥락에서 결혼 담론이 이야기되지 않는 것이다.

2. 전업주부와 워킹맘, '핵가족 유지'를 위한 성평등

가사노동의 가치 하락, 전업주부·맘충의 모성 비판

2000년대 이르러, 결혼으로 경력 단절을 겪지 않고 계속해서 사회적 성취를 하는 기혼 여성의 존재성은 한국사회가 성평등을 위해 지향해야 할 표상이 된다.[39] 특히 2010년대에 이르러 워킹맘의 위상은 1980~1990년대의 취업주부와는 완전히 다른 것이 되었다.

그러나 2010년대 사회적으로 이루어지는 여성의 경력 단절[40]• 방지를 위한 노력은 실질적으로 성평등을 현실화하는 데보다는 여성의 경제활동을 공식화하는 데 목적이 있다고 여겨진다. 부부 맞벌이는 1980~1990년대에도 남편들이 은근히 기대하는 것이었으나, 이 시기에는 성별분업 체제를 고수하기 위해 미디어에서 일하는 주부가 긍정적으로 형상화되지 않았다. 남성의 외벌이만으로도 가족 유지가 가능했던 상황에서 굳이 여성의 경제력이 인정될 필요가 없었던 것이다. 그러나 외환위기 이후 국가경제가 악화되면서 성별분업 체제는 폐기될 수밖

• '경력 단절 여성'이란 임신·출산·육아와 가족 돌봄 등의 이유로 자의적 혹은 타의적으로 경제활동을 중단했거나 경제활동을 한 적 없는 여성 중에서 취업을 희망하는 여성을 의미한다.

에 없었다. 여기서 꼭 주목해야 할 것은, 시기나 사회적·경제적 상황에 상관없이, 가족의 계층 상승을 위한 주부의 경제활동은 전후부터 지금까지 왕성하게 있어왔다는 사실이다.•

워킹맘(취업주부)의 경제력과 전업주부의 가사노동 가치를 객관적으로 비교평가 하기는 불가능하다. 누가 더 힘들고, 누가 더 중요한 일을 하는지 말할 수 없다는 것이다. 실상 워킹맘은 전업주부보다 상대적으로 시간적 여유가 없어 전업주부만큼 가사노동을 세심하게 하기 어렵다. 20세기부터 전업주부의 가사노동 가치를 직장 근로자의 노동 가치처럼 평가해야 한다는 주장이 제기되었음에도, 2010년대 이르러 워킹맘은 생산적이고 전업주부는 비생산적이라는 인식이 갑자기 대대적으로 나타나고 있다.

엄마의 노동은 "가족 위한 '백업'"이고 "그림자 노동"이고 그래서 "엄마의 노동엔 이름이 없었다"라고 말하는 기사는 가사노동을 중요하게 여기지 않는 현 세태를 매우 잘 다루고 있다.[41] 그러나 이 기사에서 부각하는 감정노동••의 의미는 현재가 아닌 여전히 우리 윗세대에 머물러 있다. "엄마가 음식 만드는 과정을 엿보면 굉장히 정교하다. 국을 끓이면서 샐러드 소스를 만들고 고기를 볶으면서 전을 부치는 과정을 동시에 해내는 일. 맛있게 상을 내려면 완성된 음식을 담는 순서도 중요하다. 엄마는 뭐 하나 대충하지 않는다. 차가운 반찬부터 접시에 담고 메인 반찬을 담은 뒤 밥과 국을 퍼서 먹는다." 따뜻하고, 희생적이라 여겨지는

• 주부의 비공식적 경제활동에 대한 내용은 이 책의 제2부 3장, 제3부 3장을 참조. 또한 《82년생 김지영》에서 82년생 김지영의 어머니는 미용사 등의 부업을 통해 자녀를 교육시키고, 재산을 증식시킨다. 김지영의 아버지는 공식적으로 임금노동을 하고 있었으나, 그것만으로는 자녀를 대학까지 교육시키고 아파트를 마련할 수 없었던 것으로 그려진다.

•• 감정노동은 오스트리아 출신의 철학자·사회비평가 이반 일리치(Ivan Illich)가 "그림자 노동(Shadow Work)"이라 부르는, 보이지 않는 노력의 형태라 할 수 있다. 가족 구성원 간의 친밀감을 도모하고 그들이 원활하게 사회활동을 할 수 있도록 음식과 세탁 등을 하는 가정일 역시 감정노동과 유사한 속성을 지닌다.

어머니의 존재성을 현재가 아닌 과거에서 불러오고 있는 것이다. 또한 위의 기사에서 "여성들이 집 밖에 나와 임금노동을 하는 만큼 남성들이 집 안으로 들어와 가정 안의 노동을 분배해야 더 좋은 사회가 될 것"이라는 주장도 의미가 있다. 그러나 기사에서는 집 밖에 나와 임금노동을 하는 않지 전업주부가 가정에서 남편과 노동 분배를 어떻게 해야 하는지는 언급되지 않는다. 따라서 직장에 나가지 않더라도 2010년대의 주부가 1980~1990년대의 주부처럼 의미 있게 위치되는가?를 묻는다면 고민을 하게 될 수밖에 없다.

물론 1990년대에도 워킹맘이 직장일과 가정일을 동시에 함으로써 이중고를 겪는다는 사실이 문제가 되었다. 1991년 조사에 따르면, "남편의 18.6%가 '가사를 많이 돕는다'고 응답, 남편의 가사 협조가 부진한 것"으로 드러나 남편의 가정일 참여와 동반자적 부부관계의 정립이 요구되었다.[42] 그러나 당시는 남편이 가정일과 육아에 적극적으로 참여하지 않는다는 사실이 현재처럼 사회문제가 된 것은 아니었다. 1980~1990년대는 성별분업을 지향한 시기였기 때문이다. 설사 1990년대에 취업주부가 직장과 가정을 양립하기 어려워 과로사를 했더라도 미디어에서는 그 죽음을 통해 부부의 가정일 분담 문제가 성찰되지는 않았을 것이다. 전업주부의 모성이 대대적으로 찬사를 받았던 시대에는 취업주부의 고충이 큰 조명을 받지 못했다는 점에서다. 실제로 1980~1990년대에는 가정일에 만족하지 못하고 자아성취를 위해 취직을 했던 주부가 자신의 능력 부족으로 직업에서 기대했던 결과를 얻지 못하자 열등감에 자살하는 주부의 죽음만이 비판적으로 기사화되었다.•

그러나 2020년을 바라보는 현재, 워킹맘과 전업주부는 그 노동의 '생산성'을 기준으로 가치 평가가 달라지고 있다. 외환위기 직후인 1998년만 해도 전업주부

• 이에 대한 구체적인 내용은 이 책의 제3부 3장을 참조.

의 가사노동 가치를 제대로 평가해야 한다는 목소리가 컸다. 이때 결혼 3년차에 2명의 아기를 키우고 있는 김 씨의 가사노동은 하루 평균 8시간으로 환산된다. 취업주부는 육아나 가정일을 대리하는 비용이 많아 수지 타산을 맞추기 위해 다시 가정으로 돌아오며, 일본 전업주부의 가사노동을 임금으로 환산하면 직장 여성의 연간 평균 임금보다 훨씬 많은 것으로 소개된다.[43] 반면, 현재 미디어에서 가정일은 '도우미'가 대신해줄 수 있는 것으로 언급된다. 맞벌이 가정이 생활의 여유를 누릴 수 있도록 가사노동자를 고용하는 등의 기사는 2017년 이후 빈번하게 보인다.[44] 또한 그동안 명절이 주부들에게는 중노동의 기간이었으나 현재는 그렇지 않은 것처럼 기사화되는 경우도 많다.[45] 적어도 이제 미디어에서만큼은 주부가 가사노동이 힘들다는 말을 찾아보기 어렵게 된 것이다.

전업주부의 경제활동을 독려하는 기사는 외환위기 이후 자주 보인다.• 전업주부는 자신이 파트타임으로 근무하기 때문에 파트타임 일(부업)을 가정일과 병행하는 것이 크게 부담되지 않으며, "[부업이] 가계에도 보탬이 되고, 나도 [일을 통해] 성취감을 느껴 만족스럽다"라고 말한다.[46] 2010년도 '미시즈 월드' 수상의 기준은 여성이 '결혼 후에도 일하면서 자기를 가꿀 줄 아는지 여부'였다. 미시즈 월드의 수상자들은 "결혼과 출산은 여성에게 인생의 장애물이 아니라, 자신의 숨겨진 또 다른 잠재력을 발견하는 기회"가 되었다고 말한다.[47] 육아 때문에 전일제 직장을 포기한 주부들이 시간제 일자리를 선택해 할인매장 돈가스 코너에서 3시간씩 일하고, 학생들의 공부를 도와주고, 재능을 키워 개인 가게를 차리는 것이 찬사되기도 한다.[48]

1950~1960년대에는 밤을 새가며 고된 가사노동에 시달리는 어머니들이

• 〈부업 행진곡〉 시리즈(《조선일보》, 1996), 〈2016 리스타트 잡페어 "일하니 행복해요"〉 시리즈(《동아일보》, 2016) 등이 좋은 예다. 〈리스타트 잡페어〉에서는 기혼 여성의 경력 단절을 예방하고 기혼 여성의 안정적 시간선택제 일자리 창출이 강조되었다.

안쓰럽게 나타났고, 1980~1990년대에는 가사노동을 경시하는 풍조를 경계하며 여성의 희생이 언급되었다면, 2010년대부터는 암암리에 가사노동이 상대적으로 많은 노력과 시간을 들일 필요가 없다는 분위기가 조성되었다. 기혼 여성의 평균 가사노동 시간은 기사마다 다르게 언급된다.[49]• 통계청의 2014년 기준, 생활시간 조사에 따르면, 전업주부의 하루 평균 가사노동 시간은 6시간이며, 워킹맘의 하루 평균 가사노동 시간은 3시간 13분으로 조사되었다. 전업주부의 가사노동 시간과 워킹맘의 가사노동 시간을 각각 돈으로 환산해 비교하면, 그 임금 차이는 1년에 약 1000만 원 정도다. 즉, 전업주부는 워킹맘보다 1년에 약 1000만 원 정도의 가사노동만 더 한다는 것이다.[50] 심지어 한 기사에는 2014년 기준으로 주부의 평균 가사노동 시간은 하루에 3시간 28분인데, 맞벌이 가정 여성의 평균 가사노동 시간은 하루에 3시간 8분으로 서술되어, 전업주부의 가사노동 시간을 너무 짧게 추정하게 만들기도 한다. 게다가 워킹맘은 하루 평균 4시간 55분을 밖에서 일하는 것으로 조사되고 있다. 결론적으로, 워킹맘의 여가 시간은 너무 적고 상대적으로 전업주부의 여가 시간은 너무 많다고 생각될 수 있다.[51] 미디어 속 전업주부의 가사노동 시간이 실질적으로 그러한가 하는 의문이 남는다.

2019년의 기사에서는 남성이 하루 평균 45분의 가사노동을, 여성이 하루 평균 3시간 47분의 가사노동을 하는 것으로 나오는데,[52] 이 수치는 '맞벌이 부부'를 중심으로 산출된 것이다. 2018년 전후로 전업주부의 가사노동이 힘들다는 식의 의미가 부여되는 기사는 찾기 어렵다. 주로 맞벌이 가정의 비율이 선진국에 비해 낮다는 사실만이 고심되고 있다.[53]

미디어에서 가사노동을 평가절하 하는 분위기는 은근히 전업주부와 워킹맘

• 그런데 기사에서 대체로 "전업주부의 가사노동 시간"은 정확하게 표현되지 않고 있다. "전업주부의 가사노동" 대신 "여자의 가사노동 가치", "주부의 가사노동 시간" 등으로 표기되어, 가사노동과 관련해 취업주부와 전업주부의 차이, 비혼 여성과 기혼 여성의 차이 등이 잘 드러나지 않는다.

동아일보 2018년 10월 9일 화요일

정부 '가사노동 가치' 첫 측정

시급 1만569원꼴… 가치 총액 '음식 준비 > 아이 돌봄 > 청소'

(2014년 기준)

'GDP 4분의1 가치' 집안일의 재평가

통계청, 세탁-청소 등 세부 분류뒤 해당 노동시간-임금수준 곱해 추산

연간 가치 女 1077만-男 347만원 남성 비중 15년새 20→25%로 늘어

전업주부 상해-이혼소송때 보험금 등 청구 근거 활용될 수도

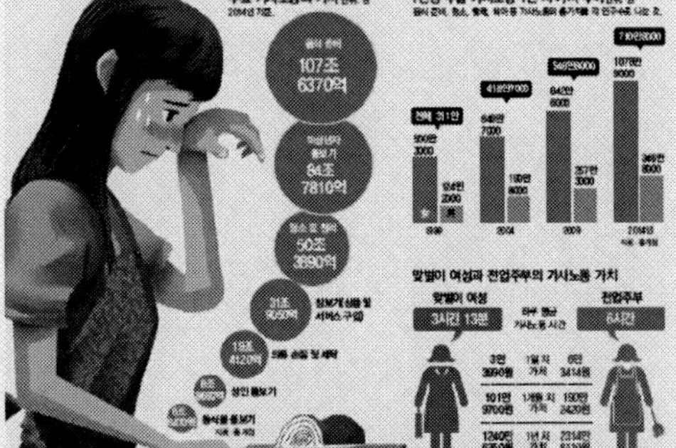

영국에선 '아이 돌봄'의 가치가 '요리'의 2배

유엔 "여성이 가사노동 75% 담당" 남성보다 하루 최대 3시간 더 많아

《〈정부 '가사노동 가치' 첫 측정〉 'GDP 4분의 1 가치' 집안일의 재평가—시급 1만 569원꼴(2014년 기준)… 가치 총액 '음식 준비 〉 아이 돌봄 〉 청소', 통계청, 세탁-청소 등 세부 분류 뒤 해당 노동시간-임금수준 곱해 추산, 연간 가치 여 1077만-남 347만 원, 남성 비중 15년 새 20 → 25%로 늘어, 전업주부 상해-이혼 소송 때 보험금 등 청구 근거 활용될 수도〉《동아일보》, 2018. 10. 9, A3면》

을 경쟁관계로 만들어놓기도 한다. 파트타임으로 일하는 주부가 우선순위에서 밀려 어린이집을 이용할 수 없는 상황이 제시되고, "2013년 무상보육을 도입한 뒤 외벌이 가정까지 어린이집 이용이 폭증하자 정부가 2016년 맞벌이 가정을 위한 종일반(12시간)과 외벌이 가정을 위한 맞춤반(6시간)을 분리해 운영했다"는 내용이 추가되면,[54] 대중이 아이를 낮 시간에 어린이집에 맡기는 전업주부를 부정적으로 생각할 수 있는 여지가 생긴다.

최근 부부가 가정일을 균등하게 분담하고 함께 자녀를 키워야 한다는 분위기가 점점 더 형성되는 가운데, 그 한편으로 인터넷상에서 전업주부에 대한 혐오 발언 수위도 높아지고 있다. 여성가족부 산하 한국양성평등교육진흥원은 인터넷의 게시글과 댓글에 보이는 여성혐오의 유형으로서 "(전업주부) 니들은 아침, 저녁 꼬박꼬박 서방님께 해드리고 말 잘 듣고 집안일 다 하는 게 맞지"라는 등의 말을 제시한다.[55] 여기에는 돈을 벌어오는 경제활동만을 중시하고 가사노동은 의미 없는 것으로 치부하는 가치관이 담겨 있다.

전업주부를 폄훼하는 가치관이 최근에 갑자기 등장한 것은 아니다. 1960년대 중반에도 가정일은 "부엌일과 집안 정리 정도"로 치부되고, 1980년대에도 남편에 경제적으로 의지해 사는 아내를 "기생충"으로 여기는 이야기가 기사화되었다. 그러나 1960년대 도시 전업주부의 노동시간은 하루 10시간 정도로 언급되었으며, 1980~1990년대 중산층 전업주부는 전반적으로 남녀노소 부러워할 수 있는 대상으로 위치되었다.

> 도시 주부는 이보다 노동시간도 짧고 일의 내용이란 것이 부엌일과 집안 정리 정도니까 농촌 여성에게 비할 것은 못 되나 하루 10시간이면 아침부터 저녁까지지다.
>
> —〈일 속에 파묻힌 한국 주부—농촌은 하루 13시간 노동, 부엌일 농사일 눈코 못 떠, 도시는 겨우 10시간 남짓, 일 내용도 고작 집안 정리〉(《동아일보》, 1965. 10. 7, 6면)

지금 젊은 남자들의 맞벌이 선호 사상에 편승, 중년의 남자들까지 경제적으로 무능한 자기 아내에게 돈을 벌어야 떳떳이 살 수 있다고 말한다면 그것은 물질 만능의 한 소산이 아닌가 생각된다. 비약인지 모르겠으나 복부인들이 사회에서 많은 지탄의 대상이 되고 있지만 그 뒤에는 그것을 조장하고 동조하는 남편들이 있기 때문이리라. 몇 년 전 어느 잡지에서 읽은 것이 생각난다. 남편에 의지해 사는 여자를 기생충에 비유해 쓴 것이었다. 이것은 너무도 잘못된 편견이다.

— 〈(독자의 편지) 주부의 가사노동 과소평가 말라, 밝은 가정 이끄는 것도 사회참여〉(《동아일보》, 1989. 8. 15, 11면)

1990년대에는 기혼 여성에게 아내로서의 내조와 어머니로서의 자녀 양육에 대한 큰 책임이 공식적으로 부과되었다. 그래서 "어머니들은 자녀의 성적이 좋아야만 남편이나 시집 식구, 친구들에게 떳떳이 나설 수 있"다는 내용이 기사화되기도 했다.[56] 그렇기에 아줌마가 남편의 출세와 자녀교육 문제로 치맛바람을 날리는 것을 비판하는 시각[57]이 있더라도 아줌마가 혐오적으로 위치된 것은 아니었다. 그러나 2010년대에는 자녀의 양육과 교육을 전담하던 아내의 역할이 남편과 국가로 분산되고 있다. 그리고 주부의 교육열을 자기 자식만 생각하는 이기적인 것으로 만드는 양상이 나타난다. 단편적 사례로, 2018년 '숙명여고 시험 문제 유출 사건'을 다룬 기사를 들 수 있다. 시험 문제가 유출되었다는 결론이 확정되기 이전의 한 기사에는 어머니의 쓸데없는 수다와 소문이 마녀사냥을 할 수도 있다는 경계의 논조가 다분하다. 시험 문제 유출에 문제 제기를 하는 어머니는 "옆자리 친구를 이겨야 자기가 좋은 대학에 가는 시스템에 내 자식만 위하고 다른 자식의 성취를 의심하는 '아귀다툼'"을 하는 사람이 된다.[58]

자기 자식만 위하는 주부의 이기적 이미지는 2018년 맘카페에서 일어난 불미스러운 사건에서도 찾을 수 있다. 이제 주부가 형성하는 담론은 '쓸데없는 수다'로 간주되며, 주부는 조금이라도 자기 자식을 위협한다고 여겨지는 타인을 공격하고 음해해 자살까지 하게 만드는 비상식적 존재로 대상화된다. 또한 맘카페는 전업주부와 워킹맘이 모두 활동하는 공간이지만, 기묘하게도 그곳에서 일어나는 불미스러운 사건의 주체는 주로 전업주부인 것으로 여기는 경향성이 생긴다. 일례로, 2018년 10월에 '김포 맘카페'의 한 여성이 한 어린이집 교사를 아동학대범으로 몰면서 맘카페에서 어린이집 교사에 대한 '신상 털기'가 이어졌고, 결혼을 앞두고 있던 어린이집 교사가 자살까지 하게 되었다. 이 사건을 다룬 한 기사의 댓글에는 맘카페의 전업주부 회원을 비하하는 내용이 있다. 대중이 맘카페의 회원을 곧 전업주부로 인식하고 희화화하는 경우가 많다는 사실을 알 수 있는 지점이다. 각종 포털 사이트에 검색어로 "맘카페"와 "전업주부"를 입력하면 대중이 전업주부를 맘충으로 인식하는 현상이 광범위하게 퍼져 있음을 체감할 수 있다.[59] 또한 맘카페는 지역 가게들이 영업을 하기 위해 눈치를 보아야 하는 권력자로 간주되기 시작한다. 그러나 주부가 지역사회의 기업 등을 감시하는 행위는 이전부터 있어왔다. 1980년대에도 한 주부 단체는 불매 운동과 항의 시위로 부도덕한 기업을 감시했고, 사회는 이를 주부가 긍정적으로 사회에 참여하는 것으로 보았다. "주부 단체들을 통해 교육, 환경공해, 소비자 문제 등 우리 사회 구석구석을 감시하고 시정 요구 하는 등 '알 낳는 암탉'의 역할을 톡톡히 하는 것도 요즘 여성들이다."[60] 그러나 2018년을 전후로 미디어에서는, 주부가 지역사회의 부조리를 감시하는 면모보다는 주부가 지역 상권을 위협하는 이기적 사건이 주로 다루어진다.

맘카페를 '맘충'의 모임으로 위치시킨 대표적 사례로, 한 소형 가게가 대형 마트에서 파는 쿠키와 빵을 포장만 다시 해 유기농 제품으로 속여 판 '미미쿠키 사건'을 들 수 있다. 잘못한 이는 일반 쿠키를 유기농 수제 쿠키로 속인 사람이지만,

이상에게도 그 쿠키를 구매한 (그래서 피해자라 할 수 있는) 어머니들에게 비난의 화살이 돌려졌다. 미미쿠키를 아이가 먹은 후 아이의 아토피가 사라졌다고 칭찬한 어머니와 그 어머니가 올린 홍보 글에 동조한 "맘충과 맘카페가 만들어낸 괴물이 미미쿠키"라는 것이다.[61] 본래 맘충은, 앞서도 언급했듯, 커피숍에서 아이 기저귀를 갈고 이전 기저귀를 그냥 두고 나오는 등의 개념 없는 행동을 하는 어머니를 지칭하는 말이었다. 그러나 현재는 '내 아이에게만' 더 좋은 것을 제공하고 싶은 어머니들을 일컫는 의미가 강해졌다. 미미쿠키 관련 사건에서도 내 아이에게 유기농 제품을 먹이고 싶은 어머니가 유난스러운 모성을 지닌 존재로 폄훼되어 비난의 대상이 되었다고 할 수 있다.

특히 다음 기사에서는 내 자식만 생각하는 어머니의 이기적 면모가 보다 강조되고 있다.

> 이곳에서 전국에 날개 돋친 듯 쿠키·마카롱·롤케이크 등을 판매할 수 있었던 것은 소셜미디어(SNS) 덕분이었다. (…) "두 달 전에도 직접 만든 과일 타르트를 갖다줬어요. 빵 굽는 냄새가 골목을 가득 채웠어요. 밤새 일한 적도 있다더라고요. 작정하고 대형마트 제품을 되판 것은 아닌 것 같아요." 미미쿠키 근처에서 꽃집을 운영하는 백 모(52)씨의 얘기다.
>
> 감곡면 주민들은 "가게가 유명해진 직후에 벌어진 일이라 부부가 딱히 돈을 많이 번 것 같지는 않다"고 했다. 주민 이 모(52) 씨는 "재포장 판매 이후 쏟아지는 환불 요구를 이기지 못해 부부가 친정 도움까지 받은 걸로 안다"며 "집안에 아픈 사람도 있는 데다, P씨 아버지도 조그만 가게를 운영하고 있어서 집안 형편이 넉넉한 편은 아니다"고 전했다.
>
> — 〈(르포) "시골 자영업자에게 유명세가 독 됐다" 충북 음성군 감곡면 미미쿠키 가보니〉(《조선일보》, 2018. 10. 3, 접속일 2018. 10. 20)

인용한 기사는 쿠키를 속여 판 "부부"를 비판하는 말도 있지만, 전체적으로 내용을 종합해보면 "부부"를 동정하는 시선에서 작성되었다고 할 수 있다. "부부"는 넉넉하지 않은 형편이었지만 이웃에 직접 만든 제품을 무료로 나누어주고, 집에 병자도 있는 상황에서 성실하게 일했으며, 사건 발생 후 자신의 잘못을 인정하며 빚을 지면서까지 환불을 해주려고 했다. 기사에서 "주인 이 모 씨는" 나쁜 마음을 먹고 처음부터 악행을 저지른 사람이 아니라 어쩌다 타인을 속일 수밖에 없었던 선량한 서민의 형상을 하고 있다. 기사의 어떤 부분은 순수한 시골이 부정적 도시성으로 물들게 된 것을 한탄하는 이문구의 〈관촌수필〉을 떠올리게 한다. "유명해지면서 외지인들이 차 타고 몰려들기 시작했다", "갑자기 주문 물량이 늘어나, 이를 감당하지 못한 부부가 이런 선택을 한 것으로 보인다", "시골가게가 이렇게 유명세를 탄 건 아주 잘 풀린 경우인데, 부부에게는 오히려 독이 됐다"는 기사의 구절이 그러하다. 물론 그 "부부"가 본래 선한 사람들이고 어쩌다 불미스러운 일을 자초한 것일 수 있다. 그러나 결론적으로 유기농 쿠키를 선호하다 배신당한 어머니들은 '맘충'에다 '부정적 도시성을 지닌 외지인'이 되어버렸다.

요컨대, 2010년대 들어 가족을 위해 헌신하는 주부의 활동이 저평가되거나 왜곡되는 양상이 심해지고 있다. 한 맘카페의 게시물에 의해 보육교사가 자살한 일까지 벌어지면서 맘카페는 '공공의 적'이 되어버렸다. 물론 인터넷상에서 마녀사냥이나 위험한 신상 털기는 절대로 일어나서는 안 되는 것이지만, 이와 같은 사건은 그동안 맘카페보다 다른 사이트에서 훨씬 더 빈번하고 무분별하게 발생했다. 그리고 몇몇 사건만으로 주부 모두가 자기 가족만 생각하는 이기심을 가진 대상으로 간주하는 것도 잘못된 태도라 할 수 있다. 그러나 현 한국사회에서 전업주부의 혐오 이미지와 맘카페에 대한 부정적 이미지는 공고해졌다. 반면, 전후부터 20세기 내내 가정을 등한시하면서 자신의 자아성취만 고집하거나, 육아와 가정일 능력이 형편없는 것으로 묘사되었던 워킹맘은 능력맘으로 새롭게 부상되고 있다. 전업주부와 존재적 의미가 완전히 뒤바뀐 '워킹맘'은 '행복한 가정의 새로운 주인공'으로 등극하고 있는 것이다.

스위트홈의 뉴페이스, 능력맘·행복맘·성찰맘으로서의 워킹맘

1990년대에 '취업주부'는 대체로 직장과 가정을 제대로 병행하지 못해 우울증에 빠지거나, 자신의 성취감에만 매몰되어 다른 가족을 힘들게 하는 문제적 모성을 지닌 존재로 형상화되었다. 특히 고학력 주부는 자아실현을 위해 사회활동을 시도하지만, 업무를 제대로 이행하지 못해 스트레스를 받고, 정신질환에 걸리거나 자살까지 하는 것으로 그려졌다. 취업주부의 자녀는 중범죄에 휘말릴 위험이 컸고, 맞벌이 부부의 몰상식한 자녀로 인해 전업주부의 자녀가 피해를 보는 경우도 기사화되었다.• 그러나 미디어에서 부정적이었던 '취업주부'의 존재성은 2010년대 이후 긍정적인 '워킹맘'의 존재성으로 완전히 바뀌게 된다.

2017년에 세 자녀를 둔 30대 여성 사무관이 육아휴직을 마치고 복귀한 지 6일 만에 정부세종청사 계단에서 심장질환으로 쓰러져 사망하면서 공무원의 근무 환경에 대한 성찰이 일어났다.[62] 2018년에 초등학생인 두 아들을 둔 40대 여성 판사가 과로사 전에 "예전엔 밤새는 것도 괜찮았는데 이제 새벽 3시가 넘어가면 몸이 힘들다. 이러다가 내가 쓰러지면 누가 날 발견할까라는 생각이 든다"라고 쓴 글이 뒤늦게 알려지기도 했다.[63] 이제 미디어는 워킹맘들에게 '슈퍼우먼 신드롬'을 놓아버리라고 권하기도 한다. 워킹맘이 "'조금 더 아이를 돌봐야 하는데'라는 부담감을 안고 지내는 것보다는 '나는 슈퍼우먼이 아니야'라는 생각으로 부담을 털어내는 것이 더 행복해지는 길"[64]임이 강조되는 것이다. 여성의 삶을 되돌아보는 경향성이 대두되는 점은 긍정적이지만, 그 경향성이 주로 '워킹맘의 힘든 삶'

• 1990년대 취업주부와 맞벌이 가정의 자녀에 대한 내용은 이 책의 제3부 3장을 참조.

을 이해하는 것에만 치우쳐 있다는 점은 문제적이다. 학교에서의 교육도 이와 같은 방식으로 이루어진다. 한 기사에서는 남자 고등학교에서 "저출산 시대의 일·가정 양립"이라는 주제로 수업을 하면서 학생들이 새로운 가치관에 혼란스러워함을 목격하게 되는데, 그 이유는 "학생들의 부모가 일·가정 양립의 롤모델이 되지 못하기 때문"으로 서술된다.[65] 상황에 따라 아버지는 집 밖에서 돈을 벌고, 어머니는 집 안에서 가정일을 할 수도 있을 텐데, 잘못하면 이러한 상황을 구시대적인 것으로만 치부할 수 있게 만드는 것이다. 또한 집 밖에서 일하는 워킹맘의 노동만이 존중되고, 집 안에서 일하는 전업주부의 노동은 어려울 게 없는 것으로 이해될 수 있다.

2010년대 후반 들어서는 "부부가 비슷한 수입을 벌 때 함께 행복하게 사는 것"이라는 기사도 찾아볼 수 있게 되었다.[66] 그런데 성평등이 이루어졌다고 '믿어지는' 오늘날도 여성이 결혼 후 "일을 계속하려는 이유로는 가계경제에 보탬이 되려 한다는 응답이 60.8%(복수 응답)였고 재산 증식(43.4%), 자아발전(21.7%) 등이 뒤를 이었다."[67] 이 사례에서 드러나듯, 오늘날 기혼 여성이 돈을 버는 활동을 하는 이유는 1980~1990년대와 비교해서 크게 달라지지 않았다. 시대를 초월해서 기혼 여성의 직장일과 경제력이 가정의 유지와 발전에 긴밀하게 연결되고 있음을 알 수 있다. 여성도 극렬하게 일해서 자아실현을 하고 싶지만 남성만큼 직장에 시간을 투자하기는 어렵다. "애초 여성주의가 맞벌이 가족에 주목했던 것은, 여성의 사회진출이 가족 안에서의 성평등을 실현할 수 있다는 가능성 때문이었"으나 현실에서 워킹맘의 역할은 성평등보다 "가족의 물질적 토대를 마련하는 데 기여하는"것[68]이라는 사실에 주목할 필요가 있다.

오늘날 미디어에서 여성의 경력 단절을 방지하고 여성이 고된 워킹맘이 되지 않게 하기 위해 남성도 가정일에 동참하자는 등의 캠페인을 벌이는 것은 긍정적으로 평가될 수 있다. 그러나 다음의 사실도 반드시 주목해야 한다. 현재 한국사회에서는 고령화로 인한 부양 책임, 저출생으로 인한 인구 경감, 신자유주의 체제로 인한 취업과 그 유지가 문제로 대두되고 있다. 그리고 열악한 사회적·경제적 상황 속에서 4인 핵가족을 존립시키기 위한 정책이 모색되고 있다. 즉, 국가는 표면적으로 여성의 활발한 사회활동을 유도하면서 성평등을 실현하는 정책을 추구하는 것 같지만, 실상은 악화된 경제 상황에서 출생률을 높여 핵가족을 유지하려는 기획을 수립했다고 할 수 있다. 외환위기 시기 이전까지는 단순히 주부의 부업이 장려되었다면, 이제는 여성의 자아실현을 인정하고 여성의 왕성한 사회활동을 배려하는 분위기가 형성되었다. 여기엔 표면적으로는 여권이 신장된 것처럼 여겨지지만 이면적으로는 좀 더 복잡한 맥락이 내재되어 있다. 아버지의 경제력만으로는 가족을 존립시키는 것은 이미 어려워졌다.[69] 직장일과 가정일을 성공적으로 병행하는 여성이 갑작스럽게 현모양처의 롤모델로 확립된 배경에는 경제 악화로 대다수의 남성이 취업하고, 자신의 직업을 꾸준히 유지하기 어려운 사회적 상황이 있는 것이다.

2010년대를 살아가는 대부분의 워킹맘은 실질적으로 가정일과 육아를 전담해서 피로하고, 피로해서 직장일을 잘해내기 어려운 비운의 슈퍼맘이 될 수밖에 없다.[70] 또한 워킹맘은 여전히 자녀에게 최선을 다하지 못한다는 죄의식에 시달리고, 자신의 직업적 성취와 가족의 행복 사이에서 어떤 결정을 해야 할지 끊임없이 갈등한다. 그러나 기사에서는 워킹맘의 실질적 고뇌가 드러나기보다는 워킹맘을 능력맘으로 강조하는 데만 초점이 맞추어지고 있다. 2018년, 명문대 의대를 포함해 서울대까지 합격 통보를 받은 자녀를 둔 어머니는 아들에게 "엄마가 워킹맘이라 참 다행이야"라는 말을 듣는다. 이 기사에서는 시간과 정보 부족으로 자녀를 제대로 교육시키지 못한다고 여겨지던 워킹맘의 존재성이 완전히 다르게 구축되고 있다. 워킹맘은 직장일로 바쁜 가운데서도 꼭 필요한 상황에서 자녀에게 정확한 조언을 하는 훌륭한 어머니로 형상화된다.

슈퍼우먼이 되는 건 거부하겠습니다

맘 편한 세상을 위하여

회사에 주 6일씩 젊은 날을 내준 아버지 손주들과 놀아주다 잠시 쉬는 뒷모습에 언젠가 이 모습이 몹시 그립겠구나 싶어

■ '워킹맘'을 추앙하지 마세요

'할마 할빠' 없이는 육아 할 수 없는 사회 한 인간을 기르는 게 얼마나 고된 일인지 '워킹맘'이 되겠다는 건 순진한 꿈이었다

■ 슈퍼우먼 따윈 되고 싶지 않다

워킹맘이 슈퍼우먼이 되야 하는 구조에서 엄마들은 일·육아에 심신이 다 소진되고 아빠들은 회사에 시달리다 방관자가 된다

■ '부모'에게 시간을 주면 된다

첫째를 낳은 뒤 막다른 골목 처한 부모들 합계출산율 1.06명의 비밀은 여기 있다 아이와 함께하는 저녁, 거창한 꿈일까

〈(임○○ 기자의 폭풍 육아) 슈퍼우먼이 되는 건 거부하겠습니다〉(《경향신문》, 2018. 6. 16, 15면)
회사에 주 6일씩 젊은 날을 내준 아버지 손주들과 놀아주다 잠시 쉬는 뒷모습에 언젠가 이 모습이 몹시 그립겠구나 싶어
워킹맘을 추앙하지 마세요—'할마 할빠' 없이는 육아 할 수 없는 사회 한 인간을 기르는 게 얼마나 고된 일인지 '워킹맘'이 되겠다는 건 순진한 꿈이었다
슈퍼우먼 따윈 되고 싶지 않다—워킹맘이 슈퍼우먼이 되야 하는 구조에서 엄마들은 일·육아에 심신이 다 소진되고 아빠들은 회사에 시달리다 방관자가 된다
부모에게 시간을 주면 된다—첫째를 낳은 뒤 막다른 골목 처한 부모들 합계출산율 1.06명의 비밀은 여기 있다 아이와 함께하는 저녁, 거창한 꿈일까

아이가 내신 성적을 잘 받을수록 엄마로서는 부담이 더 커졌습니다. 보는 눈이 많아져서요. 수시를 지원하려면 다양한 활동을 해야 한다거나 그렇게 준비하면 안 된다, 사교육을 더 해야 한다 등등 주변에서는 저희를 두고 얘기가 많았습니다. 그 말의 결론은 대개 엄마가 워킹맘이라 입시 정보에 밝지 못해 그렇다는 식으로 마무리되곤 했죠." (…) 퇴근하고 돌아오면 온종일 회사 일에 시달린 것만 생각하고 쉬기 바빴어요. 하지만 어느 정도는 아이가 놓인 현실에 관심을 가져야 한다고 생각했어요. (…) 제가 그 전형에 대한 생각을 말했더니, 깜짝 놀라더라고요. 당연히 제가 모를 거라고 생각했을 테니까요. 제가 워낙 바쁜 걸 아이가 잘 알기에 그런 상황에도 자신에게 관심을 기울이고 있음에 아이가 고마워했던 것 같아요. (…) 자녀교육 때문에 힘들어하는 많은 워킹맘에게 과도하게 죄책감을 느낄 필요는 없다고 강조한다.

— 〈[중·고등 입시] '조금만 더' 재촉은 금물…강요 말고 관심을 주세요〉《조선일보》, 2018. 2. 26, D1면)

현재 육아 관련 프로그램은 굉장히 많다. 불황으로 결혼과 출산을 포기하는 사람들이 늘면서 육아는 하나의 '꿈'이 되었기 때문이다. 미디어에서 연예인들의 육아는 쉴 시간 없이 분주하거나 양육비를 걱정하는 것이 아니라 주로 아이와 자연 속에서 놀고 요리하고 여행하는 것으로 그려진다.[71] 특히 워킹맘의 육아를 예능으로 연결한 TV 프로그램 〈마마랜드〉(Fashion N)와 관련한 기사에서는 능력맘·행복맘으로서 일하는 어머니의 존재성이 격상되고 있다. 〈'마마랜드' 이○○, 육아도 일도 완벽한 워킹맘의 삶〉,[72] 〈"톱모델이자 엄마"…'마마랜드' 이○○, 후배들 앞에서 강연〉[73] 등과 같은 제목에서 알 수 있듯 워킹맘은 자기 일에 열정적이고, 육아도 완벽하게 수행한다. 게다가 〈'마마랜드 2' 김○○ "유치원 선생님이 꿈"…육아 고수 면모〉[74]에서는 그녀들이 육아를 어떻게 완벽하게 수행하는지 구체적으로 서술됨으로써 그동안의 워킹맘에 대한 편견이 해소되고 있다. 갑작스럽게 8개월 된 조카와 11개월 된 딸을 함께 돌보게 된 워킹맘은 "세숫대야로 하는 택시 놀이, 국수 촉감 놀이, 홍 폭발 댄스놀이 등 (…) 육아 달인의 면모를 뽐"내는 것이다. 육아에서도 일에서도 탁월한 능력을 발휘하는 워킹맘은 남편과의 사이도 굉장히 좋으며[75] 누구나 부러워할 '스위트홈'의 주인공이 된다.

더 나아가 오늘날의 워킹맘은 봉사를 통해 지역사회와 국가 발전에 이바지하고, 자식을 키우는 입장에서 항상 자신을 성찰하는 모습을 보이는 존재로 묘사된다. 20세기에는 전업주부가 사회봉사와 교양 활동으로 성숙한 어머니의 모습을 보여주었다면, 21세기에는 워킹맘이 성찰맘으로 부상하게 되었다.

> 비영리 기관에서 일하자는 열망은 항상 있었다. 맥킨지에서도 '프로보노'(공공 이익을 위한 무료봉사) 활동을 꾸준히 했고, 재능기부라는 용어가 낯설 때인 2000년대 초반에 공정무역과 나눔에 대한 책을 번역해 아름다운 재단에 기부한 적이 있다. 무엇보다 열 살 딸 아이를 키우면서 워킹맘으로 일을 대하는 자세가 이전과는 좀 달라졌다. 나에게 온전히 시간을 쓰던 대상이 아이로 바뀌면서 세상을 바라보는 눈도 달라진 듯하다.
>
> —〈내 안의 교복학생 떠나보내니…'벤처 자선' 아이디어 샘솟아—벤처자선회사 ○○○○○ 대표 엄○○〉(《조선일보》, 2018. 3. 23, C5면)

> 직업적으로 프로페셔널한 삶에만 포커스를 맞춰 살았는데 애 엄마 되고 삶의 직경이 확 넓어진 느낌이다. (…) 외적인 평가엔 유효기간이 있다. 롱런하기 위해선 외적인 평가에 사로잡혀 있기보단 내면의 아름다움을 가꿔야 한다고 생각했다. 피부, 몸매 관리 이상으로 멘털 관리가 중요하다. 나만의 이야기를 만들려 한다. 음악활동을 계속하는 것도, 봉사와 강의를 하면서 내 얘기를 나누

는 것도 그 때문이다.

—〈장○○, 몸도 마음도 리셋…워킹맘의 당당한 '워킹'〉(《조선일보》, 2018. 1. 26, C3면)

이처럼, 국가가 신자유주의 시대의 경제적 어려움과 출생률 저하라는 과제를 풀어나가는 과정에서 여성혐오 양상은 새로운 국면을 맞게 되었다. 그것은 바로 전업주부와 워킹맘 간 갈등이다. 앞으로 미디어는 전업주부에 대한 혐오와 워킹맘에 대한 찬사를 통해 여성 간 관계를 더욱더 분열시킬 것이다. 갑작스러운 국가정책의 변화와 미디어의 부추김으로 전업주부에 대한 혐오 인식이 강화되고, 그로 인해 맘카페가 '공공의 적'이 되었음을 안다면, 그 안에서 전업주부는 순기능이 더 많은 자신들의 공동체를 폐쇄적으로 기능시키면 안 될 것이다. 마찬가지로, 워킹맘의 존재성이 긍정적으로 이미지화된다고 해서 워킹맘이 진실로 행복맘·능력맘·성찰맘이 되었다고 보기는 어렵다. 상황에 따라 미디어에서 전업주부와 워킹맘의 존재성은 의도한 대로 뒤바뀔 수 있다. 게다가 현실에서 여전히 워킹맘은 살림을 제대로 할 줄 모르고, 자녀의 학업에도 문제가 있을 거라는 20세기 가족 이데올로기가 내재된 유령의 목소리가 떠돌고 있지 않은가. 새롭게 조장되는 워킹맘과 전업주부의 지위에 함몰되지 말고, 여성이 놓인 고민을 공유해야 할 때다. 전체적 맥락을 읽어내지 않으면 또다시 "여성의 적은 여성", "여성끼리 싸운다"는 편견에서 벗어날 수 없을 것이다.

아직, 현실적으로 여성이 직장과 가정을 양립하기 어렵고, 남성만큼 직업을 통해 자아실현을 하는 여성을 찾기도 쉽지 않다. 무조건 '일하는 여성'과 '고위직 전문직 여성'을 찬사하는 현상은 여성이 여전히 사회에서 타자로 존재한다는 사실까지 망각시킨다. 또한 타인에게 자신이 전업주부라 말하기가 껄끄럽고, '일하는' 여성이 되지 않으면 소외감을 느끼는 분위기가 형성되는 것도 대단히 문제적이다. 이제 한국사회에서는 가정을 유지하고 자식을 계층 상승 시키기 위해 '경제력'과 관련된 여성 간 경쟁이 더욱더 심화될 것이다. 그리고 어머니가 얼마만큼 가정에 경제적 기여를 하는가가 모성의 능력으로 간주될 것이다. 또한 상층계급보다 하층계급에서 여성 간 모성 경쟁이 심화되리라는 예상 속에서 모성 착취는 더욱 해결하기 어려운 문제가 될 것이다.

현재의 여성혐오 현상은 결코 성대립으로만 환원해서 생각하면 안 된다. 여성혐오의 최종 도착지는 여성 간 갈등과 여성 간 경쟁의 심화이며, 그렇게 해서 새로운 형태의 가부장제 질서는 더욱 강화될 것이다.

3. 아내의 자격에 나타난 전업주부의 혐오 이미지

아줌마와 아내, 강인한 주부와 혐오스러운 한가녀

1997년 외환위기 이후, '아줌마'가 주인공인 드라마가 유독 많이 만들어졌는데, 대표작으로 〈아줌마〉(2000. 9. 18~2001. 3. 20, MBC)와 〈앞집여자〉(2003. 7. 16.~2003. 8. 21, MBC)를 이야기할 수 있다. 두 드라마는 가정과 사회에서 능력을 인정받지 못하는 전업주부의 애환을 보여주고 있으며 아줌마가 자신의 자존심을 건드린 자를 혼내주면서 시청자의 지지를 얻는다. 그런데 아줌마에게 악인은 남편만이 아니다. 아줌마 여성에게 남성인 남편보다도 더 얄미운 적은 전문직 여성이다. 〈앞집여자〉의 극본을 쓴 작가는 자신이 마음에 드는 대사로 "까불고 있어, 대한민국 아줌마를 뭘로 보고"를 드는데, 이는 재취업한 전업주부가 오만방자한 커리어 우먼을 혼내준 다음 내뱉는 대사다.[76] 〈아줌마〉에서도 역시 전업주부를 괴롭히고 무시하는 존재는 남편(강석우 분)이 사귀는 여교수(심혜진 분)와 신문사 기자(변소정 분)인 시누이이며, 아줌마(원미경 분)가 성공적으로 자신의 식당을 개업하고 전문직 여성을 혼내줌으로써 대중의 카타르시스를 이끌어낸다. 이에 비평

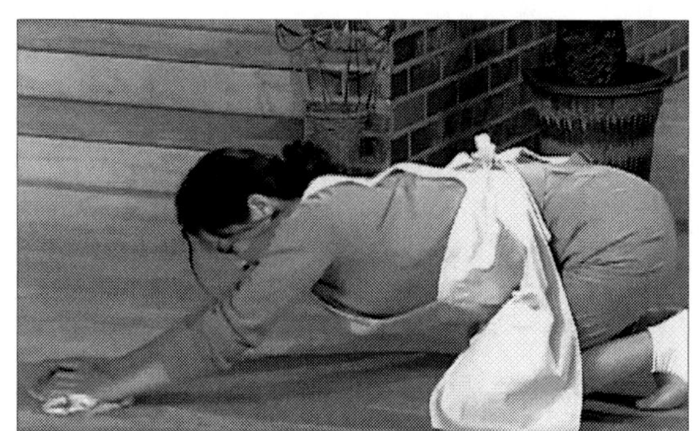

가정과 사회에서 능력을 인정받지 못하는 전업주부의 애환을 보여 주는 〈아줌마〉(MBC)

가들은 〈아줌마〉에서 대학 여교수는 세상물정 모르는 공주표 인텔리 푼수로, 신문사 여기자는 성평등을 부르짖으면서도 아줌마 오삼숙이 겪는 고통을 눈감아버리는 존재로 그려냄으로써 전업주부와 일하는 여성이 대립되고 있음을 문제 삼는다.[77]

이처럼, 2000년대 초반까지만 하더라도 드라마에서 혐오 이미지는 대체로 일하는 여성에게 부과되었고, 아줌마는 어려운 상황에서 희생적 모성을 발휘하는 존재로서 칭송되었다. 이는 1980~1990년대 전업주부의 위상, 취업주부와 전업주부의 관계성이 그대로 이어진 것이라 할 수 있다. 그러나 2010년 이후, 취업주부와 전업주부 두 여성집단 간 관계는 완전히 역전된다. 곧, 1990년대에 혐오적으로 위치되던 취업주부는 자신의 정체성을 찾아나가는 워킹맘으로, 행복한 가정의 안주인이었던 중산층 전업주부는 자신의 물질적·정신적 여유를 수다와 허영으로 낭비하는 존재로 형상화되는 것이다. 전업주부와 워킹맘의 이미지가 달라지는 양상은 대치동을 중심으로 한국의 교육 문제를 다룬 〈아내의 자격〉(2012. 2. 29~2012. 4. 19, JTBC)에서 찾아볼 수 있다. 〈아내의 자격〉에는 21세기에 새롭게 구성되는 여성혐오의 면모와 여성 간 갈등의 징후가 잘 묘사되어 있다.

21세기인 현재는 아버지를 중심으로 한 가부장제가 폐기된 듯 보이고, 그러면서 가정일과 육아를 전담하는 전업주부의 위치도 달라졌다. 특히 1990년대 미디어에서 혐오적으로 인식되었던 '고학력 주부'가 '능력 있는 전업주부'로 그 이미지가 전이되었듯, 2010년대 미디어에서 한국 '강남의 고학력 전업주부'는 다시 무한한 이기심을 지닌 '김치녀'로 그 존재성이 달라진다.• 강남의 중산층 이상 계층의 전업주부는 "스스로 노력해서 자신의 꿈을 이루는 좁은 길을 선택하기보다는 막강한 재력과 정보력을 무기로 자녀와 남편을 뒤에서 조종해 억눌린 욕망을 실현하는" 존재이자, "젊은 판·검사를 강남 아파트와 고가의 혼수로 유혹해 사위로 삼으면 미래의 고위공무원이 저절로 내 가족이 될 수도 있"다고 믿는 비윤리적 존재로 격하된다.[78]

반면, 〈아내의 자격〉에서 윤서래(김희애 분)는 불륜과 이혼으로써 대치동을 빠져나와 그림동화 작가가 되어 아들과 행복하게 살려는 당당한 워킹맘으로 나온다. 그녀는 자녀교육에 자신의 모든 것을 거는 듯한 대치동 동네의 어머니들과는 상반된 면모를 보인다. 21세기 이후, 자녀의 명문대 입학을 위해 "공부 전략, 학원 고르기, 시간 관리, 건강 관리, 아이의 친구 관리 등까지 도맡아 챙기며" "아이들의 '맞춤 매니저'"가 되려는 어머니의 치맛바람은 미디어의 주요 화젯거리가 되었다.[79] 〈아내의 자격〉에서는 부모가 자신의 부와 사회적 지위에 대한 열망을 채우기 위해 자식을 수단으로 삼는 한국사회의 병폐가 부각되면서 가족의 존재 이유가 고민된다. 그러나 우리가 진정 이 드라마에서 주목해야 할 것은 교육의 병폐가 아니라 한국사회의 고질적 병폐의 근원이 '전업주부인 아줌마'로 상정되어 있다는 점이다. 드라마에서 부와 권력에 대한 욕망과 경쟁자에 대한 질투심에 사로잡힌 전업주부에 의해 가족은 나락으로 빠지며, 상대적으로 남편의 문제는 불륜

• 1990년대 미디어에서 혐오적으로 인식되었던 고학력 주부가 '능력 있는 전업주부'로 이미지가 전이된 내용에 대해서는 이 책의 제3부 3장을 참조.

또는 아내를 함부로 대하는 인격 등으로 축소되어 다루어진다.

주부가 대낮에 모여 쓸데없이 수다를 떤다는 편견 곧 주부가 다른 여성을 험담하거나 남편이 사준 옷·가방·보석 등을 자랑한다는 고정관념은 1960년대 미디어에도 문제적으로 형상화되었다.• 물론 전업주부가 예찬되었던 1980~1990년대에는 전업주부가 부정적으로 형상화되는 양상이 상대적으로 약화되었었지만, 2010년대에 이르러서는 전업주부가 혐오 집단으로 떠올랐다. 특히 '커피숍'이 유독 맘충과 결부되는 원인은, 전업주부가 남편을 출근시키고 아이를 등교시킨 후 커피숍에서 한가롭게 모여앉아 교육 문제나 사적 대화를 나누는 모습이 신자유주의 시대를 살아가는 청년들에게 편치 않은 풍경으로 인식되기 때문이다.

실질적으로 〈아내의 자격〉에서 커피숍은 전업주부가 자녀의 교육을 고민하고 입시 정보를 교환하는 장소이면서, 동시에 전업주부가 가족인 올케를 험담하고 이웃의 나쁜 소문을 퍼뜨리는 주 무대가 된다. 대치동 분위기에 제대로 적응하지 못한 윤서래는 커피숍에서 동네 아줌마들의 냉대와 따돌림이라는 치욕을 겪기도 한다. 대치동에서 성공적으로 학원을 운영하는 홍지선(이태란 분)이 기출시험 문제 유출로 징역살이를 하게 되는 결정적 원인은 믿었던 로펌의 배신에 있지 않다. 그녀가 감옥까지 가게 된 것은 커피숍에서 학원과 입시 정보를 나누던 아줌마들의 대화 때문이다. 물론 그녀가 주변을 돌아보지 않고 앞만 보고 달렸기에 불행을 자초한 측면도 있다. 그러나 드라마에서는 그보다는 자식의 명문대 입학과 미래를 위해서는 무엇이든 할 수 있지만 자기 자식의 앞날을 막는 불법은 결코 허용할 수 없는 부모(특히 '아줌마')들의 불순한 정의와, 능력 있는 여성 학원 운영자 간의 피 튀기는 경쟁심으로 인해 홍지선이 수감되는 것으로 그려진다.

〈아내의 자격〉에서 특히 주목되는 부분은 자녀를 명문 중·고·대학에 입학시

• 이에 대해서는 이 책의 제2부 3장을 참조할 수 있다.

키려는 부모의 욕망이 극단으로 치닫는 가운데 더욱더 심각해지는 여성 간 갈등의 양상이다. 이는 두 종류의 갈등으로 묘사된다. 갈등의 주인공들은 워킹맘 홍지선과 그녀의 남편과 바람 난 전업주부 윤서래 간 갈등, 그리고 상층계급의 안주인이 되기 위해 고군분투하는 전업주부 한명진(최은경 분)과 강은주(임성민 분) 간 갈등이다.

홍지선과 그녀의 남편 김태오(이성재 분)는 유명한 캠퍼스 커플이었으며 둘은 홍지선이 학원 강사로 성공하기 전까지 금슬 좋은 부부였다. 그러나 홍지선은 어느 순간부터 가족보다는 자신의 성취감을 맛보기 위해서만 노력한다. 자아실현에만 매몰된 홍지선의 모습에서 1980~1990년대 성공한 취업주부에게 부과되었던 여성혐오 인식을 엿볼 수 있다. 1980~1990년대 사회적으로 성공한 여성은 가족을 위해 따뜻한 식사를 차리는 것을 거부하고 자신의 성공과 명예만을 중요시한다는 오명에 시달렸다. 남편보다 돈을 더 많이 버는 아내는 남편에게 좌절감을 안겨주기 쉽다는 편견 또한 있었다. 그래서 냉철한 "홍 마녀"라 불리는 홍지선과 순수한 전업주부 윤서래 간 갈등은 일하는 여성과 전업주부 간 '20세기식 전형적 갈등'에 가깝다. 그리고 윤서래는 2010년대 미디어에서 부각되는 전업주부의 이미지와는 거리가 멀다는 점에서, 두 여성 간 갈등이 이 시기 대중이 공감할 수 있는 것으로 그려지지는 못하고 있다. 물론 윤서래처럼 자식의 병과 교육 문제로 노심초사하고 시댁과의 관계로 고생하는 주부가 한국사회에는 여전히 많지만, 자전거를 타고 다니며 순수한 삶을 쫓는 윤서래의 이미지는 전업주부의 전형으로 받아들이기는 어렵다.

이런 의미에서 〈아내의 자격〉의 진정한 주인공은 가사노동을 거의 하지 않는 전업주부이자 이기심이 강하고 모략에 능한 것으로 그려지는 고학력 여성 한명진과 강은주다. 〈아내의 자격〉에서 아내인 자신을 함부로 대하는 남편과 이혼하고 순수한 남성과 새로운 사랑을 시작하는 윤서래의 이야기는 드라마의 핵심 서사라고 보기 어렵다. 이야기의 절정을 이루는 14~16회를 장식하는 주부는 바로 한명진과 강은주다. 한명진을 비롯한 대치동의 기혼 여성들은 가정일 대부분을 가정부에게 맡기고 한가하게 여유를 즐긴다. 그녀들은 동네(대치동) 아줌마들을 만나고, 쇼핑을 하며, 소파에 누워 있거나, 도박에 빠진다. 대치동의 전업주부는 유일하게 자식의 교육 문제로만 분주한 것으로 묘사된다. 그러나 주부의 지나친 교육열은 자녀에 대한 애정이 아니라 부모의 이기심에서 기인한다.

전업주부의 탐욕은 한명진 모녀의 대화에 잘 드러난다. 한명진은 도박에 빠져 엄청난 돈을 탕진한 어머니(남윤정 분)를 타박하고, 한명진의 어머니는 자신의 마음을 몰라주는 딸을 원망한다.

> 한명진: 엄마, 치료 받아야 돼. (…) 이거 도박중독!
>
> 한명진 어머니: 나쁜 년!
>
> 한명진: 내가?
>
> 한명진 어머니: 내가 너 1등 신붓감 만들려고 쓴 돈이 얼만 줄 알기나 해? 이대 음대 보내려고 쓴 돈이 어? (…)
>
> 한명진: 그게 뭐 대단하다고. 부모라면 당연히 할 일이지! (…)
>
> 한명진 어머니: 당연? 당연! 그렇게 해서 번듯한 데 시집보냈더니, 어? 어디서 생색이야?
>
> 한명진: 생색이라니…. 오로지 내 행복을 위해 그랬어? 다 덕 보려고 그런 거잖아!
>
> 가정부: 쯧쯧쯧…. 그저 자식을 탐욕으로 키웠으니 저 모양이다. (14회)

드라마로 보자면, 강남 중산층 전업주부의 학력, 재능, 사치스럽거나 또는 기품 있는 외모는 여성이 사회활동을 하기 위한 준비, 혹은 어머니로서 화목한 가정을 이끌어가기 위한 자질이 아니었다. 여성이 열심히 공부해 이른바 명문대에 진학하고 부지런히 자신의 재능을 갈고닦았던 것은 모두 부유하고 사회적 지위가 높은 남성을 남편으로 삼기 위해서였다.

부자이고 사회적 지위가 높은 남성을 남편으로 삼으려는 여성의 부정적 면모는 친구관계로 설정된 한명진과 강은주 사이 추잡한 몸싸움으로 표현된다. 〈아내의 자격〉은 좋은 집안의 며느리인 것을 무기로 올케를 무시했던 한명진, 딸만 가진 한명진과 달리 똑똑한 아들을 둔 자신의 장점을 지능적으로 이용해 한명진을 몰아내는 강은주의 모습을 통해, 현재 주부에게 부여된 가장 혐오스러운 부분이 들추어진다. 허영과 탐욕으로 가득 찬 이 최악의 여성들은 유명 로펌을 물려받을 조현태(박혁권 분)를 사이에 두고, 여성이 벌일 수 있는 가장 추잡스러운 싸움을 한다. 친구의 머리를 잡아 흔들고, 친구의 몸을 명품 핸드백으로 내리치는 싸움뿐만 아니라 야비하게 친구를 본처의 자리에서 끌어내릴 수 있는 스토리텔링까지 만들어낸다. 강은주는 상대의 진심 어린 아픔을 거짓으로 되받아치고, 약육강식의 논리를 따르는 시아버지(정한용 분)를 부추겨 본처 한명진의 딸(이한나 분)을 밀쳐내려 하며, 자신의 아들(손성준 분)을 떳떳하게 상속자로 앉히려는 계획을 실행하고 마침내 성공한 듯 보인다.

드라마 속 고학력 여성 한명진과 강은주의 존재성은 현실 속 전업주부와는 다르며, 그렇기에 현실의 전업주부가 허영과 탐욕으로 가득 차 있다고 말하기는 대단히 어렵다. 그러나 미디어에서는 특정 집단에나 인물에게 특정 이미지가 반복 부과 됨으로써 그 존재가 그렇다는 일반적 공식이 만들어질 수 있다. 그래서 〈아내의 자격〉에서 전업주부가 더 소유하려는 욕망, 내 가족만 위하는 질투심, 타인을 밟고 더 높이 오르려는 경쟁심에 휩싸인 모습은 대치동 안에서만 일어나는 소수의 일로만 간주될 수 없게 된다. 드라마에서 맘충과 김치녀로 형상화되는 전업주부의 면모는 2010년대 대한민국 모든 아줌마에게 부과되는 공통 이미지라

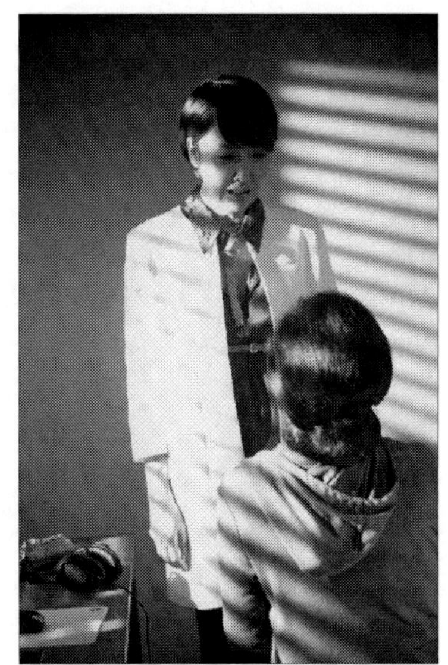

도박한 어머니를 타박하는 딸과
1등 신붓감을 만드느라 힘들었다는 어머니

친구 강은주의 집에 놀러온 한명진.
한명진은 친구 집 소파 위에 남편의 가방이
있는 걸 아직 모르고 있다.(이상 JTBC)

고 해도 과언이 아니다.

현실 속 전업주부는 한명진이나 강은주와 같이 행동하지 않는다. 그렇다면 미디어에서 전업주부는 왜 이렇게 전락하게 된 것이고, 대중은 왜 허영심과 질투심 가득한 전업주부의 이미지를 공감하면서 소비하게 된 것일까. 이 물음을 풀어나가기 위해서는 '모성의 도구화 문제'를 들여다보아야 한다. 오늘날 전업주부가 갑자기 혐오 집단이 된 것은 한 여성이 결혼해서 아내·어머니·며느리로서 인정받게 되는 조건, '아내의 자격'과 관련이 있다.

'중산층 아내의 자격'을 들추어내다

〈아내의 자격〉에서 윤서래는 자녀의 교육 문제 때문에 대치동으로 이사를 하지만, 그녀는 대치동에 적응하기에는 지나치게 순진한 존재로 형상화된다. 윤서래는 시대의 모진 요구를 아무 말 없이 수용하고, '가는 길이 다르기 때문'에 공부 잘하는 옆집 아이를 의식하지 않는다. 물론 윤서래는 이야기 전개상 타인을 누르고 올라서려는 현대인을 비판하기 위한 의도로 설정된 인물이다. 그런데 이와 같은 전업주부의 모습은 1980년대의 미디어에서는 흔하게 볼 수 있었다. 가족 간의 정과 인간의 삶이 지니는 근본적 아름다움에 대해 이야기하고, 누군가의 아내와 어머니로 사는 것에 늘 감사한 마음을 가졌던 때 묻지 않은 전업주부들.•

윤서래는 드라마 전반부에서 남편과 남편 가족이 뱉어내는 온갖 모욕의 말을 참아낸다. 굴욕을 참아가며 아내의 자리를 지켜내는 윤서래의 모습을 통해 20세기 후반의 미디어 속, '남편에게 큰소리치면서 남편의 경제권까지 가졌던 주부의 이미지'가 허구에 불과했음이 드러난다. 도리어 가족을 위해 주부로서 그 의무를 제대로 수행하지 않으면 당장 그 자리를 잃을 수도 있다는 사실이 더욱 드러난다. 이를 통해 주부가 자격은 아내이자 어머니였지만 동시에 가족에 종속된 도구였다는 대면하기 껄끄러운 '불편한' 사실이 이야기된다. 미디어에서 미화되었던 전업주부의 속사정이 표면화되는 것이다.

〈아내의 자격〉의 이야기는 넓은 거실에 세련된 인테리어의 부유층 아파트 내부를 보여주는 것에서 시작된다. 대형 로펌을 운영하는 시아버지를 둔 전업주부인 윤제 엄마(한명진)는 자녀를 국제중학교에 보냄으로써 '아내의 자격'을 인정받는다. 그러나 한명진은 친구 강은주에게 사실은 자신이 남편에게 잘 보이기 위해 심신이 바쁘다는 부끄러운 고백을 한다. 한명진은 시가와 친정 사이의 경제력과

• 1980년대 미디어에 나타난 순수한 전업주부의 이미지에 관해서는 이 책의 제3부 3장을 참조.

사회 지위 차이에 의한 권력관계로 인해 자신감이 상실되어 있으며, 남편에게 진정한 사랑을 느끼지 못하고 있음도 드러난다.

> 한명진: 몰라…. 오늘은 내가 정말 속이 상해가지고. 너랑 약속 없었음 낮술이라도 마셔버렸을 거야. (…) 아빠가 윤제 할아버지한테 은근히 저자센 거야. 윤제 아빠도 보는 데서. 그럼 난 뭐니? 나도 그래야 한다는 거 아니야. (…) 결혼해서 여태까지 나는 한 번도 내가 꿇린다고 생각한 적이 없는데 그게 순식간에 무너지더라니까. (…) 너는 그런 거 없어? 친정이랑 시댁 차이 나는 것 때문에 기분 나쁜 거?
> 강은주: 우리끼리 좋아서 결혼했는데 그런 걸 왜 따져?
> 한명진: 맞다… 모를 거야.
> 강은주: 왜 그래? 금슬 좋게 잘 살면서.
> 한명진: 그게 다 백조의 노력 덕분이지. 내 심신이 얼마나 바쁜지 넌 모를 거다. 겉으로는 여왕, 알고 보면 집사. (…) 불같이 사랑해서 결혼한 애들이 가끔 부러워. 서로 눈만 봐도 좋은 거. 난 그런 걸 못해봤잖아. (14회)

〈아내의 자격〉에 이와 같은 이야기는 또 존재한다. 한 부인은 불륜으로 이혼당한 윤서래가 부럽다며 자신도 먹고살 배짱만 있다면 남편에게서 쫓겨나고 싶다고 말한다.

> "부러워요. (…) 나도 쫓겨나고 싶어요. 먹고살 배짱만 있다면. 이런 얘기 정말 안 하려고 했는데, 너무 힘드니까… [선글라스를 벗어 남편에게 맞아 멍든 눈을 동네 아줌마들에게 보여주며] 애 공부 뒤처지면 내가 맞아요. 골병들어 죽기 전에 쫓겨나고 싶어요. 일부러 바람 펴서 쫓겨날까봐요." (9회)

표면상 중산층 이상의 아내는 사회적 지위가 있는 남편에다, 자식 교육에 큰 돈을 투자할 수 있는 능력까지 갖춘 것처럼 보인다. 그러나 아내가 남편에게 의존하는 권력 구도 안에서 아내는 가정의 계층 상승과 그 유지를 위한 노동을 수행하는 자가 될 수밖에 없다.

1980~1990년대에 통계에 잡히지 않는 '비정규직' 활동으로 가정경제에 일조한 주부들, 그녀들보다 훨씬 오래전부터 자식의 명문대 입학을 위한 열성으로 가족의 계층 상승과 그 유지에 기여한 어머니들, 그리고 가족의 계층 상승을 위한 아내들의 행보를 기대하지만 그녀들을 침묵의 시선으로 바라본 남편들. 주부들은 실로 엄청난 책무를 수행하라는 무언의 압박 속에서 동분서주했으나, 21세기에 이르러 갑자기 자녀를 억압하고 지나치게 치맛바람을 날리는 집단으로 위치되었다.

가족의 계층 상승을 위해 가족에게 여성의 모든 것을 헌신하게 만드는 '모성의 도구화'는 계층 이동이 어렵고 고용이 불안한 신자유주의 시대에 더욱 극단화될 수밖에 없다. 그럼에도 오늘날의 주부는 '일하지 않는 자'라는 오명 아래 맘충으로 전락되었다. 사실 주부가 시간을 자유롭게 이용할 수 있을 뿐이지 시간적 여유가 다른 사람에 비해 풍족하다고 할 수는 없다. 주부는 여전히 가족의 건강, 살림 등을 유지하는 책임자이면서 자식 교육에 큰 역할을 하는 주체지만, 미디어에서 주부의 존재성은 점점 더 혐오스럽게 왜곡되고 있다. 주부의 치맛바람·도박 등의 추태는 주부의 시간적·경제적 여유에서 비롯하는 것으로, 전업주부는 남편의 경제력에 기대어 집에서 태평한 세월을 보내면서 다른 여성을 시기하고 질투하는 존재로 간주되고 있다. 미디어에서는 모성이 도구화되어 가족을 유지시키고 사회를 발전시키는 데 기여한다는 사실이 함구된다. 다만, 자식의 삶에 자신의 모든 것을 건 듯한 어머니들이 각종 사회 범죄와 교육과 관련된 사건에서 문제적 집단으로 치부될 뿐이다.

〈아내의 자격〉 속 또 하나의 문제는 윤서래가 현재의 불행을 자신이 자초한 것이라 이야기하는 점이다. 남편의 사회적 지위를 보고 결혼을 했는데, 그게 잘못되었다는 것이다.

> "애초에 결혼할 때 내 속셈이 불순해서다. 그러면서 다 눈감고 넘어갔던 거. 세상이 당신 같은 사람, 당신 부모 같은 사람들 대접해주니까 나도 슬쩍 묻어 살아야지. 그러면 참 편할 거야 그랬거든. 당신이라는 사람 어떤지 다 알면서 같은 직장을 2년 넘게 다녔는데 어떻게 몰랐겠어. 당신은 보도국, 나는 미술부. 서로 만날 일 없었지만 당신이 워낙 유명했잖아. 내놓고 바람둥이도 아니면서 여직원 다 지분거리는 거. 처신 앞뒤 안 맞는 거 다 알았어. 그런데도 당신이 하다하다 맨 마지막으로 날 택했다 생각하니까 기분이 좀 그렇기 했지만 당신 조건에 혹했지. 뼛속까지 8학군에, 아버지는 고위공무원이라지, 어머니는 명문 여대 출신 인텔리에, 시누이는 최고 법률가 집안 며느리고. 그런 게 다 너무나 황홀해서. 딱 당신 하나만 놓고 보면 이건 좀 아닌데 하면서도 그냥 했어. 다른… 다른 뭐도 아니고 결혼을… (…)". (9회)

남성의 경제적 조건을 우선시하면서 사치와 허영을 일삼는 여성이 있다면 단연히 비판받아야 할 것이다. 부의 정도나 사회적 지위만으로 결혼 상대자를 정하는 것은 명백히 잘못된 행위라 할 수 있다. 그러나 기억해야 할 것이 있다. 그동안 한국사회에서 여성은 그 능력을 인정받고 독립적으로 활동하기가 대단히 어려웠다는 사실이다. 미디어에서는 여성이 대학을 나와도 능력 있는 남편을 만나 전업주부가 되는 것이 여성이 누릴 수 있는 최고의 행복인 것처럼 선전되었고, 여성의 경제적 능력은 가정의 화목과는 거리가 먼 것으로 간주되었다. 특히 1980~1990년대에는 대학원을 다니는 비혼 여성은 얼굴이 못생겼을 것이라는,

예쁘면서 비혼을 고집하는 여성도 뭔가 문제가 있을 것이라는 편견이 팽배했던 시기다. 사실 위 윤서래의 고백은 아내의 지위가 남편에 의해 결정되던 시기에 광범위하게 가질 수밖에 없었던 관념을 보여준다. 그렇기에 윤서래의 파탄 난 결혼(의 원인)을 개인의 윤리적 결함으로만 돌린다면, 파국으로 끝난 부부관계의 근본적 문제는 해결될 수 없다.

그리고 우리는 여기서 또 하나의 현실을 생각해보아야 한다. 〈아내의 자격〉에서 윤서래는 이주민들을 위해 치과 의료 봉사를 하는 착한 남자 김태오와 재혼한다. 현대의 속도성을 거부하는 김태오와 재혼했기에 앞으로 윤서래가 행복할 것으로 여겨진다. 또한 드라마 마지막 장면에서 자전거를 탄 윤서래는 김태오가 함께 가자는 길을 가지 않고, 자신이 가고 싶은 길을 혼자 달린다. 김태오가 그 길은 좋지 않다는 말을 했지만 윤서래는 그의 말보다는 자신의 기억을 믿고 달린다. 그 결과, 윤서래는 정말 아름다운 풍경을 다시 보게 된다. 이 장면은 윤서래가 더는 남자의 의도대로 움직이지 않고 자신의 삶을 스스로 결정해나갈 것임을 상징한다.

그러나 드라마가 아닌 현실 속에서 윤서래와 같은 여성이 이혼 후 행복한 삶을 이어갈 수 있을까. 현실은 드라마보다 훨씬 더 참혹하다. 현실에서 윤서래는 남편이 실업자가 된다면, 혹 아이를 더 교육시킬 마음이 있다면, 서비스업에 종사하는 감정노동자가 되어 가정일과 육아까지 도맡아 하면서 생활까지 책임지는 슈퍼맘이 되어야 하지 않을까. 하층계급의 여성들이 맞닥뜨리는 육체노동과 정신노동의 고통은 굉장히 크다. 그러나 미디어에서는 전문직 여성의 과로사만 주목될 뿐 하층계급 여성에게 주어진 엄청난 노동량은 이야기되지 않는다.

그렇다면 〈아내의 자격〉 속 강남의 상층계급인 한명진의 경우는 어떠할까. 그녀는 능력 있는 친정, 로펌을 물려받을 남편, 공부 잘하는 딸 등 모든 것을 갖추었으나 아들은 낳지 못하는 아내다. 한명진은 남편이 두 집 살림을 한다는 사실을 알기 전까지 아들을 갖지 못한 것만이 자신의 유일한 결점이라 생각한다. 중요한 것은 한명진이 자신의 위치가 남편의 말 한마디에 흔들릴 수 있음을 본능적으로 알았기 때문에 아들을 바랐다는 점이다. 실제로 한명진 남편의 내연녀가 실력과 인품을 다 갖춘 아들을 데리고 나타나자, 한명진의 시아버지는 한명진의 딸이 아닌 아들의 내연녀가 낳은 아들을 우선한다.

사실, 현재 미디어에서는 남성의 위상이 완전히 축소된 것처럼 이야기되지만 현실은 전혀 그렇지 않다. 여성의 취업률, 시험 통과율이 남성과 대등해졌거나 남성보다 우월해졌다는 사실만으로 성평등이 실현되었다고 말하기는 어리석은 일이다. 실질적 결정권자인 고위직에 여전히 남성이 주로 앉아 있다면, 유리천장은 깨지지 않는다. 〈아내의 자격〉의 마지막 회는 현재 표면상 폐기된 것처럼 보이는 가부장제 질서가 여전히 유지되고 있음을 잘 보여준다. 대한민국 대형 로펌의 대표를 아버지로 둔 한명진의 남편 조현태는 내연녀와 아들까지 낳았음에도 본처 한명진에게 다음처럼 말한다.

> "경거망동하지 말고 [아버지의] 하명 기다려."

특히 조현태의 외도를 비난하는 한명진의 오빠(한상진 분)를 대하는 조현태의 태도는 남성 중심 사회에서 큰 권력을 지닌 존재가 가질 수 있는 힘이 어떤 것인지를 드러낸다.

> 조현태: 그냥 충고 삼아 한마디 드릴게요. (…) 뭔가 하면 말이죠. 조현태 처남으로 남고 싶으시면요… 형님하고 저하고는 입장이 다릅니다. 그거 잊지 마세요.
>
> 한상진: 뭐가 달라?
>
> 조현태: 그럼 같습니까? 같습니까?

한상진: 그래. 다르지. 다르지…. 자넨 못할 짓이 없지. 갑 중의 갑 슈퍼 갑이니까. (16회)

표면적으로만 보면 가족 안에서 결정권자는 남편이 아닌 아내라 여겨질 수도 있다. 그러나 가족이데올로기를 구성하는 중심부에는 남성 간 경쟁에서 압도적 우위를 차지하면서 묵묵히 남성 중심의 사회를 지켜나가는 존재들이 있다. 바로, 남녀가 서로 대립해 싸우든 여성끼리 집단별로 갈리어 싸우든 염두에 두지 않고 자신의 질서를 굳건히 지켜나가는 남성들. 그 메커니즘 안에서 부러움의 대상이었던 한명진은 허울뿐인 아내로 한순간에 추락된다.

한명진은 자신의 아버지가 시댁에 직장을 청탁하기 전까지 조현태와 자신이 평등한 부부였다고 얘기하고 있으나, 실질적으로 그들이 평등한 부부였던 적은 없다. 한명진의 친정 아버지와 오빠는 한명진의 시아버지, 남편과 자주 식사 모임을 갖고 그들에게 청탁을 해왔다. 딸을 결혼시키고 가족으로 연결된 두 집안의 남성들은 자신의 입지를 굳히거나 신분 상승을 위해 서로 친목을 도모해온 것이다. 겉으로야 한명진이 비판받을 김치녀로 보이겠지만, 진정한 문제는 남성 간 경쟁 질서에서 우위에 서기 위해 자신의 딸이자 여동생인 한명진을 이용하는 아버지와 오빠에게 있다. 한명진은 남성 질서를 강화하는 도구일 뿐이며, 그녀에게 부여된 '김치녀'라는 오명은 남성 간에 벌어지는 권력 구도와 살벌한 경쟁 상황을 가리기 위한 가십에 불과하다.

한 가정을 유지하고 가족의 계층 상승에 일조하는 '모성의 도구화' 문제는 반드시 주목해야 한다. 관련된 예로, 대중에게 큰 주목을 받았던 〈SKY캐슬〉도 함께 언급할 수 있다. 이 드라마에서 의사의 아내인 곽미향(극중 한서진의 본명, 염정아 분)은 시댁과 남편의 경제력에 기생하면서 이웃을 경멸하고 자기 자식만 챙기는 악랄한 여자로 나오지만, 실질적으로 그녀는 한 가족의 계층 유지를 위해 노력하는 존재일 뿐이다. 곽미향은 이웃에는 부러운 존재로 간주되지만, 남편(정준호 분)과 자녀에게 무시당하는 순간 그 가정에서 의미 없는 존재가 된다. 의사인 남편 중심으로 돌아가는 가정에서 아내가 독립적으로 설 공간은 부재하는 것이다. 표면적으로 곽미향은 비열한 방법으로 결혼 경쟁에서 이겨 의사 집안에 입성한 '김치녀'로 보이지만, 이면적으로 그녀는 그들의 공간을 지키는 수단에 불과하다.•

〈아내의 자격〉은 남편이 어렵게 벌어온 돈을 자기 돈인 양 마음대로 쓰던 전업주부의 이미지가 허상에 불과함이 잘 그려져 있다. 한 가정의 아내로 어머니로 인정받기 위해 자신을 극단적으로 헌신해야 했던 주부의 존재성은 1990년대에는 '물질적·시간적으로 여유로운 안주인'으로 미화되었고, 21세기 신자유주의 시대에는 '교육적 병폐와 계층 갈등을 일으키는 맘충과 된장주부'의 이미지로 왜곡된다.

그러나 더 슬픈 사실은 신자유주의 시대에 이르면서, 가정일과 육아에만 전념할 수 있는 전업주부가 더더욱 존재하기 어렵게 되었다는 점이다. 인구 절벽 시대에 여성도 공식적으로 세금을 내는 일꾼이 되어야 하고, 내 집을 소유하고 자녀를 교육시키기 위해 어머니는 고되더라도 다시 어떤 식으로든 일을 시작해야 한다. 이런 상황에서 미디어는 상황에 따라 남편보다 돈 잘 버는 아내를 불행한 대상으로 혹은 선망해야 할 대상으로 전이시킬 수 있는 힘이 있다. 우리가 이 시점에서 꼭 기억해야 할 사실은 모성이 시대를 막론하고 가정을 유지하는 도구의 대상이 되었다는 점이다.

• 〈SKY캐슬〉에 대한 더 구체적인 분석은 이 책의 제5부 참조.

제4장

이혼녀 혐오 이미지의 변화, 신현모양처 담론의 생성

1. 모성과 아동을 관리하는 국가, 4인 핵가족의 유지를 위한

1980~1990년대에는 남편의 폭력에 시달리다 남편을 살인하게 된 여성이 '악마'로 기사화되었다면, 2010년대에는 가정폭력에 시달리는 여성을 피해자로 인식하고 법적으로 보호하려는 움직임이 나타났다.[1] 2018년, 한 아내는 이혼 뒤에도 남편의 위협에 시달리다 끝내는 남편이 휘두르는 흉기에 13차례 찔려 살해당한다. 그녀는 2015년 신음조차 낼 수 없을 만큼 구타를 당해 경찰에 신고를 했지만, 남편은 몇 시간 뒤 풀려났고, 그녀는 계속적으로 남편의 살해 위협에 노출되었다.[2] 수십 년간 남편의 폭행과 살해 협박에 시달리다가 "재산분할도, 위자료도 포기할 테니 이혼만 하게 해달라"라고 읍소하는 아내의 모습[3]은 2015년이 넘어서야 제대로 '피해자'의 위치에서 바라보게 되었다고 할 수 있다. 물론 사람들은 이혼도 하지 않고 무려 37년 동안 끔찍한 폭력을 남편에게 당하다 마침내 그 남편을 살해하고야 만 여성에게 "왜 그동안 이혼을 하지 않았냐?"라고 물을 수도

있겠지만, 죽음의 위협에도 이혼을 하지 못한 이유는 아내의 어리석음에만 있는 것이 아니다. 이 여성은 성인이 된 두 아들과 며느리에게 "이러다 죽는다. 제발 이혼하시라"는 말을 듣지만 남편과 이혼하지 않았다. 아내가 연락을 받지 않는다는 이유로 남편이 아내에게 유리잔과 진열장의 수석을 던지자 술에 취한 그녀는 남편이 던진 돌로 남편을 죽이게 되는데, 정신을 차리고 나서 "차라리 이혼했어야 했다"며 후회한다.[4] 이 여성이 이혼을 쉽게 선택하지 못한 건 한국사회에 이혼녀를 배척하는 20세기 가족이데올로기가 내재화되었기 때문이다.

2010년대에 남편과 아내 사이에 벌어지는 험악한 살해 사건의 원인은 많은 부분 이혼녀를 악녀로 재단해버리는 20세기 가족이데올로기에 있다고 할 수 있다. 그동안 해체가 절실하게 필요한 가정이 존재해도 '가족'이라는 공동체를 유지하는 것에만 급급했던 한국사회에서 여성에게 이혼은 용인되지 않았던 것이다.

이혼녀는 1980~1990년대에 가족을 무너뜨리는 주범으로 이미지화되었다. 이혼녀는 자신을 보호할 남편이 없어서 범죄의 대상이자 동시에 이혼녀는 악랄한 범죄자로서 심각한 사회문제를 일으키는 존재였다. 그러나 외환위기 이후에는 이혼을 인생의 실패로 간주하면 안 된다거나 한부모 가정에 대한 편견에서 벗어나자는 가치관을 바탕으로 이혼 담론이 새롭게 구성되고 있다.[5]

1990년대 후반, 이혼녀와 결혼한 총각이 "내 아내는 남편의 나쁜 성격에 상처 받았을 뿐 이혼했다고 도덕적으로 비난받을 대상이 아니다"라고 이야기하며, 서로를 존중해주는 재혼가정의 모습이 보도된다.[6] 이혼녀에 대한 편견이 옅어지는 양상은 중년이혼 및 황혼이혼을 설명하는 방식에서도 찾을 수 있다. 1970년대 한국사회에서는 일본의 황혼이혼이 경제적 여유가 생기면서 가능해진 감정적 사치, 개인주의적 경향 때문이라고 언급된다. 그러나 2000년대 한국사회에서는 순종만을 강요하는 남편에게 황혼이혼을 청구하는 노년 여성은 자신의 정당한 권리를 행사하는 것으로 서술되고 있다.[7]

분별력이 완숙한 50대이지만 마음의 동요는 이때 더 잘 드러나는 모양이다. 인생의 황혼기를 앞에 두고도 장래의 불안한 위기감이 흉중에 싹트는 것은 어쩔 수 없는 일. 이 순간 아름답지 못했던 과거 인생을 청산, 재출발을 해보려는 심경의 변화가 곧잘 일어나곤 한다. 이때 경제적으로 자신만 있으면 불편한 배우자의 굴레에서 벗어나 자유로운 몸이 되고 싶은 심경이 강하게 작용한다고 한 전문가는 지적한다.

그러나 50대의 이혼은 어쩌면 서로가 독립적으로 살아갈 수 있다는 경제력, 여유가 생김으로 해서 가능한 감정적 사치, 개인주의적 경향 등이 그 시발점을 이루고 있을지도 모른다.

— 〈인생을 재출발한다, 50대 이혼 늘어—일(日), 12년 전보다 50% 증가, 자녀 출가-가족제도 무너져 참아왔던 갖가지 불만 폭발〉(《조선일보》, 1979. 10. 23, 4면)

"부부생활 파경의 더 큰 책임은 평생을 권위적인 방식으로 가정을 이끌어온 피고가 한 차례 이혼 소동 후에도 계속 억압적으로 원고를 대해온 데 있다고 판단한 원심은 정당하다"고 밝혔다.

A씨는 57년부터 B씨와 살았으나 순종을 강요하는 남편과 갈등을 겪던 중 94년 남편이 자신을 내쫓은 뒤 생활비조차 주지 않자 96년 이혼소송을 내 '황혼이혼' 논란을 불러일으켰다.

— 〈'황혼이혼' 할머니 대법서 최종 승소〉(《조선일보》, 2000. 9. 7, 26면)

2010년대에 이르러, 이혼녀에 대한 혐오 이미지는 뚜렷하게 약화된다. 물론 2010년대에도 이혼녀들에 대한 편견이 완전히 사라졌다고 보기는 어렵다. 폭력을 일삼는 남편과 이혼했음에도 이혼녀에게 "'자식 버리고 혼자 먹고 사는 여자'라는 꼬리표가 붙"는 것이다.[8] 학교에서도 학교운영위원회 학부모위원을 선정할 때 "계부나 계모의 피선거권을 인정하지 않는" "재혼 가정 차별"의 측면도 문제가 된다.[9] 2010년대에도 사라지지 않는 한부모 가정에 대한 편견은 1980~1990년대에 존재했던 이혼녀에 대한 인식이 지속된 것이라 할 수 있으며, 이러한 편견은 시간이 지날수록 약해질 것이다.

외환위기 이후 악화되는 경제 상황에서 가난을 관리하고, 사회를 지탱할 수 있는 청년 계층을 양산하는 것이 화두가 된 지금, 이혼녀 담론은 완전히 달라지고 있다. 가정의 경제를 유지하기 위해 가정경제를 남편만의 임금노동 활동만으로 유지를 하는 것은 비현실적이 되었으며, 출생률이 낮은 상황에서 이혼녀를 악녀로 매도하는 방식은 비생산적이 되었다. 국가의 입장에서 출생률을 고려하면 아이가 없는 골드미스보다는 아이가 있는 돌싱녀가 긍정적 존재가 된 것이다.[10]

2000년대에 이르러 등장한 '된장녀', '된장주부', '김치녀' 등의 여성혐오 표현은 1950년대 이후, 사치와 허영의 존재로 비판받았던 여대생과 주부의 면모가 지속·확장된 것이다. 그러나 외환위기 이후 이혼녀의 존재성은 그 이전의 미디어에서는 찾아보기 어려운 새로운 형태로 형상화되고 있다. 2010년대에는 경제적으로 자립해 훌륭하게 자식을 키우는 이혼녀가 긍정적으로 이미지화되거나, 경제적 어려움을 이겨내지 못한 채 자녀를 학대하는 이혼녀가 사회 기관의 도움으로 계도되는 양상이 나타난다.

먼저 이혼녀의 건강한 생활력이 강조되거나 한부모 가정의 자녀들이 건전하게 성공을 이루는 기사는 다음과 같은 성격을 지닌다. 1980~1990년대에 이혼과 가난으로 부모에게 버림받는 아이들에 대한 기사는 대부분 부모의 이혼이 얼마나 자녀에게 정서적으로 악영향을 끼쳐 자녀를 잠재적 범죄자로 성장시키는지에 초점이 있었다.• 그러나 외환위기 이후에는 어머니가 경제적·육체적으로 힘든

• 1980~1990년대 부모의 이혼이 자녀의 정서에 끼치는 영향에 대한 기사는 이 책의 제3부 4장 참조.

상황에서 가족을 이끌어가는 모습,[11] 부모가 이혼했지만 자녀가 자신의 꿈을 이루기 위해 노력하는 모습[12]이 보다 강조된다.

이혼 가정의 건강한 생활력에 초점을 맞춘 기사는 굉장히 많지만, 대표적으로 〈3대 모녀, 절망서 길어 올린 '맛있는 희망'〉[13]을 살펴볼 수 있다. 딸의 재롱에 즐거워하던 가정은 아내가 추락 사고를 겪고 전신마비가 되면서 완전히 파탄이 났다. 남편은 아내에게 이혼을 요구하고 사라져버린다. 갑자기 인생의 큰 시련을 맞게 된 여자는 어머니에게 자신을 죽여달라고 했지만, 늙은 어머니는 이혼한 딸을 묵묵히 끌어안으며 억대 빚을 지면서도 생계를 이어가기 위해 발버둥 친다. 그런 어머니에게 구세주와 같은 호텔 주방장이 나타나고, 그의 코치 덕분에 매출이 상당한 음식점을 운영하게 된다. 이웃의 관심과 어머니의 따뜻한 사랑으로 안정된 가정은 다시 화목을 되찾는다. 남편은 없지만 이혼당한 여성은 자신의 어머니와 딸과 함께 다시 일상을 즐겁게 이야기할 수 있는 삶을 되찾게 된다. 여성이 사고를 당할 때 두 살이었던 딸은 어느덧 열한 살 학생으로 성장했고, 그 딸은 열심히 공부해 의사가 되어 어머니의 병을 고치리라는 희망을 품는다.

또한 외환위기 이후 이혼녀는 가난한 1인가구나 여성 '한부모' 가정이 되는 경우가 많았고, 그래서 국가적 차원에서 문제적 계층이 된다. 2001년 기사에 따르면, '한부모' 가정의 80퍼센트를 차지하는 여성 '한부모' 가장들은 이혼 후 12퍼센트만이 전 남편으로부터 양육비를 받고, 은행 대출에 어려움을 겪는 등 남성 가장보다 더 심한 편견 속에서 살아가고 있는 것으로 조사되었다.[14]

물론 어렵게 사는 이혼녀를 도와주어야 한다는 내용을 담은 기사도 많지만,[15] 이혼녀에게 학대당하는 아동에 대한 내용을 담을 기사도 빈번하게 다루어진다. 이 중에는 아버지와 계모에게 학대를 당하는 아이에 대한 것도 있지만, 친모에 의한 아동 학대는 대중을 더 경악하게 만든다. 친모가 자신의 아이를 학대하는 것은 계모가 남편의 자녀를 학대하는 것보다 더 악마적 행위로 이해되기 때문이다.

특히 2010년대에는 친어머니가 자녀를 학대하고 방치하는 기사를 쉽게 찾을 수 있다. 기사에는 술에 중독되어 아이를 방치하고 집을 쓰레기장으로 만든 어머니, 모친의 집에서 자신의 아이를 학대하다가 자녀를 숨지게 한 이혼녀, 자신이 이혼으로 받은 스트레스를 풀기 위해 뇌손상에 화상을 입히며 두 딸을 학대한 어머니가 나온다.[16]

이혼녀의 아동학대 사건의 경우, 사회와 국가의 역할이 더욱 긍정적으로 강조된다. 술에 중독되었던 이혼녀는 지역사회의 손길로 점차 심리적 안정을 찾는다. 국가는 아동을 보호하기 위해 상황에 따라 어머니의 친권을 상실시키거나, 국가가 친어머니 대신 대리모의 역할을 수행한다. 구체적 사례를 살펴보면, 한 학교에서 교장과 교사가 이혼한 어머니의 방관으로 방치된 아동(초등 5년)이 다시 정상적으로 학업을 할 수 있도록 도운 사건이 있었다. 교장은 어머니처럼 아이의 손을 잡고 등교해 교장실에서 매일 두 시간 동안 쓰기와 셈하기를 아이에게 가르쳤다. 아이는 점점 적응을 했고, 다시 아이는 교무실에서 보조교사의 지도 아래 기초 학습을 했으며, 그 주변에서 연륜 있는 교사들이 그 아이를 애정의 손길로 보듬었다. 자녀를 방치했던 어머니 역시 상담을 통해 아이를 사랑으로 대하는 방법을 배웠고, 아이는 다시 친구들과 밝게 학교를 다니게 된다.[17]

위의 기사에서 알 수 있듯, 2010년대에는 이혼녀가 아이를 제대로 양육할 능력이 부재하다면, 국가가 모성의 역할을 대신하는 면모가 등장한다. 한 개인의 모성이 국가로 이양되는 양상은 이혼녀의 존재성까지 바꾸어놓는다. 1980~1990년대에 이혼녀가 가정을 해체시키는 최대 '공공의 적'이 된 이유는 이혼녀에게는 '타인을 보살피는 모성' 능력이 부족하다고 여겨졌기 때문이다. 그래서 이 시기 이혼을 했거나 이혼을 하려는 여성은 모사에 능하고, 생활이 문란하며, 자신의 목적을 이루기 위해 살인까지 불사하는 존재로 형상화되었다. 그런데 외환위기 직후에는 '가난'의 문제로 이혼이 부정적으로 서술되기는 했으나, 이혼녀와 재혼 가정에 대한 부정적 인식은 이전 시기보다 훨씬 완화되었다. 그리고 2010년대에는 국가의 교정을 통해 어머니로서 자질이 부족한 여성도 자식을 제대로 양육할 수 있음이 강조되었다.

2010년대에는 이혼녀의 새로운 파트너로 '국가'가 부상되었다.• 1950~1960년대에는 자녀에 친권을 가질 수 없는 어머니가 동정의 대상이 되었고 1980~1990년대에는 어머니도 친권을 가져야 한다는 목소리가 높아졌다면, 2010년대에는 단순히 친권이 아버지나 어머니가 가질 수 있는 '혈육'의 권리로 치환되지 않고 국가가 판단해 자녀에게 문제가 생길 수 있는 소지가 있다면 친부나 친모에게도 친권을 주지 않는 경우가 생기기 시작했다. 국민의 출생과 양육에 국가가 깊게 관여하고 그것들을 조정하기 시작한 것이다.

아래 인용문에는 국가가 아동의 가정 문제에 적극 개입하는 양상이 잘 드러난다. 한 아동이 어머니의 품에서 자라는 것이 무조건 옳은 게 아니기에 상황에 따라 아동을 국가가 관리하겠다는 입장인 것이다. 또한 저소득층의 소녀가 2차 성징에 어떻게 대응할지 모르거나 생리대를 사는 것을 어려워하면, 이제는 연락두절 된 이혼한 어머니의 모성을 이전만큼 문제 삼지 않는다. 그보다 지역사회가 청소년을 보호하는 역할을 수행하고 있음이 강조된다. 이처럼, 시간이 흐를수록 이혼녀의 모성이 문제되기보다는 국가의 역할이 강조되고 있다. 국가가 아동과

• 정확한 통계 자료를 제시하기는 어렵지만, 경제적 문제로 한부모 가정이 된 경우 중에는 아버지-자녀보다 어머니-자녀인 경우가 더 많으리라 여겨진다. 2010년 기준 혼인 상태지만, 가족의 연이 사실상 끊긴 가정은 아빠가 가정을 떠난 사례(31만 8481가구)가 엄마가 가정을 떠난 사례(9만 4312가구)보다 훨씬 많다(〈불황이 낳은 '무늬만 가족'—"살기 힘들다" 가출 급증… 법적 혼인 상태지만 해체된 가정 41만 가구〉, 《동아일보》, 2013. 1. 10, A13면). 게다가 한부모 가정 중 위자료나 양육비를 받는 경우도 소수에 불과해 경제적으로 위기에 처한 이혼(위기에 놓인)녀의 파트너는 사실상 전 남편이 아니라 '국가'가 되었다. 위 〈불황이 낳은 '무늬만 가족'〉에서도 아내가 남편에게 받지 못한 양육비를 국가가 미리 아내에게 주고, 후에 국가가 남편에게 양육비를 받는 제도가 고민되고 있는 것으로 나타난다. 가족의 구성과 유지에 '국가'의 개입과 역할이 점점 커지고 있는 것이다.

청소년에게 '이혼으로 부재한 어머니의 역할'과, '같이 살고 있지만 미진한 어머니의 역할'을 대신 해주겠다는 것이다.

> 경찰은 8년 전 B 씨와 이혼할 당시 양육 의사가 없었던 A 양의 모친을 찾았다가 다시 양육을 거부당하면 자칫 아이에게 상처를 줄 수 있다고 판단해 선불리 나서지 않고 있다. 친권자인 모친이 나타나더라도 친권을 행사하기 어려운 중대한 이유가 있다고 판단하면 법원은 친족이나 전문기관 등 제3자를 후견인으로 지정할 수 있다.
>
> —〈'16kg 소녀 학대' 아버지 친권 정지〉(《동아일보》, 2015. 12. 29, A14면)

> 부모님은 이혼하고 난 뒤 연락이 끊겼다. 은수는 할아버지와 함께 경제적 어려움 속에서도 꿋꿋하게 지내왔다. 지난해, 초경을 하기 전까지는. 그날 은수는 막막했다. 생리대는 어디서 사야 하는지, 어떻게 착용하는지 알려줄 사람이 없었다. 친구에게도 물어보지 못했다. 친구들도 그런 걸 물어보진 않았기 때문이다. 문득 잊고 지내던 엄마의 빈자리. 마음 한편이 아려왔다. (…) 정부와 지방자치단체 차원에서 여아 지원 사업이 꾸려졌고 개인 후원도 고개를 들었다.
>
> —〈사춘기 혼자 견디는 소녀, 엄마 손길로 보듬어주세요〉(《(조선일보 공익섹션) 더나은미래》, 제167호, 2018. 10. 30, F8면)

1980년대에 이혼녀 담론에서 이혼녀의 '모성 부재'가 가장 부정적으로 서술되었다면, 2010년대에는 일반 가정주부에게 모성 부재 이미지가 부여되고 있다. 또한 2010년대 모성이 강조되는 기사는 대다수가 '아기의 탄생'과 관련된 것이라 할 수 있다. '아이를 낳는 행복'을 이야기할 때 모성은 다시 호출되는 것이다. 그 한 사례로 한 어머니가 주변의 만류에도 7명의 아이를 낳아 잘 키울 수 있었던 이유는 그녀가 '엄마'이기 때문이다.

> "원치 않는 아이를 가졌을 때 아이를 포기할 이유는 많다. 하지만 엄마만이 아이를 지킬 수 있다. 엄마만 변치 않고 잘 버티면 주변 사람들은 엄마를 따르게 된다. 이혼하자며 가출했던 남편은 두 달 만에 돌아왔다. 여섯째를 낳고 집에 왔을 때 남편이 장미 여섯 송이를 사들고 왔다. 결국 아이를 받아들인 것이다. 3년 뒤에 막내를 낳았다."
>
> — 〈신(新)여성시대〉 6부 나는 엄마다 (하) 자식이야말로 내 존재의 이유—단칸방서 일곱 아이 키우고〉(《동아일보》, 2013. 12. 26, A32면)

인용문에서 볼 수 있듯, 2010년대 미디어에서는 출생과 관련된 미담에서 '가족의 해체'와 대별되는 '가족의 행복'이 형상화되고 있다. 이혼의 반대편에 있는 '가족의 화목'은 아이의 출생과 가장 긴밀하게 연결되며 이미지화되고 있다.[18]

2010년대에 이르러 한국사회에서는 여성이 아이를 둘 이상 낳는 것이 국가의 가족 정책에서 핵심 사안이 되었다. 부모와 그들의 자녀로 구성된 4인 핵가족을 유지하기 위해서는 이혼과 재혼의 이데올로기를 만들어 여성을 가두는 것보다 출생 미담을 구성하는 게 더 중요해진 것이다. 국가의 입장에서 4인 핵가족을 안정적으로 유지할 수만 있다면, 화목한 재혼 가족을 꾸려 자녀를 더 낳는 게 4인 핵가족 유지에 더 좋은 것이기 때문이다. 또한 1950년대 이후 이혼 담론에서 중대한 관심사였던 양육권도 부차적 문제가 되었다. 이제는 양육권을 아버지와 어머니 중 누가 가질 것인가가 화두가 아니다. 부모가 제대로 양육하지 못할 거면, 이제는 국가가 양육에 개입하겠노라는 전제가 더 중요해졌다는 점에서다.

이러한 점에서 1980~1990년대 최고의 혐오 여성이었던 이혼녀의 이미지가 2000년대 이후 바뀐 이유를 여성의 지위가 향상된 것에서만 찾으면 안 된다. 국가

입장에서는 가난을 관리하기 위해 어머니의 생활력이 강조되는 것이 유리하다. 또한 국가적으로 출생률을 높이기 위해 여성을 이혼과 재혼의 편견이나 부정적 이데올로기에 가두기보다 모성이 강조된 출생 미담이 구성되는 편이 더 좋을 것이다. 그래서 오늘날 이혼녀의 이미지는 '급변'할 수 있었다.

2. '품격 있는' 이혼녀의 윤리, '품위 있는' 조강지처의 윤리

2000년대에 이르러 이혼녀의 존재성은 완전히 달라지는 것처럼 여겨진다. 대중은 가부장제적 남편에게 평생 희생을 강요당하다가 중년이나 노년에 이혼 소송을 하는 여성을 응원한다. 그리고 한부모 가정에 대한 편견이 해소되어야 한다는 사회적 담론이 형성되면서 '이혼녀'에 대한 혐오 이미지가 퇴색된다. 그러나 남편의 실직이나 퇴직으로 남편의 경제력이 상실되었을 때 아내에 의해 선택된 이혼, 부인의 불륜에 의해 이루어지는 이혼의 경우[19]는 다르다. 이 경우 이혼녀는 누구도 이견을 제시할 수 없는 혐오적 대상이 된다.

1990년대까지만 해도 미디어에서 불륜은 대부분 기혼 남성의 문제로 간주되었으며, 설사 남편이 그랬다 하더라도 아내가 이혼을 선택하기는 어려웠다. 아내가 남편으로부터 경제적 자립을 하지 못한다면, "이혼만이 능사가 아니"기 때문에 아내에게 "남편의 마음을 되돌리"는 데 신경을 쓰라거나, 함께 살 작정이라면 아내에게 "남편의 '악행'을 동네방네 알리는" 것보다 "남편에 대한 '진정한 관심'"을 권유한다.[20] 또한 불륜한 남편이 강하게 비판되는 기사를 찾아보기 어렵다. 심지어는 아내의 완벽주의적 성격, 아내가 남편을 감시하는 태도가 남편의 외도를 부추겼다고 이야기되기도 한다.[21]

그런데 갑자기 외환위기 이후 기혼 여성의 불륜이 가정을 위기로 만드는 심각한 사건임이 강조된다. "남편의 부정이라는 고전적 이혼공식이 깨진 지 오래"라는 것이다.[22] 그러나 부부의 외도 문제에서 아내의 부정 사례가 어느 정도 비율을 차지하는지 정확하게 밝히는 사례를 찾기는 어렵다. 또한 기억해야 할 것은 남편이 불륜을 저지르거나 남편이 아내를 학대하는 것은 대체로 굉장히 문제가 되어 그동안 주요 이혼 사유였다는 점이다.[23][24] 그런데 외환위기 이후 급작스럽게 대한민국이 기혼 여성의 불륜공화국으로 여겨질 만큼 기혼 여성의 성적 문란함이 문제로 떠오르게 된다. 이러한 기사에서 아내는 남편보다 경제력은 우세하지만 아내의 윤리는 실종 상태에 있는 것으로 서술된다.

> 이혼사유도 많이 달라졌다. 과거에는 성격 차이나 고부 갈등이 주된 이유였지만 이젠 배우자의 인터넷 채팅 중독, 부인의 남편 구타 같은 예전에는 상상하기 힘들었던 이혼사유들이 등장하고 있다. 지난 4월에는 가족들을 상대로 폭언과 폭행을 일삼은 60대 할머니에게 이혼 및 위자료 5000만 원 판결이 내려졌는가 하면, 인터넷 채팅에서 만난 남자와 해외로 도피했다 귀국해 이혼소송을 낸 40대 주부가 패소하는 등 '사이버 불륜'으로 인한 이혼소송도 다수 법원에 계류 중이다.
>
> —〈이혼, 과거엔 최후수단 요즘은 '손쉬운 해결책'〉(《조선일보》, 2001. 5. 24, 27면)

> 사업에 실패하고 경제력을 잃은 뒤 아내의 무시와 폭언에 시달렸다. 최근 아내의 외도 사실이 드러났지만 자식들은 자영업을 해 경제력이 있는 어머니 편을 들었다.
>
> —〈(오늘 부부의 날)퇴직하니 찬밥 신세…황혼이혼, 남편의 반란—경제력 잃자 아내-자식들 무시, "이혼하고 나를 위한 삶 살겠다", 60세 이상 상담 5년 새 10배로〉(《동아일보》, 2016. 5. 21, 1면)

범람하는 **性** 무너지는 **家庭** ③ 〈끝〉

脫線이혼이 탈선자녀 만든다

온천관광… 채팅… "남녀구분없이 不倫"
전체 이혼건수 44%가 상대방 不貞때문
이혼자녀들 가출-청소년 범죄 등에 빠져

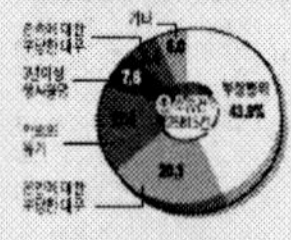

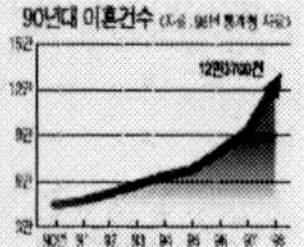

〈(범람하는 성 무너지는 가정 3-끝) 탈선 이혼이 탈선자녀 만든다—온천관광…채팅…"남녀 구분 없이 불륜", 전체 이혼건수 44%가 상대방 부정 때문, 이혼 자녀들 가출-청소년 범죄 등에 빠져〉(《조선일보》, 2000. 2. 8, 29면)

2010년대에 이르러, 기혼 여성의 불륜은 윤리적 측면에서 더욱 문제적으로 형상화된다. 40세의 여경은 같은 과에 근무하던 남성과 애틋한 사이로 발전했고, 이 둘이 여경의 집에서 성관계를 하다가 불시에 귀가한 여경의 남편에게 들킨다. 남편은 아내의 불륜에 충격을 받아 우울증에 시달리며 정신과 치료를 받기도 한다.[25] 기혼 여성의 윤리가 실종된 가장 극적인 사례로, 나이 많은 90억 치매 자산가 남편을 한순간에 걸인으로 만든 한 여성에 대한 사건을 들 수 있다. 한 60대 여성은 정보기술 분야 유명 사업가의 아들 A씨를 만나 결혼한 후, 10개월 동안

그녀 만난지 1년여 만에… 90억 치매 자산가 걸인 신세로

60대女, 유명사업가 80대 아들에 접근
만난 두달만에 토지양도 첫 '작업'
혼인신고후 모든 재산 처분뒤 사라져
자산가, 거리서 음식 얻어먹다 발견돼
체중 10kg 줄어… 가족, 혼인무효訴

〈그녀 만난 지 1년여 만에… 90억 치매 자산가 걸인 신세로—60대 女, 유명 사업가 80대 아들에 접근, 만남 두 달 만에 토지 양도 첫 '작업', 혼인신고 후 모든 재산 처분 뒤 사라져. 자산가, 거리서 음식 얻어먹다 발견돼, 체중 10kg 줄어… 가족, 혼인무효소(訴)〉(《동아일보》, 2016. 1. 13, A12면)

남편 재산을 매각해 현금으로 바꾼 뒤 이혼한다. 이혼 후 혼자 남겨진 남편 A씨는 배가 고파 길거리에서 음식을 얻어먹다가 경찰에 발견되었다.[26]

2010년대에 미디어에서는 이혼의 윤리가 새롭게 주조되기 시작한다. 여성의 이혼을 부정적으로 보지 않는 대신 기혼 여성에게 '품격' 있는 이혼의 윤리가 제시된다. 외환위기 이후에는 주로 기혼 여성의 문란함으로 인한 이혼이 언급되었고, 실직한 남편을 하대하는 아내의 태도가 비판되었다. 그러나 2010년대에 미디어에서는 두 방향에서 기혼 여성의 이혼 윤리가 새롭게 강조되고 있다. 첫째, 남편의 내연녀가 성격이 악독하거나 사회적 지위가 있어 본처가 쉽게 제어할 수 없는 상황이다. 이때 본처가 할 수 있는 일은 인터넷 등 가상공간에서 자신의 억울한 사연을 하소연하는 것밖에 없다. 그러나 이는 미봉책에 불과하며, 아내는 남편과 결별해 독립할 수 있는 힘을 가져야만 주체적 삶을 살 수 있는 것으로 나타난다. 둘째, 자녀 양육 등 여러 상황 때문에 남편과 이혼하지 못했다면, 아내가 힘겨운 시간을 감내하면서 괴물 같은 남편을 품을 수 있는 존재가 되어야 하는 상황이다. 아내가 품격 있는 조강지처의 윤리를 보여주었을 때, 불행했던 가족은 화목한 가족으로 거듭날 수 있다.

예를 들어, 20세기에는 본처와 정면 대결을 할 수 없었던 남편의 내연녀가 2010년대에는 끔찍한 모습으로 본처의 지위를 위협한다. 내연녀는 심부름센터 직원을 시켜 본부인을 성폭행하라는 사주를 하는 것에 그치지 않고, "청산가리 소주"로 본부인을 독살하는 악독한 존재다.[27] 또한 남편이 이혼을 거부하는 아내를 독살 후 태워 죽인 다음, 일본으로 내연녀와 도피하는 사건이 발생한다.[28] 남편이 자신의 내연녀와 철저하게 공모했기에 아내를 죽이는 범죄를 저지를 수 있었을 것이다.

그러나 2010년대에는 상대적으로 본처에게 남편의 내연녀를 압도할 힘이 부재한다. 특히 앞에 제시한 사건 중 청산가리가 든 소주를 먹고 죽임을 당한 본처는 7년 만에 얻은 딸을 위해 가정을 지키려 내연녀에게 3억 5000만 원을 건네며 불륜을 끝내달라고 애원한다. 반면, 악독한 내연녀는 본처를 살인한 증거를 없애고 경찰에 자신이 인격장애자처럼 행동하며 범행을 부인한다.[29] 일반적으로 남편의 불륜에 의해 억울하게 이혼을 하게 된 아내가 하소연을 할 데는 마땅치 않다. 그래서 본처는 SNS에 남편 내연녀의 신상털이 등을 한다.[30] 그러나 본처는 네티즌의 충고를 따르다가 오히려 내연녀에게 고소를 당하기도 한다.[31]

또한 2010년을 넘어서면서 미디어에서는 본처가 남편과 내연녀에게 휘둘리지 않으려면 이혼해도 남편에게 경제적으로 독립할 수 있어야 함이 은근히 강조된다. 간통죄가 법적으로 위력을 발휘했던 2000년 전후만 해도 경찰의 불륜 수사는 적극적이었다. 그러나 2010년에 이르면 아직 간통죄가 위헌결정(2015년 2월 26일)이 나기 전인데도 분위기가 달라져, 남편은 불륜을 했음에도 아내에게 당당하게 이혼 요구를 하고 아내는 눈물을 흘리는 경우가 생기게 된다.[32] 그러나 변호사였던 아내 A는 남편이 다른 여성과 외도한 것을 의심한 뒤 내연녀의 집을 알아내고, 현관문을 부수고 물건을 훔쳐서 불륜 증거를 확보한다.[33] 물론 아내 A는 주거침입으로 불구속기소 되고 벌금 300만 원의 유예판결을 받았지만,[34] 남편의 외도에 눈물만 흘린 것은 아니었다고 할 수 있다. 또한 경제력이 있었던 아내는 이혼 이후의 삶도 쉽게 도모할 수 있었을 것이다.

그러나 2010년대 미디어에서는 아내가 남편의 불륜에 '이혼'을 택하는 일만이 능사가 아닌 것으로 언급된다. 여전히 남편의 불륜을 인내하는 조강지처의 존재성이 강조되며, 조강지처로서 아내의 품격은 한 가족의 운명까지도 결정하는 것으로 얘기되는 것이다. 한 아내는 남편이 끊임없이 외도를 했지만, 남편의 경제적 도움 없이는 아들과의 생활이 쉽지 않았기에 이혼을 하지 못한다. 아들은 점점 아버지보다 어머니를 원망하기 시작한다. 어머니가 이혼을 택하지 않고 아버지와 계속 사는 이유를 알 수 없고, 어머니가 상처 받고 외로워하는 자신을 방치한다는 생각까지 들었기 때문이다. 그러던 중, 아버지는 어머니와 친한 어떤 여자를 성폭행하려 했고 이에 구치소에 수감되기까지 한다. 그러나 어머니는 슬픔과 수치스러움을 뒤로하고, 남편 대신 피해자에게 사과하며 합의를 위해 백방으로 뛰어다닌다. 주목되는 점은 이후 몇십 년 동안 바뀌지 않았던 아버지의 마음이 달라졌다는 사실이다. 아버지는 어머니에게 평생 속죄하고 봉사하는 마음으로 살겠다고 다짐하고, 부모를 원망하던 자녀도 그들을 이해하게 된다.[35] 어려운 시절을 함께 보낸 부인의 존재성은 조강지처로서 파탄 난 가정의 화합을 도모하는 열쇠가 된 것이다.

반면, 다른 사건에서 한 남편은 같은 동네에 사는 여성에게 억대 돈을 주며 5년간 불륜을 저지르고, 이 내연녀가 헤어지자고 하자 분노한다. 몇 개월 후, 남편은 자신의 불륜 사실을 아내에게 들키고, 남편은 아내에게 내연녀가 "꽃뱀이었던 것 같다"고 거짓말을 한다. 가족들은 자신들의 남편(아버지)이 꽃뱀에게 당했다고 흥분하며, 내연녀였던 여성을 협박해 돈을 타내기로 뜻을 모은다. 그 과정에서 아내는 내연녀의 머리를 붙잡고 폭행하며 "내 남편이 너한테 5년 넘게 2억

원을 줬다는데 반이라도 받아야 겠으니까 각서를 쓰라"고 하고, 각서를 작성하지 않으면, 내연녀가 일하는 "미용실에서 망신을 주고 딸 직장에도 불륜 사실을 폭로하겠다고 협박"한다. 경찰의 수사 결과 '꿔줬다'는 돈에 대한 아무런 증빙 서류가 없어 부부는 죗값을 치르게 된다. 신문에는 이 부부가 "탈선으로 집안을 거덜내고 부인까지 전과자로 만든 가장, 자식들까지 동원해 불륜녀로부터 돈을 뜯어내려 한 조강지처"라고 표현된다.[36]

이 사건에서 아내는 남편의 내연녀를 협박해 돈을 받아내려다가 남편과 함께 전과자가 되고 말았다. 남편이 탈선을 한 것이 문제의 발단이라 할 수 있지만, 신문에서는 결국 이들 부부가 전과자가 된 까닭이 아내가 남편의 불륜을 조강지처로서의 품위를 가지고 해결하지 못했기 때문으로 형상화된다. 품위 없는 조강지처의 행위가 강조되어 묘사되는 것이다.

2010년대 후반의 미디어에서 이혼녀는 부정적으로 형상화된다고 보기는 어렵지만, 그 원인이 여권신장에 있다고 생각할 수는 없다. 현 한국사회는 남편에게 기대지 않는 아내의 경제력과 생활력을 기대하고 있다. 남편으로부터 독립할 힘이 없는 본처는 남편의 이혼 요구를 억울해할 수밖에 없고, 본처가 도덕적으로는 남편의 내연녀에게 우위를 점할 수는 있어도 현실적으로는 남편의 내연녀를 압도하기 어렵다. 본처가 남편과 그 내연녀에게서 벗어나려면, 그녀는 남편이 없어도 자립할 수 있어야 한다. 그게 힘들면 본처는 괴물 같은 남편을 계도할 수 있는 엄청난 덕성을 가진 조강지처여야만 한다.

문제적 사실은 2010년대 한국사회에서 불륜 사건의 가해자가 남편인 경우가 많지만, 미디어에서는 잘못을 저지른 남편이 진심으로 성찰하는 경우를 찾기 어렵다는 점이다. 불륜의 스토리에서 강조되는 면은 본처와 내연녀 간의 싸움, 본처의 인내심이나 내연녀의 악독함 같은 것이다. 미디어에서 본처와 남편 또는/그리고 내연녀 사이 싸움은 '흥미진진'하게 그려지지만, 그 스토리 안에서 남편이 하는 역할은 미미하기만 하다. 그런 측면에서 이혼녀에 대한 이미지가 달라졌다고, '여권신장'이 이루어졌다고 판단하는 것은 옳지 않다.

요컨대, '이혼녀'의 존재성 변화 역시 여성혐오 담론의 한 측면을 보여줄 따름이다. 그동안 기혼 여성의 윤리를 만들어나가던 주부는 21세기에 맘충과 된장주부가 되어 한국의 교육 문제와 계층 갈등의 표적이 되었다. 그래서 미디어에서는 이혼녀를 통해 기혼 여성의 윤리가 새롭게 모색되기 시작했다. 드라마 〈품위있는 그녀〉의 이혼녀를 통해서도 새롭게 등장된 신현모양처 담론의 한 측면을 알 수 있다.

3. '품위 있는 그녀', '신현모양처'의 이혼 공식과 '욕망하는' 여성의 처단

'우아진'이라는 환상, 21세기식 신(新) 가부장제 질서를 유지하는

〈품위있는 그녀〉(2017. 6. 16~2017. 8. 19, JTBC)의 여주인공 '우아진'은 남편의 외도에 대처하는 새로운 '이혼녀'의 존재성을 보여주었다는 점에서 주목된다. 우아진(김희선 분)은 이전 드라마에서 본처의 전형으로 이미지화된 '촌스러움'과는 거리가 먼 세련된 외양의 여성이다. 아내가 개과천선한 남편과 가족애로 재결합하는 이전의 진부한 스토리에서 벗어나, 우아진은 이혼 후 당당하게 자신의 삶을 개척하는 자로 그려진다. 게다가 우아진은 재벌가 며느리로서는 드물게 '품위'까지 갖추고 있어 시청자들에게도 극찬을 받은 캐릭터다. 우아진은 외도한 남편의 마음을 바꾸기 위해 잠시 고민을 하기도 하지만, 최종적으로 그녀는 '독립성', '전문성'까지 두루 갖춘 워킹맘으로 재탄생한다.

〈공항가는 길〉(2016. 9. 21~2016. 11. 10, KBS 2TV)에서도 이혼녀가 긍정적 이미지로 형상화된다. 드라마에서 최수아(김하늘 분)는 기가 세거나 성적으로 문란한, 혹은 이기적이고 모성이 제거된 20세기 후반 식 이혼녀 이미지로 묘사되지 않는다. 최수아는 자기 통제력과 모성까지 갖추고 있으며, 그녀가 아내를 함부로 대하고 가정을 중시하지 않는 남편과 이혼할 수밖에 없는 상황은 개연성 있게 연출되고 있다. 그런데 〈품위있는 그녀〉는 이혼녀에게 남다른 '품위'가 부여된다는 측면에서 특히 더 주목된다. 우아진은 능력, 인간관계, 품성 등에서 완벽에 가까우며, 그녀에 의해 바람피운 남편은 '희화화'되고 내연녀는 '사회적 죽음'을 맞이한다. 드라마가 남편의 바람과 그로 인한 본처와 내연녀 간 혈투라는 막장 스토리에서 벗어나 추리극 형식으로 이 모든 사건을 구성하는 것도 이례적이다. '누가 재벌가의 돈을 갖고 도망친 악녀 박복자를 죽였는가?'라는 물음으로 시작하는 드라마는 결혼 담론에 윤리적 문제를 제기하고 있다.

〈품위있는 그녀〉에서 우아진의 시아버지 안태동(김용건 분)은 자신의 자녀가 철이 없고 부모를 제대로 위하지 못한다고 한탄한다. 그러나 자녀들이 그렇게 된 것은 가족과 정서적으로 유대관계를 제대로 맺지 못한 본인인 아버지의 책임이 크다. 그는 젊은 날 바람을 피웠듯이 또다시 삶의 위안을 자신을 유혹하는 간병인(박복자, 김선아 분)을 통해 얻으려 함으로써 가족을 파탄에 이르게 만든다. 또한 우아진의 남편 안재석(정상훈 분)은 자신의 불륜으로 우아진과 이혼한 것에 굉장히 통탄했음에도, 얼마 되지 않아 또다시 낯선 여자에게 유혹되는 어리석은 남자다. 드라마는 중년의 아내가 남편의 바람을 잡기 위해 무당을 찾아가는 것을 코믹하게 그려내기도 하지만, 사실 무당에 기대는 아내의 희극성은 비윤리적 남편 때문에 생겨난 것이다.

요컨대, 〈품위있는 그녀〉에서는 가족을 이끌 만한 도덕성도 권위도 가지지 못한 가부장의 실체가 드러난다. 〈품위있는 그녀〉 속 2017년의 외도한 아버지는, 바람을 피우더라도 가장의 위치를 유지할 수 있었던 1980년대의 아버지와는 달리, 비웃음의 대상이 된다. 그러나 문제적 사실은 외도하는 가부장들과 차별된 윤리성을 보여주는 '완벽한 그녀' 우아진이 현재의 가족 체제를 지탱하기 위해 고안된 신현모양처일 뿐이라는 점이다. 드라마에서 우아진의 존재성은 매우 '새로운 듯 보이'지만, 그녀의 역할은 20세기와 크게 다르지 않은 현모양처의 업그레이드 버전에 다름없다. 곧, 우아진은 무너진 집안을 일으켜 세우는 희생적 아내상에서 크게 벗어나지 못하는 존재인 것이다.

우아진이 이혼과 함께 결별한 것은 외환위기 이전의 가부장제 질서일 뿐이다. 우아진과 작은 변호사 사무실을 운영하는 남자와의 재혼이 암시되는 상황이 설정되면서, 우아진은 다시 또다른 가족 질서에 동참하게 된다. 즉, '우아진'이라는 환상을 통해 현재를 살아가는 여성에게 새로운 가족윤리가 제시되는 것이다. 그 윤리는 성평등을 지향하는 것이라기보다는 가족을 '유지시킬 수 있는' 동력으로 작용된다.

〈품위있는 그녀〉에서 우아진은 이혼 전에는 가족의 모든 대소사에 관여했으며 시아버지의 기업이 성장하는 데도 한몫했다. 우아진은 이혼 후에도 박복자를 적극적으로 상대하며 잃어버린 전(前) 시아버지의 저택을 되찾고 그 가족이 안정적으로 살 수 있도록 돕는다. 그리고 최종적으로 우아진은 건실한 남자와의 만남을 통해 다시 가족의 울타리를 만들어나가는 것으로 암시된다. 그녀는 상대 남성이 '착하고' 자신과 인격적으로 '잘 맞기' 때문에 그와 쉽게 사귈 수 있었다. 우아진은, 첫 번째 결혼에서는 자신의 직업을 버리고 누군가의 아내·엄마·며느리로 살아가면서 '희생'을 했다면, 앞으로 고려되는 두 번째 결혼에서는 남편에게 경제적으로 기대지 않으면서 자신이 주체가 되어 행복한 가정을 꾸릴 수 있는 기틀을 마련한다.

흥미로운 점은 우아진이 가족을 위해 그렇게 희생했음에도, 이혼 시 그녀가 전 남편 가족의 재산을 욕망하지 않겠노라는 지나친 결벽증을 보여준다는 사실이다. 그녀는 재벌가에서 결혼생활을 하면서 (자신의 손윗동서) 큰며느리(서정연,

박주미 분)와 재산 문제로 대립한 적이 없고, 자신의 남편이 누구임을 내세운 적이 없으며, 자신의 딸의 경쟁자인 장손(남편 형 안재구〔한재영 분〕의 외동아들)을 우아하게 대우했다. 또한 이혼해 남이 된 전 남편의 가족에게 그 집 아들이자 자신의 전 남편도 갖지 않는 엄청난 책임의식을 갖고 있다. 자기가 책임지지 않아도 될 일에 죄의식을 가지면서 위기에 놓인 전 남편 가족의 안위를 걱정하는 것이다. 우아진은 이혼한 남편에게 다음의 말을 한다. "내가 미안해. 그 사람〔박복자〕을 그 집에 들이지 말았어야 했는데…. 미안해. 당신한테 그 화가〔윤성희〕를 소개한 것도… 그 사람을 아버님한테 소개한 것도."(20회) 그래서 우아진은 이혼을 했음에도 전 시아버지를 파탄으로 몰고 간 박복자와 전면승부를 벌이고, 그렇게 해서 전 남편 가족의 재산을 회복시키는 것이다.

〈품위있는 그녀〉의 마지막을 장식하는 우아진의 말은 의미심장하다.

> "누구나 행복을 꿈꾼다. 누구나 가지지 못한 걸 욕망한다. 그래야 행복해질 거라 생각한다. 하지만 행복은 그 욕망을 비울 때 오히려 내 삶을 더욱 빛나게 채워준다." (20회)

이 말은 단순히 우아진이 박복자에게 하는 게 아니다. 곧, 이 말은 우아진의 재벌가 결혼생활은 그녀가 꿈꾸었던 것처럼 달콤하지 않았고, 우아진은 이혼 후 자기 사업을 해 성공함으로써 실질적 행복을 이루게 되었음을 강조하는 것이다. 그리고 이 말은 우아진이 드라마를 보는 모든 기혼 여성에게 하는 말이기도 하다. 우아진은 이 말을 통해 박복자처럼 남성의 재산을 탐내고 결혼으로 신분상승을 꿈꾸기보다 여성 자신의 일을 통해 자아를 실현하는 우아진과 같은 삶을 살아가라는 도덕적 메시지를 남기고 있다.

〈품위있는 그녀〉는 우아진이 남편에게 기대지 않고 경제적 독립을 이루고 자신의 정체성을 확보한다는 점에서 그녀에게 남다른 품격을 부여하지만, 사실 그 품격은 21세기식 새로운 가부장제 질서를 유지하는 동력으로 작용한다. 외환위기 이후, 여러 차례 강조하듯, 한국사회는 성별분업에 기반해 남편의 경제력으로만 가족을 유지하기 어려운 상황이 되었다는 점에서다. 이제 한국사회에서는 우아진이 만들어가는 윤리—여성이 가정일과 육아만 하는 데 만족하지 말고, 결혼 후에도 사회활동을 해서 경제력과 독립적 주체성을 확보해야 한다는 윤리—가 지향해야 할 새로운 가족이데올로기가 된 것이다.

품위 있는 그녀들의 이혼의 품격, 여성의 정체성 회복의 계기

〈품위있는 그녀〉에서 박복자가 계층 상승을 위해 기획하는 사건만큼 중요한 부분을 차지하는 이야기는 바로 남편의 불륜과 폭력에 대한 아내의 대응이다. 드라마에서 재력과 학력을 갖춘 남편은 모두 바람을 피우거나 아내에게 심한 폭력을 행사한다. 남편은 어린 여자가 좋다는 이유로, 쳇바퀴처럼 돌아가는 삶에 질려서, 상대가 예뻐서 바람을 피운다. 그리고 얼굴에 피멍이 들도록 심하게 아내를 때리기도 한다. 그런데 아내에게 정신적·물리적 폭력을 행사하는 남편을 둔 아내들의 반응은 대단히 문제적이다. 아내는 남편의 폭력에 저항 또는 반항하는 마음으로 혹은 나도 남편처럼 이성과 즐기겠다는 마음으로 맞바람을 선택한다. 차기옥(유서진 분)은 성형외과 의사인 남편 장성수(송영규 분)의 외도 사실을 알지만 남편과 이혼하지 않는다. 그 이유는 자신이 의사의 부인으로서 또 부유한 가정의 안주인으로서 누리는 환상을 깨뜨리기 싫어서다. 이혼하지 않는다면, 그녀는 명품과 신상품으로 치장한 타인이 부러워하는 대상이자 백화점에서 극진한 대우를 받는 '사모님'인 것이다.

오직 우아진만이 남편의 불륜에 제대로 분노한다. 우아진은 남편에게 위자료로 자신이 시아버지의 회사에 기여한 대가로 받은 아파트 한 채만을 요구하며 당당하게 이혼을 선택한다. 그녀는 재벌가의 며느리라는 타이틀을 뿌리치고, 스스로의 힘으로 자신의 인생을 개척하고자 한다. 이 점에서, 그녀가 이혼하기 위해 고군분투하는 이유는 자신이 원하는 삶을 살 수 있는 '자유'를 획득하기 위해서라고 할 수 있다. 〈품위있는 그녀〉에서 우아진의 이혼 선택은 여성이 부조리한 가부장제 질서에서 벗어나 스스로의 정체성을 회복할 수 있는 계기로 형상화된다.

〈품위있는 그녀〉의 문제점은 우아진을 제외한 대부분의 주부가 스스로의 힘으로 자신의 정체성을 만들고자 노력하지 않는다는 것이다. 그녀들은 남편의 경제적·사회적 지위에 기대어 편하게 살고자 하는 물질적 욕망으로 인해 이혼을 하지 않는 것으로 묘사된다. 하지만 자녀를 키우는 데 주력해온 전업주부에게 이혼은 그리 단순한 문제가 아니다.

〈품위있는 그녀〉(2017)가 지향하는 기혼 여성의 윤리가 무엇인지는 앞서 분석한 〈저 눈밭에 사슴이〉(1969)와 〈안개기둥〉(1986)과 비교해보면 쉽게 알 수 있다. 2010년대에는 20세기 중후반과는 전혀 다른 형태의, 새로운 기혼 여성의 윤리가 대두되고 있다.

〈품위있는 그녀〉에서 차기옥은 성형외과 의사인 남편 장성수가 자신과 친분이 있는 오경희(정다혜 분)와 불륜관계에 있다는 사실을 알지만 남편을 용서한다. 그러나 장성수는 아내 차기옥 몰래 외도를 한 자신의 행동을 반성하기보다는 자신이 과거에는 공부를 하느라 힘들었고 현재는 돈 버는 데 시달려 스트레스를 풀 데가 없어 어찌할 수 없었다는 말만 한다. 그래도 차기옥은 김봉식(오경희의 남편, 채동현 분)이 남편을 향해 휘두르는 방망이를 대신 맞은 후 남편과 다시 좋은 관계를 유지하게 된다. 그래서 그 이후에 그녀가 화려한 옷차림을 하고 백화점에서 쇼핑하는 모습은 굉장히 공허하게 느껴진다. 그녀가 남편의 불륜 사실을 몰랐을 때 행복한 표정으로 병원에서 꽃을 손질했던 것처럼, 여성이 스스로 독립적일 수 없는 결혼은 환상에 불과하다. 〈저 눈밭에 사슴이〉에서 1960년대의 본처는 남편과 어려운 시기를 함께 한 '조강지처'라는 점에서 자연스럽게 아내로서의 권위를 가질 수 있었다. 1960년대에 남편의 축첩은 본부인의 고생을 무시하는 처사였기에 큰 죄가 된 것이다. 그러나 〈품위있는 그녀〉에서 2010년대 후반의 본처(성형외과 의사의 아내인 차기옥)는 결혼으로 신분상승을 했다. 그래서 대중은 그녀가 남편이 불륜을 했음에도 참는 것을 조강지처로서의 인내심으로 받아들이지 못한다. 남편의 불륜을 그녀가 자신의 계층을 유지하기 위해서 감수해야 하는 걸로 생각하는 것이다.

이러한 점에서 〈품위있는 그녀〉에서는 우아진이 재벌과의 결혼으로 습득한 계층적 지위를 완전히 포기하는 스토리를 통해 결혼과 이혼의 품격이 이야기된다. 그런데 1980년대 '페미니즘적'이라 여겨지는 〈안개기둥〉의 오리지널 대본에서, 아내는 남편이 자신을 평등한 동반자관계로 생각하지 않기에 이혼을 선택한다.

> '어느 날인가, 문득, 나는 나를 돌이켜보게 되었습니다. 결혼생활이라는 것, 서로 다른 두 사람이 만나서 더불어 같이 살아간다는 것은 과연 무엇일까? 내 자신 결혼하기 이전에는 남편보다도 더 적극적으로 행동적인 인간으로 내 자신의 가능성을, 내가 살아가고 있다는 생생한 주장을 펼치곤 했었습니다. 그러나 결혼 이후… 모든 것이 공허해지기 시작했습니다. 나는 나 자신을 잃어버리고 말았습니다. 나는 다시 내 스스로 삶의 방식을 질문하지 않을 수가 없었습니다.'
>
> — 박철수 감독, 김상수 각본, 〈안개기둥〉, 오리지널 대본(한국영상자료원, 1986, 2쪽)

이와 달리, 〈품위있는 그녀〉에서 우아진은 남편감의 경제력을 중요시했던 자신의 가치관을 문제 삼는다. 자신이 현재 불행해진 이유가 과거 자신의 불건전한 가치관 때문이라고 생각하는 것이다.

"저 역시 결혼의 무게가 남편이 가지고 있는 무게감만큼이나 가벼웠다고요. 결혼 전에 남편이 최고급 외제차를 저를 태워줬어요. 추운 겨울이었는데 히터를 틀어줬어요. 틀자마자 뜨거운 열기가 제 몸을 감싸더군요. 그 순간 남편이 차 안의 선루프를 열어줬습니다. 히터와 선루프. 너무나 쾌적했습니다. 그때 전 결혼을 결심했습니다. 이 남자가 나에게 최고의 안락함을 제공할 사람이다. 결혼은 저에게 그런 것이었습니다. 이제 와서 그 결정이 얼마나 어리석었는지 알게 됐어요." (14회)

이처럼, 〈품위있는 그녀〉에서는 부부 간 평등의 문제가 다른 방식으로 다루어지고 있다. 〈안개기둥〉에서 부부 간 평등의 문제는 아내가 부부 사이에서 일어나는 부조리한 일에 대해 '자신의 생각'을 당당히 말하고, '그 주장이 남편에게 존중될 수 있어야 함'으로 형상화된다. 그러나 〈품위있는 그녀〉에서 부부 간 평등의 문제는 아내가 결혼 시 남편에게 지나치게 경제적으로 의존한 데서 아내가 여성으로서 주체적 삶을 살 수 없었던 것으로 단순화된다. 곧, 〈품위있는 그녀〉에서 기혼 여성의 윤리는 아내가 남편의 경제력에 기대지 않는 것으로 나타나는 것이다. 우아진은 자신의 주체적 삶을 방해하는 재벌 남편과 이혼하고, 그 후 경제적·정신적으로 남성에게 독립하려고 노력했기에 '품위 있는 그녀'가 되는 것이다.

〈품위있는 그녀〉에서는 1980~1990년대에 가족 질서를 위협하는 적이었던 이혼녀가 오히려 여성의 정체성을 성찰하고 확보하는 존재로 격상된다. 2000년대 이후에는 외벌이 남편과 전업주부라는 성별분업 체제가 폐기되고 맞벌이 부부가 정상(이상적) 가족으로 지향되고 있다. 이 점에서, 새로운 가족 질서를 지향하는 〈품위있는 그녀〉에서는 남편의 경제력에 의존하는 '김치녀'의 수동성과 허영심만이 주로 비판되며, 우아진이 남편 가족의 사업 확장과 부(富) 유지의 도구로 이용된 측면은 상대적으로 간과된다.

내연녀를 압도하는 본처의 도덕성, '김치녀'를 계도하는 윤리성

〈품위있는 그녀〉에서 이혼을 결심한 우아진에게는 수많은 조력자가 있다. 가사 도우미, 친정 엄마, 딸, 파워 블로거 수민 엄마까지. 그래서 우아진은 남편의 불륜에도 방황하지 않고, 이혼 후에 자신의 삶을 순조롭게 개척할 수 있었다. 그러나 본처 우아진은 1960년대의 〈저 눈밭에 사슴이〉에서처럼 자녀가 아버지에게 크게 반발하거나 조력자가 본처의 편을 드는 것으로써 내연녀와의 싸움에서 주도권을 잡지 않는다. 우아진은 온전히 자신의 능력으로 남편의 내연녀와 정면 승부를 벌인다. 〈품위있는 그녀〉에서 박복자가 우아진 남편의 내연녀를 멍이 들도록 때려주면서 우아진을 도와주는 것처럼 나오지만, 이러한 박복자의 행동이 우아진에게 긍정적으로 작용하지는 못한다. 〈품위있는 그녀〉가 보여주는 새로움은 본처가 자기 스스로의 힘으로 내연녀를 압도하는 데 있다.

〈품위있는 그녀〉에서 본처와 내연녀의 관계는 1960년대 미디어에 재현된 본처와 내연녀의 관계와 다음의 두 가지 측면에서 크게 달라진다.

첫째, 2000년 전후한 시기까지도 보통 본처는 전업주부로 남편의 내연녀는 전문직 여성 또는 직장 여성으로 설정되는 경우가 많았다는 측면에서다. 〈품위있는 그녀〉에서도 초반에는 본처-전업주부/내연녀-전문직·직장 여성의 구도를 보여준다. 우아진은 남편의 회사일에 관여는 하고 있으나 남편 회사에 정식으로 취업을 한 것은 아니다. 반면, 남편의 내연녀 윤성희(이태임 분)는 우아진과 달리 화가로 등장한다. 윤성희는 우아진에게 이렇게 이야기한다. "나는 예술 하는 사람이에요. 당신같이 놀고먹는 사람하고는 클래스가 달라."(14회) 우아진이 처음 남편의 내연녀를 만나러 나갔을 때에 그녀는 굉장히 긴장한 것으로 묘사된다. 우아진의 목소리가 남편의 내연녀보다 더 컸지만, 실질적으로 우위를 점한 것은 본처가 아닌 내연녀다.

그러나 우아진이 남편과 결별하고 본격적으로 디자이너로서 사회활동을 하게 되면서 본처와 내연녀 사이 관계는 달라지기 시작한다. 우아진은 남편이 진심으로 반성하지 못하는 것을 알고는 자신이 꿈꾸었던 행복한 결혼이 사실은 환상에 불과했음을 깨닫는다. 그리고 남편에게 자신의 노력에 따른 대가인 아파트 외에는 위자료도 더 요구하지 않고, 옷·가방 등을 디자인하는 자기 일을 시작한다. 이제 우아진은 남편과 남편 집안에 희생하기보다 자신의 가게를 번창시킴으로써 행복을 찾고자 한다.

다음의 대화에는 달라진 본처 우아진과 내연녀 윤성희 사이의 관계가 잘 드러난다. 재벌 2세지만 빈털터리가 된 안재석과 결혼하기보다 화가로서 명성을 날리고픈 윤성희는, 이제 자신을 뉴욕 전시회에 보내줄 수 있는 힘을 가진 우아진에게 큰소리를 치지 못한다.

> 우아진: 넌 그걸 모르는 것 같더라. 뭘 잘못했는지. 그렇게 개념 없는 너한테 신은 화가로서 재능은 주셨네. 딜 하자. 너 내가 뉴욕 전시회에 우리 갤러리 대표로 보내줄게. 거기 그림 걸고 나면 너 이제 화가로서 스탠스가 달라질 거야. 그림값도 어마어마하게 뛸 거고. 언제 나갈래? 뉴욕 가면서 바로 짐 뺐으면 싶은데…. 너 안재석은 어떻게 처리할거야?
>
> 윤성희: 돌려드릴게요.
>
> 우아진: 반품한다고? (웃음) 불가능합니다, 손님.
>
> 윤성희: 안재석, 다시 가지세요…. 대신 제 그림 돌려주세요…. (…) 사모님 제가 잘못했어요.
>
> 우아진: 너 뉴욕 안 가고 싶니?
>
> 윤성희: …. (17회)

또한 〈안개기둥〉의 1980년대 아내는 이혼으로 자녀와 멀어졌다면, 〈품위있는 그녀〉의 2010년대 후반 아내는 자신이 당당하게 일해 시아버지에게 받은 아파트에 자신의 새로운 보금자리를 만들고 전보다 더 행복하게 딸과 살아간다. 그녀는 딸에게 말한다. "지우야, 너 학교 애들한테 할아버지가 무슨 회사를 하는지 말한 적 없지? (…) 앞으로 얘기하지 마."(20회)

둘째, 남편의 내연녀가 우아진의 아파트를 빼앗으려 하면서 한 집에 본처-남편-내연녀가 함께 사는 일이 벌어지는 측면에서다. 우아진은 비도덕적 일이 발생한 상황에서 자신과 관련해 아파트 부녀자 사이에 말이 많아지는 것에도 동요하지 않는다. 그녀는 위기 상황에서도, 〈저 눈밭에 사슴이〉에 나오는 1960년대 본처와 달리, 대단한 침착성을 보여주고 있다. 한 에피소드로, 우아진과 같은 아파트에 사는 부녀자들이 본처와 첩이 같이 산다는 소문이 퍼져 아파트 단지 이미지가 망가지는 것에 분노를 표시하자, 우아진은 이들에게 자신이 본처라는 사실을 강조하면서 관리사무소의 '전체 방송'을 통해 하루 빨리 이 일을 해결해 고품격 아파트의 명성을 살리겠다고 말한다.

> "입주민 여러분께 잠시 사죄 말씀 전하겠습니다. (…) 현재 첩과 처의 동거로 인해 빈번한 소요 사태가 벌어지는 참담한 주거공간이 되고 말았습니다. 이에 고품격 주거공간 유엔탑빌리지의 품위를 떨어뜨린 점 깊이 사과드리겠습니다. 죄송합니다. 저는 조속히 이 풍기를 바로잡고 유엔탑빌리지의 품위를 지켜내기 위해서라도 반드시 이 고품격 주거공간을 무단 점거 중인 첩과의 엽기적 동거 문제를 조속히 마무리 짓도록 최선을 다할 것을 엄숙히 약속드리는 바입니다."(14회)

또한 1960년대 〈저 눈밭에 사슴이〉에서는 남편의 불륜으로 처와 첩이 동거하면서 가족의 몰락이 가속화되며, 본처는 아버지에게 분노해 가출한 자식을 찾아 헤매다 교통사고를 당해 크게 다친다. 반면, 2010년대 후반의 〈품위있는 그녀〉에서 우아진은 본처라는 지위, 자신의 능력에 의해 소유하게 된 아파트라는 정당함, 시댁에 희생했지만 남편에게 배반당했다는 명분으로 자신을 중무장한다. 그녀는 자신의 도덕성을 무기로 자신과 딸을 사회적 가십으로부터 보호하고, 명분 없는 내연녀와 남편을 함께 내친다. 게다가 이혼녀 우아진은 경제적·정신적으로 자립한 덕분에 시아버지와 그 가족이 몰락하는 상황(〈저 눈밭에 사슴이〉)에서 벗어날 수 있었다. 또한 성찰에서 비롯한 이혼은 또다시 건전한 재혼으로 암시된다. 우아진은 가족으로부터의 배제(〈안개기둥〉의 이혼녀)가 아닌 가족의 재구축을 지향하고 있는 것이다.

주목해야 할 사실은 이렇게 성취된 우아진의 경제적 독립성과 윤리적 명분이 어떻게 사용되는가 하는 점이다. 〈품위있는 그녀〉에는 박복자 등 남성에게 기대어 신분 상승을 욕망하는 여성들이 대거 나타난다. 그런데 이 여성들은 남성이 아닌 동성의 우아진에 의해 처단되거나 계도되고 있다. 정당한 명분으로 무장한 우아진은 남성(우아진의 시아버지, 재벌)을 발판으로 상류사회에 진입하려던 악녀(박복자)를 계도하고, 남성(우아진의 남편, 재벌 2세)과의 결혼으로 계층 상승을 하려는 남편의 내연녀(윤성희)를 처단한다. 세상에 무서운 것이 없는 듯 행동했던 박복자가 매번 우아진 앞에서는 순한 양이 되는 것은 우아진이 지닌 도덕적 품격 때문이다. '품위 있는 그녀' 우아진과 달리, 남편의 권력과 돈에 기대는 아내는 자신의 보금자리에 침입한 매력 있는 내연녀를 처단할 힘이 부재한다고 할 수 있다. 본처가 남편의 내연녀와 맞설 수 있는 힘은 이 드라마에서 언급되듯이 본처가 '남편의 세컨드'를 배제하기 위해 '더 섹시한 메이드'를 들이거나, 성형외과 의사 남편을 둔 차기옥처럼 유부녀와 바람피운 남편이 맞을 매까지 대신 맞는 희생정신에서 나오지 않는다. '김치녀'로 형상화되는 내연녀가 무서워하는 것은 본처의 도덕적 명분과 본처의 사회적 능력이다. 본처는 이 두 가지 능력으로 자신의 잃어버린 권리를 되찾고, 자신을 괴롭힌 남편의 내연녀를 응징할 수 있다. 〈품위있는 그녀〉에서 여성의 윤리성은 여성의 사회적 능력만큼이나 중요하게 다루어진다. 일례로, 자신의 실력과 처세로 상층계급에 진입한 풍숙정의 사장 오풍숙(소희정 분)이 박복자의 모욕적 언사("까불지 마. 한 번만 더 까불면 너를 갈아서 김치 담는 젓갈로 쓸 테니까.")에 제대로 대응할 수 없었던 것은 그녀가 부유층의 정보나 파는 '비윤리적' 존재이기 때문이다.

〈품위있는 그녀〉에서 본처의 명분은 가족 질서를 수호하는 힘으로 작용한다. 우아진은 자신의 시아버지의 간병인으로 들어와 재산을 탐하는 간병인 박복자와 자신의 남편과 결혼해 계층 상승을 하려는 실력파 화가 윤성희와 정면 대결을 벌이고, 모든 것이 제자리를 찾아가게 만든다.

건강이 악화되어 걷지도 못하는 우아진의 시아버지는 박복자에게 인생을 역전시킬 수 있는 좋은 타깃이 되었고, 박복자는 간병인으로 위장해 우아진의 시아버지를 유혹한다. 우아진은 시아버지의 재산을 빼돌려 달아난 박복자를 윤리적으로 설득해 다시 집으로 돌아오게 만들지만, 박복자는 집에서 인정받지 못하는 장남, 맏며느리, 장손에게는 그들의 생존을 무너뜨릴 수 있는 공포스러운 외부인이었다. 장남 가족이 제대로 대접을 받지 못하면서도 그 집에서 벗어나지 못하는 이유는 그들에게 장남으로서 '물려받을 유산'이 있기 때문이다. 그들은 —잘못이 장남 본인, 자신의 남편, 자신의 아버지에게 있음에도— 이 모든 불행이 박복자 때문에 시작된 것이라 여긴다. 결국 장손 운규는 부모를 위협하고 자신을 집에서 쫓아내기도 했던 박복자를 벽돌로 쳐 죽인다. 박복자는 죽었고, 장남 가족도 운규의 살인으로 불행해진다.

〈품위있는 그녀〉에서 20세기식 가족제도는 외도하는 시아버지와 사고만 일으키는 장남의 존재성 등으로 형상화된다. 그리고 말썽 많은 20세기식 아버지 중심의 가족제도는 허영심으로 가득 찬 박복자 및 윤성희의 욕망과 함께 구시대적

박복자의 최후.
말썽 많은 20세기식 아버지 중심의 가족제도는 허영심으로 가득 찬 박복자 및 윤성희의 욕망과 함께 모두 구시대적이어서 버려져야 하는 것으로 묘사된다. (JTBC)

이어서 버려져야 하는 것으로 묘사된다. (시)아버지가 쓰러졌음에도 병원을 찾지 않고 자격지심에 휩싸인 장남과 맏며느리, 돈으로 사람의 감정을 갖고 논 박복자 등은 모두 그렇게 처단된다.

우아진의 남편과 불륜관계에 있던 윤성희는 화가로서의 뛰어난 실력을 인정받고 그림 작업에 더욱 매진하려 한다. 그녀는 실력을 인정받아 미국에서 활동할 기회도 얻지만, 기혼 남성과의 불륜이라는 부도덕한 전력이 있으니 '얼굴 없는 작가'로 활동할 수밖에 없다. 자신의 능력으로 경제활동을 하면서 명성을 쌓아야 하는 21세기 여성에게 불륜은 사회적 죽음을 가져온다. 이 점에서, 〈품위있는 그녀〉는 여성들에게 이제 사랑과 결혼은 계층 상승의 도구가 되어서는 안 된다는 도덕적 메시지를 남긴다.

"나를 행복하게 한 건 비싼 옷도 비싼 가방도 아니었습니다." (18회)

이제 남편과 "비싼 옷"과 "비싼 가방"에 기대지 않는 우아진은 사회적 명성을 쌓으면서 경제력도 확보하는 것으로 드라마의 피날레를 장식한다. 우아진이 바르는 진한 립스틱 색깔은 이제 남성을 홀리는 '성적 매력'이 아닌 '여성의 자신감을 드러내는 품격'이 된다. 〈품위있는 그녀〉에서 우아진은 남편과 이혼하기

남편과 이혼하기 위해 법정에 설 때,
자신의 사업을 확장하기 위해 사람을 만날 때
진한 색깔의 립스틱을 바르는 우아진.
그녀가 바르는 진한 립스틱 색깔은
'여성의 자신감을 나타내는 품격'이 된다. (JTBC)

위해 법정에 설 때, 자신의 사업을 확장하기 위해 사람을 만날 때 진한 색깔의 립스틱을 바른다.

1980년대 〈안개기둥〉에서는 아내를 배신하고 외도한 남편의 위선이 축소되고 남편을 도덕적 존재로 만들기 위한 서사가 구축된다. 그러면서 오히려 가족의 울타리를 벗어난 이혼녀가 배제의 대상이 된다. 이와 달리, 2010년대 후반 〈품위있는 그녀〉에서는 워킹맘인 이혼녀에게 윤리적 품격이 부여되며, 이혼녀에 의해 남편과 내연녀의 성적 탈선이 처단된다. 드라마에서 '올바른 가족'을 구성하는 주체는 남편이 아닌 아내다. 아내는 비도덕적 남편을 비판하고, 자녀를 성숙한 가치관으로 훈육하며, 남편의 경제적 위기 상황에서 남편과 함께 침몰하지 않는다. 〈품위있는 그녀〉 속 아내(우아진)의 품격이 바로 21세기 미디어가 지향하는 신현모양처의 모습이라 할 수 있다.

그러나 드라마 밖에서 우리가 성찰해야 하는 것은 새롭게 만들어진 신현모양처 윤리 또한 새로운 환상일 뿐이라는 것이다. 드라마에서는 우아진과 같은 '품위 있는 워킹맘'이 변화하는 사회의 신 윤리적 현모양처로 내세워졌지만, 과연 현실에서도 일하는 여성이 우아한 현모양처로 존재할 수 있을까. 드라마에서 우월하고 또 우아하게 그려진 우아진의 경제적·윤리적 책임은 현실 속 여성에게는 '과한 의무' 혹은 '지나친 희생'으로 전이되어 부여될 것이다. 남성에게 물질적으로 기대지 말라는 윤리적 명제를 '여성이여 독립적 존재가 되라!'는 의미로만 파악하면 안 된다. 사실 그 명제에는 기혼 여성이 가정일과 육아뿐 아니라 가족의 경제까지 공식적으로 담당해야 한다는 책임이 숨어 있다. 이제 미디어에서는 아버지에게 권위를 부여하는 대신 어머니에게 책임을 당연하게 요구할 것이다.

어머니에게 사회적으로 '지나친 요구'를 하게 되면, 이제 '모성의 도구화'만이 문제가 되는 것에서 그치지 않는다. 사실 우아진의 '품위'는 미디어가 만들어낸 환상에 불과하다. 어머니는 끊임없이 가족을 위해 자신을 희생하더라도, 사회가 어머니에게 요구하는 책임이 너무 크고 너무 많아서 어머니의 희생이 도리어 부족하다는 말을 듣게 될 것이다. 특히 전업주부는 가족을 위해 늘 분주하게 움직이더라도, 시간과 돈을 낭비하고 자기 자식만 귀하게 여기는 이기적 존재로 변이되어 미디어에 등장하게 되는 것이다.

제5부

모성의 멸균 능력을 요구하는 신자유주의, 남성 간 경쟁 질서를 은폐하는 '여성혐오'

제1장

SKY캐슬 타운의 가족 판타지, 성찰하는 아버지와 여전히 계도되는 모성

이 책은 한국전쟁 이후부터 현재에 이르기까지 신문, 영화, 소설, 드라마 등의 미디어에 나타난 여성 이미지를 통해 각 시기에 추구된 가족이데올로기의 얼굴을 들여다보고자 했다. 미디어에 재현된 인간의 삶은 실제 우리의 삶과는 다르다. 그러나 '엄격한 가부장' 혹은 '이기적 취업주부' 등 한 집단에 특정 이미지가 계속해서 부여되면서 그 집단 안에 다양한 욕망을 지닌 캐릭터가 있음이 망각된다. 미디어는 특정 집단의 모든 개인이 특정 성격을 지녔다는 일반적 공식을 만들어내는 무서운 힘이 있는 것이다. 실제로 우리는 한 개인/집단에 대해 잘 알지도 못하면서, 커피는 여자가 타야 맛있다는 아저씨들이 '개저씨'처럼 느껴지고, 남편이 출근한 시간에 분위기 좋은 카페에서 웃고 있는 아줌마들이 '맘충'처럼 여겨지기도 한다.

대중은 미디어를 통해 자신도 모르게 어떤 환상의 이데올로기를 내재화하기도 하고, 환상에 불과한 관념이 현실에서 실현될 수 있도록 의도적으로 혹은 부지불식간에 공모하기도 한다. 1980~1990년대 미디어에서 커피숍·레스토랑·

백화점 등을 들락거리며 여유 있는 시간을 보내고, 교양을 쌓기 위해 모임을 갖는 전업주부는 혐오가 아닌 부러움의 대상으로 이미지화되었다. 중산층 전업주부는 돈을 벌지 않으면서도 그 누구보다 큰 목소리를 낼 수 있는 존재로 형상화되었다. 그렇다면 전업주부는 왜 갑자기 2010년대 이르러 부러움의 대상에서 '맘충'으로 불리게 된 것일까. 이 책은 바로 이에 대한 답을 구하고자 했다.

미디어에서는 국가의 유지·발전에 필요한 새로운 '가족 판타지'가 끊임없이 만들어졌는데, 그 판타지는 특히 여성을 대상으로 구조화되었다. 동정과 연민의 대상이었던 이혼녀들(1950~1960년대)은 어느 순간 악녀로 추락되었다가(1980~1990년대), 갑자기 지향해야 할 가족윤리를 내재한 존재(2010년대)로 부상되기도 했다. 그리고 많은 여대생이 과 수석을 차지할 정도로 열심히 공부했지만, 여대생들은 공부벌레인 동시에 미용과 결혼에만 관심 있는 사치스러운 허영녀(1980~1990년대)로 형상화되기도 했다. 또한 된장녀로 취급되던 젊은 여성들(2000년대 중반)은 갑자기 자기 권리를 확보하기 위해 비윤리적 행동도 서슴지 않는 혐오스러운 페미니스트(2010년대 중반)로 이미지화되기도 했다. 별다른 행동을 하지 않아도 내연녀에게 우위를 점하던 본처들(1950~1960년대)은 한순간에 모성에 문제가 있다는 이유로 내연녀에게 본처의 자리를 빼앗기기도 했다(1980~1990년대). 그리고 이제는 본처가 남편에게 경제적·정신적으로 독립적이 되면 남편의 내연녀 정도는 거뜬히 이길 수 있다고 이야기가 된다(2010년대).

최근 가족 판타지를 제대로 보여준 드라마가 있으니, 바로 〈SKY캐슬〉(2018. 11. 23~2019. 2. 1, JTBC)이다. 드라마는 표면상 '입시' 스릴러로 보이지만 실질적으로는 '가부장제' 스릴러라 할 수 있다.[1] 〈SKY캐슬〉을 주목해야 하는 이유는, 이 드라마가 오늘날 '아버지 중심의 가부장제가 폐기되는 지점'과, 불가침의 영역에 있었던 '모성이 혐오적으로 전이되는 지점'을 동시에 보여준다는 점에서다.

〈SKY캐슬〉에서 가부장제의 전형적 아버지상으로 나오는 차민혁(김병철 분)은 명문대만을 고집하는 엄격한 존재로, 사람의 인격을 학벌로 평가한다. 차민혁은 쌍둥이 아들 서준과 기준(김동희, 조병규 분)의 반 친구 황우주(찬희 분)가 누명을 쓰고 수감되자, 아들에게 이렇게 말했다. "걔는 이미 이 경주에서 탈락한 애야. (…) 대학? 걘 이미 끝났어! 니들 인생에서 버려야 될 카드라고."(18회) 입시에 실패한 차민혁의 딸 세리(박유나 분)는 일등만능주의에 빠져 있는 자신의 아버지를 노골적으로 비판한다. "아빠야말로 실패한 인생이야. 자식한테 존경받는 부모가 성공한 인생이라는데. (…) 실패작은 내가 아니라 아빠야. (…) 바닥이야, 빵점이야." (18회) 또한 차민혁의 아내 노승혜(윤세아 분)는 남편의 강압적 교육 방식으로부터 아이들을 보호하지 못한 자신의 태도를 반성한다면서 남편 차민혁에게 이혼을 선언한다. 이에 차민혁은 정신적 충격을 받는다. 그리고 그는 자녀들에게 피라미드의 꼭대기에 서라고 강요했던 과거를 반성하고 다정한 아버지로 자신의 존재성을 바꾸면서 다시 가족에 편입된다.

노승혜·차민혁 가족은 기존의 아버지 중심의 가족제도가 어떤 것인지 보여주는 존재다. 일반적으로 한국사회의 가족제도에서 엄격한 아버지의 말은 가족에게 항상 존중되고 수용되어야 하는 것으로 생각된다. 그래서 이혼 위기에 처한 차민혁이 자신의 과거를 반성하고 불합리한 가부장제를 버리는 것은 평등한 가족관계를 이끌어낸다는 측면에서 긍정적으로 여겨질 수 있다. 그러나 우리가 직시해야 하는 것은, 한국사회에서 미디어 속의 경제력과 모범성을 갖춘 차민혁과 같은 아버지 중심의 가부장제가 제대로 실현된 적이 없다는 사실이다. 한국사회에서 20세기 후반의 아버지는 가족과 회사에서 큰소리 한번 치지 못한 채 살벌한 경쟁 구조에 선 '위태로운' 대상이었고, 회사 업무로 바쁘고 인간관계에 시달리고 가족의 안위를 위해 고군분투하는 '불쌍한' 대상이었다. 그래서 미디어에서는 '약하고' 때로는 '유아적인' 아버지의 안위가 걱정되었다. 한국사회에서 1950~1960년대의 아버지는 불륜과 폭력을 행사하는 무서운 원초적 존재였지만 그들은 모범적이지 않았기에 윤리적 권위를 획득하지 못했고, 1980~1990년대의 아버지는 유약하고 불쌍한 존재였기에 '무섭고 엄격한' 성격과는 거리가 있었다. 이 점에서 한국의 가부장제를, 〈SKY캐슬〉에서처럼, 엄격하게만 자녀를 대하는 아버지의 존재성으로 단순화하는 것은 문제가 있다. 즉, 차민혁을 한국사회 가부장제의 전형적 아버지라 말하기 어렵다는 것이다. 이러한 가부장제적 아버지상은 오히려 외환위기 이후 아버지 중심의 가부장제를 폐기하기 위해 '주조된' 것이라 할 수 있다.

〈SKY캐슬〉에서 남편보다 윤리적 면에서 우위를 점하는 아내는 '노승혜'뿐이다. 그런데 그녀가 비판하는 '차민혁의 가부장제'는, 앞서 말했듯, 한국사회에 실재했거나 현재도 지속되는 질서라 보기 어렵다. 또한 '아버지 중심의 가부장제'는 외환위기 이후 한국사회에서 이미 폐기 절차를 밟은 질서라 할 수 있다. 그래서 노승혜가 남편을 '이긴' 것은 아쉽게도 큰 의미가 없다. 왜냐하면 차민혁이란 캐릭터는 처음부터 계도의 대상으로서 희화화되어 그려졌고 이미 현실을 준엄하게 꾸짖을 수 있는 권위가 부재했다는 점에서다. 차민혁을 비판하는 것이 곧 한국사회에 실재했던(또는 실재하는) 가부장제 질서를 비판하는 것이라 볼 수 없다는 것이다.

〈SKY캐슬〉에서 정말 눈여겨보아야 할 아버지는 강준상(정준호 분)이다. 그가 자신의 아내 한서진(염정아 분)을 다그치는 어머니(윤 여사, 정애리 분)를 붙잡고 눈물을 흘리며 지난 세월을 반성하는 장면은 폐기된 가부장제가 어떻게 그 자리를 회복할 수 있는지를 보여준다. 강준상은 크게 다친 김혜나(김보라 분)가 자신의 혼외자인 줄 몰라 방치해 결국 딸을 죽음에 이르게 한 것을 나중에 알고는 갑자기 '성찰하는 아버지'가 된다. 강준상은 명문 대학에 들어가거나 병원에서 승진하기 위한 경쟁만 중요시해서 자신이 가족을 제대로 돌보지 못한 것을 반성하고, 진정으로 자신이 원하는 것이 무엇인지 찾아 나선다. 강준상은 자신이 가족의 누구로만 곧 어머니의 아들, 아이들의 아빠, 아내의 남편으로만 존재했지 강준상 '나 자신'의 삶은 살지 못했음을 절실하게 이야기한다. 병원장과 같은 허상을 쫓다가 나 자신을 잃어버렸다고 자책하는 것이다.

강준상: 저 주남대 사표낼 겁니다.

윤 여사: 병원에 뭐를 내? 너 제정신이니? 여기까지 어떻게 왔는데? 병원장이 코앞인데 사표를 내?

강준상: 어머니는 도대체 언제까지 저를 무대 위에 세우실 겁니까? 그만큼 분칠하고 포장해서 무대 위에 세워놓고 박수 받으셨으면 되셨잖아요.

윤 여사: 뭐… 분칠?

강준상: 어머니 뜻대로 분칠하시는 바람에 제 얼굴이 어떻게 생겨먹은지도 모르고 근 50평생을 살아왔잖아요.

윤 여사: 내가 널 어떻게 키웠는데. 지금까지 내 덕분에 승승장구 대학병원 의사로 순탄하게 살아왔으면서, 이제 와서 내 탓을 해?

한서진: 여보, 당신 얼굴 뭔데요? 어머니 아들, 우리 예서 예빈이 아빠, 내 남편, 주남대 교수. 그거 말고 당신 얼굴 뭐, 뭐가 더 있는데요?

강준상: 강준상이 없잖아. 강준상이. 내가 누군지를 모르겠다고. 여태 병원장 그 목표 하나만 보고 살아왔는데… 그것 쫓다가 내 딸 내 손으로 죽인 놈이 돼 버렸잖아. 병원장이 뭐라고. 그까짓 게 뭐라고…. 내가 누굴 줄 모르겠어. 허깨비가 된 것 같다고. 내가.

(…)

윤 여사: [서울대 의대] 보내야지. 보내야 하고말고. 3대째 의사 가문 만들어야…

강준상: 3대 의사 가문. 그게 뭐라고. 예서 에미를 그거에 미친 여자로 만들어 버렸잖아요. 어머니가!

윤 여사: 그거라도 해내야지! 출신도 속이고 대학도 속이고.•

강준상: 그거 만든 사람도 어머니랑 저예요. 어머니랑 제가 일생을 잘못 살았다고요! (…) 내가 꼭 주남대 병원장이 아니어도 어머니 아들 맞잖아요…. 나 그냥 엄마 아들이면 안 돼요?….

윤 여사: (격하게 흐느낌) (18회)

강준상은 아내에게도 드라마의 '주제'를 근엄한 목소리로 읊는다.

"당신도 욕심 내려놓아. 예서 인생과 당신 인생은 다른 거야." (18회)

드라마에서는 아들 강준상의 저항에 가슴을 치며 통곡하는 어머니의 모습, 그 시어머니에게서 자신의 미래를 보는 듯한 한서진의 표정, 그 어머니와 아내를 불안한 시선에서 바라보는 강준상의 윤리적 태도가 동시에 강조된다. 성찰하는 아버지 강준상은 자기 자식만을 위하는 이기적 모성을 계도하는 것이다.

그러나 드라마를 잘 살펴보면, 강준상은 진정으로 반성하는 존재라 보기 어렵다. 그는 김은혜(이연수 분)와 동거해 혜나까지 낳았지만 이 모든 것이 자신을 억압하는 어머니에 대한 반항이었다고 말한다. "그때 어머님이 절 믿고 기다려주셨으면 은혜하고 저 그렇게 오래가지도 않았습니다. 어머니가 나서서 일을 더 크게 만드셨잖아요."(18회) 강준상이 혜나의 존재를 모르는 것으로 설정되어 있기는 하나, 김은혜는 자신이 병으로 죽기 전 딸의 안위를 부탁하기 위해 강준상에게 전화를 한 적이 있었다. 강준상은 과거의 애인이 용건을 꺼내기도 전에 무시하고 전화를 끊었다. 또한 강준상은 아무것도 모르고 병원에서 승진 경쟁에 몰두하

• 한서진은 부모의 직업, 자신의 출신 대학 등을 속이고 강준상과 결혼한 것으로 설정된다.

병원장과 같은 허상을 쫓다가 나 자신을 잃어버렸다고 자책하는 강준상. 강준상은 자신이 가족의 누구로만 곧 어머니의 아들, 아이들의 아빠, 아내의 남편으로만 존재했지 강준상 '나 자신'의 삶은 살지 못했음을 절실하게 이야기한다.

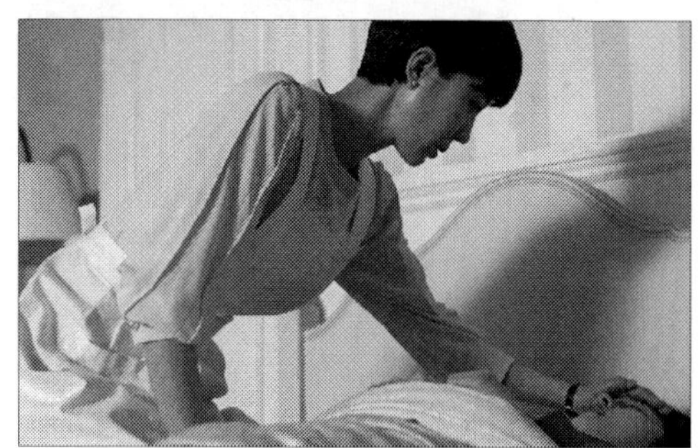

아픈 혜나의 이마를 짚는 한서진. 그녀는 혜나가 자신을 어머니로 착각해 안으려 하지만 외면한다. (이상 JTBC)

고 있었기에, 한서진이 혜나를 죽게 내버려두고 딸 예서가 유출된 시험지로 전교 1등을 하게 만드는 장본인이 된다. 강준상은 승진하는 데 진력하고 있었고 집안일은 모두 한서진에게 맡겼기 때문에, 강준상은 혜나의 죽음과 예서의 입시 문제에 직접적으로 개입되어 있지 않다. 드라마에서도 실질적으로 한서진이 혜나의 죽음과 예서의 시험지 유출 사건에 대해 죄의식을 갖는 것으로 묘사된다.

〈SKY캐슬〉에서 '어머니' 한서진은, '아버지' 강준상과는 달리, 자기 자식의 안위만을 지나치게 생각하는 이기적 존재로 묘사된다. 입시 코디 김주영(김서형 분)은 자신이 학교 시험 문제지를 유출한 것을 알고 자신을 협박해오는 혜나를 사람을 시켜 죽인다. 그녀는 살인까지 저지르며 입시 코디로서의 명성을 지키려는 자신의 존재성과, 수단과 방법을 가리지 않고 딸을 명문대에 입학시키려는 한서진의 존재성이 같다고 이야기한다. 한서진은 오직 딸의 서울대 의대 합격만을 위해 강준상에게 혜나가 그의 딸임을 알리지 않는다. 한서진이 강준상에게 혜나가 그의 딸이라는 말 한마디만 했어도 혜나는 수술을 빨리 받고 죽지 않았을지도 모른다. 그리고 나중에 한서진이 혜나가 죽은 사건의 전모를 밝히게 된 건, 그녀가 살인자로 몰린 죄 없는 황우주를 불쌍해해서라기보다는 이 모든 상황을 알고 힘들어하는 자신의 딸을 더는 볼 수 없었기 때문이다. 그래서 혜나를 죽인 김주영은 이렇게 말한다. "혜나를 죽인 건 어머니와 접니다."

그러나 한서진은 반성하지 않고, '모성'을 내세우며 자신이 한 일을 합리화한다.

> "내 새끼 우선하는 게 왜 나빠. 자식 위해선 물불 안 가리는 게 엄마야!" (20회)

〈SKY캐슬〉은 그동안 한국의 가족제도를 지탱해온 희생적 모성을 전면 비판하고 있다. 한서진은, 위 말에서 알 수 있듯, 다른 아이가 잘하는 건 못 보고 자기 자식만 잘되기를 바라는 잘못된 자식 사랑을 하고 있다. 이기적인 한서진의 모습은 그녀 개인만의 문제가 아니라 현재 한국사회의 커다란 화두라 할 수 있다.

물론 한서진이 보여주는 자녀 사랑의 방식은 옳지 않지만, 다음의 측면은 반드시 고민해보아야 한다. 우선, 한서진이 어머니로서 보여준 치맛바람은 그녀 스스로 선택한 것이 아니라 사회적으로 요구된 것이라는 점이다. 1970년대 이후로, '치맛바람'은 사회활동을 하는 기혼 여성을 부정적 대상으로 수식했던 것에서 주로 자기 자녀의 성적에 매달리는 어머니를 이기적 대상으로 의미하는 것으로 전이된다.[2] 이후 자녀의 공부와 성적 문제로 치맛바람을 날리는 어머니의 이기적 모습은 신문에 빈번하게 기사화된다. 그런데 20세기 미디어에서는, 앞서 언급했듯, 자녀의 교육이 어머니의 역할임이 강조되었다. 성별분업 체제에서 가정일과 육아를 전담했던 주부는 자녀가 공부를 잘하면 능력이 뛰어난 아내·어머니·며느리로 간주되기도 했다. 즉, 사회는 주부에게 자녀교육의 임무를 떠넘겼고 주부는 그 역할을 충실히 이행해 자녀를 잘 길러냈지만, 그런 주부가 이제는 자녀를 망가뜨리는 이기적 존재가 되어 비판받는 것이다.

또한 한국사회에서 모성은 언제나 국가의 어려움을 극복하기 위한 수단이 되어왔지만, 신자유주의 시대에 모성의 역할은 더욱더 강조되고 있다.[3] 한 인간이 태어나 교육받고 취직하거나 자신이 원하는 일을 해 독립적으로 생존하는 자체가 그 어느 때보다 힘든 지금, 사회는 어머니에게 자녀의 미래에 해가 되는 것을 '멸균'하는 능력까지 은근히 바라고 있다. 그런데 '멸균 능력을 지닌 모성'•

• 이 책에 제시된 '모성의 멸균 능력'은 《여인들과 진화하는 적들》(김숨, 현대문학, 2013)의 내용을 참조해서 개념화한 것임을 밝힌다. 《여인들과 진화하는 적들》에는 신자유주의 시대에 아이를 교육시켜 계층 상승에 성공하려는 어머니, '그녀'가 나온다. 그녀는 "비슷한 시기에 결혼을 하고 아이를 낳은 친구나 직장 동료와 수다를 떨고 난 뒤에는 시작도 끝도 없는 위기감"(188쪽)을 느낀다. 그래서 그녀는 자신의 아이가 되도록 '안전하고 평온한 삶'을 살게 하기 위해 수치심과 모욕감을 참으며 계속해서 돈을 벌고자 한다. 자신의 자녀를 충분히 교육시켜 자녀가 자신과는 다른 삶을 살기를 희망한다. 남편이 "쥐꼬리만큼 가져다주는 월급으로는" 그녀가 원하는 만큼 자녀를 교육시킬 수 없는 것이다.
《여인들과 진화하는 적들》에서 그녀의 자녀는 면역력이 떨어져서 그렇다는 것 말고는 뚜렷한 원인을 알 수 없는 '아토피'로 고생한다. 이 소설에서 원인을 알 수 없는 병 아토피는 신자유주의 질서 안에서 생존의 공포를 느끼며 살아가는 인간의 모습을 비유적으로 표현한 것이라 할 수 있다. 즉, 어머니는 균으로 가득한 신자유주의 시대 속에서, 자신의 자녀에게 안전하게 계층 상승을 할 수 있는, '멸균 공간'을 제공하기 위해 고군분투하는 것이다. 《여인들과 진화하는 적들》에서 그녀가 아이의 몸에 연고나 로션을 발라줄 때 반드시 끼는 일회용 비닐 위생장갑은 자녀에게 '멸균된 공간'을 제공하려는 모성의 성격을 상징적으로 보여준다. 그녀는 "비닐 위생장갑을 껴야 안심하고 아이의 몸을 만질 수 있는 현실"이 억울하면서도, "자신의 손에 묻은 세균이 [아이의 몸에 난] 종기로 침투할까봐 염려스러워"(192쪽) 비닐 위생장갑을 꼭 사용한다. 이 장면에는 신자유주의 시대에 요구되는 모성이 20세기를 살아가던 어머니에게 강조된 '아이를 다독이는 보살핌의 모성'과 다르다는 사실이 나타나고 있다.
그런데 '자녀의 앞날을 위해 무엇이든 하려는 모성'은 타인과의 경쟁에서 우위를 차지하기 위해 모성 자체를 도구화한다는 점에서 혐오스러운 속성이 내재될 수밖에 없다. 곧, 《여인들과 진화하는 적들》에서 그녀는 사실상 자신의 아이가 다른 아이와의 경쟁에서 이길 수 있다면 자신이 무엇이든 할 수 있다고 생각하고 있으며, 심지어 자신의 시어머니에게 드는 약값을 아껴 아이에게 피아노 개인 레슨을 시키고 싶어 한다(165쪽). 즉, 아이에게 멸균된 세계를 부여해주고자 하는 어머니는 필연적으로 혐오스러운 어머니가 될 수밖에 없다.
이 책에서는 신자유주의 시대 새롭게 요구되는 어머니의 모성을 '멸균하는 모성'으로 개념화하고자 했다.

은 20세기 후반처럼 가족을 따뜻하게 보살피는 '돌봄'의 성격과는 매우 다르다. 〈SKY캐슬〉에서 한서진과 같은 캐슬에서 살고 있는 주민 이수임(이태란 분)은 한서진에게 한서진의 딸 예빈(이지원 분)이가 편의점에서 물건을 훔치는 습관을 심각한 어조로 이야기하지만, 한서진은 예빈이가 도둑질하는 것을 공부 스트레스를 해소하는 행위로 간주할 뿐 고쳐야 할 것이라 생각하지 않는다. 대학에 입학하면 자연히 사라질 행위라는 것이다. 한서진의 다음의 말에 함축되어 있듯이, 멸균 능력을 갖춘 모성은 필연적으로 '혐오스러움'이 내재될 수밖에 없다.

> "우리 예빈인 도둑질을 한 게 아니라 스트레스를 푼 거야. (…) 새벽부터 오밤중까지 하루 온종일 학교로 학원으로 내몰리는 아이가 스트레스가 없겠니? 네 식대로 하면 당장 학원 관둬야지. 난 그렇게 못해. 한국 같은 경쟁사회에서 어떻게 학원을 끊어? 난 내 식대로 내 딸 관리해. (…) 그래, 난 이렇게 해서라도 내 딸들 명문대 보낼 거야. (…) 응, 이보다 더한 일도 할 수 있어. 그래야 내 딸들도 최소한 나만큼은 살 수 있으니까." (5회)

어머니는 자신이 혐오스러워지는 줄도 모르고 정신없이 가족을 위해 헌신했지만, 가족은 어머니의 고생을 알아주지 않고 오직 어머니가 '혐오스럽다'고만 비판한다. 〈SKY캐슬〉에서는 아무도 윤 여사가 왜 아들 강준상을 의사로 만들려고 발버둥 쳤는지 그 속사정은 알려고 하지 않는다. 드라마에서 윤 여사의 개인적 스토리는 전혀 나오지 않는다. 강준상은 어머니가 만든 보호막에서 순조롭게 경쟁에서 이기다가, 한순간 어머니가 혐오스러워지니 이게 아니지 않느냐고 도덕적

또한 어머니의 '돌봄' 양상을 미셸 푸코(Michel Foucault)와 조르조 아감벤(Giorgio Agamben)의 이론을 바탕으로 생명정치와 멸균의 문제로 분석한 논문인 김혜선의 〈생명권력에 나타난 '돌봄'의 정치학—2000년대 이후 소설을 중심으로〉(《우리말글》 73, 우리말글학회, 2017)의 내용을 참조했다.

물음을 어머니에게 던질 뿐이다.

다른 상황도 생각해볼 수 있겠다. 김숨의 《여인들과 진화하는 적들》에 나타나듯이 어머니에게 멸균 능력을 바라는 사회에서는 어머니가 자신의 모든 것을 가족에 내주었음에도 어머니의 능력 부족이 문제가 될 수 있다. 소설은 며느리와 시어머니의 갈등을 통해 '모성의 능력 있음과 능력 없음'을 이야기한다. 홀로 된 어머니가 자식을 최대한 공부시키기 위해 파출부 일을 하면서 힘들게 아들을 대학까지 보냈으나, 며느리는 남편이 "소규모 토목회사나 전전하는 게 여자[시어머니]의 부족한 뒷바라지 탓이라는" 원망을 한다. 또한 며느리는 "신혼살림을 오천만 원으로 시작하는 것과 일억 원으로 시작하는 것은 하늘과 땅 차이일" 거라 생각한다. "부모가 뒷바라지를 얼마만큼 해주느냐에 따라 자식 인생이 달라지는 것 아니겠어요?", "사십 평 아파트에서 사는 인생과 십팔 평 아파트에서 사는 인생이 어디 같겠어요?" "학벌도, 부도, 사회적 지위도 고스란히 대물림되는 세상에서" 자식은 남보다 못한 자신의 경제적 상황을 부모 때문이라고 탓할 수 있는 것이다. 소설에서 며느리는 시어머니와 같은 '능력 부족'이 되지 않기 위해 악착같이 자녀를 교육시키리라 마음먹는다.[4] 멸균 능력이 요구될 때 어머니는 필연적으로 혐오스러워지거나 혐오스럽게 보일 만큼 고군분투했지만 그 능력이 부족하다고 멸시당할 수 있다.

물론, 한국의 주부가 모두 한서진처럼 자녀교육을 하거나 자녀의 친구를 경쟁자로 대하지는 않는다. 그러나 단순히 어떤 '케이스'만을 문제 삼을 수는 없다. 사회적으로 멸균 능력이 어머니에게 요구되었으니, 어머니는 그 능력이 갖고 싶지 않지만 그렇다고 그 능력을 갖지 않을 수도 없게 되어버렸다.

외환위기 이후, 어머니의 발언권이 아버지보다 더 크다는 말이 나온다. 그런데 1990년대의 아버지들조차도 가정에서는 발언권이 크지 않았다. 〈사랑이 뭐길래〉(1992)에서 민주적으로 가정을 이끄는 박창규는 중요한 결정을 모두 아내 한심애에게 맡기고 그 결과를 존중하지만, 아내가 자신이 선장이라고 하자 그걸 인정하지는 않았다라고 말한다. 아내가 사회활동을 왕성하게 하고 남편이 가정에서 발언권이 약해졌다고 사회가 어머니 중심의 가모장제가 된 것은 아니다. 현 2010년대에는 부부가 평등한 가족상이 확립되어가고 있다고 하지만, 그래도 아직까지 한국사회는 자녀와 잘 놀아주려고 하고 가정일도 되도록 아내와 같이 하는 '부드러운 아버지' 중심의 가부장제에 가깝다고 할 수 있다. 또한 벌써 드라마에서는 강준상처럼 과거를 성찰하면서 여전히 물질적·정신적으로 가정에 버팀목이 되는 아버지가 등장하기 시작했다. 그리고 여전히 어머니는 계도의 대상으로 남는다.

제2장

여성혐오, 남성 간 경쟁 질서를 은폐하고 여성 간 갈등을 조장하는

한국사회에는 성평등과 관련해서 수많은 편견이 존재한다. 첫째, 20세기까지는 여성이 남성보다 불리했지만 21세기에는 그렇지 않다는 것이다. 그러나 일례로 신문 기사를 찾아보면, 시기를 불문하고 과거에는 성불평등 시대였으나 지금은 여권이 신장되었고 오히려 여성상위 시대가 되었다고 이야기하는 경우를 어렵지 않게 확인할 수 있다. 늘 미디어에서 과거는 '남성 중심적'이었고 현재는 '성평등'인 것으로 간주된다. 둘째, 일반적으로 전후부터 지금까지 단계적으로 여권이 신장되었다고 생각하기 쉽지만 실상은 그렇지 않다는 것이다.

한국사회에서 1990년대는 모범성과 경제력을 바탕으로 한 남성 중심의 가부장제 체계가 세워졌고, 전업주부들은 고학력 여성까지 '모든 면에서 능력 있는 미시주부'로 포섭되었다. 아울러 가족을 위해 희생하지 않고 이혼을 선택하거나 자신의 자아실현을 추구하는 여성은 악마처럼 여겨지거나 뭔가 모자란 여성으로 이미지화되는 논리가 확립되었다. 요컨대, 외환위기 직전까지 전업주부는 여성의 권리를 최대로 실현하는 집단으로 형상화되었고, 아내가 집에서 남편에게 큰소리를 치는 여성상위의 시대가 도래했다는 분위기가 만들어졌다. 1990년대가 1960년대보다 성평등이 이루어진 시기였냐고 묻는다면, 어떻게 대답할 수 있을까. 그렇다고 대답하기가 쉽지 않을 것이다. 그런데 외환위기 이후 경제적 상황이 악화되고 출생률이 낮아지는 문제에 부딪치면서 갑자기 모든 젠더 질서가 바뀌어버렸다.

현재 20대 남성 상당수가 갖는 반(反)페미니즘 정서는 과거와 달리 여성이 남성의 경쟁 상대로 부상한 것과 연관이 있다고 분석된다. 이와 연관된 기사로 〈"미래 '불안감' 울고 싶은데…'젠더 이슈'에 화풀이"〉[1]를 주목할 수 있다. 기사는 20대 남성의 불만도 언급되지만 젠더 갈등의 실상도 다루어진다. 통계상 "25~29세는 노년기를 제외하고 여성이 유일하게 남성보다 고용률이 앞서는 시기(여성 69.6% 남성 67.9%, 2017년 기준)"여서 여성이 남성보다 우위를 차지하는 것 같지만, 한국은 성별 임금 격차가 OECD 국가 중 가장 크다. "군대를 다녀온 학점 3.5점의 남자와 학점 4.0의 여자 가운데 취업이 더 잘되는 것은 남자이며 일단 찐따구간("군 복무를 마치고 취업을 준비하는 시기")을 벗어나 직장에 다니기 시작하면 남자는 우월한 지위에 놓인다"는 것을 알고 있다. 문제적 측면은 여성들의 미러링이나 페미니즘에 대해 그나마 '반응'하는 것은 20대 남성이고 오히려 이미 우월한 지위를 누리고 있는 남자 기성세대 집단은 입을 닫고 있다"는 것이다.

한국사회에서 여학생들의 상황은 과거나 지금이나 크게 달라진 점이 없다. 1980~1990년대 여대생들과 관련된 기사는 '극심한 취업난'과 관련된 것이 유독 많다. 이미 1990년에 어려운 취업 경쟁 속에서 우울해진 여대생들의 심리가 다큐멘터리로 제작되기도 했고,[2] 10년 전에도 '알파걸'이라 칭송받던 여학생들은 취업 앞에서 좌절을 경험했다.[3] 여학생들에게 취업난은 갑작스럽기보다는 그녀들의 DNA에 각인될 만큼 일상적이었다. 어쩌면 여학생들은 끝나지 않는 취업난에 더 분노를 해야 하는 건지도 모른다. 그러나 여학생들에게 취업과 그 유지에 대한 고통은 언제나 있어왔기에 여학생들로서는 현재의 상황에 갑자기 분노하는 것도 어색할 것이다.

현재 젊은 남성들이 젊은 여성들에게 역차별을 받는다고 느끼는 것은 과거보다는 그래도 여권이 신장되었기 때문일 것이다. 또한 현실에서 김치녀와 허영녀가 실제로 일부 존재하기에 성대립이 발생할 수도 있다. 그러나 궁극적으로 젊은 남성들이 느끼는 박탈감은 또래의 젊은 여성들 때문이 아님을 다시 한 번 강조하고자 한다.

진정한 문제는 상황에 따라 미디어가 만들어내는 성 역할과 이미지에 있다. 1980~1990년대에도 사회에서 남성 간에 치열한 생존경쟁이 벌어졌지만, 미디어는 그 게임에서 진 남성도 가정에서 구심적 존재로 자리할 수 있도록 만들었다. 설사 남성이 남성 간 경쟁에서 탈락해 출세하지 못하더라도 그 경쟁의 비윤리성이 내세워지면서 대다수 남성이 여전히 모범적 아버지로 존재될 수 있었던 것이다. 남편의 유약성과 유아성이 강조되었고, 남편의 부족한 자리를 채울 수 있는 아내의 내조가 찬사되었다. 1980~1990년대는 밖에서 돈을 버느라 힘든 아버지의 안위가 항상 보듬어진 시기였다. 이 시기에 남성이 남성 간 경쟁에서 받는 스트레스는 사회에 의해 완화되었던 만큼 남성들은 그 경쟁에서 졌다고 해서 지금만큼 분노하지 않았다. 또한 한편으로 1980~1990년대는 여성들을 어머니의 지위에 만족하게 한 시기라 여성은 남성의 경쟁 상대가 될 수 없었다. 그리고 아버지를 중심에 놓는 질서를 위반하는 여성을 쉽게 '혐녀'로 만들어버림으로써 아버지의 권위가 유지되었다.

그런데 신자유주의가 가속화되고 경제적 상황이 악화되는 가운데 출생률까지 심각하게 낮아지자 성별분업 체제가 유지되기 어려워졌다. 신자유주의가 강화되고 성별분업이 지향되지 않는 사회에서는 경쟁에서 진 남성에게 전처럼 관심이 부여되기가 어렵다. 동시에, 필요가 없어진 일부 남성이 배제되고, 대신 필요한 능력을 가진 일부 여성이 전보다 더 많이 사회활동의 장으로 포섭된다.

여기서 주목해야 할 것은 그렇다고 해도 젊은 남성이 경쟁에서 진 상대는 여성이 아니라는 사실이다. 한국사회에서 여성은 여전히 열악한 상황에 처해 있다. 그러나 미디어에서는 20대 남성이 경쟁에서 진 상대가 실질적으로는 남성인데도 그 사실을 가리기 위해 '여성을 혐오하는 메커니즘'이 구축된다. 현실에 드물게 존재하는 성공한 전문직 기혼 여성이 찬사되고, 가정에서 자기 역할에 충실한 전업주부가 갑자기 '맘충'으로 호출된다. 사회적으로 성공한 여성이 즐비한 것처럼 만들고, 여학생의 취업과 워킹맘의 사회활동이 쉬운 일로 왜곡되어 젊은 남성의 적이 '여성'인 것으로 인식된다. 그러나 아무리 기혼 여성의 가정일과 육아를 사회나 국가가 보조해준다고 해도 아이가 있는 기혼 여성이 기혼 남성만큼 성취를 하는 것은 불가능에 가깝다. 아이가 있는 기혼 여성이 기혼 남성만큼 직장일에 시간을 투자하기 어렵다는 점에서다.

그리고 미디어에서 중산층 전업주부가 사회활동에 힘겨운 남편에 기생하는 존재로 형상화되는 것도 취업 스트레스에 놓인 젊은 남성들의 분노를 유발하는 요소가 되고 있다. 또한 1980~1990년대에 중요하게 이미지화되던 가사노동의 가치가 2010년대에 폄훼되는 담론이 구성됨에 따라 전업주부의 존재성이 달라지고 있다. 전후부터 줄곧 전업주부의 여가는 통제되어왔고, 전업주부의 여가는 상황에 따라 찬사되거나 비판적으로 서술되었다. 1980~1990년대에 전업주부는 시간적·물질적 여유를 누리는 부러움의 대상이었으나, 2010년대에 전업주부는 커피숍에 모여 앉아 수다를 떨고 자기 자녀의 성적만 관심을 두는 '맘충'이 되었다. 20대 남성이 맘충을 만든 것이 아니라 미디어에서 전업주부의 존재성이 가치절하 됨으로써 남성과 여성 간, 세대와 세대 간, 계층과 계층 간 갈등이 여성혐오로 분출된 것이다. 이와 관련해 이 책이 강조하고자 하는 것은 성별분업으로 주부의 가사노동이 가치절하 되었다고 여겨지고 있으나 미디어에서는 전혀 그렇지 않다는 사실이다. 성별분업이 확고했던 1980~1990년대, 미디어에서 가족 구성원을 따뜻한 모성으로 돌보았던 어머니들의 가사노동 가치는 매우 의미 있게 묘사되었다. 오히려 성별분업 체제를 폐기하려는 최근에 이르러 가사노동의 가치는 평가절하 되고 있다.

아직까지 한국사회에서 여성과 남성이 평등한 경쟁 상대가 되었다고 보기는 어렵다. 정말 살벌한 경쟁은 주로 남성 간에서 일어난다. 큰 재력을 가졌거나 막대한 권력을 휘두르는 '갑 중의 갑'은 아직 남성이다. 한국사회에 만연한 여성혐오는 남성이 남성과 남성 간에 벌어지는 생존경쟁의 살벌함을 덜 인식하게 하고 있다. 이 책은 궁극적으로 여성혐오가 성대립으로 파생된 문제가 아니라는 말을 하고 싶었다. 여성혐오는 '남남 대립'을 은폐하기 위해 주조된 것이다.

한국사회에서 2010년대 후반 이후는 여성 간 능력 경쟁과 여성 간 윤리 경쟁이 가속화되면서 '여여 갈등'의 문제가 커지게 될 것이다. 표면적으로는 여성도 '사회활동'을 하고 '이혼'에 대한 편견도 열어지고 있으니 여권신장이 된 것처럼 여겨질 수 있다. 그러나 이면적으로는 여여 갈등으로 인해 여성 간 연대가 힘들어짐에 따라 성불평등을 해결해나가는 것이 더욱 어려워질 수 있다. 그 양상은 다음과 같이 살펴볼 수 있다.

첫째, 워킹맘과 전업주부 간 대립을 생각할 수 있다. 미디어에서 워킹맘의 존재성은 격상되고 전업주부의 가사노동 가치는 폄훼되고 있다. 국가적으로 여성의 경력 단절을 막는 등 성평등이 추구되는 것처럼 보이지만, 갑자기 여성의 사회활동이 지향되는 이유는, 여러 차례 언급했듯, 아버지의 외벌이만으로는 가족의 경제가 유지되기 어렵기 때문이다. 그래서 전업주부를 찬사했던 사회적 가치관은 전이될 수밖에 없었고, 현재 현모양처의 자리는 가족과의 생활과 자신의 직업활동을 조화롭게 양립하는 워킹맘이 차지하게 되었다.

여기서 문제가 되는 것은 바로 여성 간에 벌어지는 '모성 경쟁'이다. 자녀가 있는 경우, 자녀가 어느 정도 성장하게 될 때까지 여성이 가정일과 직장일을 함께 하기는 굉장히 힘겹다. 그럼에도 주부는 가정경제와 자녀교육을 위해 더 노력하고 더 자신을 희생하게 될 것이다. 이로 볼 때, 어머니의 경제력과 생활력 등을 기준으로 여성 간 모성 경쟁은 심화될 가능성이 크다.

또한 여성이 자신의 모성이 도구화되는 사실을 인식하더라도 스스로 혹은 어쩔 도리 없이 그 논리에 동참할 가능성이 크다. 미디어에서 '열등감'과 같은 감정이 이용될 것이기 때문이다. 예컨대, 〈SKY캐슬〉에서 입시 코디인 김주영은 결혼한 후 자신은 주부가 되고 경쟁자는 최연소 교수가 된 것에 질투심을 느끼고 자신의 천재 딸의 학업을 통해 자신의 열패감을 해소하려 했다. 자기 분야에서 뛰어난 능력을 발휘했던 김주영은 결혼 후 아이를 낳으면서 전업주부가 될 수밖에 없었다. 그러나 그녀는 자신의 꿈을 이룰 수 없게 만든 사회를 비판하기보다 자녀교육에 매진함으로써 열패감에서 벗어나려 했다. 한서진이 딸 예서를 의대에 보내려는 이유 역시 가족의 계층 유지에만 있는 것은 아니다. 술 중독자 아버지 밑에서 자란 것에 수치심을 가졌던 한서진은 자녀의 우수한 성적을 통해 자신의 열등감에서 벗어나고자 하는 것이다.

둘째, 현재 미디어에서 '워마드' 등 젊은 여성들의 공동체가 '사회적으로 받아들일 수 없는 것'으로 형상화되는 경향성을 생각할 수 있다. 젊은 여성들의 페미니즘 활동에 대해 페미니즘 비평가·활동가는 저마다의 상황에서 그 담론을 일부 인정하거나, 그것은 페미니즘이 아니다 라고 선언하기도 한다. 여기서 문제가 되는 것은 바로 페미니스트의 '죄의식'이다. 미디어에서는 끊임없이 워마드 등의 공동체가 선한지 악한지를 여성에게 판단하라고 요구할 것이고, 여성들이 거기에만 매몰되면 여성 간 연대는 파편적이 될 수밖에 없다. 정작 중요한 것은 워마드가 왜 나타났고 그들의 활동이 어떤 의미가 있는가를 판단하는 일이다. 인터넷에서 이루어지는 젊은 여성들의 공동체활동은 여전히 한국사회가 남성을 중심으로 돌아간다는 사실을 증명하고 있다. 실질적으로 워마드를 단순히 선/악으로만 판단하는 것은 페미니즘에 아무런 도움이 되지 않는다.• 그런데도 젊은 여성의 페미니즘을 선/악으로만 재단하려고 한다면, 페미니즘 안에서 여성 간 분열은 더욱 가속화될 것이다.

대단히 힘들겠지만, 페미니스트는 젊은 여성의 공동체와 어떤 관계를 가질 것인가를 심각하게 고민해야만 할 것이다. 그렇지 않으면, 앞으로 당면한 여성 문제를 해결하기는 더욱 어려워질 것이다. 미디어 속 세상에서는 한국사회가 성불평등하다는 사실이 잘 드러나지 않기 때문이다. 젊은 여성의 공동체는 여전히 한국사회에 페미니즘이 필요하다는 사실을 들추어내는 기능을 하고 있다. 1990년대 미디어에서 '고학력 여성'이 '능력 있는 전업주부 미시'로 포섭되었듯, 2010년대 전문직 기혼 여성은 '능력 있는 워킹맘'으로 포섭되고 있다. 상당수의 페미니스트가 본인이 생각지도 못하는 사이, 이미 그 존재성만으로 21세기에 새로 주조되는 가족이데올로기에 포섭된 여성일 수 있다는 이야기다. 진정으로 비가시적 존재로 위치된 여성(이웃)을 위한 페미니즘, 사회의 부당한 패러다임을 바꿀 수 있는 페미니즘을 추구하기 위해서는 사회적으로 쉽게 배제당할 수 있는 젊은 여성의 공동체와 어떤 연대를 이루어나갈 수 있을지를 반드시 생각해야만 한다.

• 젊은 여성의 페미니즘 공동체를 왜 선/악으로만 재단해서는 안 되는지에 대해서는 이 책의 제4부 2장을 참조.

나오며

2020년을 바라보는 우리는 여전히 20세기 가족이데올로기의 유령으로부터 자유롭지 않다. 게다가 20세기와는 전혀 다른 가족윤리까지 강요받고 있다. 새로운 가족 담론이 요구되는 시기지만, 역설적으로 불가능해 보이는 '4인 구성의 핵가족이데올로기'는 더욱 강화되는 듯 보인다. 2010년 이후 여성혐오 양상은 국가경제의 악화로 결혼을 하지 않는 인구가 늘어나고 그로 인해 출생률이 점차 낮아지는 상황과 결부되어 있다. 현재 문제가 되는 여성혐오는 신자유주의 체제 아래 한 개인이 태어나 취업이나 결혼 등으로 독립하기 어려운 상황, 인구 절벽 상황에서 벗어나기 위한 국가 정책에 의해 주조된 것이라 할 수 있다. 가족이데올로기는 사회적 상황에 따른 국가 정책에 의해 달라지고, 혐오의 대상도 그 달라진 가족이데올로기 아래에서 배치·재배치된다.

부유한 부모 없이 개천에서 용이 나기 어려운 오늘날의 한국사회에서 20대 남성들의 분노는 극에 이르고 있다. 일의 성패가 개인 능력의 결과로 간주되고, 개인에게 그 결과의 책임을 묻는 신자유주의 시대에는 개인의 열패감을 해소할 대상이 절실하게 필요하다. 그래야 개인과 집단의 잃어버린 자존심이 회복될 수 있기 때문이다. 특정한 개인에게, 특정한 집단에 부여된 혐오는 그런 부정한 열망에 의해 강화될 수 있다. 2020년 현재, 성평등이 이루어졌다는 한국사회에서 '여성혐오'는 마치 남성이 여성에게 역차별을 당한 결과인 것처럼 간주된다. 그러나 여전히 한국사회는 성불평등한 사회다. 20대 남성이 경쟁에서 진 상대는 여성이 아닌 남성인데도 그 사실을 가리기 위해 '여성을 혐오하는 메커니즘'이 주조되었다(또 주조되고 있다). 미디어에서는 현실에 드물게 존재하는 성공한 전문직 기혼 여성이 찬사되고, 가정에서 훌륭하게 자기 역할을 수행하는 전업주부가 '맘충'으로 호출된다. 특히 20세기에 부러움의 대상이었던 전업주부는 이제는 커피숍에 앉아 있기만 해도 혐오 대상이 되어버린다. 그런데 '맘충'은 20대 남성이 만든 것이 아니라 미디어에서 전업주부의 존재성이 가치절하 됨으로써 만들어진 구성물이다.

주목해야 할 사실은, 다시 한 번 말하지만, 앞으로 여성혐오의 양상은 남성과 여성 간 대립이 아닌 여성과 여성 간 갈등으로 전개될 가능성이 크다는 것이다. 여성의 사회활동이 격려되고, 이혼녀에 대한 부정적 시선이 개선되는 등의 사실만으로 여권신장이 되었다고 판단할 수는 없다. 여성 간 모성 경쟁과 윤리 경쟁을 가속화하는 '더욱 교묘해지는 가부장제 아래서' 여성 간 갈등은 더욱 심화될 것이라는 점에서다. 그에 따라 여성 간 연대가 힘들어져 당면한 여성 문제는 해결하기 어렵게 될 것이다. 이제는 여성 간에 벌어지는 계층 간, 세대 간 갈등 문제에 촉각을 곤두세워야만 한다.

우리는 이 사실만은 꼭 기억해야 한다. 전후부터 지금까지 미디어에서 아버지, 아내, 어머니, 여대생, 전문직 여성, 전업주부, 워킹맘(취업주부), 이혼녀, 내연녀 등 수많은 존재가 각 시기의 상황에 따라 다른 의미로 배치되어왔다는 사실이다. 우리 모두가 각 시기의 성격에 따라 '특정 역할'을 요구받던 존재였다. 우리는 상황에 따라 순수하고 헌신적인 어머니로 추앙받기도 하고, 자기 가족의 안위만 챙기는 이기적 속물이라고 비판받기도 한다.

그 어느 때보다도 한 개인이 태어나 가족을 만들거나 경제적으로 독립해서 살아가기가 어려워졌다. 그러나 그 고단함을 성대결로 풀어나가는 것은 의미가 없다. 진정으로 자신과 자신이 사랑하는 사람들이 더 좋은 환경에서 살아가기를 원한다면, '다른' 선택을 해야만 한다.

나는 아직 젊은 국문학자다. 아마도 언론·미디어 전문가, 문화연구자, 사회학·여성학 전문가 등의 관점에서 볼 때 이 책에 부족한 부분이 많을 것이다. 그래도 부족한 부분이 보완될 수 있게끔 도와주신 분들이 있었기에 이 책이 출판될 수 있었다. 먼저, 원고가 완성되었을 때 심사를 맡아주심으로써 가야 할 길을 명확히 밝혀주신 아모레퍼시픽재단의 심사위원 분들께 감사의 인사를 전하고 싶다. 이 책을 위해 물심양면으로 뛰어주신 도서출판 책과함께의 류종필 대표님, 책의 문장과 체계에 대해 날카로운 조언을 해주시고 내용 전체를 면밀하게 감수해주신 편집진의 노고에 감사한다. 특히 좌세훈 편집자님 덕분에 이 책이 학술서에 그치지 않고 이 주제에 관심이 있는 사람이라면 쉽게 이해할 수 있도록 완성되었다. 출판 지원을 해준 아모레퍼시픽재단에 감사의 마음을 전한다.

나는 어린이집과 유치원에 다니는 두 딸을 키우는 워킹맘이다. 이 책을 쓰기까지 너무나 힘들었지만, 두 어머니가 계시지 않았다면 이 책은 세상에 나올 수 없었을 것이다. 그러므로 두 손녀를 정성으로 돌보아주신 친정어머니, 그리고 내게 영감만을 주시고 아무것도 바라지 않으신 시어머니가 이 책을 완성했다고 해도 과언이 아니다. 또한 바보같이 몇 년간 이 책만 바라보았던 나를 아낌없이 격려해주신 아버지, 그리고 항상 아내의 일을 자기일처럼 존중하고 응원해준 남편에게 고마움을 전하고 싶다.

사실 이 책을 통해 현 가족이데올로기의 문제점을 비판하고 싶었다. 그러나 역설적으로 이 글을 쓰고 있는 나에게 눈물이 나면서 떠올려지는 존재는 가족이다. 한국에서 워킹맘이 가족의 도움 없이 책을 집필하는 것은 불가능한 일이다.

여러 가지 일로 힘들었던 나날들이 한 인간을 성장하게 만든 시간이었기를 바라며….

친정어머니께 정말 감사하다는 말씀을 전하고 싶다.

2020년 1월

박찬효

주

제1부 여성혐오 사회의 대두, 여성상위 시대의 오해

제1장 소멸하는 가부장제의 환상, 등장하는 워킹맘의 환상

1 〈(만물상) '남자의 종말'〉, 《조선일보》, 2012. 11. 5, A 34면.

2 〈女性上位 시대에 逆行하는 이탈리아의 離婚法 是非—"男子의 保護 없이 살아갈 수는 없다"〉, 《조선일보》, 1970. 2. 24, 4면.

3 토니 마이어스, 박정수 옮김, 《누가 슬라보예 지젝을 미워하는가》, 앨피, 2005, 193~194쪽; 김미현, 〈(기획 평론) 수상한 소설들〉, 《세계의 문학》 124(민음사, 2007 여름 호)을 참조·적용했다.

4 이동헌, 〈1950년대 국민화 담론 연구—'道義'교육을 중심으로〉, 《동아시아문화연구》 43, 한양대학교 동아시아문화연구소, 2008, 201~209쪽.

5 장은영, 〈1950년대 잡지에 나타난 문화재건 담론과 젠더 표상—《文化世界》를 중심으로〉, 《우리문학연구》 62, 우리문학회, 2019.

6 이현재, 《여성혐오 그 후,—우리가 만난 비체들》, 들녘, 2016, 83~89쪽. 이현재는 수전 팔루디(Susan Faludi), 낸시 프레이저(Nancy Fraser), 손희정, 임옥희 등의 연구를 바탕으로 여성혐오의 원인을 살펴보고 있다. 여성혐오의 원인에 대한 2015년 정도까지의 논의는 이현재가 이미 구체적으로 정리했으며, 이와 관련한 참고문헌까지 위 책에 밝혀놓고 있다.

7 윤김지영, 《지워지지 않는 페미니즘》, 은행나무, 2018, 163~165쪽.

8 이현재, 앞의 책, 2016, 102~104쪽.

9 임홍빈, 《수치심과 죄책감—감정론의 한 시도》, 바다출판사, 2016(개정판 1쇄), 294~295, 299쪽.

10 위의 책, 276~278쪽.

11 위의 책, 312~313쪽.

한스 페터 뒤르(Hans Peter Duerr)는 《친밀성(Intimität)》(1990)에서 "우리 시대에 사람들은 종종 벌거벗은 몸보다 수치 자체에 대해 더 수치스러워 한다"라고 단언한다. '수치 터부'는 근대 문화가 직접적 감정 표현의 가능성을 스스로 차단함으로써 일어나는 2차적 감정이라 할 수 있다. '수치의 표현'이 초래할 수 있는 부정적 평가나 자신감의 결여가 노출되는 것에 대한 불안은 수치의 표현 자체를 일종의 사회적 터부로 간주하는 태도와 상응한다. 그래서 타인을 공격하거나 위압적 태도를 보임으로써 자신이 수치스럽게 되는 상황을 벗어나고자 한다(위의 책, 299~301쪽). [뒤르의 《친밀성》은 국내에서는 《은밀한 몸—여성의 몸, 수치의 역사》(박계수 옮김, 한길사, 2003)로 출간되었다.]

제2장 가족제도의 재구축, 여성혐오의 변화

1 최유정, 《가족정책을 통해 본 한국의 가족과 근대성—1948년~2005년까지》, 박문사, 2010, 424~426쪽.

2 이재경, 〈한국 가족은 '위기'인가?—'건강가정' 담론에 대한 비판〉, 《한국여성학》 20-1, 한국여성학회, 2004, 234~238쪽.

주 1번과 2번은 장은영의 〈2000년대 이후 한국 소설에 나타난 가부장의 해체와 남성성의 균열〉(《인문학연구》 26, 경희대학교 인문학연구원, 2014, 각주 2번, 4번)을 참고했다.

3 이현재, 《여성혐오 그 후,—우리가 만난 비체들》, 들녘, 2016, 36~37쪽.

4 우에노 지즈코, 나일등 옮김, 《여성혐오를 혐오한다》, 은행나무, 2017(2판 7쇄), 153쪽.

5 한국전쟁 이후 한국문학 작품에서 아버지는 현실에서 부재하거나 기억의 흔적으로 남아 있어 그리움과 원망의 대상이 된다. 1970년대에는 산업화 안에서 다시 가장들이 일터를 찾아 집을 떠나, 아버지로 상징되는 가부장제 질서가 흔들리는 것으로 그려진다(김현숙, 〈현대소설에 표현된 '세대갈등' 모티브 연구〉, 《상허학보》 2, 상허학회, 2000, 404~406쪽).

6 김지영, 〈가부장적 개발 내셔널리즘과 낭만적 위선의 균열—1960년대 《여원》의 연애 담론 연구〉, 《여성문학연구》 40, 한국여성문학학회, 2017, 98쪽.

7 노지승, 〈남성 주체의 분열과 재건, 1980년대 에로영화에서의 남성성〉, 《여성문학연구》 30, 한국여성문학학회, 2013, 76쪽.

8 이박혜경, 〈가족대안의 모색〉, 《경제와 사회》 50, 비판사회학회, 2001, 109쪽, 재인용; 김미현, 〈가족이데올로기의 종언—1990년대 이후 소설에 나타난 탈가족주의〉, 《여성문학연구》 13,

한국여성문학학회, 2005, 163쪽, 각주 49번. 김미현은 김영하의 소설 〈오빠가 돌아왔다〉(창비, 2004)를 언급하면서 이전의 아버지보다 합리적이고 덜 억압적인 오빠들의 귀환은 가족 자체에 대한 거부가 아닌 가족의 재구성에 불과한 것임을 설명한다. 오빠를 중심으로 한 새로운 가족도 결국에는 성적 욕망이나 경제적 책임의 소재만 바뀐 것에 불과하다는 지적이다(위의 논문, 161쪽).

9 김은하, 〈1980년대, 바리케이트 뒤편의 성(性) 전쟁과 여성해방문학 운동〉, 《상허학보》 51, 상허학회, 2017, 16~17쪽.

10 박찬부, 《라캉—재현과 그 불만》, 문학과지성사, 2006, 286~288쪽.

11 오태영, 〈'향수(鄕愁)'의 크로노토프—1930년대 후반 향수의 표상과 유통〉, 《한국어문학연구》 49, 한국어문학연구학회, 2007, 207~213쪽), 재인용; 박찬효, 《1960~1970년대 한국소설에 나타난 탈향과 귀향의 서사》, 혜안, 2013, 35쪽, 각주 46번.

12 김미현은 지젝이 이야기하는 환상이 현실로부터 도망가게 하는 것이 아니라 오히려 현실로 도피하게 해줌으로써 현실을 유지시킨다고 설명한다(김미현, 〈(기획 평론) 수상한 소설들〉, 《세계의 문학》 124, 민음사, 2007 여름 호, 2007, 228~229쪽).

제2부 '전이'의 내러티브, 동정과 가십의 여성들—1950~1960년대/1970년대

1 예를 들어, 귀스타브 플로베르(Gustave Flaubert)의 〈보바리 부인(Madame Bovary)〉(1857)의 한 장면처럼 로돌프는 보바리의 뒤를 따라가면서 그녀의 까만 나사 옷자락과 까만 반장화 사이로 엿보이는 우아한 흰 양말을 바라보면서 그녀의 나체를 연상한다. 물신화된 부속물, 파편화된 조각으로 보바리를 구성할 때 '관음증적 사전쾌락'이 발생하며, 그 결과 그녀는 성적으로 매혹의 대상이 된다. 보바리를 하나의 통일체로 보지 않고 성적 대상으로 파편화시킴으로써 그녀는 전체성이 없는 존재이자 비논리적 욕망의 덩어리로 이미지화하게 된다(피터 브룩스, 박인성 옮김, 《정신분석과 이야기 행위》, 문학과지성사, 2017, 55쪽).

2 위의 책, 50~61쪽.

3 지그문트 프로이트는 '전이'를 피분석자와 분석가 사이에서 창출되는 특수한 공간에서 일어나는 것으로 파악한다. 이 둘의 역동적 상호작용을 통해 피분석자의 과거 정동적 삶이 복원된다는 것이다. 회상이 반복되면서 과거는 마치 현재 일어나는 것처럼 작동한다. 이때, 분석가는 피분석자가 좀 더 일관성 있고 연결성 있는 확실한 내러티브 담화를 구성하도록 도움을 주어야 한다. 그 과정에서 잔재를 보충하고 조합함으로써 '재구성'의 양상이 나타날 수밖에 없는데, 이는 문학 영역에서 해석적 내러티브 담화와 그것이 재구성하고자 하는 이야기와의 관계성과 연결된다(위의 책, 84~89쪽).

제1장 '원초적' 존재로서의 아버지, '계몽'의 대상으로서의 어머니

1 이동헌, 〈1950년대 국민화 담론 연구—'道義'교육을 중심으로〉, 《동아시아문화연구》 43, 한양대 동아시아문화연구소, 2008, 201~209쪽.

2 장은영, 〈1950년대 잡지에 나타난 문화재건 담론과 젠더 표상—《文化世界》를 중심으로〉, 《우리문학연구》 62, 우리문학회, 2019.

3 김현주, 〈1950년대 여성잡지와 '제도로서의 주부'의 탄생〉, 한국여성문학학회 《여원》 연구모임, 《《여원》 연구—여성·교양·매체》, 국학자료원, 2008, 61~66쪽.

4 서연주, 〈주변부 여성계층에 대한 소외담론 형성 양상 연구〉, 한국여성문학학회 《여원》 연구모임, 위의 책, 87쪽.

5 〈아버지 난봉 막아줘요〉, 《조선일보》, 1950. 5. 26, 2면; 〈學生이 厭世 自殺〉, 《경향신문》, 1955. 7. 30, 3면.

6 〈(家庭에서 事會로) 새 時代의 男便〉, 《경향신문》, 1950. 1. 15, 2면.

7 〈(極甚한 悖倫相의 解剖〉, 《경향신문》, 1954. 8. 22, 4면.

8 허윤은 《남자와 기생》 등의 영화에 젠더화된 정체성을 의문시하게 만드는 사이 공간이 나타남을 주목한다. 여장남자 코미디가 재현하는 비헤게모니적 남성성/들은 초남성적인 것으로 일컬어져온 한국의 헤게모니적 남성성이 실상 건전한 국민을 재생산하는 데 실패하고 있는 지점을 노출한다는 것이다(허윤, 〈1960년대 여장남자 코미디영화를 통해 살펴본 비(非)헤게모니적 남성성/들〉, 《여성문학연구》 46, 한국여성문학학회, 2019).

9 〈(토픽) 기혼자가 더 건강, 독신·이혼자보다〉, 《조선일보》, 1988. 11. 17, 4면; 〈自殺 기도 80%가 우울증 환자〉, 《동아일보》, 1990. 6. 8, 16면; 〈"독신자 심장마비 잘 걸린다"—기혼자보다 2배나 발병 높아, "혼자 살면 건강 나빠" 입증 주목〉, 《경향신문》, 1992. 1. 30, 14면; 〈불행한 가정은 질병 원인 된다—사별 우울증·무력감 겪어, 이혼 정신질환 확률 6배, 독신 기혼자보다 사망률 높아〉, 《조선일보》, 1996. 5. 8, 31면.

10 〈(외국 통신에서) 결혼과 수명〉, 《조선일보》, 1959. 2. 1, 3면.

11 〈(오늘의 話題) 結婚은 萬福의 根源—壽命에도 큰 影響, 統計로 본 旣·未婚 男女의 幸不幸〉, 《동아일보》, 1959. 2. 1, 3면. 이 기사는 〈(외국 통신에서) 결혼과 수명〉(《조선일보》, 1959. 2. 1, 3면)의 내용과 유사하다.

12 〈두 아들에 쥐약 먹여—妾에 미친 사내 本妻와 離婚하려고, 次男 絶命〉, 《경향신문》, 1963. 9. 17, 7면; 〈두 딸을 殺害—離婚한 家長 구뎅이 파놓고〉, 《경향신문》, 1966. 2. 1, 3면 등.

13 〈부부싸움 끝에 도끼로 처를 살해〉, 《조선일보》, 1958. 7. 3, 3면; 〈'아내' 죽이고 自殺未遂한 男便〉, 《동아일보》, 1961. 11. 19, 3면; 〈아내를 刺殺—妻家살이 30代 不和 끝에〉, 《경향신문》, 1963. 6. 17, 7면 등. 이례적으로 남편이 아내를 죽인 상황이 매우 구체적으로 서술된 경우도 찾을 수 있는데, 대표적으로 〈疑妻症 아내를 刺殺—제 목도 찔러 重態, 밤 늦는

行商에 疑心 夫婦 싸움 잦다〉(《경향신문》, 1963. 7. 4, 7면)가 그러하다. 그러나 기사에는 "35세 전후로 보이는 남자"가 등장하고 "저녁마다 말다툼하는 소리는 들었으나 (…) 부인을 때리는 일은 없었다"라는 옆방에 세든 이웃의 증언이 있다. 남편이 아내를 살인한 것은 잘못한 일이지만, 부인에게 원인이 있었을 수도 있겠다는 정황이 제시되고 있는 것이다.

14 〈또 하나 悖倫兒—酒酊한다고 親父 打殺〉, 《경향신문》, 1954. 6. 6, 3면; 〈母親 虐待한다고 殺父—市內 漢江路에서 慘事〉, 《동아일보》, 1954. 6. 6, 3면; 〈親父 致死犯에 無期懲役 求刑〉, 《경향신문》, 1954. 8. 8, 3면.

15 〈男便 살해—술주정한다고 네 모녀가 짜고〉, 《경향신문》, 1969. 5. 16, 3면.

16 〈네 食口 刺殺—繼母 슬하의 靑年, 虐待로?〉, 《동아일보》, 1962. 3. 14, 3면; 〈親父를 刺殺—滿醉 運轉士〉, 《동아일보》, 1962. 4. 1, 3면.

17 〈愛情에 주린 自轉車 도둑—繼母 虐待 못 이겨 父親 것 팔다 發覺〉, 《동아일보》, 1959. 2. 18, 3면.

18 〈딸이 어머니 絞殺—男子 교제 반대한다고〉, 《경향신문》, 1967. 3. 3, 3면; 〈교제 말린다고 딸이 어머니 교살〉, 《조선일보》, 1967. 3. 4, 3면.

19 〈不義關係 말리는 어머니를 殺害 광 속에 숨겨 98日—某 女大 中退한 處女를 起訴〉, 《동아일보》, 1967. 3. 31, 3면.

20 〈어머니 죽인 아들을 拘束〉, 《동아일보》, 1962. 7. 22, 3면; 〈어머니의 不貞 보다 못해 集團自殺로 抗議—"우리가 죽으면 마음을 돌리겠지…", 18歲 少女 두 同生을 죽이고 重態〉, 《경향신문》, 1965. 12. 6, 3면.

제2장 여대생, 정숙하지 못함의 대명사

1 최미진, 〈1950년대 신문소설에 나타난 아프레 걸〉, 《대중서사연구》 13-2, 대중서사학회, 2007, 119~153쪽.

2 1950년대 후반 대학생 수가 비약적으로 늘었고, 이에 따라 신문 연재소설에도 여대생은 주요 작중 인물로 빈번하게 등장하게 된다(김동윤, 《신문소설의 재조명》, 예림기획, 2001, 65쪽).

3 〈(讀者의 소리) 過分한 몸차림 삼가라—一部 男女 大學生들에 提言〉, 《경향신문》, 1955. 9. 13, 2쪽; 〈女大生 價値觀 논쟁—打算과 物質的이다, 自己發見 위해 苦心〉, 《동아일보》, 1969. 10. 9, 6면. 여대생이 사치스럽다는 사회의 인식에 저항하는 여학생의 글도 주목할 만하다. 〈(雜記帳) 가난해서 사치스럽다〉, 《동아일보》, 1966. 10. 15, 5면.

4 〈女大生은 短靴를 신으라—高大 '민족思想硏', 梨大 앞서 異色 데모〉, 《조선일보》, 1971. 9. 29, 7면.

5 〈'梨大' 메이퀸' 올해도 안 뽑아—사치와 낭비, 學生 절반 이상 反對〉, 《조선일보》, 1979. 5. 10, 5면.

6 이대 메이퀸에 대한 내용은 〈85년 전 이대 첫 메이퀸 선발 김○○ 여사 등 영예, 1970년대 말 학생·동문 반대로 폐지〉(《조선일보》, 1993. 5. 31일 6면) 등에 구체적으로 언급되어 있다.

7 〈政情 悲觀한 全南大學生, 革命 돐날 鐵道自殺〉, 《조선일보》, 1961. 4. 23, 3면.

8 〈오빠 偏愛에 自殺, 卒業班의 女大生〉, 《조선일보》, 1965. 5. 15, 3면.

9 〈女大生이 분신 自殺—뜬소문 悲觀〉, 《조선일보》, 1968. 1. 9, 7면.

10 〈娼女 愛人 따라 大學生이 自殺〉, 《조선일보》, 1965. 11. 13, 3면.

11 〈두 여대생 투신자살—설악산 비룡폭포에 동성연애?…한데 몸 묶어〉, 《조선일보》, 1966. 4. 24, 7면; 〈(뉴스의 뒷골목) '일류'에의 비가—설악산 비룡폭포 두 여대생의 자살, 二流大 다니는 걸 悲觀〉, 《조선일보》, 1966. 4. 26, 7면.

12 〈두 女大生의 自殺—一流에의 꿈 再修에 부숴져〉, 《경향신문》, 1966. 4. 25, 7면.

13 〈女大生 投身自殺—無神論者, 굴뚝 속에 뛰어들어〉, 《동아일보》, 1966. 11. 23, 3면.

14 〈굴뚝에서 投身自殺—厭世의 聖心女大生〉, 《경향신문》, 1966. 11. 24, 3면.

15 〈女大生들의 性格—생각하는 地方 學生·社會적인 서울 學生, 모자라는 親切心, 指導性은 줄고 協同心 늘어〉, 《조선일보》, 1963. 4. 27, 5면.

16 조은정, 〈1960년대 여대생 작가의 글쓰기와 대중성〉, 《여성문학연구》 24, 한국여성문학학회, 2010, 107쪽.

17 〈여대생 누드 公演 '피터 팬' 말썽〉, 《조선일보》, 1968. 10. 3, 8면; 〈美에 性革命 徵兆, 女大生 50%가 非處女〉, 《조선일보》, 1968. 10. 24, 4면.

18 김복순, 〈1960년대 소설의 연애전유 양상과 젠더〉, 《대중서사연구》 19, 대중서사학회, 2008, 47쪽.

19 〈電氣줄로 목을 졸라 絞殺〉, 《경향신문》, 1958. 2. 1, 2면.

20 〈妙齡의 女店員 被殺—癡情 殺人으로 斷情하고 搜査〉, 《동아일보》, 1961. 2. 15, 3면.

21 〈廣壯서 獵奇的 女大生 殺人—容疑者는 四寸오빠, 四日 용탈山 漢江 邊서 물에 던져, 三角關係·癡情으로 斷定〉, 《조선일보》, 1961. 4. 6, 3면.

22 〈百惡의 亂舞 봄의 社會相—金錢 問題서 癡情 關係로…달라진 强力犯罪 事件 樣相〉, 《조선일보》, 1961. 4. 29, 5면.

23 〈廣壯서 獵奇的 女大生 殺人〉, 《조선일보》, 1961. 4. 6, 3면.

24 〈百惡의 亂舞 봄의 社會相〉, 《조선일보》, 1961. 4. 29, 5면.

25 〈'不義의 關係' 확인—女大生 被殺 事件, 金○○ 孃 屍體 解剖〉, 《동아일보》, 1961. 4. 10, 3면.

26 범인의 자백을 기사화한 경우에도 여대생의 평범하지 않은 성격은 잘 드러난다. 피살된 여대생이 통행금지 시간이 지날 때까지 오빠와 이야기를 하다가 친척 집에서 잠을 자는 행동, 빚 독촉을 심하게 하지 말라는 친척 오빠의 말에 욕을 하는 모습 등이 그렇다(〈金孃 殺害

마침내 自白—'四寸오빠' 金○○, 잡힌 지 57時間 만에, 피 묻은 '코트'도 押收, "빚돈 싸고 심하게 굴어" 激奮 끝에 犯行〉, 《동아일보》, 1961. 4. 10, 3면).

27 그러나 〈漢江 邊에 '屍體 없는 殺人' 女大 新入生 金 孃이 被殺〉(《경향신문》, 1961. 4. 6, 3면)에는 피살자인 여대생이 "몹시 명랑하고 남성적인 성격의 소유자"라고 나오며, '얌전하다'는 말은 없다.

28 관련 내용은 〈餘滴〉(《경향신문》, 1961. 4. 10, 1면)을 참조했다.

29 최희숙, 〈작가의 말〉, 《창부의 이력서》, 소명출판, 2013, 7~8쪽.

30 위의 책, 7쪽.

31 조은정, 〈1960년대 여대생 작가의 글쓰기와 대중성〉, 《여성문학연구》 24, 한국여성문학학회, 2010, 93~96쪽.

32 〈全篇에 넘쳐흐르는 愛憎의 葛藤 韓國의 '싸강' 現代 女大生 崔嬉淑의 異色的인 愛情 手記!〉, 《경향신문》, 1960. 10. 9, 2면 광고 등.

33 허윤, 〈'여대생' 소설에 나타난 감정의 절대화—최희숙, 박계형, 신희숙을 중심으로〉, 《역사문제연구》 40, 역사문제연구소, 2018, 169~170쪽.

34 위의 논문, 170쪽.

제3장 헌신하는 '만능 주부', 허영 가득한 '일하는 여성'

1 〈(주부 수첩) 男子보다 힘든다—가정주부의 일〉, 《경향신문》, 1959. 1. 15, 4면. 가사노동이 힘들다는 내용을 담은 기사는 쉽게 찾을 수 있다. 〈生活科學 主婦의 疲勞 대책—日課와 일할 때 姿勢 順序 있게 變化 갖자〉, 《동아일보》, 1959. 10. 20, 4면 등.

2 〈生存과 生活—餘暇를 善用토록, 먹고 사는 것만이 生活일까?〉, 《경향신문》, 1957. 5. 28, 4면.

3 〈主婦의 家事勞動—適當한 勞動線은?〉, 《동아일보》, 1958. 5. 23, 4면.

4 〈主婦와 레크리에이슌〉, 《동아일보》, 1958. 11. 27, 4면.

5 〈(나도 한 마디) 사회참여도 좋지만 밀린 빨래부터 먼저〉, 《경향신문》, 1960. 8. 12, 4면.

6 〈主婦와 레크리에이슌〉, 《동아일보》, 1958. 11. 27, 4면.

7 〈(그 나라의 주부생활) 外國 人士 家庭訪問, 아세아재단 한국지부장 부인 제임스 女史—設計된 살림살이, 韓國産으로 꾸민 室內裝飾의 妙〉, 《경향신문》, 1959. 1. 30, 4면.

8 〈自助하는 主婦 손길, 알맞은 副業을—가정에 바탕을 둔 餘暇 善用〉, 《경향신문》, 1970. 5. 14, 5면.

9 위의 기사.

10 〈'부지런한 손'으로 꼽힌 韓○○ 여사—악착같이 뛴 '분주한 20年', 赤十字활동·貯蓄會幹部·工業社 운영에 식모도 안 두고〉, 《동아일보》, 1970, 11. 12, 6면.

11 〈(스위트홈 診斷 2) 一流病一虛勢에 멍드는 家庭, 과외공부·學區違反은 일쑤, 다시 私立校로 옮기는 例도〉, 《경향신문》, 1968. 5. 13, 5면; 〈(주부끼리 얘기합시다) 여가 선용—"自身보다 이웃 위한 일을" 託兒所 경영도 바람직…스스로 보람된 人生 찾을 줄 알아야〉, 《조선일보》, 1978. 11. 2, 5면.

12 〈(횡설수설)〉, 《동아일보》, 1963. 4. 26, 1면. "춤바람, 계바람, 치맛바람 등 사회적으로 물의를 일으킨 주부"가 되는 까닭을 "여가 시간 증대"(〈(主婦들 페이지) 도시화와 여성의 역할—"意欲 살려 萬能主婦로", 契바람 등 큰 착각, 여가 활용 힘써야〉, 《매일경제》, 1970. 2. 24, 5면)로 이야기하는 기사는 다수 찾을 수 있다.

13 〈(事件日記) 女人天下 노름판一動機, 一攫千金의 魔力 無聊한 時間 메워〉, 《경향신문》, 1965. 1. 29, 4면. 관련 기사로 〈餘暇의 病理와 倫理—'主婦도박'의 충격, '보람 있는 時間'을 찾아서, 죽어도 좋을 만큼 심심했나, 땀 밴 돈은 판돈 될 수 없어〉, 《조선일보》, 1976. 7. 4, 4면.

14 〈(家庭) 餘暇 善用하는 어머니들—YMCA 어린이'센타'의 '클럽' 活動, 애기들의 공부하는 時間 利用 꽃꽂이·工藝 열심히 배워, 치맛바람의 病弊도 없애〉, 《동아일보》, 1965. 4. 15, 5면; 〈(餘暇善用 클럽 6) 어머니 모임—유치원생 놀이할 때 다른 방서 課外活動〉, 《동아일보》, 1967. 2. 16, 6면.

15 〈(主婦學校) 女性을 위한 두 異色學校—子女教育에 重點, 50名씩 나눠 10日 동안 우선 6學年 姉母부터〉, 《경향신문》, 1967. 2. 25, 5면.

16 〈教育自治機構를 大幅 縮小—學生 定員 數를 再檢討, 姉母會의 壓力 一掃도 斷行〉, 《경향신문》, 1961. 6. 10, 1면.

17 〈(본체만체 7) 잡부금—教員들 間에 競爭的, 教育自治制 부활과 함께 만성化, 어린이 입에서 '와이로'란 말이〉, 《경향신문》, 1964. 5. 14, 6면; 〈(사설) 방학엔 아동들을 편히 놀게 해야 한다〉, 《경향신문》, 1964. 7. 27, 2면.

18 〈어머니 15명 힘 모아 住民 어린이 가르쳐—學園淨化 밑거름 '淸江 배움의집'〉, 《경향신문》, 1966. 6. 25, 6면.

19 〈봄날 맞아 거세게 인 '善意의 치맛바람' 소비자보호…3행사〉, 《경향신문》, 1967. 4. 29, 5면.

20 〈(부인 시평) 용두사미라면 아예 시작도 말자—'여성단체총연합회'의 국민운동을 앞두고〉, 《경향신문》, 1960. 7. 5, 4면.

21 〈죽음 앞서는 問題點—前 西大門署長 後妻 姜 女人의 變死, 連結 안 된 對話가 教養의 격차…제 나름의 生活〉, 《경향신문》, 1966. 3. 21, 7면.

22 〈(主婦들 페이지) 70년대 맞는 주부의 과제—"意欲 살려 萬能主婦로", 분수에 맞는 소비생활을, 내조에 도움 될 지식 쌓고〉, 《매일경제》, 1970. 2. 24, 5면; 〈家庭 속에서 찾아야 할 主婦의 새 役割〉, 《경향신문》, 1977. 8. 24, 4면.

23 〈(女性) 주부들의 슬기와 솜씨 겨뤄(창의력 계발 전시회)—야쿠르트 병이 씨앗 보관통으로, 누룽지·물엿·참깨 섞어 강정도, 폐품 활용, 실용적인 作品 많아〉, 《매일경제》, 1978. 6. 23, 8면.

24 〈(가정백과 여성백과) 현관 ABC—산뜻, 安定感 있어야 신발장·옷걸이 등 機能도 살려, 視線 가는 곳엔 그림, 벽·천장은 밝은 色을〉, 《조선일보》, 1971. 4. 15, 4면; 〈(가정백과 여성백과) 맹렬 주부는 도매시장에—小賣보다 싸고 싱싱해〉, 《조선일보》, 1971. 6. 24, 4면.

25 〈(어린이에 사랑을 13) 다른 나라선 어떻게 키우나(스웨덴)—"마음껏 자라라" 일체 간섭 안 해, 순종보다는 독립심 길러〉, 《경향신문》, 1979. 4. 11, 4면.

26 〈《살면 다시 만나리》, 放送劇臺本 당선〉, 《경향신문》, 1964. 5. 18, 8면.

27 이 '조 여인 피살 사건'은 〈旅館서 婦人 被殺—알몸으로 목 졸려, 靑年 '한○○' 手配〉, 《동아일보》, 1968. 5. 27, 3면 등 다수 기사화되었다. 이 책에서는 특히 다음의 두 기사를 분석 대상으로 삼았다. 〈同宿 청년 李를 懸賞 수배, 鍾巖洞 女人 被殺 사건—筆跡 감정 결과 眞犯으로 단정, 6年 前의 戀人들…求婚 거절에 犯行〉, 《조선일보》, 1968. 5. 28, 7면; 〈미모 유부녀의 이중생활—젊은 愛人 손에 죽은 趙 女人의 주변 알려진 男子만 5名…離婚 생각까지, 집에선 40代 남편 섬긴 賢母良妻…다섯 살 아들도〉, 《조선일보》, 1968. 5. 28, 7면.

28 〈密會 6年, 美貌의 趙 女人과 犯人—고무신가게 店員 때부터, 친구엔 동생이라고, 結婚하자고 조르다 저지른 듯〉, 《경향신문》, 1968. 5. 28, 3면.

29 〈지나쳤던 疑妻症—아내 죽이려다 自己도 自害〉, 《경향신문》, 1961. 4. 26, 3면; 〈生活苦로 悲慘—疑妻症 等 二件 發生〉, 《경향신문》, 1955. 2. 14, 2면.

30 〈(뉴스 뒤의 뉴스) 殺人한 自虐의 疑妻症—한 팔 잃고, 괴팍한 성미 發作, 아내 찌르고 自己도 마구찔러 自殺, 悲劇 또 하나 四男妹 갈 곳은?〉, 《동아일보》, 1963. 8. 5, 6면.

31 〈失職 남편 劣等感의 殺意—大學 나온 아내를 죽이려다 丈母 동맥 찌르고 飮毒自殺〉, 《경향신문》, 1963. 10. 16, 7면.

32 〈柔道하는 夫人 妊娠 때에 보복〉, 《경향신문》, 1964. 2. 4, 6쪽.

33 〈딸 방치 숨지는 동안 엄마는 최소 5차례 술자리〉, 《NEWSIS》, 2019. 6. 8, 접속일 2019. 9. 19.

34 〈누가 罪를 받는냐 3—朴仁秀의 裁判을 마치고〉, 《경향신문》, 1955. 7. 25, 4면.

35 신상옥 감독, 곽일로 각본, 〈여성상위시대〉, 심의 대본, 한국영상자료원 자료, 1968, 36쪽.

36 임은희, 〈1950~60년대 여성 섹슈얼리티 연구—《여원》에 나타난 간통의 담론화를 중심으로〉, 《여성문학연구》 18, 한국여성문학학회, 2007, 153~154쪽.

37 〈全 女性 生涯에 가장 큰 衝擊을 줄 새風潮의 最新 女性 映畵!!〉, 《경향신문》, 1969. 10. 15, 4면.

38 〈(事件記者) 家門을 미끼한 有閑마담 詐欺—욕심장이들의 虛黙 노리고, 값비싼 '다이어' 만 빼돌려, '빚마마' 別名까지, 裸붐 타고 高官 부인들과 돈놀이〉, 《경향신문》, 1964. 11. 21, 7면. 계모임의 폐해와 부정적 면모를 들춘 기사로 〈億臺 삼킨 치맛바람—피라미트식契詐欺 사건, 6萬 원짜리 들면 하루 千 원씩 준다, 主婦의 金慾 노려, 달러 뭉치로 연극, 錢主가 키워〉, 《경향신문》, 1967. 6. 28, 7면 등이 있다.

제4장 비도덕적 가장에 의해 파괴되는 이혼(위기에 놓인)녀

1 〈他殺? 自殺?—牛岩洞 솔밭에 목 맨 女 屍體〉, 《동아일보》, 1952. 11. 30, 2면; 〈離婚 不應이 原因—男便 아내에게 '카빙'銃을 亂射〉, 《경향신문》, 1953. 4. 8, 2면; 〈離婚하기 爲한 奸計—住民들의 非難거리〉, 《경향신문》, 1954. 10. 5, 2면; 〈自己 딸을 生埋葬—아내가 離婚反對한다고〉, 《경향신문》, 1956. 6. 16, 3면; 〈칼을 들이대고 離婚을 强要—脫線한 敎師〉, 《조선일보》, 1958. 11. 9, 2면; 〈離婚 않겠다는 아내 絞殺—國民校敎員 '閔'을 체포〉, 《조선일보》, 1960. 1. 18, 3면; 〈前職敎師를 起訴—夫人 목 졸라 殺害〉, 《동아일보》, 1960. 2. 10, 4면.

2 〈중이 못 돼 自殺 離婚당한 女人〉, 《조선일보》, 1964. 5. 16, 3면; 〈우물 속 變屍로 發見—妾 둔 男便 虐待받던 本妻〉, 《경향신문》, 1962. 11. 17, 6면; 〈煉炭불 피워 自殺〉, 《동아일보》, 1968. 6. 13, 8면.

3 〈(사설) '女權'이 짓밟히는데 家庭의 破綻이 있다〉, 《경향신문》, 1962. 12. 10, 2면.

4 〈"패륜의 男便에 실증 났소"—五百萬圜 慰藉料 請求코 離婚訴訟〉, 《동아일보》, 1954. 2. 13, 2면.

5 〈버티는 男便과 妻—'逃亡갔다·쫓겨났다', 姦通雙罰事件 二回 公判 超滿員〉, 《경향신문》, 1954. 5. 6, 2면.

6 〈慰藉料 二百萬圜—깨어진 雙罰罪 第一號에 判決〉, 《경향신문》, 1954. 5. 26, 2면.

7 〈起訴된 姦通 雙罰 一號—崎구한 破鏡 哀歌, 五百萬圜 慰藉料 請求도 併審〉, 《경향신문》, 1954. 4. 15, 2면.

8 〈버티는 男便과 妻〉, 《경향신문》, 1954. 5. 6, 2면.

9 〈(주말 화제) 차라리 감방 택한 後妻의 설움—전실 자식 6남매들 냉대, 남편 외도와 학대 못 이겨, 참다못해 칼 휘둘고 경찰에 신고〉, 《경향신문》, 1968. 11. 9, 8면.

10 〈男尊女卑의 惡例—눈물의 女人 大邱支社 찾아 泣訴, 印章盜用코 離婚, 아내는 追放, 孤兒院서 딸은 죽고〉, 《경향신문》, 1956. 4. 9, 3면.

11 〈'早婚에 後悔 莫甚', 慰藉料는 없다—閔○○氏 談〉, 《동아일보》, 1956. 6. 22, 3면.

12 〈버림받은 지 11年—大學敎授 夫人이 離婚訴訟 提起〉, 《동아일보》, 1956. 6. 22, 3면.

13 〈(日曜話題) 法 앞에 母情은 서럽다—두 딸 뺏은 '父權'에 大法서 無罪 판결, 婚前 정신병 핑계

離婚 강요, 血肉에 親權 행사도 길 막혀, "남편의 引渡거부 養育權 행사, 略取로 볼 수 없다"〉, 《조선일보》, 1974. 6. 2, 7면.

14 1950~1970년대에 정당치 않은 이유로 이혼 판결을 받게 된 다른 여성의 기사도 참조할 수 있다. 〈(오늘의 話題) '奇略'에 무너진 아내의 자리 孤閨 三年 기다리는 母子에 美 留學 간 남편이 背信 通報—闕席裁判으로 離婚, 海路萬里…召喚狀을 띄우다니, 國際人權擁護聯서 訴訟 준비〉, 《동아일보》, 1963. 7. 5, 7면.

15 〈親父 걸어 扶養料 請求 訴訟—소박맞은 홀어머니 손에 자란 大學生이, 六年間 生活費·學費로 百85萬圜, '母親 苦痛 더 볼 수 없다, 子息 사랑한다면 支拂하라'고〉, 《동아일보》, 1958. 11. 25, 3면.

16 〈離婚한 부부의 子女들, 어머니 養育 바란다—경제력 없고 法律 지식 적어 아버지에 맡겨〉, 《조선일보》, 1980. 08. 21, 5면.

17 〈女性上位 시대에 逆行하는 이탈리아의 離婚法 是非—"男子의 保護 없이 살아갈 수는 없다"〉, 《조선일보》, 1970. 2. 24, 4면.

18 〈女性들의 離婚相, 女性法律相談所의 6年間 統計—30代 破鏡이 으뜸…男子의 不貞이 家庭悲劇의 씨… 姦通과 虐待가 큰 原因〉, 《경향신문》, 1962. 11. 9, 5면. 다음의 기사에서도 이혼 이유가 남편의 학대와 간통, 시부모의 학대로 서술된다(〈딱한 사연도 가지가지, 女性法律相談所에 비친 實態—짓밟힌 女權…離婚이 過半, 教育程度의 差異로 많은 破鏡, 離婚率 느는 傾向, 男性의 離婚 위한 手段도 知能化〉, 《동아일보》, 1963. 8. 29, 6면).

19 〈스위트·홈은 왜 깨지나—不倫이 首位, 虐待, 遺棄도, "離婚은 男子 責任이 많은가 봐요", 舞鶴女高 人權옹호團의 分析〉, 《경향신문》, 1962. 12. 8, 7면.

20 〈'안房'엔 말썽도 많다—女性法律相談所 여덟 돌 비쳐진 世態 이모저모, 모두 2千7百餘 件, 離婚이 으뜸, 不和의 原因은 대부분이 教育差에 있고, 子女로 인해 幸·不幸은 좌우될 수 없다?〉, 《조선일보》, 1964. 8. 26, 7면.

21 〈(63年의 座標 6) 法窓에 비쳐진 女性 문제—低姿勢에서 自己位置로, 不幸을 親庭에 呼訴하던 時代는 지났다, 法窓 두드린 率, 昨年보다 32% 많아〉, 《경향신문》, 1963. 12. 10, 5면.

22 〈우리 學校 '淑大'篇〉, 《경향신문》, 1954. 3. 28, 4면.

23 〈離婚의 再認識—幸福은 마음속에, 실 없은 이혼만으로 인생은 해결 안 된다〉, 《경향신문》, 1950. 4. 9, 3면.

24 〈(相談室—人生案內) '狂色'의 男便을 어떻게?〉, 《동아일보》, 1955. 3. 14, 2면.

25 〈性道德에 警鐘, 離婚당한 "結婚 前 不貞"—男便에 慰藉料 받으려다 오히려 된서리, 숨기고 있다 綻露, 심한 精神的 피해, '過去는 묻지 마셔요' 이젠 안 통해, 地方 出張이 잦자 過去의 男子 만나(家庭法院서 判示)〉, 《경향신문》, 1964. 12. 17, 3면.

26 〈糟糠之妻〉(《경향신문》, 1962. 8. 27, 7면)에서는 조강지처의 의미를 물어보는 말에 고서를

언급하며 "가난하던 시대에 사귄 친구는 뒷날 성공한 후에도 결코 잊어서는 안 되며 어려운 살림 속에 남편을 도와 성공시킨 부인과는 이혼하면 안 된다"는 것으로 해석한다.

27 〈(相談室—身上法律) 義勇軍 나간 男便을 저바리고 再婚할 수 있는지요?〉, 《동아일보》, 1954. 7. 4, 3면.

28 〈再婚에 속아 自殺 企圖, 젊은 戰爭 未亡人의 哀話〉, 《동아일보》, 1955. 6. 7, 3면.

29 〈'키쓰' 안 했다고—新婦가 離婚 提起〉, 《경향신문》, 1955. 11. 9, 2면; 〈歸家 늦는다고 離婚〉, 《동아일보》, 1955. 11. 11, 2면; 〈게을은 男便 離婚〉, 《동아일보》, 1958. 2. 5, 2면; 〈한 번 매 맞고 離婚〉, 《경향신문》, 1962. 9. 20, 2면; 〈애무 過多는 고문—60세 노파 離婚 소송〉, 《동아일보》, 1969. 4. 11, 8면.

30 〈'不幸한 結婚'보다 '幸福한 離婚'을—한 해에 40萬雙 離婚, 대부분이 早婚한 夫婦들, 破鏡 막게 '和解裁判所' 둬〉, 《경향신문》, 1966. 3. 5, 4면.

31 〈5年間 계약結婚制 제의, 美서 末世的 풍조 부채질〉, 《경향신문》, 1968. 3. 23, 8면.

32 〈美國에서 얻은 나의 經驗—아시아財團 현상수필 2등 當選作, 機械와 財神의 나라, 즐거움은 義務 사랑은 法, 美國의 힘은 女性에게 있다〉, 《경향신문》, 1963. 6. 15, 5면.

33 〈毒殺 暗葬 3年의 解剖 "당신의 이웃을 조심하라"—美男의 痲醉 醫師, 夫人 등 2名을 處置, '性關係''生命保險金' 얽혀〉, 《동아일보》, 1966. 12. 13, 4면.

34 〈美女에 홀린 判事님, 私感裁判해 起訴돼〉, 《경향신문》, 1968. 7. 12, 4면.

35 〈離婚은 反社會的인가〉, 《동아일보》, 1968. 10. 17, 6면.

36 〈스위트홈에 적신호, 부쩍 늘어난 이혼소송—家庭法院에 비친 失態 올 들어 6百6件, 昨年보다 24% 增加, 男性은 性格差-아내의 浪費, 女性은 男便의 不貞-虐待가 主因, 男子 提訴率 46.6%, 해마다 높아져〉, 《조선일보》, 1967. 9. 3, 5면. 유교 중심의 전통 사회가 무너지고 서양 사조가 들어오는 가운데 새로운 가치관을 확립하지 못해 사회윤리가 문제되고 있다는 기사는 1950~1960년대에 계속적으로 보인다(〈人間保障 (7) 社會윤리—離婚소송… 해마다 24% 늘어, 윤락 원인엔 '家庭不和'도〉, 《조선일보》, 1968. 1. 13, 3면 등도 참조).

37 〈身元만은 判明—母女 變死 事件〉, 《경향신문》, 1955. 6. 22, 3면; 〈話題꺼리 異色 離婚訴訟—'妻—性格이 못됐다', 一·二番서 敗訴한 男便이 上告〉, 《동아일보》, 1957. 7. 29, 3면 등.

38 〈少年 非行 診斷—不滿에 대한 變形된 反抗 行爲, 責任은 父母·社會에 있다〉, 《동아일보》, 1963. 5. 13, 6면.

39 〈離婚과 不和와 子女 問題〉, 《조선일보》, 1958. 4. 10, 4면.

40 〈(人間保障 7) 社會윤리—離婚소송…해마다 24% 늘어, 윤락 원인엔 '家庭 不和'도〉, 《조선일보》, 1968. 1. 13, 3면.

41 〈어머니가 家長인 母子家庭의 實態(婦女事業會서 五百 가구 調査 결과)—한동네 8~16%나 차지, 거의 가난, 救護 손길 아쉬워〉, 《동아일보》, 1972. 3. 28, 5면.

42 〈"離婚하자" 한 마디에 夫人이 自殺〉, 《경향신문》, 1972. 2. 5, 6면.

43 〈방종에 자식마저 버려—家庭法律상담소 찾는 '脫線母像'〉, 《동아일보》, 1970. 5. 8, 6면.

44 〈處女의 盜心—會社 돈 5백만 원 가로챈 經理社員, 동생 學費·집살림 보태려다, 조금씩 손대다 대담해져, 유흥장 돌며 蕩盡〉, 《경향신문》, 1970. 5. 9, 8면; 〈本妻 아들을 목 졸라—妾살이 女人, 情夫의 학대 등에 불만〉, 《경향신문》, 1971. 5. 17, 7면.

45 〈(海外話題) 父情 없으면 混亂, 아버지 없이 자란 女性 人性 발달—思春期에 큰 不安, 남자를 사귀는 데 활달성 부족, 남편 증오의 어머니 경우 우심[尤甚]〉, 《매일경제》, 1973. 6. 29, 8면.

46 〈(사설) 性倫理의 確立과 家庭—性의 價値觀을 定立하자〉, 《경향신문》, 1972. 6. 23, 2면.

47 〈男便 축첩을 悲觀 잠든 틈에 억지 情死〉, 《경향신문》, 1960. 6. 15, 3면; 〈妾 두어 抗議—三母女 飮毒·막내딸은 죽고〉, 《동아일보》, 1960. 11. 29, 3면 등 다수.

48 〈그 애비에 그 자식 그 꼴 아비·庶母를 자殺—첩 싸고 夫子間 殺人劇〉, 《경향신문》, 1952. 10. 27, 2면; 〈畜妾한 사나이 生活苦로 飮毒自殺〉, 《동아일보》, 1953. 8. 12, 2면.

49 〈(人間家族 17) 一夫 五妻로 한때는 團欒—名分은 血肉 보아야겠다고 次例로 結婚式까지, 處地를 悲觀한 셋은 山中서 飮毒〉, 《동아일보》, 1957. 7. 23, 3면.

50 〈離婚事由 된다 새 判例—男便의 妾살이, 妻가 同意했더라도〉, 《경향신문》, 1965. 11. 22, 7면; 〈"夫人 同意한 畜妾, 離婚된 것 아니다"—大法, 慰藉料 주라 判示〉, 《경향신문》, 1966. 3. 23, 7면.

51 〈(사설) 蓄妾者는 公職에서 逐放하라〉, 《경향신문》, 1954. 12. 16, 1면; 〈2世들에 不幸 안겨주는 畜妾 말라〉, 《경향신문》, 1966. 6. 1, 3면. 여성문제상담소에 따르면, 1950년대에 남편의 축첩은 가정불화의 중요한 원인이 되고 있다(〈家庭 不和가 으뜸—女性問題相談所에 지난 11個月間에 五百餘 名이 問議〉, 《동아일보》, 1956. 12. 29, 3면). 축첩으로 어머니를 쫓아내고 학비조차 주지 않는 아버지에게 그 자녀가 죽음으로 항거한 사건(〈妾 가진 아비에 죽음으로 抗拒한 學生—親母 내쫓고 學費도 안 대준다고〉, 《경향신문》, 1958. 7. 17, 3면), 축첩해 가정을 돌보지 않는 아버지, 포주로 일하는 어머니를 비관해 자살한 여학생의 이야기(〈十代의 '理由 있는 反抗'—家庭 環境의 淨化를 呼訴하는 少年少女 責任은 父母에게 있다, "蓄妾·夫婦 싸움의 연속선"'—나흘 만에 돌아왔다 또다시 나간 채 杳然, 妾 살림과 醜業 等에 분통'—이래선 못 살겠다·죽음으로 抗拒〉, 《동아일보》, 1958. 11. 16, 3면) 등이 안타까운 시선에서 기사화된다

52 1969년에 〈저 눈밭에 사슴이〉를 본 관객은 10만 3000명으로 기록되고 있는데, 영화는 같은 연도에 개봉한 〈內寺〉(32만), 〈續 미워도 다시 한 번〉(25만)과 함께 흥행에도 성공한 작품이다(〈(아듀 69 잃은 것과 얻은 것과…) 映畫 製作篇 下—TV 바람에 줄어든 觀覽, 70밀리의 길 험준, 觀客 動員 최고는 '內寺' 32만線 돌파〉, 《매일경제》, 1969년, 12. 20, 6면).

53 〈映畫 美學의 極致〉, 《동아일보》, 1969. 6. 10, 6면 광고.

54 〈食母가 깜찍한 거짓말〉, 《경향신문》, 1967. 3. 9, 3면; 〈남편과 養女 죽여—30代의 妾이 끔찍한 殺人〉, 《매일경제》, 1967. 3. 20, 3면.

55 〈생각하는 生活—畜妾)〉, 《동아일보》, 1967. 3. 30, 6면.

56 〈(사설) 蓄妾者는 公職에서 逐放하라〉, 《경향신문》, 1954. 12. 16, 1면.

57 〈妾도 拘束하라〉, 《경향신문》, 1960. 6. 13, 3면.

제3부 환상으로서의 여권신장, 노스탤지어로서의 가부장제—1980~1990년대

1 〈(사설) 家庭이 무너지고 있다〉, 《경향신문》, 1994. 5. 15, 3면.

2 〈아들·딸 差別 없어졌다—아들 選好 여전…期待-養育은 똑같게, 夫婦 중심…家事 서로 분담, 전통적 固定관념 큰 變化〉, 《조선일보》, 1980. 3. 13, 5면. 관련 기사로 〈'女兒 入養' 늘고 있다—代 이으려 남자아이만 찾는 경우 줄고, 함께 사는 데 보람 찾으려 性別 안 따져〉, 《동아일보》, 1984. 2. 9, 7면도 참조할 수 있다.

3 1990년을 전후해, 여성운동을 주도하거나 여성을 위한 법을 개정하는 등 주목할 만한 여성 인물과 관련한 기사가 쏟아져 나왔다. 〈80년대 여성〉(《동아일보》), 〈새 여성 세대가 오고 있다〉(《한겨레》) 등이 좋은 사례다.

4 〈(아버지가 가정으로 돌아오고 있다 1) "아들딸 교육 아내 몫만 아니죠"—유치원 등 각종 행사 적극 참여 '신세대' 부쩍 늘어〉, 《한겨레》, 1992. 11. 2, 7면.

5 〈(男 남성연구 1) 사라지는 '家父長시대'—빨래 취사 육아 등 家事 담당 예사, 변화의 물결 속 '절대 우위' 붕괴에 주눅〉, 《동아일보》, 1993. 4. 6, 17면.

6 〈(이규태 코너) 美國 '明心寶鑑'〉, 《조선일보》, 1994. 9. 9, 5면.

7 〈'범죄도 일등' 흉악범 퇴치 非常—작년 3% 증가…부시 소탕戰 無爲, 가정 붕괴·TV 폭력 방영이 主原因 진단〉, 《조선일보》, 1992. 5. 1, 7면.

8 〈"여자들 너무한다" 불 도서 화제—"세제·법률이 무책임한 이혼 조장", 가정 쉽게 버리는 풍토 맹렬 비판〉, 《조선일보》, 1993. 11. 17, 34면.

9 〈(여성 가정) 더 이상의 平等은 되레 不利할 수도, 苦悶하는 유럽의 女權신장—佛 베르 女史가 말하는 '女權과 사회', "특권층 혜택만 늘려 줄 뿐", 理論만의 平等…공무원 人事 때 差別, 사회참여·子女교육 竝行 어려움도〉, 《조선일보》, 1982. 4. 6, 6면.

제1장 유교적 아버지를 보좌하는 내조의 힘

1 〈(韓國 지금 몇 時인가 18—大變革期를 살며 '내일의 座標'를 찾는다) 窓밖의 '아버지'—"엄마, 이 사람 누구야", 2世들의 현장에서 밀려나는 父情, '核' 잃는 核家族…物質·出世

第一主義에 父權은 축소지향 계속〉, 《경향신문》, 1984. 2. 1, 3면.

2 《(서울Y '남성연구' 강좌) "돈-권력 있어야 '권위' 인정", 강박관념—가부장 의식, 출세욕으로 변질, 혼수시비·신혼파경 부작용 요인 되기도, '큰애기'型 의존 심리…姑婦 갈등 부추겨, "男女 특성 서로 인정, 우열 따지지 않아야 자유로워"〉, 《조선일보》, 1989. 11. 3, 10면.

3 《(韓國人 지금 27—참 얼굴·거짓 얼굴 深層분석) 女權伸張—우먼파워 强風…不德까지 흔들, 男性만의 독점 영역도 사라져, 戶主制·就業차별 철폐 등 목소리 거세, 가정에서의 역할·사회活動 슬기롭게 調和시켜야〉, 《경향신문》, 1986. 8. 26, 9면.

4 《(여성) 美 '프리섹스' 물결 사라진다—50년대式 로맨스로 復歸, '사랑 없는 性'에 염증, 離婚줄고 出産 늘어〉, 《조선일보》, 1984. 4. 6, 6면.

5 〈英서 '…사랑의 대가' 출간 화제—"60년대 性개방 후유증, 영국, 연간 10兆 원 지출"〉, 《조선일보》, 1995. 3. 29, 38면.

6 《(市民精神 23) 上半期 시리즈 결산(특별 座談)—"'새 倫理' 定立 시급하다", 西歐 문물에 기존 規範 와해 방황, 利己主義·共同體의식 調和 필요〉, 《동아일보》, 1982. 6. 28, 9면.

7 《(京鄕 正論) '가족精神'을 발전의 美風으로—개인 능력을 키워주는 傳統的 倫理觀, 뜨거운 向學熱도 '부모 은혜 보답'에서, 현대社會의 原動力되게 폐쇄성 탈피〉, 《경향신문》, 1983. 5. 16, 9면.

8 《(民族性을 다시 생각한다 3) 自主와 主體性(3人討論 3)—危機마다 나타나는 凝集力, 民族자부심 高麗初부터…'韓國魂' 時代 따라 고취, 外來文化 포용·消化 독자적 가치를 創造〉, 《경향신문》, 1983. 6. 16, 3면.

9 《(긴급座談—强力犯과 청소년 非行의 對策) 犯罪는 社會紀綱 解弛서 온다—産業化의 부작용 '한탕主義' 풍조가 원인, 젊음 發散할 곳 마련해 靑少年 脫線 막게, '公開處刑' 같은 極端的 발상보단 '健全社會'가 시급課題〉, 《동아일보》, 1984. 3. 31, 5면.

10 〈내가 본 외국 가정—철저한 부부 중심 '자녀 뒷전', 끈끈한 情으로 묶인 한국 가정 자부심〉, 《조선일보》, 1994. 5. 15, 17면.

11 〈프랑스인 가족관 달라졌다—파리 변호사협회 설문조사, 핏줄보다 애정-형식보다 내용 중시, "중요 문제 가족과 상의" 79%, "동거도 법적 권리 부여" 66%, 이혼 절대 반대는 극소수(6%)〉, 《조선일보》, 1994. 7. 23, 23면.

12 《(여성가정—'부부 갈등과 離婚' 전문가 좌담) '旣成品 행복'만 찾지 말라—夫婦 사랑에도 타협 필요, 核가족…어른들 중재 없어 잦은 충돌, 자존심 때문에 惡化될 때 많아, 病든 性윤리-結婚觀도 문제, 홧김에 결행…"왜 안 말렸느냐" 따지기도〉, 《조선일보》, 1982. 3. 23, 6면.

13 《(이규태 코너) 급증하는 20대 이혼〉, 《조선일보》, 1989. 6. 13, 4면.

14 《(결산 좌담회) 가정 해체 위기 극복 급하다—효 되살릴 능동적 가족정책이 필요, 끔찍한 사건 빈발…'결손' 부각 잘못〉, 《조선일보》, 1994. 12. 20, 19면.

15 〈(여성가정—'부부 갈등과 離婚' 전문가 좌담) '旣成品 행복'만 찾지 말라—夫婦 사랑에도 타협 필요〉, 《조선일보》, 1982. 3. 23, 6면.

16 〈(가정) "'물리적 아버지' 되지 말자"—직장 시달림으로 집에선 쉬려고만…가부장 권위 스스로 찾아야〉, 《조선일보》, 1983. 6. 18, 6면.

17 〈아버지 아버지, 우리 아버지〉, 《경향신문》, 1994. 8. 11, 5면.

18 〈'머리 회전 빠른 사람' 소문난 金○○〉, 《조선일보》, 1992. 7. 7, 30면; 〈(샐러리맨 新世代—월요 연재) 가정 點數가 직장 點數—자녀교육·부부화합도 인사考課, 경영전략 차원…결혼일 휴가제 등 채택〉, 《조선일보》, 1993. 3. 15, 22면.

19 〈(샐러리맨 新世代—월요 연재) 가정 點數가 직장 點數〉, 《조선일보》, 1993. 3. 15, 22면.

20 〈다시 읽고 싶은 책—IBM 戰略) '社員 위주 경영전략' 귀중한 교훈—인생 歷程·목표 고스란히 들어 있어〉, 《매일경제》, 1987. 9. 8, 9면.

21 〈부권·자본·군사문화가 빚은 자율권 침해—'여성의 전화' 5돌, 여성해방과 '성폭력' 공개토론회〉, 《한겨레》, 1988. 6. 12, 8면; 〈家父長 문화 극복 등 강조—'女性토론회' 대표단 오후엔 國會 방문〉, 《동아일보》, 1991. 11. 26, 2면.

22 〈(행복 찾기 28—흔들리는 현대가정 現場에세이) 완벽주의 家長—"뭐든지 잘해야"…부담 느낀 아들은 問題兒로〉, 《경향신문》, 1985. 6. 24, 6면.

23 〈(가정) "'물리적 아버지' 되지 말자"—직장 시달림으로 집에선 쉬려고만…家父長 권위 스스로 찾아야〉, 《조선일보》, 1983. 6. 18, 6면.

24 〈남자가 이혼을…, 소크라테스 마누라…상반된 시각으로 결혼 위기 조명—"아내 물욕이 갈등 유발"(남자가…), "현모양처 강요 악처 만들어"(소크라…)〉, 《조선일보》, 1995. 5. 26, 25면.

25 〈(人間化시대 8) 스트레스 社會의 비극—"過速 질주" 벼랑에 선 '中年', 격변기 "畸形 성장"…自我喪失 아픔 간직〉, 《경향신문》, 1990. 2. 27, 17면; 〈(의사 14人 共著 '요즘 이런病이…' 화제) 출근거부증 귀가공포증 과식·거식증 직장인들에 '만연'—심장 괜스레 뛰고 설사까지 출근거부증, 아내 바가지 생각하면 '골치' 귀가공포증〉, 《경향신문》, 1992. 9. 3, 14면.

26 〈南子들이여, 지문을 찾자!〉, 《동아일보》, 1995. 4. 6, 30면 광고.

27 〈깨어나십시오! 헬민 200〉, 《동아일보》, 1995. 8. 21, 11면 광고.

28 〈남녀 불평등 남자도 괴롭다—'유능한 남편-권위 있는 아버지' 압박〉, 《동아일보》, 1989. 11. 3, 9면.

29 〈(男 남성연구) "남자는 강해야 한다", 지나친 강조에 압박감—어릴 적부터 "감정적인 것은 女子 전유물" 교육받아, 미용 등 부드러운 일 택하면 핀잔〉, 《동아일보》, 1993. 4. 20, 16면.

30 〈(행복 찾기 13—흔들리는 현대가정 現場에세이) 40代 주부의 알콜中毒—'일벌레 男便' 그늘서 욕구 불만 술로 달래〉, 《경향신문》, 1985. 3. 29, 6면.

31 〈(살롱) 결혼 15년 만에 갑자기 몸도 아프고 가족들이 싫어져〉, 《경향신문》, 1993. 1. 5, 12면.

32 〈가정·직장·사회의 기둥 40대가 흔들린다—일·일·일에 쫓기다 문득 "도대체 나는 뭔가, 직장 安定 좋지만 停年 후 노후대책 막막, 뭔가 내 事業 시작하기엔 어정쩡한 나이, 과중한 스트레스에 건강 自信感 잃어··가족 이해·사랑이 妙藥〉, 《매일경제》, 1990. 8. 19, 7면.

33 〈('離婚 예방할 수 있다'···文○○ 박사 강연 내용) 男性의 노이로제 幼兒性 극복이 優先 —浪費·飮酒 등은 어느 정도 許容 필요, 어릴 때 지나친 愛憎 夫婦생활 障礙 일으켜, 남편은 아내의 確實한 사랑을 期待, 結婚생활의 성공 여부는 夫人의 책임, '절대적'보다 '비교적' 幸福 추구해야〉, 《경향신문》, 1980. 3. 18, 4면.

34 〈(生活하며 생각한다 7) 아내의 슬기 1—男便이 試行錯誤 범하지 않게 귀띔하고 內助하며 살아가자〉, 《동아일보》, 1980. 9. 17, 4면; 〈婦德〉〉, 《매일경제》, 1983. 5. 10, 4면.

35 〈(女性) 샐러리맨 婦人들, 不況 극복 內助 바람—情報 수집·書類 정리부터 販促까지 가담, 영문 飜譯 등 專門 업무 돕는 경우도 많아〉, 《매일경제》, 1985. 8. 27, 9면.

36 〈(前 海參총장 搜査로 본 문제점) 준장 公正價 5千萬 원, 돈 주고 '별 달기'···군 진급 非理—先頭 그룹 못 낀 後發 주자들이 '고객', 陸軍은 '군맥' 배경 없인 불가능 소문〉, 《동아일보》, 1993. 4. 24, 3면.

37 〈(행복 찾기 29—흔들리는 현대가정 現場에세이) 어린애 같은 男便—일 저지르고 "한 번만"···每事 아내에 매달려〉, 《경향신문》, 1985. 7. 1, 6면.

38 〈(京鄕新聞 새해 기획···한국인의 의식구조 진단과 처방) 人間 回復, 새롭게 태어나자 6—'줄 잘서야' 아첨꾼 量産구조, 능력·업무 효율보다 '예스맨' 선호, 緣 좇으며 철저한 保身主義 팽배, 正道 외면 윗사람 비위 맞추기···"아니오"를 잃어버린 사회〉, 《경향신문》, 1993. 2. 15, 4면.

39 〈(女記者 생활칼럼 97) 出世와 조강지처〉, 《경향신문》, 1987. 4. 30, 10면.

40 〈(激動 '83 (11)—'社會變動' 夫婦愛를 지우기까지, 특별對談) '매 맞는 아내' 法定에 가는 世態—"참고 지낼 수 만 없다" 女權伸張 바람, '사랑하고 理解하는 마음'이 참家庭〉, 《동아일보》, 1983. 12. 28, 3면.

41 〈(여성초대석—開通 2돌 '여성의 전화' 자원봉사 相談所 이○○ 씨) "매 맞는 아내 하소연이 40%···피신처 마련 됐으면"〉, 《동아일보》, 1985. 6. 14, 7면.

42 〈가정이 흔들린다 3) 위기의 家長—"아내·자식이 낯설게 느껴져", 직장서 살아남기에도 힘부쳐, '父權 상실시대' 가정 속의 他人〉, 《동아일보》, 1990. 5. 8, 9면.

43 〈(新家長學—흔들리는 父權 긴급진단, 새 기획물 연재 앞서 '문제 제기 對談') '창밖의 아버지'는 어디로—왜소해진 모습에 '한국의 家庭' 위기 투영, 세상의 變化 수용할 현대적 틀과 기준 시급〉, 《경향신문》, 1990. 8. 4, 9면.

44 〈夫婦의 신뢰〉, 《매일경제》, 1984. 5. 26, 4면.

제2장 '환상화'되는 여대생과 전문직 여성

1 〈(誠信女大 학생생활硏 조사) 女大生 아직 健全하다—이성교제 연령 낮아졌어도 '純潔固守派' 90% 차지, (음주) 더 이상 禁忌일 수 없으나 節制, (흡연) '필수조건' 應答者 한 명도 없어〉, 《매일경제》, 1983. 7. 27, 9면 등의 기사에서 여대생의 음주 등을 지적하기는 해도 성적 측면에서는 여대생의 정숙함을 언급한다.

2 〈(낙서함) 우리나라 大學生의 한 달 용돈은 男子 2萬 원·女子 1萬 원〉, 《경향신문》, 1970. 11. 11, 5면. 여대생뿐만 아니라 남대생의 소비 실태도 문제적으로 서술하는 경향성은 1980년대 이전 기사에서는 자주 보인다. 〈(家庭) 某 大學의 調査報告에 나타난 傾向—不健全한 女大生 용돈, 外形的 消費에만 너무 置重, 한 달 거의 萬 원꼴…책값엔 아주 인색〉, 《동아일보》, 1970. 11. 12, 6면; 〈(圓卓토론) 용돈 보람찬 大學생활의 '潤滑油', 타 쓰기보단 아르바이트, 女學生 실속·남학생 허풍〉, 《경향신문》, 1975. 7. 9, 5면 등 참고.

3 〈男大生 한 달 용돈 60%가 3萬 원 이하〉, 《동아일보》, 1981. 5. 2, 10면.

4 〈(색연필) '돈의 노예 梨花여대생' 사진보도, 尹 총장 뉴스위크誌에 항의 서한〉, 《조선일보》, 1991. 11. 14, 23면.

5 〈大學 골프 강습, '사치' 비판 속 수강생 급증—"우리 현실과 안 맞는 운동" "큰돈 안 들고 상쾌" 反論도, 현재 5개大 개설…더 늘듯〉, 《조선일보》, 1991. 4. 11, 22면.

6 〈(週末 話題) 버스 타며 大學 들어간 李○○ 양—이젠 女大生 案內孃, "새벽 4時부터 일하고 밤에 講義받아, 入學式 땐 지난 일 생각 많이 울었어요", 法官이 所望…꼭 이루겠다〉, 《동아일보》, 1980. 9. 13, 7면.

7 〈女大生 아르바이트 體驗談—"'삶의 熱氣' 느꼈다"〉, 《동아일보》, 1984. 3. 16, 7면; 〈여대생 91% 아르바이트 경험—한 달 용돈 10만 원 이하 70%〉, 《한겨레》, 1991. 12. 17, 12면.

8 〈高大 여학생회서 여론 조사—女大生 大學院 留學 희망자 늘어, 배우자 選擇은 '人間性 중시' 77%, 한 달 용돈 3~5萬 원 44%〉, 《동아일보》, 1981. 11. 13, 6면.

9 〈(여성 가정) 여대생 졸업 후 갈 곳이 없다—共學서 首席 휩쓰는 등 우수 女學生 많은데 취업의 門은 '바늘구멍', 어렵게 취직해도 男子와 임금 차 심해〉, 《동아일보》, 1982. 2. 10, 7면; 〈서울大 首席 졸업 7명이 여자—15개 單大서··法大·農大·人文大까지, 대부분 "大學院 진학" 희망〉, 《경향신문》, 1983. 2. 5, 7면; 〈올해 大學 여자 首席 졸업생 지금 무엇을 하나—절반 넘게 '學問의 푸른 꿈', 醫師·藥師·教師 등 전문직 社會 진출도 많아, 進路 未定도 몇 사람…공인회계사 합격생도〉, 《동아일보》, 1984. 3. 21, 7면.

10 〈(여성 칼럼) 大卒 여성과 結婚—시집 잘 가려고 大學 간다는 誤解 스스로 풀 일〉, 《동아일보》, 1984. 2. 15, 7면.

11 〈(여성 칼럼) 칙사 대접 받는 '좋은 신랑감'—醫大 1년생 방 청소해주는 어느 女大生〉, 《동아일보》, 1984. 8. 31, 7면

12 〈가짜 判檢事에 女大生 등 '홀딱'—총각 司法연수원생 사칭도…50여 명을 농락, 高一 중퇴한 犯人 18개월간 행각 덜미…令狀〉, 《동아일보》, 1986. 6. 12, 7면.

13 〈(淑大서 미혼남녀 토론회) 여대생들 '현실적 결혼관' 우세, "경제-사회적 條件도 중요"—남학생들은 "사랑으로 難關 이길 수 있다"〉, 《조선일보》, 1987. 5. 10, 7면.

14 〈(대학가의 음영 15—고뇌와 갈등의 현장을 照明해본다) 急進派 女大 學生들—"女性은 피착취階級이다" 데모煽動, 남학생보다 强硬한 '科 紅一點', "웃음거리 되기 싫다" 性에의 콤플렉스도 作用, '自由로운 여자' 憧憬이 破壞幻想으로 비약〉, 《경향신문》, 1982. 1. 18, 3면.

15 〈(여성 가정) 여대생 왜 男女共學에 몰리나—우수 학생 女大 기피 현상, 名門大 20%…師大는 66% 넘어 "視野 넓어지고 깊이 있는 공부"〉, 《동아일보》, 1983. 2. 1, 7면.

16 〈"'매도'당한 이대생 3명에 3천만 원씩 배상하라"—뉴스위크誌 초상권 침해-명예훼손 인정〉, 《조선일보》, 1993년, 7. 9, 30면.

17 〈(年中시리즈 月曜 기획—한국병 4) 破鏡-自殺까지… 빗나간 과시욕, 과다婚需 갈수록 '눈덩이'—物量·액수가 '정성의 尺度'로 둔갑, '예단'에 밍크코트·콘도會員券까지, 猝富-상류층의 物質만능주의가 중산층·서민층으로도 확산〉, 《조선일보》, 1990. 4. 9, 5면.

18 〈(男 남성연구) '온달 콤플렉스' 늘어난다—여유 있는 생활 동경 妻家 도움 바라, 모든 가치 '돈'에 두는 새 世代에 경종〉, 《동아일보》, 1993. 6. 15, 16면.

19 〈(新世代 12) 결혼관—"사랑과 배우자는 별개"…'조건' 따진다, 비슷하거나 상위계층 원해…풍족-신분 상승 추구, '능력 있는 시댁'-'맞벌이 아내' 기대〉, 《동아일보》, 1993. 6. 20, 9면; 〈(新世代 25) 계층文化—"비슷한 사람끼리가 편해요", 아파트 평수-자동차 배기량 따라 어울려, 부모의 富-지위 거리낌 없이 향유〉, 《동아일보》, 1993. 9. 26, 9면.

20 〈(誠信女大 학생생활硏 조사) 女大生 아직 健全하다〉, 《매일경제》, 1983. 7. 27, 9면

21 〈(漢陽大 生活實態 조사 결과) 女大生 83.6%가 졸업 후 就職·學業 원해—教養·情緒·知識 順으로 重視, 教授에게 인간적 指導 요망, 55.4%나, 용돈 한 달 3~5萬 원…옷은 旣成服 구입〉, 《경향신문》, 1981. 6. 10, 6면; 〈(여성 新教育 1世紀 세대 座談) 오늘의 女大生 무엇을 생각하나—'現實의 아픔'에 갈등 되풀이, '주장'과 '행동' 사이서 여자의 限界 절감도, 결혼은 '동등한 關係'의 만남이라야 참뜻, 졸업 뒤의 進路 얘기할 때마다 위축감이…〉, 《동아일보》, 1986. 4. 2, 7면.

22 〈未婚 여성 結婚觀 바뀌고 있다—配偶者 선택 家族 상황 우선 36%, 81년 조사선 '學歷' '건강'이 첫 번째, '仲媒 후 연애결혼'이 좋다 48.2%, 작년엔 77.5%가 '연애결혼' 원해, 男便 설득 직장생활 계속 64.1%〉, 《동아일보》, 1983. 5. 14, 11면.

23 〈女子 大學에 高試班—梨大선 教授 후원…본격 활동, 合格한 선배들 찾아와 격려·特講도, 法大 없는 淑大 신설 움직임〉, 《동아일보》, 1981. 3. 28, 10면.

24 〈(여성 가정) 여대생 졸업 후 갈 곳이 없다〉, 《동아일보》, 1982. 2. 10, 7면; 〈(여성 가정) 首席

졸업 女學士도 갈 곳이 없다—社會서 '제값' 쳐주는 데 인색, 거의 大學院 진학·海外 유학, 타자나 速記 배워 '下向 취직' 하는 경우도〉, 《동아일보》, 1983. 2. 19, 7면.

25 〈未就業 여성의 辯—좌절감 주는 '男子에 한함'…기회 균등 말뿐인가〉, 《경향신문》, 1983. 5. 19, 10면 등 소수 기사만이 여성의 현실적 상황에 주목한다.

26 〈(여성) 東國大 여학생감실 8百여 명 조사—여대생 대부분 취업 준비 소홀, "職種 선택해 꾸준히…" 고작 18%, 88% 時限附 희망…職業의식도 희박〉, 《경향신문》, 1989. 4. 25, 14면. 이와 관련된 기사로 〈(사설) 共學과 女學生의 진출〉(《동아일보》, 1983. 1. 24, 2면) 등을 참고할 수 있다.

27 〈(여성 가정) 여대생 왜 男女共學에 몰리나〉, 《동아일보》, 1983. 2. 1, 7면.

28 〈大卒 여성 就業 아직도 '바늘구멍'—95%가 일자리 원하나 취업은 半도 안 돼, 社員 모집 광고 64.5%가 男性 對象으로, 一部 추천 의뢰 企業도 實力보단 용모 위주〉, 《동아일보》, 1984. 1. 31, 11면.

29 〈就業 차별 女性도 책임—여성개발원 女大生 대상 '사회참여 훈련', "결혼 退職·低賃金 당연한 생각 고쳐야 할 때, 通譯·컴퓨터 프로그래머 등에 눈 돌리도록"〉, 《동아일보》, 1985. 8. 26, 7면.

30 〈(결혼의 心理學 46) 여성의 自己실현—35세 전후가 社會 진출의 고비〉, 《동아일보》, 1984. 6. 19, 12면.

31 〈(사설) 한국女性開發院〉, 《동아일보》, 1983. 4. 22, 2면.

32 〈(사설) 女大生 就業의 좁은 門〉, 《동아일보》, 1987. 9. 22, 2면.

33 〈(여성 칼럼) 어머니像〉, 《동아일보》, 1985. 4. 22, 7면.

34 〈醫大生 부부의 이색 결혼합의서—가사노동 똑같이 나눠 하고 離婚은 1年 유예 두고 결정, "아내 순결만 강요할 수 없다" 등 8개항, 조건 중시하는 通俗的 결혼관 타파〉, 《경향신문》, 1983. 8. 11, 10면.

35 〈(여성 가정) (취업主婦·託兒母에 들어본다) 託兒母—幼兒教育·자기실현에 바람직, 일과 育兒 줄다리기서 突破口, 어린이 教育 가정만으론 부족, 농촌·영세민 主婦에도 큰 도움〉, 《동아일보》, 1982. 1. 28, 11면.

36 〈(淸論濁說) 女大生 有感〉, 《동아일보》, 1980. 7. 2, 5면; 〈담배 피우는 女大生 늘고 있다—41%가 경험…31%는 습관화, 흡연실의 設置 요구도 많아, "'禁忌'는 不當…自己意志의 선택"(찬성), "出産에 해로운 것 꼭 피울 理由 있나"(반대)〉, 《동아일보》, 1980. 12. 10, 5면.

37 〈(여성 가정) 살빼기 위해, 심심풀이로, 남녀평등에 흡연 여성이 는다—기형아 出産등 母體 '최대의 敵', 피부 老化 재촉…"20년 빨리 늙어" 자연유산도 '비흡연'의 두 배…유방암 등 부인병 赤信號〉, 《경향신문》, 1991. 6. 17, 17면.

38 〈사회 첫발 여성 '출근 멋내기'—청순하고 단정한 모습 좋아, 파마 살짝하면 더 예뻐…짙은

화장 안 어울려, 얌전한 의상에 액세서리로 개성 살리도록〉, 《동아일보》, 1990. 1. 31, 9면; 〈(가정—멋내기 교실 63) 상큼한 女大 1년생—재킷·진 등 활용 청순 이미지 강조〉, 《경향신문》, 1994. 2. 4, 20면 등 다수.

39 손연숙, 〈역자 후기 즐거운 고백〉, 헬렌 걸리 브라운, 《나는 초라한 더블보다 화려한 싱글이 좋다》, 1994, 푸른숲, 332쪽.

40 〈탤런트 錢忍和, '산유화'에 청순가련형 女大生 役으로〉, 《경향신문》, 1987. 4. 3, 12면; 〈(放送街) K 2TV 주말극 '사랑의 굴레'—무리한 전개…초반부터 '삐그덕', 삼각관계 인물 성격 억지 많아〉, 《매일경제》, 1989. 5. 20, 12면; 〈(클로즈업) 이미연—드라마 〈하늬바람〉, 짝사랑 여대생 役 '성인 연기' 선언〉, 《경향신문》, 1991. 6. 24, 24면; 〈(차 한잔) MBC 〈마지막 승부〉 여주인공 정다슬 役 심은하—"배역 부담 커 몸도 탈났죠", 아름다운 멜로物 주인공 욕심〉, 《경향신문》, 1994. 1. 12, 14면.

41 〈'89 좋은 영화'에 '추락하는…' 등 9편—진흥공사 2차분 선정〉, 《한겨레》, 1989. 12. 17, 7면; 〈《비오는 날 2》 〈장미의 나날〉 〈사랑하고…〉—우리 영화 '자존심 살리자' 선언, 총경비 5~10억 의욕적 제작 돌입, 성격 다른 3편 추석·연말 관객 동원 겨냥〉, 《매일경제》, 1993. 7. 31, 15면.

42 〈(차 한잔) 배우 옥소리—제2탄생 선언, "여대생 역 벗어나고파", 거울 보며 연기 공부 중〉, 《경향신문》, 1991. 7. 26, 20면; 〈(스타와 함께) 옥소리—"극중 역할 통해 人生 배워요"〉, 《동아일보》, 1992. 10. 17, 25면.

43 〈廣告 속 여성 직업 男性 영역 '종횡무진'—경호원-카레이서 이어 대통령 등장〉, 《동아일보》, 1994. 8. 29, 17면; 〈(달라진 여성 달라지는 사회 1) '잃어버린 이름'을 찾고 싶다—일하는 모습에서 아름다움 발견, 광고도 세태 영합 자기표현 강조〉, 《한겨레》, 1993. 5. 24, 7면.

44 〈(新世代 6—광고) "어려운 詩보다 카피 한 줄에 감동"—個性 강하면서도 人氣 모델 흉내 '二重性', "설득조는 역효과" 감각적 언어 選好〉, 《동아일보》, 1993. 5. 9, 9면; 〈(달라진 여성 달라지는 사회 1) '잃어버린 이름'을 찾고 싶다〉, 《한겨레》, 1993. 5. 24, 7면.

45 〈(연예계) 화장품 CF 모델 '개성시대'—20대 '인형 미인' 일변도서 탈피, 노사연 등 제품 특성 맞춰 차별화〉, 《경향신문》, 1992. 11. 19, 14면.

46 〈전문직 女性 수필집 큰 인기—의사 방송인 등 집필, 직업소개-일터 체험 진솔하게 담아, "당당하고 강인한 삶" 예비 직장인에 호소력〉, 《동아일보》, 1994. 5. 9, 17면.

47 헬렌 브라운, 손연숙 옮김, 《나는 초라한 더블보다 화려한 싱글이 좋다—일과 사랑에서 성공한 커리어우먼들의 성공 비법》, 푸른숲, 1993.

48 〈(캠퍼스 話題) 예비 여대생 '차밍과외' 붐—입학 앞두고 몸매 다듬기 한창, 다이어트교실마다 '문전성시', 서울에만 100여 곳…'물리적 減量' 부작용도〉, 《경향신문》, 1992. 2. 28, 11면; 〈(서울 지역 5百29명 설문 조사) 女大生 81% '화장품은 필수품'—대부분이 비싼 가격 가장

불만〉, 《경향신문》, 1992. 12. 26, 12면; 〈"휴가 다녀오더니 예뻐졌네요"—女大生 직장여성 성형수술 유행, 병원 여름철 상담 30~50% 늘어 "즐거운 비명". '人造美人' 거부감 줄어… 부부가 함께 오기도〉, 《동아일보》, 1993. 7. 3, 23면; 〈(新世代 18—멋내기) "성형手術도 옷 사듯 가볍게 생각"—여름방학 휴가 때 살빼기-화장술 배우기, 남자 미장원 출입-목걸이 착용 예사〉, 《동아일보》, 1993. 8. 8, 9면.

제3장 전업주부와 취업주부, 그녀들의 대립

1 〈(主婦일기) 살 만한 세상—택시에 두고 내린 '며느리 선물', 운전사가 갖다줘 감격한 할머니〉, 《조선일보》, 1981. 9. 24, 10면.

2 〈(공중전화) 朴 엄마〉, 《조선일보》, 1983. 6. 18, 6면; 〈(공중전화) 작은 사랑〉, 《조선일보》, 1986. 7. 16, 6면.

3 〈(主婦일기) 話題의 質—버스 속 두 女人의 돈 얘기…곱던 얼굴도 천해 보여〉, 《조선일보》, 1982. 4. 6, 6면.

4 〈新母族 사회의 문턱〉, 《경향신문》, 1970. 8. 11, 5면.

5 위의 기사.

6 〈(삼성생명 3개 도시 주부 조사) 家計 수입 아내가 관리 84%—부부대화 자녀 문제 으뜸, 주부 70%가 "한 달 용돈 10萬 원 이상 쓴다"〉, 《경향신문》, 1991. 4. 17, 6면.

7 〈(現代를 살아가는 女性學) 여성의 消費病—지나친 消費는 남편의 출세 과시하려는 慾求에서〉, 《매일경제》, 1984. 12. 25, 9면.

8 관련 내용으로 다음의 기사 등을 참조할 수 있다. 〈(서울대 백○○ 박사 조사) "'이런 주부'가 과시소비" "무리해서라도 富村 이주(62%)·해외여행(57%)", 이웃·친구와 경쟁심리가 主因, 전문직종 취업 맞벌이, 가계소득 月 2백50만 원 전문대학 졸업한 20代〉, 《경향신문》, 1995년 8월 6일, 22면.

9 〈主婦와 여가 선용—都市 경우 하루 4~5시간 남아, TV 라디오 많이 보고 듣는 편, 심심풀이 취미보다 奉仕 활동 바람직〉, 《동아일보》, 1986. 2. 18, 7면; 〈(현대리서치연구소 중산층 500명 조사) 서울 主婦 하루 餘暇 7시간—나이 들수록 자기 시간 많아, 주로 TV 시청 독서로 보내〉, 《동아일보》, 1988. 10. 12, 9면.

10 〈自願봉사 專門化하고 있다—전문직 퇴직자 등 高學歷者 활용, 善終 돕기·進學 지도·點字飜譯 등 韓國능력개발연구회 등서 교육시켜 파견〉, 《경향신문》, 1987. 10. 13, 14면; 〈(열심히 사는 여성) 한국요리 가르치는 金○○ 씨—외국인에 우리의 후덕한 人心 소개, "뭐든 해야겠다" 출발…이젠 外國語·요리 모두 '전문'〉, 《매일경제》, 1990. 8. 26, 7면 등 다수.

11 〈88 女性 자원봉사자들—통역에서 화장실 청소까지, "보람 느끼는 것이 가장 큰 보수"〉,

《동아일보》, 1988. 9. 8, 9면.

12 〈자원봉사 女性 사회참여 通路로—"봉사하며 自己발전" 점차 확산, 상담·간호·김치 담가 주기까지 다양〉, 《경향신문》, 1990. 7. 5, 9면.

13 〈(중년여성 2) '가둠'이 부른 '有閑 열병'—脫線의 유혹, 마약·도박에까지 손 뻗쳐 '사회의 癌', 자기개발로 無力感 벗어나야〉, 《경향신문》, 1989. 10. 19, 9면; 〈(한국인 診斷 4) '놀이 문화'가 없다—셋 이상 모이면 기껏해야 고스톱, 청소년도 영화 전자오락이 고작, 부부동반 모임서 부인들은 '꿔다놓은 보릿자루'〉, 《동아일보》, 1990년, 1. 29, 5면. 여성범죄에서 가정 주부가 80.3퍼센트를 차지하고, 상류생활자가 87.9퍼센트를 차지함을 기사화하기도 한다 (〈(사설) 犯罪 '뒤'에 女子는 옛말〉, 《동아일보》, 1984. 3. 17, 2면).

14 〈(高速社會—마음의 餘裕를 갖자 11) 女性의 餘暇—自己 時間 40년 전 主婦보다 11倍나, 書藝·테니스 등 분수에 알맞게 善用〉, 《동아일보》, 1981. 3. 9, 9면; 〈(행복 찾기 32—흔들리는 현대가정 現場에세이) 심심풀이 '화투치기'—기분 나면 飲酒에 카바레까지…'脫線' 첫발〉, 《경향신문》, 1985. 7. 22, 6면.

15 〈主婦 스트레스 조용하게 풀어라—춤바람 등 '脫出'은 또 다른 스트레스 부른다〉, 《동아일보》, 1984. 2. 8, 9면.

16 〈(열린사회를 향하여 16—시청자운동) 시민들이 '감시' 나섰다—TV 낯 뜨거운 장면-大選 불공정 보도, 시청자團體 보고서 作成-항의방문 등 활발, "電波는 국민 모두의 것" 인식 확산… 방송 公害 파수꾼으로〉, 《동아일보》, 1992. 11. 21, 9면.

17 〈(東亞時論) '보충수업' 得과 失—'學力 향상·敎育 질서'의 調和를 課題로〉, 《동아일보》, 1984. 8. 18, 9면.

18 〈심판대 오른 '孟母'—풍자 가득한 高大 '歷史 인물 假想 재판'〉, 《동아일보》, 1986. 10. 27, 10면.

19 〈(深層취재) 醫大 졸업반 인턴자리 '非常'—81년 增員 여파…千여 명 갈 곳 없어 全國 병원 순례 눈치 作戰, '母校 남기'엔 巨額 금품 提供說도〉, 《동아일보》, 1986. 11. 17, 5면; 〈유치원 豪華 경쟁…園生엔 프리미엄—등록금 최고 月 10萬 원, 딴 곳으로 옮길까봐 半年씩 先金 받아, 제2 치마바람…高學歷 부모일수록 選好, 교육내용 開發엔 등한〉, 《경향신문》, 1986. 12. 13, 11면.

20 〈"예체능 內申은 엄마 點數야"—94학년 大入 반영 확대 高校마다 맹렬 치맛바람, 한 과목 '10~30萬 원 봉투', 하루 20여 명 면담 신청 쇄도〉, 《경향신문》, 1992. 4. 1, 19면.

21 〈(공보처 敎育 관련 여론조사) "치맛바람이 부조리 낳는다"—고교생 93%는 '과외·학원수강', 교사 86%가 돈 봉투·선물 경험〉, 《경향신문》, 1993. 6. 23, 23면.

22 〈새로운 主婦 운동 '지역사회학교'—국민학교에 번지는 學父母 '資質향상 모임', 학교·이웃돕기에 앞장, 교양·취미 강좌도 열어, 임원 스스로 뽑고 봉사활동 확대〉, 《동아일보》, 1984.

10. 3, 9면; 〈(異常 교육열의 실태와 문제점) 취학 전 어린이들 早期 영어학습 붐—교습소·출판사 好況, 商術 부채질도 한몫, 대부분 注入·암기식…부모들의 선부른 과잉 의욕도 문제〉, 《경향신문》, 1990. 7. 18, 13면.

23 〈(이 생각 저 생각) 한국의 '힘센 아줌마'들〉, 《동아일보》, 1994. 4. 29, 14면.

24 〈"自我성취 길이 없다" 主婦 자살—中流 가정 30代 "능력 발휘에 사회 壁" 유서, "社會활동 욕구 늘어 좌절 우울증"(전문가)〉, 《경향신문》, 1989. 9. 20, 15면; 〈자아성취 할 길 없다 비관—대학 졸업 30대 주부 자살〉, 《한겨레》, 1989. 9. 21, 11면; 〈"사회적 능력 발휘 못해" 비관—대졸 30대 주부 자살〉, 《조선일보》, 1989. 9. 20, 15면.

25 〈보람보다 좌절 많다—부업 갖는 중년여성, 판매직이 대부분 성취감 못 느껴, 실적 위주 경쟁 풍토에 열등감도〉, 《동아일보》, 1989. 10. 19, 9면.

26 〈高學歷 여성 失業 급증 추세—1년 새 3倍 이상 늘어, 기업들 저학력 단순노동직만 채용, 새 職種 개척 등 자기계발 노력 필요〉, 《동아일보》, 1991. 9. 10, 20면.

27 〈(아침햇발) 여성의 '내 일 갖기'와 모성 보호〉, 《한겨레》, 1990. 8. 1, 12면.

28 〈(주부교실 조사) 外製 안 쓰는 가정 없어—화장품 87·家電品 79·약품 61%〉, 《매일경제》, 1984. 1. 31, 11면; 〈(每經春秋) 統一과 여성)〉, 《매일경제》, 1984. 5. 2, 4면; 〈年末에 다시 보는 일 년 살림—主婦의 家計簿 경제학, 項目別 지출 過多·偏重 여부 반성하고 생활수준 비슷한 家庭과 비교도 有益〉, 《매일경제》, 1984. 12. 10, 9면; 〈新婚 파경 늘어간다—작년 이혼녀 20代가 45%, 高學歷일수록 '自我생활' 좌절 느껴, '자신의 일' 갖는 것이 위기 극복 도움〉, 《동아일보》, 1987. 9. 8, 7면; 〈主婦 흡연 늘어간다—남편 몰래 피우다 부부싸움도 1년 새 5% 증가…高學歷에 특히 많아〉, 《동아일보》, 1987. 10. 1, 7면.

29 〈(30초 경영학) '아줌마' 佛서 마케팅 用語 됐다—관광청 연구보고서에 "구매력 높은 집단" 분류 'adjumma'로 표기〉, 《조선일보》, 1998. 5. 19, 31면.

30 〈(한국의 主力 386세대 7) "여자라고 못할 일 없다"—80년대 여대생 급증, 남성 독점 자리 도전장, 당당한 목소리 내며 집단적 여성 파워 발휘〉, 《조선일보》, 1999. 4. 13, 40면; 〈처녀 같은 주부 딸 같은 며느리—당당한 미시 사회의 큰 흐름 형성〉, 《조선일보》, 1999. 6. 8, 40면.

31 〈미시바람 미시文化 6) 自我계발—자기일' 갖고 "당당한 삶", 잠재능력 캐내며 늘 변신 시도, 자격증 취득·창업 통해 경제독립 선언도〉, 《경향일보》, 1994. 5. 22, 10면.

32 〈30代 여성 64% '나는 미시'—백화점의 고객대상 설문 조사, 자기계발 통해 적극적 삶 노력〉, 《경향신문》, 1994. 6. 1, 11면.

33 〈신세대 주부 "'미시族' 아시나요"—남편과 집안일 분담 자기세계 추구, '아줌마 패션' 거부 몸매에 큰 신경(KBS 2 '독점여성'서 집중탐구)〉, 《동아일보》, 1994. 3. 10, 21면.

34 〈(풍향) 유통업계 "'미시'를 잡아라"—구매력 갖춘 20~30代 커리어우먼, 實利·개성 추구

의 소비행태, 독립 코너 설치 등 販促 신경〉,《경향신문》, 1994. 4. 7, 23면.

35 〈(건강) 中年의 思春期 현상 主婦病—생활 여유 생기면서 自我 의식 고개 들어, 우울증 등 誘發…끊임없는 自己啓發을〉,《매일경제》, 1983. 3. 19, 10면; 〈中年 고비를 급습하는 主婦病—불면·우울증 심하면 自殺에 이르기도, 갑자기 닥쳐온 '餘裕' 제대로 活用 못해, 남편의 무관심도 原因…취미활동·사회봉사로 공허 메워야〉,《경향신문》, 1983. 3. 23, 6면; 〈(民主·經濟 발전 이끌 均衡社會의 '核' 中間階層 11) 精神질환—職場의 갈등…休息과 일리듬 못 갖춰, 스트레스 쌓여 신경過敏 현상 유발〉,《동아일보》, 1983. 3. 24, 9면; 〈('四秋期'의 아내— 남편의 머리카락엔 눈이 오는데…, 어느 날 갑자기 느낀 허탈감, 家族은 모두 '돌아앉은 化石', 우울한 외토리…價値 못 찾고 방황〉,《동아일보》, 1983. 8. 3, 12면; 〈(現代를 살아가는 女性學) 방황하는 中年—家庭에 편중됐던 관심 社會로 돌릴 때 '思秋期' 극복〉,《매일경제》, 1984. 11. 6, 9면; 〈집에 있는 主婦가 더 '갈등'—남편·자녀 理解 부족 심한 허탈감, 우울증·히스테리 등 神經症 호소〉,《동아일보》, 1985. 7. 23, 7면 등 다수.

36 큰 근심이 없이 비교적 행복한 가정을 꾸리고 있는데도 정신적으로 문제가 생기는 주부에 대한 기사는 다수를 찾아볼 수 있다. ○○대 영문과를 나와 남편은 승진하고 작은 집도 마련했으며 1남 1녀를 두었고 시어머니가 시집살이를 시키기는커녕 잔소리 한 번 없었으나 "완벽한 시어머니가 주는 압박감과 감정 표시를 제대로 못한 데서 비롯된" '신체형장애(심리적인 이상상태를 신체의 통증으로 착각하는 증세) 환자'가 된 주부(28)의 기사(〈늘어나는 20代 직장여성 신경증—스트레스가 主犯, 입원환자 중 25%나 차지(中大부속병원), 동료 간 과다경쟁·性폭행 걱정 등 要因, 만성두통·가슴답답·소화불량·수면장애 등 호소〉,《경향신문》, 1991. 4. 22, 17면) 등도 참조할 수 있다.

37 〈(中年女性 14) 봉사활동—'他人의 삶' 살아가는 精神서 출발, 거창한 계획보다 작은 일에서 보람 찾도록〉,《경향신문》, 1989. 12. 5, 15면.

38 〈단조로운 日常 번거로운 家事 삶의 공허감, 전업主婦 '두려운 中年'—취미활동 한계·취업기회 全無, 굵직한 각종 문화센터도 '장사속' 못 벗어, 환경보호·교육개혁·소비자보호운동 등 社會에 눈 돌리는 것도 방법〉,《경향신문》, 1991. 7. 29, 17면.

39 〈(가정이 흔들린다 2) 방황하는 주부들—"희생하며 살아온 人生 허무", 남편은 직장에 매인 '이방인', 자식 "엄마는 참견 말라" 핀잔, "나이 들며 설움 더해", 가정 밖 만족 찾아〉,《동아일보》, 1990. 5. 3, 13면.

40 〈가사노동 푸대접, 취업여성 겹고생—주부를 '무직자'로 여겨서야, "집안일의 노동가치 새롭게 평가하자"〉,《한겨레》, 1988. 5. 15, 31면; 〈"주부 家事노동 法的 보호를"—男便 재산상속 땐 非課稅 마땅, 위자료 등 算定 기초자료 돼야〉,《경향신문》, 1988. 11. 16, 8면; 〈(梨大 文○○ 교수 '이혼판례' 분석) 취지 못 살리는 '재산분할 청구권'—주부 家事노동 너무 낮게 평가, 가정경제 기여도 30~40%만 인정, "최소 月 50萬 원 가치"…상향 조정 주장〉,《동아

일보》, 1993. 5. 18, 16면.

41 〈(現代를 살아가는 女性學) 맞벌이와 남편 外助—가정과 일에 충실케 도와야〉, 《매일경제》, 1985. 1. 22, 9면. 통계자료가 포함된 〈(全國 2千여 명 대상 家庭生活 의식 조사) 主婦 90% 就業 원한다—希望 직종 敎師·사무·專門職 순, 한 달 1~2회 가족 外食도 82%, 좋아하는 낱말은 사랑·가보고 싶은 곳 유럽〉(《경향신문》, 1988. 4. 13, 8면)에서도 기혼 여성이 "자기 개발보다 가계에 보탬이 되는 경제적인 이유"로 취업을 한다고 서술되고 있다.

42 〈女性 근로자 23%가 主婦—生産職 취업 크게 늘어, 주요 工團 등에 탁아소 증설도〉, 《매일경제》, 1987. 5. 9, 11면. 그런데 중산층 여성의 경우 가계 수입보다는 '자아실현'을 이유로 취업을 원하는 것으로 조사되었다(〈(월간 '마리안느' 중산층 주부 대상 여론 조사) 취업 통해 '자아실현' 원해—30 전후 세대 "직업 갖고 싶다" 80% 안팎, 재산 증식 방법엔 '부동산 투자' 절반 넘어〉, 《한겨레》, 1989. 9. 8, 8면).

43 저소득층 부부는 하루 종일 나가 일하는 경우가 많아 탁아 시설이 긴급함을 언급하는 신문 기사가 많다. 예를 들어 〈就業주부와 자녀교육—"학업성적·정서엔 큰 영향 없다", 어머니 자신의 幸福感이 중요, 맞벌이 夫婦 위한 탁아 시설 많이 늘려야〉(《동아일보》, 1986. 5. 2, 7면)를 참조할 수 있다.

44 〈(여성 가정) (취업主婦·託兒母에 들어본다) 託兒母—幼兒敎育·자기실현에 바람직, 일과 育兒 줄다리기서 突破口, 어린이 敎育 가정만으론 부족, 농촌·영세민 主婦에도 큰 도움〉, 《동아일보》, 1982. 1. 28, 11면. 탁아제도를 이용하는 이가 맞벌이하는 신혼부부, 학력이나 소득이 높은 부모라는 기사(〈(副業百態) 託兒母—家事 돌보며 여유 있는 時間 활용 가능, 일정 敎育 마쳐야…月 10만 원대 收入, 돈벌이 以前 남의 아기 애정으로 대해야〉, 《매일경제》, 1981. 11. 11, 10면)도 있으나, 대체로 저소득층 가족의 경우 맞벌이가 많았다고 할 수 있다.

45 〈신세대 부부 아내 입김 세졌다—맞벌이 급증 추세…수입 따로 관리 당연시, 집안 문제 공동 결정 많아, '부인 친구 남편들' 모임 부쩍 늘어〉, 《조선일보》, 1993. 1. 1, 23면; 〈(한국의 30대 4) 부부 사이 의사 결정—집안 대소사 '절반의 뜻' 서로 존중, '친구 같은 관계' 남편 권위주의 더 이상 안 통해, 줄어든 학력 격차…맞벌이 영향 '함께하기' 인식〉, 《한겨레》, 1993. 7. 27, 12면.

46 〈(調査 學術—리스PR 카운셀링 女性生活 양식조사) 女性의 80%가 純潔 주장—主婦는 돈벌이보다 집안일 앞세워, 結婚 비용 2백~3백만 원이 적당〉, 《매일경제》, 1980. 12. 2, 8면. 이 기사에서 미혼 여성의 54.7퍼센트는 가사만 해야 함을 주장하고 45.3퍼센트는 돈벌이를 해서 살림을 돕는 게 바람직하다고 대답한다.

47 1980년대에는 맞벌이 가정의 자녀가 본드 냄새를 맡거나, 금품을 훔치거나, 학생들을 위협하는 등의 내용이 '부모가 맞벌이를 하거나 편모슬하에서 자라는 자녀들'과 함께 이야기된다

(〈10代들 땅굴 혼숙—본드 환각 도둑질〉, 《경향신문》, 1985. 4. 6, 11면). 1990년대에 이르면, 1980년대보다 맞벌이 가정의 청소년이 일으키는 범죄의 내용이 더욱 심각해지고, 취업주부를 어머니로 둔 여학생은 성범죄의 피해자로 등장한다.

48 〈(사설) '가시 돋친 새싹' 누구의 責任인가〉, 《경향신문》, 1981. 2. 18, 2면; 〈(기획/연재) 아! 父情 5—오늘의 어린이 무엇을 생각하나) 우리 엄마는 職場에 다녀요—맞벌이 夫婦 매일 집 비우자 외로운 少年, "부모가 없어요"〉, 《경향신문》, 1981. 4. 6, 10면; 〈('근로청소년이 느끼는 어머니 취업' 精神醫學的 분석) 맞벌이 夫婦 家庭 파탄 위험 많다—내외간에 不和 잦아 父母 경시 풍조, 子女에 대한 애정 적어 問題兒 되기도〉, 《경향신문》, 1982. 2. 10, 8면.

49 〈就業주부와 자녀교육—"학업성적·정서엔 큰 영향 없다", 어머니 자신의 幸福感이 중요, 맞벌이 夫婦 위한 탁아 시설 많이 늘려야〉, 《동아일보》, 1986. 5. 2, 7면. 취업주부와 자녀의 관계 문제는 다음의 기사도 참조할 수 있다. 〈就業주부와 '자녀교육 갈등'—물질로 罪責感 보상하는 건 잘못, 무조건 잘해주기보다 분별 있게, 출근 때 운다고 속임수 써 떼놓지 말도록〉, 《동아일보》, 1986. 11. 11, 11면. 〈就業주부와 자녀교육〉에서는 저소득층 취업주부의 자녀가 성적 면에서 평균보다 점수가 약간 떨어지며, 비행 면에서 평균보다 비율이 높은 것으로 언급되지만, 전반적으로 맞벌이 가정에 대해 긍정적으로 서술되고 있음에 주목해야 한다.

50 〈(夫婦對談 2) 맞벌이, 理解·協調로 서로 감싸야—"같은길 同行에 보람 느끼죠", 子女의 社會생활 制約 많아, 高等教育 받고도 專攻 묵혀〉, 《동아일보》, 1981. 1. 26, 11면; 〈(核家族시대의 家庭 문제와 解決策) 사랑 없는 結婚 부부 葛藤 심각—맞벌이아내 家事 부담 過重, 서로 돕는 '眞正한 平等' 이뤄져야, 무조건 女性服從 강요는 잘못〉, 《경향신문》, 1981. 6. 4, 6면.

51 〈심각한 景氣침체에 '夫婦 맞벌이'로 對處—美國人들 검소한 生活 추세, 레저·教育費 등 줄이는 경향〉, 《경향신문》, 1980. 8. 2, 4면; 〈(우리는 이렇게 인플레를 이긴다) 세계 主婦들의 알뜰作戰 3(프랑스)—電氣料金 줄이려 '한 燈만 켜기' 實踐, 여름 바캉스 期間을 대폭 줄여, 스스로 일자리 구해 家計 보탬〉, 《경향신문》, 1980. 10. 7, 4면.

52 〈(30대 會社人間 8) 눈물겨운 마이 홈 作戰—"허리띠 죄며 '傳貰 10년'은 돼야"〉, 《동아일보》, 1985. 4. 20, 9면; 〈(행복 찾기 23—흔들리는 현대가정 現場에세이) 아들 노릇 남편 노릇—姑婦 갈등의 틈바구니서 '윤활유' 되어야〉, 《경향신문》, 1985. 5. 24, 10면.

53 〈(여성 가정) 맞벌이 夫婦 많은 美 가정—子女들이 잔살림, 장보기서 양탄자 청소까지, 責任感 심는 教育 효과 커〉, 《동아일보》, 1981. 11. 11, 7면.

54 〈내적 갈등 시달리는 취업여성—가정·직장 이중생활로 고통 정신장애까지, 이혼 일반여성보다 높아…부부생활 불만도〉, 《한겨레》, 1990. 8. 24, 8면; 〈(맞벌이 夫婦 7) 주말부부—긴 이별 짧은 만남…현대판 '견우와 직녀', 토요일은 신나고 월요일은 우울, 다림질 필요 없는

옷 간편식 늘어〉,《동아일보》, 1993. 2. 9, 11면; 〈(직장여성—한국의 30대 7) 살아남기·상처뿐인 영광—꽃이기 거부하고 쟁취…어느 날 새까만 남자 후배가 추월, 애 키우랴 설거지 하랴 집안일 매여 두 마리 토끼 쫓기 허덕〉,《한겨레》, 1993. 8. 17, 12면.

55 〈(일요 對談) ("아가, 미안해" 3) 맞벌이 시대 외손주 돌보는 두 친정어머니—"아파트부터 탁아 시설 의무화했으면"…, '일하는 엄마들 많아'… 現實 인정할 때, 딸이 애처로워 내가 퇴직, 글 쓸 일 밀릴 때 가장 곤란, 애보는 할머니 우리가 마지막 돼야〉,《조선일보》, 1993. 4. 11, 11면.

56 〈(아기와 엄마와) 버릇없는 이웃집 아이—괜찮은 척 말고 엄마끼리 터놓고 논의〉,《경향신문》, 1993. 7. 29, 12면.

57 〈(더불어 생각하며) 맞벌이 가정 자녀 사회가 보호를〉,《한겨레》, 1991. 10. 16, 12면; 〈(서울동부아동 상담소) 非行청소년 '새 삶' 찾는다—본드 환각 도벽 등 치유 위해 스스로 入所, 특별활동 통해 '과거와 단절' 피나는 노력〉,《동아일보》, 1991. 11. 14, 20면; 〈'先進國型' 범죄의 증가〉,《경향신문》, 1992. 10. 31, 3면.

58 〈20·30대 부부 이혼율 늘고 있다—여성 경제력 향상 '능동적 결혼관' 영향, '배우자 폭력·부정' 원인 54%로 가장 많아〉,《한겨레》, 1992. 9. 27, 8면.

59 〈(맞벌이 夫婦 5) 내 집 갖게 되면 "일단 만족"—財産 늘리기 한계…증권 땅 투자 엄두 못 내〉,《동아일보》, 1993. 1. 28, 12면.

60 〈(맞벌이 夫婦 3) '집에 둔 아이' 걱정 속에 하루하루—보모 비용 월 60만 원…아플 때마다 조마조마〉,《동아일보》, 1993. 1. 21, 12면.

61 〈(新家長學—흔들리는 父權 긴급진단 6) "아내 돈 남편 돈"—'월급봉투' 민주적 타협 어떨지…, 뒷주머니는 생활의 양념…이해하고 덮어주는 아량도〉,《경향신문》, 1990. 9. 15, 9면.

62 〈(여성칼럼) '出嫁外人'의 설움—여성 地位 向上이 '남성 地位 弱化'는 결코 아닌데…〉,《동아일보》, 1984. 10. 4, 7면.

63 〈백화점 모니터 파트타임 主婦들에 인기—"돈 벌며 사회활동" 지원자 대거 몰려, 경쟁률 10 대 1 웃돌아…거의 大卒, 일부선 이력서 千여 통이나 쌓여〉,《경향신문》, 1991. 9. 30, 19면; 〈(여성 가정) 자녀 과외비 벌고 용돈 벌고 주부 과외교사 늘고 있다—대부분 고학력 중산층, "책임감 있고 성실" 반응도 좋아〉,《경향신문》, 1992. 11. 20, 15면.

64 박완서의 소설에 형상화된 중산층 주부에 대한 분석은 다음의 논의를 참조할 수 있다. 김은하, 〈아파트 공화국과 시기심의 민주주의—박완서의 개발독재기 소설을 중심으로〉,《여성문학연구》39, 한국여성문학학회, 2016; 정미숙, 〈박완서 소설과 '아파트' 표상의 문화사회학—'아파트' 표상과 젠더 구도를 중심으로〉,《현대문학이론연구》49, 현대문학이론학회, 2012.

65 〈(朴婉緖 칼럼) 男性은 僞善으로부터 해방을〉,《경향신문》, 1993. 6. 4, 5면. 아내가 가정경

제에 기여하기를 은근히 바라지만 아내가 사회활동에 바빠 가정일을 소홀히 하게 되면서 겪을 수 있는 불편은 감수하기 싫은 남편의 이중성에 대한 기사는 〈(행복 찾기 35—흔들리는 현대가정 現場에세이) 아내는 '경제特補'인가—돈벌이 나설 땐 터놓고 상의해야 後患 없어〉(《경향신문》, 1985. 9. 2, 6면)를 참조할 수 있다.

66 〈(調査 學術) (리스PR 카운셀링 女性生活 양식조사) 女性의 80%가 純潔 주장—主婦는 돈벌이보다 집안일 앞세워, 結婚 비용 2백~3백만 원이 적당〉, 《매일경제》, 1980. 12. 2, 8면; 〈(색연필) 딸 婚費 문제로 남편과 다툰 主婦 자살〉, 《조선일보》, 1983. 8. 4, 11면.

67 〈(消費者보호원 조사) 女子 혼인 비용 평균 千萬 원 線—男 22·女 18% '혼수 不和', 男子도 7百萬 원 넘어〉(《경향신문》, 1990. 2. 22, 14면)에 나오는 자료에 따르면, 1990년 전후 우리나라 신혼부부의 총 혼인 비용은 주거 비용을 제외하고 남자가 평균 775만 원, 여자가 1057만 원으로 나타난다. 그런데 세부 자료를 살펴보면, 여성이 남성보다 훨씬 많은 혼인 비용을 지출하는 것을 알 수 있다. 남자는 500만 원 이하가 33.1퍼센트, 1000만 원 이상이 23.2퍼센트, 여자는 500만~1000만 원이 48.3퍼센트, 1000만~2000만 원이 31퍼센트를 차지한다. 그런데 기사의 제목에서는 여자가 남자보다 더 많은 결혼 비용이 든다는 사실이 잘 드러나지 않는다.

68 〈(다 같이 생각해봅시다—結婚문화 2) 혼수 망령—분수 안 가리고 최고급 경쟁 1캐럿 다이아 시비…끝내 파경 "실명제 조사 우려", 아예 지참금 요구도〉, 《조선일보》, 1994. 4. 2, 1면.

69 〈(색연필) "지참금 1억 7천도 적다", 30대 의사 부인·장모 폭행〉, 《조선일보》, 1994. 7. 29, 31면.

70 〈결혼 지참금·혼수 적다 아내 갈비뼈 부러뜨려〉, 《조선일보》, 1989. 10. 14, 15면.

71 〈거액 지참금 요구로 파경—시아버지도 위자료 내야(서울가정법원 판결)〉, 《조선일보》, 1994. 12. 31, 29면.

72 〈"지참금 적다" 파경 부른 '구박'에 이색 판결—"시어머니도 위자료 내라" 서울고법 "아들과 함께 7천만 원 배상"〉, 《조선일보》, 1994. 5. 12, 31면.

73 〈(新世代 12) 결혼관—"사랑과 배우자는 별개"…'조건' 따진다, 비슷하거나 상위계층 원해…풍족-신분상승 추구, '능력 있는 시댁' '맞벌이 아내' 기대〉, 《동아일보》, 1993. 6. 20, 9면.

74 〈(年中시리즈 月曜기획 한국病 4) 破鏡-自殺까지…빗나간 과시욕, 과다 婚需 갈수록 '눈덩이'—物量-액수가 '정성의 尺度'로 둔갑, '예단'에 밍크코트-콘도회원권까지, 猝富-상류층의 物質 만능주의가 중산층-서민층으로도 확산〉, 《조선일보》, 1990. 4. 9, 5면.

75 〈(전문가 분석) 좀 더 '가난한 마음'을—'體面文化' 벗어나 결혼 의미 再考토록〉, 《조선일보》, 1990. 4. 9, 5면.

76 〈(結婚 풍조 이대로 좋은가 11) 富와 身分으로 배우자 선택—設問조사 때는 人間性 최우선

응답, 신랑 선택엔 직업 신부는 외모 중시, 愛情 없이 條件 따져 결합…파경 빚기도〉, 《동아일보》, 1987. 4. 24, 5면.

77 〈夫婦 갈등 社會까지 흔든다—79年 이후 殺人만 16件이나, 81.2%가 大都市서 발생, 不貞 이유 4件으로 最多, 核家族으로 仲裁者 없어 싸움 격화, 利己의 壁 높아 이웃 잃어버린 탓도〉, 《경향신문》, 1983. 4. 30, 11면.

78 〈(開發院 기술教育生 취업욕구 分析) "女性도 職業 가져야" 83%〉, 《경향신문》, 1988. 3. 17, 7면.

79 〈"'돈 잘 버는 아내'는 괴롭다"—생계 책임…이혼 땐 위자료까지, 歐美 사회문제로… '파경 책임' 2重苦〉, 《조선일보》, 1993. 4. 11, 14면.

80 〈(高速社會—마음의 餘裕를 갖자 22) 結婚風俗圖—父母도 家門도 아닌 바로 '나' 위한 것, 지나치게 計算 따지고 맞벌이 傾向〉, 《동아일보》, 1981. 6. 1, 9면; 〈결혼의 길 '맞선 '百態—中流 가정에 선 중매결혼 경향, '뒷조사'에 호적등본 떼보기도, "資格證 가진 사위 얻으려면 '열쇠 3개' 있어야 한다"는 은어까지〉, 《동아일보》, 1984. 10. 6, 10면; 〈(월간 '신부' 미혼남성 1천 명 설문 조사 결과) 직장 가진 여성 '최고 신부감'—"자기발전·경제 보탬"…직장인 그룹미팅 성행, 건강한 의식변화…탁아·출퇴근 문제 큰 관심〉, 《한겨레》, 1991. 3. 28, 8면.

81 〈드라마 〈사랑이 뭐길래〉 안방극장 '석권'—두 家庭의 대조적 분위기 男女 시청자 모두 '대리 만족', "방송 6주째부터 시청률 70% 상회"〉, 《동아일보》, 1992. 1. 18, 25면.

82 위의 기사.

83 〈만물상〉, 《조선일보》, 1992. 3. 31, 1면; 〈"드라마 주인공 이미지 따라 투표—사랑이 뭐길래' 이순재 씨 당선에 영향"〉, 《한겨레》, 1992. 8. 19, 16면.

84 〈(新家長學—흔들리는 父權 긴급진단 6) "아내 돈 남편 돈"—'월급봉투' 민주적 타협 어떨지…〉, 《경향신문》, 1990. 9. 15, 9면.

85 〈하희라 "'대발' 같은 남자는 싫어요"—〈사랑이 뭐길래〉 주연 인기 株價 껑충〉, 《동아일보》, 1992. 2. 15, 25면.

86 〈(中年女性 1) 40代의 自畵像—이유 없는 갈등…초조·불안한 '思秋期', 남편·자녀 틈바귀서 소외감…이름 모를 病까지 동반, 숱한 시대적 不幸 체험한 마지막 苦惱의 세대〉, 《경향신문》, 1989. 10. 17, 9면.

87 위의 기사.

제4장 이혼녀, 범죄자의 형상을 한

1 〈(돋보기) 여성 측이 위자료 내고 離婚〉, 《경향신문》, 1967. 4. 28, 3면.

2 위의 기사.

3 〈(이혼 그리고 재혼) 91년 후 여권신장…특이 판결 봇물〉, 《조선일보》, 1997. 9. 30, 35면.

4 〈男便 상습 暴行은 離婚 사유〉, 《경향신문》, 1980. 7. 29, 7면; 〈男便 학대 극심…離婚 가능〉, 《경향신문》, 1981. 4. 9, 10면; 〈婚前 부정 離婚사유 안 돼〉, 《경향신문》, 1981. 4. 30, 10면. 〈婚前 부정 離婚사유 안 돼〉에서 남편은 아내가 과거에 이복오빠에게 강간당했을 뿐인데 이를 괴로워하며 이혼을 하고자 한다. 그리고 상담자는 이렇게 고민하는 남성에게 "당신의 심정은 이해가 갑니다. 그러나 15세의 어린 나이로 한 번 있었던 실수인데 현재 정숙하다면 문제 삼지 않는 것이 옳다고 봅니다"라고 조언한다.

5 남편의 부정과 폭력으로 괴로워하는 아내의 모습을 담은 기사로는 다음을 참조할 수 있다. 〈('女性의 전화' 개통 한 달) '매 맞는 아내' 40%가 20代—通話한 5百41명 중 절반이 매질 호소, 시누이·시어머니 合勢해 폭행하기도, "아내한테 구타당한다"는 男便도 있어〉, 《동아일보》, 1983. 7. 13, 11면; 〈離婚 요구 아내 폭행〉, 《경향신문》, 1983. 7. 20, 11면; 〈(主婦 기자석) 夫婦싸움은 집안서 해결하라지만—常習暴行엔 인내에도 한계가, '두 人格'의 만남엔 理解와 양보가 필수적〉, 《경향신문》, 1983. 7. 27, 6면; 〈(우리 가정 이것이 問題다 13) 暴君 아빠—改嫁 두 번 모친 따라 천덕꾼 어린 시절, 맞벌이 아내 背信 불안…의처증도〉, 《경향신문》, 1988. 8. 3, 8면; 〈(여성 칼럼) 남편들의 폭력〉, 《동아일보》, 1989. 5. 20, 9면; 〈('여성의전화' 개원 9돌 공개토론회) 主婦 40% 이상 매 맞는다—상담자 절반 月 4회 이상 구타당해, 51·19%가 "이혼·형사처벌도 고려"〉, 《매일경제》, 1992. 6. 15, 10면; 〈('여성의 전화' 143명 조사) 말대꾸할 때 아내 때린다 57%—결혼 후 6개월 이내 매 맞기 시작 45%, 아이들 때문에 이혼 못하고 살아 62%〉, 《동아일보》, 1992. 11. 27, 11면.

6 〈(女記者 생활칼럼 92) "아이들 때문에 살죠"〉, 《경향신문》, 1987. 3. 18, 6면.

7 〈高速社會—마음의 旅遊를 갖자 36) 速成離婚—"좋아서 만났으니 싫으면 헤어지는 것", 지난 한 해 3萬7千20쌍이 남남으로〉, 《동아일보》, 1981. 9. 14, 9면; 〈約婚前 일 문제 안 돼〉, 《경향신문》, 1988. 2. 20, 9면.

8 〈신혼여행서 혼전관계로 갈등 심해—제주 '여성의전화' 조사, '순결 의심 밤새 추궁' 38%〉, 《한겨레》, 1989. 9. 24, 8면.

9 〈(행복 찾기 22—흔들리는 현대가정 現場에세이) "둘째가 왜 媤父母 모시나"—"죽어도 같이 살 수 없어…차라리 移民 가겠다"〉, 《경향신문》, 1985. 5. 17, 10면; 〈(마음의 健康 医窓에 비친 韓國人 84) 姑婦 갈등에 멍든 '中年'—둘 사이서 방황 심한 스트레스, 강인한 精神건강만이 치유책〉, 《경향신문》, 1985. 9. 25, 6면; 〈(男 남성연구) "효도하자니 애정이 울고…" 부모-아내 사이서 '샌드위치', 이쪽저쪽 눈치 보며 항상 자책감〉, 《동아일보》, 1993. 6. 1, 16면.

10 〈男便이 親庭에 횡포 극심—家庭법원에 離婚 신청을〉, 《경향신문》, 1981. 4. 16, 10면; 〈시어머니, 結婚生活을 방해〉, 《경향신문》, 1981. 4. 23, 10면.

11 〈밥 굶기는 것도 虐待행위〉, 《경향신문》, 1981. 4. 23, 10면.

12 〈犯人 여관서 自殺, 圓光大 母女살해〉, 《경향신문》, 1980. 1. 18, 7면; 〈아내 離婚소송에 분개,

딸·장모·妻男 살해〉,《동아일보》, 1981. 9. 14, 11면; 〈아내 家出에 비관, 아들딸 살해 自殺〉, 《동아일보》, 1984. 8. 15, 7면; 〈처가서 이혼 요구 앙심, 처남 아들 살해 뒤 自殺〉,《동아일보》, 1990. 10. 1, 15면; 〈아내 폭행 말리는 장모 찔러〉,《한겨레》, 1994. 8. 10, 19면.

13 〈前妻 情夫 칼로 亂刺—승용차 안서 子女 양육 싸고 言爭 끝에〉,《경향신문》, 1983. 10. 18, 7면.

14 〈남편 이혼 요구…경제 능력 없어 암담〉,《경향신문》, 1992. 6. 6, 12면.

15 〈(家庭法律相談所 분석) 女性의 집안갈등 해결 樣相 변했다—經濟自立度 높아져 離婚 요구 크게 늘어, 자식에의 期待·愛情 줄고 姑婦 不和 깊어〉,《동아일보》, 1981. 3. 11, 11면; 〈아내 收入 더 많으면 離婚率 높아〉,《매일경제》, 1982. 12. 4, 9면; 〈大法 작년 집계 離婚 "결혼 후 5年이 고비다"—破鏡 70%가 初期에, 80年比 20代 부부 증가세, 원인은 不貞 47%로 으뜸〉,《경향신문》, 1984. 6. 21, 7면.

16 위의 기사; 〈離婚…'女性 청구'가 더 많다—작년 2만여 건 중 52%…사유도 주관적-추상적 婚需-거짓중매 등 마찰로 '3년 이내 '파탄 急增〉,《조선일보》, 1986. 8. 5, 6면; 〈(색연필) 이혼訴 제기율 부인 우세, 85년부터 남편 쪽 앞질러〉,《조선일보》, 1993. 8. 15, 19면; 〈시대 따라 변한 결혼·이혼 풍속도—경제력 갖춘 아내들 먼저 "헤어지자" 많고…黃昏離婚도 점차 늘어〉,《조선일보》, 1998. 8. 20, 4면. 여권이 신장되어 여성의 이혼 청구가 많아졌다는 기사는 2000년대 이후에도 등장한다(〈離婚 소송 하루 113건…합의 이혼 10년 前의 2.5배 "갈라서자" 아내 목소리 커져〉,《조선일보》, 2000. 7. 12, 26면).

17 〈民弊는 없어질가, 警察官의 燃料費 四千萬圜 配定〉,《경향신문》, 1953. 12. 21, 2면. 1963년에 가정법원이 개원했을 때는 여성의 이혼소송 제소 비율이 거의 80퍼센트였다가 점차 여성의 이혼소송 제소 비율이 줄어 1967년에 남성의 이혼소송 제소율이 46.6%가 되었다 (〈스위트홈에 적신호, 부쩍 늘어난 이혼소송—家庭法院에 비친 失態, 올 들어 6百6件 昨年보다 24% 增加, 男性은 性格差-아내의 浪費, 女性은 男便의 不貞-虐待가 主因, 男子 提訴率 46.6% 해마다 높아져〉,《조선일보》, 1967. 9. 3, 5면); 〈離婚이 늘어나고 있다—작년에 8千餘件 提訴…10년 새 3倍로 請求人 여자 더 많고…50%가 배우자 不貞 學歷은 國卒-同居 기간 4~5년 가장 많아〉(《조선일보》, 1976. 10. 3, 7면)에서도 이혼 청구인이 여자가 더 많다고 이야기된다.

18 〈離婚 청구 남자 쪽이 더 많다—80년대 들어 남녀 비율 52 대 48, 아내에게 위자료 請求도 늘어, 결혼 1년 안의 '신혼 破鏡' 해마다 증가〉,《동아일보》, 1986. 12. 8, 7면.

19 〈夫婦 불화…'결손 家庭' 급증, 父母와 따로 사는 학생 많다—청소년 脫線등 社會문제로, 서울 初中高 학생 8萬5千여 명이 외톨이, 자녀들 "집에 가기 싫다" 거리서 방황하기도〉,《동아일보》, 1986. 4. 12, 7면.

20 〈'참는 美德' 부족한 젊은 世代, 離婚 너무 쉽게 한다—합의·調停 않고 裁判 직행, 거의 여성

提訴 "子女 뒷전", 相談 67%가 3년 이하 夫婦, 지난해 4천5백79쌍 헤어져(서울)〉, 《조선일보》, 1982. 3. 18, 11면.

21 〈(여성가정—'부부갈등과 離婚' 전문가 좌담) '旣成品 행복'만 찾지 말라—夫婦 사랑에도 타협 필요. 核가족…어른들 중재 없어 잦은 충돌. 자존심 때문에 惡化될 때 많아, 病든 性윤리-結婚觀도 문제. 홧김에 결행…"왜 안 말렸느냐" 따지기도〉, 《조선일보》, 1982. 3. 23, 6면.

22 〈'참는 美德' 부족한 젊은 世代, 離婚 너무 쉽게 한다—합의·調停 않고 裁判 직행, 거의 여성提訴 "子女 뒷전"〉, 《조선일보》, 1982. 3. 18, 11면.

23 〈離婚…'女性 청구'가 더 많다—작년 2만여 건 중 52%…사유도 주관적-추상적, 婚需-거짓 중매 등 마찰로 '3년 이내' 파탄 急增〉, 《조선일보》, 1986. 8. 5, 6면.

24 〈(건강 365日) 마음의 병—中年여성 우울증 많아, 性的 불만족·열등·소외감서 비롯, 낙천적 사고로 生活 충실하면 극복〉, 《매일경제》, 1988. 2. 19, 8면.

25 〈(海外경제) 美國의 苦悶 '가난한 女家長'—離婚女-과부 絶對貧困 절반, 네 食口 한 달 32만 원 年金에도 "감자만 먹어", 黑人 남자 失業 9%로 줄어〉, 《조선일보》, 1982. 4. 2, 2면.

26 〈'길에 사는 여인'…美에 2백만 명—미국의 사진작가 다글라스 커클랜드가 내놓은 사진 (美 月刊誌 지오)〉, 《조선일보》, 1983. 6. 12, 6면.

27 〈(여성개발원 저소득층 千9百 가구 조사) 홀어머니家庭—經濟·자녀교육 어려움, 월평균 소득액 16만 7천 원 정도, 87%가 홧병 증세…정서 갈등 심해, 모자복지법 제정 생계비 보장 등 필요〉, 《동아일보》, 1988. 9. 15, 9면.

28 〈(中年여성) 離婚이 '불행한 결혼'만 못할 수도 있다〉, 《조선일보》, 1983. 12. 18, 6면.

29 〈(中年女性 3) 家出—'잠깐 바람 쐰다'가 남남으로, 가난·남편무능 옛말…허황된 꿈 主因, 올 申告 건수 작년보다 69% 늘어〉, 《경향신문》, 1989. 10. 24, 15면.

30 〈그랜저 운전 女社長 납치—모자 낀 5명이 아파트 주차장서, "몸값 3천만 원 入金시켜라" 인출 뒤 40시간 만에 풀어줘, 4명 검거…빚 갚으려 범행〉, 《조선일보》, 1991. 12. 26, 23면; 〈경찰大 교수 사칭 前職 형사 離婚女 상대 금품 갈취〉, 《조선일보》, 1992. 1. 8, 23면.

31 〈정신질환 40代 이혼녀 被殺—寢室서 26군데 찔려 숨진 지 40여 일 만에 발견〉, 《경향신문》, 1987. 3. 30, 7면; 〈춤바람에 離婚당한 女人, 개천서 被殺體로 발견〉, 《동아일보》, 1987. 4. 13, 10면; 〈세든 여인 토막屍로 발견—6월 이후 殺害된 듯…同居男 추적〉, 《경향신문》, 1990. 11. 19, 14면.

32 〈(釜山) 不倫 방해된다, 남편 毒殺 아내·情夫 사형 구형〉, 《동아일보》, 1990. 7. 29, 14면; 〈離婚소송 30代 주부, 남편 친구 請負 폭행〉, 《조선일보》, 1990. 8. 2, 18면; 〈땅부자 이○○ 씨 살해, 재산 노린 부인 범행〉, 《한겨레》, 1992. 4. 19, 15면; 〈情夫와 함께 남편 독살, 30대 惡妻 구속〉, 《동아일보》, 1994. 9. 26, 31면.

33 〈춤바람 타이른 남편 毒殺—30代 주부 구속, "잠자다 숨졌다" 속여 장례 준비〉, 《조선일보》, 1990. 9. 7, 19면.

34 〈一家 3명 의문의 變屍로—30代 이혼녀-두 자녀, 40代 남자 제보…他殺 가능성, 흉기 찔린 채 심하게 부패…自殺 여부도 수사〉, 《조선일보》, 1991. 1. 19, 19면 내용과 〈일가족 3명 의문의 변사체—경찰에 제보 전화, 문 잠긴 채 부패 상태로〉, 《한겨레》, 1991. 1. 19, 15면 내용을 함께 분석했다. 또한 이 사건과 관련된 기사로 다음의 내용도 함께 참조했다. 〈이혼녀 가족 집단자살 추정, 약물중독 흔적 아들만 외상〉, 《한겨레》, 1991. 1. 20, 15면; 〈내연관계 30代 용의자로 수배—성내동 1家 變死〉, 《조선일보》, 1991. 1. 23, 23면.

35 〈재판부 울린 남매의 편지—"동생은 제때 먹지 못하고…공부하고 싶어요", 폭행 혐의로 구속된 어머니 직권 보석 허가〉, 《조선일보》, 1993년, 8. 28, 23면.

36 〈남편 흉기 殺害, 40代 주부 영장〉, 《경향신문》, 1993. 8. 6, 23면.

37 〈한강서 발견 여자 變屍, 前 남편이 犯行〉, 《동아일보》, 1993. 11. 20, 31면.

38 〈"술 취해 행패 부린다", 아내가 남편을 殺害〉, 《동아일보》, 1990. 8. 15, 17면; 〈폭행 잦은 남편 殺害, 20代 구속〉, 《동아일보》, 1990. 9. 28, 14면; 〈아내가 남편 목 졸라 살해, 술 취해 폭행한 데 격분〉, 《한겨레》, 1991. 2. 7, 15면.

39 〈"남편이 딸 구박한다," 2살 딸 숨지게〉, 《동아일보》, 1990. 7. 9, 17면; 〈"딸만 낳는다" 시댁 식구 구박, 生後 58일 女兒 살해〉, 《경향신문》, 1990. 7. 19, 15면. 딸만 낳은 아내가 남편과 시댁 식구의 구박에 어린 딸을 살해하는 사건을 다룬 기사는 〈딸만 셋 出産에 비관, 생후 27일 된 딸 살해〉(《동아일보》, 1990. 9. 24, 18면) 등을 참조할 수 있다.

40 〈가정폭력 누적되면 '의외의 비극' 부른다—평촌 남편 殺害 사건의 교훈, 공포 못 이긴 주부 돌발행동 위험, '집안일' 개입 않는 주변 관습 고쳐져야〉, 《동아일보》, 1994. 1. 28, 16면.

41 〈(행복 찾기 43—흔들리는 현대가정 現場에세이) "여보 아무 일도 없었어"—外道 들킨 남편의 거짓말에 안도감이…〉, 《경향신문》, 1985. 10. 7, 6면.

42 〈가정환경 비관 방화, 석유 끼얹어 집 5채 태워〉, 《한겨레》, 1990. 2. 21, 11면.

43 〈딸 私娼街 넘겨〉, 《동아일보》, 1990. 12. 7, 15면.

44 〈(延大 여대생 의식조사) "결혼 후 女性 사회활동 64%가 自我실현 목적〉, 《동아일보》, 1991. 3. 11, 8면.

45 〈朴哲洙 감독 〈안개기둥〉, 映振公 '좋은 영화' 뽑혀〉, 《동아일보》, 1986. 12. 12, 12면.

46 〈(映畫街) 邦畫 봄 기지개—〈달빛사냥꾼〉 등 素材·내용서 새 접근, 연출자 力量 발휘 밀도 있게 그려 내〉, 《매일경제》, 1987. 2. 25, 9면.

47 〈(映畫評) 안개기둥 현대의 정신적 不毛가 빚은 家庭의 危機〉, 《동아일보》, 1987. 3. 2, 7면.

제4부 남성성의 패러다임 전이, 가족의 재구성, 여성 간 여성혐오의 확산—2000년대 이후

1 〈(오늘의 세상, 대한민국 20대 보고서 1—60명이 밝힌 분노의 이유) "노력보다 부모 재력… 그래도 우리 부모님 원망하진 않아요"—"유치원 때부터 무한경쟁 했는데 고액 과외에 온갖 스펙 챙겨주는 부모 존재가 결국 성공의 조건, 좀 부족해도 고생하신 거 아니까 부모님 탓만 하지는 않을래요"〉, 《조선일보》, 2019. 2. 26, A2면.

2 〈"여성이 약자라고?"…표창원 주최 20대 男 간담회 가보니—20대 남성들 "성차별 없는데 現 정권은 여성 중심 정책만", 20대 남성들 "여성할당제는 남성차별", 표창원 "20대 남성, 우리 때와 비슷할 거라 착각"〉, 《조선일보》, 2019. 1. 31(접속일. 2019. 2. 1).

3 〈양복 즐기는 여자, 거들 탐내는 남자—초식남·알파걸의 트랜스섹슈얼〉, 《동아일보》, 2009. 12. 11, C3면.

4 〈유혹 노래 하는 '알파걸', 순정 부르는 '베타보이'—베타보이 vs 알파걸, 남성의 여성화 vs 여성의 남성화?〉, 《동아일보》, 2007. 5. 16, A24면.

5 〈(고용비상 자리가 없어진다 5) '高비용' 해소는 생존 문제—실질적 규제 완화 난국 解法, 위기극복 공감대 선행돼야, 高임금 등 勞使 큰 시각차…人力구조 혁신 필요〉, 《경향신문》, 1996. 9. 11, 3면.

6 〈(더불어 생각하며) 성차별은 국가경쟁력 낭비〉, 《한겨레》, 1996. 11. 21, 23면.

7 〈(MIT공대 교수 서로 지적) 돈 벌기 힘들고…자녀부양비 치솟고…美 '가부장 핵가족제' 무너진다— 25~34세 남성 32% 최저생계 수준 소득, 남편 없어야 사회보장…이혼 선택 증가〉, 《동아일보》, 1997. 2. 10, 12면.

8 〈(뉴스진단) 아기 안 낳는 사회, 低출산 그냥 두면 국가 미래 없다〉, 《조선일보》, 2005. 1. 21, A14면; 〈저출산 이대로 가면…2060년엔 소득의 29% 국민연금으로 내야〉, 《조선일보》, 2018. 8. 20, A14면.

9 〈"일단 낳기만 하세요…구청이 키워드려요"—서울 서초구 저출산 대책 '아이누리 프로젝트' 추진〉, 《동아일보》, 2009. 10. 21, A17면.

10 〈(탈출! 인구절벽 1부 2) 사회 환경이 만드는 딩크족 "보육-사교육비 감당 못해"… '무자식 상팔자' 택한 젊은층〉, 《동아일보》, 2016. 1. 18, A10면.

11 〈(윤○○ 씨가 분석한 '30대 여자들…'의 비혼 속사정) "기존 결혼제도에 반기, 이유 있는 불복종의 삶"—주체성·자립심 키우며 성장…집 마련·양육 부담·경력 단절도 '기피' 한몫〉, 《경향신문》, 2010. 3. 24, A25면. 2010년대 한국에서 어머니의 희생을 모성애라는 이름으로 정당화하는 현실에 대해서는 〈"엄마가 된 걸 후회해"〉(《동아일보》, 2017. 6. 19, A33면)도 참조할 수 있다.

12 〈누가 저출산의 주범인가?—인구절벽 공포, 빗나간 대책, 순결서약에서 출산서약으로,

진정한 저출산의 적은?〉, 《경향신문》, 2017. 3. 4(접속일. 2019. 7. 14).

13 〈(토요기획) '잘난 여자' 많아진 세상…부담 없어 좋다 '못난 남자—대중문화계 점령한 찌질男 캐릭터, '결함男' 사랑받는 건 세계적 트렌드, 韓-싸이·무한도전 멤버들에 열광, 美-영화·드라마 등 찌질남 장악, 日-남성성 잃어버린 초식남 인기〉, 《동아일보》, 2013. 6. 1, A8면.

제1장 '체질 전이'를 통한 남성성의 구축과 아버지의 재구성

1 〈(이○○ 교수 '도덕의 담론' 현대사회 윤리 문제 잣대 제시)' 포스트' 시대 도덕의 가능성〉, 《한겨레》, 1997. 4. 1, 15면.

2 〈('아버지에게 드리는 편지' 프란츠 카프카) 카프카의 '성'으로 가는 입구〉, 《한겨레》, 1999. 9. 28, 21면; 〈(아침을 열며) 요즘 나이 든 남자들에게〉, 《동아일보》, 1999. 12. 13, 6면.

3 〈(新이혼시대 上) 100만 명 넘은 이혼자—중년 파경 급증…40·50대 17명 중 1명이 이혼자, 가부장적 남편에 '참지 않는' 아내 늘어나, 10건 중 7건 꼴 여성이 먼저 "헤어지자", 노후·양육 부담에 아내 불륜 눈감는 남편도〉, 《조선일보》, 2007. 10. 25, A3면; 〈중년 이혼 "경제 문제 탓" 가장 많아—조기실직·퇴직 늘어난 사회 분위기 반영, 남편의 무능 → 불화 → 가정폭력으로 이어져〉, 《조선일보》, 2007. 10. 25, A3면.

4 〈(新이혼시대 上) 100만 명 넘은 이혼자〉, 《조선일보》, 2007. 10. 25, A3면.

5 〈(한○○의 '100세 시대' 5) "내가 돈 버는 기계냐" 남자들의 분노—은퇴 男, 초라한 모습에 자괴감, 황혼이혼보다 '분노범죄' 더 위험, 은퇴 후 '좋은 부부관계' 준비해야〉, 《동아일보》, 2012. 12. 12, A33면.

6 〈'헬조선' 이유 있었네…한국인 삶의 만족도 OECD 최하위권—일에 치이고 기댈 곳 없고, 아빠, 자녀와 함께하는 시간 하루 6분…"어려울 때 의지할 친구-친척 안 보여"〉, 《동아일보》, 2015. 10. 20, A16면.

7 〈(2020 행복원정대 동아행복지수 4) 돈과 행복의 방정식—"돈 버는 기계 같아"…행복 느낄 틈도 없는 고소득 30대 男〉, 《동아일보》, 2015. 12. 10, A6면.

8 〈이혼 男에도 행복은 있습니다—'전업主婦' 1년 반…혼자 많이 울어, 큰아이 고교 진학 땐 고통 보상 받은 기분, '결손가정 문제 많다' 기사엔 화 치솟아〉, 《조선일보》, 1996. 11. 19, 32면.

9 〈"엄마 없는 세상 아빠가 지켜줄게"—자녀교육·재혼 법률상담 등 도움 줘, 홀아버지 가정 전국 20만 가구 달해〉, 《조선일보》, 1998. 3. 25, 15면; 〈"아이들과 쪽지편지로 늘 대화"—'좋은 아버지' 선정된 장○○ 씨 어려운 환경서 혼자 두 자녀 키워〉, 《조선일보》, 1999. 5. 12, 39면; 〈택시 몰며 열세 아이 아빠 노릇 하죠—불우청소년 키우는 ○○ 스님〉, 《조선일보》, 2000. 3. 7, 25면.

10 〈(KBS1 '퀴즈탐험…'800회) 시청자 울린 '가시고기 최후' 눈에 선해〉, 《조선일보》, 2002. 1. 28, 35면.

11 〈아버지의 뜨거운 사랑…객석도 흐느꼈다—연극 '가시고기' 불치병 걸린 앞 우뚝선 父情 가족 관람 줄이어〉, 《조선일보》, 2001. 4. 12, 36면.

12 〈술·담배 끊고 체중 줄여 내 肝을 아들에게…○○ 아빠의 '성탄 선물'〉, 《조선일보》, 2001. 12. 22, 30면.

13 〈(뉴스룸) 꽃중년과 개저씨 사이〉, 《동아일보》, 2018. 3. 15, A29면.

14 〈(맨 인 컬처) '개저씨'라 불리는 한국의 중년 남자들—여성-약자에겐 뻣뻣, 강자 앞에서 굽실…그대 이름은 '개저씨'〉, 《동아일보》, 2016. 2. 3, A21면.

15 〈(2030 프리즘) '쿨저씨'도 싫어요〉, 《조선일보》, 2016. 4. 1, A34면 내용.

16 〈(기자의 눈) '개저씨 논란' 불편한가요, 공감하나요〉, 《동아일보》, 2016. 2. 4, A13면.

17 〈당신 개저씨인가, 젠틀맨인가—여기저기 나서다 중요한 때 침묵한다면 아재, 쩍벌·막말 서슴없는 당신 개저씨, 위계질서 얽매이지 않고 합리적이라면 젠틀맨, 잘못 지적받았을 때 고집 부리고 우기는 당신 아재, 자기 생각 쿨하게 수정하는 당신 젠틀맨〉, 《경향신문》, 2016. 6. 17, 16면.

18 〈(아버지가 가정으로 돌아오고 있다 2) 아내는 방 청소, 남편은 설거지—"함께 하는 집안일 즐겁죠"—맞벌이 부부 증가 따라 '여자일' 고정관념 깨져〉, 《한겨레》, 1992. 11. 9, 7면; 〈(달라진 여성 달라지는 사회 3) 젊은 부부 가사분담 새 풍속도—평등의식 반영 아내가 가장 맡는 가정 생겨나, 집안일은 절반씩 나누고 아기 보기도 교대로〉, 《한겨레》, 1993. 6. 7, 7면.

19 〈(男 남성연구) "남편도 빨래하고 설거지를", 家事 분담 쌓이는 스트레스—"마음은 있어도 왠지…" 주위 '눈치 보기' 급급, 맞벌이 부부 경우 더욱 심해 갈등 요인〉, 《동아일보》, 1993. 5. 11, 16면.

20 〈서울 리서치 서울 거주 20~30代 부부 대상 조사—"집안일 아내가 전담한다" 80% 넘어〉, 《매일경제》, 1993. 5. 19, 18면.

21 〈(新모자열전…아들과 엄마의 사이가 달라졌다) 자상한 '훈남' 아들, 열 딸 안 부러워〉, 《동아일보》, 2007. 3. 23, A27면.

22 〈집안일 서툰 남편, 칭찬이 필요했네…일 10배 많은 아내, 퇴근 후 무심했네—2자녀 둔 맞벌이 가정, 5일간 부부역할 바꿔보니…"가사 분담 불협화음 반성합니다"〉, 《동아일보》, 2018. 5. 22, 12면.

23 〈(서초구 지원 공동육아모임 가보니) 불금에 아이 보는 아빠들 "새로운 기쁨"〉, 《동아일보》, 2018. 9. 6, A20면.

24 〈(아빠 육아 톡톡TALK TALK) 숨 돌릴 틈 없는 육아전선 이야기—"육아 휴게실 없어 쩔쩔매고…엄마까지 스트레스"〉, 《동아일보》, 2016. 1. 15, A28면.

25 〈(아이가 행복입니다—제1부 한국인의 출산보고서) 3. '아빠 육아' 빅데이터 분석—"나라에선 아빠도 아이 키우라는데, 회사는 째려보네요", "특전사 3년? 육아 3년?…나는 특전사를 택하겠다", "야근·주말 근무·잦은 회식 등 현실은 그대론데 책임만 늘어", '힘들다' 등 부정적 글 2배 증가, 휴직 축하 직장문화가 우선돼야〉, 《조선일보》, 2018. 1. 5, A4면.

26 〈(포럼) 될성부른 아내 위해 뭔들 못하랴—"출세하는 아내 든든" 외조 남편 많아 밥짓기·설거지 전담…시부모도 후원〉, 《매일경제》, 1997. 1. 24, 42면.

제2장 21세기 여성혐오 현상의 출현, 남성들을 압도하는 파워걸들

1 〈"딸들이여, 야망을 가져라" 꿈·용기 북돋는 캠프 잇따라…딸 둔 부모 모임 활발〉, 《한겨레》, 1997. 1. 3, 14면; 〈(서울 고교생 학부모 조사) 과외비 지출도 '남녀 차별' 아들 한 달 평균 52만 원…딸은 36만 원 〉, 《한겨레》, 1997. 1. 23, 27면; 〈'남아 선호' 대구 최고, 초등생 남녀 126 대 100〉, 《한겨레》, 1997. 2. 12, 25면.

2 〈오늘 딸과 대화를 해보자—21세기 한국여성… 당신의 딸은 지금 여자다움을 거부, 초등학교 5학년이면 이미 어른 흉내, 아버지는 19세기형 어머니는 20세기형… 부모 기대도 제각각 요즘 부모-자식간 1세기 이상 문화 차이, 부모의 넘치는 사랑이 당당하고 건강한 딸 만든다〉, 《조선일보》, 1997. 7. 22, 29면.

3 〈(경제 속 性 이야기 30) 성장의 그늘—이름·신체치수 표기 여고생 주연 포르노 비디오가게 범람〉, 《매일경제》, 1997. 1. 3, 33면. 여학생의 성의식에 문제가 있다는 기사는 다수 존재한다. 〈청소년 이성교제 호기심 노린 商魂—'국제전화 폰팅' 성행〉, 《동아일보》, 1997. 1. 4, 39면; 〈당신의 딸은…—'女高生 접대부' 는다〉, 《동아일보》, 1997. 5. 29, 47면.

4 〈우리 딸은 '파워걸' (상)—"남녀공학 우리 학교 선도부장도 여자예요"〉, 《동아일보》, 2007. 4. 17, A3면.

5 동아일보사의 자체 조사 결과, 남녀공학인 서울 지역 일반계 고교 61곳 가운데 전교 학생회장이 여학생인 곳은 15곳(25퍼센트)이며, 서울 지역 남녀공학 중학교 25곳을 표본 조사 한 결과 10개 학교(40퍼센트)의 전교 학생회장이 여학생이었다(〈우리 딸은 '파워걸' (상)—"남녀공학 우리 학교 선도부장도 여자예요〉, 《동아일보》, 2007. 4. 17, A3면). 이 조사에서는 자율부를 모집하는 데 여학생만 몰리고 남학생은 미달되었다는 사실을 서술하고 있으나, '자율부장'은 학생회장과 같은 결정권자가 아닌 '실무 수행자'라 할 수 있다.

6 〈여학생 수능 강세—남학생보다 인문 5·자연계 8점 더 상승, 가채점 분석…380점 이상도 크게 늘어〉, 《경향신문》, 1998. 12. 8, 18면; 〈延大 총학생회장 여학생 첫 당선〉, 《동아일보》, 1999. 11. 20, 31면.

7 〈(커버스토리) 21세기 신여성을 비틀다〉, 《경향신문》, 2006. 8. 17, k2면.

8 〈(19~29세 남녀 1,200명 대상 서울 마케팅데이타社 면접조사) 신세대 의식구조—"즐기기

위해 열심히 일한다" 83%〉, 《조선일보》, 1995. 1. 4, 17면.

9 〈('대학가 新남녀갈등'…된장 여학생 vs 고추장 남학생 논쟁) 허영부리는 '된장女' vs 궁상떠는 '고추장男'〉, 《조선일보》, 2006. 8. 4, A24면.

10 〈(女大生들 '오늘 世態' 터놓고 말하다) '女性의 社會진출' 장벽 너무 많아요—'아르바이트 大學生' 명찰 '勳章' 같은 인상, 소수의 海外硏修 위해 學期마저 바꿔서야‥〉, 《동아일보》, 1984. 4. 2, 7면.

11 〈(터치! 코리아) '혐오의 시대'를 끝내려면…어떤 차별과도 타협 않겠다며 '혜화역'에 모인 2030 여성들, 그들의 분노 포용하는 것이 보수 혁신의 첫걸음 될 것〉, 《조선일보》, 2018. 7. 21, A27면.

12 〈(新여성시대) 4부 성평등 인식 (3) 여대생—"여자라고 불편하지 않은데 여학생회가 필요한가?"〉, 《동아일보》, 2013. 12. 5, A28면.

13 〈(4인 좌담회, 분노와 혐오 사이) 워마드가 말하는 워마드—"불평등한 현실에 대한 '분노'를 사람들은 '혐오'라 말해", '김치녀' '맘충' 등 일베 혐오엔 조용, '한남충'으로 맞서자 문제라고 해, 정당한 분노·요구 표출에도 얼굴 가리고 시위, 이게 현실〉, 《경향신문》, 2018. 7. 26, 4면.

14 〈(분노의 여성들 中) 과격해지는 언어, 그 뒤엔…—"꽁치남·숨쉴한… 우리도 얼마든지 남자 욕할 수 있어"〉, 《조선일보》, 2018. 7. 7, A10면; 〈(분노와 혐오 사이) 워마드의 전략 '미러링', 충격요법이라지만…"극단·폭력적" 역풍 부른 소수자 혐오〉, 《경향신문》, 2018. 7. 26, 5면; 〈남자? 교포?…워마드 운영자 미스터리〉, 《조선일보》, 2018년, 8. 10, A10면; 〈(커버스토리) "워마드는 이례적인 문화 현상"—여초 커뮤니티가 분화하면서 급진층 모여…"차별과 위협의 반작용"〉, 《주간동아》, 1148호, 2018. 7. 25, 12~15면; 〈(Why) 워마드만 편파수사? 오히려 검거율은 0%〉, 《조선일보》, 2018. 8. 18, B7면.

15 〈페미니즘 전위 '메갈리아' 1년…'혐오'를 '혐오'로 지우려 한 그녀들은 유죄인가〉, 《경향신문》, 2016. 7. 9, 12면.

16 〈(기자의 눈) 이성혐오 비판 기사에 이성혐오 댓글〉, 《동아일보》, 2015. 9. 10, A14면; 〈(나도 한마디) 비판 가장한 이성혐오 안 된다〉, 《동아일보》, 2015. 12. 1, A29면.

17 〈(토요 이슈) 강남서 상의탈의 시위 벌인 여성단체 '불꽃페미액션'—불타는 질문을 던지다…남자는 되고 왜 우린 안 되나? 여자의 몸이 왜 음란물인가?〉, 《동아일보》, 2018. 6. 9, A10면.

18 〈(여성인력을 활용하자 上) 남자가 낸 아이디어엔 '찬사', 같은 내용 여자 발표 땐 '시큰둥'〉, 《조선일보》, 1999. 1. 1, 27면.

19 〈IT업계 여성 실력자 3인에게 듣는 같거나 혹은 다른 '3인 3색' 여성 리더의 조건〉, 《조선일보》, 2007. 9. 21, D3면.

20 〈(기자의 視角) 新婦 아버지의 '공개 당부'〉, 《조선일보》, 2018. 3. 31, A26면; 〈순종의 시대

는 '끝'…책으로 배우는 '거절'의 기술—'미투' 열풍 속 30대 알파걸들 '무례한 사람에게 웃으며…' 등 거리 두기 처세술 책에 몰두〉, 《조선일보》, 2018. 3. 21, A19면.

21 〈(여성인력을 활용하자 上)—과학 한국을 여는 '여성 두뇌' 5명〉, 《조선일보》, 1999. 1. 1, 27면; 〈(여성인력이 경쟁력이다 3) 내 아이를 누가 봐?—사표 쓰는 젊은 엄마들〉, 《조선일보》, 2003. 1. 10, A12면.

22 〈똑똑한 그녀들, 직장에선 눈물 '뚝뚝' 알파걸의 비애—"학교선 1등만 했는데…일만 잘하면 될 줄 알았는데…"〉, 《조선일보》, 2009. 12. 2, A19면.

23 〈(한경연 '저출산 시대 인력활용' 보고서) 알파걸은 왜 알파맘이 되지 못했나〉, 《동아일보》, 2012. 7. 18, B1면; 〈알파걸과 알파맘의 굴레〉, 《동아일보》, 2017. 2. 13, A29면.

24 〈(토요판 커버스토리—권력지형 흔드는 미투 운동) 한국판 앙시앵 레짐(구체제)의 종언…알파걸이 방아쇠 당겼다〉, 《동아일보》, 2018. 3. 10, A8면.

25 위의 기사.

26 〈(작가 한○○의 여자의 속마음 16) 연하남이 인기를 끄는 이유〉, 《동아일보》, 2013. 6. 15, A26면; 〈(심층리포트—가족의 재구성 2) 美 성공한 여성 CEO 뒤엔 '트로피 남편(아내 대신 가사일 하는 남편)' 있다〉, 《조선일보》, 2009. 7. 27, A5면.

27 〈(세계 속의 한국) 알파걸…골드미스…애완남…전통적 性역할 해체〉, 《세계일보》, 2008. 2. 1, 44면; 〈(횡설수설) 트로피 남편〉, 《동아일보》, 2009. 5. 23, A26면.

28 〈'트로피 남편' 늘고 있다…일하는 아내 위해 가사·육아는 남자가…〉, 《조선일보》, 2004. 1. 15, A25면; 〈(횡설수설) 트로피 남편〉, 《동아일보》, 2009. 5. 23, A26면.

29 〈"아내가 억대 연봉이란 건 기분이…좋지만은 않습니다"〉, 《조선일보》, 2007. 1. 24, A21면.

30 〈실리콘밸리 갑부들 "트로피 와이프? 스마트 와이프 좋아"〉, 《동아일보》, 2012. 5. 22, A18면; 〈(횡설수설) 성공한 CEO의 일하는 아내〉, 《동아일보》, 2012. 5. 22, A30면.

31 〈(트렌드 들여다보기) "어휴, 짐승!"…요즘엔 칭찬?—불황일수록 강한 남자 원해…'꽃남' 시들고 '짐승남' 뜬다〉, 《조선일보》, 2009. 8. 5, A19면.

32 〈美, 아이 낳는 고학력 여성 확 늘었다—여성 사회진출 확대되면서 기업 '가정·직장 병행' 강조, 출산·육아 배려 풍토 조성〉, 《조선일보》, 2015. 5. 11, A20면.

33 〈(아이가 행복입니다—전업 육아 6년째, 개그맨 이○○ 씨) "사랑 듬뿍 받는 아빠가 되고 싶으세요? 놀이터에서 아이 친구들과 섞여 놀아보세요"〉, 《조선일보》, 2018. 7. 19, A24면; 〈(아이가 행복입니다—두 딸 '전업육아' 노○○ 씨) "아내 대신 내가 회사 그만두고 애들 키운 5년…남자가 육아 더 잘할 걸요? 머리 땋기만 빼고"〉, 《조선일보》, 2018. 8. 9, A24면.

34 〈(광화문에서) 심○○의 '전업주부' 남편〉, 《동아일보》, 2017. 3. 2, A30면; 〈(대선후보 탐구—1 가족) 심○○, 아내와 진보 정치 위해 남편이 살림 택해 '내조'〉, 《경향신문》, 2017. 4. 19, 9면.

35 〈(기획특집—여성을 읽어야 한국이 보인다 8) 결혼·육아, 이젠 선택—미혼 70%가 "결혼? 글쎄…"(여성개발원-조선일보·갤럽 조사)〉, 《조선일보》, 2004. 5. 6, A20면.

36 〈"세상 이런데 결혼 왜 해" 2030 솔직토크 충격—女 "시댁-육아 부담 자신 없어… '찌질'하게 사느니 골드미스로" 男 "전세금 마련 엄두 안나… 간섭 받는 대신 자유 즐기겠다"〉, 《동아일보》, 2012. 8. 17, A29면. 골드미스가 결혼하기 어려운 내용을 담은 기사로는 다음의 내용도 참조할 수 있다. 〈(서초구청 24 대 24 미팅 가보니) 高스펙 미팅, 남자 9명에 여자 93명 몰렸다〉, 《조선일보》, 2014. 10. 10, A14면.

37 〈(횡설수설) 골드미스〉, 《동아일보》, 2007. 1. 13, A46면.

38 〈한국의 '골드미스' 그렇게 펑펑 쓰다간…'푸어미스(Poor Miss)' 될라〉, 《조선일보》, 2009. 6. 9, B3면.

39 〈(이코노 Cafe) 당당한 싱글? 골드미스 다이어리〉, 《동아일보》, 2007. 3. 21, B2면.

40 〈여자 나이 서른…'제2 사춘기'가 시작됐다—경제력 갖춘 30代 골드미스 문화 시장 '최대 큰손' 부상〉, 《조선일보》, 2009. 8. 7, A11면; 〈요즘 여자들, 연애를 '글'로 배운다—노골적인 '기술' 가르치는 '연애 지침서' 서점가 점령〉, 《조선일보》, 2010. 7. 13, A22면; 〈바비인형의 '핑크빛 가구'…어른들이 더 좋아해요—침대·옷장 등 최고급 어린이용 가구 30대 골드미스·할머니들 많이 구매〉, 《경향신문》, 2010. 10. 13, 28면; 〈"예쁜 그림 보면 마음도 예뻐져" 그림책에 빠진 골드미스—선물로 주고받고… 직장 여성 새 풍속도로 떠올라〉, 《동아일보》, 2015. 2. 2, A21면.

41 〈살림엔 젬병, 연애는 찌질하게…헛똑똑이 알파걸—"엄마, 밀린 전기세 좀…" "엄마, 다음 달 백수랑 결혼해", 절반은 과잉보호 부모 탓〉, 《조선일보》, 2008. 4. 23, A23면.

42 〈(고독, 즐길만 하신가요…Why?가 묻자 5864명이 답했다) 혼밥·혼영…나홀로 삶 즐기는 이유? 전혀 불편하지 않으니까!〉, 《조선일보》, 2017. 6. 10, B3면; 〈(대담집 '하고 싶으면 하는 거지…비혼' 펴낸, 41년생 김○○ 씨·88년생 이○○ 씨) "결혼보다 중요한 건 자신의 행복"…"나를 돌보는 데도 24시간이 부족"〉, 《경향신문》, 2019. 1. 21, 18면.

43 일반적으로 총인구 중 65세 이상 인구가 차지하는 비율이 7퍼센트 이상일 때 고령화사회, 14퍼센트 이상일 때 고령사회, 20퍼센트 이상일 때 초고령사회로 정의된다. 한국은 2017년에 노인 인구가 총인구의 14퍼센트를 넘어섰고, 이제 '고령사회'가 되었다. 이러한 한국의 상황에 대해서는 다음의 기사를 참조할 수 있다. 〈韓, 저출산·초고령화 진입에 성장엔진 급랭〉, 《동아경제》, 2018. 11. 1(접속일. 2019. 7. 24).

44 〈국가는 가족에, 가족은 비혼자에 떠넘겨…'돌봄의 민주화' 고민할 때〉, 《경향신문》, 2018. 1. 27, 5면.

45 〈(중산층 퇴직자의 눈물 上) 퇴직 부모와 백수 자녀 '이중 실업'—5060 퇴직자 38%, 노후자금으로 大卒 자녀 부양〉, 《조선일보》, 2017. 3. 23, B1면.

46 〈국가는 가족에, 가족은 비혼자에 떠넘겨…'돌봄의 민주와' 고민할 때〉, 《경향신문》, 2018. 1. 27, 5면.

47 〈(횡설수설) 골드미스〉, 《동아일보》, 2007. 1. 13, A46면.

48 〈골드미스가 '올드맘' 되니…프리미엄 육아시장 큰손으로—"마이 VVIB"〉, 《동아일보》, 2012. 12. 17, A13면.

49 〈엄마가 많이 벌수록 많이 낳는다—공무원 등 공공부문 근무 여성 사기업 여성보다 자녀 많아〉, 《동아일보》, 2012. 12. 17, A13면.

50 경제력이 좋은 '골드맘'과 관련된 기사에는 주로 '여성의 소비력'에 대한 이야기만 나온다. 관련 기사로는 다음을 들 수 있다. 〈대형마트 돈줄은 '골드맘—"내 아이에겐 최고급 제품을", 방문횟수-구매력 가장 앞서〉, 《동아일보》, 2008. 8. 16, A13면; 〈키즈 시장 정복 국내 넘어 해외로〉, 《조선일보》, 2014. 1. 27, C1~C2면.

51 〈(Why) 누가 마흔 살을 노처녀라고 하는가〉, 《조선일보》, 2012. 2. 25~26, B2면.

52 〈'엽기적인 그녀', 6일 만에 전국 100만 돌파〉, 《맥스무비》, 2001. 8. 3(접속일 2019. 8. 24).

53 〈(새 영화) 엽기적인 그녀—"강물이 깊을까…너 뛰어내려 봐!", PC 통신 히트소설… n세대 감각 그대로, 만화 같은 줄거리에 썰렁한 결말도 '엽기적'〉, 《조선일보》, 2001. 7. 23, 39면; 〈순진남-과격녀의 만화 같은 사랑 '엽기적인 그녀' 27일 개봉—젊은 관객 겨냥한 멜로 코미디 차태현·전지현 매력 볼만〉, 《동아일보》, 2001. 7. 24, C7면; 〈한국영화 '여름 대박'〉, 《조선일보》, 2001. 8. 3, 36면 등 참조.

54 〈나는 이렇게 생각한다—자유로운 性의식 부러워…영혼의 교감이 선사하는 사랑의 기쁨도 알고 있겠지?〉, 《조선일보》, 2002. 1. 21, 40면.

55 드라마 〈신데렐라〉는 최고 시청률이 47.1퍼센트였고, 7주 연속 시청률 1위를 지켰다(〈終映 '신데렐라' 7주 연속 1위〉, 《동아일보》, 1997. 7. 15, 26면).

56 〈주말 안방 달군 '자매의 선·악 대결'—MBC드라마 '신데렐라' 화제〉, 《경향신문》, 1997. 5. 27, 36면.

57 〈'욕망의 늪' 헤매는 드라마—'별은 내가슴에' '욕망의 바다' '모델' 등 신데렐라 콤플렉스 소재 봇물, 뻔한 캐릭터에 엘리베이터식 신분상승 환상만 심어줘, 이달 말 MBC '신데렐라'까지 가세 점입가경〉, 《경향신문》, 1997. 4. 7, 31면; 〈'신데렐라'가 깨운 '긴 잠', 드라마 왕국 MBC 서서히 기지개—"적당히 통속, 적당히 환상적" 주말극 선두, "비현실적 행복감이 시청자 현혹" 지적도〉, 《동아일보》, 1997. 5. 10, 26면.

58 〈(채널 톱) 땀 없는 성공의 허망함—주말드라마 '신데렐라'〉, 《한겨레》, 1997. 4. 26, 20면.

59 여성 변호사의 피곤한 현실에 대한 기사는 〈(新여성시대) 2부 전문직 (2) 여성 변호사—여성 변호사 87.7% "로펌 취업 때 남녀 차별 있다"〉(《동아일보》, 2013. 10. 23, A28면)를 참조할 수 있다.

60 자크 랑시에르(Jacques Rancière)는 치안 논리에 대립되는 것으로 (문학의) 정치 논리를 이야기한다. 치안의 논리에 의한 공동체는 직무에 부합하는 존재 방식에 따라 정의되는 안정된 집단의 집합을 의미한다. 반면, (문학의) 정치 논리 안에서는 가시적인 것과 비가시적인 것의 나눔을 흐트러뜨려 몫 없는 자들의 목소리를 가시화하고 셈해지지 않은 것들이 셈해지게 된다(자크 랑시에르, 〈감성적/미학적 전복〉, 홍익대학교 강연문, 양창렬 옮김, 2008. 12. 3, 4쪽; 재인용, 연남경, 〈1960년대 문학의 미학적 정치성—질서의 세계와 불화하는 서사들〉, 《현대소설연구》 71, 한국현대소설학회, 2018, 284~285쪽).

〈굿와이프〉에서 김혜경이 이태준의 '좋은 아내'로 남았다면, 그녀는 공동체에서 주어진 직무에 부합하는 존재, '치안의 질서'에 따르는 존재가 되었을 것이다. 치안의 질서를 따르게 되면, 표면상 그녀는 '스위트홈'의 안주인이자 능력 있는 워킹맘으로 배치된다. 그러나 김혜경은 스스로 이태준과의 정상적 부부관계에서 벗어나 김단 등과 연대를 맺으면서, '치안의 질서'를 따르는 대신 '문학의 정치 논리'를 따르게 된다. 그동안 가부장제 안에서 실질적으로 자신의 목소리를 낼 수 없었던 위치에서 벗어나게 되는 것이다. 현실 세계에서 남편 이태준에게 순종하지 않는 김혜경의 행위는 '잘못된 것'으로 판단될 수 있으나, 치안의 논리에서 벗어난 문학의 정치 세계에서 김단 등과 연대하는 김혜경이 행위는 '가부장제 질서를 흐트러뜨리는 것'이 된다.

제3장 전업주부 대 워킹맘의 갈등 조장

1 〈(한국의 主力 386세대) 가정을 안고 사회 속으로 뛴다—'슈퍼우먼' 전업주부들, 문화·사회 활동서 자녀들 열린교육까지 다양한 관심과 의욕〉, 《조선일보》, 1999. 6. 8, 40면.

2 〈(40대가 된 386들 아줌마혁명 1) 나이의 경계를 바꾼다 아가씨, 아줌마 다음은? 보톡스 아줌마?〉, 《동아일보》, 2007. 1. 12, A26면.

3 〈"주부까지 접대부로", 변태 노래방에 전쟁 선포〉, 《조선일보》, 2001. 7. 12, PS1 23면.

4 〈위험 수위! 주부 탈선 아르바이트〉, 《추적60분》(KBS 2TV), 2001. 7. 8; 〈아내, 그 외로운 이름〉, 《그것이 알고 싶다》(SBS), 2001. 10. 13.

5 2000년대에 도박에 빠진 주부의 기사는 매우 빈번하게 보이는데, 이 중 다음의 기사는 도박과 주부를 밀접하게 서술해 문제적이다. 한 판 판돈이 100만 원에 달하는 도박판이 벌어졌다는 기사에서 도박 장소는 '최고급 주상복합아파트'이고, 참여자는 '가정주부'만이 명확하게 서술되어 있다. 모여 있던 18명 중 사실상 주부는 일부일 텐데 다른 사람들의 직업에 대해선 전혀 언급이 없고 '주부'만이 강조되는 것이다(〈서울 강남 아파트 빌려 '4억 판돈 도박판'〉, 《동아일보》, 2014. 11. 14, A12면).

6 〈도박중독자 300만 명 시대…주부들이 위험하다—남편 회사 가면 오락실로 '출근', 심심해서… 우울해서‥가볍게 시작, 나중엔 카드빚·곗돈 들고 원정 다녀〉, 《조선일보》, 2006. 8.

28, A8면.

7 2016년도 한 기사에 소개된 최근 1090명 성인 남녀를 대상으로 한 '성생활 설문 조사'에 따르면, 응답자 중 31.5퍼센트가 외도한 경험이 있다고 답변했다. 또한 불륜을 한 사람은 남성(50.8퍼센트)이 여성(9.3퍼센트)보다 훨씬 많았다. 또한 30대 남성(42.3퍼센트)보다 40대 남성(48.4퍼센트)이 많고, 50·60대 남성이 40대 남성보다 더 많이 불륜을 하는 것으로 서술된다(〈(Story) 기혼 중년들의 금지된 사랑—중년 50% "홍상수 이해해요, 배우자만 모른다면 삶의 활력소"〉, 《조선일보》, 2016. 7. 13, F2면).

8 〈요즘 기혼자들 애인 없으면 바보?—386 사랑법〉, 《조선일보》, 1999. 6. 22, 40면; 〈한국 주부는 '애인' 몸살, 미국 주부는 '본처' 열풍〉, 《조선일보》, 1996. 10. 22, 29면.

9 〈범람하는 性, 무너지는 家庭 2) 아내는 오늘도 외출 중—주택가까지 탈선의 늪…전통 性윤리 급속히 붕괴〉, 《조선일보》, 2000. 2. 4, 35면.

10 〈위기의 주부들…남편 앞지른 "아내의 불륜"—불륜녀 고학력 중산층 여성 비율 높아…여성에게 더 엄격 이혼으로 이어져〉, 《노컷뉴스》, 2013. 3. 11(접속일 2018. 9. 1).

11 〈"괘씸하고 화났지만…더 이상 거론 않겠다" 심경 밝힌 태권도 관장〉, 《동아닷컴》, 2018. 7. 7(접속일 2018. 9. 16); 〈폭염 속 길 잃은 아이 보살핀 학생 신고한다는 엄마…무슨 일?〉, 《노컷뉴스》, 2018. 7. 24(접속일 2018. 9. 16).

12 〈"돈 주면 때린 애 때려줍니다"…이젠 學暴해결사까지 등장〉, 《조선일보》, 2013. 7. 5, A10면.

13 〈(창간기획—혐오를 넘어 1) '엄마'를 욕하며 노는 아이들…교실이 '혐오의 배양지'가 되었다〉, 《경향신문》, 2017. 10. 2, 4면.

14 〈('맘키즈 혐오사회' 실태 보고서) 어쩌다 엄마와 아이는 대한민국 '동네북'이 됐나〉, 《한국일보》, 2018. 9. 8, 1, 8~9면.

15 〈무조건 희생이 母性? 엄마들의 반격이 시작됐다—모성 신화에 반기 든 책 봇물…페미니즘 열풍 타고 엄마役 재조명〉, 《조선일보》, 2018. 6. 13, A17면.

16 〈('맘키즈 혐오사회' 실태 보고서) 어쩌다 엄마와 아이는 대한민국 '동네북'이 됐나〉, 《한국일보》, 2018. 9. 8(접속일 2018. 9. 16).

17 〈(多樣化社會 26) 아내가 용돈 주는 女性上位 시대—가정 經濟權 子女 문제 主導〉, 《동아일보》, 1989. 10. 12, 17면.

18 〈못 벌어도 남편은 남편—'경제 무능' 이혼訴 기각, "사랑으로 극복해야"〉, 《조선일보》, 1998. 6. 19, 23면; 〈퇴근길이 천근만근 출근할 수 있을까…'퇴출 기업' 근로자들 허탈〉, 《조선일보》, 1998. 6. 19, 23면.

19 〈(1월의 주제는 '배려' 4) 다른 삶의 만남, 그 이름은 부부—"여보 힘들었지" 서로에게 포상휴가를〉, 《동아일보》, 2015. 1. 9, A2면.

20 1980~1990년대에 결혼 비용은 여성이 훨씬 많이 들었고, 남성이 집을 마련해야 한다는 의식은 잘 드러나지 않는다. 그러나 2010년을 전후해 결혼 시 남성의 집 마련이 굉장히 문제적으로 부각된다. 그 원인을 여러 가지로 고려할 수 있겠으나, 그 원인이 정확히 무엇인지 설명하기 위해서는 사회학적 연구가 필요할 것이다.

21 〈혼수 갈등…서로 간 충분한 대화 필요〉, 《조선일보》, 2007. 3. 20, D1면; 〈(부모의 눈물로 울리는 웨딩마치) 또 하나의 고통…결혼 비용(신혼집·혼수·예식·신혼여행 등), 7년 새 2배로〉, 《조선일보》, 2012. 3. 16, A1면.

22 〈(부모의 눈물로 울리는 웨딩마치 6) 파국 부르는 '돈잔치' 결혼—신혼집·예단에 갈라선 사랑…파혼 58%가 "결혼 비용 때문에…", "○○는 △△받았다더라"는 파혼의 전주곡〉, 《조선일보》, 2012. 3. 23, A12면.

23 〈(발언대) 신혼집, 언제까지 부모들이 구해줘야 하나〉, 《조선일보》, 2012. 3. 21, A33면.

24 〈(부모의 눈물로 울리는 웨딩마치 1부-6) "한국사회, '돈잔치 결혼' 집단적 마음의 병 앓아" —온 국민 결혼 비용 스트레스, 비즈니스로 전락한 결혼이 저출산 등 사회문제 초래〉, 《조선일보》, 2012년 3월 23일, A12면.

25 〈(부모의 눈물로 울리는 웨딩마치 7부-4) 式場 허영심은 아버지가 강해—아버지 "결혼식장만큼은…" 어머니는 "예단만큼은…" 費用 키운다. 신랑·신부·혼주 1200명 조사, 아버지 10명 중 6명꼴로 "결혼식 너무 초라하면 곤란" 예물·예단 등엔 침묵하는 경향, "돈만 낼 뿐, 들러리예요" 자조〉, 〈예단 허영심은 어머니가 강해—욕심 없던 어머니, 고모·이모·옆집 엄마만 왔다 가면 돌변, "누구네는 명품백 사왔다더라", 이불·반상기·은수저 3종 세트도, 필요해서 받는 경우 거의 없어〉, 〈해줄 건 다 해주고 우울한 婚主들—'인생숙제' 하듯, 자식 결혼에 올인…끝나면 몸져누워, 식장·하객 數·사돈댁 직업…, 자식농사 기준 '물질'로 평가, "결혼식 감회 느낄 새도 없죠 그냥 '잘 해치웠구나' 생각만"〉, 《조선일보》, 2014. 11. 3, A6면.

26 〈(부모의 눈물로 울리는 웨딩마치 7부-1) "시댁 도움 못 받은 결혼…인생도 뒤처질까 좌절감"—결혼 3년차 맞벌이 새댁 "드레스도 촬영도 식장도 싸게… 남들 부러워하는 내가 더 밉다"〉, 《조선일보》, 2014. 10. 28, A5면.

27 〈(부모의 눈물로 울리는 웨딩마치 7부-1) 대기업 계약직 32세 미혼 男—"결혼할 여자 친구는 아기 낳고 싶다는데…돈 없는데 어찌 키우나"(부모에게 기댈 수 없는 서민 가정 젊은이들 인터뷰)〉, 《조선일보》, 2014. 10. 28, A4면.

28 〈(0.9명 쇼크 1—계층별 7개 그룹 심층 인터뷰)" 낳으려니 집값·직장 절망, 키우려니 전쟁터" 왜 아이 안 낳나 묻자…결국은 일·집·보육〉, 《조선일보》, 2018. 9. 3, A4면.

29 〈부모의 눈물로 울리는 웨딩마치 7부-4) 예단 허영심은 어머니가 강해—욕심 없던 어머니, 고모·이모·옆집 엄마만 왔다 가면 돌변〉, 《조선일보》, 2014. 11. 3, A6면; 〈(부모의 눈물

로 울리는 웨딩마치 7부-5) 결혼 비용 키우는 여(女)의 심리—신부 홀리는 말 '평생 한 번인데'…커피값 아끼더니, 결혼 땐 돈 물 쓰듯, "평생 한 번뿐인 결혼식인데…" 더 비싼 식장·예복·예물 찾아, 결혼하면 고생한다는 생각에 '미리 보상받자' 심리가 작동, 몇 달 지나면 땅을 치고 후회 "그 돈 차라리 살림에 보탤 걸"〉, , 《조선일보》, 2014. 11. 4, A6면.

30 〈(부모의 눈물로 울리는 웨딩마치 5) '예단전쟁'에 멍드는 사랑—"남들만큼 받아야" 자존심에 "이참에 나도 명품" 허영심도 가세, 주는 사람은 부담감 "난 평생 꿈도 못 꾼 명품백·시계, 부모 저축 탈탈 털어 시댁에…쓰지도 않는 은수저·반상기도", 못 주는 사람도 박탈감 "시댁에선 몸만 오라했지만…돈잔치 결혼하는 남들 보면 자꾸만 가슴이 무너져"〉, 《조선일보》, 2012. 3. 21, A10면.

31 〈(부모의 눈물로 울리는 웨딩마치 5) '예단전쟁'에 멍드는 사랑—'명품백 콤플렉스' 시어머니·신부들의 말·말·말, "샤넬 백은 꼭 받아야죠…'나 이 정도야'라는 사인이니까"〉, 《조선일보》, 2012. 3. 21, A10면.

32 〈(부모의 눈물로 울리는 웨딩마치 7부-1) 결혼 3大 악습…집은 남자가, 예단 남들만큼, 賀客 많이(신랑·신부·혼주 1200명 조사)—신랑 측, 집 부담에 짓눌리고 "신부가 더 넉넉해도 남자 몫", 신부 측, 예단에 허리 휘고 사돈 눈치에 "무리해서라도…", 양가 모두 축의금만 쳐다봐 "뿌린 만큼 악착같이 회수하자"〉, 《조선일보》, 2014. 10. 28, A5면.

33 〈(부모의 눈물로 울리는 웨딩마치 7부-1) 중소기업 계약직 28세 미혼 女—"단칸방서 출발? 안정되고 싶어서 결혼하는 건데…"(부모에게 기댈 수 없는 서민가정 젊은이들 인터뷰)〉, 《조선일보》, 2014. 10. 28, A4면.

34 〈(공감) 억울한 남성, 더 억울한 여성〉, 《경향신문》, 2016년, 8. 10, A27면.

35 〈억대 지참금 마찰로 파탄난 결혼 책임은?—신부 측에 2억 5천만 원 요구한 예비 신랑·시어머니에 위자료 판결〉, 《동아일보》, 2013. 6. 10, A12면.

36 〈결혼파탄 손배소송 급증 배경엔…"내 연봉 1억이니 지참금 15억"…전문직 남성들 '결혼 甲질'〉, 《동아일보》, 2013. 6. 11, A12면.

37 〈나이·재산·과거까지 속인 약혼남 "결혼정보업체도 배상 책임" 판결〉, 《경향신문》, 2013. 6. 11, 11면. 경제력이 좋고 사회적 지위가 높은 아들을 둔 부모는 아들이 연애결혼을 했는데도 며느리에게 과도한 지참금을 요구하는 경우가 많다(〈한의사 아들 둔 엄마, 은행원 예비 며느리에 2억대 지참금 요구—양가 금전 갈등 겪다 출산 후 파혼, 법원 "남자 측 위자료·양육비 내라"〉, 《경향신문》, 2013. 6. 10, 13면).

38 〈(도○○ 변호사의 판결의 재구성) '시신 없는 살인사건' 실종 변호사의 약혼녀에겐 동거남이 있었는데··〉, 《경향신문》, 2017. 7. 8, 13면.

39 〈20·30대 직장인 85% "맞벌이 희망, 넉넉한 삶 원해"—잡코리아 964명 설문 조사, 배우자 직업은 '안정성' 최우선〉, 《조선일보》, 2017. 11. 17, B7면.

40 김애심·장진이, 〈경력단절여성의 진로탄력성이 진로준비행동에 미치는 영향—정서조절 능력과 진로결정 자기효능감의 매개효과〉, 《한국심리학회지: 여성》 23-3, 한국심리학회, 2018, 526쪽.

41 〈(임○○ 기자의 폭풍육아) 가족 위한 '백업' '그림자 노동'…엄마의 노동엔 이름이 없었다〉, 《경향신문》, 2018. 10. 13, A13면.

42 〈"맞벌이 남편 家事돕는다" 18%, 취업主婦 직장-집안일 二重苦—가정복지 세미나〉, 《동아일보》, 1991. 9. 27, 8면.

43 〈전업주부 노동가치 돈으로 환산하면〉, 《동아일보》, 1998. 9. 1, B8면.

44 〈워킹맘 '가사도우미 이용권' 이르면 2019년 도입—고용부 "가사근로 개선법 연내 통과"〉, 《동아일보》, 2017. 6. 27, A14면; 〈있지만 없는 그들, 가사노동자—일반화된 가사도우미·산후관리사·베이비시터 서비스…정작 법으론 노동자 인정 못 받아〉, 《경향신문》, 2017. 10. 14, A10면.

45 〈(NOW) "며늘아, 차례 음식은 대행에 맡기렴"—자식들 배려해 벌초·음식 등 업체에 맡기는 50~60대 늘어〉, 《조선일보》, 2017. 10. 2, A10면.

46 〈(부업 행진곡) 매일 전화로 영어학습 점검—영어학습 관리교사 유치원생부터 중학생까지 35명 관리〉, 《조선일보》, 1996. 6. 10, 31면; 〈(부업행진곡) 학력 제한 없고 하루 2~3시간—여론조사 요원 하루 10분 내외〉, 《조선일보》, 1996. 6. 25, 29면.

47 〈10월 한국서 '미시즈 월드' 대회… 역대 수상자 방한, "아줌마의 자신감은 가정"〉, 《조선일보》, 2010. 7. 6, A29면.

48 〈(여성시대 5) 밖에서 뛰는 당당한 主婦들—고학력·정보화 영향 인터넷 모임… 자원봉사… 집안 울타리 벗어나 사회적 역할 찾기 '맹렬'〉, 《조선일보》, 2000. 3. 15, 31면. 가정주부가 남는 시간에 부업을 하는 것을 권하는 경향성은 2010년대 후반에도 지속되고 있다. 〈(2016 리스타트 잡페어 "일하니 행복해요" 3) 유통업계 "동네 판매직엔 주부가 딱"… 근무시간 배려 확산—경력 짧아도 재취업문 활짝〉, 《동아일보》, 2016. 10. 14, A10면.

49 기혼 여성의 가사노동 시간은 3시간 15분(〈(여성의 삶 통계 발표) "늦둥이도 좋다" 결혼·출산 천천히…—평균 결혼연령 25.9세, 30代 중반 첫 출산 10년 새 3배, 가사노동 女 3시간에 男 20분, 60代 이상 10% "남편에 불만"〉, 《조선일보》, 1999년 7월 2일, 28면), 7시간 30분(〈'통계로 보는 여성의 삶' 이혼 여성 30%가 40대 이상 중년—통계청 작년치 자료 성인 절반이 음주 100명 중 2명은 매일 술 마셔, 매일 915쌍 결혼…329쌍 이혼한 셈, 재혼녀·총각 결혼 100쌍 중 5쌍, 주부들 음식 준비 매일 평균 2시간 4분〉, 《조선일보》, 2001년 7월 3일, 4면), 1076만 9000원(가사노동의 가치를 돈으로 환원해 표기, 〈가사노동 가치 연 360조 여자, 남자보다 3배 높아—2014년 기준…1인당 연 710만 원〉, 《경향신문》, 2018. 10. 9, 17면) 등 굉장히 다양하게 언급된다.

50 〈(정부 '가사노동 가치' 첫 측정) 'GDP 4분의 1 가치' 집안일의 재평가—시급 1만 569원 꼴…가치 총액 '음식 준비 〉 아이 돌봄 〉 청소'〉, 《동아일보》, 2018. 10. 9, A3면.

51 〈(통계청, 한국인 삶 15년간 변화 비교) 집안일 男 47분 vs 女 208분(하루 평균)…여전히 여성 몫〉, 《동아일보》, 2016. 4. 21, A2면.

52 〈(2020 행복원정대 '워라밸'을 찾아서) 3부 해외에서 만난 '워라밸 보석'—(3) 덴마크 직장인은 오늘도 '휘게(편안함)'한다〉, 《동아일보》, 2019. 1. 29, A22면.

53 한국의 맞벌이 비율이 OECD의 절반 수준(10쌍 중 3쌍만 맞벌이)인 이유가 남편이 아내와 가정일 분담을 하지 않아서라고 분석된다(〈갈길 먼 한국…남편 가사분담률 OECD 꼴찌—맞벌이 비율도 평균의 절반 수준〉, 《조선일보》, 2017. 7. 4, A16면). 그러나 20세기만 하더라도 한국에서 맞벌이 부부는 사회가 지향하는 가족 형태가 아니었다.

54 〈전업주부-파트타임직, 아이 맡길 '4시간 어린이집' 생긴다〉, 《동아일보》, 2018. 6. 18, A12면.

55 〈(여가부 산하 한국양성평등교육진흥원 8개 온라인 사이트 분석) "전업주부는 서방님 말씀 잘 들어"…온라인 내 성차별 만연〉, 《NEWSIS》, 2018. 9. 28(접속일 2018. 10. 6).

56 〈(교육개발원 '한국인의 교육열' 계층별 분석) "교육열 중산층이 가장 높다"〉, 《동아일보》, 1994. 2. 4, 13면.

57 〈한국의 '힘센 아줌마'들〉, 《동아일보》, 1994. 4. 29, 14면.

58 〈"학원 하위반이 전교 1등이라니…" 강남 엄마들이 술렁댔다—우리 교육의 민낯 드러낸 '쌍둥이 자매 1등' 논란〉, 《조선일보》, 2018. 8. 15, A12면.

59 다음이 그 한 예다. 〈김포 맘카페 사태 후폭풍…논란이 된 '그 카페'는 사분오열〉, 《조선미디어 조선일보》, 2018. 10. 19(접속일 2018. 10. 20).

60 〈(多樣化社會 26) 아내가 용돈 주는 女性上位 시대—가정 經濟權 子女 문제 主導, 바지 입는 學生 늘어 '치마 입는 날' 제정, 女學校도 남성의 女性化 추세, 야한 치장 '예쁜 남자' 많아져〉, 《동아일보》, 1989. 10. 12, 17면.

61 〈엄마들 유난 탓? 미미쿠키 피해자 욕하는 이상한 사회〉, 《한국일보》, 2018. 10. 1(접속일 2018. 10. 6).

62 〈'워킹맘 과로사' 복지부, 토요일 출근 전면 금지〉, 《동아일보》, 2017. 2. 2, A12면; 〈대통령도 울린 사건…아이 셋 '복지부 워킹맘' 순직 인정〉, 《경향신문》, 2017. 6. 17, 6면.

63 〈"새벽 3시까지 일… 힘들어 쓰러지겠다" 숨진 판사가 남긴 글에 동료 법관 눈물〉, 《동아일보》, 2018. 11. 22, A12면.

64 〈(아이가 행복입니다—늦깍이 엄마 이○○ 씨의 육아) "마흔한 살에 본 딸은 나를 젊게 만드는 원동력…일과 육아 혼자 완벽히 하겠다는 욕심은 버려요"〉, 《조선일보》, 2018. 8. 16, A29면.

65 〈(배우는 부모, 행복한 아이) "워킹맘 힘든 삶 이해…결혼하면 아내와 똑같이 가사노동 할 것"—'남고생 '부모교육' 현장 가보니〉, 《동아일보》, 2016. 6. 13, A24면.

66 〈비슷한 수입 올리는 부부가 행복감 크다〉, 《미주한국일보》, 2018. 5. 16(접속일 2018. 10. 16).

67 〈(KB금융지주 경영연구소 보고서) 퇴근 후 할 일…워킹맘은 "저녁 준비", 배우자는 "본인 식사"〉, 《조선일보》, 2018. 10. 8, B3면.

68 〈(Why) "가족이 사랑 공동체? 살아남으려는 경제 동맹체〉, 《조선일보》, 2013. 1. 26, B7면.

69 아버지의 경제력만으로 가족을 유지시키기 어렵다는 진실을 이야기하는 아래와 같은 기사는 드물다. "경기 침체로 가구 수입이 줄어 남편 혼자 벌어서는 생활하기가 어려워지자 직장을 구하는 여성이 늘어난 것으로 보인다."(〈"남편 혼자 벌어선 못 살아" 주부들 생업전선 뛰어들어—전업주부 2년 연속 줄어 작년 708만 명〉, 《동아일보》, 2016. 3. 22, A16면).

70 〈(임○○ 기자의 폭풍 육아) 슈퍼우먼이 되는 건 거부하겠습니다〉, 《경향신문》, 2018. 6. 16, 15면.

71 〈(광화문에서) 샤넬백보다 육아〉, 《동아일보》, 2015. 4. 1, A38면.

72 〈'마마랜드' 이○○, 육아도 일도 완벽한 워킹맘의 삶〉, 《티브이데일리》, 2017. 11. 9(접속일 2018. 10. 2).

73 〈"톱모델이자 엄마"…'마마랜드' 이○○, 후배들 앞에서 강연〉, 《텐아시아》, 2017. 11. 24 (접속일 2018. 10. 2).

74 〈'마마랜드 2' 김○○ "유치원 선생님이 꿈"…육아고수 면모〉, 《스포츠동아》, 2018. 5. 7, 2018. 10. 2.

75 〈'마마랜드 2', 오늘(4일) 종영…○○ 엄마·아빠 출격〉, 《스포츠투데이》, 2018. 6. 4(접속일 2018. 10. 2).

76 〈"요즘 가정에 '예방주사' 놓고 싶어서…"—MBC' 앞집여자' 작가 박은령 씨〉, 《조선일보》, 2003. 8. 21, C5면.

77 〈(전○○의 TV읽기) 순진한 '아줌마' 울린 그들 손봐줘야…〉, 《조선일보》, 2000. 12. 13, 36면; 〈"내 삶을 찾아"…'아줌마'들이 변한다—드라마 속 인물로 본 '2001 가정 해부학'〉, 《조선일보》, 2001. 1. 30, 39면.

78 〈(김○○의 지리적 상상력) '강남 사모님 공화국'〉, 《경향신문》, 2016. 11. 3, 29면.

79 〈'현명한 엄마'는 매니저 아닌 친구랍니다〉, 《동아일보》, 2007. 2. 23, A23면.

제4장 이혼녀 혐오 이미지의 변화, 신현모양처 담론의 생성

1 〈가해자 처벌, 20년 동안 머뭇거린 '가정폭력처벌법'—시행 20년…전면개정 운동〉, 《경향신문》, 2018. 11. 1, 10면.

2 〈"아빠 풀려나면 우리 차례"…세 딸마저 죽음의 공포에 떨었다—강서구 아파트 주차장 前妻 살인〉, 《동아일보》, 2018. 10. 25, A12면.

3 〈"밤마다 前 남편에게 피살 악몽, 세 딸과 모두 흩어져 숨어살아"—'강서구 전처 살인' 닮은꼴 여성의 호소〉, 《동아일보》, 2018. 11. 6, A12면.

4 〈참다못해 상습폭력 남편 살해, 정당방위 인정 1건도 없었다—法 앞에 용서 못 받는 '남편 죽인 아내'〉, 《동아일보》, 2018. 7. 11, A12면.

5 〈(이혼 뒤 혼자 아들 키우는 함○○ 씨) "엄마 없는 내 아이, 오히려 보육원 봉사 다녀요"—저녁에 미리 옷 챙기고 휴일엔 빨래·장보기, 주말 나들이 가족 물끄러미 볼 땐 마음이 착잡, 헤어진 아내 사진, 커서 보여주려 장롱 속에 '꾹'〉, 《조선일보》, 2001. 12. 5, 55면.

6 〈이혼 재혼 "나도 행복할 권리 있다"—이혼 커플 17%… 80년대의 3배, '일탈적 행동' 시각 많이 벗어, TV서도 떳떳이 '공개 구혼'〉, 《조선일보》, 1997. 9. 30, 33면. 이와 관련해 다음의 기사를 참고할 수 있다. 〈(한 해 12만 쌍 이혼…부부가 흔들린다 上) "前 남편에게도 알리고 결혼식…집들이도 했죠"〉, 《조선일보》, 2001. 7. 4, 9면.

7 아래 기사 외에 아내가 자신에게 순종과 희생만을 강요했던 남편에게 이혼소송을 제기하는 황혼이혼에 대한 기사는 다음을 참고할 수 있다. 〈(색연필) 70세 아내 90세 남편에 또 이혼訴, 법원 "갈등 씻고 해로하세요" 기각〉, 《조선일보》, 1998. 9. 12, 27면; 〈(시론) 함께만 살면 偕老인가〉, 《조선일보》, 1999. 1. 7, 4면.

8 〈(새로 쓰는 우리 예절 新禮記 27) 편견에 두 번 우는 이혼가정—아이들 놀림 받을까봐… 이혼 전 등본 잔뜩 떼놔〉, 《동아일보》, 2018. 8. 27, A14면.

9 〈(어떻게 생각하십니까) 의붓부모는 학부모 아니라는 교육행정—자녀 학교운영위원 출마 막아… 인권위 "재혼가정 차별"〉, 《동아일보》, 2015. 7. 17, A14면.

10 골드미스와 돌싱녀에 대한 내용은 다음의 기사 제목과 내용을 참고했다. 〈골드미스 지고 돌싱녀 뜬다—드라마-예능서 단골 소재 급부상, 이혼이 연애만큼 흔해진 세태 반영〉, 《동아일보》, 2014. 3. 13, A23면.

11 외환위기 이후, 이혼한 뒤 힘들지만 당당하게 가족을 부양하는 어머니의 삶을 다룬 기사는 상당히 많다. 대표적으로 〈(新여성시대) 6부 '나는 엄마다' (上) 가장이 된 엄마들—"여자라서, 엄마라서 강할 수 있었다, 때로 죽고 싶을 정도로 힘들었지만 어린 자식들 때문에 다시 일어섰다"〉(《동아일보》, 2013. 12. 24, A28면)를 참조할 수 있다.

12 〈소녀가장 쌍둥이 '대학 꿈' 눈앞에—언니 먼저 합격…"디자이너 될래요" 3년 돌봐준 후견인에 報恩의 인사〉, 《조선일보》, 1998. 12. 10, 26면; 〈고아 편견 깨고 싶어 軍 면제됐지만

학군단 지원〉, 《조선일보》, 1999. 11. 22, 30면.

13 〈(Narrative Report) 3대 모녀, 절망서 길어 올린 '맛있는 희망'〉, 《동아일보》, 2014. 5. 22, A10면.

14 〈(이혼 뒤 혼자 아들 키우는 함○○ 씨) "엄마 없는 내 아이, 오히려 보육원 봉사 다녀요"〉, 《조선일보》, 2001. 12. 5, 55면.

15 〈(복지사각 위기의 가정에 '희망의 손길'을 5) "못난 엄마 탓에…그저 미안하구나"—이혼·사업실패에 자녀까지 마음의 병〉, 《동아일보》, 2014. 12. 2, A14면.

16 〈이번엔 친모·외조모가…세 살 여아 때려 사망—"잠 안 자 이틀간 회초리로 매질"…의사 "얼굴부터 발목까지 멍투성이"〉, 《동아일보》, 2017. 2. 22, A12면; 〈5t 쓰레기 집에 남겨진 초등생 남매〉, 《동아일보》, 2017. 9. 28, A16면; 〈"생활고에 우울증" 40대 싱글맘, 큰딸 살해—작은딸에도 시도했다 실패하자 자수〉, 《동아일보》, 2016. 3. 11, A20면; 〈5세 딸에 뜨거운 물 붓고 학대…"엄마 자격 없다"—3세 딸에도 9개월간 '이혼 화풀이' 큰딸 결국 혼수상태…뇌손상에 화상, 법원, 20대 엄마에 친권상실 선고〉, 《동아일보》, 2016. 1. 5, A12면.

17 〈(광화문에서) 학교로 돌아온 인천 A군〉, 《동아일보》, 2015. 12. 30, A34면.

18 여성이 아이를 출산하는 것과 가정의 화목을 연결해서 기사화하는 경향성은 〈아이가 행복입니다〉 시리즈(《조선일보》)에 잘 드러난다.

19 〈新이혼시대 (上) 100만 명 넘은 이혼자—중년 파경 급증…40·50대 17명 중 1명이 이혼자〉, 《조선일보》, 2007. 10. 25, A3면; 〈6075 新중년 제3부 (5) 은퇴 後 "여보, 밥 줘" 대신 "내가 밥 할게"… 夫婦 사이 지옥서 천국 된다〉, 《조선일보》, 2015. 2. 12, A10면.

20 〈남편이 외도할 때 "스스로 잘못 깨닫게 해야"—"이혼만이 능사 아니라 자신에게 경제·심리적 대안이 있는가를 먼저 생각하자"〉, 《조선일보》, 1995. 4. 10, 25면; 〈신○○의 부부진단 남편의 외도 1〉, 《조선일보》, 1996. 6. 10, 31면; 〈신○○의 부부진단 남편의 외도 2〉, 《조선일보》, 1996. 6. 18, 28면.

21 〈신○○의 부부진단 남편의 외도 3〉, 《조선일보》, 1996. 6. 25, 29면.

22 〈(범람하는 性 무너지는 家庭 3) 脫線 이혼이 탈선자녀 만든다—온천관광…채팅…"남녀 구분 없이 不倫", 전체 이혼건수 44%가 상대방 不貞 때문, 이혼 자녀들 가출-청소. 범죄 등에 빠져〉, 《조선일보》, 2000. 2. 8, 29면.

23 〈離婚 性革命과 夫婦概念 변화로 價値觀 달라진 婚姻관계—外國 경우 愛情 중심…'別居' 年限 따라 아직도 法 制定 않는 나라도, 우리나라 低學力에 많고 '不貞'이 으뜸, 每年 늘어 昨年엔 2萬8千 건〉, 《조선일보》, 1971. 4. 21, 5면; 〈(범람하는 性 무너지는 家庭 3) 脫線이혼이 탈선자녀 만든다〉, 《조선일보》, 2000. 2. 8, 29면; 〈(Story) 기혼 중년들의 금지된 사랑—중년 50% "홍상수 이해해요, 배우자만 모른다면 삶의 활력소"〉, 《조선일보》, 2016. 7. 13, F2면

24 〈離婚, 결혼 3년 內·20代 가장 많다—대법원 발간 '사법연감' 분석, 작년 6만 쌍 10년 새 배··자녀 둘 이상 가정도 59%〉, 《조선일보》, 1990. 8. 26, 18면.

25 〈(휴지통) 동료 여경 집서 바람피우다 경찰 남편에 들통〉, 《동아일보》, 2018. 1. 11, A12면.

26 〈그녀 만난 지 1년여 만에… 90억 치매 자산가 결인 신세로—60대 女, 유명 사업가 80대 아들에 접근, 만남 두 달 만에 토지양도 첫 '작업', 혼인신고 후 모든 재산 처분 뒤 사라져. 자산가, 거리서 음식 얻어먹다 발견돼, 체중 10kg 줄어… 가족, 혼인무효訴〉, 《동아일보》, 2016. 1. 13, A12면.

27 〈'청산가리 소주'로 내연男 부인 독살〉, 《동아일보》, 2015. 10. 1, A12면.

28 〈토요판 표○○의 죄와벌 (12) 불륜 교수의 살인과 도피—처자식에 못할 짓 해놓고 그녀와 행복했는가〉, 《한겨레》, 2013. 5. 4, 22면. 남편과 남편의 내연녀가 공모해 아내를 죽인 사건으로 다음의 기사를 참조할 수 있다. 〈(사건 인사이드) 아내 살해 완전 범죄 노린 교수—CCTV 160여 곳 한 군데도 안 찍혔지만··바다로 갈 줄 알았던 시신 떠내려와 덜미〉, 《조선일보》, 2011. 5. 26, A11면.

29 〈'청산가리 소주'로 내연男 부인 독살〉, 《동아일보》, 2015. 10. 1, A12면.

30 〈간통죄 사라진 세상…불륜 응징, SNS로—페이스북에 얼굴·이름 알려 공개적으로 고발 망신 줘, 법적으론 명예훼손에 해당…손해배상 소송 걸리기도〉, 《조선일보》, 2015. 10. 6, A12면.

31 〈(배우자 외도·시댁과의 갈등… 온라인에 하소연하는 사람들) "인터넷에 물어봐, 누가 잘못했는지"〉, 《조선일보》, 2015. 11. 25, A21면.

32 〈간통죄, 사문화된 죄··고소도 힘들다〉, 《조선일보》, 2010. 12. 4~5, B4면.

33 〈(휴지통) 女변호사, 남편 불륜 증거 잡았지만··〉, 《동아일보》, 2013. 1. 1, A16면.

34 〈남편 내연녀 집 무단침입 女변호사 선고유예〉, 《머니투데이》, 2013. 6. 26(접속일 2019. 10. 10).

35 〈(토요판) 가족/엄마의 마지막 관용—아빠는 이제 정말로 바람을 피우지 않겠죠?〉, 《한겨레》, 2014. 3. 8, 17면.

36 〈막장 드라마보다 더한 '막장' 가족 이야기—억대 돈 받아 챙긴 내연녀 이별 통보에 분노한 김 씨…조강지처, 그 돈 찾으려 협박, 결국 부부는 징역 처분에〉, 《조선일보》, 2010. 7. 24~25, B9면.

제5부 모성의 멸균 능력을 요구하는 신자유주의, 남성 간 경쟁 질서를 은폐하는 '여성혐오'

제1장 SKY캐슬 타운의 가족 판타지, 성찰하는 아버지와 여전히 계도되는 모성

1 〈(김○○의 드라마토피아) 'SKY캐슬' 누가 그 여자를 죽였나〉, 《경향신문》, 2018. 12. 28, 29면.

2 〈'정말 웃기네' 俗語의 변천 25년—民衆과 呼吸한 곁말··洪水처럼〉, 《매일경제》, 1970. 8. 15, 3면.

3 조은, 〈젠더 불평등 또는 젠더 패러독스—신자유주의 통치성과 모성의 정치경제학〉, 《한국여성학》 26-1, 한국여성학회, 2010, 70~71쪽.

4 김숨, 《여인들과 진화하는 적들》, 현대문학, 2013, 190, 214~217쪽.

제2장 여성혐오, 남성 간 경쟁 질서를 은폐하고 여성 간 갈등을 조장하는

1 〈('20대 남성들은 문재인 정권에 왜 화가 났을까'…13명 심층 인터뷰) "미래 '불안감' 울고 싶은데… '젠더 이슈'에 화풀이"〉, 《경향신문》, 2019. 1. 19, 11면.

2 〈(어떻게 생각하십니까) 취업난 겪는 女大生들 〈인간시대〉 MBC 밤 8·05〉, 《동아일보》, 1990. 11. 12, 20면; 〈高學歷 여성 失業 한 해 3만 명 배출—大卒 취업률 25%… 대기업은 5.8% 불과, 면접 등서 불이익 여전… 수요 많은 理工系로 눈 돌려야〉, 《매일경제》, 1990. 11. 15, 21면.

3 〈(NEWS & VIEW) '알파걸' 취업률 해마다 내리막··기업 여성차별 탓? 여성 근성부족 탓?, 그 많던 알파걸은 어디로 갔을까?〉, 《조선일보》, 2009. 4. 11, A1면.

한국의 가족과 여성혐오, 1950~2020

1판 1쇄 2020년 1월 23일
1판 2쇄 2021년 7월 12일

지은이 | 박찬효

펴낸이 | 류종필
책임편집 | 좌세훈
편집 | 이정우, 이은진
마케팅 | 이건호
경영지원 | 김유리

표지 디자인 | 박미정
본문 디자인 | 박애영

펴낸곳 | (주) 도서출판 책과함께
주소 (04022) 서울시 마포구 동교로 70 소와소빌딩 2층
전화 (02) 335-1982
팩스 (02) 335-1316
전자우편 prpub@hanmail.net
블로그 blog.naver.com/prpub
등록 2003년 4월 3일 제2003-000392호

ISBN 979-11-88990-54-2 93910

이 도서의 국립중앙도서관 출판시도서목록(CIP)은
서지정보유통지원시스템 홈페이지(http://seoji.nl.go.kr)와
국가자료종합목록시스템(http://www.nl.go.kr/kolisnet)에서 이용하실 수 있습니다.
(CIP제어번호 : CIP2020000556)

* 이 책은 아모레퍼시픽재단의 지원을 받아 저술 · 출판되었습니다.